JN417674

노동사회에서 구상하는 놀이의 윤리

이 저서는 2013년 대한민국 교육부와 한국연구재단의 지원을 받아 수행된 연구임 (2013S1A6A4014932)

노동사회에서 구상하는 놀이의 윤리

김 겸 섭

도서출판 지성人

들어가며

"근대는 그 완성의 과도함으로 인해 다른 세상이 되었다."

장 보드리야르 〈사라짐에 대하여〉

"우리가 제대로 놀 때 우리 삶의 모든 영역들은 더 잘 돌아간다. 우리가 놀이를 무시하면 문제가 생기기 시작한다. 누군가 자기 삶 안에 놀이의 요소를 지켜내지 않는다면, 그들의 핵심 존재(본성)는 밝지 못한 것이다"

스튜어트 브라운 <놀이의 윤리와 가치>

드디어 마지막 장을 마무리했다. 그리고 오늘 나는 기나긴 여정에 마침표를 찍고 '지금 여기'에 이르러 지난 3년을 기억한다. 때는 바야흐로 2018년 1월 1일이다. 보들레르의 환청이 귓전에 들린다. '어디로라도! 어디로라도! 이 세상 바깥이기만 하다면!' 절규에 가까운 이 말은 이 책의 주제인 놀이의 모토로도 그만이다. 왜냐하면 우리는 모두 여기가 아닌 다른 곳을 꿈꾸며 상상하는 인간이고, 놀이는 오랫동안 상상을 위한 매개요 플랫폼이었기 때문이다. 놀이는 잠시만이라도 일상에서 벗어나 자신에게 충실할 수 있는 시간과 공간을 열어준다. 잊거나 잊힌 놀이를 상상하는 것만으로도 삶의 결이 달라진다. 설령 바라는 대로 놀지 못하더라도 놀이에 대한 동경을 지닌 사람들은 자신의 삶을 변화시킬 강력한 가능성을 지닌 사람일 수 있다. 이처럼 놀이는 삶에서 예외성을 기대하게 해준다. 심지어 놀이는 종종 우리의 상상을 현실화시키고, 가끔은 상상조차 못했던 새 삶을 눈앞으로 가져온다. 〈노동사회에서 구상하는 놀이의 윤리〉는 우리가 사는 공간을 바꾸어 삶 또한 변화시키고 싶다는 욕망에서 시작한 작업이다. 그 지난한 과정은 고통스러웠고 결과는 만족스럽지 않지만 말이다.

책을 준비하는 지난 몇 년 동안 우리 사회에는 참 많은 일들이 있었다. 특히 사회 · 정치적으로 그랬다. 그 중 '촛불'과 '탄핵'은 앞으로도 가장 선명하게 기억될 사건들이다. 명예롭지 못한 대통령의 통치 중단을 요구하는 시민들의 카니발적 시위. 대통령의 거부와 탄핵. 늦봄 혹은 초여름의 대선. 숨 막히는 일정 속에서도 우리 사회 각 분야에서 '적폐'라는 이름으로 많은 문제들이 드러났고 지금도 진행형이다. 이 정도로 형편없는 사회에 살아왔다는 자괴감에도 불구하고 어서 빨리 정상국가로 거듭나기를 바라는 마음에는 차이가 없을 것이다. 지난 시간 동안 겪은 일들은 '놀이'를 이야기하는 이 책과 큰 관련이 없어 보일 수 있다. 비정상적인 통치 행위들이 불러온 대부분의 파행들은 '놀이'나 '여가'의 차원과 그 층위를 달리하는 것처럼 생각되기 때문이다.

하지만 산적한 적폐들을 해결하고 난 뒤 우리가 만들 미래 사회의 모습을 생각하면 이 책이 담고 있는 내용들이 유효할 수도 있다고 본다. 놀이 사회나 여가 사회-앙드레 고르 식으로 표현하자면 '문화 사회'-는 우리가 꿈꾸는 사회의 고유명일 수 있기 때문이다. 새 정부에서 핵심 정책 과제들로 내세운 청년 실업문제 해결, 노동시간 단축, 비정규직 차별 극복, 최저임금 인상, 출산율 향상을 위한 노력, 생활 향상 및 지역문화 활성화, 도시재생과 지역재생 등은 삶의 질 개선을 위한 여가정책과 긴밀히 연관된 것들이기도 하다. 마침 2018년 대통령 신년 담화와 기자회견에서는 국민들의 '행복한 삶'을 위한 '삶의 질' 개선을 최우선 과제로 삼고 국정을 펼치겠다는 비전 제시도 있었다. 여기서 '삶의 질'이 GDP나 GNP같은 경제지표의 개선을 의미하는 것은 아니다. 이 책은 '삶의 질'이 시민들의 여가나 놀이 행위를 촉발하고 환대하는 환경 구축과 깊은 관련이 있다고 본다. 노동시간단축-임금보전-일자리 나누기 같은 정책의 실현은 충분한 놀이와 여가를 위한 필요조건이다.

물론 아는 사람은 다 안다. 지금까지 역대 정부들 역시 삶의 질이나 복지를 최우선 과제로 내세워 왔음을 말이다. 하지만 그 약속은 늘 탐탁치 못한 결말로 이어지고 말았다. 공약은 깨라고 있는 것이었던가?! 놀이나 여가와 관련해서도 솔깃한 정책들이 제시되곤 했지만 정권 포장용으로만 소비되었다. 시민들은 그러한 외관에 현혹되어 정작 자신들의 문제들을 직시할 수 없었다. 왜 정권이 바뀌어도 삶의 기본적인 양태가 달라지지 않는 걸까? 고단함이나 지리멸렬은 왜 거듭되며 심지어 심화되는 것일까? 아도르노(Th. Adorno)의 말처럼 문화산업과 여가산업의 '현혹연관'에 빠지고 만 것인지 당연히 나올법한 질문을 던지는 대중을 찾아보기 어려웠다. 따라서 우리의 노동과 일상이 제대로 대접을 받으며 인간으로서의 기본권이 보장받을 수 있는 길이 무엇이고, 무엇으로 우리의 삶을 채워야 행복할 수 있는지에 대해 숙고하고 숙의할 시간과 기회가 절대적으로 부족했음을 인정하지 않을 수 없다.

경제협력개발기구(OECD)에서 최근 발표한 몇몇 지표들 역시 그러한 현실을 수치로써 말해준다. 창의성이니 감성지능을 미래 발전의 주요 덕목으로 삼는 국제적인 트렌드에 비추어 볼 때 민망하기 그지없는 수준이다. 가령 OECD가 발표한 〈2017년 고용동향〉은 '시간빈민'(time poor)으로서의 삶을 고발한다. 2016년 우리나라 근로자 1인당 근로시간은 2069시간이고 이는 OECD 평균 1764시간보다 305시간이 길다. 그리고 그것은 멕시코(2255)에 이어 두 번째로 긴 것이기도 하다. 또한 직장인 10명 중 7,8명이 1주일 평균 4일을 야근을 한다. 이처럼 장기노동을 삶의 필연적 상수로 여기는 나라이지만 1인당 노동생산성은 34개 OECD 회원국 중 28위이다. 넉넉한 휴식과 적절한 여가문화가 노동의욕과 노동생산성을 고취시키는 가장 좋은 방법이라는 것이 국제적으로 공인된 결론임에도 불구하고 그것을 시정하자는 제안은 정치권과 재벌들의 이해관계에 부딪혀 번번이 좌절된다. OECD가 공개한 '더 나은 삶의 지수'(BLI, Better Life Index)에서 38개국 중 '일과 삶의 균형', '삶에 대한 만족도'에서 각각 35위와 30위를 차지한 것은 여가에 대한 사회적 인식과 공론의 부족에 따른 당연한 결과일 것이다.

그럼에도 늦은 감은 있지만 '삶의 질' 개선을 가져올 노동과 복지, 여가 등의 정책 마련을 위한 논의가 시작된 것은 다행스러운 일이다. 무엇보다 사회구성원들의 충분한 휴식과 여가 보장을 위한 '시간 복지'의 중요성에 공감대가 형성되기 시작한 점은 높이 평가할 만하다. 물론 노동시간이나 삶의 질 관련 정책이나 실천 방안이 몇몇 정치인이나 엘리트들의 노력으로 이루어질 수 있는 것은 아닐 것이다. 그것은 여유시간 마련과 여가 콘텐츠 다양화를 위한 시민사회의 공론장 마련과 실천적 연대를 바탕으로 해야 만이 가능하다. 바로 시민이 참여하는 아래로부터의 숙의와 각성이 사회적으로 확산될 수 있다면 우리에게도 희망이 있다고 생각한다.

〈노동사회에서 구상하는 놀이의 윤리〉라는 제목이 말해주듯 이 책은 '놀이'를 통해 우리 사회가 더 나은 사회로 발전했으면 좋겠다는 바람에서 시작했다. 경제 성장과 환경 개발, 성과와 경쟁만으로 사회와 사람을 평가하는 것이 우리의 미래를 위해 올바른 것만은 아닐 수 있다는 생각이 들었다. 끊이지 않는 과로사와 자살 사건들이 이러한 생각을 더욱 부추겼음을 고백해야 할 것 같다. 국민 총행복 지수를 높일 수 있는 구체적인 방안 제시까지는 생각하지도 않았다. 그간 축적된 놀이 공부를 경유하여 우리 사회의 문제를 인식하고 현실의 절실한 문제를 해결하는 데 논의를 보태보자는 마음이 앞섰을 뿐이다. 2007년 우석훈과 박권일은 '88만원 세대'나 '3포 세대'라는 신조어를 통해 청년들의 삶을 고발한 바 있다. 하지만 2017년 상황은 더욱 악화되어 '77만원 세대'와 '이생망'(이번 생은 망했어)이라는 신조어가 등장했다. 이 책은 구성원들의 현실의 고통과 시대의 우울에 공감하고 문제의 해법을 마련하는 데 '놀이'라는 개념이 모종의 역할을 할 수 있다는 막연한 추측을 담고 있을 뿐이다.

물론 여기서 놀이는 단순히 노동의 반대말은 아니다. 놀이는 우리가 일상에서 일상을 벗어나기 위해 노는 그것이기도 하지만 더 나은 사회와 주체를 만들기 위한 촉매로 중시되어온 것이기도 하다. 따라서 놀이는 산과 들에서 몸으로 노는 놀이부터 공동체의 수호자를 양성하기 위한 체육, 나아가 음악과 문학의 창조와 향유, 급기야 형이상학적인 철학놀이에 이르기까지 광범위한 영역을 포함한다. 역사적으로 사람들은 다양한 탈일상적 놀이 행위를 통해 자유를 꿈꾸고 일상의 자아를 벗어나고자 하며, 다른 현실을 상상해왔다. 특히 우리 시대에 놀이는 성과와 효율을 향한 사회적 강박들 대신 인간의 전인적 발전을 가능하게 해줄 새로운 가치들을 담고 있는 원천으로서 관심을 얻기 시작하고 있다. 그 결과 놀이사회는 사회구성원들의 기본권과 복지를 바탕으로 시민들의 다양한 욕구와 이해를 충족할 수 있고 노동과 자율적인 삶이 균형을 이루는 사회라는 의미를 얻게 되었다. 요즘 유행하는 '워라벨 Work and life balance'이라는 신조어가 그러한 사회-앙드레 고르의 표현을 빌자면 '문화사회'-의 일단을 표현해 줄 수 있을지도 모르겠다.

우리가 일상적으로 목격하고 있는 현실이기는 하지만 '놀이 사회'로 가는 길은 무척 험난하다. 노동시간 단축과 기본임금 도입, 최저임금 인상, 비정규직의 정규직화 등을 둘러싼 우리 사회의 격렬한 논쟁들이 보여주듯 놀이사회를 위한 기반을 논의하는 것조차 쉽지 않다. 그렇다고 해서 한 나라의 '삶의 질'을 결정할 수 있는 문화적 삶, 능동적 여가로서의 놀이가 있는 삶을 위한 사회적 여건을 만들려는 노력을 포기할 수 없다. 만일 놀이와 여가 관련 정책들이 사회경제적 조건들이나 넓은 의미의 문화적 조건들과 부합하지 않는다면 그러한 조건들을 성숙시키거나 개선하기 위해 노력을 해야 할 것이다. 놀이를 경유하여 인문학적 사유를 풀어놓은 선행 성과들을 살피는 일이 그러한 노력의 시작일 수 있을 것이다. 놀이 공부를 통해 우리가 만들어갈 미래에 대한 사회적 공론을 풍부하게 하는 작업 정도는 지금이라도 당장 해볼 만한 작업이라고 생각한다. 이 책이 1인당 국민소득 2만 달러 후반대로 30위권 부국으로 평가되는 문화국가에 응당 있어야 할 정책과 아이디어를 사유하는 기초자료라도 될 수 있으면 좋겠다.

놀이나 여가가 일부 특권층의 향유물로 전유되는 국가는 비정상 국가이다. 사회 구성원 모두가 수준과 여건에 맞추어 향유할 수 있는 공공재로 놀이가 인식되는 나라, 놀이와 여가를 최소한 각자 삶의 질을 풍요롭게 향상시키는데 사용하도록 정책과 가치의 벡터를 작동시키려고 노력이라도 하는 나라. 우리 모두는 그러한 정상국가를 향해 부단히 나아가야 한다. 우리는 지금 양극화 심화, 세계 최고 수준의 장시간 노동, 저임금, 청년실업 등의 문제들에 당면해 있다. 이러한 문제들의 해결을 위해 외국의 몇몇 나라들은 높은 수준의 사회적 합의와 강력한 정책적 드라이브를 추진해오고 있다. 그런데 그 내용을 보면 '놀이 국가', '미적 국가', '시적 국가', '문화 사회' 등의 비전과 공통된 요소들을 다수 확인할 수 있다. 그런 점에서 유사한 문제들에 시달리고 있는 우리 사회 역시 놀이에서 중요한 시사점을 얻을 수 있을 것으로 생각했다.

이를테면 최저임금의 대폭인상, 노동시간 단축과 일자리 나누기를 통한 여가시간의 확보와 공유, 축적된 잉여와 사회적 부의 적절한 분배 및 사회적 투여는 '저녁이 있는 삶', '쉼표 있는 삶', '문화가 있는 행복 공동체'를 구성하는 과정의 전제이다. 이러한 작업들이 원활하게 이루어진다면 놀이에의 능동적 시민 참여와 자발적 여가 향유, 시민들 스스로의 놀이 창안과 구성, 놀이에 소극적인 시민들을 위한 놀이교육 프로그램 마련, 다양한 놀이 활동의 공간 마련 등 사회적 여가 인프라 구축을 위한 구체적인 결실들도 나올 수 있을 것이다. 물론 이에 대한 기득권층의 저항이 거셀 것이고 실제로 우리는 그러한 '몽니들'을 목도하고 있다. 하지만 국가 구성원 대부분이 소진과 우울을 경험하는 사회에서 온전한 성장을 기대할 수는 없는 법이다. 우리의 지금 상황이 그렇다. 놀이 사회로 가기 위한 기반을 조성하는 일은 '소진 사회'에 대한 사회적 치유의 시작이다. 그리고 그것은 앞 만보고 달려온 그간의 과잉 노동과 헌신에 대한 적절한 보상에서 시작되어야 한다. 더 많은 여가시간을 되돌려주고 보다 풍성한 여가와 놀이로 보상하는 일을 고민해야 할 시점이다.

우리 사회의 다수 구성원들은 하루하루가 불안하다. 지금도 수시로 고용하고 해고하며, 직무를 바꾸는 시공간의 유연화 경향은 지속되고 있다. 게다가 요란하게 떠들어대는 인공지능, 빅데이터, 로봇 등 소위 4차 산업혁명의 기술변화가 달가워 보이지만은 않는다. 하지만 분명한 것은 이제 노동의 성격은 변하고 있고 부를 재분배하는 기존의 방식에도 한계가 따른다는 사실이다. 그런 점에서 팀 던럽의 〈노동의 미래〉는 참조할 만한 고민거리를 던져준다. 팀 던럽이 보기에 지금 "우리가 해온 일과 그 하는 방식이 그 뿌리부터 변하고"있다. 풀타임 노동의 시대가 끝나고 있다는 것이다. 이제 우리는 기적처럼 일자리들이 되살아날 것이라는 환상을 접어야 하는지도 모른다. 미련을 버려야 하는 지금의 상황에서 그는 "생존하기 위해 급여를 받고 일할 수밖에 없는 상황으로부터 자유로워지는 미래"를 제안한다. 이는 '탈노동'의 사유로 제시된다. '탈노동'은 로봇이 일자리를 뺏어 갈까봐 두려워할 게 아니라 그것이 가져다 줄 결실들을 가지고서 노동에 대해 다른 발상을 해보자는 제안을 담고 있다. "우리의 재능을 소득을 올리거나 이익을 내는데 쏟지 않고 개인적인 만족을 위해 쓸 수 있는 세상", 즉 일이 고역이 아니라 행복을 높이는 활동이 될 수 있도록 사회적 합의와 제도를 만들어가려는 공동의 노력이 필요한 시점이 바로 지금이라고 그는 역설한다. 어떤 점에서 마르크스가 탈-소외 노동의 비전을 통해 선취한 바 있는 이러한 진단과 제안은 이 책의 주제와 통하는 것이기도 하다.

놀이는 흔히 자율적이고 무목적적인 속성을 갖는 활동으로 정의된다. 하지만 이러한 속성은 오히려 '자유'와 '무목적적 목적성'으로 해석될 수 있다. 그렇다면 놀이를 적극적으로 수용하고 해석하는 일은 정치의 문제로 부상하게 된다. 이미 프랑스의 철학자 자크 랑시에르가 프리드리히 실러를 경유하여 밝혔듯이 놀이는 시민 각자의 신체를 새롭게 조직하고 구성함으로써 개개의 정치적 역량을 상승시키는 사회적 기획 마련의 핵심일 수 있기 때문이다. 특히 '쓸데없는' 활동으로 취급되어온 놀이를 미래 사회의 핵심적 과제로 놓음으로써 새로운 집단적 삶의 형식을 창안하고 아이디어들을 발굴하며 현실화하려는 노력부터가 정치의 실천이다. 놀이와 삶, 여가와 노동을 분리된 영역으로 방치하지 않는 개방적인 자유로운 공동체!! 공적인 것과 사적인 것, 자연과 자유, 개인과 집단 사이의 분열과 대립을 크고 작은 연대를 통해 해결하려 노력하는 시민사회!! 자기 공동체의 사회적 혼돈과 모순에 무관심하지 않고 '교육'(Bildung)을 통해, 스스로 쌓은 내공을 통해 그것을 극복하려는 시민들의 역량!! 덕(virtue)과 역량, 그것을 구체적으로 실현할 수 있는 테크네(techne). 우리는 고대로부터 근현대에 이르는 여러 인문학자들의 목소리를 통해서 미래 시민사회의 비전으로 삼을만한 가르침들을 배울 수 있을 것이다.

프리드리히 실러에 따르면 놀이는 그 어떤 목적도 취하지 않기에, 아니 '무목적의 목적성'을 추구하기에 총체적 인간성을 경험할 수 있는 유력한 촉매이다. 그것은 특정한 하나의 능력만 개발하는 것이 아니라 이른바 감성과 이성을 아우르고 융합하는 '전인'(全人) 양성의 필요조건으로 강조된다. 이는 실러만의 생각은 아니고 놀이교육과 놀이치료를 개척한 선구적 학자들 역시 공유하는 신념이다. 물론 물질적 출세와 성공만을 좇는 우리의 교육 환경에서 실러 식의 놀이교육은 별 관심을 얻지 못할 것이다. 우리 구성원들은 놀이에 관심을 갖더라도 그것은 물질적 출세를 위한 교육에 철저하게 종속되어 있다. 하지만 자기를 스스로 형성할 수 있는 자유 속에서 고단하고 비루한 현실의 이면을 꿈꿀 수 없다면 다가오는 시대의 과제들에 능동적으로 대면할 수 있는 가능성은 없다. 〈노동사회에서 구상하는 놀이의 윤리〉는 놀이의 가치와 윤리에 기대어 '다른 놀이-주체'의 '다른 삶'을 모색해보고자 한다.

가상의 시공간을 만들고 그 안에서 상상적 유희를 벌이는 문학과 예술처럼 놀이 역시 '기존 현실로부터의 자유'를 즐기기 위해 가정법적 현실을 창조한다. 그러한 의미에서 놀이적 가상은 인간성의 진정한 확장을 가능하게 한다. 물론 교육과 치료, 사회공학 등에서의 검증된 효과에도 불구하고 놀이는 재미를 지향한다. 재미라는 그 자체의 목적에 충실할 때 놀이의 또 다른 효과 역시 배가될 수 있다. 그런 의미에서 가상을 즐길 수 있는 자유가 허락된 나라는 복되다. "인간이 자기의 능력과 가능성을 가지고 유희할 수 있다면"(Marcuse), 놀이를 통한 자유 실현의 기회를 '재미있게' 추구할 수 있다면 시민들은 놀이-주체(ludic subjects, homo ludens)로 거듭날 수 있을 것이다. 마르쿠제에 따르면 그러한 주체야말로 인간을 노동의 도구로 만드는 폭력적이고 착취적인 생산성을 저지할 것이라 주장한다. 이러한 발언은 재미가 거세된 소외된 노동에 이의를 제기할 수 있는 시민교육의 필요성을 제기한 것으로 읽을 수도 있다. 지금의 시점에서 우리 역시 어떠한 노동이 더욱 생산적이고 건강한 것인가를 사유해야 한다. 다양성을 포용하고 함께 즐거워하는 공환(共歡, conviviality)의 정치는 새로운 노동윤리의 기초가 되어줄 것이다. 놀이의 윤리가 공감(compathy)과 연대의 정치와 공명할 수 있다는 생각이 이 책의 기저를 이루고 있다.

이렇게 또 한 권의 책을 마무리하려 한다. 〈노동사회에 구상하는 놀이의 윤리〉를 통해 나는 드라마와 공연예술 공부로 시작하여 영화와 디지털 스토리텔링이라는 먼 길을 경유한 후 드디어 놀이라는 본원적 공부 주제로 돌아왔다. 보는 시각에 따라서는 공부의 순서가 바뀐 것 아니냐는 질문이 있을 수 있겠다. 그러나 놀이라는 주제야말로 무궁무진하고 갈 길이 멀다는 대답으로 대신하고자 한다. 드라마와 공연, 문화연구 등 해오던 공부들은 그대로 진행하되 그러한 작업들에서도 놀이의 정신과 윤리를 반영할 수 있도록 노력하고자 한다. 나아가 이 책에서 보다 깊이 파고들지 못한 주제들에 대해서는 지속적으로 후속 연구 결과를 만들어낼 수 있기를 소망해본다. 인문학적 통섭연구 분야로서 '놀이학'(paidology)이나 '재미학'(funology)이 당당하게 학문분야로 자리매김할 수 있는 시대가 도래하는 데 먼지만큼이라도 기여할 수 있기를 희망해 본다.

지금껏 공부를 하면서 많은 이들의 신세를 졌다. 우선 부족한 필자에게 글줄이나 읽을 수 있도록 가르침을 준 은사들을 기억한다. 정지창, 김창우. 두 분의 지도교수는 공연과 드라마에 대한 이론적 지식만이 아니라 우리의 현실에 개입하는 문화적 실천의 중요성을 숙지시켜주셨다. 문학평론가 염무웅 교수. 선생님 덕분에 오늘도 나는 한국의 외국문학 전공자로서 문학의 사회적 역할을 고민한다. 윤세훈, 최연숙 선생님은 고단한 공부길에 무너지지 않도록 늘 응원을 아끼지 않으셨다. 같이 고생한 동학들도 잊을 수 없다. 무천극예술학회의 동지들. 특히 고인이 되신 김일영 선생님을 비롯하여 여러 선생님들과 같이 했던 무대와 현장에서의 경험들은 지금도 소중한 자산이 되고 있다. 현대사상연구소에서 20년 넘게 같이 공부하고 토론했던 선후배들에게도 오랜만에 감사의 인사를 전한다. 경상대학교의 선배 교수들과 여러 조력자들 덕분에 이 책을 무사히 마무리할 수 있었다. 때론 안정된 직장의 편안함이 두렵기도 하지만 그분들이 내 삶의 에너지이자 나태함의 자극제이기도 하다.

마지막으로 장수와 김천의 부모님들도 늘 건강하셨으면 좋겠다. 먼 길을 동행하며 제일 큰 몸짓으로 응원과 후원을 보내주는 김연주는 지금까지 쓰고 번역한 모든 글들의 첫 독자로서 늘 결정적인 도움을 준다. 무럭무럭 폭풍 성장 중인 김보민에게도 감사와 미안함을 동시에 담아 사랑의 인사를 전한다. 어려운 출판현실에도 불구하고 과감하게 출판을 결정해준 도서출판 지성인의 엄승진 사장에게는 늘 빚을 진 기분이다. 그런 의미에서 열일을 해야 하는 바쁜 경영자임에도 원고를 읽게 만든 김사숙 선생에게도 큰 빚을 졌다. 그렇지만 감사한 마음이야 어디 갈까?! 그리고 고마운 이들이 어디 더 없을까?!

2018년 2월 1일

가좌산을 내려온 뒤, 부끄러움을 무릅쓰고.

목 차

제 2 부

제 1 부

Ⅰ. 왜 놀이인가?
Ⅱ. 놀이란 무엇인가?
Ⅲ. 근대 이전의 놀이 담론
Ⅳ. 근대 이후의 놀이 담론
Ⅴ. 놀이학의 새로운 출발을 향하여

Ⅰ. 왜 놀이인가?

한국은 2016년 기준 GDP 규모 세계 11위 국가로 눈부신 경제 성장을 이룩했다. 정치적 민주화의 성취와 '한류'로 대변되는 문화적 발전으로 아시아의 리더 국가로 평가받기에 이르렀다. 그러나 우리 사회의 속 깊은 곳으로 들어가 보면 이러한 값진 외적인 성취들에도 불구하고 다양한 사회적 한계와 위험들에 직면해 있음을 확인할 수 있다. 분단과 한국전쟁으로 모든 것이 파괴된 상태, 즉 '영시점 Null Punkt'에서 시작해야 했던 우리는 경제 성장을 위한 속도전에 국가의 운세를 걸었다. 그러다 보니 경제적 부의 축적을 사회 발전의 전부로 착각하는 일면적 근대화의 한계를 드러내고 말았다. 양극화로 인한 사회 갈등, 생태계의 파괴, 경제의 비약적인 성장에 반하는 행복지수의 급전직하(急轉直下) 등은 바로 '근대'를 구성하는 다층적 층위와 결들을 노동과 성장이라는 단선적 패러다임으로 축소해버린 결과들이었다. 오늘도 우리는 경제 변화의 속도와 마음의 속도 간의 불일치를 경험한다. 그 결과는 집단적 신경쇠약과 만성적 '탈진증후군 burnout'이다.[1)]

한국의 고속 경제 성장은 강압적이고 이데올로기적인 방식으로 국민의 노동력과 자연 자원을 대대적으로 동원하면서도 주체성과 자원의 재충전 문제에 대해서는 무관심으로 일관한 측면이 있다. 그 결과 생산의 주력인 40~50대 이상은 지적 · 감성적 · 윤리적 · 신체적 엔진의 동력이 꺼져가고 있고, 차세대 사회 주체인 20~30대의 경우 동력을 온전히 충전

---

1) 들뢰즈는 베케트의 텔레비전 단편극을 분석하면서, '소진된 인간'이라는 개념을 사용한다. 그에 따르면 '피로한 인간'과 '소진된 인간'은 다르다. 피로한 인간에게는 최소한의 가능성이라도 존재한다. 하지만 소진된 인간은 모든 가능성을 소진해버린 인간이다. 소진된 인간은 무(無)와 무욕(無慾)의 존재이다. 놀이가 어떤 가능성의 샘이라면 소진된 인간은 그 반대편에 자리한다. 근대는 피로한 인간을 만들어냈고 그 궁극에 가서는 소진된 인간이 탄생한다. Gilles Deleuze, 『소진된 인간』, 이정하 옮김, 문학과지성사, 2013.

받지 못한 채 지적·감성적·윤리적·신체적 역량이 소진되거나 극심한 불균형에 시달리고 있다는 가혹한 평가를 받게 되었다. 이른바 더 포기할 것이 없다는 'N포세대'의 고통과 박탈감은 경제 영역만의 문제가 아님을 아는 사람은 알 것이다. 이러한 신조어의 생성은 사실 대한민국의 사회적 위기를 경고하는 목소리와 다름없다. 인적 자원의 붕괴는 한국사회의 위기로 귀결될 것이기 때문이다. 이는 우리 사회에 대한 정확한 진단과 그에 걸맞은 처방이 다각도로 모색되어야 함을 시위한다.[2)]

이 책은 한국사회의 이러한 전반적 위기 상황에 맞설 인문학적 대응으로 놀이 연구의 필요성을 제기하기 위한 장기적 계획의 출발점이다. 여기서는 먼저 서구의 놀이담론을 소개하고, 그것이 우리 사회에 주는 시사점들을 살피고자 한다. 이번 작업을 기반으로 이후 이른바 사회적 신진대사 Stoffwechsel의 원활한 작용을 회복하기 위해 놀이 담론의 복권과 놀이성 회복의 사회적 공감대 형성을 촉구하고, 나아가 이를 통해 한국 사회의 리모델링 혹은 리디자인을 제안하고자 하는 장기적인 계획을 갖고 있다. 경제지표를 선전하는 각종 데이터의 '배신'에 현혹되지 말고 삶을 직시하고 개선하려는 노력이야말로 인문학의 소명일 것이기 때문이다.

그렇다면 지금의 시점에서 우리가 놀이에 주목해야 할 이유는 무엇일까?! 그것은 놀이가 우리의 '지금 여기'를 진단할 수 있는 준거이기 때문이다. 놀이는 우리의 '지금 여기'가 '위험사회'의 극한으로 치닫고 있음을 경고하고 있는 것이다. 전쟁, 테러, 혐오범죄, 양극화와 빈곤, 독재 등은 가시적 위기들이다. 하지만 이에 못지않게 우리의 삶을 위협하는 것은 우리의 내면을 고갈시키는 성과사회의 규범들이다. 우리 스스로 '자기계발'과 '자기긍정'의 지침들을 내면화하여 자발적 노예상태의 삶

---

2) 한국사회에 대한 'ㅇㅇ사회'라는 정의definition 놀이는 이러한 결과들이 한계치에 도달하고 있음을 말해주는 징후이다. 대표적인 것들만 나열하면 '격차사회', '분열사회', '위험사회', '감시사회', '과로사회', '피로사회', '부품사회', '하류사회', '허기사회', '탈감정사회', '모멸감 사회', '팔꿈치 사회', '탈신뢰사회', '단속사회', '무연사회' 등이 있다. 이와 관련해서는 정수복 외, 『사회를 말하는 사회』, 북바이북, 2014년과 "창간기획-한국 사회는 ㅇㅇ사회다", 〈경향신문〉, 2014년 10월 5일을 참조할 것.

을 욕망하는 것이야말로 재앙이요 자연에 대한 배신이다. 재독 사회학자 한병철이 우리 사회가 규율사회에서 성과 사회 Leitungsgesel-lschaft로 변질됐다고 했을 때 말한 것도 바로 이러한 사실을 지적한 것이었다. “긍정성의 과잉 상태에 아무 대책도 없이 무력하게 내던져져 있는 새로운 인간형은 그 어떤 주권도 지니지 못한다. 우울한 인간은 노동하는 동물animal laborans로서 자기 자신을 착취한다. 물론 타자의 강요 없이 자발적으로, 그는 가해자인 동시에 피해자다.”(한병철, 2012, 23)

우리는 소비 자본주의 사회로의 진입에도 불구하고 여전히 ‘일중독’에 시달리고 있다. 고용노동부에 따르면 한국의 연간 근로시간(2015년 기준)은 2071시간으로 세계 최고 수준이다. 경제협력개발기구 OECD 평균 근로시간(1691시간)보다 380시간이나 길다. 한국인들은 평균 미국인들보다 1년에 600여 시간, 하루 평균 8시간 근무를 기준으로 70일을 더 일한다고 한다. 또 30개국 회원국 가운데 한국의 여가시간은 29위라는 데이터도 보고된 바 있다.

더 심각한 문제는 “한국의 어른들은 자신들이 일에 빠져 있듯 자녀를 교육에 빠뜨린다”는 것이다. 한국의 사교육비 지출은 OECD 국가들 중 ‘월등한’ 선두를 차지하고 있다. 그러나 한국의 1인당 국민소득은 2만 7,500달러로 29위(2016년 기준)에 머물고 있고, 한국 교육의 성과 역시 절망적인 수준에 머물고 있는 실정이다. 이러한 상황을 반영하듯 한국인들의 행복지수는 베트남보다 더 낮은 것으로 보고된 바 있으며, ‘삶의 질 QOL’ 역시 고전을 면치 못하고 있는 것으로 파악된다. 소득은 늘었지만 삶의 형편이 더 어려워져 가는 이러한 역설은 분명 한국사회의 미래에 큰 걸림돌로 작용할 것으로 예상할 수 있다.

이러한 지표와 사실들은 한국의 인문학이 놀이에 관심을 가져야 할 이유를 말해주는 것이기도 하다. 물론 제도권 학문 현장에서 놀이 연구는 전성기를 맞고 있다. 놀이치료나 놀이교육에 대한 관심과 업계의 수요는 그것을 말해준다. 하지만 이 책은 놀이가 사회공학적 실천학의 연구대상으로 대접을 받지 못한 점에 대한 반성에서 인문학적 놀이연구가 시작되어야 한다는 인식에서 출발하고자 한다. 또한 특정한 목적에 종속된 놀이가 놀이일 수 있는가 하는 의문도 깔고 있다. 이를테면 아이의 교육을 목적으로 엄마가 '강요한' 놀이는 자발성과 자유를 강조하는 놀이의 속성과 배치되는 것은 아닌가 하는 의구심을 바탕으로 한다. 그런 점에서 이 책은 노동·생산중심주의, 즉 도구적 근대화의 그늘에 가려 제대로 평가를 받지 못한 문화적 근대화, 혹은 도구적 근대성의 사회적 파국에 대한 대안으로서 문화적 이성과 놀이성의 회복이 절실하다는 인식에서 출발한다.(Ccris Bossen, 2001, 13-17) 이는 놀이의 '도구화'에 대한 반성 역시 포함할 것이다. 놀이는 생산 담론의 균형축으로서 주체적·사회적 재충전의 매개이고, 삶의 질에 대한 본원적 성찰의 영역일 수 있기 때문이다.

1. 한국사회와 놀이

인간이 살아가면서 수행하는 다양한 활동들은 궁극적으로 '삶의 질'의 향상과 관련이 있다. 그리고 사회 발전의 궁극적 목표 역시 '삶의 질'의 개선이라고 할 수 있다. 그런데 한국 사회에서 '삶의 질'에 관한 일반적인 생각들은 주로 경제적 성장과 결부되어 왔다. 하지만 비약적인 경제성장에도 불구하고 국민들은 자신의 삶을 불행하다고 생각하며 그 원인은 또 다시 경제적 빈곤에 있는 것으로 간주한다.

이는 학문의 경우도 마찬가지다. 그동안 삶의 질에 관한 연구는 개인의 삶의 질이 사회적 발전, 특히 경제의 양적 성장 수준 혹은 물질적 부의 축적에 의해 좌우되는 것으로 가정되어 왔다. GNP나 GDP와 같은 총량적 경제 성장의 크기를 나타내는 지표가 삶의 질을 측정하는 제1의 지표였던 것이다.

하지만 이러한 경제적 측면에서의 수치는 삶의 질을 제대로 담는 기준이 될 수 없다. 최근 우리나라의 GNP가 일정한 수준에 도달한 상황에서 경제적·물질적 지표를 대신할 수 있는 대안적 지표의 개발이 절실하게 요청되는 이유이다. 그렇지 않고서는 경제 성장이 오히려 삶의 만족도를 저하시키는 악순환이 반복될 것이기 때문이다.

인문학은 '벌거벗은 삶 bare life'을 피하여 인간적 품위를 지키며 살 수 있는 사회를 지향한다. 그런 점에서 '놀이성 ludicity'의 회복은 사회 구성원들의 삶에 대한 허기를 보완할 수 있는 중요한 요소일 수 있다. 이는 다양한 학문 분야에서 제출된 놀이 연구자들의 공통된 생각이기도 하다. 그들은 놀이 지수가 삶의 질의 평가에 있어 대안적인 준거가 되어야 하고, 그에 근거하여 '우리가 살고 싶은 나라' 즉 대안적 사회 설계가 이루어져야 한다고 주문한다.[3] 현실 속에서 벌어지는 불행의 고리를 끊기 위해서는 다양한 영역들에 대한 동시적인 고려가 이루어져야 하고 양으로 환원되지 않는 인문적 · 인간적 가치들이 반영되어야 하기 때문이다. '삶의 질'이란 피상적 · 절대적 단일 지표에 의해 결정되는 것이 아니라고 보는 셈이다.

'○○사회' 신드롬이 말해주듯 한국인들의 삶은 점점 벼랑 끝을 향해 달려가고 있다는 인식에 노출되어 있다. 한국인들은 노동시간의 단축을 향한 국제 추세에 반하여 여전히 장시간 노동에 시달리고 있다. 물론 평균 노동시간은 많이 줄었지만 초과근무 시간이 비약적으로 증가하고 있음을 알 수 있다. 심지어 법정 근로시간을 60시간까지 늘리고 휴일근로에 가산임금을 주지 않겠다는 근로기준법 개정안마저 발의될 조짐까지 보인 바 있다.[4] 직업 구조가 불안정한 상황에서 사람들은 이에 순응할 수밖에 없을 것이다. 그러나 더 문제는 놀이의 빈곤, 아니 놀이의 기아 상태에 시달리고 있는 우리의 현실일 것이다.

물론 혹자는 말할 것이다. 놀거리가 지천인 세상에 살고 있지 않느냐고 말이다. 통계청의 조사들을 보면 한국인의 여가항목 대부분이 소극적인 소비문화로 채워져 있음을 확인할 수 있다. TV나 영화감상, 술자리, 수다, 외식 등이 모두 비난받을 만한 취미들은 아니다. 문제는 우리

3) William Morgan, Play and the Humanities, Illinois Univ. Press, 1994, p. 17-19 참조.
4) "'휴일수당 삭감' 권성동 법안…벼룩 등골 빼먹는 법", 〈한겨레신문〉, 2014년 10월 9일. 하지만 2017년 정권의 교체이후 노동시간 단축에 대한 다양한 견해들이 제출되고 있다. 여기에는 집배원, 버스기사, 에어컨 설치기사 등의 초과근무가 부른 재난적 사고들이 크게 작용한 것으로 보인다. 하지만 '제4차 산업혁명'이라는 근본적 변화에 따른 노동의 성격 진단 역시 중요한 요인 일 것이다. 이것이 '과로사회'의 극복에 대한 사회적합의로 이어질지 두고 볼 일이다.

의 여가 모델이 너무 제한적이고 그마저도 돈을 요구하는 영역이라 오히려 여가에 대한 사회적 담론이 스트레스를 가중시키고 있다는 점일 것이다. 여가 leisure의 본질적 특성 중 하나는 고단한 현실로부터 벗어나는 것임에도 불구하고 오히려 여가가 고통의 원인이 되고 있는 역설이 우리의 현실인 것이다. 돈이 무서워 TV시청과 잠으로 휴일을 때우는 관행 속에서 한국사회의 비전은 절망적이라 할 수 있다. 이러한 악순환의 원인은 사실 개인의 문제라기보다는 '여가=소비"를 당연시하는 사회구조적 문제라고 할 수 있다. 삶에 대한 만족도 조사에 국민의 절반 이상이 부정적인 평가를 내리고, 행복감 역시 60점에 미치지 못하는 상황을 개인 탓으로 진단하는 것은 더 나은 사회를 디자인하는 데 별 도움이 되지 못한다.[5] 이른바 '한국인은 쉬는 데 급급하다 보니 능동적으로 여가를 즐길 수 있는 방법을 찾지 못하고 있다'는 식의 진단은 문제의 핵심을 잘못 짚은 것이다. 오히려 작금의 이러한 현실은 우리 사회의 놀이 환경의 구조적 요인에서 찾는 것이 더 시급한 문제이다.

현재 한국인들의 여가나 놀이에서는 여가문화의 상업주의화와 소비주의가 두드러지게 나타난다. 우리에게 교육 · 예술 · 매스미디어 등의 문화 전반은 시장 관계를 기초로 화폐에 의해 매개되어 있으며 축적과정을 위한 이윤창출에 기여해야 하는 것으로 당연시된다. 다시 말해 모든 소비재가 상품의 형태로 생산되며 이러한 상품의 생산-소비 과정에 기초한 문화는 자본 축적의 논리에 따라 재생산된다. 시간을 죽이기 위해서는 놀이상품을 소비해야 하고 거기서 발생하는 이윤으로 더 재미있는(사실은 더 '자극적인') 상품들을 만들어내는 이러한 순환구조는 주체의 역능 개발은 고사하고 제대로 된 휴식의 기회마저도 제공할 수 없다. 소비 욕구의 변질과 소비 조건의 변화는 전통적인 소비방식을 해체시키고 개인 및 가족 단위의 소비생활, 나아가 사회생활 전체가 점차 새로운 기술과 제품의 소비에 적응할 수 있는 방식을 따르도록 강요한다. 지금

5) "한국 국민 '삶의 질', 절반 이상이 제자리거나 악화", 〈오마이뉴스〉, 2014년 6월30일 http://www.ohmynews.com/NWS_Web/View/at_pg.aspx?CNTN_CD=A0002008788&CMPT_CD=P0001(검색일: 2014년 10월 13일)

의 대중들은 누군가 제공한 놀이상품에만 적응해야 하고 인위적 자극과 재미에 최적화된 상품만을 소비해야 할 뿐이다. 이들에게 놀이는 다음 날의 노동시간까지 견뎌내야 하는 무료함의 일시적인 처방물이나 다름없다. 즉 놀이는 소비재일 뿐 진정한 생산재의 역할을 하지 못하고 있는 것이다. 지적 · 감성적 잠재력의 원천으로서의 놀이가 아니라 오히려 반복적이고 습관적인 소비행위 속에서 미래 사회의 발전 동력인 상상력을 잠식하고 있는 것이다.

나아가 엄밀한 의미에서 한국인의 여가 영역들은 놀이의 원리들을 배신하고 있다.6) 놀이가 '놀다'라는 동사의 어간 '놀'에서 온 것처럼, 놀이는 능동적인 참여와 놀이 행위를 전제한다. 움직이지 않고 그저 기성품을 구경만하는 지금의 소비문화와는 전혀 다른 태도의 실천방식이 요구되는 것이다. 놀이의 세계는 열린 세계이다. 거기에서는 계절마다 자리를 바꾸는 별자리constellation마냥 우리가 어떻게 노느냐에 따라 무한정 다채로운 풍경들을 만들어낸다. 그리고 놀이는 '자유'를 추구한다. 일상의 규칙과 다른 규칙을 통해 다른 삶을 살아가는 가운데 맛보는 해방감은 놀이의 본질이다. 물론 놀이의 세계는 영속적이지 않으므로 다시 일상으로 돌아와야 하지만, 그렇다고 놀이의 경험이 무화無化되는 것은 아니다. 탈일상적 놀이의 시 · 공간 속에서 놀이 주체는 새로운 삶의 지평이 가능함을 인식하고 일상적 삶에 대한 성찰의 기회를 가질 수 있기 때문이다. 재미나는 삶의 경험이 재미없는 현실을 진단하게 하고, 결국 사회 구조의 개조 reshaping를 위한 인식과 실천의 동력을 제공할 수 있는 것이다. 뿐만 아니라 놀이는 무한한 상상력의 보고이기도 하다. 상상을 헛된 망상으로 치부하는 일상적인 삶과 달리, 놀이의 세계는 그 상상에 대한 놀이집단의 동의에 입각해 있다. 일상에서 벗어나 자유와

---

6) 뒤에서 보다 구체적으로 살펴보겠지만 놀이에 대해서는 다양한 정의가 있어왔다. 그 중 우리는 놀이의 사회학을 표방한 까이와의 정의에 주목할 필요가 있다. 그에게 "놀이는 어떤 고정된 시간과 공간의 한계 안에서 수행되는, 그리하여 자유롭게 받아들여진, 그러나 절대적 구속력을 갖는 규칙에 따라 수행되는 자발적인 행위 또는 일로서, 그 자체의 목적이 있으며, 또 거기에는 어떤 긴장감과 즐거움이 따르며 '일상생활'과는 '다른' 것이라는 의식이 따른다."(Roger Caillois, 2003, 48)

재미를 극대화할 수 있는 놀이 세계를 구성하려는 놀이적 상상력은 놀이꾼들의 주체적 역능을 배가시키는 근본 요인이기도 하다.7)

그러나 주류 대중문화가 주도하는 지금의 놀이 환경에는 놀이의 근본정신이 비집고 들어갈 여지가 없다. 직접 참여해서 사건을 일구어나가는 체험은 이제 요원한 일로 여겨진다. 인적 자산이 미래의 발전 동력으로 간주되는 요즘, 사회적 상상력과 자유를 망각하고 사회적 스트레스의 악순환을 되풀이하는 우리 사회의 모습은 한국 사회의 미래를 어둡게 한다. 근대화 이전, 놀이는 자연과의 유기적 관계나 인간다운 삶을 위해 필요했다. 그리고 삶의 여유나 활기를 희생하는 대신 생존을 위한 노동에의 헌신에 동의하며 진행된 근대화 과정에서도 골목길과 운동장은 놀이하는 사람들로 시끌벅적했다. 하지만 한국의 놀이는 역설적으로 소비의 시대를 맞이하면서-대개 신자유주의적 자본주의로 진입하면서-경제적 성장과 더불어 퇴화해왔다. 물론 미디어 환경의 변화 탓도 있겠지만, 놀이를 배척해온 사회적 환경 탓도 무시할 수 없다. 미디어의 소비를 제외하더라도 이제 놀이는 자본에 의해 인공적으로 조성된 놀이 공간에서 상품화된 소비생활의 연장으로 이루어지게 되었다. 놀이는 개인적 친밀성과 의미 있는 합의를 도출할 수 있는 계기를 제공하는 것이 아니라 더 큰 자극을 위한 일회적 소비재가 되어 가는 경향이 있다. 이로써 놀이는 주체적 역능의 개발과 표현, 탈일상적 상상력과 현실 인식의 기능을 상실하게 된다. 이제 일상 속의 사회 공간적 관계를 매개하는 역할은 화폐가 수행하게 된다.

소비적 여가문화에서 나타나는 '구별짓기'를 위한 '과시적 소비' 혹은 '양극화 현상' 역시 문제적이다. 부유한 계층의 여가 성향은 과시적 형태를 띠면서 더욱 자본 친화적이 되어가는 반면, 나머지 계층의 여가 소비는 더욱 위축되고 있는 형편이다. 우리는 현대 도시에서 도시적 상업문화를 향유할 수 있는 사람은 몇이나 되며 이러한 여가문화가 삶의 피로를 어느 정도나 보상해 줄지 의문을 던질 필요가 있다. 자본은 지속적으

---

7) Ted Ollman, "The Ludic Vision of Playful Society", in: Journal of Play Theory and Research 1993 Vol. 1 No. 2 pp. 117-140.

로 현란한 상품광고나 외부 세계와 차단된 소비 · 유흥 공간을 창출함으로써 주체들을 포획한다. 이러한 공간에서 주체들은 일상의 피곤함을 망각하고 환상의 공간으로 빠져든다. 점점 더 상업화되고 사적 자본의 지배하에 들어선 유흥의 공간 속에서 놀이의 다채로운 효과들은 축소 · 왜곡되고 만다. 이러한 환경에서 진정한 삶의 의미를 위한 정체성 추구나 자아의 실현이라는 놀이의 고유한 속성들은 파기되고 마는 것이다.[8] 그 결과 만들어지는 주체는 단순히 체제에 순응하는 주체를 넘어 점점 더 강한 자극을 욕망하는 좀비적 주체일 것이다.

이러한 상황에도 불구하고, 아니 바로 그 때문에라도 우리는 근대적인 사유와 노동 중심의 패러다임에 억압되었던 가치들에 지속적인 관심을 기울여야 하고 현실의 과도한 피곤함과 주체 왜곡의 가능성들을 극복할 수 있는 스스로의 방안을 모색해야 한다. 소외된 노동의 피로감이나 의미 없는 삶들을 극복하기 위해 우리에게는 새로운 놀이 환경의 조성과 놀이문화에 대한 새로운 인식의 전환이 절실하다. 놀이는 아이들의 유치한 행동만도 아니며 아이들의 교육이나 치료에만 필요한 영역도 아니다. 오히려 모든 행동들을 노동과 연관 짓는 성인들에게 놀이는 더욱 절실하지도 모른다. 놀이는 우리 사회의 현행 문제점들을 측정할 수 있는 바로미터이며, 그러한 문제점들을 총체적으로 진단하고 극복할 수 있는 잠재적 가능성들의 보고이다. 놀이는 개인 주체성의 온전한 실현을 위해서도 필요하지만, 온갖 스트레스로 몸살을 앓는 한국사회의 치유 수단일 수도 있음을 기억해야 할 것이다. 궁극적인 삶의 질은 어차피 놀이사회로의 비전과 만날 것이다. 이는 한국의 인문학이 놀이에 관심을 가져야 하는 이유이기도 하다.

8) 우리는 스펙터클로 권태와 허무를 이기고자 한다. 하지만 현대 사회에서 인공적인 이미지들은 과잉이다. 오히려 그러한 자극들에 도피처를 마련해야 할 판이다. 이러한 것들에 "매번 반응을 보인다면 사람들은 내적으로 완전히 해체되어 상상하기 어려운 정신적 상태에 빠지기 십상이기 때문이다." (게오르크 짐멜, 2005, 43)그러한 감각 자극들은 권태의 대항마가 되지 못한다. 그것이 오히려 권태 유발자가 되는 경우가 잦다.

2. 교육과 치료 담론 너머의 놀이학

고대부터 인문학적 놀이 담론들은 놀이를 '성찰성 reflexivity'의 준거로 삼는 경향이 있다. 특히 자본주의적 산업화라는 거대한 변화와 그로 인한 내·외적 도전들과 대결해야 했던 근대의 놀이 담론들은 자기 당대 사회에 대한 반성의 소산이라 할 만 하다. 놀이를 경유하는 근대에 대한 근본적인 반성이야말로 사회와 그 주체들의 삶을 평가하고 대안을 구성하는 출발점으로 본 것이다. 왜냐하면 근대를 가능하게 한 가장 든든한 기초가 이성과 노동이었고 근대화의 과정이라는 것도 감성과 욕망, 몸 등 이질적 가치들의 억압을 전제로 한 과정이었기 때문이다. 놀이는 근대에 의해 배제되거나 금기시된 이들 가치들과 직·간접적인 관계들을 맺고 있다. 결국 놀이를 인문학의 의제로 호명하는 일은 기든스 Anthony Giddens가 말하는 '성찰의 급진화'와 연관된 작업이기도 하다. 그런 점에서 놀이학은 놀이를 경유한 성찰의 과정을 통해 개인 및 사회의 해방적 발전과 삶의 질의 전환을 추구해야 하고 그 가능성의 조건들을 모색해야 한다는 과제에서 출발한다.(Anthony Giddens, 1964, 73)

놀이학의 출발 지점으로서의 '성찰성'은 참여와 공감이라는 놀이의 속성을 체험하는 능동적인 주체의 관점에서 변화하는 사회적 담론 구조와 억압의 원리들을 비판적으로 조망하는 가운데 삶의 제 문제들을 능동적으로 해결하는 입장을 추구하는 인식론적이면서 동시에 실천적인 의미를 포함한다. 다시 말해 '놀이적 성찰성 ludic reflexivity' 개념은 근대성의 균형 잃은 발달과 도구적 근대화, 자본 주도의 획일적 세계화 과정 등으로 야기된 반생명적 문제들을 반성하고자 한다. 하지만 비판과 반성에 멈추지 않고 놀이 고유의 상상력과 창조 능력을 통해 다른 삶을 디자인하고자 한다는 점에서 놀이의 성찰성은 윤리학적 실천론의 지향성을 내포하기도 한다. 그런 점에서 인문적 놀이학은 현대사회에 대한 비판적 성찰을 넘어 물질적 성과 추구 과정에서 발생한 새로운 사회 공간적 위험과 갈등을 해소하고 삶의 질을 향상시키기 위한 대안적 전략의 기초를 마련하고자 하는 시도라 할 수 있다.

하지만 제도권 인문학은 이러한 '성찰성'을 부인하거나 간과해왔다.

물론 인문학의 여러 분야에서는 그동안 놀이에 대한 연구를 수행하기는 했다. 그만큼 놀이 연구는 그 성격상 학제 간 연구에 적합한 주제이다. 그러나 지금까지의 놀이 연구는 교육학과 심리학의 영역에 편중되어 있었고 민속학이나 미학 등 기타 문화예술 분야에서 간헐적으로 이루어져 왔다. 지금 놀이 담론을 주도하고 있는 분야는 놀이교육학과 놀이치료 분야이다. 민속학의 경우 전통놀이, 특히 세시풍속과 관련하여 문헌연구를 진행한 것이거나 현재 전승되고 있는 집단놀이들에 대한 민족지 ethnography가 다수를 차지한다. 이들 분야들은 놀이 자체에 대한 관심보다는 특정한 목적을 위해 놀이를 도구화하거나 전통적인 놀이 그 자체에 대한 실증적인 연구에 머물고 있는 것은 아니냐는 의심에 늘 노출되어 있다.

나아가 개별 분과학문의 틀 안에서 수행된 선행 연구들은 놀이 고유의 성격 규명에도 소홀한 면이 있었다. 놀이의 개념이나 분류, 놀이의 특성 연구, 놀이의 효과론에 대해서 나름의 규명을 한 성과가 있지만 모두 자기 논리의 감옥에 갇히고 만다. 가령 놀이 교육 혹은 놀이를 통한 교육은 '전인교육'이라는 궁극적 목표에도 불구하고 결국 사회의 일원으로서 그 주체를 기성 사회에 안착시키는 것을 은연중에 당연시하고 있다. 결국 부모나 교사에 의해 '기획'된 놀이는 또 다른 방식의 '주체 길들이기'라는 혐의에서 자유롭지 못한 것이다. 아이들이 놀이를 노는 것은 우선 그것 자체가 주는 해방감과 즐거움 때문이지 그것의 교육적 효과 때문만은 아니다. 긍정적이든 부정적이든 아이들은 현실의 규칙을 비틀며 사회적 금기를 위반하는 가운데 논다.(Maria Øksnes, 2013, 141-143) 하지만 지금의 대다수 놀이교육 연구자들은 이를 간과하거나 무시한다.

그리고 다수 놀이교육학자들은 아이들의 놀이를 억압하거나 놀이 환경을 침해하는 사회적 원인들에 대해 무관심한 경향이 있다. 아이들의 세계에도 놀이의 양극화 현상, 놀이 환경의 파괴 현상, 놀이에 대한 사회적 무관심 등의 문제가 존재한다. 그리고 이들 문제들은 대체로 정치적인 문제이다. 정말 놀이가 아이들의 교육에 유용한 도구가 되기 위해서는 몇몇 제한적인 놀이들을 통해 미리 마련된 교안에 따라 가르치는 관행에서 벗어나야 한다. 정말 '제4차 산업 혁명'으로 가시화되기 시작한 미래사회를 위해 어떤 주체가 바람직한 주체인가에 대한 엄밀한 반성이 선행되어야 한다. 혹 놀이 교육이라는 것이 너무 기능주의적인 방향으로 흐르지는 않았는지, 혹 인간에 대한 이해가 부족하지는 않았는지에 대한 자기반성에서 새로운 방향을 찾을 필요가 있다. 놀이의 교육적 혹은 인식적 효과를 인정할 수 있지만, 지식의 습득을 넘어 자기 혹은 타자, 사회를 알아가는 과정으로 놀이 연구의 범위를 넓혀야 한다. 이를 위한 전제로 놀이를 통한 학습이라는 오래된 강박에서 자유로울 필요가 있다. 원할 때 시작해서 원할 때 끝낼 수 있는 놀이꾼의 자유가 인정되지 않는다면 그게 무슨 놀이인가?! 놀이의 학습 효과라는 것도 자유롭게 노는 가운데 얻어진 사후적 효과가 아니던가?!

놀이치료의 경우에도 이러한 비판에서 자유롭지 않다. 놀이치료는 기존의 심리적 치료보다 더 민주적이고 본원적인 치료를 지향한다는 점에서 높이 살만하다. 문제라면 치료에 활용될 수 있는 놀이 모델이 무척 빈약하다는 것이다. 그러나 놀이교육의 경우처럼 과연 놀이치료가 생각하는 이상적인 치료의 궁극적인 목표가 무엇인가를 반성할 필요가 있다. 라캉 J. Lacan이 비판했던 순응적인 자아심리학의 목표가 결국 놀이치료의 목적은 아닌지, 그리고 이는 결국 '정상적인 것'으로 설정된 사회적 규범과 요구들을 내면화하는 주체를 양산하고 마는 것은 아닌지 등에 대한 철저한 자기 점검이 필요한 것이다. 더 나아가 놀이치료는 많은 심리적 트라우마의 원인이기도 한 사회적 억압들에 대해 무관심한 측면이 있다. 물론 개인 치료도 의미가 있지만 사회적 치유의 차원까지도 나아가려는 노력이 있을 때 놀이치료는 명실상부한 인간학적 지평을 획득할 수 있을 것이다.

그런 맥락에서 제도권 놀이연구에 대한 비판은 우리에게 시사해주는 바가 많다. 비판은 대개 다음과 같은 점에 집중된다. 놀이의 효과와 관련하여 제도권 놀이연구자들과 치료사들이 놀이에서 본 교육적 · 치료적 효과는 놀이의 고유한 자유와 위반, 즉 놀이의 원심적 기능을 부인하고 그들 스스로의 선험적이고 상상적인 틀 속에 아이들 놀이를 가두고 있다는 점이다.

하지만 현실에서 아이들은 교육자들이나 치료자들의 의도를 무시하기가 다반사이다. 아이들은 교육자들의 기대와는 달리 저속한 표현이나 제도적인 가르침으로부터의 일탈 속에서 놀이의 즐거움을 맛본다. 그리고 그들은 교육이나 치료를 위해 마련된 하나의 놀이에 만족하지 않고 끊임없이 '역할 탈퇴'를 감행한다. 아이들은 곰놀이를 하다 금방 아기 놀이로, 의사놀이를 하다가 또 다른 놀이로 끊임없는 '전이'와 '경계 넘기'를 감행한다. 결국 놀이교육자들이나 치료사들은 아이들 놀이의 현실에서, 그야말로 놀이 그 자체의 놀이성에서 출발하기보다는 자신들이 올바르다고 '상상하는' 놀이교육과 치료의 틀 속에서 아이들 놀이를 가두고 그에 맞춰 '정상적이라고' 상상한 주체로 길들이고 있는 것은 아닌지 반성할 필요가 있다.

그리고 피아제나 몬테소리, 프뢰벨, 듀이 등 교육에 있어 놀이가 갖는 가치를 강조한 학자들의 견해를 자의적으로 수용하는 관행도 문제적이다. 이들이 구상한 놀이교육은 사실 기존 교육현실에 대한 문제제기의 성격이 강하고, 그 현실을 바꾸려는 개혁적 비전과 결부된 것이었다. 그러나 국내에서의 수용은 놀이교육론의 경우 테크닉이나 경험 발표가 다수의 부분을 차지하고 있다. 거기에 단단한 놀이 철학에 기초한 놀이교육의 핵심은 실종되기 십상이다.

그런 점에서 우리는 국내 놀이교육 · 놀이치료 담론에 이론적 영감을 제공한 선구자들의 문제의식이 당대 현실에 대한 비판에서 출발한 것임을 복기하면서 국내 놀이교육의 '누락된 사회성'을 복권시킬 필요가 있다. 나아가 선구자들의 혁신적인 의미에도 불구하고 이들의 담론에 내재된 한계, 즉 놀이의 결과를 기성 사회 유지의 수단으로 삼고 있지는 않는지 면밀하게 살펴야 한다. 앞서 말한 것처럼 놀이는 사회적으로 인정되는 '정상적인' 자아 구성의 측면뿐만 아니라 그 사회를 벗어나는 자유와 해방의 경험 역시 제공하는 양가성을 지니기 때문이다. 나아가 놀이를 아이라는 주체에 한정시키는 것도 문제다. 어쩌면 놀이교육과 놀이치료가 가장 필요한 주체들은 성인이라고 할 수 있기 때문이다. 놀이를 잃어버리고 그로 인해 삶의 의욕마저도 상실할 위험에 처해 있는 그들에게 놀이는 지금까지 맛보지 못한 '감응affect'을 제공할 수 있음을 기억할 필요가 있다.

놀이는 개인의 교육이나 치료로 끝날 문제만은 아니다. 놀이의 사회적 효과는 집단놀이를 통해 배가될 수 있고 이는 다른 이들과의 소통과 관계 맺기의 다양한 경험들을 제공할 수 있기 때문이다. 이를 위해서는 동시에 '무관심'과 '배제'의 전략을 통해 놀이를 억압하는 사회의 구조적 환경에 대한 문제제기와 개선의 노력이 진행되어야 한다. 놀이의 윤리는 사회적 연대성social solidarity의 회복을 요청한다. 그런 의미에서 놀이교육은 전 세대와 계층을 아우르는 입체적 교육이어야 하고 놀이치료 역시 개인에 대한 '치료'가 아니라 개인적 · 사회적 '치유'가 되어야 한다. '힐링 시대의 인문학'으로서의 놀이학은 병리적 · 임상적 관심에서 벗어나 인간을 보는 관점, 사람과 사람 사이의 관계, 자연의 향유 방식, 놀이의 주체적 · 사회적 조건들, 시간과 공간에 대한 사유 방식 등으로 그 지평을 넓혀야 한다.

다시 한 번 강조하자면 놀이교육과 놀이치료는 아이들만의 전유물은 아니다. 놀이교육과 놀이치료의 문제의식이 사회적인 영역으로 확장되어야 한다고 할 때 '놀이의 빈곤'과 관련하여 성인들이 겪고 있는 개인적 · 사회적 문제들은 21세기 우리 사회의 '지속 가능한 발전'에 있어 심각한 장애이다. '아이들의 놀 권리'만큼이나 '어른들의 놀 권리'를 고민해야 할 때이다. 놀이는 단순히 먹고 마시고 노는 문제만이 아니라 '어떻게' 먹고, 마시고, 놀며, 또 이런 것들에 '어떤' 의미를 부여할 것인가의 문제를 포함하고 있다. 놀이가 단지 노동을 위한 휴식이나 재충전의 의미로만 받아들여져서는 안 되는 이유이다.

놀이를 인문학적 사유의 대상으로 삼은 다수의 학자들은 '자유'와 '자율'을 놀이의 제일 중요한 속성으로 강조한다. 그런 점에서 아이든 어른이든 놀이는 '스스로' 즐길 수 있어야 하고, 놀이 참가자들 자신이 이끌어가야 하며, 즐거움을 느낄 수 있어야 한다. 따라서 목적이 있는 놀이

보다는 개방적인 놀이가 더 좋다. 단순한 흥미를 넘어 오랫동안 지속될 수 있고, 반복되더라도 지루하지 않기 때문이다. 열린 놀이는 특정한 목적이 미리 주어지지 않는다. 그렇기에 스스로 다양한 목적을 부여하면서 놀이를 진행할 수 있다. 이상적인 놀이 상황은 자유롭고 유기적인 상호작용을 통해 즐거움을 공유할 수 있는 놀이 공동체를 통해 구성된다. 놀이의 치료적 효과나 교육적 기능은 자율적으로 행해지는 놀이 속에서 극대화되는 것임을 명심할 필요가 있다.

인문학적 전통 속에서 축적된 놀이의 사유들은 기존의 놀이연구를 진단하고 그 한계를 넘어설 수 있는 기반이 될 수 있다. 놀이는 한마디로 자유에로의 동참이라고 할 수 있다. 그저 한 순간의 즐거움에 불과한 것 같지만 그 짧은 시간 동안의 놀이 경험은 이후 돌아갈 일상에 대한 교정의 역할을 할 수 있다. 놀이를 통해 이루어지는 탈일상적 '해방' 혹은 '탈주'의 경험은 바람직한 삶과 사회운영에 대한 성찰과 모색을 애초에 차단하는 노동중심 사회 혹은 생산중심 사회에 대한 창조적 부정성 creative negativity의 특징을 갖는다. 놀이는 삶의 질이라는 것이 단순히 배불리 먹는 문제 이상의 것임을 자각하게 한다. 하지만 놀이의 '성찰성', 즉 현실에 대한 반성과 개선을 향한 노력이 있을 때 이러한 가능성이 작용할 수 있을 것이다.

3. 사회적 기획으로서의 놀이

어느 사회든 그 사회를 유지하기 위해 필요한 '기본억압 basic repression'은 존재한다. 문제는 필요 억압을 넘어 억압적인 권력관계를 유지 · 재생산하고 자연과 인간의 본성을 가두며, 결국 인간의 자유의지와 인간다운 삶 자체를 부정하는 '과잉 억압surplus repression'이 존재한다는 것이다. 놀이는 제도화되고 구조화된 이러한 억압과 사회의 지속가능한 성장을 가로막는 적폐積弊 요인들에 대한 근본적인 반성이기도 하다. 왜냐하면 놀이는 현실의 규칙이나 윤리와 다른 놀이 고유의 규칙과 윤리에 따라 수행되는 것이기 때문이다. 놀이사회의 규칙과 윤리, 그 속에서의 인간의 삶을 일상적 삶의 원리와 대화 혹은 대면시키는 것은 현실 사회에 놀이의 정신을 이식하는 작업의 시작일 것이다. 이런 점에서 놀이의 윤리는 현실 문제나 모순들의 치유와 사회적 교정을 위한 '놀이 정치학 ludic politics'의 시야로 확장된다. 놀이 정치학은 일상을 살아가는 개인들의 스트레스가 사실은 사회적 스트레스임을 인식하고 이것을 극복하기 위한 실천적 방안들을 구상함으로써 놀이사회ludic society: playful society의 기본적인 틀을 구획하고자 하는 놀이학의 실천학적 측면이다.

인문 정신과 놀이 정신은 서로를 수렴한다. 이미 하위징아 Johan Huizinga는 놀이, 즉 예술과 문화를 시간 죽이기로 취급하는 것을 비판했다. 일과 여가를 분리하고 대립시키는 것에도 의문을 표한 바 있다. 이미 하위징아 이전에 생산적 효율성을 중시하는 생산력주의, 감성과 몸을 폄하하는 근대 이성중심주의를 비판한 사람들이 있었다. 인간성과 참된 놀이를 위한 자유의 확보, 창조성의 보존을 통한 인간 본성의 회복, 인간의 존엄성과 자유의 가치를 표현하는 가장 중요한 통로이자 매개가 그들에게는 놀이였다. 이러한 시각은 이후 가다머 Hans-Georg Gadamer나 하이데거 Martin Heidegger, 핑크 Eugen Fink 등에게 계승된다. 그 중 가다머에 따르면 인간의 삶은 본능적 생존이나 이성적 계산 이상의 무엇을 갖는다. 그 중 대표적인 것이 놀이(예술)이다. 놀이나 예술 모두 행위 그 자체만을 목적으로 하는 자기표현 행위이다. 하이데거나 핑크에게도 놀이는 '남는 시간'(여가)을 보내는 방법이 아니라 인간의 존재론적 속성이다. 상실되어가는 인간의 본성과 존엄성의 회복은 놀이의 회복, 놀이의 속성(특이성)의 실천을 통해 가능하다.

그런 점에서 고대 그리스 이후 간헐적으로 제출되어온 놀이담론은 사람의 삶의 무늬와 결들을 어떻게 벼려야 하는지에 대한 고민의 흔적이다. 특히 그것은 근대 지성사에 와서 꽃을 피웠다. 놀이와 예술적 상상력의 소통 및 그를 통한 주체 형성, 즉 '교양 Bildung'을 강조하는 칸트 Immanuel Kant와 실러 Johann Christoph Friedrich von Schiller의 이상은 '미적 국가die ästhetische Staat'라는 놀이적 유토피아를 추구한다. 이를 이어받은 가다머는 예술의 놀이성ludicity을 통해 주체가 능동적인 미적 주체로 거듭날 수 있다고 주장한다. 또 다른 방향에서 니체 Friedrich Nietzsche와 그의 후계자들은 놀이의 이념을 변주하며 근대와 이성 담론에 대한 발본적인 비판이 가능하다고 본다. 그 밖에 바흐친 Bakhtin, Mikhail Mikhailovich과 콕스 Harvey Cox, 뒤르켐 Émile Dur kheim, 방브니스트 Emile Benveniste 등의 학자들도 놀이의 위반성이 억눌렸던 인간에게 위반과 해방의 경험을 제공함으로써 주체 인식의 확장은 물론이고 대안 사회의 창안에 직접적인 동기를 제공할 수 있음을 강조한다.(Lukas Thiedeke, 2011, 28-29) 본격적인 놀이학의 출발점이라 할 수 있는 하위징아와 까이와의 공통점은 놀이와 인문학이 탈일상성과 자유라는 공통의 매개 속에서 한 몸을 이룰 수 있다고 본다. 이들 외에도 축제인류학과 민족 연극학, 탈근대 담론들과 비판이론 등에서도 놀이적 상상력이 도구적 이성과 억압적 근대의 장벽을 넘어서 '역공간liminal space'을 만들어내는 적극적인 역할을 한다고 본다.

터너 Victor Turner에 따르면 '역공간'은 양가적 공간이란 점에서 놀이의 이중성을 구체적으로 예증하는 공간이다. 역공간은 "공적인 것과 사적인 것, 문화와 경제 그리고 시장과 장소를 결합하고 이것의 경계를 말소하는 공간"이고, "모든 사람에게 열려 있는, 하지만 어떠한 지침 guide 없이는 쉽사리 이해되지 않는 '어느 누구의 것도 아닌 영역'"(Victor Turner, 1996, 57)이다. 이 역공간에서 '배제', '소외', '억압'과 그에 대항하는 '참여' '자율' '해방' 등은 상대적일 수밖에 없다. 예로부터 놀이는 리미널한 영역에 위치해왔다. 어떤 놀이들은 권력의 정당성을 묵인하고 강화하거나 제도에 안착해버리는 구심적 기능을 하기도 했다. 그러나 또 많은 놀이들은 기존의 권력을 희롱하거나 기성 질서를 비트는 가운데 해방적 즐거움을 만들어 내기도 했다. 그리고 대부분의 놀이들은 구심성과 원심성을 동시에 간직하고 있다. 이것이 놀이의 이중적 양가성이고 역공간의 놀이 미학이다. 가령 월드컵 응원의 광장과 사이버공간의 가상현실이 놀이 욕망의 소비를 부추기는 대리 욕망의 출구이면서도 탈주의 가능성들에도 문을 열어놓고 있는 것처럼 말이다. 그렇다면 중요한 것은 놀이의 이러한 '역공간'을 민주주의와 해방적 생활세계를 위한 시험장으로 기능 전환하는 것이 될 것이다.

그런 점에서 근대적 사유의 탈구축(해체) deconstruction과 재구축 recon struction을 시도하는 탈구조주의적 놀이학 poststructural ludology은 종래의 도구적 학문의 한계를 극복할 수 있는 실마리가 될 수 있다. 도구적 학문은 사회적 존재인 인간의 내면이나 주체적 측면보다는 인간을 수량화함으로써 인간이 중심이 되는 사회적 관계들을 물건의 관계들로 사물화Verdinglichung하여 보곤 한다. 모든 인간관계들이 교환관계('화폐관계')로 동질화되기에 사람들은 수치와 데이터들로 기록될 뿐 주체 고유의 특이성, 꿈, 욕망, 이상, 자아 등은 무시되고 만다. 우리는 이를 '소외'라 부르고 비판한다.

따라서 교환가치로 쉽사리 환원 될 수 없는 놀이의 가치를 긍정하는 작업은 놀이라는 활동을 통해 사물화된 자본주의적 교환관계를 폭로하는 작업의 다른 이름이기도 하다. 그런 점에서 놀이학은 인간을 다양한 '주름들'을 내장한 모순적이고 복잡다기한 정체성의 소유자로 본다. 이런 시각에서 중요한 것은 인간에 대한 평면적인 해석을 지양하고 인간의 삶과 사회의 복잡한 무늬와 결들, 그리고 잠재력들을 입체적으로 조망하는 것일 터이다. 탈구조주의적 놀이학은 인간의 도구화에 문제를 제기하고 인간의 잠재력을 자유롭게 표출하는 데 기반이 될 수 있는 이념적이고 실천적인 조건들을 모색하고자 한다. 인간을 지성과 감성, 윤리적 감각과 신체적 능력, 상상적 잠재력 등 수많은 역능의 총체로 이해하면서 인간의 자기소외를 극복할 수 있는 방안들에 관심을 갖는다는 점에서 그것은 새로운 인간학의 구성 시도로 볼 수 있을 것이다.(Paul L. Harris, 2007, 30-47)

식민지 근대화와 그 이후의 압축적 근대화가 불러온 다양한 사회 문제들에 시달리는 한국에서 삶의 급전직하急轉直下를 가져오는 원인들의 극복은 더 이상 미룰 수 없는 과제가 되었다. 더 평등한 경제, 더 실질적인 민주주의, 더 높은 삶의 질은 21세기 한국의 지속 가능한 발전 모델의 기획을 위한 필요조건들이다. 이를 위해서는 사회의 문화적 수준과 문화 환경의 질적 개선이 필요하다. 놀이학은 이러한 개선에 필요한 값진 통찰들을 제공한다. 놀이학은 자기 목적성을 지닌 주체인 '놀이하는 인간 homo ludens'과 일상 속에서 축제적 '반사회反社會: counter-society'를 만들어내는 '축제인 homo festivus'에 주목한다. 그는 일상적 주체이면서 지속적으로 놀이와 감성으로부터 삶의 동력을 끌어내는 인간이다. 일탈의 놀이공간에 머물기를 고집하는 자는 이상적인 주체가 아니다. 오히려 일상인과 놀이인 혹은 축제인의 통일, 두 가지 주체성을 한 몸에 구현하고 있는 주체가 놀이적 주체라 할 수 있을 것이다.[9)]

물론 우리가 살아가는 현실은 여전히 놀이의 구조적 혹은 도구적 기능에만 주된 관심을 보인다. 현실적으로는 민주화의 비약적인 성취에도 불구하고 놀이의 사회적 포획, 자본 종속성이 강화되고 있다. 과거에는 놀이와 문화의 권력 종속성이 한국 놀이문화의 발전을 가로막았다면, 지금은 놀이의 경제적 종속이 그 발전을 가로막고 있다. 초국적 미디어자본과 놀이산업의 결탁 속에 놀이의 진정한 재미 체험은 순간적인 자극 체험으로 변질되고 만다. 이러한 경험은 현실의 고통에 대해 더 큰 고통으로 해소하려는 악무한의 순환일 뿐 참여의 즐거움과 창의적 잠재력의 확장 · 경험과는 거리가 멀다. 놀이 담론 역시 주체들을 사회적으로 통합하고, 개인을 사회의 온전한 일원으로 포획하는 방법과 가능성들에만 주된 관심을 기울일 뿐이다. 앞서 살펴 본 놀이교육과 놀이치료 담론이 대표적이다. 그래서 질 Sam Gill같은 연구자는 놀이를 통한 개인의 교육이나 치료에 사회적 차원의 이론적 · 실천적 고민이 보완될 필요가 있다고 주장하는 것일 터이다.(Sam Gill, 2003, 13-17) 놀이 과잉의 시대, 아니 유사 놀이가 일상이 되어버린 시대, 놀이의 힘은 정작 이들 놀이들에 대한 반성의 과정에서 구축되고 활성화 되어야 할 것이다.

9) 이는 사회의 경우도 마찬가지다. 사회는 필요한 만큼의 현실원칙과 놀이의 쾌락원칙이 균형을 이룰 때 사회의 동력은 배가될 수 있을 것이다. 물론 이는 삶의 시간과 공간을 일상(노동)과 놀이로 기계적으로 양분하는 것이 아니다. 노동 속에 놀이의 계기가 깃들어 있을 때 노동은 훨씬 더 의미 있는 결과를 내어올 것이고 상품 소외의 간격도 줄일 수 있을 것이다. 물론 놀이의 경우 어떤 현실적인 목표를 반드시 겨냥해야 하는 것은 아니지만, 사후적으로는 주체나 사회에 생기 있는 윤활유 역할을 해줄 수 있을 것이다. 같은 책, 43-46쪽 참조.

놀이학은 '삶의 질 향상', '나 혼자 잘 먹고 재미나게 잘 살기' 식의 웰빙 Well-being이 아닌 사회적 '참살이'에 관심이 있다. 개인 놀이든 집단 놀이든 놀이는 근본적으로 '대화성'을 지닌다. 의식적 자아와 또 다른 '나들 Ichs', 나와 타자, 나와 자연, 나와 사회 사이에서 '서로-접속'의 기회를 제공하기 때문이다. 또한 놀이는 호혜적 평등성을 통해 가상적인 탈일상의 놀이 공간을 만들며 미처 몰랐던 자신의 다양한 욕망들과 잠재적 가능성들을 '실험'할 수 있게 해준다. 따라서 '타자성'과 '상호-참여성'은 놀이의 성립 조건이면서, 놀이의 지향성이 개인의 자유를 넘어서는 '동료 인간 Mitmenschen'의 해방성으로 향하고 있음을 알 수 있다.

놀이의 이런 특징은 그 규칙에서 잘 나타난다. 놀이의 규칙은 놀이에 참여하는 주체들의 민주적 합의의 산물이며 놀이의 환경은 일상적 구속과 억압에서 벗어나고자 하는 주체들의 다양한 이질적 욕망들을 수렴한다. 다성성 polyphony의 세계가 구현되는 것이다. 현실의 규칙과 달리 놀이의 규칙들은 재미와 즐거운 긴장을 위해 언제든 바뀔 수 있는 '개방성'을 특징으로 지니기 때문이다. 놀이의 재료들은 우리의 '재미없는' 일상들이고 놀이를 통한 일상의 질서와 규칙에 대한 일시적 비틀기는 사회의 질적 향상을 위한 아이디어를 제공하곤 한다. 달리 말하자면 놀이의 규칙에는 현실과 비-현실 사이의 긴장이 반영되어 있다. 놀이는 늘 현실의 일단을 반영한다. 그러나 그것은 현실에 대한 직접적인 재현이 아니라 놀이의 즐거움을 위해 의도적으로 축소하고 변형한 것이다. 직설법적 현실을 가정법적 규칙으로 바꾸어 놓은 것이다. 현실이 놀이의 규칙으로 변형되는 과정에서 지금의 현실은 '실현되어야 할 현실' 혹은 '그렇게 바뀌었으면 하는 현실'로 바뀌는 것이다. 결국 놀이의 공간 속에 참여한 놀이 주체들은 놀이의 역설적인 체험을 통해 자신들의 일상을 반성하고 사회적 개선의 의지와 영감을 획득할 수 있는 것이다.(앞의 책, Chris Boessen, 21-24)

하지만 대안 사회를 위한 '기획 projection'으로서의 놀이 환경의 설계는 단순한 재미와 오락의 공간을 늘리는 것 이상의 의미를 지닌다. 그러한 놀이공학적 작업은 사회적 인식과 공동선을 고려한 사회적 공간의 재구성과 관련한 작업이며 인간적 가치를 최대한 반영하려는 노력이 따라야 하는 작업이다. 이는 놀이를 활성화하기 위한 사회적 제도의 마련, 놀이 관련 시설과 환경의 제작, 다양한 이벤트의 진행 그 이상의 의미를 지닌다. 그것은 먼저 삶의 결과 인간의 무늬를 미적으로 승화시키는 놀이의 역할, 적대적 경쟁과 갈등으로 일관하는 일상 속의 사회적 관계들을 질적으로 전환시키기 위한 인간적 삶의 기획이라는 점에서 더욱 본질적인 문제들이 우선적으로 고려되어야 하는 것이다. 굳이 놀이학이 인문학적 가치들을 수렴하고 반추하는 이유는 바로 새로운 놀이 패러다임이 인간의 삶과 직결된 의제들을 다루기 때문인 것이다.

안토니오 네그리 Antonio Negri와 마이클 하트 Michael Hardt에 따르면 르네상스의 시대에는 인간의 능력을 강화하는 '해방의 근대성'이 관철되었다고 한다. 여기서 해방의 근대성은 인간 해방을 위해 초월적 존재나 절대적 권력에 의존하지 않고 인간 자신의 '내재적' 능력을 개발하고 이 내재적 능력에 의해서만 더 나은 세계를 만들어가려는 경향을 뜻한다. 하지만 해방의 근대성은 결국 지배와 도구적 이성의 근대성으로 대체되고 만다. 근대의 반성성 · 해방적 이성이 뒷전으로 물러나면서 물질적 진보의 신화가 들어선다. 근대적 노동 예찬은 양적인 진보가 질적인 사회 발전의 비전을 완전히 식민화했음을 말해주는 것이었다.(Pierre Laszalo, 2000, 88-91)

자본주의와 사회주의를 동시에 지배한 생산력주의의 신화는 놀이를 몰아내기 위한 독백적 공포 정치를 자행했다. 생산력 지상주의와 과학에 대한 맹신 속에서 놀이를 이야기하거나 놀이를 노는 것은 죄악시되기까지 한다. 그들에게 "내가 놀 수 없다면 그것은 나의 혁명이 아니다"라는 통찰과 실천은 억압의 대상이었다. 19세기 이후 놀이정신을 구현하려고한 사상가들이나 예술가들이 아웃사이더의 지위를 감내해야 했던 것도 그 때문일 것이다. 물론 자본가들은 자본주의의 비약적인 성장과 더불어 놀이의 훈육적 · 국민동원적 가능성과 상업적 가능성에 눈독을 들인다. 근대 스포츠가 '유혈 스포츠 bloody sports'라고까지 불리는 중세의 원초적인 놀이들을 제국 경영의 주체 및 '젠틀맨'이라고 하는 지배적 주체를 양산하기 위한 훈련 수단으로 삼으려는 의도에서 시작되었음은 잘 알려진 사실이다.[10] 에코 Umberto Eco가 『장미의 이름』에서 묘사한 것처럼 명랑함과 웃음에 대한 억압과 증오는 중세만의 현상은 아닌 셈이다. 모든 권력은 웃음과 놀이의 위험성을 알기에 그것을 금지하는 것이다.

해방적 이성의 복권을 주장하는 다양한 경향의 비판이론과 포스트모더니즘이 축제나 위반의 정치학, 욕망과 탈주, 놀이적 해체 등에 주목하는 이유도 바로 놀이를 통해 근대에 대한 본원적 비판과 그 너머의 사유가 가능하기 때문이다. 놀이 기근의 시대에 놀이는 현실 비판의 유효한 전략이자 대안적 사회 구성의 '낮꿈 Tagstraum'으로서 유토피아적 지평을 획득할 수 있는 것이다. 나아가 사회적 기획으로서 인문적 놀이 담론은 자본주의적 윤리에 따른 인간형으로 주체를 훈육하는 과정에서 상실된 인간 고유의 총체적 잠재능력을 회복하는 문제에 관심을 둔다. 물론 근대를 넘어서는 탈근대적 주체성의 층위는 사회구조적 변화, 즉 놀이의 주·객관적 환경의 구축이라는 실천적 차원을 내포한다. 따라서 놀이학은 주체의 역능들뿐만 아니라 정치·경제·문화 등을 아우르는 사회의 총체적 역량강화에 기여하고자 한다. 여기서 '역량'은 지적·감성적·윤리적 능력 등 인간의 다면적 능력이 지닌 사회적 기능, 특히 문화적 역량을 의미한다. 사회발전에는 경제적 발전과 정치적 진보도 중요하지만 특히 사회의 다면적 발전을 위한 주체의 지향과 노력이 필수적이다. 한 사회의 문화적 역량은 그 사회구성원의 문화적 능력에 의해 결정된다. 그러므로 놀이하는 인간의 능력과 감성은 사회 주체의 문화적 역량 향상에 크게 기여할 것이다.

10) 'sport'는 '물건을 운반하다'를 뜻하는 'portare'에서 유래했다. 이후 '포르타레'는 중세 불어에 들어가 '데포르테 deporter' 혹은 '데스포르테 esporter'로 사용된다. 이것이 11세기경 영국으로 들어가 '디스포트 disport'로 변형되고 16세기에 들어 'sport'라는 영어가 탄생되었다. 원래 라틴어나 불어에서 'dis'(des-)는 접두사로 쓰여 '분리'를 의미하며 'porter'는 '짐 따위를 들다'는 뜻을 지닌다. 여기서 파생된 'port'는 그러한 행위가 행해지는 장소, 즉 '항구'를 의미한다. 따라서 'disport'나 'sport'가 "일상의 일로부터 벗어나서 즐기다" 혹은 "자신의 노동으로부터 해방되어서 기분을 전환하다"는 의미를 나타낸다. 놀이와 밀접한 관련을 갖는 의미를 지니게 된 것이다.

그런 점에서 놀이의 사회적 환원 혹은 응용은 도구적인 방식으로만 진행되어서는 안 된다. 놀이의 사회적 활용이 문화산업과 같은 사적 이해를 충족시키는 방식으로만 이루어지는 것, 즉 놀이의 시장화와 사유화를 강화하는 방향으로만 진행되는 것은 온당치 않은 것이다. 놀이가 이런 식으로만 수행된다면 놀이가 지닌 잠재력의 총체를 개발하거나 활용하는 데 장애가 될 뿐만 아니라 놀이 고유의 '자유' 체험을 통한 새로운 창의적 주체 형성의 실현 역시 기대하기 어려울 것이기 때문이다. 이는 놀이정신 ludic spirit에 대한 배신일 것이다. 물론 인문학적 놀이연구가 사적 이윤 추구의 자유를 무시하는 것은 아니다. 이는 가능하지도 않고 그래서도 안 된다. 중요한 것은 모든 놀이들이 존재의 이유를 가지며 바람직한 사회는 다양한 놀이들이 공존할 수 있는 다원주의적 놀이 환경을 갖추어나가는 것이기 때문이다. 그런 점에서 시끄럽던 운동장과 골목, 마을의 광장을 복원하고 재생하는 일은 더 나은 내일을 위한 프로젝트의 시작일 수 있다. 물론 그마저도 쉽지 않은 일이지만 말이다.

놀이는 개별 주체를 위해서나 사회를 위해서나 공동선의 가치를 실현할 수 있는 중요한 매개이다. 개인의 사회적 스트레스를 줄이는 일, 한 쪽에 치우친 정신 영역 이외의 다양한 정신활동들을 활성화하는 일, 노동을 위한 신체를 놀이의 신체와 소통시키는 일 등은 개인적으로도 의미 있는 작업이지만 사회의 발전을 위해서도 중요한 일이다. 그리고 놀이에서 개인이 향유하는 즐거움은 늘 사회적 감정 구조와 연관이 있다. 놀이의 '결사체'는 개인적 즐거움과 사회적 연대가 혼융된 신명과 몰입의 조직이다.

놀이의 공공성과 관련하여 가장 중요한 놀이의 역할은 놀이의 탈일상적 자유 체험을 통한 일상 현실의 비판, 경제적으로 편향된 진보 개념에 대한 제어와 새로운 삶의 비전 제시일 것이다. 그러므로 우선 놀이의 공공성과 관련하여 놀이와 놀이적 상상력의 사회적 의미를 재평가할 필요가 있다. 놀이적 상상력은 놀이를 억압하고 배제하는 시장 중심의 놀이 현실에 대한 부정의 의미를 지닐 뿐만 아니라 더 나은 사회적 기획의 청사진에 다양한 형태의 제안이나 흔적을 남길 수 있다. 이런 점에서 놀이의 시공간은 일종의 '유토피아 Utopie'의 시공간으로 읽을 수 있다. '유토피아' 역시 이상적인 가상의 시공간 속에서 당시의 일상 현실을 비판하고 그 대안을 보여주기 때문이다. 놀이를 통해 놀이 주체가 획득하는 정체성은 일상의 이데올로기적 호명을 통해 굳어진 구조적 정체성과 다르다. 놀이 주체의 욕망은 늘 이데올로기의 감옥으로부터 벗어나고자 하는 지향성을 지니기 때문이다.(William Morgan, 1994, 27-29)

4. 놀이적 정의와 놀이사회

우리는 놀이의 실천적 원리와 사회적 의미를 '놀이적 정의 paidial justice, ludic justice'라는 개념을 통해 생각해 볼 수 있다. '놀이적 정의'는 문학 연구에서 자주 거론되는 '시적 정의 poetic justice'에서 빌려온 말이다. '시적 정의'는 억압적 현실로 벗어나기 위한 상상적 혹은 '포이에시스 poiesis'적 질서를 의미한다[11]. 즉 이는 현실에서는 사실이 되기 어려운 질서 내지 이상적으로 상정된 질서를 의미한다.(Martha C. Nussbaum, 1997, 12-13) 그렇다고 이러한 상상적인 정의가 실현 불가능하다거나 비과학적이라고 할 수는 없다. 인문학은 늘 어떤 '대항 이미지 counter-image'를 통해 '지금 여기'와 다른 어떤 삶을 구현하고자하기 때문이다. 이러한 상상적인 의미는 현실에 대한 부정성의 원리로서 그리고 인간다운 삶이 가능한 대안 사회 구성의 단초로 기능할 수 있는 것이다.

놀이의 가상적 · 가정법적 시공간 역시 현실과 다른 법과 규칙에 따라 작동한다. 놀이의 규칙이 현실을 닮더라도 놀이의 시공간에서는 다른 효용성을 지니거나 다른 효과를 지닌다. 주체들은 놀이의 재미를 위해 끊임없이 놀이의 현실과 규칙을 계속 다듬기 마련이기 때문이다. 이는

---

11) 밀러 D. Miller는 놀이를 '포이에시스 poiesis, 만들다, 하다'와 연결한다. '포이에시스 poiēsis'의 세계는 '가장 make-believe'의 세계이며, '가정 as if'의 세계이다. 일례로 우리는 과학자들의 연구를 통해 책상이 탄소분자들이 선회하는 세계로 이루어졌음을 알게 된다. 그들의 과학적 상상력에 동조할 수 있다면 우리는 사실적 세계 external world에 대해 더 잘 알 수 있게 된다. 시인의 경우도 마찬가지다. 셰익스피어의 소네트에 나타난 은유는 우리가 사랑을 더 잘 이해할 수 있게 만든다. 놀이의 관점에서 본다면 과학, 시, 신화는 창조하는 것이지 모방하는 것이 아니다. 하이데거가 횔덜린의 시를 인용하여 쓴 것처럼 "인간은 지상에서 시적으로 산다."

예전의 놀이는 물론이고 지금의 뉴미디어 놀이 문화 역시도 그렇다. 이를테면 온라인 게임의 플레이어들은 항상 게임 디자이너의 의도와 상관없이 게임을 사회적 커뮤니티의 활동 공간으로 만들기도 하는 것이다. 놀이의 재미는 일상과 다르고 상호작용적 참여를 통한 다양한 탈주의 기회를 제공하며 정체성의 다양한 전이 translation를 가능하게 하는 데 있다. 놀이 주체들은 놀이를 통해 현실 억압의 계기들을 비틀거나 놀이적 유토피아로 그것을 전복하곤 하는 것이다.

이처럼 놀이는 놀이적 정의가 살아있는 탈일상적 시공간 속에서 행해지며 일상에서 맛보기 힘든 몰입과 신명의 체험을 제공한다. 물론 놀이가 탈일상적인 활동이라고 해서 그것이 일상과 완전히 동떨어진 것은 아니다. 왜냐하면 놀이는 늘 우리의 삶 속에 들어와 있기 때문이다. 그러나 놀이 주체들의 잠정적인 합의 속에서 일상 속의 놀이는 '다른' 규칙을 지니며 일상과 변증법적 긴장의 관계에 들어선다. 놀이는 현실을 반영하면서도 우리의 현실을 초월하고자 하는 규칙을 통해 다양한 재미를 연출한다. 놀이는 우리의 현실에는 없지만 우리의 삶에 필수적인 요소들을 놀이의 '재료들 materials에 포함시키고 그것을 이상화된 놀이적 이미지로 변용시킨다.

물론 시적 정의처럼 놀이적 정의 역시 만들어낸 정의 혹은 허구적 정의에 불과한 것으로 여겨질 수도 있겠지만 부정적 '긴장'과 사회적 '생성'의 계기가 될 수도 있다. 놀이 주체들은 놀이를 통해 정의를 만들어낸다. 현실에서는 정의의 실현이 쉽지 않기 때문이다. 현실에서는 주어진 룰이나 계층적 · 계급적 요인들로 인해 꿈의 실현도 어렵다. 하지만 놀이의 시공간에서는 현실의 제약이 별 의미가 없다. 놀이 주체들은 현실의 제약을 무력화하는 다른 규칙들을 통해 놀이적 정의를 만들어 내기 때문이다. 현실에서 좀처럼 구현하기 힘든 놀이의 욕망과 놀이세계의 정의를 허구와 상상 속에서라도 구현하고자 하는 욕구가 놀이의 '가상'을 지배하는 것이다. 놀이는 현실 세계에서 좀처럼 찾기 힘든 정의의 모의실험을 통해 그것이 실현되어야 할뿐만 아니라 실현가능함을 시사한다. 현실의 리모델링을 위해서는 이러한 정의를 참조하거나 사회적 기획에 반영하여야 함을 시위하는 것이다.

놀이학은 놀이적 상상력 ludic imagination이 사회의 구조를 바꾸는 데 중요한 역할을 할 수 있음을 전제한다. 이는 놀이가 지닌 자유와 위반의 속성 덕분이기도 하고 놀이가 주체의 자유 역량을 키우고 '기쁨의 감응'을 가능하게 할 수도 있기 때문이다. 물론 까이와의 말처럼 놀이는 놀이 자체로 보았을 때 직접적인 이해관계에서 벗어나 있다. 놀이의 무관심성 disinterestedness은 그런 맥락에서 나온 담론들일 것이다. 그러나 놀이 경험의 사후적 효과는 개인의 삶은 물론이고 우리 사회의 다면적 발전에 긍정적인 역할을 할 수 있다. 놀이적 상상력의 공공성은 사회를 바라보는 새로운 시각이 놀이를 통해 도출될 수 있고, 놀이 경험의 증대가 사회 이해를 증진시키며, 나아가 사회 발전의 전략에 있어서도 질적으로 새로운 접근법을 제시할 수도 있다는 점에서 찾아볼 수 있다. 그런 점에서 '무목적성의 목적성'을 통해 놀이는 '지금 여기'와 다른 삶의 풍경을 상상하게 하는 셈이다.

흔히 놀이의 세계는 플레지르 plaisir의 기쁨과 주이상스 jouissance의 희열을 동시에 가져다준다고 한다.(Roland Barthes, 1990, 55-56) 이는 규칙이 느슨한 원초적 놀이 paidia든 아니면 스포츠와 같은 규칙 기반의 놀이 ludus든 모든 놀이의 공통된 자질이기도 하다. 주체는 처음 규칙을 숙지하면서 그것의 신비를 알아가는 가운데 재미를 느끼고 그것이 익숙해지는 순간 놀이 세계의 일원으로 스스로를 느끼며 희열의 단계로 나아간다. 물론 어떤 놀이의 경우 플레지르적 요소가 강하기도 하고 또 어떤 것들은 주이상스의 계기가 강하기도 하다. 하지만 그 어떤 경우이든 나름의 사회적 의의를 지니고 있다. 놀이에서 규칙은 재미와 즐거움이라는 효용성을 배반하지 않기에 우리가 살아야 할 삶의 기준을 새롭게 하는 경험과 기준이 될 수 있다. 그리고 놀이의 원초성 역시 그 나름대로 우리 현실에 대한 반성적 가늠자의 역할을 할 수 있다. 놀이의 이중적 즐거움은 '낯선 세계', 즉 우리의 비루한 일상과 '다른 세계'와의 만남에서 온다. 일상의 일시적 중지 속에서 놀이의 가상은 그 위력을 발휘한다. 러시아 형식주의자들의 말처럼 문학예술과 문화, 특히 놀이의 '낯섦'은 바로 일상과 상이한 언어와 규칙, 표현방식을 통해 만들어진다. 놀이의 낯섦은 브레히트 Bertolt Brecht의 '생소화 효과 Verfrem dungseffekt' 처럼 현실에 대한 깨달음으로 이어질 가능성도 다분히 가지고 있다. 이는 현실과 다른 이차원적 가상세계로서 놀이가 갖는 특징 때문이기도 하다.

놀이의 세계는 현실과 구분되지만 놀이 주체의 경우 놀이 과정에서 그 차이를 무시해야 한다. 물론 현대로 올수록 놀이가 현실의 요소를 강하게 반영하는 감이 있지만-디지털게임의 경우- 놀이의 원초성은 현실에 대한 순응보다는 충돌 혹은 생산적 대결에 더 큰 비중을 둔다. 놀이에 몰입하기 위해서는 놀이적 허구와 현실의 구분을 한동안 유예하는, 콜리지 Samuel Taylor Coleridge가 말하는 '불신의 자발적 중지 willing suspension of disbelief'를 선택해야 한다. 놀이의 재미를 위해서는 믿지 못하겠다는 마음을 기꺼이 밀어놓아야 하는 것이다. 이러한 과정은 허구적 세계와의 접촉을 통해 진실을 경험하는 독특한 방식으로서 문학과 예술, 놀이의 공통된 속성이기도 하다.

예술과 놀이를 통한 허구적 세계와의 접촉이 잦은 사람일수록 민감한 윤리적 감성을 함양할 수 있다고 한다. 서구의 중 · 고등교육뿐만 아니라 대학교육에서마저도 놀이의 중요성이 대두되는 이유에는 주체적 창의성의 계발 문제도 있지만 접하지 못했던 세계들에 대한 직접적인 경험을 통해 사회적 연대와 소통이라는 윤리성을 키우고 세계의 다양한 층위와 지평에 대한 지적 · 육체적 감각을 키우려는 열망이 게재되어 있음을 기억할 필요가 있다. 놀이의 쌍방향적 상호작용성과 직접적인 피드백은 그 속성상 체험의 강도가 훨씬 강렬한 것이기 때문에 놀이 속에 가담해서 그 세계의 일원으로 살아가는 것은 새로운 경험일 수 있는 것이다.

이를테면 놀이를 통해 주체는 타자의 세계를 경험할 수 있다. 이는 집단놀이의 경험만을 이야기하는 것은 아니다. 왜냐하면 혼자 하는 놀이의 경우에도 우리는 나의 감추어진 자아 및 내밀한 욕망과 조우할 수 있기 때문이다. 놀이를 통해 나는 '제2의 자아 alter ego' 혹은 '분신 double'

과 만날 수 있는 것이다. 더욱이 집단 놀이의 경우 우리의 행동과 정신을 강하게 규정짓고 있는 상징적인 '집단무의식'의 보고이다. 공동체의 뿌리 깊은 집단무의식은 일상에서는 잊힌 듯 수면 아래 가라앉아 있다가도 놀이의 순간 그 모습을 불쑥 드러내기도 한다. 2002년 월드컵 공동응원의 경우는 그것을 잘 보여준다. 집단무의식의 상징들이 집단의 정체성을 갱신하고 강화한다는 융 C. G. Jung의 말이 아니더라도 집단놀이는 공동체적 유대감, 즉 '우리 의식'을 강화하고 이를 사회적 연대와 소통의 소중한 자산으로 축적한다. (앞의 책, Sam Gill, 28-30) 또한 놀이에 수반될 수 있는 역사적 반성이나 철학적 성찰은 놀이학의 윤리적 기반이기도 하다. 놀이학적 비전에서 볼 때 놀이가 일상적인 행위가 되고 많은 사람들이 참여하는 사회적 실천으로 확산될 경우, 즉 놀이에 호의적인 사회적 환경이 마련될 경우 놀이 경험은 타자와의 공감을 높이고 문화적 다양성과 같은 중요한 문화적 토양을 진작하는 자원이 될 수 있을 것이다. 이는 결국 일상 속에 놀이의 정신을 수혈하고 놀이 속에 민주적이고 건강한 사회발전을 위한 광범위한 기획들을 비벼 넣는 일이기도 하다.

놀이는 또한 사회의 '직조 織造, texture'에 있어 삶의 질과 무늬를 중시하게 한다. 놀이의 사회적 '직조'에서는 경제 · 정치 · 문화가 날줄과 씨줄로 만나 새로운 사회의 상상적 모형을 구성한다. 이는 경제 중심의 발전 모델로는 도저히 불가능한 모델이다. 놀이는 우리의 삶을 아름답게 가꾸는 일에 단일화를 위한 평면적 사고를 넘어서는 지혜가 필요함을 일러준다. 이를테면 놀이가 타자의 세계에 대한 이해를 전제로 한다는 사실은 '타자'와 '우리'의 다름을 인정하는 것이고, 그 차이를 전제하면서도 놀이 속 주체들의 평등성을 인정하는 것이다.[12](Monica Vilhauer, 1998, 79-84)

놀이의 재미와 강렬한 감정은 '호모 심비우스 homo symbius'로서의

12) Monica Vilhauer, Gadamer and game of understanding: Dialogue-play and Opening to the Other, in: Emily Ryall & Wendy Russell(edit.), The Philosophy of Play, Routledge, 1998.

경험에서 비롯한다. 놀이는 놀이공동체 안의 동료 인간들과 '더불어 살아가기'를 존립근거로 삼기 때문이다. 이는 놀이가 나와 동료 놀이 주체 간의 정동적 affective 상호교환을 의미하는 말일 수도 있는 이유이다. 놀이는 전염성이 크기 때문에 상대방의 감정이 나에게 쉽게 전이된다. 놀면서 우리는 다른 이의 감정을 주관화 subjectify할 준비가 되어 있기 때문이다. 이러한 인간관계는 평면적 사고의 한계를 넘어서는 사회적 시선gaze을 전제로 한다. 놀이학은 인간을 통계를 위한 숫자나 생산의 목표를 달성하는 데 사용하는 도구로 파악하지 말 것을 요구한다. 왜냐하면 놀이는 인간이 상이한 내면을 가진 존재이고 삶의 궤적이 달라 생기는 편향들, 성격들, 판단들을 지닌 존재로 보게끔 하기 때문이다. 따라서 놀이를 통한 '삶의 사회적 직조'라는 지향점은 사회 발전의 질적 업그레이드를 요구할 뿐만 아니라 인간의 삶과 관계에 대한 근본적인 인식의 전환을 함축하고 있다고 할 수 있다. 놀이는 공감 Compathy에 기초하여 함께 즐거움을 공유하는 공환 Conviviality을 지향한다.

우리는 한국사회를 지배하는 사고의 단순성 혹은 평면성을 잘 안다. 한국의 시민사회는 학력수준이 높은데 비해 인문학의 수혈은 제대로 받지 못했고 인문적 사유의 사회적 수행성에 대해서도 별 정보도 얻지 못한 상태이다. 그런 시민들에게 총체적이고 비판적인 인문교육과 입체적인 사유의 훈련을 위한 연습이 무척 절실하다. 이는 한국의 정치 · 경제 · 문화 등 사회발전의 다면성 · 다차원성을 복합적으로 사고하고 디자인할 수 있는 사회적 주체 형성을 위한 필수적 요건이다. 지금 한국은 전근대/근대/탈근대가 섞여 있으면서도 국가의 발전 모델은 여전히 개발중심주의와 경제제일주의의 패러다임에 갇혀 있다. 국토건설과 기술개발, 시장개방과 국가안보 등 국가 전략의 수립에서도 삶과 사회의 '직조'라는 차원은 철저하게 간과된 측면이 있다. 이런 점에서 놀이적 상상력은 기존의 사회적 직조를 개선할 수 있는 실마리를 제공하고 더 바람직한 사회발전의 상을 제시할 수 있다고 생각한다. 또한 우리는 놀이가 국민의 문화와 여가에 대한 수사를 남발하면서도 그마저도 경제적 지표와 자본의 이해로 귀결시키는 관행에 따끔한 비판의 준거가 되어주기를 기대한다.

놀이의 상상력은 본질상 '사회적'이다. 여기서 '사회적'이라는 수사는 '개인적'이라는 어휘의 반대말이 아니라 '사적 private'이라는 말과 구분될 수 있는 개념이다. 놀이는 개인적인 영역과 공적인 영역을 아우르는 것이기 때문이다. 놀이학은 이상적 의사소통의 모델일 수도 있는 놀이를 사적 점유의 자원으로 삼고자 하는 시도에는 반대한다. 왜냐하면 놀이의 사적 유용은 사회의 분할을 기정사실화하면서 사회 속의 타자를 배제하고 자원들과 그 생산물들을 독점하려하기 때문이다. 놀이학이 놀이의 공공성 혹은 공동선을 강조하는 이유 역시 이러한 위험을 경계하기 위한 것이다. 물론 놀이의 상업화는 막을 수 없기도 하고 또 필요하기도 하다. 그러나 상업적인 기준이 1차적인 고려 요인이 되는 놀이의 상업'주의'적 경향은 사회적 생산성이나 주체의 사회적 표현능력 강화에 별 도움이 되지 않을 것이다.

놀이의 가상성 혹은 탈일상성은 근대 이후의 사회를 모색하는 우리에게 놀이의 사회적 창조성과 생산성의 유희 공간을 허락한다. 가상성과 탈일상성은 놀이적 상상력의 본질적 자질이다. 놀이의 저력은 현실에 존재하지 않는 세계, 즉 '반-현실 counter-reality'을 상상할 수 있는 힘에서 나오며 이 힘을 잠재태 the potential로서만 간직하는 것이 아니라 그것을 직접 구체화하고 형상화할 수 있기 때문에 가능하다. 놀이는 가능성이나 잠재성을 현실화하는 힘을 지닌다. 그런 점에서 놀이는 사회적 창조성의 대안적 모델일 수 있다. 상상력이란 구상構想, Entwurf의 능력이면서 실행 practice & performance의 능력이다. 동물들도 놀이를 한다는 그로스 K. Groos의 주장을 인정하더라도 구상과 실행은 인간이 유적 존재로서 지니고 있는 고유의 자질이기도 하다. 놀이에서의 구상과 실행은 잠재적인 상, 즉 있어야 하고 있으면 좋을 사회상과 인간관계들을 선취해서 보여준다. 이러한 이상적인 상은 복합적인 재미를 위해 마련된 놀이 규칙 속에 각인되어 있고 놀이 주체의 행위를 통해 직접 전경화된다.

놀이의 허구 혹은 가상이 지닌 사회적 생산성은 어떻게 작동하는 것일까? 주지하다시피 놀이는 현실과 다른 세계를 상상하게 해주고 상상

가능한 세계를 현실 속으로 호출하는 위력을 지닌다. 놀이의 가상성을 허무맹랑한 비현실 혹은 비과학적 공상으로 치부해버리는 것은 이성중심주의적 태도이다. 예술적 허구의 세계가 그렇듯이 허구와 구상 혹은 상상은 '기획 Entwurf'이라 불리는 인간 활동과 유사하기 때문이다. 허구적 세계를 상상을 할 수 있는 놀이 주체의 능력은 삶을 기획하는 능력과 통한다. 가령 '모의 놀이' 혹은 '가장 놀이 mimicry'에서 허구적 삶의 기획은 행동 영역에서 연기하는 능력과 통하며 연기를 하는 능력은 허구를 연출하는 능력이기도 하다.

어빙 고프먼 Erving Goffman의 '사회극 the social drama' 개념이 말해주듯 우리는 모두 다양한 사회적 위치와 직분을 맡아서 어떤 역할을 해야 하며 고착된 행동반경을 벗어나 늘 변신, 즉 새로운 주체성의 형성과정을 '연기'해야 한다. '우리는 모두 연극을 한다'는 고프먼의 생각에 연극 대신 놀이를 넣어도 무방하다. 놀이의 가상 체험은 주체성의 변신에 필요한 '연기' 능력의 함양을 도울 수 있다. 물론 놀이를 통한 삶의 기획은 사회적 배치에 따른 개인의 주체성 변화에만 유용한 것은 아니다. 오히려 놀이적 가상은 사회의 억압적 현실에 대한 반-모델 anti-model 혹은 '반-구조 anti-structure'를 구축함으로써 새로운 사회적 기획의 욕망과 아이디어를 추동한다. (빅터 터너, 1996, 45-50) 다시 말해 놀이의 가상성은 대안적 사회 구성의 꿈을 꾸게 하고 그 사회의 청사진을 미리 그려볼 수 있는 공간을 부여함으로써 사회의 질적 발전에 기여할 수 있는 것이다. 이러한 대안적 사회는 새로운 사회적 정체성을 요구한다. 놀이는 '집단 정서'의 형성을 통해 '공동의식' 혹은 '공유의식 sensus communis'을 얻게 한다.

물론 이러한 속성들은 놀이의 이상적인 모습일 수 있다. 지금의 많은 놀이들은 '사사화'되고 '체제내화'된 상업주의적 놀이들이 대부분일 것이기 때문이다. 그리고 각 시대마다 놀이가 요구하는 정체성의 내용도 다르다. 가령 전통적인 집단 놀이들의 경우 마을과 고을의 집단적 유대감 형성이 중요한 과제였다. 그리고 국가 의례의 경우 '상상의 공동체'라고 하는 민족적 정체성의 형성이 중요한 목표였다. 더 중요한 것은 이러한 놀이들이 '사회적 배치' 양상에 따라 전혀 다른 효과를 갖는다는 것이었다. 같은 놀이라 하더라도 그 놀이가 행해지는 사회적 콘텍스트에 따라 구심적인 기능을 하기도 하고 제도적 정체성으로부터의 탈주를 허용하기도 했던 것이다. 그러나 이것이 특정한 기준에 따라 좋은 놀이와 나쁜 놀이를 구분해야 한다는 것으로 오해되어서는 안 된다. 오히려 우리 사회의 인문적 가치들을 실현하기 위한 놀이학에 있어서는 놀이의 새로운 사회적 배치들을 가능하게 해 줄 인식의 전환과 환경의 조성이 더 절실한 과제일 수 있을 것이기 때문이다.

5. 놀이사회를 위하여

인문학 · 사회과학 · 예술과 미학 등을 횡단하면서 무한한 새로운 가능성들로 접속할 수 있는 '놀이학'은 통합학문적 연구의 한 시도로서 인간의 정신과 육체로부터 새로운 잠재성의 공간을 탐색하고자 한다. 봉합되거나 봉쇄되어 있는 인식론적/감성적 장벽들과 장애들을 깨뜨리고 복수적인 사회적 공간 속에서 복수적인 인간 육체/정신의 새로운 가능성들을 찾아내고자 하는 것이다. 놀이는 중층적이고 다중적인 주체 형성의 새로운 계열들을 만들어낼 수 있는 가능성들을 내장하고 있다. 보다 많은 자유와 보다 많은 평등의 계열들이 서로 만나 다양한 사회적 접속들을 생성할 수 있는 곳이 바로 놀이인 것이다. 궁극적으로 주체는 놀이의 주체가 되어야 하고, 사회는 놀이터가 되어야 한다. 물론 이러한 비전이 노동에 대한 전면적 거부로 이해되어서는 안 된다. 노동과 놀이 그 어느 것에 편중되는 것은 가능하지도 않고 긍정적이지도 않다. 노동이 놀이를 껴안고 놀이가 노동을 껴안는 양자 간의 유기적인 결합만이 우리의 삶의 질 향상에 기여할 수 있을 것이기 때문이다.

21세기 한국사회에 걸맞은 놀이학의 정립은 전면적 지구화 과정에 휩싸인 한국사회에 대한 진단에서 출발해야 한다. 왜냐하면 놀이학은 이론적 · 철학적 담론이면서 현실의 다양한 현상들에 개입하고, 그에 대한 대안들을 모색하고자 하기 때문이다. 결국 놀이학의 출발점은 한국이 행복한 사회로 가기 위해 어느 방향을 잡는 것이 옳을까 하는 고민인 것이다. 삶의 목적은 무엇인가, 인간 행복의 진정한 척도는 무엇인가, 자연과 인간의 바람직한 관계는 어떠해야 하는가 하는 본질적인 고민이 그 밑에 깔려 있다. 오직 경제의 양적인 성장, 부와 권력의 양적 분배만을 고려하는 20세기 식의 발전 모델은 지구적 위기, 사회적 양극화와 환경 위기, 무한경쟁과 소비로 인한 인간 주체성의 파괴들을 심화시킬 것이다. 이런 위기들에 효과적으로 대처하면서 삶의 질을 개선할 수 있는 새로운 사회발전 전략 수립에 놀이학이 기여할 수 있는 바가 클 수 있다. 이제 우리는 한국 근대사회를 추동해온 가치체계들을 전면적으로 재검토하고 새로운 출발점들을 고민해야 될 시점이다.

놀이학은 기술발전과 자본축적만을 우선시해온 근대성의 패러다임에 대한 비판의 전통을 공유한다. 프리초프 카프라 Fritjof Capra같은 과학자는 근대 세계를 지배해온 데카르트-뉴턴의 기계적 세계관에서 전일적 holistic-생태적 ecological 세계관으로의 전환을 요구한다. 그는 이러한 패러다임의 전환이 과학기술 분야에 국한되어서는 안 되며 사회 전반을 관통하는 '사회적 패러다임'의 차원으로 확장되어야 한다고 요구한다. (프리초프 카프라, 1998, 58-62) '놀이'와 '놀이 철학' 역시 도구적 이성 중심주의에 반대하고 자유와 놀이적 상상력을 통해 기존의 기성 개념을 조정하고 보완해야 됨을 일관되게 주장한다. 놀이에 대한 포스트주의자들의 관심은 포괄적 이성 개념에 이론적 단초를 제공할 수 있다.

우리는 지금 제4차 산업혁명을 향해 질주하는 기술혁명의 시대를 살고 있다. 컴퓨터 혁명과 그에 따른 자동기술화는 생산성 향상의 동력이다. 인공지능과 로봇, 빅 데이터와 사물인터넷 등은 미래 노동현실의 비약적 변화를 예고한다. 이러한 환경 변화가 고용감소를 유발하면서 사회 조직 전체의 위기를 불러올 것이라는 어두운 전망도 나오고 있다. 최근 '알파고'와 이세돌의 대국은 이 문제가 먼 미래의 일이 아님을 상기시켜 준 바 있다. 전 세계적인 '로봇' 개발 열기는 미래의 노동과 그로 인해 발생할 수 있는 문제들에 총체적인 고민을 요청하고 있기도 하다. 테크놀로지의 비약적 발전을 통한 노동시간의 감소나 경제적 수준의 향상이 '자동적으로' 여가시간의 확장 혹은 놀이 문화의 발전으로 이어지는 것이 아니라는 점에 주목해야 한다. 문제는 '남는 시간 spare time'을 여가 '소비'가 아니라, 생산적인 활동으로 전환할 수 있는 사회적 환경의 창출과 놀이 주체를 만들어내는 것이다. 특히 새로운 산업혁명이 가져다 줄 경제적 잉여와 시간적 여유에 대한 분배와 용법의 문제는 윤리적 요청 이상의 의미를 담고 있다. 이윤과 여가가 다시 기존의 기득권자에게 전유되지 않고 모든 구성원들의 자유와 행복을 위한 밑거름이 되도록 만드는 일은 놀이 윤리의 중요한 관심사이기도 하다.

우리 한국은 이미 비정규직이 정규직을 능가하는 상황에 있다. 혹자는 제4차 산업혁명의 핵심기술인 인공지능과 사물인터넷, 로봇 등이 가져올 노동시간의 감소나 인간노동의 대체를 '위기'이자 '기회'로 낙관한다. 하지만 울리히 벡 Ulrich Beck이 말하는 '위험사회'나 제레미 리프킨의 '노동의 종말'은 우리의 상황에 대한 엄밀한 진단과 대처를 위해 동시에 보아야 할 두 극이다. 세계는 지금 신자유주의에서 자국우선주의, 신국가주의로 트렌드 변화 직면. 그러나 일자리 감소심화, 서민의 삶은 피폐, 소득 불균형 양극화 극심, 결국 여가문화의 양극화로 이러한 경향은 전 인구의 10% 미만만이 일과 놀이를 향유하고 나머지는 극빈 혹은 빈사瀕死 상태에 머무는 파국으로 귀결될 수도 있다. 하지만 생산성 증대분을 소수가 독점하지만 않는다면 국민 다수에게 동일 임금을 지급하면서도 더 많은 여가시간과 다양한 문화 활동을 제공할 수 있다. 앙드레 고르 André Gorz 같은 이는 자동기술화에 따른 노동시간의 감소가 가져다 줄 수 있는 사회를 '문화사회'라고 부른다. (강내희, 2003, 366-367)

그러나 한국의 경우 고르의 희망은 실현되기 어려운 방향으로 가고 있다. 문정부들어 노동시간단축 논의 본격화, 문제는 노동현장과 기업 부정적, 인건비 상승우려, 근로자는 임금하락 우려 등 논의 초기단계에서 난항. 우리사회의 문화공학적 디자인에 대한 숙의 과정은 사치인지도 모른다. 그러나 노동의 위기와 그에 따른 생태적 위기, 삶의 위기가 구조화된 위험사회에서 벗어나기 위해서라도 문화사회의 비전은 반드시 고려되어야 한다. 놀이는 위험사회에서 문화사회로 나아가고자 하는 21세기적 비전의 성찰과 기획, 실천의 매개가 될 수 있다. 놀이가 우리에게 묻고 있는 질문에 성실하게 성찰할 때만이 '저녁이 있는 삶'도 가능할 것이다.

놀이는 인간의 존재론적 조건이라 할 만하다. 또한 놀이는 우리가 '플레이'하고 구경하는 스포츠와 게임에만 국한되지 않는다. 놀이는 상상하기를 통해 예술과 인문학의 오랜 관심사가 되어 왔다. 게다가 고대에는 신화와 종교의 의례에 놀이가 깊이 각인되어 있었다. 고대의 우주론과 형이상학, 혹은 교육 관련 담화에 다양한 형태로 놀이가 거론되는 대목들에서 그것을 확인할 수 있다.

이처럼 놀이는 인간 삶의 필연적 계기이다. 나아가 그것은 우리의 세계를 이해하고 우리 삶의 '지금 여기'(꼴)를 반성할 수 있는 바로미터이기도 하다. 우리가 오해하듯 그것은 노동의 반대말이 아니다. 놀이를 다음의 노동을 위한 재생산 수단 정도로 폄하한 것은 근대의 소산일 것이다. 근대 이전의 신화(서사)나 의례에서 확인할 수 있듯이 노동과 놀이는 한 쌍이요 짝패였다. 둘의 종합과 통일이야말로 행복한 삶의 조건이었던 셈이다. 놀이와 더불어 그리고 놀이 안에서의 소통을 통해 인류는 공동체를 영위해 왔다. 놀이는 모든 차이를 동일자로 해소하는 것이 아니라, 차이를 보존하면서도 공통체 the common를 구성하는 촉매 역할을 한 셈이다. 인간의 고된 노동과 현실에서의 갈등, 사랑과 죽음, 욕구와 욕망을 놀이를 통해 승화시켜온 역사야말로 근대의 다양한 소외 현상들을 반성하고 극복하기 위한 인문적 지혜를 제공한다.

놀이문화는 당대 사회 · 문화의 소산이다. 시대의 변화에 따라 (아동의) 놀이가 바뀌는 것은 당연하다. 놀이에 대한 인문학적 인식과 사유도 각 시대의 '문제틀'과 호흡하며 나름의 변신을 거듭했다. 하지만 뒤에서 살펴볼 놀이학자들은 한 목소리로 당면한 놀이의 결핍과 왜곡이야말로 소외의 근본 원인이라 지적한다. 이들은 우리가 만들어야 할 놀이사회에 대한 사유의 출발점을 제공한다. 물론 그 시작은 다양한 사회적 '위기들'에 대한 반성이어야 할 것이다.

현대의 위기는 놀이의 위기로 바꿔 부를 수 있다. 대중매체에 잠식된 놀이를 폄하할 수만은 없겠지만, 그것이 본래적 의미의 놀이인지는 따져볼 만하다. 까이와의 기준으로 보자면 스펙터클 사회의 문화나 도박, 유흥, 유사 놀이 pseudo-play 역시 놀이의 범주에 포함시킬 수 있을 것이다. 하지만 그러한 것들을 놀이로 인정하는 것과 그 가치를 짚어보는 것은 별개의 문제이다. 이 책에서 소개되는 인문학자들은 그러한 문제를 다루기 위한 문제틀이 될 수 있을 것이다. 특히 현대사회 놀이의 수동성을 성찰하고 원초적 놀이성, 즉 본래적 삶과 공동체의 체험과 놀이의 특이성(반현실성, 무구속성, 무목적성)을 매개로 한 대안 사회 구성의 인문적 자산이 되어줄 것으로 기대한다.

최근 자본주의의 위기가 선연하다. 피케티 Thomas Piketty 열풍으로 드러난 양극화의 문제, 계절의 구분을 잊은 환경 재앙의 징후들, 급전직하로 추락하는 사람들의 삶의 질 등은 인류의 미래를 어둡게 한다. 우리는 생존을 위해서라도 '다른 미래'를 구상하려는 노력을 해야 할 시점에 서 있다. 공동체적인 우애와 사회적 연대에 기초한 자연친화적인 생활방식의 창출이 시급하다. 놀이에 대한 인문학적 사유는 우리의 지금에 대한 성찰을 촉진할 수 있고 대안적인 삶의 설계에 기여할 수 있다. '좋은 삶 buen vivir'을 위해 놀이를 활용하자는 제안은 그 역사가 오래되었고, 앞으로도 지속될 것이다. 물론 놀이를 이야기하는 인문학자들 각각이 바라보는 놀이의 내용과 형식이 다르고, 그들이 지향하고자 하는 목표 역시 같지 않다. 그럼에도 그들은 놀이 안에서 주체와 사회의 변화를 촉구하고 있고, '다르게 생각하기'와 '다르게 살기'의 촉매로 삼고자 한다. 먼저 놀이를 사유한 학자들의 담론을 살피는 이유를 다시 거론하지 않아도 알 것이다.

Ⅱ. 놀이란 무엇인가?

놀이는 인류의 역사와 맞먹는 오랜 역사를 갖는다. 그래서 우리는 놀이를 인간의 '유적 본질 Gattungswesen'과 연관시키기도 한다. 놀이의 이러한 중요성 때문에 고대의 철학자들로부터 근대의 생물학자, 인류학자, 교육학자, 심리학자 등이 지속적으로 놀이와 관련한 사색과 연구를 수행하고 많은 생산적인 놀이 담론을 생산해 온 것일 터이다. 하지만 여전히 놀이가 무엇이고 어떻게 이해를 해야 할지는 모호한 상태이다. "우리 모두는 놀이를 한다. 그리고 우리는 모두 논다는 것이 어떤 감정을 수반하는지 안다. 하지만 '놀이'와 '놀이 아닌 것'이 어떻게 구분되어야 하고 '놀이'의 본질이 무엇인가 합의를 이루려고 하는 순간 우리는 막막해지고 만다"라는 서튼-스미스(Brian Sutton Smith, 1997, 11)의 진술은 놀이에 대한 개념 규정의 어려움을 잘 말해 준다.

물론 놀이의 이러한 '도발적인 모호성' 덕분에 많은 학문 분야들이 풍부한 활동 성과들을 내어올 수 있었다. 하지만 그 어느 분야도 '놀이'와 '놀이의 본질'에 대한 명확한 규정을 내어놓지 못했다. 놀이를 모든 것을 삼켜버리는 '버뮤다 삼각지'나 '블랙홀'에 비유하는 데에는 놀이가 모든 인문사회과학 분야의 관심사가 될 수 있기 때문일 것이다. 하지만 놀이에 대해 나름의 개념 정리를 시도해보면 늘 놀이의 다양성이나 디테일들이 희생되고 만다. 개념이 정의 대상들의 생동감과 역동적 다양성을 희생시키는 것처럼 말이다.

그럼에도 불구하고 놀이학의 정초를 위해 개념 마련의 노력을 포기할 수는 없다. "일반적인 개념 규정과 구분 기준들을 마련하기 위한 노력을 포기할 수는 없다. 이러한 문제의 해결이 늘 대략으로만 생각할 수 있더라도 말이다"라는 레터 Retter의 말도 동일한 맥락에서 나온 주장일 것이다. 그런 점에서 놀이 개념의 모호성으로 인한 어려움을 극복하는 데 비트겐슈타인 Wittgenstein은 어떤 잠정적인 해결책을 제공할 수 있을지도 모르겠다. 비트겐슈타인 역시 놀이가 단일한 정의에 의해 설명될 수 없다고 주장한다. 놀이는 '맥락에 따라 contextualized', 그 개념이 사용되는 상황에 따라 유동적인 의미를 갖기 때문이다. 그래서 놀이가 너무나 많은 다양한 특징들을 갖고 있어서 하나의 범주로 묶는 것이 불가능하다면 '가족 유사성 family of similarities'을 찾아 놀이 현상 이해의 방편으로 삼자고 제안한다. 그래서 그는 말한다. "왜냐하면 당신이 그것을 눈이 뚫어져라 보더라도 모두에 공통적인 무언가를 발견할 수 있을 것 같지는 않기 때문이다. 하지만 유사성들, 관계들, 그리고 그들의 전체적 계열들은 볼 수 있을 것이기 때문이다."

이처럼 놀이의 본질을 포괄하면서도 누구나 공감할 수 있을 만한 놀이의 개념을 간단 명쾌하게 정의내릴 능력은 유감스럽게도 아직 없는 것 같다. 다만 몇몇의 개념을 정리하면서 '가족 유사성'을 찾아내려는 노력만 할 수 있을 뿐이다. 플라톤 이후 지금까지 놀이를 이야기하는 사람들은 모두 놀이에 대한 나름의 정의를 내놓고 있다. 이들에게 공통되는 지점들을 정리하고, 차이 나는 부분들을 반영하여 놀이에 대한 개념을 재정리할 필요가 있는 것이다.

하지만 이 책에서 놀이를 정의하려고 한 모든 시도들을 소개할 수는 없다. 다만 본격적인 놀이연구를 대표하는 놀이학자 paidiatrician; playlogists인 하위징아와 까이와의 논의를 중심으로 놀이의 대략적인 의미를 살피고자 한다. 이들은 종래의 놀이 개념들과 비판적으로 대결하는 가운데 그래도 가장 풍부하고 명료한 정의를 내려주고 있기 때문이다. '놀이의 모호성 ambiguity of play'을 인정하면서도 그것을 극복하려는 끊임없는 노력 속에서 우리는 놀이 그 자체의 존재론적 특성에 접근할 수 있을 것이다.

1. 놀이 개념의 단초들

현대인에게 '놀이 paidia: play'는 긍정적이기보다는 부정적, 혹은 잉여나 주변의 느낌이 강하다. 그런데 고대 그리스인에게 '놀이'는 현대의 개념과는 전혀 다른 것이었다. '파이디아'는 일에서 받은 긴장을 완화하고 정신에 휴식을 제공하는 일종의 강장제였던 것이다. 그래서 아리스토텔레스는 "자연은 우리에게 일을 잘 하기를 바랄 뿐만 아니라 잘 빈둥거리는 것 또한 바란다"고 하였다.[1)]

아리스토텔레스는 매사에 그 자체로 즐기는 일이 가장 훌륭한 삶이라고 여겼다. 그리스어로 '스콜레 schole', 라틴어로 '오티움 otium'이라는 단어는 각각 놀이 혹은 여가로 번역되는데 그리스, 라틴어에는 노동이란 말이 없고 이 단어의 반대인 '여가가 없는'이란 말을 쓸 뿐이라고 소개하고 있다. 삶의 중심은 일이 아니라 여가(놀이)라는 의미다. 오늘날 학교를 가리키는 영어 school의 어원은 상당히 흥미롭다. school의 어원인 schole는 '여가'란 뜻이다. 오늘날 여가는 남는 시간에 휴식을 취하거나 레저를 즐기는 개념으로 사용하지만 고대 그리스의 스콜라 철학자들은 다소 다른 의미로 사용하였다. 스콜라 철학자들은 마음에 실재 reality를 있는 그대로 받아들이는 '관조觀照'를 학문 활동의 핵심으로 본다. 우리 마음은 실재를 파악할 수 있는 어떤 신비한 능력이 있고 schole(여가)를 통하여 치밀한 '관조'가 이루어진다는 것이다. 여기서 여가는 호모사피엔스 Homo sapiens의 역할을 충실히 수행하는 것이고 이성적인 정신 활동에 방점을 찍고 있다.

반면 그리스어로 '스콜레 schole'의 반대어인 '아케디아 acedia'는 영어 work의 어원이다. 아케디아와 워크의 발음이 비슷하다. 이는 번잡한 일로 바쁜 상태를 뜻한다. 학교 school는 아케디아의 상태에서 벗어나 실재를 관조하도록 격리한 곳을 말한다. 재미있는 것은 이 아케디아를 인간의 으뜸 죄로 여겼다는 사실이다. 그리스 사람들의 생각에 따르자면 오늘날 대부분의 사람들은 으뜸 죄를 지으며 살아가고 있다. 대부분 사람들은 일 속에서 허덕이다가 '여가' 시간이 주어지면 실재를 관조하지

1) 그러나 플라톤이 그랬던 것처럼, 아리스토텔레스 역시 정신적인 놀이가 중심이었고, 육체적인 놀이는 올림픽이나 전투와 관련한 것들만 인정했다. 그들은 자신들이 설정한 덕 virtue과 탁월함 Arte을 갈고 닦기 위한 기예로서만 놀이를 인정한다는 엘리트주의적 놀이담론의 출발점에 서 있는 셈이다 이는 이후 놀이나 여가를 평화로우면서도 질서 있고 여유로우며 균형 잡힌 이상적 상황으로 이해하는 키케로에 의해 계승된다.

않고 그냥 쉬고 자며 먹고 마시며 즐거움을 맛보는 것으로 보내니 말이다. 일 속에 빠져 관조를 잊고 있다가 여가의 시간이 오면 게으르고 나태한 본능에 충실한 경우가 대부분이다.

고대 그리스어로 노동 ponos은 슬픔을 의미했다. 히브리어에서도 일은 '노예'와 똑같은 단어를 사용했다. 우리는 에덴에서 추방된 아담과 이브에게 주어진 형벌에 노동이 포함되어 있음을 잘 안다. 라틴어 일 labor은 고통이 수반되는 극도의 노력을 뜻한다. 영어에서 labor는 14세기에 처음 등장하는데, 이는 짐을 메고 미끄러지거나 비틀거리는 것을 의미했다. 노동을 뜻하는 프랑스어 트라바이에 travailles는 라틴어 tripalium에서 온 말이라 한다. 트리팔리움은 세 개의 말뚝을 가리키는 말로 로마군이 사용한 고문 도구의 일종이다. 중세 독일어에서도 Arbeit는 시련, 박해, 역경을 의미했다.(노명우, 2013, 186)

하지만 노동이 고문과 흡사한 고통인 것만은 아니다. 힘든 노력이 결실을 맺는 순간의 희열, 성취감이 있을 수 있기 때문이다. 그런 의미에서 '산 노동'은 '죽은 노동', 즉 '소외된 노동'과 구분되어야 할 것이다. 희열과 재미를 동반하는 산 노동은 노동력을 팔아야 먹고 살 수 있는 임금노동, 강제된 노동 하에서는 요원한 일일 것이다. 엥겔스 Friedrich Engels는 임금노동의 강제가 제도화되지 않은 시절의 노동에 대해 다음과 같이 증언한다. "그들은 과다하게 노동할 필요가 없었고 그들이 내킬 때 이외에는 더 이상 일하지 않았다. 그럼에도 불구하고 그들은 자신들이 필요로 하는 것을 일해서 조달하였으며, 자신의 정원이나 뜰에서 건강한 노동을 위한 여가를 가졌다. 노동은 그 자체로 이미 그들에게 오락이었으며, 그밖에 그들은 그들 이웃의 오락과 놀이에 참여할 수 있었다. 이러한 모든 놀이, 즉 볼링, 공놀이 등등은 건강을 유지하고 신체를 강건하게 하는 데에 도움을 주었다. [....] 그들의 아이들은 농촌의 자유로운 공기 속에서 자라났으며 노동할 적에는 자신의 부모들을 도울 수 있었으나, 이 역시 단지 가끔일 뿐으로 하루 8내지 12시간의 노동시간이니 하는 것은 있을 수 없었다."(Friedrich Engels, 1991, 134)

마르크스 Karl Marx에 따르면 자율적이고 자기목적적인 autotelic 노동은 놀이와 노동 사이의 장벽을 낮춰가는 노력 속에서 가능한 것이었다. 마르크스는 노동으로 지쳐버리는 인생이 아니라 하루 중 잠시 동안의 노동으로 사회 전체의 생계가 해결되고, 나머지 시간은 시를 읊고 음악을 즐기며 하고 싶은 낚시를 가는 그런 세상을 꿈꾸었다.[2] 그의 꿈은 여가 혹은 놀이와 노동이 서로를 적대하지 않는 코뮨주의 공동체를 향한다. 코뮨주의 사회의 인간은 노동을 부정하고 놀이를 무한 긍정하는 인간은 아니다. "아침에는 사냥하고, 오후에는 낚시하고, 저녁에는 소를 치며, 저녁 식사 후에는 비평도 하면서도 사냥꾼도, 어부도, 목동도, 비평가도 되지 않는"(Karl Marx, 1991, 214.) 사회가 노동 자체를 부인하는 것은 아니기 때문이다. 불평등의 요인들을 제거하면서 지배-피지배 관계를 통해 재생산된 적대를 해소하는 것이 코뮨주의 communism라면, 코뮨주의적 인간은 특정 생산의 영역에 갇히지 않고 자신의 모든 잠재적 가능성을 해방시킬 가능성을 전취해가는 인간이라 할 수 있다. 이는 코뮨주의적 사회에서 가능한 것이었다.

마르크스의 이러한 생각은 "인간능력의 성숙을 위한 기본 조건은 노동일의 단축"이라는 진술에서도 잘 드러난다. 마르크스는 '평등'의 옹호자이기 이전에 "인간 개성의 자유로운 발전"을 지지한 사람이었다. "자유로운 개인들의 연합"이야 말로 노동이 놀이에 가까워지는 사회적 조건을 형성하기 위한 끊임없는 실천을 통해 가능한 것이었다. 마르크스에게 '죽은 노동'이야말로 극복의 대상이었다. 마르크스는 놀이와 노동의 간극이 좁혀질 때 삶의 의미는 더욱 가치 있어진다는 점을 강조한다. "그는 필요한 생활 수단을 확보하기 위하여 이 생명 활동을 제3자에게 판매한다. 따라서 그의 생명활동은 그에게는 생존할 수 있기 위한 하나

---

2) 이는 인간이 자신의 능력을 사용함으로써 자유롭게 자신을 발전시키고 실현하는 활동, 즉 소외되지 않은 노동을 의미할 것이다. 토마스 바셰크는 이를 받아 '좋은 노동'이라는 개념으로 발전시킨다. 좋은 노동은 우리의 신념과 가치관 및 감정, 우리의 진정한 자아와 일치하는 노동이다. 그것은 우리의 능력을 발휘할 풍부한 경험과 학습과정을 제공해주는 노동이다. 동료와의 신뢰관계를 공고히 해주고 합당한 보수를 포함한 사회적 인정을 제공한다. 협력 친화적이어서 동료와의 유대를 강화하고 적정 수준의 과제를 부여함으로써 일에 대한 몰입을 돕는다. 노동시간 중에도 일정한 자유 시간을 제공해준다. (Thomas Vasek, 2014, 78-84)

의 수단일 뿐이다. 그는 살기 위해 노동하는 것이다. 그는 노동을 자기 삶으로까지 생각하는 일이 없으며, 오히려 노동은 그의 삶의 희생일 뿐이다. 노동은 그가 제3자에게 넘겨버린 하나의 상품이다. 따라서 그의 활동의 산물 또한 그의 활동의 목적이 아니다."(Karl Marx, 2008, 548) 결국 이런 노동은 자기 삶의 발현도 아니고, 삶도 아니라는 것이다. 우리나라의 노동현실을 볼 때 마르크스가 지향하는 노동사회, 즉 놀이와 노동이 적대하지 않는 사회는 꿈같은 이야기다. 죽음으로까지 내모는 경쟁사회, 노동할 기회조차 갖지 못하는 청년실업, 한낱 소모품으로 전락한 비정규직 문제에 이르면 여가는 호사일 뿐이다. 취업 이후에도 지속되는 자기계발이나 회사원들의 회식문화 역시 강요된 노동의 연장이다. 이런 사회에서 연대는 물론 공동체도 없다. 가라타니 고진柄谷行人이 말하는 연대와 연합체 association의 구성 실험을 가로막는 이러한 사회라면 희망은 없다.

마르크스에게 노동력은 인간이 지닌 정신적 · 신체적 능력의 총합이다. 모든 품목의 사용가치를 생산할 때마다 인간은 그 능력을 사용한다. 자본주의 사회에서 외관상 노동력은 자유롭다. 어느 누구도 그것을 강요하지는 않는다. 마르크스는 자본주의 탄생 과정에서의 '이중의 자유'를 이야기한 바 있다. 봉건적 구속으로부터의 자유와 먹고 살기 위해 노동력을 팔 수 있는 자유를 말이다. 물론 그것은 온전한 의미에서의 자유가 아닐 것이다. 그것은 강요를 내포한 자유이기 때문이다. 노동력을 판매하지 않으면 우리는 '쓰레기'일 수밖에 없다. 그리고 굶어 죽는다. "경제의 둔중한 강압"이야말로 자유로운 노동력의 이면이다. 또한 노동은 자신의 생산수단으로부터 자유롭고 또 생산수단을 쥚어지지도 않는다.

다른 맥락에서 이 문제를 짚어보자. 마르크스는 자본주의 사회에서 노동이 갖는 '추상적' 성격을 간파했다. 자본주의에서 가장 강한 추상성을 보여주는 것은 물질적 실체 그 자체이다. 여기서 물질적인 대상과 관계없다는 의미에서의 '추상abstract'과 다른 의미를 읽을 수 있다. 하지만 자본주의에서 물질 자체('상품')는 구체적이고 특정한 것과의 접촉을 잃은 물질적 실체이다. 마르크스에게 노동은 원래 구체적이고 특정한 것이다. 노동은 단순한 활동이 아니라 인간('유적존재 Gattungswesen')의 본질적인 부분이다. 노동 없이는 진보와 사회, 문화도 없다는 말이다. 노동을 통해 인간은 자연 세계와 사회 세계에 변화를 가한다. 그리고 그 과정을 통해 자신을 변형하기도 한다. 그런 의미에서 노동은 자연의 일부가 되도록 '자연이 부여한 인간 존재의 상태'이자 동시에 한편으로는 자연을 변형시키고 인류 역사에 대한 비전을 마련한다.

노동 과정에서 인간은 선택과 결정을 한다. 인간의 노동은 '본질상' 실용적인 창조성이다. 생존을 위해 인류는 자연 자원에 의존한다. 하지만 인간의 노동은 세계에 의식적인 통제와 변형을 가하기도 한다. 그러므로 "노동력의 행사, 즉 노동은 노동자 스스로의 삶-활동이며 삶의 현시이다." 하지만 자본주의에서 노동력은 자본에, 인격화된 자본에 통제력을 양도한다. 자신의 노동력을 판매할 수밖에 없는 체제인 것이다. 그 결과 노동하는 자는 스스로를 다른 삶의 처분에 맡기게 된다. 수익률의 극대화라는 계명에 자신의 자유와 여가를 맡기는 것이다. 그런 점에서 궁극적으로 노동자에게 삶이란 자신의 삶-활동 '외부'에서 비롯되는 셈이다.

물질적인 구체적 노동은 '어떤 조건' 아래에서 추상적이 된다. 자본주의적 생산 조건 안에서 노동하는 활동은 노동이라는 구체적인 특수성과의 관계를 상실한다. 노동력은 한낱 잉여가치의 원천으로만 대접받는다. 노동이 상품과 화폐로서의 자본 순환 과정을 통해 수익으로 변화한다. 노동과 그 결과물들은 이 목적에 순응해야 한다. 마르크스가 '추상적인' 것으로 지목한 것은 이윤 동기의 지배 그 자체이다. 인격화된-아니 신격화된-자본의 사회적 현시, 그것이 우리 삶의 '실재 das Reale, the real'이다. 인간 노동이 창출한 '가치'란 놈이야말로 이러한 추상성을 잘 보여준다.

자본주의 사회에서 삶을 이루는 다양한 노동들은 그 '차이'(특이성, singularity)를 잃고 사실상 '추상 노동'이 된다. 자본주의적 노동의 추상적인 전제정치는 우리 삶의 진경이다. 이로부터의 '해방'은 아닐지라도 뭔가 특단의 조치가 필요하다. '노동만 있고 놀이가 없으면 바보'가 되므로, 놀이의 시공간을 삶의 상수로 만들려는 노력을 쉬지 않는 것은 핵심적인 하나의 방안이 될 수도 있을 것이다. 마르크스는 진정으로 자유로운 노동('산 노동')을 문화적인 놀이 및 생산과 연결시킨다. 물질적 욕구가 일단 충족되고 난 후(이것의 의미를 잘 생각해보자. 이를 생산력이 먼저다로 해석되면 곤란하다. 욕망은 만족을 모르기 때문이다.) "스스로를 위한 인간 잠재력의 개발"이라고 마르크스가 말했던 것을 구현할 수 있는 가장 광범위한 영역을 문화적인 삶과 놀이를 통해 사유하고 구성해 볼 수 있을 것이다.

이것이 가능한 코뮨주의적 공동체를 '놀이사회 ludic society'로 바꿔 부를 수 있을 것이다. 하나의 공동체란 사람과 사람, 사람과 사물이 '함께' 빚어내는 놀이들의 공동체이다. 어떤 점에서 우리는 우리 스스로 조형한 놀이의 일부 요소이다. 그런 점에서 좋은 놀이를 발굴하고 창안하는 일은 중요하다. 온갖 '소외들'이 만연한 곳, 혹은 교환가치의 동일성이 지배하는 곳에서 우리는 둔감하고 일면적인 존재가 되고 만다. 'Haben'(소유)만이 유일한 감각이자 미덕이 되는 곳에서 "보고 듣고 냄새 맡고 맛보고 느끼고 생각하고 관조하고 지각하고 바라고 활동하고 사랑하는 것"(Karl Marx, 2008, 136), 즉 육체적이고 정신적인 감각과 감수성들은 모두 소외될 수 있다. 이는 존재의 빈곤을 불러온다. 마르크스에게 사적 소유의 지양은 "모든 인간적 감각들과 속성들의 해방"(같은 책, 137) 이다. 이는 다양한 감성의 생산과 공동체 구성원들의 공감이 가능한 사회에서 가능할 것이다.

마르크스의 사위이자 프랑스 사회주의 운동의 지도자였던 폴 라파르그 Paul Lafargue는 장인의 생각을 더욱 밀고 나간다. 그는 『게으를 수 있는 권리』를 통해 저항과 실천으로서의 생산적인 게으름을 옹호한다. 이 책은 현대 여가학 leisure studies이나 놀이 연구자들이 자주 인용하는 책이기도 하다. 이 팸플릿의 요지는 무척 도발적이다. "노동은 금지되어야지 강제되어서는 안 된다." 우리는 여기서 19세기 후반과 20세기로의 세기 전환기에 유럽의 혁명적 지식인들이 무엇을 고민하고 어떤 생각을 하고 있었는지를 엿볼 수 있다. 『게으를 수 있는 권리』는 '일할 권리를 앞세우는 주장에 대한 반박'이라는 풍자적인 형식으로 노동자의 삶을 억압하는 근대 자본주의 사회를 비판하고 있다.

라파르그는 책 전반에 걸쳐 한결같이 외친다. '우리, 게을러지자! 노동은 결코 숭고하지 않다! 적게 일하고, 대신 우리들의 창조적인 삶을 위해 기쁘게 시간을 보내자. 그는 게으르다는 것이야말로 '길들임'에 대한 강한 반발 행위라고 역설한다. 사회가 원하는 대로, 회사와 학교가 하라는 대로 착실하게 따라갔을 때 우리의 종착지는 어디인가? 라파르그의 표현에 따르면 '노예의 삶'이다. 그저 시키는 대로 고분고분, 오히려 일 좀 달라고, 쟤보다 내가 더 잘할 수 있다고 소리 높여 외치는 노예. 그러나 열심히 일하면 할수록 점점 더 궁핍해지는 삶!

라파르그가 말하는 '게으름'이란 축 늘어져서 되는 대로 시간을 보내는 것이 결코 아니다. 우리가 권리로서 선언해야 할 '게으름'(실천으로서의 게으름)이란 나와 우리의 고양된 삶을 위해 우리 스스로 보다 능동적으로 활발活潑해지는 것을 뜻한다. 이러한 적극적 게으름은 1960년대 기 드보르 등의 '상황주의 인터내셔널' 그룹에 의해 현대 서구자본주의에 맞서는 실천으로 전유된다. 이미 1700년대 독일작가 레싱 Gott hold Ephraim Lessing은 이렇게 노래하지 않았던가. "모든 일을 게을리 하세, 사랑하고 한 잔 하는 일만 빼고, 그리고 정말 게을리해야 하는 일만 빼고." 라파르그의 논리대로라면 노동자들의 파업은 임무 방기가 아니다. 그들은 이 기간 동안 어느 때보다도 팽팽한 긴장감을 안고서 바쁘고 활기차게 뛰으로써 '게으를 권리'를 맘껏 향유할 수 있어야 한다. 물론, '게으를 권리'는 노동자만의 전유물이 아니다. 우리들, 길들임에서 벗어나고 싶고, 베짱이가 되어 신나게 바이올린을 켜고 싶고, 학교나 집이 아닌 다른 삶의 공간을 원하는 모든 이들은 바로 지금, 여기에서 게으름을 '부지런하게' 실천할 수 있다. 명상하기, 천천히 산보하기, 사람들과 교제하기, 내 근육을 움직여 운동하기…. 결국 놀이는 이전과는 다른 생활, 처음으로 사람들과 진한 관계를 맺고, 인생과 사회에 대해 공부하고 토론하는 생활을 기획하고 실천하기 등으로 확장될 수 있다. 이 모든 실천은 놀이로 수렴될 수 있다. 라파르그가 일평생 꿈꾼 '코뮨 사회'도 이런 삶이 가능한 공동체가 아니었을까? "미래의 코뮨 사회에서는 인간의 온갖 충동이 자유롭게 분출될 수 있을 것이라고 선언해야 한다."[3)]

2. 하위징아와 까이와의 놀이 개념

잠시 몸을 풀었으니 이제 본격적으로 놀이의 개념부터 살펴보자. 다시 말하지만 놀이 개념과 관련하여 명쾌한 정의를 찾기란 무척 어렵다. 특히 모든 문화 안에는 놀이의 요소가 잠재해 있다고 보는 하위징아의 시각은 사태를 복잡하게 한다. 동서양의 고전에 익숙한 문헌학자이자 박식한 문화사학자이니만큼 그가 말하는 놀이의 속성들은 그만큼 다의적이고 광범위한 의미를 갖고 있기 때문이다.[4)] 그도 이를 분명 인지하

---

3) 마르크스나 라파르그가 노동의 폐지를 주장한 것은 아니다. 필요노동은 인간 생존의 조건일 것이기 때문이다. 다만 문제는 소외된 노동일 것이다. 그런 의미에서 라르스 스벤젠의 『노동이란 무엇인가』는 모종의 시사점을 준다. 그에게 청년실업이나 비정규직노동 등의 구조적 문제, 그리고 테크놀로지 발달에 따른 부작용 등에 대한 지적이나 우려가 부족함에도 불구하고 말이다. 스벤젠에 따르면 대부분의 사람들은 삶의 일정 부분을 일하며 보낸다. 노동은 생명을 연장해주고 신체적 · 정신적 건강에 좋은 영향을 미친다고 한다. 오늘날 현대인들이 직장에서 의미를 찾고 자아를 실현하려는 욕구가 증가하면서 노동이 삶의 의미와 정체성을 부여하는 원천으로 인정받고 있다. 노동은 인생 계획 전체를 움직이는 중심축이다. 현대의 노동관에서 노동은 의미 있고 즐길 수 있어야 하며, 직장 동료는 동시에 친구여야 하고 직업은 자기실현의 도구여야 한다. 더욱이 새로운 기술이 발달하면서, 노동이 일어나는 장소와 시간에 관한 기준은 사라지고 노동과 여가의 경계가 흐려지고 있다. 현대인은 과거와 비교해 훨씬 빠른 속도로 직업을 바꾼다. 이러함에도 불구하고 많은 사람들은 하는 일이 얼마나 의미가 있으며, 평생 해야 하는지 의문을 품는다. 사실 스벤젠이 강조하는 노동의 덕목은 산노동, 즉 소외되지 않은 노동에서 찾을 수 있는 것들일 것이다. 놀이의 차원을 수렴하는 노동에 대한 그의 생각은 비정규노동, 쉬운 해고의 다른 이름인 노동유연화, 미래 생존의 불안정성 등의 조건에서는 실현가능성을 의심받을 수밖에 없을 것이다.

4) 에커먼 Diane Ackerman은 하위징아와 슈츠 Bernard Suits의 놀이 연구를 분석하면서 '깊은 놀이 deep play'라는 개념을 제안한다. 그것은 가장 깊은 몰입을 가능하게 하는 황홀한 ecstatic 놀이 형식이다. 특히 그의 다음 진술은 하위징아의 저술이 갖는 의미를 간명하게 말해준다. "깊은 놀이의 정신은 각 개인의 삶에 중심적이다. 그것은 사회에 대해서도 그렇다. 이는 시각 예술과 음악 및 언어예술에 영감을 준다. 탐구와 발견, 전쟁, 법. 우리가 아껴 왔던 문화의 다른 요소들에도 영감을 준다. 이 책은 어떤 결론이 아니라 탐색이다. 그것은 인간의 전설을 자세히 관찰하고, 그것이 얼마만큼이나 놀이 주위를 맴돌고 있는지를 숙고하도록 당신을 초대한다. [....] 실로 우리를 곤혹스럽게 하는 동시에 우리 존재들을 눈부시게 빛나는 존재들로 만들어 주는 것은 깊은

고 있는 듯하다. “그 개념에 사용되는 낱말에 의하여 정의되고 따라서 어쩌면 한정되어 있다”는 고백에서 그것을 알 수 있다. 하지만 놀이가 무엇인지 늘 모호할 수밖에 없지만, 하위징아가 지적하는 놀이의 공통적 속성들에 의지하여 그 개념 가까이에 점진적으로 접근할 수 있을 것이다. 그는 동서양의 ‘놀이’ 개념들에서 공통의 의미소들을 찾아내는 가운데 이렇게 정의 내린다.

> “놀이는 어떤 고정된 시간과 공간의 한계 안에서 수행되는, 그리하여 자유롭게 받아들여진, 그러나 절대적 구속력을 갖는 규칙에 따라 수행되는 자발적인 행위 또는 일로서 그 자체의 목적이 있으며, 또 거기에는 어떤 긴장감과 즐거움이 따르며 ‘일상생활’과는 ‘다른’ 것이라는 의식이 따른다.”(Ackerman 1999:48)

우선 하위징아는 자유라는 놀이의 속성에서 출발한다. 그만큼 강제와 강요로부터 자유로운 행위가 놀이라는 것을 강조하고자 하는 것이다. 그가 보기에 자유라는 본질에 의해서만이 놀이는 자연의 진행 과정과 구분된다. 놀이는 자연의 진행 과정에 덧붙여진 어떤 것이며, 예쁜 옷처럼 자연의 진행 과정 위에 입혀진 그 무엇이다. 놀이에 대한 욕구는 놀이로 인한 즐거움이 놀이를 욕구하는 한에서만 절실해진다. 놀이는 언제고 연기될 수 있고 중지될 수 있다. 왜냐하면 결코 물리적 필요나 도덕적 의무로 부과되는 것이 아니기 때문이다.[5] 놀이는 결코 임무가 아니다. 놀이는 여유가 있을 때, 곧 “자유 시간”에 행해지는 것이다. 단지 놀이가 문화적 기능 -의식이나 예법- 으로 인정되었을 때에만 과제나 의무라는 개념이 거기에 결부된다.

놀이에 대한 우리의 열정이다.”(Ackerman 1999, 26)

5) 또한 놀이는 무목적적인 것이다. 이를 슈츠는 ‘자기 목적성 autotelicity’이라는 개념으로 전유한다. 그에 따르면 놀이는 외관상 무용하지만 어떤 선택적 장점들을 갖는 활동이다. 이를테면 “결론적으로, 만일 게임이나 스포츠가 자발적으로 그리고 고유한 이유들로 추구된다면, 그것들은 놀이 형식들이다. 만일 그것들이 비자발적으로 혹은 지배적으로 외적인 보상을 바라고 참여된다면, 그것들은 놀이 형식이 아니다.”(Ackerman, 1999, 50)

하위징아는 놀이의 두 번째 특징으로 "일상적인" 혹은 "실제의" 생활이 아니라는 점을 든다. 놀이의 비일상성 혹은 탈일상성과 비현실성이라고 흔히 이야기되는 속성이다. 놀이는 "실제의" 삶을 벗어나서 아주 자유스러운 일시적인 활동의 영역으로 들어가는 것이라는 말이다. 하지만 놀이가 "단지 하는 척하는"것임을 의식한다고 해서 결코 몰두하고 헌신하여 아주 진지하게 놀이를 진행하지 못하게 되는 것은 아니다. 하위징아가 보기에 그러한 몰입과 헌신과 진지함은 곧 황홀경으로 변하면서 적어도 일시적으로나마 그 고통스러운 "단지"라는 느낌을 완전히 깨뜨려버린다. 어떠한 놀이든 그저 '논다'는 의식에서 출발하지만 놀이자들을 언제라도 완전히 사로잡을 수 있는 것처럼 말이다. 그래서 놀이와 진지함의 대립 관계는 언제나 유동적이다. 놀이의 열등성은 그것에 대응되는 놀이의 진지함에 의하여 점차로 상쇄된다.

세 번째 특징은 놀이는 장소와 지속성에 의해 "일상적인" 삶과는 구분된다. 다른 말로 그것은 장소의 격리성과 시간의 한계성을 갖는다. 쉽게 말하면 일상과 일상 사이에 틀과 경계를 이루어 그 일상에서 벗어나는 시간이자 장소라는 것이다. 놀이는 시작되면 어느 순간에 이르러 "끝나게"된다. 놀이는 저절로 진행되고 저절로 끝난다. 놀이가 진행되는 동안은 움직임이 모든 것을 이를테면 감정의 고양과 하강, 전환, 일정한 순서, 연결과 해체를 지배한다. 하위징아는 놀이는 시간적으로 한계성을 지니면서 확고한 문화 형식의 모습을 띠게 되는 것이라고 말한다. 즉 놀이는 일단 놀이한 뒤에는 새로 만들어진 정신적 창조물 혹은 정신의 보석으로서 기억 속에 남게 된다는 것이다. 이 놀이는 전해져 내려오면서 전통으로 되풀이 될 수 있으며, 혹은 그리스도의 기적극처럼 일정한 간격을 두고서 되풀이 될 수 있다.

시간의 한계성보다 더 두드러지는 것은 공간의 한계성이다. 하위징아에 따르면 놀이란 모두 그 자신의 놀이 공간, 놀이터 속에서 움직인다. 고유한 놀이 공간은 현실상으로나 혹은 관념상으로나, 의도적으로나 저절로나 미리 구획되어져 있는 공간이다. 경기장, 카드 테이블, 마법의 원, 신전, 무대, 화면, 정구장, 법정 등이 모두 놀이터의 형태와 기능을 가지고 있다. 즉 고립되고 울타리가 쳐진 신성한 금역으로서 그 안에서는 특수한 규칙과 법률이 통용된다. 여기는 모두 일상생활 안에 존재하는 일시적 세계로서 이곳을 채우는 놀이 도구나 규칙 등은 모두 현실에서 떠난 어떤 행위('놀이 행위')의 수행에만 전념하고 있다.

그 밖의 속성들을 말하기 전에 잠시 숨을 돌리자. 하위징아의 말을 빌리면 놀이는 아름다워지려는 경향이 있다. 이러한 미적 요소는 질서 잡힌 형식을 창조하고자 하는 충동과 어쩌면 동일한 것인데, 왜냐하면 그 질서 잡힌 형식이야말로 놀이에게 생명력을 불어넣어 주기 때문이다. 놀이의 요소를 나타내는 데 쓰이는 말들은 거의가 다 미적효과를 기술하기 위해 쓰이는 미학 개념들이다. 즉 긴장, 평형, 안정, 전환, 대조, 변주, 결합과 해체, 그리고 해결 등의 개념들이 그렇다. 나아가 놀이는 사물을 결합하고 해체한다. 놀이는 우리를 매혹시킨다. 놀이는 우리를 사로잡는다. 즉 놀이는 우리에게 마법을 거는 것이다. 놀이는 우리가 사물 속에서 인식하고 표현할 수 있는 가장 고귀한 두 가지 성질, 즉 율동과 조화로 충만해 있다.

놀이의 긴장이라는 요소는 특히 중요한 역할을 한다. 긴장은 불확실함이며 위태로움이다. 따라서 놀이란 그러한 긴장을 해소시키려는 노력이다. 무엇인가 긴장 상태에 있는 것은 성취되어야만 한다. 아기가 장난감을 잡으려고 할 때, 고양이가 실패를 가지고 놀 때, 소녀가 공놀이를 할 때, 거기에는 이미 어떤 어려운 것을 성취하려고 하며, 성공하려고 하며, 그렇게 함으로써 긴장을 해소하려는 요소가 들어 있다. 노름이나 운동에서 긴장은 절정에 달한다. 놀이 행위가 선악의 영역 밖이기는 하지만, 긴장의 요소는 그 놀이 행위에 대해 윤리적 내용을 부여한다.

우리는 소쉬르 Ferdinand de Saussure나 야콥슨 Roman Jakobson, 레비스트로스 Claude Lévi-Strauss와 같은 구조주의자들을 통해 어떤 낱말의 개념적 가치가 늘 그것의 반대를 나타내는 낱말에 의해 규정됨을 안다. 가령 우리의 주제와 관련하여 놀이의 반대말은 진지함이며 보다 특수한 의미에서는 노동 Arbeit이다. 반면에 진지함의 반대말은 놀이 혹은 농담, 장난 그 어느 것도 될 수 있다. 역사상 놀이를 두고 '유치한 것', '진지하지 못한 것', '비생산적인 것', '비현실적인 것' 등의 수사들이 동원되어 온 것은 익히 알려진 사실이다.

하지만 우리는 놀이에 나름의 진지함, 그 고유의 진지함이 들어 있음을 기억할 필요가 있다. 특히 이는 뒤에 가서 본격적으로 살펴볼 가다머나 핑크 등의 놀이연구나 콕스와 몰트만 Jürgen Moltmann 등의 놀이신학에서 중요한 의미를 갖는다. 이를 '놀이-진지함 Spiel-Ernst'으로 일단 정리해보자. 대개 놀이는 적극적 가치이고 진지함은 소극적 가치이다. "진지함"의 의미는 "놀이"의 부정에 의해 정의되고 그 뜻을 다할 수 있다. 하지만 "놀이"의 의미는 "진지하지 않은 것," "진지하지 않음"이라는 말로는 결코 정의될 수 없으며 그 뜻을 다할 수도 없다. 놀이는 단독으로 존재하는 어떤 실체이다. 놀이 개념 그 자체는 진지함보다 한층 더 높은 질서에 속한다. 왜냐하면 진지함은 놀이를 전혀 허용하지 않지만, 반면 놀이는 진지함을 아주 적절히 포괄할 수 있기 때문이다. 피젤 Randolph Feezell같은 이는 더 높은 차원의 진지함을 추구하고 구현하는 놀이의 그러한 속성을 '진지한 비진지함 serious nonseriousness'이라는 말로 표현하기도 한다.

놀이의 속성을 통해 놀이의 정의에 가 닿으려 했던 하위징아의 노력을 우리는 평가해 줄 수 있을 것이다.[6] 맥진 McGinn은 이를 "고유의 규칙들과 목표들을 가진 세계에 발을 들여 놓는 것, 자유와 진지함, 일상적 실존을 벗어나는 것"(McGinn, 2008, 61)으로 간명하게 정리한다. 하지만 놀이의 사회학을 표방하는 까이와는 하위징아 놀이 연구의 의의를 높이 평가하면서도 하위징아의 한계를 지적하는 데서 새로이 논의를 시작한다. 그가 보기에 우선 하위징아는 놀이 자체에 대한 서술과 분류를 당연한 것처럼 고의적으로 빠뜨렸다. 놀이는 모두 똑같은 욕구에 대응

6) 저명한 놀이 연구자인 슈츠 Bernard Suits는 하위징아의 놀이 개념이 너무 광범위함을 지적한다. "주로 정의는 일종의 제한이거나 한정이기 때문이다. 내 생각에 하위징아가 놀이를 사회적 환경에 속하는 거의 모든 바위(rock) 아래에서 놀이를 발견하기 시작하였을 때조차 약간은 너무나 많이 개념이 만들어져 왔다고 생각한다."(Bernard Suits, 1998, 17.)

하며 한 결 같이 똑같은 심리적 태도를 표현하는 것처럼 취급했다는 것이다. 이렇게 된 원인을 까이와는 그의 저작이 놀이에 대한 연구가 아니라, 문화영역에서의 놀이정신의- 보다 정확하게 말하면 어느 특정 종류의 놀이, 즉 규칙 regle이 있는 경쟁놀이 Agon를 지배하는 정신의 창조성에 대한 탐구에 초점을 맞춘 데에서 찾는다. 둘째로 하위징아는 놀이가 어떠한 물질적 이해利害도 없는 행위라고 하면서 특정한 놀이만을 놀이로 인정한다. 그 결과 내기와 우연놀이, 말하자면 도박장, 카지노, 경마, 복권 등은 간단히 제외되어 버린다. 까이와는 『인간과 성스러움』에서도 하위징아의 놀이 개념이 너무 광범위해서 놀이의 특수성을 무시하고 있다거나 이른바 우연놀이나 현기증을 '비교육적'이라는 이유에서 배제하고 있다고 비판한다. 이러한 점을 보완하여 까이와는 보다 객관적인 놀이의 정의를 다음과 같이 마련하고자 한다.

첫째, 자유로운 활동: 놀이하는 자가 강요당하지 않는다. 만일 강요당하면, 곧바로 놀이는 마음을 끄는 유쾌한 즐거움이라는 성질을 잃어버린다.

둘째, 분리된 활동: 처음부터 정해진 명확한 공간과 시간의 범위 내에 한정되어 있다.

셋째, 확정되어 있지 않은 활동: 게임의 전개가 결정되어 있지도 않으며, 결과가 미리 주어져 있지도 않다. 생각해낼 필요가 있기 때문에, 어느 정도 자유가 놀이하는 자에게 반드시 남겨져 있어야 한다.

넷째, 비생산적인 활동: 재화도 부도 어떠한 새로운 요소도 만들어내지 않는다. 놀이하는 자들 간의 소유권의 이동을 제외하면, 게임 시작 때와 똑같은 상태에 이른다.

다섯째, 규칙이 있는 활동: 약속에 따르는 활동이다. 이 약속은 일상의 법규를 정지시키고, 일시적으로 새로운 법을 확립하며, 이 법만이 통용된다.

여섯째, 허구적인 활동: 현실생활에 비하면, 이차적인 현실 또는 명백

히 비현실非現實이라는 특수한 의식意識을 수반한다.(Roger Caillois, 35)

까이와의 놀이 정의를 부연 설명하면서 좀 더 객관적인 정의에 접근을 해보자. 놀이는 그 종류가 헤아릴 수 없을 정도로 많다. 기교놀이, 우연놀이, 야외놀이, 끈기놀이, 건설놀이, 역할놀이, 모방놀이, 오락게임 등등. 이처럼 거의 무한한 다양성에도 불구하고 놀랍게도 변함없는 것은 놀이라는 말이 늘 자유로움, 위험 혹은 능란함이라는 관념을 수반한다는 점이다. 또한 놀이는 확실히 휴식이나 즐거움의 분위기를 가져다준다. 그것은 쉬게 하고 즐겁게 해준다. 그것은 구속받지 않을 뿐만 아니라 현실생활에 영향력이 없는 활동을 상기시킨다. 그래서 놀이는 자주 현실 생활의 진지함과 반대되며, 따라서 경박한 것으로 간주된다. 놀이의 자유로움과 비현실은 하위징아를 비롯한 많은 사람들이 공통적으로 이야기하는 바이기도 하다. 그것은 놀이의 매력요인이기도 하지만, 그것을 부정적으로 보는 이들에겐 비판의 빌미가 되는 것이기도 하다.

다른 한편 놀이는 잘 활용된 시간과는 반대인 낭비-'소비'-된 시간이다. 생산과 결실을 내지 못하는 활동이기도 하다. 그런 의미에서 놀이는 노동과 반대되는 것으로 여겨진다. 사실 우리가 보기에도 놀이는 아무것도 생산하지 않는다. 재화를 만들어내지도 않으며, 업적을 낳지도 않는다. 그것은 본질적으로 열매를 맺지 못하는 sterile 것이다. 이러한 시각은 플라톤이나 아리스토텔레스까지 거슬러 올라가는 뿌리 깊은 편견이다. 그리고 놀이의 무용성 혹은 불임성에 대한 비판은 놀이교육과 놀이치료를 비롯한 놀이 산업이 급성장하는 지금까지도 그 위력을 발휘한다.

하지만 하위징아와 까이와는 놀이의 '무사심성 Interesselosigkeit' 개념을 통해 그것의 특이성을 방어하고자 한다. 누군가에게는 근본적인 무상성無償性, gratuite 이야말로 놀이의 가치를 가장 많이 떨어뜨리는 요인이다. 하지만 이 무상성 덕분에 사람들은 가벼운 마음으로 놀이에 몰두한다. 놀이는 생산적인 활동과 분리되지만 그러한 분리 속에서 나름의 역할을 하는 것이다. 놀이는 '무사심성의 사심성', '이해관계 없음의 이해관계', '무용성의 유용성'의 아이러니를 속성으로 갖기 때문이다.

까이와의 장점은 사회학자답게 놀이에 대한 어휘 사전의 정의를 활용하여 나름의 객관성을 갖추려 한다는 점이다. 그가 보기에 우선 가장 흔히 쓰이며 또 본래의 의미와도 가장 가까운 뜻으로 놀이라는 말은 그 이름으로 불리는 특정한 활동뿐만 아니라 그 활동에 필요하거나 하나의 복잡한 전체의 기능에 필요한 도형圖形, 상징물 또는 도구 등의 전체를 가리키기도 한다. 놀이 행위와 장난감을 모두 포함한다는 것이다. 또한 놀이 jeu라는 말은 음악가나 배우 같은 연기자의 스타일, 양식樣式도 가리킨다. 즉, 다른 사람들과는 다르게 악기를 연주하거나 역役을 연기하는 독자적인 성격을 의미하기도 하는 것이다. 놀이의 이러한 넓은 의미망은 독일어나 영어에 여전히 그 위력을 발휘한다. 악기를 놀거나 배역을 논다는 것이 서구에서는 낯설지 않은 표현인 것이다.

하위징아의 경우처럼, 까이와 역시 놀이의 규칙성이야말로 놀이 개념의 정수로 본다. 모든 놀이는 규칙의 체계이다. 규칙은 무엇이 놀이이며 무엇이 놀이가 아닌가를, 달리 말하면 허용된 것과 금지된 것을 규정한다. 이 약속은 자의적恣意的인 동시에 강제적이며 결정적이다. 자의적이라는 말은 놀이의 재미를 위해 놀이 참여자들은 수시로 그것을 업그레이드한다는 말이다.

하지만 일단 놀이가 진행되면 그것은 강제성을 발휘한다. 놀이의 규칙은 어떠한 구실로도 깨져서는 안 되는 것이다. 만일 그 약속이 깨지면 놀이는 즉석에서 끝나며 위반이라는 사실 자체에 의해 그 세계는 파괴된다. 왜냐하면 놀이하고 싶은 욕망, 즉 놀이의 규칙을 지키겠다는 의지에 의해서만 놀이판이 유지되기 때문이다. 물론 규칙을 위반한 상대방에게 어떠한 공식적인 처벌이 가해지는 것은 아니다. 하지만 놀이판에서 동료 Mit-spieler로 남고 싶다면 더욱더 그러한 약속을 따르지 않으면 안 된다. 부당한 요구, 속임수, 금지된 반격 등은 모두 만장일치에 따른 약속에 의해 당연히 추방된다. 이처럼 놀이란 자진해서 받아들여진 자발적인 제약의 전체로 나타난다.

까이와를 통해 예술의 놀이적 속성을 설명할 수도 있을 것이다. 이미 하위징아는 놀이로부터 그리고 놀이 안에서 문학과 예술이 시작되고 전개되어 왔음을 역설한 바 있고, 앞으로 다룰 칸트나 실러, 가다머 등도 예술과 그것의 수용 과정을 놀이로 보았으니 무리한 주문은 아닐 것이다. 예술은 강요에 의하지 않은 자유로운 활동이다. 그것은 다른 삶(일상)의 영역과 구분된다. 그리고 불확정성과 우연이 개입하는 활동이며, 사회적으로 비생산적이다. 나아가 예술은 새로운 규칙을 창조하는 활동이며 허구적 fiktive이다. 하위징아와 까이와가 본격적인 놀이 연구를 펼치기 이전에, 그리고 놀이교육이나 놀이치료 등의 하위 분과학문이 본격화되기 전에 놀이연구의 명맥을 유지해온 것은 철학과 미학, 문예학 등 인문학이었다. 이후 이 책은 그들의 논의를 소개하는 것을 중심으로 구성될 것이다.

전체적으로 보면 까이와의 놀이 개념들은 종래의 정의들에 충실한 편이다. 가령 그에게도 놀이는 전체성, 규칙, 자유의 관념들을 함축하고 있다. 하지만 그는 그러한 정의를 더욱 구체화하고 놀이의 속성들을 확장하고자 한다. 이를테면 그는 놀이의 자유성과 규칙성을 놀이의 창조성의 조건으로 해석하는 식이다. 다시 말해 놀고 싶을 때 자발적으로 제약(규칙성)을 받아들이고 그 제약을 즐기는 가운데 창조할 수 있는 능력이야말로 놀이의 특이성이라는 것이다. 까이와는 종종 주장되는 바와는 반대로, 놀이는 노동의 준비훈련이 아니라고 단언한다. 놀이가 성인의 활동을 미리 준비하는 과정(이를테면 듀이 John Dewey)이라고 보는 것도 외관상으로만 그러하다. 놀이는 특정 직업의 훈련을 하는 것이 아니라, 장애를 극복하거나 어려움에 맞설 수 있는 능력을 증대시킴으로써 인생 전체의 안내역案內役을 행하는 것이다. 확실히 놀이는 금지행위를 준수하고 자신이 갖고 있는 능력과 기술을 최대한 발휘함으로써 상대나 자신의 한계를 이기려고 하는 의지를 전제하고 있다. 그런 의미에서 놀이는 자주 '능숙함'의 의미를 포함하기도 한다.

3. 게임 세계의 하위징아와 까이와

인간은 결코 놀이를 부정할 수 없다. 인간에게 있어 놀이는 존재론적 지위를 갖는 것이기 때문이다. 인류의 문화와 예술은 항상 놀이와 짝을 이루어 왔고, 이성과 일상 너머를 꿈꾸게 해주는 상상 활동의 보고였다. 뿐만 아니라 사람들은 놀이를 통해 사회의 조직과 질서를 실험했고 서로의 결속을 다졌으며, 더 나아가 놀이는 일상의 시공간 너머를 넘보는 샘물이었다. 놀이가 갖는 이러한 가치를 가장 적극적으로 옹호하고 연구한 학자들이 하위징아와 까이와이다. 이들 놀이학자 paidiatrician는 문화의 다양한 영역들을 관찰하고 분석함으로써 놀이의 성격을 규명하고, 그것이 인간의 삶에 갖는 의의와 가치들을 밝혀내려 했다.

하위징아와 까이와의 놀이 이론은 우리 시대 놀이문화의 중핵인 디지털 게임 연구에서도 중요한 의미를 갖는다. 게임을 부정적으로 보든 긍정적으로 보든 그것이 놀이의 일종이라는 사실은 부인하기 어렵다. 현실의 일상적인 놀이터냐 디지털세계의 가상현실 놀이터냐 하는 차이만 있을 뿐 어디에서든 놀이는 유사한 기능을 하기 때문이다. 실제로 많은 게임들은 과거의 물리적인 놀이를 차용하고 있기도 하다. 아마 많은 독자들은 어릴 적 전쟁놀이의 경험을 갖고 있을 것이다. 공들여 깎은 나무칼이나 총을 들고 온 산을 뛰어다니며 적들을 제압했던 경험에 비추어보았을 때, 그것은 실시간 전략게임이나 RPG 게임과 유사한 규칙을 갖고 있다. 당시 우리가 나름의 계급과 역할을 가지고서 적들을 제압해가는 과정은 역할 놀이로서의 RPG 게임의 성격을 고스란히 간직하고 있다. 시대가 변하여 놀이는 디지털 기술에 힘입어 '현실보다 더 현실적인' 시뮬레이션의 공간으로 옮겨왔을 뿐이다.

그런 점에서 하위징아와 까이와의 놀이 개념을 더욱 구체적으로 이해하기 위해 이를 디지털 시대의 놀이라 할 수 있는 디지털 게임에 적용해보고자 한다. 게임을 경유하여 약간 복잡할 수 있는 두 학자들의 논의를 이해하는 작업은 활동, 동기, 태도, 심리 상태, 의미화 경험, 존재론적 현상 등 다양하면서도 모호한 얼굴을 갖는 놀이라는 '복합체 com plexity'의 이해를 도와줄 것이다.

1) 하위징아와 함께 놀이를

우선 『호모 루덴스』에서 하위징아의 주된 관심사는 독특한 행위 형식으로서 놀이가 빚어내는 의미들을 탐색하고 그것이 사회적으로 어떤 기능을 하는지 밝혀내는 것이다. 그가 보기에 인간 사회의 중요한 원형적 행위들은 모두 놀이의 흔적을 지니고 있다.[7] 물론 이것이 새로운 견해는 아니다. 가령 우리의 굿 문화나 전통적인 민중문화, 민속놀이 등만 하더라도 '놀이성 ludicity'은 종교적 '제의성 rituality'이나 '축제성 festivity'과 더불어 핵심적인 의미를 갖는다. 이는 서구의 축제 문화나 놀이문화의 경우에도 마찬가지이다. 사람들은 놀이의 규칙 속에 현실의 규칙을 벗어나는 새로운 규칙을 설정해 놓음으로써 '제2의 세계'를 창조해 놓았고 '제2의 삶 second life'을 살아내게 되었던 셈이다. 이러한 놀이 경험은 인간들이 문화를 형성시키고 발전시키는 결정적인 동력이 되었다. 하위징아가 놀이를 문화의 원천으로 간주하는 것도 그러한 이유에서이다.

『호모 루덴스』에서 하위징아는 놀이를 "어떤 고정된 시간과 공간의 제한들 내에서 실행되는 자발적 활동이나 소일거리다. 이는 자유롭게 수용되지만 절대적 구속력을 갖는 규칙을 따른다. 그 자체가 목표이고 긴장과 재미의 감정 및 일상적 삶과 다르다는 의식을 수반한다"고 정의내린다. 여기서 알 수 있듯이 놀이의 첫 번째 본질은 '자발적 행위'라는 점이다. 놀이는 결코 임무나 의무가 아니다. 그것은 언제고 연기될 수 있고 중지될 수 있다. 그것은 물리적인 필요나 도덕적 의무와 상관없이 행해지는 것이고 아주 자유로운 행위이다. 슈츠 Bernard Suits는 이러한 놀이의 속성을 '자기 목적적 autotelic'이라고 규정한다. 다른 말로 누가 시켜서 하는 것은 놀이가 될 수 없다.[8]

---

7) "놀이는 태초부터 현재 우리가 살고 있는 문명기에 이르기까지 항상 문화 현상 속에 함께 있었고 그 속에 충만해 왔음을 우리는 문화 속에서 발견할 수 있다."(하위징아, 1993, 14-15) 하위징아에 따르면 "놀이란 문화의 한 요소가 아니라 문화 그 자체가 놀이의 성격을 지니고 있는 것"(같은 책, 67)이다.

8) 버나드 슈츠의 다음과 같은 진술은 놀이의 자율성과 관련하여 중요한 시사점을 갖는다. "누군가 어떤 게임을 플레이하기 위해 놀아야한다는 것은 똑같이 타당해 보이지 않는다. 어떤 프로 운동선수가 임금을 받고 배당된 게임에서 수행할 때, 비록 그들이 확실히 게임을 플레이하고 있다 하더라도, 그들이 자격 없이도 놀고 있는 것이라는

나아가 놀이는 '비일상성' 혹은 '탈일상성'을 특징으로 갖는다. 이는 놀이의 '무관심성' 혹은 '무상성'을 의미하는 것으로서 놀이 자체는 금전적 보상과 같은 현실의 물질적 이해관계와 거리가 멀다. 이런 하위징아의 시각에서 보자면 현실적 보상을 추구하는 〈바다이야기〉나 〈파친코〉 혹은 스포츠 도박 같은 사행성 게임들은 놀이의 범주에 들어오기 어렵다. 하위징아는 놀이의 최고 형식을 축제나 제의의 '성스러움 the sacred'과 관련짓는데, 이러한 투기적 게임들은 '성스러움'이 사라진 이후 나타난 자본주의 사회의 놀이 세속화와 소외를 보여주는 대표적인 사례라 할 수 있다. 하위징아는 이를 '놀이의 타락'으로까지 평가한다.

마지막으로 놀이는 '장소의 격리성'과 '시간의 한계성'을 갖는다. '놀이는 제한된 시간과 장소에서만 '놀이하는 것'이기 때문이다. 다시 말해 놀이의 고유한 과정과 의미는 탈일상적 시·공간성 덕분에 생겨난다. 하위징아의 말처럼 놀이는 시작되면 어느 순간에 이르러 끝나게 된다. 계속해서 놀 수는 없는 일이기 때문이다. 축제의 경우처럼 놀이 속에서 주체는 감정의 고양과 하강, 전환을 경험하지만 이것이 계속될 경우 놀이를 가능하게 해줄 실제적 조건들이 고갈되고 만다. 때문에 놀이는 정해진 시간 안에서 몰입을 극대화하기 위해 일정한 순서와 규칙을 다듬어야 하며, 놀이 속에 포함된 이러한 요소들은 문화 형성의 바탕이 된다. 더욱이 놀이와 축제를 경험한 주체는 자기가 살아왔던 지금까지의 현실과 자기의 삶을 반성할 기회를 얻고 새로운 주체로 거듭나기도 한다. 왜냐하면 놀이와 축제는 놀이 참여자들의 현실 이탈의 욕망을 규칙화하고 있고 그러한 욕망의 가상적 실현은 그것을 가로막고 있던 장애물들에 대한 의식의 상승으로 이어질 것이기 때문이다.

하위징아에 따르면 시간의 제한성보다 더 두드러지는 특징은 '공간의 한계성'이다. 놀이란 모두 "그 자신의 놀이 공간, 놀이터 속에서 움직이는 이러한 놀이공간은 현실상으로나 혹은 관념상으로나, 의도적으로나

사실에서 결론을 끄집어내는 것에 우리는 결코 동의하지 않는다. 우리는 그들이 자신들의 게임을 플레이할 때엔 일을 하고 있는 것으로, 그리고 자기 아이들과 즐겁게 뛰놀기 위해 일로부터 집으로 돌아올 때는 노는 것으로 생각하기 때문이다."(Bernard Suits, 1988, 20)

저절로나, 미리 구획돼 있는 공간"이다. 놀이의 공간은 옛날 삼한시대의 '소도'처럼 현실로부터 떨어져 나온 신성한 영역으로서 거기에는 현실의 법과 규칙이 미치지 못한다. 이곳에서 노는 사람들은 일상적인 효력을 갖는 법칙과 금기들을 포기하고 '성스러운' 공간에 걸맞은 특수한 규칙들을 따른다. 물론 일상적인 시각에서 봤을 때 그 규칙들이 어처구니없는 것일 수 있다. 놀이의 규칙들이 현실을 반영하기도 하지만 대체로 그것을 벗어나기 때문이다. 놀이의 시간과 공간, 규칙들이 갖는 허구성 혹은 비현실성을 의심하면 놀이는 불가능하다. 가령 성당에서 신의 사제인 신부神父의 존재를 인정하지 않고 '그저 우리와 같은 인간에 불과한 주제에'라고 생각하게 되면 미사가 성립하지 않는 것처럼 말이다. '불신에 대한 자발적 중지'는 놀이의 전제 조건인 셈이다.

디지털 게임의 가상공간 역시 세속 세계와 구분되는 신성 세계를 꿈꾸는 신화적 상상력의 결과물이다. 이는 다수의 게임이 톨킨의 신화적 판타지나 북유럽신화, 중국의 삼국시대 혹은 우리의 경우처럼 삼국 신화를 소재로 삼고 있다는 사실만을 염두에 둔 지적은 아니다. 사람들이 주로 게임을 하는 이유는 현실에서 탈주하고 싶은 욕망 때문이다. 이러한 욕망의 충족을 가능하게 해주는 것이 게임의 가상공간이다. 여기에는 현실에서 통용되지 않는 허구적인 규칙과 규범이 지배한다. 세속적인 법과 질서와 구별되는 신성한 법의 질서가 플레이어들에게 현실에서 맛볼 수 없는 경험을 제공한다. 여기서 나는 군주가 될 수 있으며 전사가 될 수도 있고 장인匠人과 명인名人의 반열에 오를 수도 있다. 그리고 아름다운 여인과 거창한 로맨스를 벌일 수도 있고 대기업의 CEO가 될 수도 있다. 물론 마음에 들지 않는 군주에 대해 다른 플레이어와의 연대를 통해 혁명을 벌일 수도 있다. 현실에서는 도무지 불가능했던 욕망의 파노라마들이 실현될 수 있는 곳이 바로 '가상공간'이다. 이것이 가능한 이유는 가상공간 역시 한계성을 지닌, 즉 세속적인 현실 원칙이 아닌 쾌락원칙에 기반한 공간이기 때문이다.

하위징아의 말처럼 놀이는 아름다워지려는 경향이 있다. 이러한 미적 요소는 균형 잡힌 질서를 창조하려는 충동과 유사한 것으로서 놀이에 생명력을 부여한다. 놀이는 사물과 현실들을 이미지와 관념, 상상적 연상 활동을 통해 결합하고 해체한다. 놀이 속에는 욕망을 가로막는 현실과 추구해야 할 상상적인 비현실이 변증법적으로 교차하고 있는데, 상상된 현실이기는 하지만 여기에는 극복되어야 할 현실이 반영되어 있다. 그러한 문제적인 현실에서 벗어나 '멋진 신세계'를 경험하는 것이야말로 새로운 자유를 만끽하려는 놀이꾼들을 매혹한다. 최유찬의 말처럼 놀이는 "시공간적으로 실제의 삶에서 분리되어 있을 뿐만 아니라 현실적인 이해관계에서도 벗어나 있다. 그것은 순수하게 자발적인 행위로 성립하는 가상세계의 창조 행위이다."(최유찬, 2002, 24)

특히 놀이에서 중요한 것은 긴장이다. 긴장은 불확실함이며 위태로움이다. 일종의 카오스적인 상태인 셈이다. 놀이란 그러한 불확실성을 해결함으로써 새로운 질서를 만들어 가는 활동이고, 그러한 과정에서의 '재미'를 목표로 한다. 몸을 움직이고 직접 머리를 써서 어려운 수수께끼나 퍼즐을 해결하고 가상의 평화로운 우리 영토를 침입한 외계인과 괴물들을 물리치며 우리의 골문을 위협하는 상대편 선수들을 제압하고 다시 평화롭고 안전한 상황, 즉 질서를 회복하는 일은 플레이어의 몰입을 가능하게 한다. 놀이와 질서의 내적 결합은 놀이와 예술의 상관성을 입증한다. 혼란과 모순을 이기고 질서 잡힌 세계를 창조하고자 하는 충동은 곧 아름다움을 창조하려는 충동이기도 하기 때문이다.

놀이 세계에 존재하는 고유의 게임 법칙은 놀이꾼의 무제한적 자유를 제한하는 것처럼 보일 수도 있지만 오히려 거듭되는 긴장을 해결하고 이상적인 질서를 회복하려는 행위자에게 즐거움을 가져다주는 필요조건이기도 하다. '자유'와 '질서'라는 한계는 충돌하는 것들이 아니라 함께 가는 역설이라 할 수 있고, 이로 인해 놀이는 재미를 양산하고 몰입을 가능하게 한다. 규칙의 제한을 받지 않는다면 행위자는 마음먹은 대로 모든 것을 할 수 있겠지만 게임의 긴장은 사라져버릴 것이다. 장기를 두면서 졸卒이 차車의 길을 가거나, 축구를 하면서 손으로 공을 잡고 냅다 골문으로 달려 들어가는 것은 게임을 위태롭게 하는 '놀이 파괴자 spoil-sport'[9]이다. 그는 놀이에서 '꼼수'나 '속임수'를 사용하는 놀이꾼보다 더 질이 나쁘다. 적어도 후자는 게임의 규칙을 인정하기 때문이다. 물론 놀이 규칙이 군대의 규율처럼 엄격하면 게임의 재미는 반감될 것이다. 그러나 어떤 놀이나 게임에서 엄격한 규칙이 플레이어의 자유도를 억압할 것 같지만 또 다른 재미의 원천이 되기도 한다. 그것이 가능한 이유는 놀이와 게임이 가지는 가상성 때문이고, 그 규칙은 가상의 게임성을 강화하는 역할을 하기 때문이다. 어릴 적 전쟁놀이나 〈리니지〉 게임의 혈맹 내의 행동 규칙이 현실에서의 군대 조직이나 사회조직만큼이나 엄격함에도 불구하고 그것이 스트레스가 아니라 재미를 주는 이유도 이들 규칙이 '놀이'와 '게임'의 목적에 봉사하기 때문이다.

하위징아는 놀이의 기능을 "어떤 것을 얻기 '위한' 투쟁"과 "어떤 것에 '관한' 표현" 두 가지로 설명한다. 다른 놀이도 있을 수 있지만 이러한 놀이들만이 '문화'의 발전에 기여했다고 본다. 고대의 성스러운 행사로서의 축제와 의례(굿)는 "울타리가 쳐진" 놀이 공간 속에서 환희와 자유로운 분위기에서 뭔가를 표현하는 요소가 강하였다. 현실로부터 울타리가 쳐져있다고 해서 의례 놀이가 파한 후의 효과마저 사라지는 것은 아니다. 그것은 일상 세계에 빛을 던져주며 그 의식을 행한 집단에게 안전과 질서와 안녕을 보장하기 때문이다. 나아가 현실적으로 그것은 함께 놀아왔던 집단들의 공동체적 소속감을 강화하고 공동체 의식을 심어주기도 한다.

고대 그리스의 대표적인 성스러운 행사로는 '드로메논 dromenon'이 있다. 그것은 "행위된 어떤 것"으로서 연극, 즉 드라마의 기원이 된다. 하지만 드라마는 성스러움이 약화된 놀이로서 비극 경연 대회의 형태로 발전하고, 경쟁 혹은 경기의 모습을 띠면서 표현과 대결의 이중성을 지니게 된다. 하지만 '연기'에 의한 표현이든 경연 대회로서 치룬 것이든

9) 하지만 '놀이 파괴자'가 항상 부정적인 의미만을 갖는 것은 아니다. 대체로 게임 내에서 권력의 논리를 따르고 정치적 부당함이 발견되는 게임에서의 '놀이 파괴자'는 긍정적 의미를 가질 수 있다. 하위징아가 놀이적 성격을 갖는다고 말한 전쟁에서의 양심적 참전 거부자, 혹은 확신범이나 이단자는 주류 게임에 대한 반게임 Anti-Game을 구상함에 있어 무척 중요하다. 하위징아의 말처럼 이들 놀이 파괴자들은 자기들 편에서 새로운 놀이 규칙을 갖는 새로운 놀이 공동체를 만들 수도 있기 때문이다.

현실과는 일정한 거리를 둔다는 점에서는 놀이적 성격을 그대로 간직한다고 볼 수 있다.

하위징아에 따르면 축제적 제의는 극적인 표현이고 형상화이며 대리적 현실화이다. 계절적으로 반복되는 성스러운 축제는 인간의 종교적 본성[10]과 놀이적 본성의 통일체이다. 축제 때에는 공동체 성원들 모두 자연적인 큰 사건들을 경축한다. 그러한 의식에서는 계절의 변화, 별자리의 운동, 곡식의 성장, 사람과 짐승의 출생과 삶과 죽음이 통과의례의 상징을 통해 표현된다. 고대인들은 그들 스스로 의식한 자연의 질서, 즉 신화적 상징들을 놀이의 형식으로 승화시켜낸다. 근대 스포츠들의 기원도 물론 그러한 제의적 놀이에서 찾아볼 수 있다. 중세 카니발의 필수적 요소였던 '유혈 스포츠 bloody sports'가 근대적 규칙의 옷을 입으면서 탈일상적 성스러움을 완전히 잃어버렸는데, 이는 '하는' 스포츠에서 '보는' 스포츠로의 변화가 가져다 준 필연적 결과였다. 하위징아나 까이와 모두 이러한 '대리만족'적 놀이나 스포츠에 대해 비판적이다. 물론 프로 축구나 월드컵처럼 프로 게이머의 대결을 관전하는 것만도 재미를 줄 수 있지만, 아무래도 직접적인 참여의 재미에는 못 미칠 것이다.

문화의 뿌리가 놀이에 있다는 하위징아의 진술은 사실 낯선 것은 아니다. 왜냐하면 그는 법률과 지식 및 예술, 심지어 전쟁의 근원마저도 놀이정신, 즉 놀이성 속에서 찾을 수 있다고 보기 때문이다. 최유찬의 말처럼 문화가 노동에서 비롯된 것이라는 견해가 우세한 것을 고려한다면 하위징아의 이러한 지적은 참신한 면이 있다. 하지만 문화가 놀이에서 비롯되었다는 그의 진술을 놀이에서 문화로의 발전이라는 식으로 단계적으로 이해하는 것은 곤란하다. 오히려 문화는 구체적인 놀이의 형식에 '항상' 내재되어 있었지만 우리가 사후적으로 문화라는 이름을 붙인 것일 뿐이기 때문이다. "문화가 그 초기 단계에서는 놀이적 성격을 가지고 있으며 놀이의 양식과 기분으로 문화가 진행한다"(하위징아, 1993, 75)는 진술은 그것을 재확인하고 있다.

문화와 놀이의 상관성은 '사회적 놀이'에서 더욱 극명하게 나타난다.

10) 엘리아데는 인간을 '종교적 인간 homo religiusus'라고 정의한다.

사회적 놀이란 한 집단 혹은 대립하는 두 집단 사이의 질서 있는 활동이다. 집단적 놀이는 본질상 대립적 성격을 갖는다는 것이 하위징아의 견해이다. 물론 춤, 가장행렬, 공연 등 대립적 성격을 갖지 않는 놀이들도 있다. '대립적'이라는 말이 반드시 '경쟁적', '투기적'임을 의미하는 것도 아니다. 그리고 경쟁적 성격을 갖지 않는 이러한 이벤트들도 경연 대회, 가령 그리스 시대의 비극 경연 대회처럼 겨루기 놀이로 바뀔 여지는 있다. 놀이가 응용력, 지식, 기술, 용기, 힘 등 고도의 능력치를 요구할 경우 그 놀이는 문화의 발전에 기여할 수 있다. 하위징아가 보기에 이들 놀이의 미적인 가치도 중요하지만 그것의 육체적, 지적, 도덕적 혹은 정신적 가치도 개인이나 집단의 삶의 향상에 기여할 수 있다면 문화의 수준으로 격상될 수 있다. 놀이의 정신이 문화로 승화한 최고의 사례로 하위징아는 '철학'과 지식(과학), 문학과 음악 같은 것들을 예로 든다.

하지만 놀이가 진정한 놀이가 되기 위해서는 '공정한 놀이 fair play'가 되어야 한다. '페어 플레이'라는 것은 높은 수준의 능력치에 도달함으로써 얻어질 수 있는 것이 아니라 놀이를 놀이로 만들어주는 존재 조건이다. 이후 살펴보겠지만 디지털 게임의 경우 이는 '밸런싱 valancing' 작업에 해당한다. 만일 게임 플레이어에게 그 게임이 너무 쉽거나 영원히 해결할 수 없을 만큼 어려우면 게임에 몰입하기가 불가능하다. 어쨌건 공정한 수준에서의 균형을 맞추는 것이 중요하다. 그리고 먼저 게임을 시작한 이들과 뒤늦게 게임에 입문한 이들의 균형을 맞추어 주는 배려도 필요하다. 〈리니지〉의 경우처럼 길드의 군주가 신참 플레이어를 보살피며 단련시키는 것도 그러한 페어플레이의 요건으로 기능할 수 있다.

하위징아는 페어플레이가 각종 겨루기 놀이나 스포츠 등에만 해당되는 것이 아니라고 역설한다. 이는 전쟁이나 지식, 과학의 경우에도 마찬가지로 필수적이다. 가령 전쟁이 동등한 권리를 갖춘 경쟁자들 사이에서 일어나는 것이 아니라 "인간으로서 인정받지 못하고 따라서 인간적인 권리를 박탈당한 집단-야만인, 악마, 이교도, 이단자, 법도 갖지 못한 열등한 존재들-에 대적하여 수행될 때" 그 전쟁은 놀이 고유의 규칙성, 놀이성을 잃어버리게 된다. 그런 점에서 현대로 올수록 전쟁은 페어플레이 정신을 상실하고 말았다는 하위징아의 지적은 여러모로 곱씹을 만하다. 이라크와 아프가니스탄, 시리아 등에서 벌어지는 온갖 대테러 전쟁은 이미 상호간의 권리에 대한 원칙, 외교적 형식, 명예조약에서의 상호 의무 등 놀이의 공정한 진행을 위한 전제를 제대로 이행하지 않았기 때문이다. 지식의 추구나 과학적 탐구 행위도 놀이와 유사하다. 어떻게든 남보다 연구 성과를 내고 논증으로 상대방을 말살시키려는 충동으로 놀이 고유의 경쟁성 agonality은 사라져버린다. 왜냐하면 "진정한 진리의 추구자는 경쟁자를 이기는 데 큰 신경을 쓰지 않는" 법이기 때문이다. 놀이 규칙의 준수는 놀이 상대들과의 관계에서 가장 필수적인 것이다. 그 규칙이 무시되어버리면 놀이는 존재할 수 없게 되며, 사회의 경우에는 야만성과 혼란을 불러올 것이다.

하지만 하위징아가 보기에 현대는 놀이의 성격을 잃어가고 있다. 놀이(정신)의 타락이 일어나고 있다는 것이다. 그는 점점 체계화되고 조직화되면서, 흥행과 돈벌이에 포획되면서 '순수한' 놀이적 특질이 사라지고 있는 대표적 분야로 스포츠를 든다. 고대의 올림피아 제전이 현대의 올림픽에서 상업적 이벤트로 변질되고 있는 것처럼 현대의 놀이가 살아 있는 놀이의 본 모습을 잃어가고 있다는 것이다. 현대 스포츠는 놀이에 참여하지 않는 사람들과 놀이를 분리시키는 탁월한 능력을 갖고 있다. 하지만 그것은 "자유로운 행위"도 아니며 "사회적 단체의 형성을 촉진"하지 못하고 있다. 특히 프로페셔널한 스포츠 정신은 아마추어에 영향을 미쳐 그것의 퇴락에 일조하고 있다. 고대의 제의적 의례들이 행해지던 시절 자유정신에 의해 놀이들 agon은 인간의 삶과 밀접하게 연결되어 있었다. 그래서 그것들은 사회의 다양한 문화현상들을 낳을 만큼 강력한 것이었으며 사회의 형성과 결속에 나름의 역할을 하였다. 하지만 현대의 스포츠들은 삶 자체와 동떨어진 채 피상적인 형식만 유지하고 있을 뿐이다. 국제 협약이라는 규칙을 무시한 채 총력전에 목숨을 건 현대의 전쟁, 부서들 간의 경쟁을 부추김으로써 이윤 논리에 놀이를 악용하는 것, 메스 미디어를 통한 대중 동원 등도 '가짜 놀이' 혹은 '거짓 놀이'로서 놀이의 타락을 보여주는 사례들로 비판의 대상이 된다.

컴퓨터게임의 경우에도 이러한 사례를 자주 찾아볼 수 있다. 미국의 세계적인 게임 회사 EA의 〈아미 오브 투 Army of Two〉는 두 명의 용병이 전 세계 각지에서 임무를 수행하는 내용의 게임으로 북한군이 악당 역할을 도맡는다. 〈홈프론트 Homefront〉라는 게임에서는 아예 북한이 미국을 침공한다. 북한에 대한 미국인들의 불안이 반영된 게임이라 할 수 있다. 쿠마 리얼리티게임스의 〈이란공격〉은 무료로 발표된 게임으로 미군이 이란의 나탄즈 우라늄 농축시설을 파괴한다는 내용을 담고 있다. 이외에도 게임의 페어플레이 정신을 잃어버린 게임들이 다수 존재한다. 이는 게임의 윤리를 사유함과 아울러 그것의 이데올로기에 대한 비평적 개입이 필요한 이유이기도 하다.

2) 까이와와 함께 놀이를

까이와 Roger Caillois는 놀이와 문명발전의 상관성에 대한 하위징아의 연구를 높이 평가하면서도 그의 놀이이론 자체의 한계를 지적하는 데서 자기 나름의 새로운 놀이이론을 구성한다. 그에 따르면 놀이의 몇몇 기본적인 성격을 분석하고 놀이의 본질적인 특징을 규명하려한 점, 문화와 놀이가 한 몸을 이루고 있고 문화에 본질적인 생동감이 놀이에서 기원하는 것임을 밝혀낸 점은 하위징아의 공적이다.(Roger Caillois, 1994, 25) 하지만 까이와는 하위징아가 미처 놓쳤던 부분을 보완함으로써 보다 엄밀한 놀이연구의 기초를 마련하려하면서 그에게 거리를 둔다.

까이와가 보기에 하위징아의 놀이담론은 몇몇 본질적인 결함을 안고 있다. 우선 그는 하위징아가 놀이의 정의 속에 '신비'를 포함시킨 점을 비판한다. 놀이와 신비 혹은 비밀 사이의 친화성을 파악한 것은 의미 있는 시도지만 '항상 보이는 것'이라는 놀이의 속성을 놓치고 있기 때문이다. 놀이 활동은 반드시 비밀과 신비를 희생시키면서 행해진다는 점을 까이와는 강조하는 셈이다. 즉 비밀을 발견하고 폭로하며 그것을 '소비'하는 것이 놀이라는 것이다. 물론 신비나 모의模擬의 성질을 갖는 모든 것은 놀이에 가깝다. 그러나 까이와가 보기에 놀이에서는 허구와 기분전환(혹은 재미)이 우선이며 신비가 존중되거나 놀이가 변신과 홀림의 시작이나 징후여서는 안 된다. 이런 관점에서 보면 홀림을 목표로 하는 제의나 굿은 놀이의 범주에 포함되지 않고 탈춤이나 연극의 경우에만 놀이에 포함될 수 있다. 의례나 신화의 놀이성을 강조하는 하위징아로부터 벗어나려는 노력이 강하게 읽히는 대목이다.

둘째, 하위징아의 문제점은 그가 놀이를 그 어떤 물질적 이해도 없는 행위라고 했지만 까이와는 도박장, 카지노, 경마, 복권 등의 내기와 우연놀이를 놀이의 범주에 포함시켜야 한다고 주장한다. 이는 컴퓨터게임상의 도박게임이나 게임 아이템의 현금 거래, 〈세컨드 라이프 Second Life〉의 경우처럼 린덴 달러의 현금화 등도 게임 활동의 일환으로 바라보아야함을 말해준다. 이러한 태도는 심지어 최근 사회적으로 논란이 되고 있는 확률형 아이템 역시 놀이 활동의 일부로 보아야 한다는 시각으로 확장될 수 있다. 게임 경제 내의 어떤 활동들은 게임 윤리의 관점에서 부정적으로 평가될 여지가 있지만 놀이는 놀이라는 것이다. 놀이의 사태 그 자체를 보려는 사회학자의 태도가 엿보이는 부분이다.

하지만 까이와가 보기에 하위징아의 가장 큰 결함은 놀이의 일반론과 놀이정신의 문화적 역할에 집중한 나머지 놀이의 다양한 양태들과 그것 각각이 갖는 특수성을 간과했다는 점이다. 그리고 하위징아는 특정 종류의 놀이, 즉 규칙이 있는 경쟁 놀이 Agon의 창조성에 연구를 제한함으로써 다양한 '규칙 없는 놀이'를 소홀히 하고 만다는 것이다. '내기'와 '우연놀이', '흉내'('연기' 演技)같은 놀이 말이다. 그리스 사회에서 비극이나 이성적 학문활동 역시 '아곤'의 형식을 취하고 있고 그것이 최고의 문명을 가능하게 했음을 인정하더라고 경쟁의 형식을 취하지 않은 놀이를 배제할 이유가 없다고 보는 셈이다.

물론 까이와는 놀이의 존재나 영향에 주목하지 않던 상황에서 놀이의 가치를 인식하고 증명하려 한 점에서 하위징아를 높이 평가한다.(Roger Caillois, 1994, 25) 하지만 하위징아가 "놀이 자체에 대한 서술과 분류를 당연한 것처럼 고의로 빠뜨렸고", "놀이가 모두 똑같은 욕구에 대응하며 한 결 같이 똑같은 심리적 태도를 표현한 것처럼 취급한" 점을 까이와는 비판한다. 이는 놀이를 정신적인 것으로서의 문화와 연결하려는 의도가 강한 나머지 놀이 자체의 객관적 속성을 파악하는 데 하위징아가 실패했다는 말로 읽을 수 있을 것이다. 나아가 놀이에 대한 객관적 정의와 분류가 놀이연구의 전제가 되어야 함을 지적한 것으로 볼 수 있을 것이다. 그래서 까이와는 하위징아가 강조한 놀이의 속성을 더욱 객관적으로 보완하면서 놀이의 체계적인 분류를 시도한다.

까이와에게 놀이의 가장 중요한 속성은 "놀이꾼의 자유로운 개성의 표현"이다. 놀이꾼은 규칙을 인정하고 따를 수밖에 없다. 하지만 놀이의 규칙이 놀이꾼의 자유를 훼손하지는 않는다. 오히려 놀이의 묘미는 정해진 규칙 안에서 자유의 가능성들을 모색하고 재미와 즐거움을 위해 그 규칙들 변형하는 데 있다. 능숙한 놀이꾼은 규칙을 통해 자신만의 개성과 묘기를 실현할 만큼 자유로운 사람이라고 볼 수 있다. 규칙을 부정하는 것이 아니라, 그 규칙을 자유롭게 변주하고 구사할 수 있는 놀이자의 역능은 커다란 미덕이다.

무엇보다 놀이론의 구성에 있어 까이와의 가장 큰 성과는 놀이의 체계적 분류를 위한 단초를 제공한 점일 것이다. 그는 경쟁, 우연, 모의, 현기증이라는 가장 기본적인 자질들 중 어느 것이 우위를 점하느냐에 따라 아곤(Agôn, 시합이나 경기를 뜻하는 그리스어), 알레아(Alea, 요행이나 우연), 미미크리(Mimicry, 흉내와 모방), 일링크스(Illinx, 그리스어로 소용돌이)로 놀이를 구분한다. 축구나 야구, 자치기, 레이싱을 하며 경쟁에서 '이기기' 위해 노는 놀이는 아곤에 해당하며, 룰렛이나 제비뽑기에서처럼 기회나 운을 가지고 놀 경우 알레아, 롤러코스트나 청룡 열차, 회전목마는 일링크스, 가장 행렬이나 소꿉놀이, 코스프레[11]의 경우 미미크리에 해당한다. 그리고 이러한 놀이들은 뚜렷이 구별될 수 있는 것이 아니라 복합적으로 뒤섞여 나타날 수 있다는 사실도 잊지 않고 강조한다. 이를테면 고스톱이나 포커 게임은 '알레아'이면서 '아곤'이다. 어떤 면에서 사랑도 놀이와 상사성(相似性)을 갖는다. 사랑은 종종 운명으로 표현되거나 미화된다는 점에서 우연(알레아, 운명으로 포장된)

11) 만화나 게임의 캐릭터와 똑같이 복장이나 분장, 헤어스타일 등을 흉내 내는 놀이로서 '코스튬 플레이'의 줄임말이다.

의 성격을 띤다. 또한 그것은 설렘과 짜릿함의 감정(일링크스)을 동반한다. 그리고 우리는 연인에게 잘 보이기 위해 나날의 역할연기(미미크리)를 고민한다. 특히 압권은 사랑하는 파트너와의 '밀당놀이' 혹은 연적과의 경쟁(아곤)일 것이다.

까이와는 또한 모든 놀이가 파이디아 Paidia와 루두스 Ludus의 두 극 사이에 놓일 수도 있음을 강조한다. 영어 'play'로 번역되는 파이디아는 "기분전환, 소란, 자유로운 즉흥, 대범한 발산이라는 공통원리가 거의 전적으로 지배"하는 것으로서 "통제되지 않은 어떤 일시적인 기분이 표출되는" 경향을 의미한다. 이는 놀이본능의 자발적 표출로서 규칙으로부터 비교적 자유로운 "고삐 풀린" 놀이의 경향을 의미하며, 놀이의 원형에 가까운 것이라 할 수 있다. 당연히 여기서 중요한 것은 비교적 엄격한 놀이 규칙 하에서 승자와 패자를 가려내는 것이 아니라 놀이의 '희열 jouissance' 그 자체이다.

하지만 느슨한 규칙에서 출발한 놀이는 시간의 흐름과 더불어 제도성을 획득하면서 규칙을 더해간다. 이로써 규칙은 점점 놀이의 본질로 자리 잡기 시작한다. 이는 "바라는 결과에 도달하는 것을 점점 더 어렵게 만들기 위해 이 변덕스러운 성질을 자의적이지만 강제적이고 일부러 불편한 약속에 따르게 하고, 이 성질 앞에 더욱더 거추장스러운 장애물을 끊임없이 놓음으로써 그 성질을 구속하려는 욕구의 증대이다". 까이와는 놀이적 규칙성이 뚜렷한 놀이를 그리스어 루두스 ludus로 부르는데 이는 종종 영어 'game'으로 옮겨지기도 한다. 놀이가 규칙을 늘리거나 정교화하는 과정을 거치면서 파이디아의 장난기 있고 충동적인 활기는 점차 사라지고 질서화하기 시작한다. 파이디아를 길들이는 것이 루두스의 몫이었던 셈이다. 루두스적 놀이에서는 파이디아에 비해 규칙이 엄격하며, 승자와 패자 혹은 득과 실을 분명히 하고자 하는 목표를 드러낸다.[12] 이 두 가지 경향은 앞서 말한 네 가지 유형의 놀이 모두에 공존한다. 문제는 어느 경향이 우세한가 하는 것인데, 최유찬은 놀이의

12) 슈츠는 놀이의 두 경향을 '원초적 놀이 primitive play'와 '복잡한 놀이 sophisticated play'로 부르기도 한다.

규칙성 여부뿐만 아니라 놀이하는 사람의 의지가 작용하고 있는가를 동시에 포함함으로써 까이와의 분류표를 더욱 구체적으로 다듬어서 보여준다.

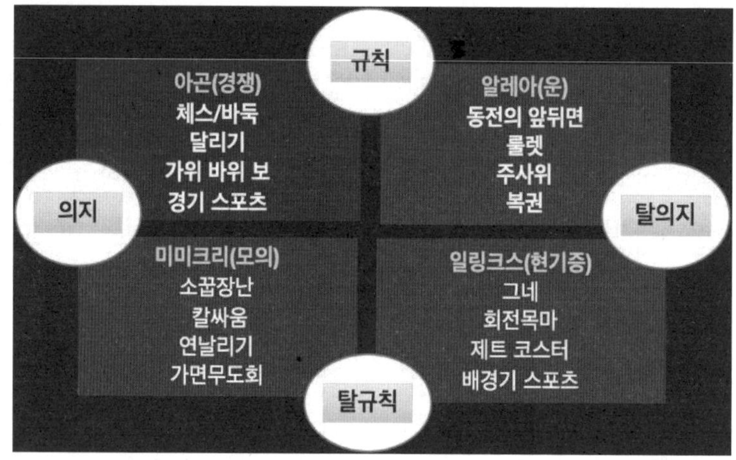

이 그림에서 알 수 있듯이 아곤에는 정해진 한계 혹은 제한으로서의 규칙과 의지가 동시에 작용한다. 여기서 규칙은 힘을 공정하게 발휘하도록 강제할 뿐만 아니라 승리자의 우월성을 확실히 하는 기능을 한다. 그리고 승리자는 규칙이 정해놓은 공정한 대결에서 자신의 우수성을 인정받고 싶어 하며 그렇기 때문에 피나는 훈련과 연습, 즉 승리를 향한 의지를 불태운다. 반면 알레아의 경우 이상적인 규칙은 있지만 의지를 포기하고 운에 모든 것을 거는 놀이이다. 이는 연습량과 그에 따른 플레이어의 능력치가 중요한 역할을 하는 아곤의 경우와 달리 승패가 놀이하는 사람에게 달려 있지 않고 '운'에 달려 있다[13].

13) 까이와는 규칙이 있는 놀이의 경우 규칙이 놀이의 필수 조건임을 인정하면서도 그것의 역할은 자유를 엄격하게 제한하는 데 있지 않다고 한다. 오히려 놀이의 재미는 규칙이 제한할 수 없는 상황의 예측 불가능성에서 비롯하는 것이다. 그에 따르면 "놀이는 규칙의 한계 내에서 자유로운 응수應手를 즉석에서 찾고 생각해내지 않으면 안 된다는 것에 의해 성립한다." 놀이가 규칙을 충실히 지키는 것에 강조점을 두게 되면 놀이의 상상력은 크게 다치고 만다. 규칙이 허락하는 한에서의 다양한 '꼼수', 즉 상상적 전략과 전술이 놀이의 생동감을 좌우한다. 가령 악보나 대본에 충실한 연주나 연기보다는 연주자의 즉흥적이고 개인적인 악보 해석과 연기자의 즉흥적인

반면 미미크리의 경우 자유, 약속, 현실의 중단, 공간 및 시간의 제한 등 놀이의 특징 모두를 갖고 있지만 강제적이며 명확한 규칙은 존재하지 않는다. 미미크리는 법칙이 정해놓은 가상의 세계에서 경쟁을 하거나 운에 자신을 맡기는 것이 아니라 놀이꾼 자신이 가공의 인물이 되어 관객에게 그 인물을 사실로 믿게 하는 것이다. 따라서 규칙은 없지만 완벽한 변신을 통해 관객을 완전히 끌어들이려는 의지는 있다. 이 놀이의 궁극적 목표는 관객의 완벽한 동일시 identification이다. 그런 점에서 소꿉놀이부터 공연과 영화 등의 서사예술에 이르기까지 미미크리의 외연을 확장할 수 있다.

마지막으로 일링크스에는 규칙도 없고 의지도 없다. 이 놀이는 "일시적으로 지각의 안정을 파괴하고 맑은 의식에 일종의 기분 좋은 패닉(panique, 공포) 상태를 일으키려는 시도"(Roger Caillois, 1991, 54)이다. 까이와는 이를 "고문으로부터 쾌감을 기대하는 것"이라고도 하는데, 그런 점에서 루두스와 일링크스의 결합은 불가능하며 파이디아에 가까운 것이라고 말할 수 있다. 놀이공원의 다양한 탈 것들처럼 고통이 주는 쾌락과 기분 좋은 긴장이야말로 일링크스의 효과라 할 수 있을 것이다.

하지만 까이와의 이론에서 더욱 중요한 것은 놀이를 지배하는 이들 네 가지의 기본적 태도들이 서로 분리되어 홀로 나타나지 않고 둘 이상의 속성 혹은 태도들이 서로 조합하여 작동한다는 점이다. 놀이 속성의 혼성화가 대세라는 것이다. 가령 "경쟁과 운"(아곤=알레아), "경쟁과 모의(아곤=미미크리)", "경쟁과 현기증"(아곤=일링크스), "운과 모의"(알레아=미미크리), "운과 현기증"(알레아=일링크스)이 조합되어 나타나곤 한다. 가령 '운+현기증' 조합의 경우 복권이나 장학금에 당첨된 사람이나 그것을 애써 기다렸지만 실패한 사람에게나 성격은 다르겠지만 현기증이 따른다. 아곤과 미미크리의 조합도 가능하다. 경쟁이나 경기는 관

연기가 더욱 큰 재미와 흥미를 자아내는 것처럼 말이다. 이는 특히 컴퓨터게임과 관련해서도 시사하는 바가 크다. 컴퓨터게임의 역사는 게이머의 자유도를 확장함으로써 '상호작용성'을 증가시켜온 과정이기도 했다. 플레이어들은 게임 디자이너들이 허락한 여유로운 공간을 자신들의 상상력으로 채우면서 창의적인 게임 플레이를 해왔고, 심지어는 디자이너들도 생각하지 못한 방식의 놀이를 구성하기도 했기 때문이다.

중을 필요로 하며 그들의 싸움에는 드라마와 같은 일종의 서사가 있기 때문이다. 특히 손에 땀을 쥐게 하는 경기를 두고 우리는 '극적'이나 '드라마틱'과 같은 표현을 쓰지 않는가? 까이와는 경기의 챔피언과 드라마의 인기배우는 상동적 인물이라고 주장한다. 특히 스포츠가 현대의 대표적인 문화산업으로 자리 잡으면서 아곤과 미미크리, 심지어 일링크스의 조합까지도 가능하게 되었다. 가령 멀티미디어에 힘입어 축구경기의 동시적 · 집단적 관람이 가능하게 되었고 광장이나 도로에서의 공동응원은 혼란과 희열의 축제판을 연출하였으며, 이 이벤트를 통해 베컴이나 토티의 헤어 스타일이 대중적 유행 현상이 된 것은 이를 입증해준다. K1이나 e-sports의 경우에도 고유의 캐릭터 의상을 입고서 플레이하는 것은 미미크리와 아곤을 결합하고 있는 훌륭한 예라고 할 수 있다. 컴퓨터게임의 경우에도 테크놀로지의 발전 및 콘텐츠의 비약적 발전에 힘입어 장르의 분화가 더욱 '복합장르화'하면서 이러한 요소들의 조합은 더욱 자명한 사실이 되었다.

3) 놀이와 게임: 컴퓨터게임의 게임성

아마 아직 하위징아나 까이와의 놀이 개념과 분류가 구체적으로 와닿지 않는 독자가 많을 것이다. 이해를 돕기 위해 우리 시대 놀이문화를 선도하고 있는 디지털 게임을 경유하여 구체화 해보도록 하자. 우선 일상적으로 '게임'이라는 말은 우리가 매우 자주 사용해왔고 사용하고 있는 어휘이다. 이는 스포츠를 비롯한 문화산업이 우리의 삶 속에 광범위하게 자리 잡았음을 말해준다. 그렇지만 게임이 무엇이고, 그것과 놀이는 어떤 관련이 있는지에 대해서는 크게 관심을 두지 않는다. 그냥 게임은 게임일 뿐이라는 생각, 게임이나 놀이 모두 그것이 그것이라는 생각이 일반적인 관행처럼 통용되고 있다. 하지만 이러한 태도는 디지털게임의 놀이 혹은 게임으로서의 성격을 밝히고, 그것이 다른 놀이와 갖는 차별성이나 특성을 드러내는 데 별 도움이 되지 않는다.

어원학적으로 '게임 game'이라는 말은 인도-유럽어 계통의 'ghem'에서 나왔으며 '흥겹다', '놀다'의 의미를 지녔다고 한다. 서구에서 '게임'이 지금의 의미로 본격적으로 쓰이게 된 것은 18세기, 이른바 자본주의적 근대화가 시작되면서부터이다. 그 전만 하더라도 놀이와 게임의 구분은 그리 엄격하지 않았다. 우선 엄격한 질서와 사회적 가치를 체득한 근대적 주체 훈육을 위한 도구로서 합리적 규칙에 근거한 게임이 학교교육의 정규 과목으로 자리잡는다. 이후 게임의 규칙성은 공동체 구성원들이 '다 같이 노는 스포츠'에서 '보는 스포츠'로의 변화 과정을 촉진한다. 놀이에서 게임이 독립하는 과정은 '관중'(구경꾼)의 긴장과 재미를 위해 규칙을 강화하는 과정과도 관련이 있는 셈이다.

근대 스포츠나 근대 체육과목을 비판하는 관점에서 보면 근대적 엘리트 주체 생산을 위한 이러한 과정이 문제적으로 보일 수밖에 없을 것이다. 체제와 사회의 필요 충족을 위해 자유와 무목적성이라는 놀이의 속성을 도구화한 점 때문에 말이다. 전통적인 공동체 사회에서 모든 구성원들이 별 규칙 없이 경기를 벌이던 '유혈 스포츠 blood sports'가 세련된 규칙의 '무혈 스포츠'로 변한 것, 스포츠가 상업화한 나머지 대다수 대중들이 스포츠 행위로부터 소외된 것을 긍정적으로만 평가할 수 없었을 것이다. 사실 이러한 비판적 시선은 우리 시대 놀이문화에 대한 반성에서도 곰곰이 생각할 만한 틀로 제시된다. 노동과 유희의 구별이 없어질 사회를 예견했던 마르크스의 꿈은 언제 실현될 수 있을까? 혹은 왜곡된 모습으로 이미 시작된 것은 아닐까?[14]

우리의 경우 '게임'이라는 명칭이 대중적으로 자리를 잡게 된 것은 아무래도 90년대 이후 아케이드 게임이나 비디오게임 등이 하나의 문화적 제도로서 자리를 잡으면서부터라고 할 수 있다[15]. 이를테면 80년대까지

---

14) 미학자 진중권은 정신의 놀이로서 상상을 이야기하면서 이미 노동이 유희가 되고 있음을 말하고 있다. 가령 컴퓨터 시뮬레이션은 이미 상상과 현실의 경계를 없애고 있으며 상상력이 생산력으로 전화하고 있는 지금의 현실에서 그것을 알 수 있다는 것이다. 이러한 진중권의 진단에 동의한다. 그러나 마르크스의 이러한 유토피아적인 바람은 노동 소외의 극복을 전제로 한 것이고, 상상력에 기반한 생산력이 모든 사람들의 공동 소유로 되어야 한다는 것을 전제로 하고 있다. 따라서 디지털 시대의 상상력에 대한 수많은 장밋빛 청사진들에 대해서는 판단을 유보할 수밖에 없다. 자본에 의한 일종의 기술 및 정보 독점, 그로 인한 상상적 놀이의 독점은 지금도 그리고 앞으로도 계속될 것 같기 때문이다. 문제는 이러한 흐름에 맞불을 놓는 비판적 상상력의 공간과 테크닉을 마련하는 것일 터이다.(진중권, 2005, 9-11)

만 해도 아케이드 게임장은 '전자오락실', '지능개발실' 등의 명칭을 달고 있었지만, 90년대 이후 '게임장'이나 '게임 랜드' 등의 이름을 바꿔달게 된 것이 그것을 말해준다. 게임이라는 용어가 일반화된 것은 '오락'이나 '유기' 혹은 '놀이'가 주는 부정적인 인식을 탈피하면서도 디지털게임이 경제적 · 문화적으로 긍정적인 문화적 재화로 취급받게 된 정보화 시대로의 진입을 반영한 결과라고 할 수도 있다 가령 게임을 "게임 기타 오락물 등" "컴퓨터 프로그램에 의한 것" 등의 법적 표현은 그러한 사정을 말해주고 있다. 참고로 1999년 제정된 '음반 · 비디오물 및 게임물에 관한 법률'에 의하면 '게임물'을 "컴퓨터 프로그램에 의하여 오락을 할 수 있도록 제작된 영상물(유형물에 고정 여부를 가리지 아니한다)과 오락을 위하여 게임 제공업소 내에 설치 · 운영되는 기타 게임 기구"(김창배, 1999, 26)라고 되어 있다.

김창배는 90년대 이후 게임에 대한 문화 정책적인 규정들을 분석하는 가운데 게임에 대해 나름의 규정을 제공한다. 그에 따르면 "어느 게임에나 반드시 필요한 요소는 뒤에서 볼 수 있듯이 게임의 당위성으로서의 재미, 규칙, 참여, 목적 추구성을 들 수 있다. 그러므로 게임은 특정 목적을 추구하기 위하여 만들어진 '규칙'에 의거하여 직접 참여하고 진행해 나가도록 구성된 놀이라고 할 수 있다. 좀 더 줄여서 말한다면 '최상의 결과를 얻기 위해 규칙에 의거해 즐기는 놀이'이다. 다만 게임의 규칙으로는 모사, 적응, 확률, 문제해결, 경쟁, 성장, 성취, 판단, 반응속도 등을 들 수 있다. 또한 컴퓨터게임은 컴퓨터라는 하드웨어와 결합되어 나타나는 게임이다."(김창배, 1999, 28)

『게임대학』의 저자 아카오 고우이치에 따르면 게임은 "놀이를 목적으로 한 프로그램"(아카오 고우이치, 1996, 24)이다. 그에게 프로그램은 규

---

15) 게임이 비디오게임이나 컴퓨터게임과 동일한 맥락으로 쓰이게 된 것은 우리의 경우에만 그런 것은 아닌 듯하다. 왜냐하면 〈위키피디아 Wikipedia〉 독일어판의 경우에도 '게임'을 우선 '놀이 Spiel'의 영어 개념으로 소개하면서도 독일어권에서는 대체로 '컴퓨터게임 Computerspiel'으로 이해되고 있음을 밝히고 있기 때문이다. 또한 'Game, Arts, Media, Entertainment'의 축어로 'G.A.M.E'을 사용하면서 이를 컴퓨터게임 개발자들의 조직 이름으로 사용한 것도 시사하는 바가 많다 할 수 있다.
http://www.wikipedia.org/ 'game' 항목 참조.

칙, 소재, 테마의 묶음이다. 이를 테면 단순해보이지만 치밀한 규칙과 소재를 갖춘 〈가위, 바위, 보〉는 훌륭한 게임이다. 그리고 어느 한 경우가 일방적으로 승리하지 않고 가위와 바위와 보가 서로 물고 물리며 승리하도록 되어 있다는 점에서 그 테마도 훌륭하다. 사실 〈가위, 바위, 보〉는 주사위 놀이와 더불어 게임 규칙 구성의 기본 원리요 원형으로 여겨질 수도 있다. 하여튼 고우이치에게 게임의 본질적인 성분은 '놀이'와 '프로그램'이다. 컴퓨터게임의 역사를 보면 이야기('서사성')의 확장과 스펙터클의 강화가 두드러지는데, 그럼에도 불구하고 게임을 게임답게 해주는 것은 프로그램, 즉 게임의 규칙이다.

컴퓨터게임 개발자이자 이론가인 프라스카 Gonzalo Frasca는 "게임과 놀이 활동들을 연구하는 학문"으로서 '놀이학' 혹은 '게임학 ludology'의 필요성을 언급하면서 놀이나 게임과 같은 놀이학의 연구 대상에 대한 현재의 개념 정의들이 매우 모호하고 모순적임을 지적한다. 그러면서 그는 컴퓨터게임의 이론적 정립을 위해서는 놀이와 게임을 엄밀하게 규정하고 구분할 필요가 있음을 강조한다. 그래서 그는 영어 'play'의 동의어로 '파이디아 paidea'를, 그리고 'game'의 동의어로 '루두스 ludus'를 제안하는 까이와의 입장을 '비판적으로' 받아들인다. 주지하다시피 까이와에게 모든 놀이는 파이디아와 루두스라는 두 극 사이에 위치하고 있다. 파이디아는 기분전환과 소란, 자유로운 즉흥성, 대범한 발산을 공통적인 요소들을 갖는 놀이들로서 규칙이 없거나 매우 느슨한 놀이들을 포함한다. 반면 루두스는 파이디아의 변덕스러운 자의성을 극복하고 규칙을 엄격히 한 놀이들이다. 즉 놀이본능을 날 것으로 표출하려는 파이디아의 충동을 사회적으로 길들인 게임인 것이다. 이러한 구분법에서 보자면 많은 놀이들은 파이디아에서 루두스로 진화하기도 한다. 중세의 카니발적 공놀이가 근대 영국에서 축구와 같은 구기로 변해온 것처럼 말이다.

'파이디아'와 '루두스'의 구분은 놀이에서 '즉흥성'이 어느 정도 허용되느냐와도 관련이 있다. 최근 게임학에서는 이를 '자유도'라는 말로 표현하기도 한다. 놀이는 자유와 규칙이라는 얼핏 모순되는 듯한 속성들을 동시에 갖는다. 하지만 강제성을 갖는 현실에서의 규범적 코드들과는 달리, 놀이의 규칙은 놀이꾼의 자유도를 제한하지만은 않는다. 놀이의 규칙은 '자기충족적 규칙'이기 때문인데, 재미를 향한 놀이꾼의 욕망을 키우기도 하고 더 큰 재미를 주기도 한다. 어떤 점에서 놀이는 규칙 안에서의 자유의 훈련이요 연습이라 할 수 있다. 다른 말로 놀이라는 구조 안에서 놀이 공동체의 합의에 따라 다양한 변주가 가능한 것이다. 그리고 그러한 변주의 목적은 놀이의 '재미'일 것이다.

일반적으로 통용되고 있는 놀이 혹은 게임 개념들은 모두 까이와의 이론에 직 · 간접적으로 기대고 있는데, 대체로 '놀이/게임'의 경계를 불변적인 것으로 취급한다. 전통적으로 '놀이 play' 개념은 "즐거움 혹은 즐거움을 위해 행해지는 것", "게임의 플레이, 플레이 방법", "게임 속의 변화 혹은 움직임", "노동과 대조적으로 재미있는 것"을 의미해 왔다. 반면 게임은 "특히 규칙을 갖춘 놀이의 형식"으로 정의된다. 이런 전통적인 시각에서 보았을 때 '놀이' 활동은 아이들의 활동으로, '게임'은 성인적인 활동으로 이해된다. 여기에는 아이들의 놀이를 '유치한 것'으로 보는 시각이 내재해 있다. 왜냐하면 '게임'들의 경우 강력한 사회적 요소를 지니고 있는데 아이들은 미숙하고 유치하므로 게임을 하자면 그런 규칙을 수용하고 인지할 만큼 사회화되어야 한다고 보기 때문이다.

가령 피아제 Jean Piaget는 아이들의 성장과정을 관찰하면서 놀이와 게임의 각기 다른 역할에 주목한다. 관찰 결과 그는 게임을 '흥미의 게임들'과 '상징적 게임들', '규칙을 가진 게임들'로 구분한다. '흥미의 게임들'은 대략 생후 2년 동안 행해지는 게임들로서 대체로 반복적인 성격을 가지며 환경과 대상들을 탐색하고자 행해지는 놀이들이다. VTR 안에 계속 동전이나 볼펜 같은 것을 집어넣는 행위처럼 말이다. 2세에서 7세에 이르기까지 아이들은 '상징적 놀이'를 행하는데 소꿉놀이 같은 역할 놀이들이 대표적이다. 여기서는 아이들의 상상력이 중요한 역할을 하는데 가령 나무 조각이 총이 되거나 곰돌이 인형이 아기가 되는 것처럼 어떤 대상을 다른 것과 연관시키는 특징이 두드러진다.

하지만 아이들이 성장 과정을 거쳐 사회화되면서 축구나 레이스 같은 비교적 엄격한 규칙의 게임들이 주 종목으로 등장한다. 이를 까이와의 이론에 접목시켜보면 앞의 두 놀이들은 '파이디아'의 범주에, 그리고 규칙을 가진 게임들의 경우 '루두스'에 포함시킬 수 있을 것이다. 결국 파이디아의 경우 규칙의 부재 혹은 느슨함 때문에 '놀이'의 요소가 강하고 '루두스'의 경우 엄격한 규칙성 때문에 '게임'으로 분류되는 것이 하나의 관행으로 자리 잡고 있다. 하지만 이러한 피아제의 게임 범주들은 아이들의 성장과 발맞추어 나타나지만 성인기에도 다양한 모습으로 공존할 수 있음을 기억할 필요가 있다. 다만 사회화가 완성된 성인들의 경우에도 놀이를 하긴 하지만 게임에 비했을 때 그 비율은 매우 적을 뿐이기 때문이다(프라스카, 2008, 62)[16]

하지만 인류학자 비다르 Daniel Vidart의 말처럼, 놀이 역시 엄격한 규칙을 가질 수 있기 때문에 파이디아와 루두스를 엄격하게 구분하는 전통적인 이해방식에는 문제가 있다. 비다르는 장난감도 없이 두 팔을 벌려 비행기를 조종하는 척하는 아이를 예로 든다. 그에 따르면 이러한 놀이에도 어떤 규칙이 자리하고 있는데, 왜냐하면 그 아이는 비행사를 흉내 내면서 놀고 있는 것이지 의사나 자동차 운전수처럼 행동하거나 흉내 내는 것은 아니라는 규칙을 따르고 있기 때문이다.

프라스카의 고민은 바로 여기, 즉 '놀이'와 '게임' 모두 규칙을 가지고 있다면 이 두 개념의 차이는 어디서 찾을 수 있을까에 있다. 그는 프랑스어 'jeu'가 갖는 이중적 의미, 즉 '놀이'와 '게임'을 모두 포괄하는 그 단어의 차이를 규명하려 했던 철학자 랄랑드 Andre Lalande에 기대어 고민을 해결하려 한다. 랄랑드에 따르면 놀이와 게임은 규칙이 있고 없음에 의해서 정해지는 것이 아니라, 그 규칙의 결과에 의해 구분된다. 즉 게임은 결과를 갖고 승자 혹은 패자를 정하지만 놀이는 그렇지 않다는 것이다. 그에 따르면 '파이디아'는 "당장의 유용한 목적도 규정된 목표도 없는 풍부한 육체적 혹은 정신적 활동이다. 그것의 유일한 이유는 플레

16) 이렇게 보면 '게임'의 경우 규칙이 있지만 '놀이'의 경우 그렇지 않다. 이러한 관점에서 '놀이'의 예들로는 공 튕기기, 뛰뛰기, 병원놀이 등이 있다. 이들 놀이는 "산만하다"(diffuse)는 한계를 가지고 있다. 반면 '게임'은 더욱 엄격한 규정을 지니고 있거니와, 여기에는 축구, 장기 등이 포함된다.

이어에 의해 실험된 즐거움에 기반을 두고 있다." 반면 '루두스'는 특수한 종류의 '파이디아'로서 "승리와 패배, 이익과 손실을 규정하는 규칙들의 체계 하에 조직된 활동"(프라스카, 1996, 63)이다.

이를 보다 쉽게 이해하기 위해 디지털 게임을 예로 들어보자. 게임에서 규칙들이 있고 승리와 패배의 조건들을 갖춘 '루두스' 게임들의 예를 들기란 어려운 일은 아니다. 〈팩맨〉, 〈둠〉, 〈마리오 브라더스〉, 〈미스트〉, 〈철권〉, 〈LoL〉 등의 게임들처럼 말이다. 하지만 궁극적 '승리'의 요건이 갖추어지지 않은, 열린 결말의 게임도 존재한다. 영속적 시 · 공간을 특징으로 갖는 〈심시티〉나 〈리니지〉의 경우가 그러할 것이다. 특히 〈심즈〉나 〈문명 온라인〉 등의 시뮬레이션 게임들은 게임 자체에 내장된 승리의 규칙들이 존재하지 않는다. 이들 게임에서의 규칙은 다만 플레이어 자신이 설정한 목표일뿐이다. 가령 〈심시티〉를 플레이하면서 플레이어는 "오늘 나는 거대한 도시를 건설할 거야", 아니 "아름다운 생태 도시를 만들거야" 등의 무한한 자기 목표들을 상상할 수 있는데, 이처럼 미리 디자인된 목표가 없다는 점에서 보면 '파이디아' 게임들은 주체들에게 많은 '자유도'를 허락한다고 볼 수 있다. 물론 '파이디아' 게임들의 경우에도 플레이어가 승리와 패배의 규칙들을 스스로 설정하게 되면 루두스 게임으로 변한다. 이를테면 내가 '생태도시'를 만드는 데 실패하게 되면 패배한 것이 되기 때문이다. 이렇게 보면 루두스와 파이데이아의 경계도 유동적이고 가변적인 것임을 알 수 있다.

뿐만 아니라 디지털 게임에서는 까이와가 말한 게임의 4가지 유형도 모두 통합적으로 설명할 수 있다. 가령 RPG류의 디지털 게임은 미미크리, 즉 역할놀이로 시작된다. 우리는 자신의 분신으로서 게임을 하면서 우선 캐릭터나 종족을 선택하거나 자신의 취향과 욕망에 따라 자신만의 캐릭터를 디자인한다. 이를 '커스터마이징'이라고 한다. 게임 플레이어들은 모두 자신의 캐릭터, 즉 아바타를 통해 욕망을 실현한다. 그들은 전사가 되어 적을 물리칠 수 있고 베컴이 되어 월드컵에서 우승을 할 수도 있으며 시장이 되어 친환경 도시를 만들 수도 있다. 어릴 적 소꿉놀이처럼 가상의 역할을 맡아 그 속에 자기의 상상적 욕망을 채워 넣는 것은 미미크리의 본질적 특징이기도 하다. 연극이나 공연예술처럼 모방행위를 통해 즐거움을 주는 〈오디션〉 등의 댄스 게임 역시 미미크리적인 요소가 강한 게임이라 할 수 있다.

디지털 게임 중 가장 그 성격이 분명하게 나타나는 것이 아곤 agon, 즉 경쟁놀이의 측면이다. 일정한 규칙 안에서 사람이든 기계든 모든 참여자들이 서로 경쟁하고 승리를 다투는 유형의 놀이는 초기 게임부터 지금까지 가장 일반적인 게임 양식이라 할 수 있는 것이다. 컴퓨터 게임의 경우 미미크리는 플레이어에게 캐릭터를 선택하여 꾸미게 하고 게임의 전반적인 배경과 상황 및 목표를 설정하게 하는 것과 관련이 있다면, 아곤의 경우는 게임 플레이의 전제 조건으로서의 규칙과 명령을 의미한다. 즉 게임을 플레이하겠다는 욕구를 불러일으키고 긴장과 승부욕을 동시에 가져다주는 '잘 짜여진' 게임 규칙의 마련은 컴퓨터게임의 '아곤'적 요소라 하겠다.

알레아는 그리스어로 원래 '주사위 놀이'를 의미했다. 이는 플레이어의 의지보다는 '운'에 의해 그 승패가 결정되는 놀이로서 우리의 윷놀이, 마작, 야바위, 복권의 경우가 이에 해당한다. 그리고 어릴 적 우리가 즐겨하던 〈사다리 놀이〉나 〈부루마볼〉 같은 보드 게임은 '알레아'적 요소가 강한 게임들이다. 롤플레잉 Role-Playing Game, RPG 게임도 주사위 놀이의 변형이다. 특히 '펜 앤 페이퍼 pen-and-paper 게임의 원조이고 이후 RPG게임과 어드벤처게임에도 중요한 영향을 미친 〈던전스 앤 드래곤스 Dungeons & Dragons〉라는 테이블 RPG 게임도 주사위를 던져 게임을 진행한다. 이것보다 훨씬 간단한 보드게임이었지만 우리나라의 〈사다리게임〉도 몰입성이 무척 강한 게임으로서 주사위 놀이 고유의 '운'에 기반한 게임이다. 그 옛날 문방구에서 50원을 주고 산 마분지 위의 세계는 정말 꿈과 같은 세계였다. 주사위 한판에 에스컬레이터를 타고 50계단을 급상승할 수도 있었고 '엔딩'을 바로 앞에 두고 뱀을 타고 미끄러져 출발지로 추락할 수 있었던 이 게임은 도박과 비슷한 감흥을 주기도 했다.

사실 주사위놀이의 매력은 공평함에 있다. 가진 자나 못가진 자, 강자나 약자, 다수자나 소수자 모두 주사위 앞에서는 평등하다는 것 말이다.

이는 게임의 '밸런싱 valancing' 작업과도 관련이 깊다. 사실 우리는 주사위를 순전히 운으로만 결정되는 게임으로 알기 쉽지만, 그것은 착각에 불과하다. 오히려 그것은 '확률 놀이'에 더 가깝다. 가령 100번 주사위를 던져서 그 결과를 기록하고 분석을 해보면 일종의 반복적 패턴이 발견된다. 확률과 통계는 컴퓨터게임 '밸런싱'작업의 핵심이다. 플레이어와 NPC(Non Player Characters) 그리고 여타 오브제들의 '행태behaviors'가 여기서 결정된다. 게임에서의 '알레아'는 순수한 운이라고 할 수 없고 일정한 예측가능성을 전제로 한다. RPG 게임이나 시뮬레이션게임 등도 확률과 통계를 고려한 게임플레이를 요구하는데, '우발적 패턴' 속에서 게임의 전략을 짜는 일은 게임의 승패에 크게 영향을 미친다. 〈온라인 고스톱〉이나 〈온라인 포커〉의 경우처럼 알레아적 요소가 강한 게임들은 도박성도 두드러진다.

일링크스, 혹은 '버티고 vertigo'는 일상적인 지각을 변형시켜 의식을 바꾸는 활동이다. 고도의 집중력을 요구하는 몰입놀이로서 여기에는 롤러코스트, 눈썰매, 그네, 회전목마 등의 놀이가 있다. 이는 소용돌이 속에서의 현기증 같은 경험에서부터 어려운 수학문제를 해결한다거나 암벽타기, 파도타기 같은 난관을 극복할 때의 몰입상태까지 폭넓은 의미를 띠기도 한다. 디지털 게임은 플레이어에게 계속적으로 과제나 퀘스트 quest를 부여한다. 이를 해결하여야 그는 목표에 도달할 수 있다. 이러한 한계에 맞서 싸우면서 플레이어는 스스로 어려운 문제를 해결하고 자신의 능력치를 키우는 가운데 더 강한 자아로 거듭난다. 이처럼 영웅의 성장과 유사한 경험을 하는 가운데 그는 자연스럽게 고도의 집중력을 발휘하게 되며 흡사 '엑스터시'의 상태에 빠지기도 하는데 이는 일링크스의 감정에 다름 아니다. 〈롤러코스터 타이쿤〉에서 가상의 놀이기구를 탈 때의 기분이나 〈DDR〉을 하면서 느끼는 희열감들도 일링크스의 경험이라 할 수 있다. 특히 가상현실 Virtual Reality와 증강현실 Augmented Reality이 게임 플렛폼으로 상용화되면서 일링크스의 강도는 비약적으로 증가한다. 이러한 기기를 통해 우리는 '세컨드 라이프'를 넘어 '서드라이프 third Life'를 체험하게 된다. 이제 게임은 입체적 실감사회를 선도하는 방향으로 진화 중이다.

디지털 게임의 특징은 미미크리, 아곤, 알레아, 일링크스의 유형들이 상호보완적으로 뒤섞여 있다는 것이다. 사실 상업적 성공을 꿈꾸는 모든 게임은 일링크스의 경험을 추구한다. 이를 위해서는 나머지 미미크리와 아곤, 알레아가 적절히 균형을 이루어야 한다. 가령 〈배틀 그라운드〉같은 'FPS' 게임의 경우 플레이어는 게임 속의 가상 캐릭터가 되어(미미크리) 다른 플레이어와 '내기 agon'를 한다. 그리고 그가 어떤 종류의 아이템을 얼마나 획득하고 얼마의 명중률을 기록할 것인가에는 '운 alea'이 일정 정도 작용한다. 특히 게임의 영상이 3D에서 급기야 VR로 발전하고 게임의 속도가 더욱 긴박하게 흐르는 가운데 느껴지는 기분 좋은 멀미는 바로 '일링크스 Illinx'의 그것이라 할 수 있다. 대부분의 'MMORPG' 게임들은 이러한 유형들이 한데 어우러진 게임으로서 게임의 복합성을 맘껏 맛볼 수 있는 게임이라 할 수 있다. 특히 MMORPG가 스마트기기로 이전되면서 게임 속성의 유기적 혼성화 과정은 불가역적 대세가 되었다. 이처럼 컴퓨터게임의 복잡성은 최근 게임 디자인의 원칙이기도 한데, 김정남과 김정현은 이를 다음과 같은 그림으로 나타낸다.(김정남 외, 2006, 23)

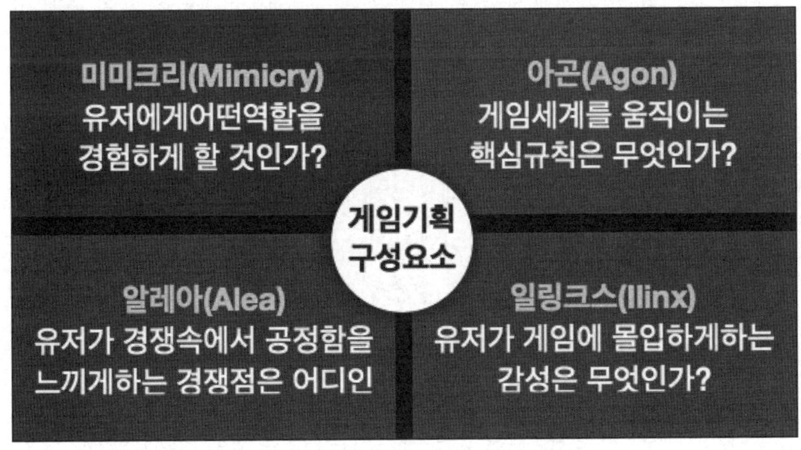

4) 놀이 연구의 매력적 모호성

하위징아와 까이와 덕분에 우리는 놀이의 의미와 속성에 어느 정도 다다를 수 있게 되었다. 어떤 점에서 현대 놀이학자들의 개념화 시도는 하위징아나 까이와의 놀이 개념에 대한 주석이거나 보완이라 할 수 있다. 그러한 노력들 덕분에 우리는 점점 풍성하면서도 완전한 놀이 정의에 접근하는 중이다. 하지만 놀이에 대한 정의 시도에는 부족함이 남는다. 비트겐슈타인의 말처럼 놀이 개념은 너무나 모호하기 때문이다. 가령 놀이에 대한 대개의 설명들은 누구나 동의할 수 있을 법한 놀이의 특징들에 기대고 있다. 그렇기에 공감의 여지가 크다. 그럼에도 많은 이들이 놀이 개념이 너무나 막연하고 모호하다고 불평을 한다. 당연하다. 놀이는 '복합체 complexity'이고 다양한 접근법들을 허락하기 때문이다.

이런 상황에서 놀이에 대한 비교적 분명한 개념을 얻기 위해 우리는 놀이 연구들이 공통적으로 제시하는 몇 가지 공통점들에서 출발할 수 있을 것이다. 우리 스스로 놀이학자들이 제공하는 개념들을 전유하는 가운데 나름의 개념을 정리하려는 적극적인 자세를 가질 필요가 있을 것이다. 앞서 잠시 언급한 비트겐슈타인이 '가족 유사성'이라는 개념을 통해 추천한 바 있는 방법론이 지금으로서는 최선의 선택일 것이다.

우선 최근의 놀이연구자들은 '자기 목적성 auto-telicity'을 놀이 개념의 필수 요소로 간주하곤 한다. 놀이가 그 자신의 목적을 위해 추구되는 활동이라는 점이 가장 중요하게 부각되는 것이다. 학문간 경계를 넘나드는 이론가들은 대개 놀이의 비-공리적 non-utilitarian 혹은 자기목적적인 속성에서 논의를 시작하기 때문이다. 물론 누군가는 일상의 놀이 경험을 통해 이러한 패러다임을 반박하려고 할 수 있다. 가령 우리는 "현실 세계에서 (놀이의) 동기들은 혼합되어 있다"는 스포츠학자 거트맨 Allen Guttmann의 말을 곱씹어 볼 필요가 있다. 사람들은 다양하고 상이한 이유들로 논다는 지적일 것이다. 친구나 가족들과 사교하기 위해, 연습하기 위해, 가정의 혹은 노동의 반복되는 일상을 깨기 위해, 또한 놀이가 가져다 줄 즐거움 때문에 등등의 다양한 이유로 노는 것이다.

그런 점에서 우리는 놀이의 자기 목적성이 놀이의 실재를 이해하는 한 가지 방법일 뿐 그것이 놀이에 대한 완전한 설명이 아니라는 거트맨의 이의제기에 동의할 수 있다. 하지만 자기 목적성 혹은 비-공리성이라는 놀이의 개념적 속성은 여전히 매력적이다. 그것은 놀이의 일시적이고 덧없는 자질을 건드리고 있기에 놀이의 본질에 가까운 것처럼 보이기 때문이다. 이러한 매력은 확실히 노동/놀이의 오래된 이분법에 힘입고 있다. 이를테면 노동이 "직접적인 혹은 간접적인 경제적 의무의 프레임 안에서 수행되는 도구적 활동에 있다"(Giddens, 1964, 81)고 한다면 놀이는 "본질적으로 비생산적 활동"(같은 책, 71)이다. 놀이는 그 자신의 보상인 셈이다. 더욱이 놀이와 노동을 구분할 때 우리는 놀이가 재미있는 반면 노동은 그렇지 않다고 이야기할 수 있다. 놀이는 향유되는 것이고 노동은 감내되는 것이라는 말이다. "놀이의 본질을 특징지어주는 것은 분명 이러한 재미 요소이다"(같은 책, 71).

하지만 단순한 놀이/노동 이분법이 줄 수 있는 명료함보다 사태는 더욱 복잡하다. 거트맨은 말한다. "우리가 공리적인 것과 비공리적인 것이 완전하게 분류(구획)되는 어떤 우주를 개념화할 수 있다 치더라도, 노동과 놀이가 결코 상호 침투할 수 없는 별개의 영역들로 존재하는 우주를 추상할 수 있다 하더라도, 우리는 자주 그들의 순수하지 않은 형식들로 놀이와 노동을 경험한다."(Guttmann, 2004, 13) 이러한 진술을 거부할 도리가 있을까? 아직 흔한 경우는 아니지만 일과 노동의 경계를 지우려는 노력이 시작되기도 했고, 사람에 따라서는 일을 놀이로 받아들이는 경우도 있으니 말이다. 그런 의미에서 놀이는 상황과 맥락, 행위의 주체에 의해 구성되는 것이라고 주장도 제기된다.

그래서 거트멘 Guttmann은 놀이를 다시 "무목적의 신체 및 정신적 행위"(Guttmann, 2004, 22)로 정의한다. 이는 "목적으로부터 자유로운 행위", 즉 "목적을 위한 수단적 행위인 노동과는 반대로 그 자체가 목적인 행위"라는 칼 딤 Carl Diem의 정의와 통하는 것이기도 하다. 그리고 놀이 행위는 즐거움('쾌', '만족', '재미')을 목적으로 한 행위이기도 하다. 놀이의 신체성, 정신성, 무목적성, 자유, 즐거움과 재미로서의 쾌나 만족과 같은 놀이의 자질들은 놀이를 미학과 연결해주는 것들이기도 하다. 이러한 속성들은 미학이론과 예술 창작과 수용에 관한 인문학적 사유의 핵심 범주들이기도 하기 때문이다.

놀이에서의 자유의 속성 역시 부인하기가 어려워 보인다. 하지만 놀이의 규칙성과 관련하여 '자유'의 속성은 보다 깊은 숙고를 요구한다. 우리가 놀이의 조건들과 형식들 및 규칙들을 창조할 자유가 있는지에 대한 문제 말이다. 놀이의 많은 영역들에서-특히 게임과 스포츠 같은 조직화된 놀이의 그러한 사례들- 우리가 자유롭게 규칙들에 복종해야 한다는 것은 맞는 이야기다. 그것이 쓰여 있는 명시적 규칙이든 아니든 놀이에 참여하기 위해서는 그래야 하는 것이다. 그렇지 않으면 '놀이 파괴자'의 불명예를 감수해야 한다.

하지만 놀이의 가장 순수한 형식들은 그 놀이가 어떻게 발전(전개)되어야 하는지를 자유롭게 결정할 수 있는 플레이어들의 능력에 의해 지시된다. 의사와 간호사 놀이를 하는 아이들에게 갑자기 소방관으로 변신하는 것은 가능한 일이다. 놀이의 내적 논리는 놀이를 하는 사람들의 변덕(일시적인 기분) 이외의 그 어느 것에도 신세를 지지 않는다. 놀이의 자유성과 규칙성의 변증법적 상호작용은 여전히 놀이 연구자들에게 해명을 요구하는 논쟁적인 주제이다.

놀이의 분리성 separateness이라는 성질 역시 다양한 해석에 열려 있다. 놀이가 종종 특수한 영역에서 일어난다는 것, 그리고 그것이 가장假裝의 요소에 의해 지시된다는 것은 널리 인정되는 사실이다. 개인 여가시간 중 놀이의 비율은 누구에게나 공평할 수 있다. 아이에게 놀이는 세상과의 내적인 감각적 상호작용들의 하나이고 인지적 · 육체적 발달에 필수적인 것이다.(Sutton-smith, 1971, 252-260) 하지만 놀이는 젊은이나 나이든 이의 세계에서도 똑같이 중요한 자리를 차지하는 것으로 볼 수 있다. 하지만 그들 모두에게 놀이는 현실로부터 분리된 것임과 동시에 현실과 연속성을 갖는 것이기도 하다. 그럼에도 "짐멜이 모든 놀이는 현실과 분명한 연관성을 갖지만, 그것은 다른 관점들에서 그럴 수 있다고 강조한 것"(Giddens, 1971, 82)처럼 놀이와 현실 사이에 일종의 분리선이 그어진다. 이처럼 놀이의 분리성과 관련해서도 이론적 난점이 자리하고 있음을 알 수 있다.

사실 놀이를 현실과 긴장 관계에 있는 것으로 보는 태도는 비-공리적 주장의 확장이다. 놀이는 의식주의 공급에서 별 역할을 하지 않으면서 우리의 존재 조건들을 재생산하는 데에도 별 도움이 되지 않는다. 이러한 의미에서 놀이는 현실로부터의 분리이다. 이처럼 '놀이의 분리성'은 노동에 대한 놀이의 관계를 은폐하는 유사-신비(주의)적 망토기능을 하기도 한다. 그 결과 표준적인 담론에서 놀이는 현상을 혼란스럽게 하는 어떤 것으로 나타난다. 정확한 정의의 부재 속에서 가장 적합한 이론적 계열은 놀이의 무수한 모순들을 통해 유추되어 왔다. 하지만 놀이를 이해하기 위해 우리는 이러한 모순들을 해결하려기보다 그것들을 껴안기로 한다. 오히려 이러한 모호함은 놀이연구의 지평을 확장하고 놀이의 사용가치를 극대화하려는 시도들을 촉진하는 기능을 해왔기 때문이다.

인간의 문명과 놀이는 그 궤를 같이 한다. 하위징아의 경우에는 문명이 놀이에서 발생했으며 문화 자체는 놀이의 성격을 지닌다고 주장한다. 놀이는 인류의 과거와 지금의 결정을 담고 있다는 말로 읽을 수 있을 것이다. 뿐만 아니라 놀이는 '지금 여기' 우리가 당면한 문제들을 극복한 이후의 비전을 담고 있기도 하다. 그런 의미에서 놀이연구는 놀이에 대한 통념적인 근대적 편견을 성찰하는 데서 시작할 필요가 있다. 놀이는 진지하지 않은 것이 아니다. 그것은 의무와 책임이 면제된 비본래적인 무엇이 아니다. 놀이는 아이들의 유치한 짓거리도 아니며, 쾌락과 방종을 좇는 소일거리에 불과한 것도 아니다. 놀이의 사유가 추구하는 유토피아는 상상적인 것을 활성화함으로써 보다 나은 삶이 가능한 시간이며 장소이다. 그런 의미에서 놀이는 현실 도피가 아닌 '탈주'를 시위하고 실험하는 끊임없는 노력이라 할만하다. 삶과 현실의 잉여, 내일의 노동을 위한 단순 재충전이 아닌 것이다. 놀이는 인간 이해를 위한 아리아드네의 실이라는 점에서 인문학의 중핵 개념이라 할 수 있다.

놀이의 개념은 모호하고 그 영역은 광범위하다. 놀이 하면 우선 일상적 즐거움의 원천인 스포츠와 게임이 눈에 밟힌다. 아, 지금은 거의 모습을 감추었지만 자연 속에서 다투었던 수많은 들놀이와 산놀이, 물놀이가 생각난다. 아니 근대화가 한창일 때도 과거의 전통 놀이는 그 생명력을 유지했다. 골목놀이는 근대문화유산으로 선정해도 무리가 없으며 30~40대만 하더라도 '우리를 키운 8할은 그러한 놀이였다'고 이야기할 수 있을 것이다.

서양에서 놀이는 고대부터 신화적 · 종교적 제의와 예술적 · 인문학적 사유와 상상력, 우주론과 형이상학적 사유, 인문 교육의 중심 의제였다. 놀이는 인간 고유의 실존적 범주이면서 존재론적 계기이며 삶의 세계를 이해하기 위한 아리아드네의 실이었다. 그럼에도 진지하지 못한 비생산적인 유치한 짓으로 놀이를 폄훼한 역사도 놀이 연구의 역사만큼 오래되었다. 인간과 세계 이해의 실마리라는 점에서 놀이를 부정적인 것으로 본 것은 부당한 일이다. 그것은 단순한 소일거리도 아니고 노동과 분리된 것도 아니다. 물론 노동의 재생산을 위한 휴식으로 놀이를 보는 관행도 올바른 것은 아니다. 심지어 하위징아는 모든 문명이 놀이에서 발생했으며, 문화 자체가 놀이의 성격을 갖고 있다고 하지 않는가?!

놀이는 인간의 가장 오랜 욕망과 근원적인 충동으로 놀이와 노동은 동시적이고 동근원적인 것이었다. 이미 신화와 고대의 사유는 노동/놀이의 대립쌍을 극복하고 있다. 그렇기에 그 둘의 조화를 통한 진정한 행복과 공동체의 가능성을 모색하려는 지속적인 노력이 있어왔을 것이다. 지금도 놀이를 통해 노동 편향적 삶을 극복하고자 하는 시도가 다양하게 이루어지고 있다. 나아가 권태와 피로, 죽음과 소외 같은 실질적 문제들을 놀이로써 승화시키려는 노력이 지속되고 있다. 놀이는 우리 삶의 반영이면서 삶을 견디게 하는 자산이다. 그런 점에서 놀이의 인문학적 사유를 통해 우리의 시대를 진단하고 새로운 삶의 방식과 대안적 공동체를 설계하는 작업은 의미가 있다. 이는 고대 이후 놀이에 대한 인문적 사유의 전통에 관심을 가져야 할 이유이기도 하다.

Ⅲ. 근대 이전의 놀이 담론

1. 헤라클레이토스와 놀이

하위징아는 신화와 의례를 놀이의 중요한 현상으로 강조한다. 특히 그는 살아있는 존재들의 상상적 세계(혹은 살아 움직이는 생각의 세계)를 창조하려는 경향을 '마음의 놀이' 혹은 '심리적 게임'으로 부르자고 한다.(Johan Huizinga, 1993, 262) 그에 따르면 신화와 의례는 그러한 마음의 놀이로서 인류 문명의 견인차이자 상수였다. 신화는 신들의 이야기로 표현된 인간들의 삶의 양태들 내지 인간들이 현실에서 직면하는 문제들에 대한 대응과 해석(가령 제우스의 번개와 우뢰는 자연에 대한 공포의 반영이자 해석)으로 볼 수 있다는 것이다. 나아가 신화시대의 사람들에게 그것은 놀이의 대상이라기보다는 현실을 바라보는 근본적인 틀이자 삶의 지붕이었다.

하지만 신화들을 '노는 at play' 의례의 과정에서 신화는 놀이와 깊은 연관을 갖는다. 어떤 점에서 신화 자체는 인간의 상상 놀이의 결과물이었다. 아니, 거꾸로 말해 놀이 자체가 신화와 유사한 속성을 갖는 것으로 볼 수도 있다. 이를테면 역할놀이(소꿉놀이)와 같은 아이들의 놀이세계는 현실 속의 인간관계(가령, 엄마-아이)가 반영된 가상의 세계이며 마술(법)적 차원에서 이루어진 창조물이다. 그런 의미에서 가상과 현실의 이중적 결합이라 할 수 있을 것이다. 신화 역시 상상적 재현을 통해서 현실이 투영된 가상세계인 것처럼 말이다. 그 점에서 놀이는 인간적 현실을 내포한 독특한 가상으로서 신화를 닮았다. 물론 신화는 현실의 반복이나 재현이 아니다. 거기에는 현실에 대한 인간의 해석과 그들의 욕망이 투영되어 있기 때문이다. 신화나 그에 대한 인간의 해석과 가치를 담은 인간의 놀이-의례 안에는 인간이 신화를 통해 상상적으로 실현하고자 하는 바람 같은 것이 내재해 있는 셈이다. 놀이꾼은 놀이 안에 다양한 상징들을 창조해 놓는다. 놀이의 상징들은 '마법적인' 힘을 부여 받는다. 그것은 '판단의 일시적 중지'를 부르는 위력을 갖는 것이다. 마술적 세계의 가상과 상징 및 재현은 놀이 고유의 성분들이다.

신화시대 이후 로고스(Logos) 시대가 시작되는 고대의 사유에서도 놀이는 세계와 자연의 변화와 생성을 설명하고 사유하기 위한 중요한 기반이다. 그렇기에 고대의 자연철학 역시 세계의 모습을 설명하기 위해 놀이의 메타포를 이용한다. 헤라클레이토스가 대표적이다. 물론 헤라클레이토스에게 놀이는 그 자체보다는 세계와 인간의 존재와 세계의 운동을 이해하고 설명하기 위한 상징으로 활용된다. 그의 놀이 철학은 이후 근대와 현대의 철학과 문학 담론에도 지대한 영향을 미치게 되는데, 많은 사상가들과 작가들은 헤라클레이토스의 시대와 자기 시대 사이의 간격이 그리 크지 않아 보였기 때문이다. 그래서 니체는 "우리의 최고 예술과 철학 사이에는, 그리고 진실로 인식된 먼 고대 사이에는 모순이 존재하지 않는다. 그것들은 서로 보호해주고 지지해준다. 여기에 내 희망이 놓여 있다."(F. Nietzs che, KSA 8. 69)라고까지 한다. 특히 헤라클레이토스는 니체 놀이 담론의 출발점으로 중요한 의미를 갖는다.

어디 니체뿐이었을까? 고전주의자들과 낭만주의자들에게도 고대 그리스는 사유의 '지붕 Dach'이었다. 놀이 이론의 시원을 찾아가는 우리의 작업이 헤라클레이토스에게서 시작될 수밖에 없는 것도 그 때문이다. 그들에게 헤라클레이토스는 합리적 이성이 포함하지 못하는 것들을 아우르는 '큰 이성'의 대리인이었기 때문이다. 하이데거도 한 수 거든다. "그(헤라클레이토스)는 밝히는 것 das Lichtende의 빛남 Scheinen을 사유의 언어 안으로 불러내려고 하면서, 밝히는 것에 대해서 말한다."(M. Heidegger, 1954, 258) 이처럼 니체와 하이데거는 헤라클레이토스를 경유하여 자신의 사유를 벼린다.

무엇보다 '놀이' 개념은 놀이 연구를 위해서만이 아니라, 그들의 사유를 이해하는 '아드리아드네의 실'이다. 특히 헤라클레이토스의 단편 B52는 '탈중심'(차이), '탈영토', '탈코드', '우연성', '생성' 등의 개념들을 지주로 삼는 포스트주의(특히 들뢰즈)에게도 강한 흔적을 남긴다. 그런 점에서 헤라클레이토스로 시작되는 놀이 담론으로의 여정을 들뢰즈로 마무리하는 것도 가능할 것이다. 이를테면 들뢰즈는 니체를 경유하여 헤라클레이토스에 닿고자 한다. 우선 그는 '변화'와 '생성' 뒤에 감추어진 '로고스'('조화'와 '통일')를 발견하는 표준적 독법을 거부한다. 그는 '플라톤 이전 철학자들 die vorplatonischen Philosophen'의 면모를 부각시켜 생성 Werden과 투쟁 Polemos를 강조한다. 이러한 독법에서 놀이 개념은 형이상학과 동일성 철학을 거부하는 주요 개념으로 기능한다. 이로써 실재는 생성이며, 그 생성은 늘 비영속성('투쟁', '생동하는 불')을 띤다는 해석이 들뢰즈 철학의 기조로 된다.

니체나 하이데거, 나아가 들뢰즈의 헤라클레이토스 수용의 핵심에는 '놀이'에 대한 저마다의 수용과 해석이 작용한다. 헤라클레이토스는 놀이를 통해 세계와 인생을 비유한다. 가령 다음과 같은 진술들이 대표적이다. "인생은 장기를 두면서 노는 아이. 왕국은 아이의 것이니."(B52)(Presocratic, 2005, 218); "아이온은 놀이하는, 장기 놀이하는 아이-아이가 왕좌에 앉는다.": "현존재는 놀이, 장기놀이 하는 아이: 아이가 왕으로 다스린다." 우리는 이러한 진술들을 우연성이 지배하는 장기놀이에 빗대어 로고스와 무관한 삶을 사는 것을 경고한 것으로 읽을 수만은 없다. 놀이하는 아이는 로고스와 무관한 유치한 존재가 아니라 긍정의 대상으로 해석될 가능성이 짙기 때문이다. "놀이에 빠진 어린아이의 진지함을 터득할 때, 우리는 우리 자신에게 가장 근접할 수 있다"고 하지 않는가?! 니체는 이를 이렇게 번역하고 변주한다. "세계-시간 die Welt-Zeit은 놀이하는 아이이며, 장기놀이의 행위이며, 어린아이의 왕국이다." 그리고 다음과 같이 덧붙인다. "영겁의 시간 에온 Aeon은 자기 자신과 이 놀이를 한다."((F. Nietzsche, KSA, 830-831)

'어두운 사람' 헤라클레이토스는 로고스주의자이자 동시에 생성의 철학자였다. 초기 그리스 (자연)철학자들이 사물의 근본 요소(一者, the One)에 대한 탐구에 매몰되었던 것과 달리 그는 "만물은 유전流轉한다"는 명제를 내세움으로써 새로운 사유를 길러 올린다. 이로써 변화/생성

자체의 문제는 그의 사유의 텃밭에서야 싹을 틔운다. '같은 강물에 두 번 들어갈 수 없는'것처럼 인간 영혼을 포함한 만물은 '영원한 변화' 속에서 존재할 수밖에 없다는 것이다. 헤라클레이토스가 보기에 이러한 변화/생성은 대립자들 간의 투쟁 사이에 놓인 긴장들이 낳은 조화의 결과이다. 그는 변화와 생성의 방식을 암시하고 상징하는 매개로서 '불'을 사물 내 근본 원소로 선택한다.

하지만 헤라클레이토스의 '불'은 탈레스의 물이나 아낙시메네스의 공기와 같은 물질적인 원소가 아니라, 신의 보편 이성 logos에 버금가는 내재적인 생성의 법칙에 해당하는 것이다. 인생을 '어린아이의 장기놀이'에 빗댄 그의 말이 자못 흥미롭다. 대중을 '어리석은 속물들의 군집'쯤으로 여겼던 그에게 대부분 인간들의 생은 장기판 위에서 벌어지는 장난질처럼 여겨졌을 만도 하다. 그렇게 '우연'이란 변수 역시 장기판 위의 '필연'속에서 까불거리는 천박한 미신이나 좁다란 자만일 따름이라는 냉소일 지도 모른다. 그러나 비록 장기판의 내부가 우리네 존재 조건일 수밖에 없다 해도, 그 놀이를 운영해 갈 규칙만은 일정 부분 변화 가능성을 내포하고 있지 않는가. 장기판 위의 삶들이 일률적 점수로 서열이 매겨지는 한판 '승부'가 아니라 그저 말 자체를 요리조리 움직여 보는 '놀이'의 원초적 흥미라면 어떤 체계에 쉬 포섭당하지 않을 마지막 방어벽, '흐르는 진지'가 될 수도 있지 않을까?

디오게네스 라에르티우스가 전하는 말에 의하면 헤라클레이토스 스스로가 놀이를 즐기는 놀이꾼이었다고 한다.

> "헤라클레이토스는 번잡함을 피해서 아르테미스 사원에서 아이들과 장기놀이를 즐겼다. 그곳의 에페소스 사람들이 그에게 몰려왔을 때, 그는 그들에게 소리쳤다. '너희들은 무엇에 놀라워하느냐, 너희 온전하지 못한 종자들아? 이것이 너희들과 더불어 국가통치를 하는 것보다 만족스러운 일이 아닌가?" (Diogenes Laerius:, 1955, 136)

이러한 놀이꾼 헤라클레이토스는 "놀이하는 아이"로 세상의 변화와 생성을 비유하였다. 니체는 그 비유를 이렇게 번역한다. "힘이 축적된 자의 이상으로서, 어린아이 같은 상태로서의 놀이. 무용한 것. 신의 아름다움. 놀이하는 아이 pais paizon"(F. Nietzsche, KSA1, 153) 자연철학자의 이러한 진술은 신화로부터 완전히 해방된 것은 아니지만 그럼에도 생성과 차이를 근간으로 하는 자연의 움직임을 객관적으로 읽고자 하는 노력이 엿보인다. 가령 다음과 같은 진술은 신화와 관념론 사이의 어느 지점에서 진리를 찾고자하는 노력의 몸부림으로 읽을 수 있다. 놀이는 그 매개자의 기능을 한다. "세계는 제우스의 놀이이다. 또는 물리적으로 표현하자면 불이 자기 자신과 노는 놀이이다. 오직 이 의미에서 일자는 다수이다."(F. Nietzsche, KSA1, 828)

여기서 모래성을 쌓고 부수는 어린 아이의 놀이를 통해 세상의 광활한 움직임이 비유된다. 헤라클레이토스는 대립과 투쟁을 만물의 아버지로 규정하면서 세계의 생성을 놀이로 비유한다. 세계는 모든 존재자가 깃들어 있는 곳으로 그 존재자들은 따로따로 존재하지 않는다. 그들은 서로 연관 속에서 존재하며 끊임없이 변화 생성의 운동을 하고 있다. 흐르는 강물처럼 말이다. 헤라클레이토스에 따르면 현상계 안에서의 생성은 대립적 투쟁이며, 세계는 다양한 투쟁들 속에서 조화를 모색한다. 모든 대립자들은 모순의 양태들을 드러내는 가운데 결합과 조화의 계기들로 존재한다.

생성의 세계는 끊임없이 변형 생성되는 놀이의 세계를 닮았다. 이 세계는 천진난만한 어린아이의 놀이와 같다. "영겁의 세월(인생)은 장기를 두면서 노는 아이, 왕국은 아이의 것이다."(Presocratic, 2005, B52). 헤라클레이토스가 보기에 삶의 시간인 영겁의 시간 aion은 장기를 두며 노는 아이이다. 여기서 아이온은 충만한 삶이면서 삶의 시간이고, 인간의 생명력이다. 그가 사용하는 '파이조 paizo'는 '놀다'라는 그리스어로 "어린아이처럼 놀다"라는 뜻을 지닌다. 니체는 여기에 '순진무구 Unschuld'라는 의미를 추가하여 목적 없는 어린 아이들의 놀이라고 해석한다. 놀이에는 그 어떤 초월적이고 도덕적인 목적이 없다는 것이다. 아이들의 놀이에는 시작도 끝도 없으며 무한히 반복된다. 그들은 단지 재미를 위해 놀이를 반복할 뿐이다. 헤라클레이토스에게 놀이는 인간의 삶과 세계에 대한 상징이면서 세계의 실재를 드러내는 틀로서 이용된다. 이미 여기서 놀이는 세계의 존재론적 해석의 도구로 나타나고 있는 셈이다. (이상봉, 2014, 310)

다시 정리해보자. 그리스의 자연철학자들은 자연과 세계를 신화로 해석하기를 거부한다. 그런 의미에서 그들은 신화 Mythos의 시대를 벗어나 이성 Logos의 시대를 예비한 사람들이다. 그들은 나름의 자연스럽고 합리적인 논리를 통해, 즉 지혜를 사랑하는 행위인 철학을 통해 신화적 가상을 극복하고자 한다. 이는 신화적 세계로부터 벗어나는 탈마법화의 시작으로 볼 수 있을 것이다. 가령 헤라클레이토스에게 세계는 만물유전, 즉 생성의 원리를 따른다. 이러한 원리의 근본은 (신적) 로고스이다. 우리는 그러한 변화를 경험하면서도 그것의 아르케인 '로고스'에 가닿을 수는 없다. 언어로도 그것은 표현이 불가능하다. 언어와 그 대상간의 필연적 불일치에 대한 인식이 이미 시작되고 있음을 알 수 있다.

하지만 로고스를 은폐하는 언어를 경유하지 않고서는 그것을 표현할 방법이 없다는 데 문제가 있다. 개념의 폭력이 우려되지만 그것을 포기할 수 없다. 유동하는 의미와 욕망들을 어느 한 지점에 고정시키고자 하는 주인기표를 부정하거나 비판할 수 있지만 그것을 완전히 물릴 수 없는 것과 같은 이치이다. 그래서 자신을 감춤으로써 자신을 드러내는 로고스의 역설을 드러내기 위해 헤라클레이토스가 선택한 것이 바로 '놀이세계'라는 은유였던 셈이다. (아이들의) 놀이에는 목적이 없다. 아이들이 반복해서 노는 이유도 거기에 있다. 시작도 끝도 없는 영원한 놀이. 잠시의 휴식이 있을지언정 그침이 없다. 그들은 단지 재미만을 좇을 뿐이다. 헤라클레이토스는 신화적 세계를 벗어나 있다. 그는 세계의 영원한 생성 운동을 '놀이'라는 은유를 통해 제시한다. 놀이는 인간의 삶과 세계, 나아가 자연을 반영하는 세계 상징이다. 이제 놀이는 신화의 시대를 벗어나 사변적 개념으로 된다. 오이겐 핑크 Eugen Fink는 그에게 와서 놀이의 존재를 파악하려는 시도를 벗어나 놀이에서 존재의 의미를 찾고자 하는 전회가 일어난다고 본다. 놀이적 전회 ludic turn라고나 할까.

물론 헤라클레이토스가 신화적 세계관을 완전히 탈피한 것은 아니다. 대립자들의 투쟁과 갈등의 운동을 주재하는 것은 '신적' 로고스로 이야기되기 때문이다. 모든 현상들은 그러한 로고스의 결과들이지만 인간의 인식은 그것을 이해하지 못한다. 신비로 남은 신적 로고스는 형식적 · 언어적 프레임으로 이해할 수 없는 것이고 그러한 틀로 언표될 수 없는 것이다. 인간의 언어로는 표현할 수 없지만 그럼에도 그것의 도움으로 표현되어야 하는 것이 로고스라면 '놀이' 개념은 그러한 난국을 해결하는 은유로 이용된다. 신적 로고스는 언어에 의해 자신의 모습을 감추지만 동시에 자신을 감춤으로써 자신을 드러내는 투쟁의 장이기 때문이다.(김기선, 2003, 62) 언어를 통해 자신을 감춤으로써 자신을 드러내는 역설. 우리는 여기서도 은유-놀이-문학 사이에서 이루어지는 '공환 共歡 conviviality'을 짐작하게 된다.

하지만 로고스 시대의 문턱에서 놀이를 사유하는 헤라클레이토스는 디오니소스 축제의 '과잉'을 비판한다. 또한 그에게 놀이는 세계와 만물의 운동을 설명하는 은유일 뿐 '놀이 그 자체'와는 직접적인 관련을 찾을 수 없다. 중세 초기 놀이와 연극이 금기시되기 이전 사치와 과잉, 향유의 이유로 놀이와 축제가 금기시된 것의 뿌리는 어떤 점에서 헤라클레이토스에게서 찾을 수 있을 지도 모른다. 가령 중세의 기독교 교부 알렉산드리아의 클레멘스의 헤라클레이토스 인용은 그러한 판단을 뒷받침한다. "만일 그들이 제의 행렬을 벌이고 남근을 찬양한 것이 디오니소스를 위해서가 아니라면, 그것들은 가장 뻔뻔스러운 짓일 것이다. 그런데 디오니소스와 하데스는 동일하며, 그를 위해 그들은 열광하며 제의를 벌인다."(Presocratic, 2005, 단편 15) 하지만 이러한 평가에 대해 우리의 니체는 부정적으로 반응한다. "아직 상당히 참신한 디오니소스 숭배를 아주 적대적으로, 그리고 오해의 눈으로 바라본다."(F. Nietzsche, KSA7, 151)

하지만 그리스 신화에 따르면 신들은 어쨌든 놀이를 발명했다. 가령 헤르메스는 놀기 위해 주사위를 고안하고, 주사위를 통해 미래를 예견하는 능력을 획득했다. 플라톤이 "인간은 신의 놀이도구"(Platon, 803c-804b)라고 한 것은 그리스 사람들의 신화적 세계관을 에둘러 표현한 것으로 볼 수 있을 것이다. 광대한 세계의 변화무쌍한 움직임과 그 안에서의 인간들의 삶과 행위들은 모두 신들의 놀이에서 비롯되었다는 믿음의 표현인 셈이다. 여기에서 최선의 삶은 신들의 놀이에 부합하는 것일 터이다. 신이 부여한 규칙에 따라 자신의 본성에 충실하며 신의 놀이에 헌신하는 삶 말이다. 신과의 관계에서 탁월성이라는 덕목을 기르고자 표출된 것이 인간의 놀이였다고 볼 수 있을 것이다.

2. 플라톤과 놀이

놀이 paidia, ludus, play, Spiel는 인간의 역사와 그 궤를 같이 해왔다. 하지만 사유의 역사에서 놀이는 홀대의 대상이었다. 놀이의 속성 탓이다. 그것의 특수성, 즉흥성, 상황성, 일회성은 가벼움, 유치함, 가변성으로 이해되어왔던 것이다. 가령 철학사는 놀이를 참과 거짓, 선과 악의 범주로 파악할 수 없는 모호한 것, 일탈적이며 불안한 것이며, 진리와 거리가 먼 가상 세계와 관계있는 것으로 간주해왔다. 그리고 놀이의 가치를 긍정할 때에도 '정신적인 영역에서의 놀이'에 한정했고, 그것이 공동체(국가)와 주체 교육에 기여해야 마땅하다는 생각을 가지고 있었다. 물질적이고 육체적인 놀이를 부정하면서 특정한 사유-관조의 놀이만을 전면화하는 관행은 이미 플라톤에게서부터 뚜렷하게 나타난다.

> "신만이 최고의 진지함을 행사할 수 있다. 인간은 신의 놀이를 놀아주는 자이고 그것이 그의 가장 좋은 역할이다. 따라서 모든 남녀는 이에 따라 생활하면서 가장 고상한 게임을 놀이해야 하고 지금과는 다른 마음을 가져야 한다. [...] 그렇다면 올바른 생활방법은 무엇인가? 인생은 놀이처럼 영위되어야 한다. 일정한 게임들을 놀이하고, 희생을 바치고, 노래하고 춤춰야 한다. 이렇게 하면 인간은 신들을 기쁘게 할 것이고, 적들로부터 자신을 보호할 것이며, 경기에서 승리하게 될 것이다."(하이징아, 1993, 62)

플라톤이 보기에 신이 기뻐할만한 놀이는 공동체에 유익한 놀이이어야 했다. 특히 국가 수호를 위한 교육(훈육)에 놀이는 기여할 수 있어야 했다. 따라서 여기서 말하는 놀이는 아이들이나 하층민들의 그것이 아니었다. 국가의 수호자가 될 사람들이 통치자로서의 자격과 능력을 갖추기 위한 '여가'활동만이 긍정의 대상이다. 나아가 몸으로 하는 체육활동은 철학과 같은 사색과 명상, 관조에 종속되는 한에서만 의미가 있었다. 플라톤이 보기에 "철학 속에서 길러진 자들에게는" 여가가 늘 있다. 그들은 "평화롭고 여유롭게 epi scholês 논의를 한다"(플라톤, 2013, 172b-d)는 점에서 그렇다. 나아가 그는 "파티아 경기나 올림피아 경기에서의 승리를 목표로 하는 삶은 그 밖의 다른 일들에 대해서는 전혀 짬을 내지 못하는 ascholia 삶이거니와, 몸과 혼의 훌륭한 상태 artê에 전적으로 마음 쓰는, 그래서 인생이라 하기에 지당한 삶은 그 두 배 아니 그보다도 훨씬 더 짬을 내지 못하기 때문"(플라톤, 2009, 807e)이라고 주장하기도 한다. 이러한 점에서 플라톤이 말하는 여가 scholê는 '~로부터의 시간적 여유' 혹은 '시간 상 비어있는 삶'을 의미한다. 이것만 보면 플라톤에게 여가는 소극적이고 부수적인 개념인 것처럼 보인다.

그럼에도 한계는 있지만 놀이와 관련하여 플라톤은 의미 있는 설명을 한다. 이는 플라톤 자신의 놀이관을 훌륭하게 압축하고 있기에 길지만 인용을 해본다.

"고심할 것 spoudaion에 대해서는 진지해져야 하지만, 고심할 것이 아닌 것에 대해서는 그러지 않아야 하고, 본성상 신은 아주 복되고 고심할 대상인 반면에, 인간은 앞서 말했듯이 신의 일종의 장난감으로 만들어진 것이고, 사실은 이게 인간의 최상의 것이 되었다고 저는 주장합니다. 모든 남녀가 바로 이 삶의 방식을 좇아 가장 훌륭한 놀이를 하면서 그렇게 일생을 보내야만 하는데, 이는 오늘날 생각되고 있는 것과는 반대되는 것입니다. [...] 오늘날 사람들은 아마도 고심들이 놀이들을 위해서 있어야만 하는 걸로 생각하고 있을 것입니다. 전쟁과 관련된 것들은, 고심할 것들로서, 평화를 위해 잘 이끌어야만 할 것이라 생각들 하니까요. 그러나 전쟁 중에는 놀이 paidia도 자연히 그랬지만, 교육 paideia 또한 우리에게 결코 논의 가치가 없었으며, 없고 또 없을 것입니다. 바로 이것이야말로 적어도 우리에게 있어서는 가장 고심할 것이라고 우리가 주장하고 있습니다만, 따라서 저마다 가장 오래도록 최선의 인생을 평화롭게 보내야만 합니다. 그렇다면 무엇이 옳은 길입니까? 저마다 어떤 놀이들을 하며, 제물을 바치고 노래도 하며 춤도 추면서 삶을 살아야만 할 것이니, 그럼으로써 신들이 자신에 대해 심기가 편한 상태가 되어 있도록 할 수 있게 되는 한편으로, 적들을 막아내고 싸워서 이길 수도 있게 됩니다."(플라톤, 2009, 803c-e)

언뜻 보기에 플라톤은 뒤에서 살펴볼 아리스토텔레스와 달리 '놀이'라는 개념을 중립적으로 사용한다. 그러나 그에게도 놀이들은 일정한 기준에 따라 급이 나뉜다. 그 기준은 '고심할 것' 혹은 '진지한 것'이다. 헤라클레이토스의 경우도 그랬지만 플라톤 역시 아직 신화적 놀이 개념의 흔적을 완전히 벗은 것은 아니다. 이를테면 신은 아주 고심할 대상이고 인간은 '신들의 장난감'이라는 시각, 그렇기에 인간은 신적인 놀이를 통해 스스로를 단련시킬 필요가 있다는 시각이 그렇다. 인간은 '신적인 것'을 목표로 최상의 삶을 추구하면서 '가장 훌륭한 놀이'를 해야 한다는 것이다. 이러한 놀이는 평화 속에서나 가능하다. 놀이의 모범은 종교 축제, 음악, 무용 등을 의미한다. 그것들은 신적인 놀이로서 하층민들의 그것과 달리 국가의 수호자가 갖추어야 할 덕성 수련에 도움을 준다.

결국 플라톤이 보기에 '여가'란 이런 최상의 놀이를 통하여 '진지한 것'을 추구할 수 있는 시간이다. 그야말로 '놀이에 적합한 시간'인 것이다. 이러한 생각 자체로는 놀이와 여가를 구분하는 아리스토텔레스보다 진일보한 태도인 것 같다. 두 사람 모두 놀이와 교육을 연관 짓기는 한다. 하지만 적어도 플라톤에게 여가는 교육의 목적도 아니고 여가를 '지혜'와 '관조'로 귀결되어야 하는 것으로 보지도 않기 때문이다. '여가'와 '놀이'를 대치 가능한 개념으로 사용하는 플라톤과 달리, 아리스토텔레스는 철학과 관조적 태도를 여가로 보고 놀이를 상대적으로 낮춰 본다.[1)] 물론 아리스토텔레스도 여가에 '자유시간', '휴식', '비노동의 시간'

이라는 그리스인의 평균 시각을 부여하지만, 그럼에도 그것은 인간 고유의 이성적 탁월성을 실현하기 위한 활동을 의미한다. 일상의 실용적 역할 속에서 놀이를 인정하기는 한다. 그러나 놀이는 '관조'와 '철학'과 같은 고상하고 진지한 일로 가기 위한 통과의례에 지나지 않는다. 여하튼 그에게 "행복은 여가 안에 있는 것"(아리스토텔레스, 2006, 1177b4)이다.

하지만 플라톤에게서 '놀이' 일반의 의미를 갖는 'paidia'를 신적인 것에로의 승화와 일치를 의미하는 '제전 heortē'과 동일시할 수는 없을 것 같다. 어떤 점에서 '파이디아'는 아이들의 진지하지 못한 유치한 놀이를 의미했다. 그것은 아이들의 모방활동에 불과한 것이었다. 가령 다음과 같은 진술은 (아이들) 놀이에 대한 엘리트주의적 선입견의 표본처럼 들리기도 한다. "모방자는 자기가 모방하는 것들에 대해 언급할 가치가 있는 것은 아무 것도 알지 못한다는 것, 이 모방은 일종의 놀이 paidia이지, 진지한 것이 못 된다는 것, 그리고 비극시에 관여하는 사람들이, 이임보수 운율로 짓건 또는 서사시 운율로 짓건 간에 모두가 최대한으로 모방적이라는 것을 말일세. [...] 그러나 이 모방행위는 단연코 진리에 관한 세 번째인 것에 관한 것이 아니겠는가?"(플라톤, 1997, 1108d) 그가 보기에 파이디아는 해를 끼치는 것도 아니지만 이로움을 주지도 않은 쾌락이다.(플라톤, 2009, 667d-e) 여하튼 놀이는 '진지한 것', '몰두하는 것', '보다 더 가치 있는' 활동이 아니라 (이데아의) '그림자놀이' 혹은 '시뮬라크르 simulacre'에 불과한 것으로 간주된다. 물론 파이디아가 전혀 무용하다는 말은 아니다. 플라톤 역시 놀이가 어른들 세계로 가기 위한 학습의 도구이자 뛰어난 어른들의 '모방'이 수련에 도움이 됨을 강조하기 때문이다. 결국 '파이디아'는 '모방 mimēsis'으로서 교육의 한 방법인 셈이다. 몸과 혼을 아름답고 훌륭하게('탁월하게') 만들어야만 '바른 양육'이 가능한데, 놀이는 훌륭한 삶의 기초 단계라 할 만하다. 하지만 어른들에게는 적합하지 않은 유치한 짓이라는 입장은 고수된다.

1) 그것은 다음과 같은 진술에서도 확인된다. "단지 놀기 위해서 열심히 노력하고 수고를 감내한다는 것은 한심하고 너무 어린아이 같은 것이다."(아리스토텔레스, 2006, 1176a32.)

반면 파이디아의 과정을 제대로 이수한 어른들은 놀이와 신성을 결합한 '축제'나 '제전' 정도의 놀이를 해주어야 했다. 플라톤은 가장 근원적인 놀이를 통해 근원적 신성과 회통하는 것을 중시한 인물이다. 그는 신과 관련한 시원적 행위를 통해 존재와 세계를 해명하고 공동체의 풍요와 안전을 도모하는 성스러운 놀이를 중시했다. 신들은 고달픈 삶을 사는 인간들을 어여삐 여겨 축제를 제정해주고 신들과 뮤즈들을 보내 함께 놀게 했다. 인간들은 이를 통해 신들의 질서를 배우며 인간의 질서를 정비한다. 나아가 그것은 우리의 다양한 '굿'처럼 황홀을 경험하게 함으로써 탈일상의 기회를 제공한다. 제전과 놀이가 통합된 축제를 통해 인간은 일상의 고통과 억압의 상황을 잠시 내려놓을 수 있을 뿐만 아니라 신적인 것과 소통함으로써 거듭남의 기회를 제공한다. 희생제의, 성가, 춤, 음주가무는 자신들의 장난감인 인간에게 준 신의 선물인 셈이다. 이야말로 가장 훌륭한 놀이라 할 수 있다.

그리스어로 아이는 pais(복수 paides)이다. pideia(육아 혹은 교육)와 paidia(아이들의 장난, 오락 놀이) 둘 다 어원상 아이와 관련이 있다. 플라톤에게 '교육'은 아이들의 유치한 장난을 고급스러운 놀이로 승화시키는 것이다. 그리하여 아이를 국가의 수호자가 될 수 있는 건전한 영혼과 육체의 소유자로 단련하는 것이다. 하지만 도처에 아이들의 교육과 단련을 방해하는 장애들이 존재한다. 플라톤이 보기에 놀이는 아이를 유혹하여 '덕'과 '탁월함'을 쌓는 일을 방해한다.2) 아래와 같은 진술은 '아이=미숙한 존재', '놀이=유치한 짓거리'라는 놀이에 대한 오랜 선입견의 표본이 된다. 이러한 부정적 인식은 결국 공동체에 전혀 도움이 되지 않는 놀이가 억압과 배제, 길들임의 대상이 되어야 한다는 주장으로 귀결된다. "아이는 모든 동물 중에서도 가장 다루기 힘든 것입니다. 생각함의 샘물이 아직 그 물길을 전혀 트지 못하고 있는 그만큼, 반항적이고 난폭하며 동물들 중에서도 가장 제멋대로가 되기 때문입니다. 바로 이 때문에 여러 가지 것들로, 이를테면 일종의 고삐 같은 걸로 이를 속박해

---

2) 아이들은 숱한 "어린 것들의 혼들이 그 진지함을 감당해 낼 수 없는 탓으로 해서, 놀이들과 노래들에 쉽게 빠져든다.(플라톤, 2009, 659d.)

야 하는데, [....] 놀이와 철없음"은 "배움들을 이용해서 그러해야 합니다."(플라톤, 2009, 659d, 808d) 『법률』에서는 아이와 놀이를 길들일 수 있는 배움의 모범으로 셈법과 군사교육이 거론된다.(플라톤, 2009, 832d)

이처럼 플라톤에게 놀이가 교육적 의미를 가질 수 있는 것은 그나마 제도적인 본 교육에 들어서기 이전의 단계이다. "그러므로 계산이니 기하학 그리고 변증술에 앞서 교육받아야 할 일체 '예비 교육 propaideia'의 교과들은 아이들일 때에 제공되어야만 하는데, 이 가르침의 형태는 강제가 아니라 놀이삼아 하도록"(플라톤, 1997, 536d) 해야 한다. 이처럼 paidia는 아이들 교육과 밀접한 관계가 있다. 이는 라틴어 ludus에 학교의 의미가 있는 데서도 나타난다. 우연의 일치만은 아닐 것이다. 우리는 여기서 의미 있는 놀이와 유치한 놀이, 교육적인 놀이와 무용無用한 놀이를 가르며, 놀이를 아동교육의 패러다임에 가두려는 오랜 전통의 뿌리를 확인할 수 있다.

그렇다면 플라톤은 어떤 놀이를 '강추'하는가? 그는 어려움을 피하고 쾌락에 노출되기 쉬운 청년들을 위해 체육이 중요하다고 본다. 몸을 구성하는 모든 부분들이 고루 발달할 수 있어야 이후 그들이 건강한 혼魂과 도덕을 갖출 수 있다고 생각하기 때문이다. 이상국가의 수호자에게는 올림픽이나 파티아 제전에서의 우승을 위해 '올인'하는 것은 바람직하지 않다. 체육의 목표는 학습과 도덕적 훈련이라는 목표를 향한 것이기 때문이다. 그리스인들에게 탁월한 덕을 갖춘 사람은 예藝·지知·학學·체體의 조화와 균형을 위해 끊임없이 노력하는 사람이다. 그런 의미에서 플라톤에게 가장 이상적이고 바람직한 놀이는 '藝'와 '體'에 국한된다. "어떤 사람이 체육에는 힘을 많이 쏟고 먹기도 아주 잘 하면서 시가와 철학은 건드려 보지도 않는다면, 이 사람은 처음에는 신체적으로 아주 좋은 상태에 있어서 결의와 기개로 충만해서 자기 이상으로 용감해지겠지만 그가 다른 것은 아무 것도 하지 않고 무사 여신 Mousa과도 전혀 사귀지 않는다면, 그의 혼 안에 배움을 사랑하는 면이 좀 있다 할지라도 그 어떤 학문도 그 어떤 탐구도 맛본 일이 없기 때문에 또한 어떤 논의나 그 어떤 형태의 시가에도 간여해 본 일이 없기 때문에 그런 면이 허약하게 되고 무디어져서 눈이 멀어지게 된다."(플라톤, 1009, 411d-e)

따라서 플라톤이 체육 이외의 놀이에 대해 부정적인 태도를 보이는 것은 당연하다. 심지어 그는 젊은이들의 방탕과 무절제, 그로 인한 공동체의 위기를 놀이에 돌리기도 한다. 사실 이러한 태도는 당대 그리스 사회의 구성원들에게는 일반적인 것이었을 것이다. "그들은 가장 멋진 옷을 입고 주사위 놀이를 하고 있었다. 대부분은 운동장 빈터 한곳에서 놀고 있었으며 일부는 탈의실 한 모퉁이에서 나뭇가지로 만든 작은 바구니 속에서 꺼낸 뼈 조각들로 주사위 놀이를 했다."(플라톤, 2007, 748c) 놀이에 열중하면서 운동에 소홀히 하는 청년들에 대한 묘사이다. 우리는 여기서 플라톤 고유의 놀이/운동 이분법을 확인할 수 있다.[3] 그런 점에서 놀이에 대한 플라톤의 입장은 강한 가치지향성을 띤다고 볼 수 있다. 폴리스를 수호할 인간의 형성, 몸과 혼의 조화에 적당한 운동들은 청년들의 방탕을 막아줄 수단들로 간주되기 때문이다. 몸을 위한 스포츠와 혼을 위한 시가(詩歌) 교육의 필요성, 그리고 양자의 균형과 조화를 강조한다는 점에서 그는 아리스토텔레스의 스승이다. 플라톤은 아리스토텔레스와 달리 '놀이'라는 개념을 사용하면서도 같은 곳을 바라보는 셈이다.

하지만 앞서 말한 것처럼 플라톤은 재미와 오락을 추구하는 대부분 놀이에 대해서 대체로 부정적인 반응을 보인다. 주지하다시피 그는 창작 행위를 이데아의 모상인 현실을 다시 모방하는 헛된 것, 즉 시뮬라크

---

3) 플라톤은 아이들에게 놀이를 허용하더라도 그들의 형성 Bildung을 위해 그들의 놀이나 놀이도구들을 엄격하게 통제해야 한다는 입장을 견지한다. 다음과 같은 대목들을 그것을 입증한다. "만일 아이들이 노는 방법을 통제하고 항상 같은 규칙과 같은 조건에서 같은 놀이를 하게하고, 같은 장난감으로부터 쾌락을 얻게 한다면, 어른이 되어서의 삶은 변화 없이 평화롭게 될 것이지만, 놀이가 항상 바뀌고 지속적으로 수정되고 새로운 장난감이 만들어진다면, 젊은 세대들은 결코 같은 것을 가지고서는 이틀도 놀려고 하지 않을 것이기 때문이다. 이렇게 되면 아이들은 새로운 모양새나 색채 등 모든 종류의 것들에 있어서 새로운 것들을 하거나, 그런 것들을 추구하는 사람들을 숭배하게 될 것이다."(플라톤, 2007, 797c)

르로 보고 그것을 놀이 paidia로 명명한다. 이처럼 그에게 놀이는 진정한 앎 episteme, 참된 견해에 이르지 못한 것으로 본다. 이런 생각은 오랫동안 철학사를 지배해왔다. 플라톤은 놀이 paidia가 주로 어린아이와 관계된 것으로 파악한다. 그것은 '유치한 짓'으로서 이성적 활동과 거리가 먼 것이다. 그가 보기에 놀이의 기원부터가 의심스럽다. "모든 동물이 자연스럽게 뛰는 버릇"(Corbineau-Hoffmann, 1995, 13886)을 흉내 내는 것에서 놀이는 시작되었으므로 거기에 어떤 가치를 두는 것이 이상한 일로 여겨진다.

플라톤의 이러한 놀이 인식은 『국가』와 『법률』에 잘 나타난다. 『국가』에서 놀이는 주로 실재(이데아)의 인식과 관련된다. 그것은 예술 활동과 밀접한 관련이 있다. 『국가』 10권에서 플라톤은 예술의 본질을 모방으로 규정한다. 침대에 대한 비유를 통해서 살펴보자. 예술가의 모방은 '보이는 현상'(phantasma: 침대라는 이데아(실재, 진리)의 모방)에 대한 모방이다. 그것은 실재에서 세 단계나 떨어진 것이다. 따라서 "모방자는 자기가 모방하는 것들에 대해 언급할 가치가 있는 것은 아무 것도 알지 못한다. 이 모방은 일종의 놀이이지, 진지한 것이 못된다."(플라톤, 1997, 602b)[4)]

하지만 놀이를 대개 부정적으로 보는 플라톤에게도 '장기놀이 pesseuo'만은 자신의 사유를 설명하는 중요한 수단이 되곤 한다. pesseuo는 pessos에서 온 말이다. 그것은 장기놀이에 사용되는 돌, 주사위 돌, 주사위 놀이, 주사위 판을 의미한다. 거기서 나온 pesseuoms는 '장기놀이 하는'이라는 의미이다. 플라톤은 곳곳에서 그것을 언급하는데 그것은 전쟁과 같은 국가적 사안과 연결된다. "하물며 전쟁에 관한 일을 훌륭하게 이루어내는 게 무엇보다 중요한 일이 아니겠나? 아니면, 그것은 매우 간단한 일이라서, 농부나 신기료 장수, 또는 그밖에 다른 직공이면서 동시에 군인일 수가 있겠는가? 하기야 장기나 주사위 놀이

4) 다음 진술에서도 유사한 인식과 태도가 확인된다. "그러므로 모방술은 변변찮은 것과 어울리어 변변찮은 것들을 낳는 변변찮은 것일세."(플라톤, 1997, 603b) 모방은 "진지한 관심거리나 논의거리가 될 만한 것"이 아니다.(플라톤, 2006, 667d)

에서도, 어려서부터 오직 그것에만 전념하지 않고서 그저 오다가다해서야 어느 누구도 능숙해지진 못하네."(플라톤, 〈국가〉, 374c)[5] 하지만 여기서도 놀이와 관련한 플라톤의 제한적인 입장이 전형적으로 나타난다. 전쟁에서의 탁월한 기술을 익히기 위한 도구 혹은 수단으로서 의미가 있을 뿐 놀이적 속성 자체는 거의 고려의 대상이 아닌 것이다.

3. 아리스토텔레스와 놀이

앞서 말한 것처럼 플라톤과 마찬가지로 아리스토텔레스 역시 (아이들의) 세속적이고 육체적인 놀이에 대해서 대체로 부정적이다. 다만 '놀이는 최선의 교육방법'으로서만 이용되어야 한다고 보는 점에서 플라톤의 생각을 이어받고 있을 뿐이다. 플라톤의 생각에서도 알 수 있는 것처럼 그리스인들에게 공화국의 수호자가 몸과 영혼을 갈고 닦는 그런 놀이가 아니라면 놀이는 비본질적인 것, 감각의 쾌락과 관계하는 것에 불과했다. 아리스토텔레스의 경우도 그렇다. 그의 『정치학』 8권에서 놀이는 노동과 대비되는 휴식의 의미를 갖는다. 그것은 약처럼 적합한 시기에 적합한 휴식으로 작용하면 평온을 주고 긴장을 완화시킨다. 하지만 무턱대고 과도하게 아무 놀이나 노는 것은 건전한 시민들에게 경계해야 하는 것이다. 그에게 건강한 놀이는 유치한 아이들의 놀이가 아니라, '여가'로서 자유민들에게 권장할 만한 활동들을 의미한다. 즉 자유민들의 '자기배려'의 수단으로서 올림피아 운동 종목들이나 정신활동이 권장되었다.

아리스토텔레스에게 놀이와 구분되어야 하는 여가는 그 나름의 윤리

---

5) 플라톤은 입법행위나 토론과 같은 공적 행위나 시민의 임무를 장기놀이에 비유하기도 한다. "그리고 마치 장기를 잘 두는 사람에게 그만 못한 사람이 끝판에 가선 밀려나서 꼼짝도 못하는 것이나 마찬가지로, 자기들도 장기의 말 대신 토론으로 하는 이 다른 종류의 장기놀이에, 끝판에는 밀려나서 말 한마디도 못한다고 그들은 생각합니다."(플라톤, 1997, 487 b/c). 심지어 플라톤은 헤라클레이토스처럼 우주의 운영원리를 신의 놀이에 빗대어 설명하기도 한다. "그러므로 이를테면 장기놀이를 하는 자가 할 일로서 남아 있는 것은, 다만 말을 움직여 적절히 배치하는 것입니다. 클레이니아스: 어떤 방법으로요? 아테네 손님: 신이 만물을 보살피기가 쉬울 것이라고 생각되는 방법을 취해야지요."(플라톤, 2006, 903 d/e).

에 의해 뒷받침되는 행동의 원칙이었다. 그는 노동과 여가 사이의 경계/차이를 분명히 한다. 여가는 노동을 위한 것이라는 근대적 노동관과 달리 그에게 노동은 여가에 종속된다. 이것이 놀이가 우선이라는 식으로 받아들여진다면 좋겠지만 그리 간단한 문제가 아니다. 놀이에 관한 한 그는 플라톤주의자이다. 그에게 쾌락이나 오락적 활동으로서의 놀이는 여가가 아니기 때문이다. 아리스토텔레스가 말하는 여가는 생존을 위한 물질적 차원의 기반, 이를테면 노동으로부터 벗어나 폴리스에 어울리는 주체로 되기 위한, 생존에 무용한 차원의 활동이기 때문이다. 다시 말해 여가는 이른바 공적 영역인 polis에 유익한 것이어야 하지 사적인 생활 영역인 '오이코스 oikos'를 위해 봉사하는 것은 아닌 셈이다. 이러한 활동을 할 만한 주체가 생존을 담당하지 않는 자유민 밖에 없다고 볼 때 여가는 유한계급의 전유물일 수밖에 없을 것이다.(아리스토텔레스, 2009, 317)

이처럼 고대 소크라테스 이후의 철학, 특히 플라톤과 아리스토텔레스에게 놀이는 양가성을 띤다. 그들은 놀이가 인간의 기본 속성임을 인정하면서도 아이들의 훈육에 도움이 될 경우에만 그 필요성을 인정한다. 우선 그들에게 놀이는 유치한 것이다. 그것은 주로 어린이들에게 유의미한 행위이므로 어른들에게는 걸맞지 않은 것이다. 그렇지만 어떤 놀이들은 특정한 목적에 부합하는 행위, 즉 성장과 발달에 도움이 되는 행위일 수 있다. 그렇기에 그들은 놀이의 옥석을 가려 국가공동체에 걸맞은 주체 양성의 수단으로 쓰여야 한다는 입장을 개진한다. 진지하지 못한 아이들의 놀이는 배격의 대상이 되지만, 진지한 인간 활동을 위해 도움이 되는 놀이 활동을 신중하게 적재적소에 이용해야 한다는 주장인 셈이다. 플라톤이 "사람은 문자 그대로 사람일 때만 놀고 있으며 그가 놀고 있을 때만이 참된 사람이다."라고 말하고, 아리스토텔레스가 "놀이가 성인 활동의 모방이며 그렇기 때문에 아이들한테 놀이를 시켜야한다."며 "어린이의 놀이본능을 길러주어야 한다."고 주장한 것도 그러한 주장과 동일한 맥락에서 이해될 수 있다. 이처럼 그들에게 놀이는 시종일관 '목적적 telic'인 것이었으며, 이는 놀이 자체를 '자기-목적적

auto-telic'인 것으로 보는 근대 이후의 놀이관과 다른 면이기도 하다.

'놀이를 통한 교육'에서 방점은 '놀이'가 아니라 '교육'에 찍힌다. 이러한 생각은 이후 지속적으로 확대 재생산되어 오늘에 이르고 있다. 그 내용은 간단하다(하지만 그것의 영향력은 공고하다). 어른들에게는 '일'이 우선이다. 성인에게 놀이란 노동을 위한 휴식과 재생산을 위한 윤활유일 뿐이다. 아이들에게도 놀이는 공부를 위한 잠시의 휴지기이거나 공부의 성취를 위한 도구일 뿐이다. 놀이의 자율성 혹은 자기 목적성은 고려의 대상이 되지 않는다. 하지만 아이들에게 놀이는 무척이나 중요하다. 어떤 놀이를 어떻게 하느냐에 따라 아이들의 성장과 발달의 내용이 달라질 수 있기 때문이다. 이는 놀이교육이나 놀이치료의 주된 대상들이 아이들인 데서도 확인된다. 고대 그리스 이후 놀이이론의 주류에서는 놀이를 무언가를 위한 연습이나 훈련으로, 혹은 휴식으로, 혹은 그 이후 잉여 에너지의 소비 정도로 생각했다. 이러한 연습과 학습이 가장 필요한 대상이면서 가장 왕성하게 행해질 수 있는 시기가 아이들이었으므로 그들을 주요 연구대상으로 삼아온 것이다.[6)]

아리스토텔레스에게 특정한 놀이, 즉 여가 scholê는 아이가 어른으로 성장하는 데만 긴요한 것은 아니었다. 그에게 놀이 paidia와 휴식anapausis은 '행복'한 삶을 사는 자기수련의 방법이었다. 나아가 그것은 최선의 정체, 이상 국가, 이상적인 폴리스의 모델에 대한 탐색과도 연관된 것이었다. 『정치학』과 『니코마스 윤리학』에서 놀이가 중요하게 다루어지는 것도 그러한 맥락에서이다. 어떤 점에서 『정치학』은 '행복'에 대해 설파하고 있는 『니코마스 윤리학』의 정치적 버전이라 할 만한 요소가 다분

---

6) 이러한 입장은 프로이트와 피아제의 입장에서 가장 대표적으로 나타난다. 정신분석학에서 놀이는 "정화(카타르시스) 효과를 가지며, 이 효과는 유아가 심리적 외상을 경험한 사건과 연합된 부정적인 감정을 제거시켜준다"고 본다. 피아제는 이에 대해 '정서적 가치'에 과도하게 집착한다는 비판을 제기한다. 그는 대신에 아이의 지적 성장에 놀이의 효용이 있음을 본다. 그는 인지발달과정을 "환경과의 끊임없는 상호작용으로 인한 적응 행동"으로 보면서 놀이가 '동화 Assimilation'와 '조절 Accommodation'을 위한 훈련에 유효함을 주장한다. 다시 말해 "새로운 정보를 받아들이고 적응시키는 일을 반복적으로 수행하면서 가장 자연스럽게 인지발달을 촉진시키는 매개체"가 된다는 것이다. 아이들의 '성장'과 '발달'이라는 키워드는 이처럼 오랜 시간을 거치며 변주해 왔다고 할 수 있다.

하다. 『니코마스 윤리학』에서 어떤 것이 행복이려면 그것이 완전성과 자족성을 지녀야 한다. 진정한 행복은 그 자체의 목적을 가지며 다른 것의 수단일 수 없다는 것이다. 그렇기에 행복은 '최고선'으로 간주된다. 그 자체로 추구되는 '자기-목적적인 것'이라는 말이다.

『정치학』에서 '최고선'은 최선의 정체政體로 번역될 수 있을 것이다. 이 책에서는 최선의 정체란 무엇인지가 논의된다. 시민들의 최선의 삶을 가능하게 하는 국가야말로 최선의 정체일 것이다. 최상의 삶을 영위할 수 있는 시민들이야말로 최고선을 실현할 수 있을 것이고, 그것이야말로 행복한 삶의 전제이며 시민을 행복하게 하는 정체야 말로 이상적인 폴리스가 될 것이다. '시민을 행복하게 하는 정치'라는 당위적이면서도 상투적인 슬로건이야말로 아리스토텔레스 정치론과 윤리학의 알파요 오메가라 할 수 있을 것이다.

그렇다면 최선의 정체를 가능하게 할 최선의 삶은 무엇일까? 아리스토텔레스에 따르면 가장 바람직한 삶의 조건에는 외적인 선善, 몸의 선, 정신(혼)의 선이 있다. 이들 세 가지 선이 완비되었을 때 행복이 가능하다. 하지만 그 중에서도 혼의 선이 제일이다. 그 이유는 '탁월함 aretê'을 가져오는 것은 외적인 선이 아니라 혼의 선이기 때문이다. "보다시피 탁월함은 외적인 선에 의해 획득되거나 보존되지 않고, 외적인 선은 탁월함에 의해 획득되고 보존되며 [...] 외적인 선은 필요 이상으로 갖고 있지만 성격 êthos, 이성 dianoia에서는 부족한 데가 많은 사람들보다는 성격과 이성은 아주 잘 계발되어 있지만 외적인 선은 적당한 한도 내에서 가진 사람들이 더 행복하다."(아리스토텔레스, 2006, 326) 이 외에도 외적인 선은 일정한 한도가 있는데 그것을 넘어서게 되면 그 소유자에게 탈이 난다. 적정선('적당')이 있어야 한다는 말이다. 반면 혼의 선에는 한도가 없다. "외적인 선이 너무 많으면 그것을 가진 자에게 해롭거나, 적어도 전혀 이롭지 못하다. 그와는 달리 혼의 선은 무엇이나 많을수록 더 유용하다."(아리스토텔레스, 2009, 398) 그렇기에 아리스토텔레스는 개인과 국가 모두 혼의 선을 위해 최선의 노력이 필요함을 역설한다. 그가 보기에 국가의 행복이 개인의 행복이다. 이를 위해서는 탁월성에 따른 삶을 실천하고 잘 행동해야 한다.

아리스토텔레스에게 최선의 시민들이 최고의 국가를 구성한다. 그런 점에서 최선의 정체는 시민들이 행복에 도달할 때 가능하다. 행복은 탁월성의 행동과 그것의 실현이다. 탁월성을 소유만 하고 그것을 실현하지 못하는 시민은 불행하며, 따라서 그 국가 역시 불행하다. 우선 우리는 어떻게 탁월성을 갖출 수 있을까?! "사람은 세 가지를 통해 선하고 훌륭해지는데, 그 세 가지란 본성 physis과 습관 ethos과 이성 logos이다. [...] 다른 동물들은 대개 본성대로 살고, 그 가운데 소수는 습관에 따라서도 산다. 그러나 사람은 이성에 의해서도 살아간다. 사람만이 이성을 갖고 있기 때문이다. 따라서 이 세 가지가 서로 조화를 이루어야 한다. 사람은 그렇게 하는 것이 더 낫겠다 싶으면, 이성 때문에 습관과 본성에 반하는 행동을 할 때도 많으니 말이다. 입법자가 쉽게 다룰 수 있으려면 사람들의 본성이 어떠해야 하는지에 관해서는 앞에서 규정한 바 있다. 남은 과제는 교육 paideia의 소관이다. 사람은 어떤 것은 습관에 의해서 배우고, 어떤 것은 들어서 배우기 때문이다."(아리스토텔레스, 2009, 402-404)

따라서 놀이(여가)는 탁월성을 습득하고 실행하는 법을 익히는 한에서만 의미가 있다. 플라톤에게서도 그랬지만 아리스토텔레스에게 놀이는 교육과 연관됨을 알 수 있다. 그러니 어떤 놀이는 배격의 대상이 되지만, 폴리스의 정체에 부합하는 어떤 놀이는 강력한 권장 대상이 된다. 시민들의 행복과 국가의 행복이 같이 가는 것이기에 놀이는 다분히 선택적인 사항이 된다. 아리스토텔레스에게 '여가'는 탁월성을 실현하기 위한 바람직한 삶의 교육을 위해 필요하다. 하지만 모든 국가 구성원들이 늘 같은 교육을 받을 수도 없는 일이고, 그것은 바람직하지도 않다. 그래서 그는 청년층과 노년층을 나누어 통치자와 피통치자를 가르고 그 역할에 합당한 각각의 여가를 제시한다.[7] 국가는 각기 두 기능을 가진

7) 아리스토텔레스가 보기에 자유민을 다스리는 것은 주인이 노예를 다스리는 것보다 더 많은 고상함과 탁월함을 요구한다. 여가는 이러한 탁월함의 배양에만 복무해야 한다. 따라서 개인이나 국가나 여가 선용에 필요한 틱월함을 갖고 있어야 한다. 하지만 노예에게는 놀이는 있을지언정 여가는 없다.

부분들을 보유하는데, 청년층 역시 나중에는 통치자들이 될 자원이다. 자연은 청년에게는 힘은 있지만 지혜가 부족함을 가르쳐 준다. 물론 노년층은 그 반대의 속성을 지닌다. 따라서 청년층은 지배받기에 적절하고 노년층은 지배하기에 적절하다. 여가를 허락하지 않는 일들은 전자에게, 여가와 관련된 고상한 일들은 후자에게 맡겨야 한다는 주장은 이러한 맥락에서 나온 주장이다. 청년층에게는 비이성적인 부분의 영혼이, 노년층에게는 이성적 부분의 영혼이 발달해 있기에 청년층은 노년층의 통치를 수용해야 한다는 주장도 마찬가지다. 자연도 그러한 구분을 보증한다.

물론 영혼(정신)이 몸을 배척하는 것은 아니다. 오히려 '건강한 몸에 건강한 정신이 깃든다'는 진부해 보이는 슬로건이 아리스토텔레스의 기본 입장이다. 이를 간단하게 정리하면 '교육적 단계론' 혹은 '단계론적 교육론'이라 할 만하다. "생성 genesis에 있어서 몸이 혼보다 먼저이듯, 혼의 경우에는 이성을 갖지 못한 부분이 이성을 가진 부분보다 먼저다. [...] 이런 이유에서 몸을 돌보는 일이 혼을 돌보는 일에 선행해야 하고, 그 다음에는 욕구 orexis를 돌봐야 한다. 그렇다 하더라도 욕구를 돌보는 일은 지성 nous을 돌보는 일을 위한 것이어야 하고, 몸을 돌보는 일을 위한 것이어야 한다."(아리스토텔레스, 2009, 421) 결국에는 혼이 갑이라는 말이긴 하지만, 그 혼을 위해서라도 몸을 돌보아야 한다는 말이다.『니코마스 윤리학』에서는 이러한 생각이 영혼을 구성하는 두 부분, 즉 이성과 비이성의 관계에도 적용된다. 결론은 이성이 비이성을 잘 가르쳐 자신을 따르도록 해야 한다는 것으로 정리될 수 있다. 삶의 목적이 행복이고 이성 능력의 발휘 여부에 따라 그 행복도 가능한 것이기 때문이다.

'영혼'과 '몸'에 대한 이런 식의 이분법적 서열은 인간의 삶에도 견지된다. "삶 전체도 노동과 여가, 전쟁과 평화로 양분된다. 행위 역시 필요하고 유용한 것과 고상한 것으로 나뉜다. 여기서도 우리는 혼의 부분과 그 부분의 행위에 적용하는 것과 똑같은 선택의 원칙을 적용해야 한다. 말하자면 평화를 위해 전쟁을, 여가를 위해 노동을, 고상한 것을 위해 필요한 것이나 유용한 것을 선택해야 한다."(같은 책, 402) 이러한 구분법에 따르면 노동과 전쟁은 훌륭한 것인 여가와 평화를 위해 유용한 것이다. 유용한 것들은 훌륭한 것에 복무해야 한다는 말이다.

아리스토텔레스에게 '여가'가 중요한 이유는 이러한 맥락에서 도출된다. "탁월함의 계발을 위해서도 정치활동을 위해서도 여가 scholê가 필요하기 때문이다." 최상의 정체를 구성하는 시민들은 사농공상(士農工商)의 삶도 멀리 해야 한다. 탁월함을 증진하고 공적인 정치활동을 방해하는 것들이기에 말이다. "그런 종류의 삶은 천하고 탁월함에 반하기 때문이다."(같은 책, 388-389) 이러한 활동들이 '여가'를 위한 조건이기는 하지만 그러한 삶이 최선의 삶이 아니라는 것이다. 여가와 정치는 유한계급의 전유물인 셈이다. 노예는 다만 자신의 자리에서 그러한 여가를 수행할 자유민을 위해 최선을 다하는 삶을 살아야 하는 것이다. 이는 몸이 혼을 위해 봉사하듯 비여가적인 것 ascholia은 여가라는 '목적'을 위한 수단이어야 한다는 말과 상통하는 것이기도 하다.

여가와 비여가 활동은 상호배타적인 두 가지가 아니다. 하지만 노동이나 전쟁이 그 목적이 되는 것은 악덕이다. 몸의 향락이나 부 그 자체를 위해 부를 추구하는 태도 역시 덕을 훼손하는 행위이다. 이처럼 목적(여가와 평화, 즉 행복)을 망각한 활동들은 비판받아 마땅한 활동들이 된다. "행복은 여가 안에 있는 것 같다. 우리는 여가를 갖기 위해 여가 없이 바쁘게 움직이며, 평화를 얻기 위해 전쟁을 하기 때문이다. 따라서 실천적 탁월성의 활동은 정치나 전쟁에서 성립하는 것이며, 이것들에 관련한 행위는 여가와 거리가 먼 것으로 보인다. 특히 전쟁과 관련한 행위들은 전적으로 그런 것 같다. 누구도 전쟁을 위한 전쟁을 선택하거나 시작하지는 않으니까. 만약 누군가 전투와 살육이 생겨나게 하려고 친구를 적으로 만든다면, 그는 완전히 피에 굶주린 사람으로 보일 것이다. 정치가들의 행위 또한 여가와는 거리가 먼 것이다. 그리고 정치적 행위들 자체 이외에 권력과 명예를 얻으려 하거나 자기 자신과 동료 시민들에게 행복을 마련해 주려고 한다. 이러한 행위들은 정치적인 행위와는 실로 다른 것이며, 우리가 그것들을 그렇게 다른 것으로서 추구한

다는 것은 분명하다."(아리스토텔레스, 2006, 370-371, 1177a13-1177b8)

말장난 같지만 '여가 scholê'는 '비여가 ascholia'가 아닌 하나의 활동이다. 비여가의 대표적인 사례가 노동이다. 노동은 무언가 다른 것을 위한 활동인 반면 여가는 그 자체를 위한 활동이다. 물론 단순히 노동이 이루어지지 않는 상태나 휴식이 여가인 것은 아니다. 노동을 위한 예비로서의 여가, 즉 재생산을 위한 부차적 활동은 여가가 아니다. 여가 역시 휴식이고 남는 시간에 행해지는 활동이긴 하지만 행복에 이르도록 해주는 적극성을 띤다. 그것은 독립적으로 주어진 시간 그 자체를 위하여 사용하는 시간이면서 행복을 가져다주는 활동이다. 문제는 이것이 놀이가 아니라 궁극적으로는 '지적 탁월성'을 위한 철학적 활동이라는 점이다. 플라톤이나 아리스토텔레스에게 대개의 놀이는 별 관심사가 아니거나 비판의 대상이다. 진지하지 못한 그런 행위들은 노동만도 못한 것이기 때문이다. 그리고 그들이 청소년들의 필수과목으로 내세우는, 즉 '실천적 탁월성'을 얻기 위한 체육 활동들도 '여가'라는 목적을 얻기 위한 수단일 뿐이다.

스파르타의 실천적 탁월성은 지금까지도 '스파르타식'이라는 관용어로 회자될 정도로 유명하다. 하지만 '전사로서의 탁월성'만을 추구한 스파르타는 '평화'라는 목적을 소홀히 하고 평화로운 시기에 필요한 탁월성 훈련 기회를 마련하지 않았다. 아리스토텔레가가 보기에 그 나라는 전쟁을 하는 동안에는 그 힘이 유지되었으나 주도권을 잡은 뒤 쇠퇴하기 시작한다. 스파르타는 평화 시 여가를 이용할 줄 몰랐고, 군사훈련보다 더 중요한 다른 훈련을 받아본 적이 없는 나라였기 때문이다. 전쟁의 목적인 '평화'와 '여가'에 소홀했다는 지적이다. 유용성이나 효율성 같은 실용적 탁월성 훈련에만 집착하여, 다시 말해 오로지 지배와 정복 혹은 전쟁만을 입법의 근본 목표로 삼는 바람에 국가의 몰락을 자초하고 있다는 것이다. 물론 노동과 전쟁의 탁월함도 필요하다. 하지만 여가와 평화 속의 행복을 가져다 줄 도덕적 고상함을 함양하는 교육이 궁극적인 목표로 설정될 필요가 있음을 아리스토텔레스는 강조한다. "누차 말했듯이, 전쟁의 목표는 평화이고 노동의 목표는 여가이므로, 개인이나

국가나 여가 선용에 필요한 탁월함을 갖추고 있어야 한다."(아리스토텔레스, 2009, 406)[8]

그렇다면 여가의 탁월함은 어떻게 갖추어지는 것일까? "용기 andreia와 끈기 karteria는 노동에, 철학 philosophia은 여가에, 절제 sophrosynê와 정의 dikaiosynê는 노동과 여가 모두에 필요한데, 여가를 즐기며 평화롭게 사는 자들에게는 특히 그러하다."(아리스토텔레스, 2009, 412) 어떤 점에서 아리스토텔레스는 전인교육을 지향하는 듯하다. 전쟁과 노동에서의 탁월함을 그 역시 중시하기 때문이다. 나아가 '지혜에 따른 활동'을 원활하게 수행하기 위한 신체 훈련으로서의 제한적 놀이 활동도 필수적이다. 하지만 이성과 습관의 교육에 의해 얻어지는 탁월함이 목적지가 되어야 한다. 그렇다면 문제는 실용적 탁월성(돈벌이, 가사운영, 학습, 정치활동)과 신체적 탁월성(체육)을 먼저 익히더라도, 그것들은 여가(음악, 수학 등의 관조와 지성을 위한 학문 활동 등)로 수렴되어야 한다. 왜냐하면 유용성만을 추구하는 것은 생각이 고상한 자유민다운 사람들에게는 전혀 어울리지 않는 것이기 때문이다.

요즘 우리는 스포츠 활동들이나 노래 부르기 등을 놀이와 연관 짓곤 한다. 그것들 자체가 놀이의 속성을 갖고 있기 때문이다. 그러나 아리스토텔레스는 체육이나 음악 교육을 놀이나 휴식과 연관 짓는 것에 무척 부정적이다. 여가라는 것은 놀이가 아니며 놀이를 위해 삶을 산다는 것 자체가 불합리하기 때문이다.[9] 그에게는 체육보다 음악이 여가에 적합한 영역이다. 동양의 공자가 음악을 수신(修身)의 중요한 방법으로 본 것처럼, 아리스토텔레스 역시 그렇다. 그에게 음악은 종합선물세트와 같다. 그것은 놀이와 휴식을 제공하면서도 좋은 습관 형성을 통해 일정한 탁월함과 지혜를 가져다주기 때문이다. 그것은 해롭지 않은 즐거움

---

8) 이러한 진술도 같은 의미를 갖는다. "전쟁을 목적으로 삼는 대부분의 국가는 전쟁을 하는 동안에는 안전하지만, 지배권을 획득한 뒤에는 멸망하고 만다. 그들은 평화 시 무쇠처럼 날이 무뎌지기 때문이다. 그것은 여가를 선용하도록 scholazein 그들을 교육하지 않은 입법자의 탓이다.(『국가』, 1334ㅁ6-10)

9) "여가는 노동의 목표이므로 여가가 날 때 무엇을 해야 하는지 검토해보지 않으면 안 된다. 놀이 paidia를 해야 하는 것이 아님은 확실하다. 그렇게 되면 놀이가 인생의 목표가 되어야 할 테니까."(같은 책, 430)

을 주는 데 그치지 않고, 성격 êthos과 혼을 변화시키는 힘을 갖는다.[10] 그 자체가 목적인 여가를 위해 교육받는 것은 자유민에게 어울리는 고상한 일이다.

물론 아리스토텔레스가 휴식과 놀이를 완전 부정하는 것은 아니다. 그것들은 노동의 긴장감을 완화함으로써 다음 노동의 재생산을 도와주기 때문이다.[11] 하지만 즐거움과 행복과 복된 삶을 자체에 내포하고 있는 것으로 간주되는 여가는 모든 것에 우선한다. "여가는 즐거움과 행복과 복된 삶을 자체에 내포하고 있는 것으로 생각된다. 이것은 노동하는 자가 아니라 여가를 즐기는 자에게 주어진다. 노동하는 자는 아직 달성되지 않은 목표를 향해 노동하는데, 행복은 하나의 목표이며, 행복에는 고통이 아닌 즐거움이 수반되는 것으로 모두들 믿기 때문이다."(아리스토텔레스, 2009, 430) 사실 어떤 점에서 아리스토텔레스의 여가 개념, 즉 '그 자체를 위한 활동', '유용성을 목표로 하지 않는 활동', '가장 즐거운 활동', '행복과 복된 삶을 보장하는 활동' 등은 놀이에 대한 일반적 정의와 다르지 않다. 하지만 자유민에게 적합한 활동으로 지혜와 관조, 혼 등의 상위 개념과 연관될 때 그의 놀이('여가')는 엘리트주의적 여가관으로 비판받을 여지가 다분하다.

---

10) "따라서 의미 있는 일로 여가를 선용하기 위해서는 분명 배우고 교육받아야 할 것들이 있다. 그리고 노동을 위해 배우는 것은 필요하고 다른 목적을 위한 수단인 반면, 여가 선용을 위해 배우고 교육받는 것은 그 자체가 목적이어야 한다. 그래서 우리 선조들은 음악을 교과목의 하나로 삼았으나 음악을 필요한 것으로 보지 않았고, 읽기와 쓰기가 돈벌이와 가사 운영과 학습과 여러 가지 정치 활동에 유익하듯 유익하다고 본 것도 아니었다. [...] 마찬가지로 체육도 건강과 체력 향상에 유익하다. 그러나 음악은 건강에도 체력에도 영향을 끼치지 못한다. 따라서 음악은 여가활동에 포함시키는 수밖에 없으며, 그래서 음악이 교과목에 포함되었음이 분명하다. 음악은 자유민이 여가를 선용할 수 있는 방법 중 하나이기 때문이다."(아리스토텔레스, 2009, 427)

11) "노동과 여가는 둘 다 필요하지만, 여가가 노동보다 더 바람직하다. 그리고 여가는 노동의 목표이므로 여가가 날 때 무엇을 해야 하는지 검토해보지 않으면 안 된다. 놀이를 해야 하는 것이 아님은 확실하다. 그렇게 되면 놀이가 인생의 목표가 되어야 할 테니까. 그것은 불가능한 만큼 놀이는 노동을 하다가 짬짬이 해야 한다. (노동하는 자는 휴식이 필요하고, 놀이는 휴식에 도움이 되기 때문이다. 노동에는 노력과 긴장이 수반되니 말이다.) 따라서 우리는 놀이를 허용하되 제때에 이용해야 하며, 마치 약을 처방하듯 해야 한다. 놀이가 우리 마음에 주는 효과는 이완이고, 놀이가 주는 즐거움은 휴식을 가져다주니 말이다."(아리스토텔레스, 2009, 430)

고대 그리스인들은(중세에도 가톨릭 신학에서는) 육체노동을 노예의 일로 간주했다. 물질과 몸을 죄악시하는 관행은 그만큼 뿌리 깊은 것이었다. 플라톤에게 이데아는 영원불변하고 진리이며 실재하는 것이었다. 하지만 눈앞에 현상하는 것들은 늘 변하는 것으로 이데아의 그림자에 불과한 것이었다. 이러한 생각은 아리스토텔레스에게로 이어져 이데아에 대한 명상의 삶에 최고의 행복이 있다고 보았다.

정리해보자. 고대 그리스에서는 육체 soma와 영혼 psychē의 조화를 통해 이상적 인간 kaloskagathos을 육성 paideia하는 것이 중요했다. 이는 플라톤의 사상에서부터 명시적으로 나타난다. 그에게 영혼 교육 mousikē과 육체 교육 gymnastikē은 똑같이 중요했다. '신체의 단련'은 영혼의 육성만큼이나 중요한 것이었던 셈이다. 빙켈만 Johann Joachim Winckelmann에 따르면 고대 그리스인들은 자신들의 천성적 아름다움을 향상하기 위해 태어나서부터 성년이 될 때까지 신체 단련과 아름다움 유지를 위한 모든 수단들을 동원했다. 투기와 수영, 육상, 창던지기, 활쏘기 등 을 비롯한 올림픽과 같은 제전 경기들은 오늘날 의미에서 놀이이자 스포츠였던 셈이다. 철학자나 예술가들도 아름다운 신체에서 학문적, 예술적 영감을 얻고자 했다. 플라톤이 창설한 아카데미아와 아리스토텔레스의 리케이온 Lykeion은 학원이면서 체육관이기도 했다.(빙켈만, 1996, 34-40) 신체의 '덕'은 정신의 완숙을 위한 필수적 조건이었다.

육체와 영혼(정신)의 조화라는 관념은 인간의 이상을 제시한 미학 이상에도 읽을 수 있다. 여기서 '교육 paideia'이 중요한 매개였다. 아리스토텔레스는 육체교육과 영혼교육이 조화롭게 이루어질 때 이러한 조화가 달성될 수 있다고 보았다. 이러한 조화는 최고의 덕 aretē의 실현, 선미인 kaloskagathos의 실현으로 가는 첩경이라 할 수 있다. 건강한 신체를 소유한 덕스러운 인간, 육체와 영혼의 조화에서 얻어지는 이상적인 인간상, 최상의 덕을 담을 수 있는 건강한 몸이야말로 고대 그리스 놀이 철학의 목표였다. 그리스의 철학자들은 신체 활동을 통한 기쁨 hedonē과 행복 eudaimonia을 얻음으로써 영혼의 좋은 습성 hexis을 만들어낼 수 있다고 보았다. 이는 토마스 아퀴나스의 기독교 신학을 경유하여 중세적으로 변용되고 번역된다.

4. 토마스 아퀴나스와 놀이

하위징아에 따르면 기독교 사상은 스포츠 행사의 조직이나 신체의 단련을 별로 높게 평가하지 않았다. 로마의 향락적 오락문화에 대한 반발로 연극이나 축제를 금기시한 것처럼 공식적으로 놀이나 체육은 경시된다. 르네상스의 시기에도 개인적인 신체 단련의 기록들은 있지만 몸을 폄하하는 경향은 여전했다. 인문주의자들에게 중요한 것은 학문과 교양이었기 때문이다. 공식문화의 신체 폄하 경향은 종교개혁이나 반종교개혁의 시기에도 큰 변화는 없었다. 이러한 태도에서 우리는 놀이에 대한 중세 기독교 공식문화의 태도를 유추해볼 수 있다. 민중들의 비공식문화에서는 카니발과 바보제 The Feast of Fools 등이 성행했고 아시아나 중동으로부터 체스나 폴로와 같은 게임이 수입되어 큰 인기를 끌었음에도, 공식적으로는 놀이와 게임은 금기의 대상이거나 무관심의 영역에 머물러 있었다.(하위징아, 1996, 370)

하지만 중세의 신학자들이 놀이를 완전히 외면한 것은 아니었다. 칸토르 Petrus Cantor라는 중세 신학자는 스스로 물었다고 한다. 그리스도도 웃을 줄 알았을까? 그러면서 예수가 사람이었다면 분명 그도 웃어야만 했을 것이라는 답을 내렸다고 전해진다. 그리고 아이들에 대한 예수의 사랑을 '노는 아이들'과 연결 지으면서 하느님 나라로 가는 필수적인 자질 중의 하나로 '순진무구함'(천진난만함)을 요청하기도 했다. 그리고 놀이와 순진무구함을 하느님 나라와 연결하려는 생각의 일단을 드러낸다. 나아가 그리스의 교부들은 이미 하느님의 세계 창조를 놀이로 이해했다. 창조는 필연성의 이유에서가 아니라 자유의지에 의한 것이라는 점을 들어 말이다. 이를 풀면 하느님은 '재미로' 세계를 창조한 셈이다. 이미 이들은 몰트만Jürgen Moltmann이나 콕스 Harvey Cox 등이 개진한 현대 놀이신학을 '부분적으로' 선취하고 있는 셈이다.

토마스 아퀴나스 이전 교부 중의 교부라 불린 성 아우구스티누스 St.

Aurelius Augustinus는 사람이 하느님과 맺어야 할 관계를 설명하고자 놀이를 동원한다. 우선 그는 '사용 uti'과 '향유 frui' 개념을 통해 이 관계를 풀어간다. 그에 따르면 인간은 원래 하느님을 향유하게하고 즐겁게 해드리기 위해 창조되었다. 창세기에 하느님은 피조물들의 창조 놀이와 이름 짓기 놀이를 하는데, 그것에 대해 기뻐하고 재미있어 하며 즐거워한다. 하느님이 어여삐 여기는 인간 역시 그러한 기쁨과 즐거움을 따르도록 창조되었다. 에덴에서의 삶은 그런 것이었다. 하느님이 놀이를 즐기듯 그분의 창조물인 인간 역시 마땅히 놀이를 즐겨야 했고, 에덴은 그러한 놀이의 최적지인 셈이다. 아우구스티누스는 인간의 과제로 하느님을 '향유'할 것을 주문한다.

하지만 타락하면서 인간은 하느님을 '향유'하지 않고 '사용'하려 한다. 아우구스티누스가 보기에 사랑과 놀이의 왜곡이 일어나는 것이다. 하느님을 즐기고 향유해야 할 인간이 일시적인 쾌락을 위해 하느님을 수단으로 삼는 사건이 일어난 것이다. 선악과의 사건은 그러한 왜곡을 말해주는 상징이다. 아우구스티누스에게 인간의 과업은 다시 하느님을 향유할 수 있도록 하는 것이다. 이는 사랑과 놀이를 통해 하느님을 기쁘게 해 줄 역량과 순수성을 회복하여 그 분울 제대로 향유하는 것을 의미한다. 그것이 없고서는 영원한 행복과 안식은 없다. 에덴에서 추방당하면서 받아야 했던 '수고'와 '노동', '고통'의 형벌이 지속되는 것이다. 그래서 아우구스티누스는 이렇게 말한다. "인간은 사랑을 통해서 변모되어 그가 사랑하는 대상과 연합을 이루어 즐기게 된다는 것이다. 그러므로 인간이 영원하신 하느님을 사랑하게 될 때, 영원하신 하느님과 연합하게 된다. 그래서 그는 자기 존재의 흩어짐에서 한데 모아져 이 세상에 사는 동안이라도 상대적인 통합, 안정, 행복을 성취할 수 있다. 그리고 최후엔 하나님 안에서 영원한 안식 quies을 누리게 된다. 이때는 믿음과 소망은 그치지만 하나님을 사랑하는 데서 오는 fruito Dei(하나님을 즐김)가 계속되어, 그를 사랑하고 찬양함에 따라 그 사랑이 더욱 증진된다."(선한용, 1998, 109 재인용) 하지만 아쉽게도 아우구스티누스의 놀이에 대한 언급은 하느님을 향유하는 것 그 이상으로 진척되지는 않는다.

중세 기독교 신학의 놀이관을 살피기 위해서는 토마스 아퀴나스 Thomas Aquinas에게로 이동하는 편이 더 나을 수도 있을 것이다.

토마스 아퀴나스는 아리스토텔레스 철학을 전유함으로써 자신의 신학을 벼린다. 아리스토텔레스의 사상 체계와 개념을 원용하여 자신의 신학 체계를 세우는 것이다. 가령 이런 식이다. 그에게 신앙의 진리와 이성적 진리는 모순되지 않는다. 이성의 빛과 신앙의 빛 모두 하느님으로부터 오는 것이기 때문이다. 아리스토텔레스에게 인간의 최고선, 궁극적 목적이라 할 수 있는 행복 eudaimonia은 탁월성에 따른 활동, 인간의 가장 고상한 부분인 지성 nous의 탁월성을 따른 활동의 결과이다. 다시 말해 이성, 즉 관조적 활동에 행복이 따른다고 본다. 토마스는 이를 인간의 궁극적 목적인 완전한 행복은 신의 본질에 대한 관조에 있다는 식으로 받는다. 최고 이성은 하느님의 신성에서 찾을 수 있고, 그것을 관조하는 활동은 최고의 행복을 가져다준다는 식이다.[12)]

하지만 아퀴나스는 자신과 아리스토텔레스와의 차이를 분명히 인식한다. 그가 보기에 "궁극적이고 완전한 행복은 신의 본질을 관상"하는 것이다. 반면 아리스토텔레스가 이해한 행복은 불완전한 행복이라 본다. 그 이유는 그리스도 신앙에 의거하지 못했기 때문이다. 이러한 태도는 정의에 대한 주석에서도 확인된다. 아리스토텔레스에게 정의는 탁월성 전체이고, 이는 폴리스에서의 폴리스를 위한 행위와 관련된다. 하지만 토마스에게는 신에게 어울리는, 신에게 합당한 행위만이 정의와 연관된다. 이러한 입장차에서 아퀴나스가 아리스토텔레스를 비판하거나 부정한다고 보는 것은 너무 쉬운 결론이다. 다만 그리스 철학자의 윤리학은 이성의 범위 안에서 이루어지고 있음을 분명히 하고 있을 뿐이다. 가령 폴리스에 있어야 할 학문을 규정하고, 나머지 실천적인 학문들을 이용한다는 점에서 정치학은 아리스토텔레스에게 총론적인 학문으로 간주된다. 하지만 아퀴나스의 경우 신학을 가장 중요한 학문으로

12) 여기서도 우리는 아퀴나스의 신학이 아리스토텔레스의 사유에 힘입고 있음을 알 수 있다. 가령 다음과 같은 대목은 아퀴나스의 생각에 직접적으로 연결된다. "행복이 일차적으로는 관조에 있고 부차적으로는 행위와 정념을 지시하는 실천적 지성의 활동에 있다."(아리스토텔레스, 2006, 1177a 12와 1178a, 9)

본다. 차이는 여기에서 비롯된 것이고, 아퀴나스는 그것을 분명히 하면서 아리스토텔레스를 전유하고자 할 따름이다.

토마스 아퀴나스의 『니코마스 윤리학 주해 Commentary on Aristotle's Nichomachean Ethics』는 아리스토텔레스의 『니코마스 윤리학』을 신학적으로 독해하면서 자제력 없는 행위와 선택의 관계를 논한다. 아리스토텔레스에게 있어 무절제한 사람이 과도한 즐거움을 좇는 것은 바람직하지 못하다. 놀이의 경우도 그렇다. 아퀴나스는 유치하고 무분별한 놀이가 아닌 '여가'만이 영혼의 탁월함을 가져다줄 수 있다는 아리스토텔레스의 입장을 그대로 계승하는 셈이다. 아퀴나스에게도 아이들의 놀이나 무분별한 축제는 신학적 관점에서 바람직하지 못한 것으로 평가된다. 자제력 없는 사람이나 감정에 굴복하여 자신의 선택과 사유에서 어긋난 행위를 한다고 비판한다.

아퀴나스는 선택의 올바름과 행위의 선택 의존성 여부로 자제력 없는 사람과 무절제한 사람을 구분하는 『니코마스 윤리학』의 관점을 따른다. 하지만 그는 아리스토텔레스와 약간 다른 해석을 내놓는다. '자제력 없음'을 '감정에서 비롯된' 혹은 '나약함에서 비롯된 죄'로 보기 때문이다. 그에 따르면 감정에서 비롯된 것이라도 죄는 죄다. 그것이 죄인 이상 선택과 무관하지 않다. 감정으로 죄를 짓는 사람이 약한 의지로 인해 죄를 짓는 사람과 다를 지라도 그가 죄짓는 행위를 선택한 것은 분명하기 때문이다. 감정으로 인해 죄를 짓는 사람은 선택으로 죄를 짓는다는 점에서 악의를 지닌 사람과 다를 바 없다.

절제적인 사람과 무절제적인 사람은 이성 혹은 욕망 중 어느 것을 일차적 원리로 삼느냐에 따라 구분된다. 자제력 있는 사람은 이성으로 욕망의 운동을 제압함으로써 실천의 계기들을 마련한다. 하지만 그마저도 감정의 영향을 받는 순간 욕망의 운동을 좇는 신세로 전락할 수 있다. 문제는 이성으로써 무절제한 욕망을 향하는 그러한 정념들을 제압하는 것이다. 즐거움을 주는 대상을 마땅히 향유해야 하는 것으로 삼는 태도를 아퀴나스는 경계한다. 감정은 주의력 혹은 집중력을 분산시킬 수 있다. 술에 취하면 우리의 판단력이 약해지듯이, 감정은 신체에 변화를 줌으로써 이성의 원활한 사용을 방해할 수 있다. 올바른 보편적 전제인 이성을 갖춘 사람마저도 악의 길로 인도될 수 있다. 건강하지 못한 영혼의 상태는 자제력 없는 행위를 부른다. 이성의 힘에 감각적 능력이 부응하지 않을 때 무질서가 초래된다. '자제력 없음'을 야기하는 무질서한 감정은 심지어 영혼의 병증을 보여주는 징후이다. 이를 이성적 힘 혹은 의지로 극복하고 건강한 영혼과 몸을 회복하는 일이 아퀴나스 윤리학의 과제이다.

토마스 아퀴나스 놀이 담론의 기조 역시 대체로 이러한 윤리적 · 신학적 배경 속에서 전개된다. 어떤 점에서 놀이에 대한 그의 사유는 무절제한 감정에 노출되기 쉬운 놀이를 이성-신학적으로 통제하고 욕망의 덫에서 자유로운 하느님 나라의 신민들을 훈육하는데 집중된다. 그는 중세 신학자들 중 놀이에 대해 가장 많은 기록을 남긴 사람일 것이다. 하지만 아퀴나스의 놀이 이론은 대체로 신학적으로 윤색된 아리스토텔레적 놀이학으로 정리할 수 있을 것이다. 그도 그럴 것이 그 역시 놀이성 ludicity이 지닌 긍정성과 부정성, 혹은 좋은 놀이와 나쁜 놀이를 평가하면서 신학 · 윤리적으로 바람직한 놀이를 제시하니 말이다.

토마스 아퀴나스에 따르면 인간은 휴식을 취해야하기에 놀이를 필요로 한다. 놀이는 또한 사람들 사이의 공존共存을 개방적이고 즐거운 것으로 만든다는 점에서도 중요하다. 특히 놀이의 교육적 효과는 아퀴나스에게도 포기할 수 없는 것이었다. '놀이적인 것 the ludic'과 '놀이적 합리성 ludic rationality'을 둘러싼 그의 놀이이론을 일별하는 것은 의미가 있다. 특히 놀이를 당대 공식문화(신학)의 틀 속에서 조종하고 통제가능한 것으로 본 한계를 지적받기도 하지만, 놀이의 즐거움이 타자들과의 상호관계를 촉진하고 진리에 문을 열어준다고 본 점은 우리에게도 시사해주는 바가 크다고 본다. '웃음과의 전쟁 war against laughter'을 벌인 것으로 인식되는 엄숙한 중세 공식문화 속에서 오락이 인간의 도덕적 삶에서 중요한 인식을 한다는 견해를 밝힌 것만으로도 그를 살펴볼 이유가 될 것이다. 그는 놀이성 ludicity이 소모적일 수 있음을 인정하면서도 이전의 교부들과 일정한 차이를 보여주기 때문이다.

토마스 아퀴나스가 보기에도 놀이 ludus 개념은 무척이나 광범위하다. 그것은 오락과 게임부터 미소, 가벼운-진지하지 못한-학교활동 등 다양한 의미를 포함하기 때문이다. 여기서 그는 어떤 행위를 놀이로 볼 수 있는지 그렇지 않은지의 기준으로 '의도성 intentionality'을 제안한다. 그 의도가 '자유'에 있을 때, 그리고 순전히 수동적이지 않은 휴식을 지향할 때 그것은 놀이로 이해될 수 있다는 것이다. 이러한 놀이는 우리의 성격을 형성하고 발달시키는 활동이기에 매우 중요하다. 놀이는 또한 일상 현실로부터 다른 시공간으로 우리를 초대하는, 그 자체를 유일한 목적으로 갖는 활동이다. 그것은 현실의 "너머와 위 beyond and above"를 열어준다. 심지어 놀이가 없다면 인간은 인간이 아니라는 발언도 서슴지 않는다.

하지만 아퀴나스는 방종과 무절제를 경계하는 태도를 고수하는 가운데 '중용'을 벗어나는 놀이에 대해서는 단호하게 반대한다. 그래서 그는 오락에 방점을 찍는 삶에 대한 다른 교부敎父들의 경고를 반복하기도 한다. 놀이를 절대적 목표 그 자체로 삼을 때 야기될 수 있는 위험들을 그 역시 경고한다. 토마스의 놀이 윤리학에서 'eutrapelia'[13)]가 강조되는 이유이다. 진정한 놀이의 즐거움은 그것이 내적 밸런스를 유지할 때 가능하고, 그것이 놀이를 '미덕'으로 만들어준다. 그러한 놀이는 축제적 행복을 추구하며 사회생활의 신진대사를 도와준다. '건전한' 오락을 삶에 도입하는 것은 개인의 책임이며 미덕이다. 이는 단순히 자유 시간을 갖는 것만의 문제가 아니다. 그것은 '어떻게' 그 시간을 보낼 것인가와 관

---

13) 세련된 익살로서 받아들일 만한 좋은 유머가 많이 있다. 이것은 해롭지 않은 재미이다. 그리스 사람들은 이것을 유트라펠리아 eutrapelia라고 부른다. 일리치 Ivan Illich는 이를 '즐거움'으로 읽고 '함께하는 생기 있고 즐거운 상태'로 해석한다. 우리는 '즐거운 대화'라고 말한다. 이것과 함께 우리는 인간의 불완전함에 대하여 친근하고 즐거운 대화를 나눌 수 있는 것이다. 그 비결은 가벼운 마음의 명랑함이 악의적인 희롱으로 옮겨가는 것을 피하는 것이다. 희롱은 다른 사람을 조롱하고 멸시함으로써 웃음을 자아내는 것이다. 웃음은 올바르게 표현되는 자유와 친밀함 속에서 오는 것이다. 농담과 익살을 건강하게 즐길 수 있다. 아퀴나스는 유머를 인간적 삶의 한 부분으로 인정하고 그 장점을 인식한 학자였다. 아직도 유트라펠리아를 '희롱의 말'이나 음담패설, 성스러운 말로 해석하는 전통신학의 태도에서 '재치 있는 농담'이라는 뜻을 살리고 그 가치를 인정하는 아퀴나스의 생각은 나름의 현재성을 갖는다.

련된 문제인데, '건전한' 놀이가 무엇인가에 대한 판단에는 아리스토텔레스 윤리학에 대한 아퀴나스의 중세적 독법이 기준이 된다. 그는 고대의 윤리적 반성에 뿌리를 두고 인간 삶에 있어 적당한(온건한, 중용적인) 오락의 필요성을 강조한다. 종교적인 삶에서나 윤리적 측면에서나 중용적인 놀이(오락)는 결정적인 역할을 한다.

일단 아퀴나스에 따르면 즐거움 pleasure은 선한 행위의 필수 성분이다. 그는 즐거움을 의미하는 라틴어 'delectatio'를 행위와 연관시킨다. 즐거움은 행위만큼이나 자연스러운 것이고, 행위를 '선한' 쪽으로 향상시킬 수 있다. 우리가 '선善'을 욕망하며 그것을 충족할 때 즐거움이 생겨난다. 아퀴나스가 보기에 즐거움은 영혼의 움직임으로서 선 안에서의 절대적 무위 inaction의 상태를 의미한다. 이러한 선 안에서의 기쁨 delectation: fruitio에 도달하는 것이 아퀴나스가 말하는 즐거움의 목표이다. 그에게 '선 the good'은 선을 추구하는 행위와 휴식 두 가지 의미를 갖는데, 결국 온전한 휴식이야말로 '선'을 지향하는 행위일 수 있음을 시사한다.

아퀴나스가 보기에 즐거움 자체는 좋은 것도 아니고 나쁜 것도 아니다. 즐거움이 발현되는 대상이 무엇이냐에 따라 그것의 도덕적 질이 결정된다. 이성(혹은 절대 이성으로서의 하느님)과 일치하느냐가 중요한 기준으로 대두된다. 이처럼 아퀴나스에게 즐거움은 감각이나 감정과 관련이 있을 뿐만 아니라 영적인 의미가 포개져 있는 개념이다. 즐거움은 그에 선행하는 이성의 행위 없이는 가능하지 않다. 따라서 즐거움을 추구하는 사람에게는 도덕적 책임성이 따른다. 즐거움 안에서의 이성의 현존이란 과도한 쾌락이 아닌, 절제와 진실성 integrity에 바탕을 둔 삶이다. "이성은 감각에서의 즐거움을 줄이지 않는다. 오히려 이성은 중용 moderation 없이는 그 어떤 욕정의 힘들도 즐거움을 고수하지 못한다는 것을 확인시켜준다."(Thomas Aquinas, 1993, 125)

일단 토마스 아퀴나스에게 즐거움은 추구해야 할 인간 삶의 필요조건이다. "지친 영혼을 위한 최선의 요법은 잠시라도 강도 높은 지적 노동에서 벗어나 약간의 재미를 맛보는 것"이기 때문이다. 즐거움은 우리의 행위는 물론 삶을 완성하는 본질적인 요소로서 우리가 너무 사랑하는 것이기도 하다. 그것은 또한 이성 reason과도 연관되며 이성의 작동을 방해하지도 않는다. 하지만 아퀴나스는 자신의 그리스인 스승들을 따라 즐거움에 일종의 위계 ordo를 설정한다. 그가 보기에도 육체적인 즐거움보다 영적인 즐거움이 더욱 숭고하다. 육체적인 즐거움은 자주 이성의 사용으로 가는 길에서 인간을 따돌리기 때문이다. 육체적인 향유는 최선의 즐거움, 즉 하느님에 대한 사색과 관조(fruitio Dei)로부터 일탈하도록 하기에 금기시된다.

이런 점에서 토마스 아퀴나스는 신학적 본성을 여실히 드러낸다. 하지만 그가 일체의 감각적 즐거움을 '적대적인 것'이나 '배제해야 할 것'으로 보는 것은 아니라는 점을 강조할 필요가 있다. 그가 말하는 최선의 즐거움은 '행복'을 향한 인간 여정의 구성적 요소이다. 인간을 "육체에 갇힌 영혼"으로 보는 신플라톤주의적 견해를 벗어나지는 못했지만, '성스러운 즐거움 holy pleasure'을 통해 하느님의 은총에 가 닿을 수 있음을 주장한다. 그에게는 육체적 즐거움보다 정신적 즐거움이 더 유쾌하다. 그는 그 이유로 세 가지를 든다. 첫째, 그것은 즐거운 선善의 측면에서 육체적 즐거움보다 더욱 강력하다. 둘째, 효력의 측면에서 정신적인 능력은 감각적 능력보다 더 강하다. 셋째, 즐거움의 양태들 modes의 측면에서 변화와 움직임으로 이루어진 육체적 기쁨은 불완전하다. 반면 동작(움직임) 속에 있지 않은 정신적인 즐거움은 선을 사랑하고 이해하는 방편으로까지 해석되기도 한다.

플라톤이나 아리스토텔레스와 마찬가지로 아퀴나스에게도 교육과 즐거움은 같이 간다. 이 두 가지의 행복한 연결은 우리가 진실로 지혜로운 사람들과 더불어 살 수 있을 때 가능하다. 가령 오락과 놀이의 경우에도 '더불어 함께' 나눌 때 교육적 가치는 더욱 커진다. 공존과 공동의 행복 혹은 공동선의 범주에서 오락과 즐거움의 바람직한 방향이 제시되면서, 이제 그의 놀이관은 윤리적 색채를 띤다. "지혜로운 사람은 다른 사람들과 자신의 공존 coexistence 속으로 공동의 행복 condelectatio을 도입하는 것을 자기 의무라 생각한다." 이는 "하느님의 사람들이 하나를 이루어 함께 산다면 그것이 얼마나 좋고 기쁜 일인지!"(132:1)라는 시편의 말처럼 신학적 요청이기도 하다. 특히 토마스에 따르면 농담과 웃음은 위에서 말한 공동의 즐거움 codelectatio을 창조함으로써 공동체를 형성하는 요소가 되며 더불어 행복(함께 행복함)의 감정을 가능하게 한다.

아퀴나스가 『신학대전』에서 놀이적 즐거움의 본성을 기술하기로 결심한 것은 대체로 위와 같은 맥락에서이다. 거시-신학적인 프레임 속에서 행복을 향한 윤리적 삶에 도움이 되는 즐거움의 성격과 그것이 어떻게 가능한지를 밝히고자 하는 것이다. 그가 관심을 두는 것은 중세 민중들의 비공식문화가 아닌 공식문화 안에서의 즐거움이다. 다른 교부들이 즐거움이니 오락이니 하는 것들에 보인 거부반응에 비하면 진일보한 것으로 볼 수도 있겠지만, 아이들의 놀이나 카니발 등의 축제에 무관심으로 일관하거나 부정적으로 본 점에 있어서는 재고의 여지가 있을 수 있다. 그가 추구하는 오락과 즐거움이 절제와 겸손 modestia의 미덕 안에서만 가능한 것이라는 점에서 놀이의 자율과 희열은 불가능할 것이기 때문이다.

그럼에도 토마스 아퀴나스는 놀이의 정의와 관련하여 의미 있는 선취를 하고 있다. 그가 보기에 '오락 operationes ludicrae'은 그 자체로 목표를 구성하는 활동이다. 이는 놀이의 무사심성, 즉 무목적의 목적성을 가리키는 말일 것이다. 그가 보기에 농담들이나 오락은 "그 목표가 영혼을 위한 즐거움 외에 아무 것도 아닌 표현들이나 활동들"이다. 오락은 즐김 혹은 향유 그 자체이다. 그것의 주된 목표는 'fatigatio animalis', 즉 어떤 정신적 긴장을 떨쳐버리는 것이다. 혹 위험한 결과들을 가져올 수 있는 긴장을 놀이를 통해 해소하는 것 말이다. 그러한 오락은 정신이 올바른 균형과 장점을 재정립 re-establish하도록 도와주는 것으로 아퀴나스는 가정한다. 이는 아리스토텔레스의 시대 이래로 유트라펠리아(eutrapelia: 농담과 익살)로 알려져 왔던 특별한 (미)덕에 대한 긍정을 계승한 것이기도 하다.

아퀴나스에 따르면 오락과 놀이에서 가장 중요한 것은 순수한 이타주의 altruism인데, 그것은 놀이의 존재 이유이기도 하다. 하지만 토마스가 보기에 오락이 인간에게 긍정적인 영향력을 갖는 경우는 매우 드물다. 놀이는 자주 재미와 희열 그 자체로 흘러버릴 위험이 크기 때문이다. 그래서 그는 오락과 재미에만 기대어 보낸 삶을 "부적절한 것"으로 단언한다. 그리고 이는 오락이 더 잘 가르치기 위한 수단으로서, 즉 교육적 효과를 기대할 수 있을 때에만 긍정되는 이유이기도 하다. 오락이나 농담은 가르침에 부정적인 "긴장된 영혼"을 이완시켜주는 도구 그 이상의 의미를 갖지 않는다. 긴장을 안은 영혼은 팽팽한 활의 시위와 같아서 극단적인 지점에 이르면 끊어지기 마련이다. 긴장을 풀어주어야 할 오락에서 즐거움은 부차적인 목표이다. 그것은 정신에 안도감을 제공하고 노고를 들어주며, 공부(이성적 사색)를 위해 잃었던 열정을 회복시켜 줄 때에만 긍정될 수 있다.

아퀴나스는 목적 그 자체도 인식됨에도 불구하고 내적인 관조와 신학적 명상이라는 목표를 우위에 놓는다. 이성에 기반한 즐거움은 심연으로의 추락을 늘 경계해야하기 때문이다. 놀이적 행위로서의 농담과 재미는 이성의 지도를 따라야 한다. 이성의 적정성을 보존하고 재미의 결핍이나 과잉을 피하도록 도와주는 덕인 '겸손 modesty'이 늘 함께 해야 하는 이유이다. 절제와 겸손의 미덕을 간직한 놀이의 즐거움이 바로 'eutrapelia'이다. 여기서 토마스 아퀴나스의 입장은 즐거움을 멈추거나 억제하라는 말은 아니다. 즐거움과 재미의 올바른 기준을 제시하는 것이 그의 목적이기 때문이다. 그가 보기에 eutrapelia의 어원은 말과 행위들을 즐거움으로 바꾸는 실천을 의미한다. 그것은 과도한 향락, 즉 선한 재미를 망치고 그것의 아름다움을 파괴하는 향락으로부터 사람들을 보호하는 즐거움이다.

균형과 중용에 입각한 오락은 이성의 척도 regula rationis를 벗어나는 것이다. 놀이에서 도덕적 법칙과 거리가 멀고 사람들을 해롭게 할 수 있는 활동들은 물질적으로 타락한 부적당한 오락이다. 이럴 경우 재미는 악(惡)을 유발하는 계기가 된다. 그것은 "영혼의 원기 회복과 휴식"을 지향하는 놀이와 즐거움의 의미를 배반하는 것이다.[14] 토마스 아퀴나

14) 토마스 아퀴나스는 성 아우구스티누스의 비유를 언급하면서 소리의 완벽함(충만함)

스가 보기에 오락과 놀이에서 경계할 것은 즐거움이 모든 다른 것보다 우선시되고 유일한 참조점이 되며 인간 삶의 우상이 되는 것이다. 놀이적 활동들을 사람에게 즐거운 것으로 만들어주는 것은 '중용'의 원리에 입각한 삶, 즉 잠정적인 비례의 법칙(균형성; proportionality)을 지키려는 윤리적인 노력이다. 그런 점에서 시장과 광장, 세속의 일상에서 벌어지는 수많은 놀이 행위들은 악의 심연으로 빠져들 여지가 크므로 조심해야 한다. 절제와 균형, 중용의 미덕 안에서 수행되는 놀이에 아퀴나스는 모든 것을 건다.

"어떤 행위가 그 수행자 performer와 관련하여 균형적이고 자연스러우면 그럴수록 그것은 더욱 더 즐거워진다. 인간 에너지는 제한적이기 때문에 그 수행자와의 관계에 있어 어떤 관점에서만 비례적일 수 있다. 만일 올바른 척도가 초과되면 그 행위는 즐겁지 않고 몹시 힘들며 유쾌하지 못한 것이 될 것이다. 그것은 우리가 잠과 게임들 및 휴식이나 이완과 관련하여 유사한 활동들을 즐겁다고 생각하는 이유이다. 그것들은 노동의 고통과 어려움과 관계된 고통을 제거한다."(Thomas Aquinas, 1993, 179)

진지함 seria과 놀이가 함께 가는 삶이 토마스 아퀴나스의 궁극적 목표였을 것이다. 이 둘은 인간 삶의 실존적 수수께끼 aenigma를 형성하면서 사람의 여러 측면들에 함께 얽혀 있다. 그는 엄격한 정적 규범을 고수하는 여타의 신학자들과 달리 이성이라는 삶의 준거에 농담과 오락을 적당한 비율로 섞어 넣을 것을 주장한다. 이성과 오락의 균형을 조정하는 덕이자 지혜, 즉 eutrapelia를 갖추려는 도저한 노력이야말로 윤리적 과제로 요청된다. 이 용어는 "어휘들과 행위들을 즐거움으로 전환하는 데 능숙한" 누군가를 설명하기 위해 아리스토텔레스 시대 이래로 널리 사용되어 왔다. 이런 "전환에 능숙한 기술"은 아르테 arte이며 선한 good 것으로 평가될 수 있다. '선함'이라는 윤리적 표현은 적절함 con

---

을 만들어내는 데 침묵과 휴지의 순간들이 필수적임을 강조한다. 이처럼 음악에서와 비슷하게 중용적인 오락 역시 인간의 삶에서 낯선 행동이 아니라 우리 실존에 자연스럽고(당연하고) 중요한 것으로 평가된다.

venientia이라는 가치를 동시에 함축한다. 따라서 eutrapelia의 미덕은 놀이의 무분별함과 과도함으로부터 이성을 지켜주고 '황금 중용 golden middle'을 목표로 한다.

토마스 아퀴나스가 즐거움 delectatio만을 단독으로 언급할 때, 그것은 무질서한 오락이나 놀이와 거의 맹종적인 관계를 맺는 것을 의미한다. 이는 eutrapelia의 미덕에 배치되는 즐거움이다. 당연히 그가 긍정하는 것은 모든 오락 형식이 내장하고 있는 휴지 pause 혹은 휴식의 요소이다. 그것은 영혼과 이성을 좀 먹는 모든 과로하기와 대립되는 오락이다. 어떤 면에서 놀이의 과잉보다 노동의 과잉이 더 문제시되기도 한다. 오락을 통해 질주하는 인간의 삶은 필요한 휴지를 얻는다. 아퀴나스는 자신이 생각하는 긍정적인 놀이를 통해 세속적인 과도한 놀이 욕구를 제어하기를 바라는 듯하다. 균형과 절제 속에서 수행되는 놀이는 잃어버린 실존적 본질, 즉 인간을 구성하는 정수를 회복하도록 도울 것이라고 믿는 것이다.[15)]

따라서 eutrapelia는 놀이의 영역에 반드시 필요한 질서를 수반한다. 놀이에서의 질서는 오락에 과도한 포커스를 두는 것을 방지하기 위해 필요하다. 좋은 즐거움은 삶에 풍미를 제공하는 요소로서 의미가 있다. 이 대목에서 토마스는 즐거움이 식사에 맛을 보태주는 약간의 소금 같아야 한다고 말한 아리스토텔레스를 인용한다. 거꾸로 오락의 결핍은 가장 세련된 식사마저 망칠 수 있다. 이는 그의 유머 이론에도 적용된다. 아퀴나스에게 놀이나 오락에 해당하는 상당 부분은 재담(才談)과 관련이 있다. 세속적인 놀이에 부정적이거나 무관심한 그에게 유머는 그가 허용할 수 있는 놀이의 최대치일 수도 있다. 이는 그가 '선한 유머'에 공을 들이는 이유로 볼 수 있을 것이다.

토마스 아퀴나스는 공동체 혹은 인간관계에서 유머가 갖는 중요성을

15) 피퍼 Josef Pieper가 성 토마스 아퀴나스의 놀이이론을 해석하며 강조하는 것처럼 오락이 필요한지를 결정하는 것은 노동 그 자체가 아니다. 오락은 인간의 초월하는 transcend 능력에 그 자체로 필수적이다. 세속의 욕망을 벗어나 윤리적 선으로 나아가는 인간의 능력을 향상시키는 오락만이 긍정의 대상이 된다.(Josef Pieper, 1991, 78-79)

선취한 인물이다. 심지어 그는 유머 감각을 결여한 사람들을 "무거운", "따분한" 및 "씁쓸한 biiter" 사람으로 불리어 마땅하다고까지 본다. 그런 의미에서 지나치게 무거운 사람들은 다른 사람들의 적절한 농담에 대해 반응할 수 있는 능력이 결여된 사람들이다. 공감능력이 부족하고 공감지수가 떨어지는 인물인 것이다. 더욱이 유머 감각의 결여는 다른 사람들의 즐거움을 망치기도 하는데, 그런 의미에서 그것은 이성에 대한 범죄로까지 평가된다. 이성은 유머의 현존을 요청하기 때문이다. 타자의 즐거움에 대한 이러한 강조는 놀이성 ludicity의 사회적 성격을 선취한 것으로 평가되기도 한다. 그런 의미에서 스텀 E. Stump은 아퀴나스를 "제2의 인간관계" 위에 놀이성을 설계한 인물로 평가하기도 한다.

하지만 앞서 말했다시피 토마스 아퀴나스의 놀이이론과 재미이론은 요즈음의 시각에서 너무 일반론적이라는 지적을 받을 수도 있다. 다양한 놀이 중에 육체적인 놀이나 경쟁적인 놀이 등이 제외되고 말놀이의 일종인 농담과 재담에 초점이 맞추어져 있기 때문이다. 웃음을 부르는 농담이야말로 놀이와 오락의 대표자인 것처럼 논지를 전개하고 있는 것이다. 세속의 놀이나 육체적 행위를 경시하는 기독교의 뿌리 깊은 교리로부터 아퀴나스 역시 완전히 자유롭지는 못함을 알 수 있는 대목이다. 아퀴나스에게 웃음은 농담의 동의어로 여겨지고 원기를 북돋는 역할을 부여받는다. 사실상 그에게 ludus 놀이와 jocus 농담이 동의어로 취급되는 것은 우연의 일치가 아니다. 아퀴나스에 따르면 웃음은 기분 좋은 상태를 확대해준다. 왜냐하면 그들은 다른 행동들을 더욱 강력하게 만드는 유사한 특질을 갖고 있는 것으로 간주되기 때문이다.

결과적으로 즐거움과 마찬가지로 웃음 역시 토마스 아퀴나스에게 윤리적 성질을 부여받는다. 가령 그것이 특별한 일에 있어서의 이타적 관심의 표현으로 요청된다고 볼 때 그렇다. 어떤 다른 이유에서가 아니라 그 자체로 어떤 일을 좋아하기 때문에 우리가 웃는다거나 웃음이 진정성 authenticity의 기호, 즉 선 good 그 자체에 대한 관심으로 해석될 때에도 아퀴나스 특유의 윤리적 태도를 확인할 수 있다. 놀이의 과잉과 왜곡을 경계했듯이, 그는 농담의 경계가 희미하며 그것을 둘러싸고 많은 왜곡들이 일어날 수 있음을 인정한다.

> "기분좋음 cheerfulness은 재미있는 말들의 사용을 허락해준다. 이는 누군가를 모욕하거나 슬프게 하려는 것이 아니라 농담을 하고 그들을 웃게 만들기 위한 것이다. 만일 적절한 환경들이 모두 보존된다면, 죄(악)는 없을 것이다. 하지만 누군가 다른 사람을 겨냥하여 그 사람에게 상처를 주고 다른 사람들을 팔아 웃게 만들기 위해 농담을 해댄다면, 죄를 저지르는 것이다."(Thomas Aquinas, 1993, 174)

토마스 아퀴나스에 따르면 "농담은 그 상황과 사람에 따라 적절해야 한다". 농담은 우정의 분위기 속에서 그 힘을 얻는다. 우정 속에서 친구의 공감과 연민은 일상의 노고와 부담을 덜어 줄 뿐만 아니라 슬픔의 정도를 낮추어준다. 누군가와의 우정을 경험하는 것은 매우 즐거운 일이기 때문이다. 균형과 이성을 갖춘 놀이와 즐거움의 공동체가 '공동선'을 지향해야 하듯이, 농담과 같은 말놀이 역시 타자에 대한 배려와 그와 공감에서 다루어져야 하는 것이다. 그렇지 않으면 농담은 또한 타자를 해치는 무기로 기능한다. 즉 eutrapelia이기를 멈추는 것이다. 다시 말해 그것은 사회적 유대와 연대의 바탕인 (미)덕이나 인간 자유의 기호가 아니라 공동체 관계들을 파괴하는 데 악용될 수 있다.

아퀴나스는 사도 바울이 선한 크리스천이라면 피해야 할 결함들에 eutrapelia를 포함시킨 것에 대해서도 다른 해석을 한다. 그는 농담에 대한 사도 바울의 문제제기를 아리스토텔레스적인 덕에 대한 반대가 아니라 그것에 대한 교조적인 모방들에 대한 경고로 해석하는 것이다. 바울의 진심은 통속적이거나 투박한 농담들에 대한 거부에 있다는 것이다. 아리스토텔레스의 의도에 반하는 거친 농담들의 단 한 가지 목표는 타인들의 주의를 끌어 인정을 받는 것이고 잠깐의 덧없는 즐거움으로 그들에게 아첨하는 것이기 때문이다. 오히려 이와 반대되는 '선한 유머'를 갈고 닦는 것은 진실한 기독교도의 과제이기도 하다고 그는 역설한다. 따라서 우리는 오락이 정직 honestias의 반대말이 아니라는 아퀴나스의 강조를 기억할 필요가 있다. 그의 신학에서 좋은 유머는 늘 타인들에 대한 사랑과 연결되어 있다.

토마스 아퀴나스에 따르면 '선한 유머 good humour'는 재미있는 말들이다[16]. 그런 재미있는 말들은 무의미하지 않으며 윤리적으로도 무용하지 않고 선에 복무한다. 그래서 로스작 Pitor Roszak같은 이는 토마스 아퀴나스의 텍스트를 분석하면서 그가 일종의 '선한 유머의 윤리학'을 제시하고 있다는 결론을 내리기도 한다. 물론 그가 모든 농담을 선한 것으로 긍정하는 것은 아니다. 재미나 즐거움이 그렇듯이 가끔 조크가 무용한 말들이 될 수 있음을 경고하기 때문이다. 중세 신학의 전통에서 여가 otiosum는 경건한 의지(선을 알아내고 선 안에서 강해지려는 의지)의 결핍 혹은 올바른 정직성의 결여로 이해되었다. 그러한 맥락에서 농담은 죄로 단죄되기도 했다. 하지만 토마스는 그러한 전통을 완전히 부정하지 않으면서도 쉽게 모든 농담을 옳지 않은 것으로 동의해버리는 유혹을 피해간다.

토마스 아퀴나스의 '선한 유머의 신학'은 다시 이성에 기대어 농담을 '윤리적으로' 부활시키고자 한다. 그는 "만일 농담이 이성적으로 행해지지 않을 경우 가벼운 죄가 될 수 있다. 하지만 어떤 농담을 하는데 이성적인 인과가 존재한다면 그것은 무용하거나 죄가 아니다".(Thomas Aquinas, 1993, 191) 아퀴나스의 이러한 진술들에서 우리는 '놀이적 합리성 ludic rationality'에 대한 그의 지향성을 읽을 수 있다. 이는 이성의 규범들을 지키는 가운데 혹은 게임과 오락에서의 합리성을 따르는 가운데 표현되는 합리성이다. 토마스의 윤리학에서 온전한 이성의 역할을 준수하는 것은 농담을 선(우리 자신의 선뿐만 아니라 타인들의 선)으로 전환하는 것을 의미한다. 적어도 아퀴나스는 오락에 대한 숭배에 동의하지 않는 것으로 볼 수는 있지만 그것이 진정한 선을 획득하는 데 소용될 수 있는 수단이자 도구라는 사실마저 부인하는 것은 아니다.

그런 점에서 농담이나 오락에 대한 아퀴나스의 태도가 양가적으로

---

16) 토마스는 jocus를 주로 게임(놀이)과 오락을 의미로 쓴다. 하지만 자주 농담의 의미로 사용하기도 하고 그것을 강조하여 다루고 있다.

비칠 수 있다. 한편으로 그는 『신학대전 Summa Theologica』에서 농담이 진지한 신학적 이슈들과 뒤섞여서는 안 된다는 점에 동의한다. 일단 언감생심 성서 교육에 농담을 이용하는 것을 꿈도 꾸지 못하게 했던 이전의 전통에 충실한 셈이다. 하지만 '합리적인 원인 reasonable cause'에 따른 놀이라면 이야기는 달라진다. 아퀴나스가 이야기하고자 하는 것은 무엇보다 경건한 유용성을 위해 농담을 이용하는 것이다. 농담은 신학적 성찰의 경우에 인식적 개방성을 가져올 수 있고 그것은 하느님 진리의 가르침에도 유용하기 때문이다.

하위징아가 학문과 철학의 기원이 되었다고 본 논쟁과 반박의 말놀이를 통해 신학을 훈련하는 교수법에 토마스 아퀴나스 역시 관심을 두었다. 하느님에 대한 지식을 심화하는 것은 인간 정신에 주어진 진리에 마음을 옮으로써 가능하다. 그는 이러한 대화 놀이의 지평에서 획득된 '지식의 잉여 surplus of knowledge'는 놀이 방법 면에서의 엄격함과 놀이 과정상에서의 개방성이 조화를 이룰 때 생겨날 수 있다고 본다. 이는 농담과 진지함의 상보성에 대한 아퀴나스의 숙고에서도 확인되는 태도이면서 묵상을 일면적으로 강조해오던 관습적 교리 교육에서 벗어나는 것이기도 하다. 하위징아를 인용하지 않더라도 아퀴나스의 '얌전한' 일탈은 중세 문화에서 창의적 의미를 갖는다. 그것은 새로운 것에 사람들이 열린 자세를 갖도록 도와주었기에 말이다.

놀이와 오락을 인간의 완전한 개인적 발전에 봉사하거나 보다 강렬한 지적 활동에 이익을 준다고 보는 시각은 지금도 놀이를 긍정하는 주류 시각과 겹치는 것이기도 하다. 하지만 다시 놀이를 묵상과 연결할 때 아퀴나스는 신학자로 돌아간다. 아니, 놀이를 긍정하는 아리스토텔레스의 계승자 토마스 아퀴나스와 신학의 집대성을 통해 하느님 나라에 기여하고자 하는 신학자 토마스 아퀴나스 사이에 일종의 균열이 존재한다고 볼 수도 있을 것 같다. 하지만 결론적으로 그에게 종교가 앞선다. 가령 토마스 아퀴나스는 마음의 휴식과 평화를 마련해주는 방식으로 오락을 준비하도록 우리에게 요청한다. '묵상'에 복무함으로써 놀이는 인간의 궁극적인 목적을 지향해야 하기 때문이다. 심지어 그는 더 멀리 나아간다. 그에 따르면 잘 조직된 놀이는 묵상을 더 용이하게 할 뿐만 아니라, 묵상하는 동안 인간을 위해 더 선한 시간을 갖도록 도와준다. 심지어 놀이적 활동들은 고통 troubles을 가시게 하고 지식에 마음의 문을 열도록 해준다.

이처럼 토마스 아퀴나스의 성서 해석에는 자주 놀이 ludus의 모티브들이 등장하면서 신학적 관념들을 표현하는 데 사용된다. 가령 잠언(8:30-31)[17]과 관련하여 그는 하느님 앞에서 놀이하는 주체로 하느님의 지혜를 해석한다. 하느님의 지혜는 그리스도를 가리킨다고 본다. 하느님의 지혜를 가지고 노는 그리스도는 이중의 행복을 즐긴다. 그 자신의 행복과 아버지 하느님의 행복. 이러한 이중의 행복은 인간을 비롯한 모든 피조물이 추구해야 할 '선'으로 확장된다. 그는 가르침의 숭고한 본성과 지혜를 얻는 일의 행복함을 찬미하면서 지혜와 재미를 나란히 놓는 것의 의미를 묵상한다. 다음의 진술이 말해주듯, 놀이에 대한 아퀴나스의 생각 역시 이러한 프레임에서 자유롭지 않다.

> "지혜를 재미 ludo로 이해하는 것은 적절한 것으로 생각된다. 우리가 놀이성 ludicity에서 발견하게 되는 두 가지 이유에서 그렇다. 첫째, 놀이성은 즐거운 것이고, 묵상은 최고의 즐거움이기 때문에 그렇다. 이는 집회서 24가 지혜의 입술을 통해 다음과 같이 이야기하는 이유이다. 내 영혼은 꿀보다 달콤하다. 둘째, 놀이 활동은 어떤 특별한 목적을 지향하지 않고 그 자체를 원하기 때문이다. 똑같은 일이 지혜가 가져다주는 즐거움으로써(과 더불어) 일어난다."(Thomas Aquinas, 1996, 203)

이러한 일은 모든 것으로부터 마음이 자유로워지는 환경에서만 가능하다. 진리의 완전한 묵상을 어렵게 하는 모든 장애로부터 정신의 자유를 얻는 환경 말이다. 바깥 관심사들로부터 자유로워지는 놀이의 무사

17) "나는 붙어 다니며 조수 노릇을 했다. 언제나 그의 앞에서 뛰놀며 날마다 그를 기쁘시게 해 드렸다. 나는 사람들과 같이 있는 것이 즐거워 그가 만드신 땅 위에서 뛰놀았다." (잠언 8:30-31).

심성이 즐거움 lude을 하느님의 지혜와 연결하는 것는 근거로 되고 있는 셈이다. 여기서 신학은 놀이 ludus와 만난다. 성스러운 교의教義 역시 별도의 목적 없이 진리를 위해 실행되며 따라서 지혜와 관련되기 때문이다. 놀이처럼 신학도 그 자신의 규칙에 따라 논다. 그리고 심지어 그것은 보다 큰 즐거움을 준다. 토마스의 관점에서 이는 놀이성을 통해 진리를 추구하는 것의 문제이다. 하느님의 지혜에 개방적인 열린 영혼을 예비하는 것. 그것이 놀이의 존재 이유인 셈이다.

정리를 해보자. 놀이성에 대한 토마스 아퀴나스의 윤리적 견해는 놀이가 미덕과 흠결 둘 다에 열려 있다는 양가성에 주목한다. 그가 보기에 모든 인간은 휴식을 필요로 한다. 놀이와 오락은 사람들의 공존을 개방적이고 즐거운 것으로 만든다. 그러한 ludus의 속성은 아퀴나스의 놀이 연구 의지를 촉발했다. 그는 놀이를 농담과 동일선상에 놓고 보면서 그것의 교훈적(교육적, didactic) 가능성에 주목했다. 동시에 아퀴나스는 우리가 게임을 절대적 의미의 목표 그 자체로 볼 때 우리를 위협할 수도 있을 위험들을 경고한다. 하지만 eutrapelia, 즉 내적 밸런스의 미덕은 진정한 놀이의 즐거움을 보호해준다. 그것은 축제적 행복을 추구한다. 이는 하느님 나라의 공동체를 촉진하고 그 구성원들의 관계에 신진대사를 촉발한다. 동시에 삶에 건전한 오락을 도입하는 것은 개인이 추구해야 할 미덕이기도 하다. 그것은 자유로운 시간을 갖는 것의 문제일 뿐만 아니라 그 시간을 보내는 방식의 문제이기도 하다. 아리스토텔레스를 경유하여 신학을 읽고 해석하는 토마스 아퀴나스의 놀이관이 약간은 보수적으로 비칠 수 있다. 그럼에도 놀이에 대한 중세적 독법에서 벗어나는 측면들은 현재적으로 재해석되고 재해석할 만한 측면이 있다.

동서양을 떠나 '유머'와 '웃음'은 권장 사항이 아니었다. 움베르토 에코의 『장미의 이름』이 보여주듯이, 신분 및 서열 관계가 엄격한 곳에서 그것들은 천한 것이었다. 유교사회에서 광대들은 천민이었고, 연극을 좋아했던 엘리자베스 여왕도 민중들의 웃음을 유발하는 풍자에 혹독한 검열을 가했다. 공식문화를 위협할 수 있는 웃음이나 농담이 그만큼 위험한 것이었기에 그랬을 것이다. 이미 플라톤은 "웃음을 너무나 좋아해서는 안 될 것이네. 격한 웃음에 빠져드는 것이야말로 일반적으로 격한 변화를 낳는 중개자 역할을 하게 마련이거든."이라고 경계한 바 있다. 그리스어 'umor'는 인간 몸의 네 가지 '체액'(담즙질, 우울질, 점액질, 다혈질)을 가리키는데 이것들의 변화가 기질, 기분, 건강을 결정한다고 그리스 사람들은 믿었다. 따라서 기질, 기분, 건강을 해칠 수 있는 웃음은 금기시되어야 했다. '비공식 문화'인 축제와 연극 등에서 웃음은 사회적 질서와 안녕을 해칠 수 있는 것으로까지 여겨졌다. 민주화와 해방의 역사에서 '웃음'이 해온 역할을 생각할 때 아퀴나스의 작업은 한계가 있어 보일 수도 있다. 하지만 '성 토마스 아퀴나스'는 유머와 재미, 놀이성에 관심을 둔 대학자였다. 신학적 테두리 안에서 그리고 공식 문화의 틀 안에서 작업을 했지만, '웃음에 관대한 사회'와 '재미를 관용하는 교회'라는 측면에서 다시 조명할 필요도 있어 보인다.

Ⅳ. 근대 이후의 놀이 담론

"결핍과 부족이 소외된 노동 없이 충족될 수 있을 때에만 현실의 완강함이 상실된다. 그 때에 인간을 자기의 능력과 가능성을 가지고 자유롭게 유희하며, 자연의 능력과 가능성을 가지고 자유롭게 유희한다."

(Herbert Marcuse)

1. 칸트와 놀이

근대에 들면서 놀이는 새로운 조명을 받는다. 이전과 다른 방향에서 놀이에 관심을 갖게 된 것은 예술에 대한 학문인 근대 미학의 태동과 밀접한 관련이 있다. 근대 미학은 미적 경험과 예술의 고유한 가치를 밝혀내고 나아가 그것들의 보편적 가치를 정초하고 해명하고자 한다. '취미', '무관심', '공통감각 Sensus Commnis' 등의 개념은 '미적인 것'의 자율성을 확보하고 그것의 특이성을 설명하려는 개념들이다. 특히 바움가르텐 Alexander Gottlieb Baumgarten, 칸트 Immanuel Kant, 실러 Friedrich von Schiller 등은 인식 판단이나 도덕 판단과 더불어 심미적 판단 각각의 자율성과 가치에 주목한다. 이는 획기적인 변화이다. 개인의 감성과 감정에 대한 관심이 근대미학의 중심으로 부상하기 때문이다. 그에 따르면 감정은 개념과 법칙에 따른 지성이나 초월적 이념과 관계하는 이성과 다르게 작동한다(이성과 감정의 관계야 말로 근대미학의 핵심 화두였다). 감정은 놀이처럼 일회적이며 가변적이다. 이제 놀이는 근대의 심미적 판단 및 인간관과 밀접한 관련 속에서 이해된다.

다른 말로 근대에 접어들면서 '감성학' 혹은 '감각학'으로서의 미학 Ästhetik, aesthetics의 생성과 발전은 '미학적 전회 aesthetic turn'라는 말로 설명할 수도 있을 것이다. '미적 경험'에 대한 새로운 관심과 결부된 이러한 방향 전환은 어떤 점에서 놀이가 중요한 학문적 관심 대상으로 자리 잡는 데 일정한 역할을 한다. 우선 칸트와 실러가 그러한 흐름에 깃대를 쥔다. 이제 놀이의 주인공은 신이 아닌 인간이고, 그것의 핵심어는 '자유'가 된다. 그리고 그것은 국가공동체의 윤리로부터 자율성을 획득하고 영혼과 같은 상위의 가치들로부터 벗어난다. 물론 여전히 놀이의 이성적 기능과 도덕적 가치를 강조하는 기조가 그대로 유지되지만, '미학적인 것'이 자유라는 놀이의 속성과 연결되면서 새로운 뉘앙스를 띠기 시작한다. 칸트의 말을 잠시 경청해보자. "이러한 표상들을 통해 놀이로 정립된 인식의 힘들은 이때 자유로운 놀이 속에 있다. 왜냐하면 어떤 규정된 개념도 놀이를 특정한 인식의 규칙에 제한하지 않기 때문이다."(Kant, 1997, 217)

놀이와 심미적 판단의 관계에 대해 칸트는 선구적으로 나름의 통찰을 제공한다. 그에 따르면 '미적 판단' 덕분에 우리는 자연의 아름다움을 느끼고 판단한다. 미에 대한 판단은 상상력과 지성의 조화 혹은 일치를 통해 가능하다. 상상력과 지성이라는 각기 다른 인식 능력은 놀이를 통해 자유롭고 우연히 일치하고 획득된다.

이를 약간 달리 표현해보자. 어떤 대상을 '아름답다'고 느낄 때 일어나는 '판단' 작용에서 상상력과 지성은 그 대상을 인식할 때와 다르게 작용한다. 미를 판단할 때 상상력은 자유로이 활동한다. 그것은 상상을 뛰어넘는 어마어마한 위력으로서가 아니라('숭고'), 우리 능력에 적합한 한계 안에서 활동한다. 상상력이 '의도하지 않았는데도' 지성의 능력에 일치하며 조화를 이룰 때 '쾌'의 감정을 느낀다. 이러한 상상력의 '자유로운' 활동 속에서의 우연적인 상상력과 지성의 일치를 가능하게 하는 것이 놀이다. 드디어 '놀이' 덕분에 상상력과 지성은 서로 일치의 기쁨을 맛본다. 놀이는 감각 대상을 지성 개념에 '포함'하거나 지성 개념을 감각 대상에 '적용'하는 것과 다른 작용을 한다. 우리는 이를 각각 서로에 대한 갑을 관계에서 벗어나는 활동이 놀이적 상상력 속에서 가능하다는 말로 읽을 수 있을 것이다. 미적 감정의 특이성은 상상력과 지성 '사이의' 자유로운 '놀이'를 통해 펼쳐진다.

놀이에 대한 칸트의 논의는 대체로 그의 미학 속에서 전개된다. 그가 바라보는 놀이는 우연적이며 특수하다. 그에 따르면 놀이는 그 어떤 법칙에 종속되지 않는다. 그것은 어떤 목적도 지향하지 않는 활동이면서 그 속에 법칙과 목적을 담아내는 활동이다.1) 놀이를 통해 칸트는 상극처럼 보이는 법칙성과 합목적성을 결합한다. 이로써 칸트는 비판의 대상이 되기도 한다. 놀이 개념이 여전히 인식 능력, 즉 상상력과 지성(이성)을 연결하는 다리 역할만을 하고 있기 때문이다. 놀이는 그냥 수단으로 이해되고 있다는 것이다. 칸트는 진/선/미의 분화와 그들 각각의 자율성 논의, 그것들의 통합이라는 근대적 프레임 안에 머물고 있다는 것이다. 놀이 자체의 역동성과 축제성을 사상시킨 결과 관념 안에서의 유희만이 남게 되었다는 비판도 그러한 문제제기의 다른 표현으로 볼 수 있을 것이다.

그럼에도 칸트에게 '놀이'는 미적 감정의 특이성을 설명하는 실마리를 제공한다. 상상력과 지성의 자유로운 놀이(유희)야말로 어떤 대상의 아름다움을 판단하는 준거로 이해되기 때문이다. 이러한 판단 행위는 대상에 대한 인식과는 다른 과정을 거친다. 대상의 인식을 위해서는 그것을 주어진 개념에 포함시키려는 의도를 띠는 반면, '아름다움'의 판단 작용에서는 상상력이 '의도하지 않게' 지성의 능력에 일치하고 조화할 때 쾌의 감정을 느끼기 때문이다. 개념화를 통한 인식활동에서와 달리 대상은 우리의 판단력을 통해 '합목적적'으로 작용하는 것이다. 다시 말해 자신의 지성을 대상에 적용시키는 과정과 미적 판단은 전혀 다른 양상을 띠는 셈이다. 대상의 형식에서 생겨난 상상력이 '자유롭게' 작용하는 가운데 '우연처럼'(물론 완전히 우연은 아니다) 상상력과 지성의 일치를 맛보는 것이다. 칸트에게 이러한 작용은 '놀이 Spiel'의 이름으로 이루어진다. 그것은 미적 감성을 매개해줌으로써 건조한 개념적 인식의 한계를 보완하도록 해주는 데 둘의 온전한 만남은 즐거움의 원천이 되기도 한다.

1) 이는 근대인의 놀이관을 보여준다. 근대인은 놀이를 진지함, 노동, 합목적적 활동과 다른 것으로 이해한다. 하지만 일상적 규칙과 다른 놀이의 규칙에서 드러나듯 놀이의 속성에 "맹목적인 우연만 있는 것이 아니라, 지능, 지성, 재치가 함께 활동한다".(T. Wetzel, 2000, 619)

칸트 미학에서 놀이의 기능을 좀 더 구체화하기 위해 그의 『판단력 비판』의 대략적인 내용을 살펴보자. 우선 『판단력 비판』의 목표는 대륙 합리주의자들과 경험론자들의 미적 관점에 나타난 한계를 극복하는 것이다. 즉 미를 대상 경험으로 환원하거나 그것을 형이상학적 논리학이나 유사 논리학의 주제로 삼는 당대 철학의 한계를 적시하면서 칸트 자신의 견해를 구축하고자 하는 것이다. 그러한 작업의 출발점은 어떤 사물을 이성이나 오성에 기대어 인식하는 능력, 즉 개별 사물이나 사태를 보편적 법칙 아래로 포섭하는 능력은 어떤 것을 아름답다고 판단하는 능력과는 다르다는 전제이다.[2]

먼저 칸트는 아름다움의 판단 근거를 개인의 감각 지각과 경험으로 돌리는 경험론자들을 비판한다. 개별자의 마음에서 미의 기원을 찾는 것은 주관적인 미적 경험이 보편적일 수 있는 이유, 즉 그것이 타자에게 전달될 수 있는 이유를 설명하지 못한다고 보기 때문이다. 들에 핀 백합화가 대개 사람들에게 공통적으로 아름답게 여겨지는 것은 주관적 경험만으로 설명되기 어려운 것처럼 말이다. 물론 그가 경험론자를 비판만 하는 것은 아니다. 미적 감정이 객관성과 합리성의 논리를 벗어나는 것 또한 사실이기 때문이다. 가령 『순수이성비판』에서는 미를 판정하는 능력인 '취미'가 개별자 주관의 쾌와 불쾌라는 감정에서 출발한다고 명시하고 있기도 하다. 그럼에도 칸트는 경험론을 지지할 수 없었는데 미적 판단은 습관이나 잠정적 동의 그 이상을 의미하는 것으로 보였기 때문이다.

그런 의미에서 칸트는 경험론과 합리론의 성과를 동시에 계승하면서 극복하고 종합해야 하는 과제를 설정한다. 그가 합리주의를 비판하는 이유는 간단하다. 취미판단 Geschmacksurteil[3]은 논리학의 관점으로 설

2) 물론 판단력도 보편적 법칙이나 개념을 무시하는 것은 아니다. 판단의 대상도 어떤 크기와 형태, 빛깔을 지닌다는 점에서 다른 대상의 그것들과의 변별화의 과정을 거치기 때문이다. 나아가 그것은 모종의 시공간 안에 있는 것으로 파악된다. 그런 점에서 인식의 과정이든 미적 느낌의 과정이든 크기, 형태, 빛깔 등의 보편적 개념과 법칙의 공통 작용을 배경으로 한다고 볼 수 있다.

3) 어떤 대상이 아름다운가 그렇지 않은가를 식별하는 것. 주관적 감정과 연결되어 있다는 점에서 인식 판단과 다르다. 하지만 주관적 감정의 문제지만 보편성을 띠는 판단

명될 수 없는 것이기 때문이다. 그것은 이성이나 지성과 달리 작용한다. 여기서 비판의 표적은 바움가르텐 Alexander Gottlieb Baumgarten이다. 바움가르텐에 따르면 예술과 예술 활동은 학적 인식과 다른 독자적 특성을 갖는다. 과학적 · 개념적 인식과 다른 감성적 인식의 독자성을 묻는 것이 에스테티카 aesthetica의 목적이다. 여기까지는 별 문제가 없어 보인다. 하지만 각 인식의 특이성을 일관되게 주장하지 못하고, 논리적 완전성을 다루는 이성적 인식과 감성적 인식 사이에 서열을 매기면서 한계를 드러낸다. 그가 보기에 '상위의' 인식(이성적 인식)을 다루는 것은 로기카 logica이다. 에스테티카는 '하위의' 인식 능력 즉 감성을 다룬다. 결과적으로 미학은 이성적 인식을 다루는 논리학을 보완하는 '하위의 논리학', '유사 이성'에 관한 학문이다.

칸트는 쾌나 불쾌의 '느낌', 그것의 판단 문제를 논리적 차원에서 다루는 바움가르텐에 반대한다. "모든 심적 능력은 [...] 하나의 공통 근거로부터 도출될 수 없는 세 가지 능력, 즉 인식 능력, 쾌 · 불쾌의 감정, 욕구의 능력으로 환원될 수 있다."(Kant, 1997, 서문, x x Ⅲ쪽) 여기서 말하는 세 가지 심적 능력은 지성, 판단력, 이성이다. 이들 각각은 자연, 취미, 자유의 세계에 대해 입법권을 갖는다. 따라서 미적 경험은 대상에 대한 인식 판단이나 도덕적 가치 판단과 다르다. 바움가르텐의 입장과 달리 미적 판단의 "규정 근거는 개념일 수 없다."(Kant, 1997, b46) 바움가르텐은 미적 판단이 주관적이고 개별적인 감정에서 출발했다. 하지만 그는 그것이 어떻게 객관적이고 보편적인 판단이 될 수 있는지에 대한 반성이 부족했다. 그래서 미적 판단을 논리적 판단의 한 부류로 편입시키는 오류를 저질렀다.

정리하자면 경험론의 실수는 미적 판단이 감각적 판단과 구별되지 않는다는 점이다. 합리론의 실수는 미적 판단을 개념의 차원에서 접근하다보니 유사 논리학이 되고 만 점에 있다. 칸트가 보기에 이렇게 해서는 미의 고유성과 자율성이 확보될 수 없다. 그래서 칸트는 나름의 답을 찾고자 한다. 그는 미에 대한 자율성의 경우 '주관적 보편성'을 통해 확

이라는 점에 주의하자.

보된다는 것으로 출구를 확보한다. 즉 미적 판단은 개별자의 주관적 느낌, 감정에서 출발하지만 동시에 타자의 보편적 동의를 통해 확보될 수 있다는 것이다. 이는 미적 주관성을 인정하면서도 주관의 사적인 감정에 따른 감각 판단과 달리 미적 보편성을 강조하는 전략이다. 이것이 어떻게 가능했을까?!

그 물음에 대한 답을 구하기 전에 잠시 칸트가 말하는 '미적 판단' 개념을 경유하기로 하자. 칸트는 『판단력 비판』에서 '미적 판단 das ästhetische Urteil' 대신에 '취미 Geschmack' 혹은 '취미판단 Geschmacksurteil' 개념을 사용한다. 칸트에게 취미는 "아름다움을 판정하는 능력"(KdU, B3)을 의미하기에 별 무리는 없어 보인다. 'X가 아름답다'에서 '아름답다'라는 술어는 대상 X와 관계하지 않는다. 그것은 아름답다고 느끼는 주관의 마음 상태와 관계하기 때문이다. 하지만 칸트의 미적 판단 분석은 아름답다고 판단하는 주관의 보편성이 어떻게 확보될 수 있는가에 집중된다. 내가 아름답다고 판단하는 것이 다른 이에게도 아름다울 수 있는 일이 어떻게 가능할까?! 칸트에 따르면 취미판단은 주관적 쾌감이면서 '무관심한 만족감'을 표현하는 판단이다. 그것은 '개념 없이 보편적으로 만족을 주는 것'이다. 취미판단은 외적인 강제 없이 '목적 없는 합목적성'을 띄고, '개념 없이도 필연적 만족의 대상으로 인식되는 것'이다. 주관적인 미적 판단이 보편성을 가질 수 있는 것은 그것의 특이성들 singularities로 인해 가능하다.

이를 다른 각도에서 살펴보자. 우선 미적 판단은 질적 범주에서 '무관심한 만족'을 주는 판단이다. 달리 말해 미적 판단을 통한 만족감은 '무관심한 관심'에서 얻어진다. 관심은 원래 "어떤 대상의 현존의 표상과 결합되어 있는 만족"(Kant, 1997, b5)이다. 하지만 미적 만족은 대상이나 실천에 따른 관심과 무관하다. 그것은 무관심에서 비롯된 관심, 즉 관조와 비슷하다는 것이다. "취미판단을 규정하는 만족은 일체의 관심과 무관하다." "취미는 모든 관심 없이 대상을 만족감을 통하여 판단하는 능력이다. 이러한 만족감의 대상을 아름답다고 칭한다."(Kant, 1997, 17)

양적 측면에서 보자면, 미적 판단은 "개념 없이 보편적인 만족을 주는 것"(Kant, 1997, b5)이다. 미적 판단은 인식이나 도덕 판단처럼 모든 사람들의 동의를 얻기 불가능하다. 칸트는 감관 취미 Sinnengeschmack와 반성 취미 Reflexionsgeschmack를 구분한다. 전자는 개별 사물에 대한 직접적인 감각적 반응에 근거한 판단('이 꽃이 아름답다')이고, 후자는 보편적이고 타당한 판단과 관련이 있다. 이 두 취미 중 미적 판단은 어떤 것과 관련이 있을까? 주관적이면서도 동시에 보편적인 판단은 어떻게 가능한가? 칸트에 따르면 그것은 '반성 판단'을 통해 가능하다. 미적 판단은 반성판단에 근거한다. 물론 그것은 대상에 직접 관계할 수 있는 판단은 아니다. 또한 그것은 '모든 장미는 아름답다'는 전칭판단처럼 개념을 통한 논리적 판단도 아니다. 미적 판단의 보편적 동의는 대상에 대한 개념적 보편이 아니라 판단자 주관의 보편적 만족감에서 가능하다는 것이다. 이러한 보편적 만족감의 근거는 주관의 '심의 능력(ingenium, b21: 다양한 사물에서 유사성을 발견할 수 있는 능력)에서 비롯한다. 미적 판단이 반성취미일 수 있는 것은 주관이 가진 보편적 능력 때문이다. 따라서 미적 판단은 "일체의 관심으로부터 벗어났다는 의식을 포함하고 있으므로 객관적으로 성립하는 보편성은 아니지만, 모든 사람들에 대해 타당하다는 주장이 성립해야만 한다."(Kant, 1997, 18)

나아가 관계의 범주에서 볼 때 미적 판단은 외적으로 강제된 '목적이 없으면서도 합목적성'을 띤다. 취미는 전적으로 주관의 심의 상태와 관계한다. 때문에 미적 판단과 관련된 합목적성은 대상과 수단-목적의 관계에 있는 합목적성이 아니다. 미적 판단은 대상을 관조할 때 상상력과 지성의 조화가 일으키는 쾌감에 의해 획득된다. 이때 "미는, 대상에서 합목적성이 목적을 표상하지 않고도 지각되는 한에서, 그 대상의 합목적성의 형식이다."(Kant, 1997, 644) 가령 'X는 아름답다'고 할 때 대상 X는 상상력과 지성의 조화를 통해 쾌감을 일으키기에 적합한 것으로 된다. 여기서 적합성은 개념에 의한 합목적성과 다르다. 그것은 개념과 관계없이 주관의 내적 감정과 관계하기에 '주관적 합목적성'이라 할 수 있다. 따라서 미적 판단은 "목적 없는 합목적성"(Zweckmä Bigkeit ohne Zweck)(Kant, 1997, b44)의 형식을 갖는다.

또한 양상의 범주에서 보자면 미적 판단은 '개념 없이도 필연적 만족의 대상'으로 인식된다. 미적 판단은 개별자의 주관적 감정에 의지한다. 따라서 '이 장미는 아름답다'고 판단할 때, 타인도 그러리라는 확신은 개별자의 주관에 있는 보편적인 선험적 감정에 의지할 수밖에 없다. 칸트는 이를 '공통감 sensus comunis, Gemeinsinn'이라 부른다. 개별적인 미적 판단은 공통감을 통해 타자에게 보편적인 동의를 요구할 수 있다. 그것은 경험에 근거한 것일 수 없다. "왜냐하면 이 공통감은 일종의 당위를 내포하고 있는 판단의 정당성을 확립하려는 것이며, 그것은 우리의 판단이 모든 사람들과 일치할 것이라는 의미가 아니라 합치해야만 한다는 의미이기 때문이다. 따라서 공통감은 [...] 단지 이상화된 규준이다."(Kant, 1997, b67) 이것은 마치 '자유' 이념이 도덕적 판단의 보편타당성을 위해 요청되는 것과 같은 이치다. 공통감도 미적 판단의 필연성을 위해 전제되어야 하는 초월적 이념인 셈이다. 칸트가 보기에 공통감의 이념은 "취미판단이 주장하는 필연성의 조건"(Kant, 1997, 65)이다. 따라서 "오직 공통감이 존재한다는 전제 하에서만 취미판단을 내릴 수 있다."(Kant, 1997, b66-67)[4)]

이러한 미적 판단과 취미판단에서 놀이는 없어서는 안 될 중요한 매개적 역할을 한다. 달리 말해 '놀이'는 취미, 공통감, 판단력, 무관심, 천재, 자연미, 예술미 등 칸트 미학의 주요 개념을 이해하는 길잡이 혹은 실마리로 볼 수 있다. 앞에서 살펴 본 것처럼 취미판단 Geschmacksurteil은 어떤 대상이나 사태가 아름다운가 그렇지 않은가를 판단하는 것이다. 이는 대상 인식판단과 다르다. 취미판단은 개인의 주관적 감정과 관계하는 판단이기 때문이다. 하지만 취미판단이나 미적 판단이 주관적 감정의 문제인 동시에 보편성을 띤다고 주장하는 점에서 칸트 예술

---

4) 가다머는 이를 다음과 같이 비판한다: "칸트의 공통감 개념에는 두 가지 계기가 통합되어 있다. 첫째, 취미가 지니고 있는 보편성이다. 여기서 취미가 보편성을 지니고 있다고 말하는 이유는 그것이 모든 인식 능력의 자유로운 활동으로부터 생긴 결과며, 외적 감각처럼 어떤 특수한 영역에 제한되지 않기 때문이다. 둘째는 취미가 공통성을 지니고 있다는 점이다. 왜냐하면 칸트에 의하면, 취미는 자극이나 감동이 나타내는 것과 같은 주관적인 개인적 조건을 모두 배제한다." (H.G. Gadamer, 1986, 49)

철학의 특이성이 자리한다.

이를테면 '가을 석양이 아름답다'는 판단은 순전히 주관적인 감정 그 이상의 것이다. 이는 누군가의 선행을 보며 만족감을 느끼는 것과도 다른 만족이다. 윤리적으로 좋은 행동은 이성의 '관심'과의 관계에서 느끼는 만족이기 때문이다. 반면 '어떤 것이 아름답다'는 만족감은 '보편성'을 요구하며 '무관심적'인 순수 판단이다. 칸트의 말을 빌면 '무관심적인 자유로운 만족 ein uninteressiertes und freies Wohlgefallen'인 셈이다. 이 개념은 가을 석양을 본 다른 사람들도 그것에 아름답다고 동의를 표할 수 있어야 함을 요청하고 있다. 칸트는 그럴 수 있다고 본다. 그러한 보편적 만족의 근거는 무엇일까?! 칸트는 '공통감'을 그 근거로 제시한다. 이미 말했다시피 사람들 사이에는 '공통감'이 있기에 상상력과 지성 간의 자유로운 유희가 보편적인 법칙인양 유도될 수 있다는 것이다.

이제 '놀이' 개념을 경유하여 칸트의 미학 안으로 좀 더 깊숙이 들어가 보도록 하자. 그에게 놀이는 예술가와 수용자(감상자), 천재에 대한 예술적 요청의 성격을 갖는다. 이들에게 공통적으로 요구되는 것이 상상력이다. 여기서 상상력은 어떤 것이 아름답다고 느낄 때 작용하는 주된 능력이다. 물론 이는 어떤 대상에 기대어 '상을 생각하는 능력'으로서의 상상력과는 그 의미를 달리 한다. 여기서 칸트가 말하는 상상력은 상을 상상하는 것이지만 어떤 대상을 '한정적으로' 생각하는 것이 아니기 때문이다. 그것은 대상을 객관적으로 지각하기 위한 상상의 능력이 아니라, '자유롭게' '무한하게' 상상을 펼 수 있는 능력을 의미하는 것이다.

물론 예술 작품의 창조자(천재, 예술가)와 감상자(수용자) 모두에게 요구되는 능력이라고 해서 칸트가 무한으로 자유로운 상상을 허용할 수 있다고 보는 것은 아니다. 그는 지성의 합법칙성에 합치하는 상상과 그것에 기반한 예술만이 누구나 아름답다고 판단할 수 있는 보편성을 획득할 수 있다고 보기 때문이다. 그렇다고 칸트가 '한정적 법칙'에 상상이 종속되어야 한다고 주장하는 것도 아니라는 점에 유념할 필요가 있다. 지성이 합법칙성에 자연스럽게 수렴되는 것은 상상력이 자유로이 '놀이'하는 가운데 지성의 법칙성에 조화할 때 가능하다. 마치 놀이하듯이 의도하지 않고 뚜렷한 목적성이 없었음에도 지성의 법칙성과 상상이 공명하는 일이 일어난다는 것이다. 이처럼 미적 감정에서 상상력과 지성은 '마치 놀이하듯이' 작용하면서(놀면서, spielend) 서로 화학작용을 한다는 것이다. 놀이 안에서 그리고 놀이를 통해 상상력과 지성의 '케미'가 일어나는 셈이다. (반성적) 판단력에 힘입어 상상력이 자유로이 '놀이'하면서 지성의 법칙을 향해 접근해가는 것은 예술작품의 생산과정만이 아니라 수용 과정의 필요조건이기도 하다.

놀이의 중매를 통해 만난 상상력과 지성이 서로 만나 밀월을 즐기는 과정을 거치며 '취미'가 생겨난다. 말했다시피 취미는 개인마다 각기 다른 주관적인 감정이 아니다. 주관적이긴 하지만 모든 이의 공감과 인정을 요구하기 때문이다. 아니, 지난한 대화와 소통의 과정을 통해 도달해야 하는 아름다움의 궁극적 차원이 취미인지도 모르겠다. 미적 판단력의 보편성을 획득하기 위해서 말이다. 여기서 칸트는 이후 낭만주의자들에게 결정적인 흔적을 남길 개념을 직조한다. '천재' 개념이 그것이다. 그에게 천재의 이념은 지성(오성) 개념을 초월하는 어떤 '정신'이다. 참된 예술작품에는 천재의 정신이 깃들어야 한다. 상상력과 지성(오성), 천재의 이념, 취미. 이런 것들은 '놀이'로 수렴되는데 그것은 결국 '천재'에 의해 표현을 얻는다.

결국 칸트가 보기에 예술작품은 이러한 '놀이'의 과정을 통해 탄생한다. 그것은 무엇인가를 제한하고 한정하는 개념에 빚을 지지 않는다는 점에서 자유로운 놀이의 산물이다. 하지만 또한 합목적성과 고유한 규칙성을 지니기에 그것은 보편성을 지닐 수 있다. '자연'을 닮은 예술은 자연스럽고 자유스러운 놀이의 결과물이다. 아름다움의 감정을 유발하는 대상에 대한 직관적 지각만으로는 누구나 동의할 수 있는 아름다움의 진경을 맛볼 수 없다. 과학적 개념과 대상에 대한 합리적 인식 역시 아름다움의 화학작용을 다 설명하지 못한다. 상상력과 지성의 자발적 유희는 지각 그 이상의 작용이기 때문이다.

물론 상상력과 지성의 놀이에서 예술가의 의도가 개입되는 것을 완전히 배제할 수 없을 수 있다. 아무리 자연미를 강조하는 칸트라 하더라도 완전히 우연에 기대는 무의도적 예술을 상상할 수 있을까?! 그럼에도 칸트는 감상자들이 '자연과 같아 보이도록' 창작할 것을 요청한다. 창작자가 개념과 규칙에 기대지 않은 것처럼 보여야 수용자를 상상력의 자유로운 놀이로 초대할 수 있다고 보기 때문이다. 감상자 역시 무관심성의 상태에서 작품과 자유롭게 놀이하는 가운데 상상력과 지성의 합치를 경험하면서 즐거움을 느낄 수 있어야 한다는 것이다. 그것이 쉬운 일이 아닐 것이지만, 천재는 그것을 할 수 있다고 칸트는 보는 것 같다. 아니 그러한 작품을 창조할 수 있는 작가야 말로 천재이다. 천재 자체가 '자연'이고, 자연의 이념을 작품으로 시위하는 자가 천재이다. 그는 상상력과 지성의 자유로운 놀이에 능한 자이다.

이미 말한 것처럼 아름다움을 느끼는 능력, 즉 취미 판단에서 놀이는 결정적인 역할을 한다. 이러한 능력은 상상력과 지성 사이의 조화와 일치를 통해 획득된다. 상상력과 지성을 매개하여 조화로 가는 다리 역할을 하는 것이 놀이다. 이러한 생각은 『인간학에 대한 반성 Reflexion zur Anthropologie』에서도 잘 나타난다. 칸트가 보기에 놀이는 목적에서 자유롭고 어떠한 의도나 강제로부터도 자유롭다. "모든 행위는 목적을 가진 일 Geschäfte이거나 여흥에 기여하여, 의도 Absicht는 있으나 목적 Zweck이 없는 놀이이다. 놀이에서 행위는 그 어떤 목적도 없고, 그 자체가 운동의 원인 Bewegungsgrund이다."(Kant, 2000, 618) 그런 의미에서 "강제적 놀이는 모순이다."(같은 책, 807)

그 중 미적 판단은 주관의 선천적 능력인 "상상력과 지성의 자유로운 놀이에서 나타나는 마음의 상태"(Kant, 1997, b32)이다. 칸트에게 상상력과 지성의 전적으로 자유롭고 우연적인 일치가 놀이다. 상상력과 지성이 자유로운 놀이를 통해 서로가 조화롭게 되고 촉진될 때 쾌의 감정을 얻을 수 있다. 그렇지 않으면 불쾌의 감정이 생긴다. 놀이는 상상력의 잡다함과 무질서를 지성의 규칙에 일치시킴으로써 미적 판단의 보편성을 가능하게 한다. 미적 판단은 자유를 기반으로 하는 상상력과 규칙을 부여하는 지성 '사이의' 놀이를 통해 주관적인 감관 취미를 넘어서는 반성 취미가 될 수 있다. 이때 놀이는 반성의 역할을 한다. 놀이는 우연적이며 특수한 활동이다. 그것은 어떠한 법칙에도 종속되어 있지 않다. 어떠한 목적도 지향하지 않는다. 그럼에도 그 속에서 법칙과 목적을 담아내는 활동이다. 우리는 여기서도 현실의 규칙 및 목적과 구별되고 그것을 넘어서는 놀이 특유의 규칙과 목적을 확인할 수 있다.

놀이의 규칙성은 놀이의 특이한 속성 중의 하나로서 상상력과 지성 사이의 작용을 이해하는 데도 도움을 준다. 이를테면 만일 상상력이 무한하게 자유롭기를 원한다면 '무법칙적인 자유'를 초래할 것이고, 그것은 '무의미한 것'이 되고 말 것이다. 놀이 역시 규칙이 없다면 성립할 수 없다. 오히려 그 규칙은 놀이의 영속성과 긴장, 재미를 가능하게 해주는 필요조건이다. 이처럼 상상력 역시 자유롭게 놀면서도 저절로 지성의 합법칙성에 합치하려 함으로써 '아름다움'에 대한 선험적 판단을 주장할 수 있다. 우리는 여기서 여러 가지를 생각할 수 있다. 놀이와 규칙의 관계라든가, 페어플레이라든가, 지성의 법칙성에 저절로('as if' 놀이하듯이)-전혀 의도하지 않게 목적 없이-조화함으로써 상상력과 지성의 합치가 일어날 수 있다니 말이다. 그리고 상상력과 지성의 활동이 '자발적으로' 이루어진다는 점을 기억하자. 놀이의 개념을 마련하려는 시도들의 맹아가 이미 칸트에게서도 발견되지 않는가?!

하지만 칸트에게 놀이는 독자적인 의미를 갖지 않는다. 다만 인식 능력을 매개하거나 인식 능력의 한계를 자각하는 데 기여하는 역할을 할 뿐이다. 그런 점에서 놀이에 관한 한 칸트 역시 플라톤 이후의 전통을 계승하고 있는지도 모른다. 고대와 중세의 인식틀과 다른 지반에서 사유를 개진하고 있지만 놀이의 기능이나 역할 면에서는 선배들과 공유하는 부분이 크기 때문이다. 육체적인 놀이를 비롯한 여타의 오락을 유치한 것으로 폄하하는 것도 닮았고, 놀이의 탈구 deconstruction 기능이나 원심적 운동에 무관심한 것도 그렇다. 그도 그럴 것이 그에게 놀이는 인식이나 지각작용과 다른 미적 판단의 특이성을 해명하는 데 집중되어 있기 때문이다.

그런 점에서 놀이와 관련하여 칸트는 엘리트적인 면모를 보인다. 아니 계몽주의자 혹은 독일 관념론 철학의 첫 번째 대가로서 세속의 놀이나 축제는 관심 대상이 아니다. 오히려 그는 그것들을 인간 훈육의 방해물로 보았다. 그러한 면모를 가장 잘 보여주는 것이『교육학 Über Pädagogik』이다. 칸트가 보기에 인간은 "교육받아야 할 또는 교육되어야 할 유일한 피조물이다."(Kant, 1997, ÜP, A1) 교육은 동물적 속성을 인간적 속성으로 변화시키는 데서 출발한다. 이를 위해 '훈육 Disziplin'이 필요하다. 훈육의 핵심은 '행위 법칙'과 '도덕 법칙'의 내면화이다. 인간은 날 때부터 '방종으로서 자유' 성향을 지닌다. 자유에 대한 선호는 버려야 할 본능이다. 따라서 '이성의 명령에 복종'을 익숙하게 하기 위한 교육이 요구된다. 인간의 방종을 의미하는 자유는 동물적 야만성을 의미하기 때문이다.

그렇다면 자유를 속성으로 지닌 놀이의 교육적 위상은 어떻게 될까? 칸트에게도 놀이는 교육적 측면에서 엄격하게 제한되어야 한다. 놀이는 교육 혹은 훈육을 위한 수단에 머물러야 하는 것이다. "아이들이 즐기는 놀이는 단지 놀이로 머물러서는 안 되고 일정한 의도와 궁극 목적을 지닌 놀이여야 한다"(같은 책, A69)는 말에서 그러한 입장을 확인할 수 있다. 그래서 칸트는 놀이 안에서도 교육을 생각하는 계몽적 교양을 갖춘 상류층 부모와 차별되는 하류층 부모의 놀이관을 비판한다. 다음 진술에서 칸트의 그러한 생각을 선명하게 읽을 수 있다. "우리는 하류층 자녀들의 버릇이 상류층 자녀들의 그것보다 더 한층 심하게 나빠질 수 있다고 말할 수 있다. 왜냐하면 하류 계층 부모들은 그들의 자녀들과 함께 마치 원숭이들처럼 즐겨 놀기 때문이다. 하류 계층의 부모들은 자녀들에게 노래를 불러주고 자녀들을 껴안고 입맞춤을 하고 함께 춤을 춘다. 하류 계층의 부모들은 어린 아이들이 울음을 터뜨릴 때 곧바로 어린아이들에게 달려가고 그들과 함께 놀아줌으로써 어린아이들에게 유익하고 친절한 행위를 베푼다고 생각한다."(같은 책, A72)

칸트가 놀이의 교육적 순기능을 용인하는 것도 학령기 이전의 아이에 한해서이다. 학교에 들어가기 전의 아이는 자유롭게 놀이를 하면서 정신의 능력을 키울 수 있다. 어린 아이에게 놀이는 정신 능력을 키우는 일임과 동시에 학교에 가는 준비를 할 수 있다, 하지만 더 성장한 어린이는 학교수업을 통해 성장해야 하므로 놀이를 멀리해야 한다. 본격적인 정신 능력의 성장은 학교에서의 훈육을 통해 가능하다는 것이다. 학교에서 "어린아이는 가르치는 사람의 규제와 감독과 강제 아래 놓인다." 놀이를 통해 성장하는 유아의 방법에 따라서 어린아이의 정신의 능력들을 기르고 키울 때 그 아이는 한가로움 속에서 놀이에 전념한다고 볼 수 있다. 하지만 학교수업과 같은 방법에 따라서 정신의 능력들을 기르고 키울 때 그 아이는 일종의 노동을 익힌다. 결국 학교는 사회에서의 노동을 예비하고 학습하는 곳이고, 사회인으로 훈육하는 기관인 셈이다. 그는 거기서 "규제와 감독과 강제 속에서 어떤 과제를 위해서 시간과 노력을 바쳐 일(노동)하고 있다고 볼 수 있기 때문이다."(같은 책, A72)

결론적으로 칸트는 교육의 방법에서 놀이와 노동에 같은 가치를 부여하지 않는다. 노동하는 인간과 사회적 주체로의 훈육이 우선이기 때문이다. 미학적 놀이가 아닌 놀이 그 자체로 볼 때 칸트 역시 플라톤과 아리스토텔레스의 후예일 수도 있다. 이는 다음과 같은 진술에서도 나타난다. "어린아이는 놀이를 즐기며 놀아야 한다. 곧 어린아이는 휴식과 휴양의 시간을 가져야 한다. 그러나 어린아이는 또한 힘들여 일하는 것을 배워야 한다. 그러나 (그 둘은) 서로 다른 시간 안에서 행해져야 한다."(같은 책, A72)

지금까지의 태도에서 당연히 유추할 수 있는 것이겠지만 칸트는 일과 놀이의 가치를 구분한다. 당연히 노동이 우선이고 놀이는 거기에 종속된다. 물론 칸트도 놀이의 즐거움을 안다.[5] 하지만 근대인으로서 근대적 노동윤리와 같은 태도를 우리는 칸트에게서도 찾아볼 수 있다. 그가 보기에도 놀이 자체는 목적을 갖지 않는다. 그러한 속성을 지닌 놀이는 단순히 휴식(휴양)을 위한, 노동을 위한 수단으로서만 의미가 있다.

어린아이에게는 신체기관의 발달을 위한 수단으로 놀이가 교육적 의미를 지닐 수는 있다. 하지만 어른들에게 그것은 유치한 오락일 뿐이

5) "일을 하면서 전심전력하여 몰두하는 것 자체는 우리에게 즐거운 것도 아니고 편안한 것도 아니다. 사람들은 어떤 목적을 위해서 일을 실행에 옮긴다. 반면에 놀이를 하면서 전심전력하여 몰두하는 것 자체는 어떠한 목적도 지향하지 않으며 우리에게 즐거운 것이며 편안한 것이다."(같은 책, A73)

다.[6] 따라서 놀이는 노동의 소중한 가치를 훼손해서는 안 된다. 아이들의 놀이도 궁극적으로는 노동인으로서의 장래에 유익한 것이어야 한다. "어린아이들이 일하는 것을 배워야 한다는 사실은 아무리 강조해도 지나치지 않은 가장 중요한 것이다. 인간은 일을 해야만 하는 유일한 동물이다."(같은 책, A75) 더 중요한 것은 어른들도 아이들이 놀이의 부정적 측면에 빠지지 않도록 유의하는 것이다. 그리고 어른에게는 규제와 강제를 수반하는 아이 교육에 책임과 의무를 자각해야 한다. 즉 학교교육의 책무가 어른들의 가정교육으로까지 연장되는 것이다. "만약 어른들이 어린아이들로 하여금 그들이 배워야 할 모든 것들을 놀이로서 여기는 습관을 붙이도록 한다면, 이것은 어린아이들에게 매우 큰 해악이 된다. 어린아이는 휴식과 휴양을 취할 수 있는 시간을 가져야 한다. [...] 어른들의 어린아이에 대한 교육은 일정한 규제와 강제를 곧 외부로부터 주어지는 의무를 함축하고 있는 방법에 따라 이루어져야 한다."(같은 책, A77)

정리하자면 칸트의 놀이 개념은 미적 판단의 '보편화 가능성'에 기여하는 수단적 지위를 갖는다. 그때의 놀이는 미를 판단하는 작용 속에서의 관념적인 정신 운동이다. 그에게 실제의 놀이 혹은 구체적인 몸의 놀이는 큰 관심을 얻지 못하거나 아이를 훈육하는 도구 정도로만 의미를 지닐 뿐이다. 『교육학』에서 밝힌 것처럼 아이들의 신체단련과 휴식 그 이상의 의미는 없는 것이다. 그런 점에서 칸트는 근대적 사유의 틀을 완전히 벗어나지 못한다. 그에게 교육의 최종 목적인 '도덕화 Moralisierung'에 복무해야 하는 것인데, 놀이는 거기에 유용한 것이어야 했기 때문이다.

6) 다음과 같은 진술은 칸트의 생각을 잘 요약해 준다. "우리는 온전한 이성능력을 지닌 어른들이 오랜 시간동안 계속 앉아서 카드놀이 하는 것을 볼 수 있다. 이것은 참 진기한 장면이다. 여기로부터 우리는 다음과 같은 결론을 얻을 수 있다. 어른들이 어린아이의 삶의 형태를 완전히 벗어나기란 그렇게 쉽지 않다. 어른들이 즐기는 카드놀이와 어린 아이들이 즐기는 공놀이는 기본적으로 서로 다른 점이 없는 것 같다." (같은 책, A74)

2. 실러와 놀이

'놀이'와 관련하여 실러 F. Shiller의 논의는 칸트의 철학적 사유를 충실하게 계승하는 동시에 자기 식으로 변용하고자 한다. 그에게 놀이는 '인간다움'으로 가는 필수적인 경로로 인정받는다. 여기에는 인간다움을 허락하지 않는 당대 현실에 대한 비판과 그에 대한 대안 마련을 위한 실러의 기획이 자리한다. 어찌 보면 인간과 환경에 적대적인 현실에 맞서 그것을 비판하고 그에 대한 대안을 마련하는 데 놀이를 사유의 출발점으로 삼았다는 점에서 실러의 선구자적인 의미를 평가할 수도 있을 것이다. 비판적 여가학이나 놀이학 역시 노동 사회와 과로사회를 강제하는 신자유주의적 자본주의를 비판하면서 그에 대한 출구로서 연대와 상생의 정신에 기반한 생태적 사회 공동체를 주장하기 때문이다. 근대인으로서 실러가 서 있는 자리야 다르겠지만 분열과 소외, 후진성 등을 극복하는 새로운 주체 양성의 계기로 놀이를 내세운 점에서는 일종의 상동성을 찾을 수도 있다.

실러 시대의 독일은 봉건적 잔재가 강한 영방 국가들로 분열된 상태였다. 그렇다고 독일이 자본주의적 근대화의 문제들을 완전히 비켜갈 수 있는 것도 아니었다. 나아가 물신주의적 비인간화와 분열, 소외 등의 사회 모순들이 인간의 총체적 형성(교육: Bildung)을 가로막고 있었다. 이러한 상황에서 "욕망이 세상을 지배하고 있으며 [...] 쓸모와 유용성이 시대의 거대한 우상이 되어 모든 힘이 그 우상을 위해 부역하는 시대"(Schiller, 2012, 49)를 바꾸는 것은 시대적 요청이었다. 한 때 프랑스 혁명에 열광했으나 공포정치에 실망한 실러는 물질적 혁명이 아닌 인간 내면의 변화에서 그 대안을 찾고자 한다. 문제는 인간의 내면을 풍성하게 하는 것이려니와, 실러는 그것이 "온갖 정치적 타락에서도 깨끗하고 순수하게 남아 있는 살아 있는 원천"을 통해 가능하다고 본다.[7] 결국

---

7) "아름다움이라는 주제는 우리 시대의 취향과는 거리가 멀지만, 시대의 요구와는 그리 멀지 않은 것이라고 당신을 설득할 수 있으리라 기대해봅니다. 경험에 나타난 정치적인 문제를 해결하기 위해서는 미적인 길을 선택해야 한다는 사실을 말이지요."(Schiller, 2012, 50)

그는 사회혁명보다 더 근본적인 대안적 주체화 프로그램을 고민한 셈인데, 그것은 '미적 교육 die ästhetische Erziehung'으로 불린다. 미적 교육은 쉬지 않는 아름다움의 생산과 수용 속에서 공동체의 문제들을 극복하고 대안을 마련할 수 있는 내공을 쌓게 하는 일이다. 그 중심에 놀이가 자리한다. 실러가 보기에 아름다움의 경험은 놀이를 통해 표현되기 때문이다. 그러한 놀이 혹은 예술 체험을 통해 미적·윤리적 총체성을 함양하고, 그렇게 쌓은 전인적 능력을 통해 근대 자본주의가 불러온 시대적 위기를 극복해야 한다는 것이 실러의 비전인 셈이다.

아름다움을 경유한 놀이, 혹은 놀이를 경유한 미적 체험은 분업화로 인한 인간의 역능 축소를 다시 온전하게 살리는 실천이다. 실러는 이러한 미적·윤리적 총체성의 회복을 위해 "인간은 아름다움으로는 오로지 놀이만을 해야 하며, 오직 아름다움으로만 놀이를 해야 한다"(Schiller, 2012, 129)고 주장한다. "인간인 경우에만 놀이하며", "놀이하는 한에서만 온전한 인간"이라는 유명한 명제 역시 그에게 있어 놀이가 갖는 의미를 말해준다. 실러는 인간학적 관점에서 아름다움의 문제에 관심을 갖는다. 그에게 예술은 인간의 원초적이고 근본적인 정신활동이다. 인간은 자기 보존의 욕구나 현실의 필요성, 도덕적 규범의 강제에서 벗어나 자유로운 상태에서 미를 즐기게 된다. 아름다움을 가지고 노는 이러한 과정에서 인간은 완전성 혹은 총체성을 획득해 간다. '전인(全人, der ganze Mensch)'으로 가는 길에 놀이가 통과의례처럼 자리하고 있는 셈이다.

실러는 세 가지 충동 개념을 통해 아름다움과 놀이의 이러한 교호작용을 설명한다. 여기에는 두 가지 충동이 펼치는 협응 관계가 작용한다. 실러가 보기에 인간은 서로 다르면서도 상보적인 관계에 있는 감각 충동과 형식 충동이라는 두 충동의 지배를 받는다. 우선 인간은 감각과 지각에 의해 결정되는 감각 충동 der sinnliche Trieb을 따른다. 인간은 이 충동을 통해 세계와 접속한다. 하지만 감각 자료들을 조직하는 것은 "개성의 자유로운 활동"이다. "개성만이 물질을 받아들이고 그것을 불변하는 존재인 자기 자신과 구분"(같은 책, 108)하기 때문이다. 실러에 따르면 감각충동의 법칙만을 따르는 인간은 개성의 자유가 전혀 없는 존재이다. 그런 인간은 끊임없는 변화 대상이자 시간과 변화의 노리개에 불과하고 그저 유동적인 감각들을 담는 그릇에 지나지 않기 때문이다. 하지만 형식 충동 Formtrieb으로 감각 충동의 무한한 발산을 제어하고 균형을 맞춘다. "인간의 절대적 현존 또는 이성적 본성"(같은 책, 110)에 기인하는 이 충동은 스스로 변화할 수 없는 순수 자아이다. 그것은 자연 법칙의 대상인 감각 충동과 달리 이성의 원리 하에 작동하면서 끊임없는 변화에 저항한다.

감각 충동의 과잉 못지않게 형식 충동의 독선 역시 바람직하지 않다. 건조한 계몽주의에 맞선 질풍노도 Sturm und Drang의 시기를 통과하고 프랑스 혁명의 폭풍을 경험한 세대의 완숙한 균형과 조화에 대한 열망이 실러의 서신에서도 읽힌다. 이 두 충동의 상호 견제 혹은 상호작용에 대한 실러의 말을 경청해보자.

> "감각 충동은 규정되기를 바라며 그 대상을 외부에서 수용하고자 합니다. 반면 형식 충동은 스스로 규정하기를 바라며, 자신이 그 대상을 만들고자 합니다. [...] 따라서 감각 충동은 자신의 주체에서 모든 독자적 활동성과 자유를 몰아냅니다. 형식 충동은 자신의 주체에서 모든 의존성과 수동성을 몰아냅니다. 그러므로 두 충동은 마음에 강요를 행하는 것인데, 감각 충동은 자연 법칙을 통해, 형식 충동은 이성 법칙을 통해 강요합니다."(같은 책, 122)

이러한 두 충동은 인간에게 반드시 필요한 것들이다. 감각 충동은 타자와 관계를 맺기 위해, 형식 충동은 스스로 존재하기 위해 요구되기 때문이다. 하지만 두 충동의 균형과 조화를 위해서는 제3의 충동, 즉 놀이 충동 Spieltrieb이 요청된다. 칸트에게 놀이가 지성과 상상의 매개자였던 것처럼 놀이 충동은 두 충동의 매개적 조정자 역할을 한다. 한 충동의 과잉은 내적 통일의 파괴라는 위험을 야기할 수 있기 때문이다. '놀이충동'은 중재와 조화를 위한 매개적 역할을 한다. 이것은 어떻게 가능한가? 놀이하는 인간은 이성을 통해 본능적인 충동으로부터 거리두기를 할 수 있기 때문이다.

하지만 이러한 거리두기가 감각을 완전히 무시하는 것은 아니다. 문제는 과잉이지 그것의 배척이 아니기 때문이다. 놀이를 통해 인간은 감각을 지각하면서도 거리를 두고, 과도한 형식 충동에 완전 몰입하는 것을 방지할 수 있다. 놀이 안에서의 두 충동의 상호작용을 통해 전인적 인간성과 자유가 가능하다고 실러는 본다. "인간의 모든 상태 가운데서 놀이야 말로, 그리고 오로지 놀이만이 인간을 완전하게 만들어주고 그 이중의 본성을 동시에 활짝 펼쳐준다."(같은 책, 128)

실러에게 놀이 충동은 자유의 다른 말이다. 그것은 일체의 강요로부터의 해방이면서 그 어떤 목적이나 이해관계에서 벗어나 있는 상태이기 때문이다. 놀이 충동 자체로는 그것은 지식을 늘리는 것도 아니고 도덕적인 인간을 형성하는 데도 도움이 되지 않는다. 칸트에게 그랬던 것처럼 실러에게도 놀이는 무목적성 Zwecklosigkeit과 무사심성 Interesselosig keit을 특징으로 갖기 때문이다. 이러한 놀이의 속성에 비추어 볼 때 아름다움과 놀이의 상호작용을 통한 인간 형성 Bildung은 놀이의 목적이라기보다는 오히려 의도하지 않았던 놀이의 결과인지도 모른다. 그런 점에서 처음부터 교육을 목적으로 설계된 우리시대의 놀이산업은 놀이의 속성과 원칙을 배반하고 있는지도 모르겠다. 하지만 실러가 보기에 실용성과 목적 없는 아름다움과 놀이는 이해관계 없음을 본성으로 갖지만, 결과적으로는 개인의 자기 형성과 사회의 조화라는 비전을 보여준다. 실러가 보기에 아름다움美을 가지고 하는 놀이는 상실한 총체성을 회복하는 지난한 과정의 핵심이다.

하지만 실러의 놀이 역시 미학적 행위 속에만 자리한다는 비판이 제기될 수 있다. 여전히 관념 속에서의 유희 혹은 예술 안에서의 놀이라는 칸트의 문제틀 problemati que을 완전히 벗어나지 못했다는 지적에서 자유롭지 못한 것이다. 광범위한 놀이의 세계 중에서 예술을 통한 정신의 유희에 절대적 초점을 찍고 있다는 비판이 제기될 수도 있다. "인간은 인간이라는 말의 충만한 의미에서 인간일 경우에만 놀이하며, 그가 놀이하는 경우에만 전적으로 인간이다"는 실러의 명제가 이후 놀이교육이나 놀이치료에 지대한 영향을 주었음에도 불구하고 말이다. 실러에 따르면 인간은 놀이를 통해 인간이 된다. 여기서 놀이는 미학적 행위이다. 그에게 놀이하는 인간은 예술과 문화를 통해 인간의 이념을 구현하는 자이다. 문화와 예술적 주체(놀이하는 인간)만이 진정한 인간일 수 있다는 것이다. 놀이하는 미학적 인간!! 하지만 실러에게서도 세속에서 벌어지는 온갖 정신적 · 육체적 놀이에 대한 논의가 전적으로 부재함을 다시 확인해야하는 아쉬움이 남는다.

실러가 보기에 놀이란 인식의 보편적 규준과 이 규칙이 작동하는 세계에 포섭되지 않는다. 그러면서도 그것은 직접적으로 목적에 의해 지배되지 않는 세계에 속한다. 놀이는 이 두 세계를 아우르며 넘어서는 인간의 본래적 활동 방식이다. 인간의 정신이 놀이하는 능력은 자연의 세계, 자연에 대한 법칙적 이해를 넘어선다. 하지만 예술이 그렇듯이 놀이는 도덕과 윤리적 규준만으로 직접 평가할 수 없는 영역이기도 하다. 그러면서도 그것은 그 자체의 법칙과 목적을 담아내는 활동이다. 무법칙성과 법칙성, 보편성과 특수성, 목적과 무목적, 감성적인 것과 지성적인 것이 함께 우발적으로 만나 매개하고 화해하는 활동인 것이다. 이들 서로는 종속적이거나 통일적이지 않다. 서로를 편입하지 않는 것이다. 서로의 독자성을 지키면서 각각의 결합을 상호 보완하는 것이다. 그런 의미에서 놀이는 실제적 현실과 이상적 현실의 '사이-공간'에서 일어나는 사건이라 할 수 있다.

당대 지식인들이 보기에 근대인은 분명 분열된 존재이다. 그들은 소외와 자기 상실이라는 분열적 삶의 극한을 살아가고 있다. 더하면 더했지 덜하지 않은 우리의 현실도 분열과 소외의 임계점을 향하고 있다. 지금의 시점에서 실러의 놀이를 생각한다는 것은 자연과 자유, 이성과 감성, 본능과 도덕성의 분리를 극복하는 방안을 마련하는 것과 관련된다. 문제는 온전한 '교양'의 과정을 거쳐 '전인 der ganze Mensch'으로 향하는 것이다. 실러에게 놀이는 인식과 판단의 문제를 넘어, 실천의 문제로 나아간다. '놀이하는 인간'이라는 이상적 인간상에 우리는 어떻게 가닿을 수 있을까?! 실러는 감성적 자연과 이성적 정신의 유기적 매개를 통해 총체성 Totalität을 회복하는 것이 관건이라고 본다. 실러에게 놀이가 인간의 행위의 아름다움 혹은 윤리성의 차원에서 기술되는 이유이다.

'정신 안에서의 놀이'라는 실러와 그의 후배들의 한계에도 불구하고 놀이를 사회 문제에 대한 하나의 출구 혹은 해결책으로서 본 선구적인 작업은 우리에게 중요한 시사점을 제공한다. 첨예한 현실인식과 그에 대한 긴박한 해법 마련의 태도는 지식인으로서의 역할을 다시 생각하게 한다. 실러는 실패한 세계사적 사건으로서의 프랑스 혁명을 대체해줄 대안 혁명으로 미적 혁명을 구상하는데, 거기서 예술작품과 유희하는 시민의 교육이 핵심에 자리한다. 미적 유희는 근대의 파국과 모순으로부터의 탈출구, 산업화로 인한 인간의 파편화와 소외의 치료제로 제시된다. 그것은 분업화로 인한 인간의 불구화 혹은 왜소화 극복 프로젝트인 셈이다. 오성과 감성의 균형을 갖춘 고대 그리스에 대한 '환상적 갈망' 속에 놀이에는 여러 가지 기대들이 복잡하게 얽혀 있다.[8)]

물론 이 지점에서 우리는 실러에게 질문을 던질 수 있다. 구체적인 혁명 말고 미적 놀이를 통해서 인간과 사회는 변화할 수 있는가?! 미를 통해 우리는 자유에 도달할 수 있는가? 이것이 사회정치적 문제들을 극복할 수 있는 비전을 제시하는가? 감성능력의 향상과 그에 따른 총체성의 회복은 파편화, 소외 극복의 실마리를 제공할 수 있는가? 실러의 이런 문제의식이 과연 현실성이 있는가? 하지만 이러한 질문은 실러가 우리에게 줄 수 있는 교훈을 막아버린다. 대안사회로서의 놀이 사회는 실천만큼이나 그것의 인식이 중요하기 때문이다. 실러의 질문은 21세기 우리 현실의 진단과 그에 대한 대안 마련의 필요성에 대한 '문제틀'로 전유할 수 있다. 그가 염원했던 '미적 국가'는 우리에게 요청되는 것이

8) 실러도 놀이하는 인간의 표본으로 그리스 신들을 호출한다. "이성과 감성이 미분화된 그리스인은 지상에서 이루어져야 할 일을 올림푸스로 옮겼다. [....] 이 명제('인간은 놀이하는 한에서만 완전한 인간이다')에 이끌려 그리스의 예술가들은 죽어야 할 존재인 인간의 볼에 주름살을 만드는 진지함이나 노동을 축복받은 신들의 이마에서 주름을 제거하였고, [....] 영원히 만족하는 존재들에게서 온갖 목적 · 의무 · 근심의 사슬을 면제하여 무위(Müßiggang)와 무관심 Gleichgültigkeit을 부러워할만한 신들의 몫으로 만들었다. 신은 가장 자유롭고 가장 고귀한 존재에 대한 보다 인간적인 명칭일 뿐이다."(Schiller, 2012, 358)

지, 그것의 실현 가능성의 여부는 다른 맥락과 방법을 통해 살펴야 할 문제이기 때문이다. 참다운 계몽을 통해 고귀한 성격의 인간들을 양성하고 국가(공동체)를 새롭게 디자인해야 한다는 것은 당시 고전주의와 낭만주의 모두 공유한 과제였다. 그리고 자기 공동체의 바람직한 발전을 위해 요구되는 시민교육은 모습을 달리할 뿐 여전히 우리에게 요청되는 과제이기도 하다.

실러가 보기에 예술은 놀이충동의 소산이다. 놀이를 통한 질료와 형상의 조화, 인간 감성과 이성의 균형, 이성의 도구화에 브레이크를 거는 실천 행위는 지속되어야 할 과제이다. 놀이와 예술은 감성의 향상에 기여한다. 실러에 따르면 예술경험은 또한 합법칙성을 지닌다. 이는 자연적·감상적 인간에게 법을 부여하여 이성적 존재로 만든다. 또한 그것은 도구적 이성을 먹고 사는 기계적 이성인과 다른 이성인으로 경제적 인간의 상태를 극복해야 하는 우리에게 '온전한 삶'에 대한 비전을 제시할 수 있다. 어쩌면 실러의 기획은 '불통'의 현대사회에서 놀이를 통해 '총소통 gross communication'의 지수를 높일 수 있는 제안으로 받을 수도 있을 것이다. 실러는 요청한다. 인간의 기본 충동인 감각 충동, 즉 질료 충동과 형식 충동을 강제적이지 않은 자율적 방식으로 조화시킬 것을 말이다. 놀이가 둘 사이에서 그것을 할 수 있다고 본 점에서 놀이하는 미학적 인간은 '우리 자신을 형성해가는 예술가'라고 할 수 있다. 놀이꾼은 삶의 디자이너이고 사회의 기획자인 셈이다. 나아가 그는 개인적으로나 사회적으로 'Bildung'을 향해 노력하는 자이기도 할 것이다.

이것이 어떻게 가능한지는 묻지 말기로 하자. 칸트에게도 그랬듯이 실러에게 이는 '요청'으로서의 성격이 강한 하나의 '구상 Entwurf'으로 보이기 때문이다. 다른 맥락에서 이러한 구상을 살피기 위해 '미적 상태'라는 개념을 경유해보자. 실러에 따르면 인간성은 인격(person: 시간의 흐름 속에서도 불변하는 존재 Sein)과 상태 Zusatnd: 시간 속에서 변하는 생성 Werden)로 나뉜다. 반면 충동은 그렇게 나뉘어 있는 인격과 상태의 과제를 실현하려는 힘이다. 앞서 말한 형식 충동과 감각 충동은 기본적인 충동으로서 그러한 힘을 나타낸다. 그런 점에서 충동 그 자체는 부정적인 것이 아니고, 오히려 인간 삶의 존재 조건이라 할 수 있다. 하지만 개인이든 사회이든 어느 하나가 과잉일 때 그 부작용이 심각하다. 놀이 충동은 그러한 과잉을 막고 둘의 화해를 가능하게 한다. 미美와 예술이 감각과 사색이라는 대립되는 상태를 결합하는 것처럼 말이다. 실러가 말하는 '융해하는 아름다움 die schmelzende Schönheit'이나 '활동적인 아름다움die energische Schönheit'은 '놀이 충동'의 다른 표현으로 읽을 수 있다. 그것은 '미적 상태'로 가는 길잡이면서 에너지이기도 하다.

그런 점에서 미적 상태는 감각과 사유 사이의 완전한 화해 혹은 조화 가능성의 상태이다. 완전한 균형 상태라고나 할까?! 실러에 따르면 수동적인 감각의 상태에서 활동적인 사유와 의지의 상태로의 이행은 '중간적인'(매개적인) 미적 상태를 경유할 때 가능하다. 실러가 지향하는 궁극적인 목적지는 도덕적 상태로 성숙한 후 미적 상태로 회귀하는 것이다. 물론 그곳은 다다를 수 있는 곳이 아니고 끊임없이 닿으려고 노력해야 하는 지향점이다. 그런 의미에서 놀이는 정신 안에서의 '영구혁명'인지도 모른다. 나아가 실러는 이를 위해 노력하는 개인들의 연합으로서 미적 국가를 꿈꾼다. 실러가 놀이와 예술을 통해 그려보는 미적 가상은 자연 국가와 윤리적 국가 사이의 어떤 지점이다. 그리고 미적 국가는 자유와 평등이 실현된 사회이다. 실러는 프랑스 혁명의 물리적인 폭력과 다른 방법을 통해 이것이 가능하다고 본다. 미적 교육을 통한 미적 국가의 수립이 실러의 복안이다.

굳이 프로이트의 말을 빌리지 않더라도 인간성의 바탕에는 감각계의 역동적인 힘들, 즉 충동 Trieb이 깔려 있다. 이 충동들은 인간의 두 가지 역능을 말해주는 것이기도 하지만 그것들의 역설적인 얽힘이나 불균형으로 인한 부작용과 과잉을 경고하는 것이기도 하다. 인간은 스스로를 변화시켜야 하는 상황에서 불변의 인격을 형성하는 존재이기 때문이다. 그리고 인간은 감상적인 인간인 동시에 이성적 인간이기도 하다. 인간은 "절대적 현실화와 절대적 형식화"(Schiller, 2012, 344)를 추구하는데, 여기에서 두 가지 충동이 작용한다. 불변의 자아에 속하는 형식충동

(Formtrieb, 이성적 충동)과 무상한 변화 속의 인간과 관련 있는 질료 충동(Stofftrieb, 감성적 충동)이 그것들이다. 이들은 대립하면서도 상보적 관계 속에 있다. 이들 중 하나만 독주하면 문제가 생긴다.

이처럼 지나침을 경계하는 것은 독일 고전주의의 특성이기도 하다. 그래서 실러는 '상호작용 Wechselwirkung'을 이야기한다. "두 충동의 상호작용은 자기의 밖에 존재하는 것과 더불어 그러한 존재로부터 자신에게로 귀환하는 정신의 운동과 같은 것이다. 이 상호작용의 개념은 한쪽의 활동성이 다른 활동성을 기초지움과 동시에 제한하고, 각각은 다른 한편이 활동적이기 때문에 스스로를 가장 잘 드러낼 수 있다."[9] 두 충동의 상호작용은 인간 본성의 '자기활성화'에 기여한다는 말이다. 두 충동은 서로 밀거니 당기거니 하면서 최고의 힘을 끌어내고, 최대한의 자기 활성화에 도달한다.

그렇다면 우리의 과제는 이들 두 충동의 경계를 설정하면서 균형 있게 작용하도록 하는 것이다. 그러한 신진대사는 놀이 충동 Spieltrieb의 몫이다. 두 충동의 '사이'에서 놀이 충동은 작용한다. 실러가 보기에 "인간의 모든 상태들 가운데 놀이가, 그리고 오직 놀이만이 인간을 완전하게 만들고, 그의 이중 본성을 동시에 발전시킨다."(같은 책358) 결국 인간의 두 충동을 조화와 균형 속에서 동시에 발전시키는 것은 놀이 충동인 셈이다. 그리고 놀이는 확장 Erweiterung을 가능하게 한다. 놀이는 감각 능력과 이성 능력의 동시적 발전을 돕고 촉진함으로써 문화와 교양 Bildung에 기여한다. 이를 현재의 시점에서 재해석해보면 놀이는 서로 이질적인 영역들의 융합과 증강 augmentation을 통해 인간의 잠재성을 활성화 한다는 것으로도 이해할 수 있을 것이다.

하지만 앞서 말했다시피 실러에게도 놀이는 미적 경험 안에서의 유

---

9) 다음 진술도 유사한 맥락에서 이해할 수 있다. "인간은 자신의 현실성을 희생시켜 형식을 얻고자 노력하거나 형식을 희생시켜 현실성을 얻고자 노력해서는 안 된다. 다시 말해 그는 규정된 존재를 통하여 절대적 존재를 추구하고, 절대적 존재를 통하여 규정된 존재를 추구해야 한다. 그는 인격이기 때문에 세계와 대립하고, 세계가 그와 대립하기 때문에 인격이다. 그는 자신을 의식하기 때문에 느끼고, 자신을 느끼기 때문에 의식한다."(같은 책, 352쪽.)

희이다. 다시 말해 최근의 놀이연구에까지 뚜렷한 영향을 미쳐왔음에도 불구하고 그의 논의는 미적 경험을 통한 놀이라는 틀에서 멀리 나아가지 못하는 것이다. 아름다움의 관조를 통한 감성과 이성의 조화로운 발전을 통한 주체화의 기획은 칸트 이후 독일 근대미학의 기조이기도 하다. 그런 의미에서 실러 역시 칸트에게 제기되었던 엘리트주의의 혐의로부터 자유롭지 못한 면이 있다. 다음과 같은 실러의 진술은 어쩌면 동시대 선구적 지식인들의 생각을 표면적으로 보여주는 것일 수 있다.

> "자신의 인간성을 완전하게 직관하는 것이고, 그것은 기분과 관계된 것이다. 예술 작품의 참된 미를 관조함으로써 얻어지는 것은 인간성의 전체로 느끼는 기분이고, 그때 우리의 인간성은 외부의 힘들이 개입함으로써 생기는 어떤 단절도 겪지 않은 순수하고 통합적인 것으로 나타난다."(같은 책, 377)

정리하자면 실러 놀이학에서 문제는 두 충동의 배타성을 지양하는 것이다. 형식 충동과 질료 충동 '사이'에서 새로운 존재방식을 찾아내는 것이 중요한 것이다. 제3의 충동이라 할 만한 것이 '놀이 충동'이다. 다른 충동들에 비해 놀이(충동)에 대한 언급은 상대적으로 적어보일 수 있지만 그 역할과 관련해서는 참으로 대단한 놀이 충동이다. 질료 충동과 형식 충동의 상호작용 혹은 신진대사를 매개하고 연결하며 균형을 잡는 것이 놀이 충동이기 때문이다. 물론 그것이 어떻게 가능하며 어떻게 작용하는지에 대한 구체적인 언급은 없다. 다만 그것은 이념으로 요청되는 것이다. 그것은 직관적으로 추체험될 수 있을 뿐이다. 실러에게는 늘 이념적 쏠림과 같은 편향성의 극복이 중요한 과제였다. 모든 대립되는 것들의 조화와 균형, 통일은 프랑스대혁명의 진행과정에 실망하여 물리적인 힘 Gewalt의 행사 대신에 통합적인 교양인 양성을 통한 사회개혁의 길을 선택했을 때 예고된 것이기도 하다. 그래서 놀이의 역할이 중요한 것이다. 이를 실러는 간명하게 정리한다.

"이성은, 선험적인 이유들을 근거로 하여, 형식 충동과 질료 충동 사이에는 하나의 공통점, 즉 놀이 충동이 있어야함을 요구한다. 왜냐하면 현실과 형식, 우연성과 필연성, 수동성과 자유의 결합만이 인간성의 개념을 완성하기 때문이다."(같은 책 355)

당연한 수순이겠지만 이후 미적 놀이에 대한 지금까지의 논의는 결국 윤리적 요청을 넘어 당위의 영역을 향해 나아간다. "야만적인 인간이 인간성에 들어섰음을 알리는 표지가 되는 현상은 무엇인가? [....] 역사적으로 본다면, 그 현상은 동물적 상태에서 벗어난 모든 민족에게서 동일하게 나타났다. 그것은 가상 Schein의 기쁨 및 장식과 놀이의 경험이다." 여기서 가상의 문제가 제기된다. 그것은 놀이와 예술을 통해 '다른 곳', '다른 것' 혹은 '다른 삶'을 설계하는 상상의 행위일 것이다. 우리가 사는 부정적인 직설법적 현실에 대한 비판으로서, 나아가 그러한 현실을 넘어서는 지속적인 꿈꾸기로서 가상은 가정법적 현실을 상상하는 능동적 행위로 제시된다. 가상의 이러한 역할과 관련하여 스피노자 역시 참조할 만한 태도를 보여준다. 그에게도 자유로운 공상 Phantasie은 인식의 한계이기도 하지만, 새로운 인식의 토대이기도 하기 때문이다. 모든 놀이는 판타지를 요구한다. 놀이의 가상성이 허구로만 끝나지 않는 것은 그것이 현실과 '긴장'을 이루며 변증법적 운동을 하기 때문이다.

"일상생활 속에서 행해지는 대부분의 놀이들은 전적으로 이 자유로운 연속적 감정에 기초하고 있다. [....] 이 공상이 외부의 인상들에 종속되지 않는다는 사실은 그 창조력의 소극적 조건이 된다. [....] 법칙이 없는 상태에서 자율적인 내적 법칙의 상태로 들어가는 것은 매우 어렵다. 그리고 아주 새로운 힘, 즉 사고의 힘이 여기서 놀이에 끼어들어야 한다. 그러나 이 새로운 힘은 이제는 훨씬 쉽게 발전해 나갈 수 있다." (같은 책, 403)

이처럼 상상력은 놀이의 필수 요소이고, 그것은 자유로운 창조행위를 가능하게 한다. 일상의 놀이들도 그 상상과 공상을 통해 구성된 가상을 요구하며, 그럼으로써 미적 놀이의 토대가 마련된다.

마지막으로 놀이와 관련하여 실러의 논의가 안고 있는 문제점들을 정리하고 넘어가도록 하자. 지금까지의 이야기들에서 실러가 주장하는 핵심은 미적놀이를 통한 감성적인 것과 이성적인 것의 통일이다. 그는 놀이 충동은 질료 충동과 형식 충동의 상호작용 과정에서 일종의 매개자이자 촉매자로서 역할을 한다고 주장한다. "인간은 놀이할 때만이 완전한 인간"이고 "인간은 미와 놀아야 한다"는 전제 속에 "과도한 합리성이 우리의 인식과 행동에 미치는 나쁜 영향", "목적론적 판단에 대한 일반적인, 거의 억제할 수 없는 애착"(같은 책, 348) 등을 극복하기 위해 놀이를 적극적으로 사유하고자 한다.

그런데 실러 역시 칸트의 인식틀을 벗어나지 못한다. 가령 그는 놀이를 '미'와 '예술', '정신'의 문제로 받아들이기에 엘리트주의의 혐의를 받을 수도 있다. 21세기 우리의 현실에서 실러의 놀이관을 생각할 때 놀이를 예술과 정신적 행위에 가두지 말고 그것을 세속의 놀이로 확장해야 할 과제가 부여된다. 천상의 놀이를 다시 지상으로 끌어내릴 필요가 있다. 그것은 물구나무 선 놀이 담론을 바로 세우는 일일 것이다. 아니, 적어도 칸트와 실러, 나아가 근대적 패러다임 속의 놀이 담론은 다른 흐름을 통해 균형 잡혀야 한다. 나중에 살펴볼 니체나 바흐친, 축제 연구가 중요한 대목이기도 하다. 서양의 주류 인문학에 한 발 비켜서 있던 그들의 작업은 일상의 시공간 속에서, 삶의 현장에서 일상적으로 진행되고 일어나는 놀이적 사건들에 대한 입체적이면서도 주류와 다른 방향에서의 접근을 가능하게 해주기 때문이다.

하지만 실러가 놀이의 기원과 동물들의 놀이를 언급하는 대목을 보면 일상의 비정신적 놀이로 논의를 확장할 수 있는 잠재성을 가진 것으로 볼 수 있다. 가령 그는 놀이를 잉여 에너지의 목적 없는 방출로 생각한다. 잉여 에너지 소비 행위로서의 놀이 담론에 기대고 있는 셈이다. 그가 보기에 자연계에서 보이는 희미한 자유의 빛, 필요 이상의 것, 잉여의 힘이 스스로 하나의 대상을 만들거나 목적 없는 낭비에서 잉여의 힘을 즐기는 양태가 놀이이다. 이는 조르주 바타유 Georges Bataille의 '소비' 개념을 떠올리게 하는 대목이다.10) 또한 이는 포틀래치를 일종의 놀이로 본 하위징아의 해석에서도 재확인된다. 그는 증여와 선물 사이를 반복적으로 오고 가는 교환행위를 일종의 '아곤 agon'으로 해석한 바 있다. 잉여 에너지를 방출하는 행위는 인간만이 아니라 동물들에게도 확인된다. 실러는 사자의 포효, 곤충의 군집, 새의 선율 등을 동물의 놀이로 본다. "동물은 결핍이 행동의 추진력이 되는 경우에는 일을 하고, 여분의 힘이 추진력이 되는 경우나 삶의 잉여가 행동을 자극하는 경우에는 놀이한다."(같은 책, 402) 하지만 인간의 놀이는 놀이 충동 덕분에 잉여 에너지의 소비에서 더 나아간다. 그 덕분에 인간은 상상력을 수반하는 육체적 놀이로, 나아가 미적 놀이로 성장한다. 여하튼 인간의 미적 놀이는 총체성으로의 접근을 가능하게 한다는 것이 실러의 주장이다.

물론 실러의 놀이는 개인의 '인성'이나 '교양'에만 뚜렷한 각인을 남기는 것은 아니다.

놀이는 공동체로서의 사회와 국가의 건전한 '형성 Bildung'에도 큰 영향을 미친다. "놀이와 가상으로 이루어진 제3의 국가"(같은 책, 406)는 놀이하는 미학적 인간들의 공동체라 할 만하다. 미적 국가(자유국가)는 그러한 유토피아의 다른 이름이다. 자연 국가(역동적 법치국가)와 도덕 국가(의무의 윤리국가)와의 관계 속에서 미적 국가 혹은 놀이 사회는 양자의 결핍을 보충한다. 놀이가 감성과 이성 사이를 매개하며 서로의

---

10) 심지어 바타이유는 생산적 소비가 아니라 소비 그 자체를 목적으로 삼는 소비인 '비생산적 소비'가 인류의 공멸을 막는다고 주장한다. 마르크스의 '생산의 경제학'의 대척점에 위치한 '소비의 경제학'을 주창한 것이다. 잉여를 소비하는 적절한 방식을 마르셀 모스의 『증여론』에서 찾은 바 있는 바타이유가 『저주의 몫』에서 '비생산적 소비'의 전형적인 예로 든 것이 바로 에로티즘이다. 에로티즘은 생식을 목적으로 하지 않는 성행위로서 문자 그대로 에너지의 '비생산적 소비' 행위이다. 기독교·이슬람·유교사회 등 노동을 강조하는 세계에서 에로티즘이 위반의 행위, 저주받을 행위로 낙인찍히는 것은 어쩌면 당연한 일이다. 바타이유는 탐욕적 자본주의와 파시즘, 그리고 공산주의가 모두 과잉 에너지를 '축적'하는 데만 관심을 갖고 있다고 비판하고, 증여와 축제를 통해 잉여를 지혜롭게 소비하는 인디언 사회와 아즈텍 사회를 소개한다. 어떤 점에서 놀이야말로 축제와 함께 교환가치적 유용성을 넘어서는 새로운 유용성을 창출하는 하나의 사례로도 볼 수 있을 것이다.

결핍을 보충하듯이 말이다. 이러한 공동체는 미적 교류와 미적 소통이 가능한 공동체이다. "미美만이 인간에게 사회적인 성격을 부여할 수 있다. 취미만이 사회를 조화롭게 하고, 미적 소통만이 사회를 단합시킨다. 그것은 모든 사람들의 공통점과 관련되어 있기 때문이다."(같은 책, 406)

눈치 빠른 독자는 간파했겠지만 이러한 이상에는 '취미의 보편성', '공통감각'에 대한 칸트의 그림자가 새겨 있다. 칸트를 경유하여 당대의 문제들과 씨름하는 실러의 사유에는 이제 인간학과 윤리가 개입한다. 다음과 같은 진술은 그것을 간명하게 보여준다. "미적 표상만이 인간을 전체로 만들 수 있다. 그 이유는 두 본성이 하나로 합쳐지는데 있다. 다른 모든 전달 형식들은 사회를 분리시킨다. 그것들은 개별적인 구성원들의 개별적인 감수성이나 개별적인 능숙함만 배타적으로, 따라서 사람과 사람 사이를 구별하는 것에만 관계하기 때문이다."(같은 책, 406) 이는 타자성 otherness에 대한 요청으로 읽을 수 있다.[11)]

실러가 꿈꾸는 미적 국가에서는 주체와 타자 사이에 미적인 것의 소통, 자유의 상호작용 혹은 신진대사가 활발하게 이루어져야 한다. 그리고 놀이가 창안하는 미적 국가의 헌법은 개인 속에서의 조화만이 아니라 '우리들 사이'의 미적 관계와 조화를 요구한다. 미와 가상의 국가, 누구는 실러의 이러한 꿈을 공상적 유토피아라 할 것이다. 하지만 블로흐 Ernst Bloch에게 낮꿈이나 유토피아가 단순히 몽상이 아닌 것처럼, 그것은 달리 해석될 여지를 갖고 있다. 놀이의 가상성은 개인 자신의 삶과 그가 사는 공동체를 새롭게 형성하려는 창조를 향한 충동 Bildungstrieb이기도 하기 때문이다. 그래서 실러는 "두려운 힘들의 국가 한가운데, 또 성스러운 법칙들의 국가 한가운데 놀이와 가상이라는 제3의 국가를 세운다"(같은 책, 406)고 했을 것이다. 그것은 전제적인 국가, 도덕적인 국민국가 너머의 국가였을 것이다.

실러가 보기에 놀이 공동체는 이미 "몇몇 정선된 사회"가 선취하고

---

11) 이와 관련하여 다음과 같은 발언도 참조할 만하다. "미적 가상의 국가에서 평등의 이상이 실현된다. 미적 국가에서는 어떤 우선도 독재도 허용되지 않고, 모든 것이 국가에 봉사하는 도구조차도, 가장 고귀한 것과 동등한 권리를 가지는 자유로운 시민"(같은 책, 408쪽)이다.

있고, "모든 섬세한 영혼"에 존재한다고 한다. 그것이 가상이라고 해서 없는 것을 갖다 붙인 것도 아니고, 가정법적 현실을 그리는 놀이의 상상력 자체도 뜬 구름 잡는 그런 것은 아니라고 실러는 강조한다. 이미 미적 국가를 향한 잠재적 움직임은 늘 작동하고 있고 '지금 여기'와 다른 삶을 상상하는 가상을 실천할 수 있는 주체들에게는 미적 국가의 시민이 되기 위한 잠재력을 지니고 있다. 다만 그 사회의 지배세력과 현실 속의 힘 관계를 좌우하는 권력자들이 그러한 경향과 주체들을 억압하거나 배제하고 있을 뿐이다. 그렇다면 실러의 미적 국가 프로젝트는 민주주의에 대한 최근의 관심과 호응하는 측면이 있다. 이는 프랑스의 철학자 자크 랑시에르 Jacques Rancière가 실러의 놀이와 미학에 관심을 두는 이유일 것이다. 랑시에르는 실러가 말하는 '미적 국가'를 감성이 지성과 조화하여 총체성을 확보하고 인간의 잠재력을 계발할 수 있는 미적 체제로 본다. 그는 실러의 글을 통해 놀이 충동과 자유로운 놀이를 통하여 새로운 주체 혹은 놀이꾼-교양시민이 자라날 수 있는 공동체 구성의 중요성을 강조한다.

랑시에르는 놀이와 감성적인 것을 경유하여 공동체를 창안하려는 노력을 '정치'라고 본다. 실러의 '미적 국가'는 미적인 것과 정치적인 것의 지난한 결합 노력을 통해 가닿아야 할 실천의 벡터이다. 그런 점에서 그것은 '미적 공동체'요, 놀이는 그 공동체 내부에 존재하는 불화와 균열을 긍정하며 자유로운 방식으로 수렴하려는 실천의 표현이 된다. 그것을 가능하게 하는 것이 바로 예술이므로 예술은 치안 police이 아니라 정치 politics이다. 특히 미적 감각에 따르는 정치는 놀이와 축제의 세계처럼 전복과 파괴, 역설과 역전이 가능한 열린 영역이다. 또한 논리와 인식이 지배하는 치안治安에서 감성과 유희가 지배하는 정치로 바뀌면 해방된 인간 공동체가 가능하다. 이러한 공동체는 평등과 자유가 보장되고 예술과 삶이 일치하는 미적 공동체이기도 하다. 실러에게 유희는 미적 실천을 의미하는데 이는 새로운 공동체적 삶의 방식으로 놀이를 실천하는 것이다. 새로운 공동체와 삶은 '미적 교육'을 통한 개인의 해방과 새로운 인격의 주체 구성을 전제로 한다. 그런 의미에서 혁명은 감각의 총체적 혁명을 누락해서는 안 되며, 감각의 공동체야 말로 프랑스 혁명을 비롯한 실질적 혁명의 조건이어야 한다.

랑시에르가 보기에 이러한 미적 공동체는 놀이 공동체로 번역될 수 있고, 그것은 민주주의에 대한 새로운 정의를 가능하게 한다. 그가 말하는 민주주의에서 미학과 정치는 새로운 관계를 맺는다. 물론 여기서 말하는 미학은 바움가르텐 Alexander Gottlieb Baumgarten 이후의 미학 전통과 다르다. 랑시에르에게 미학은 전통적인 감성의 분할 방식에 문제를 제기하고 주어진 자리들의 위계를 중지시키는 실천이다. 플라톤과 아리스토텔레스의 논리는 전통적 감성 분할 방식의 모델이다.[12] 민주주의는 '지금 여기'에도 그 위력을 과시하는 치안 모델에 이의를 제기하고 불화를 감행하는 가운데 새로운 미적 공동체를 창안하려는 노력이다. 그에 따르면 실러의 미적 논의는 그러한 노력의 참조점으로 이용된다. 나아가 근대 미학의 전통에 새로운 물음을 던지는 가운데 랑시에르가 실러를 경유하여 얻어낸 통찰들은 놀이의 실천적 의미를 사유하는 한 계기가 될 수 있다.

랑시에르에 따르면 실러는 자유로운 외양, 자유로운 놀이를 강조한다. 그가 보기에 실러는 존재양식들 속에서의 구별('분할 방식')을 통해

12) 랑시에르에 따르면 플라톤은 사람들의 역할을 나누고, 무지한 대중을 계몽하며, 각자의 역할에 충실한 것이 이상 국가라고 믿었다. 그래서 플라톤은 이데아 idea를 추구하는 철인哲人을 중심으로 이미지의 윤리체제 an ethical regime of images를 세우고 이를 통하여 이상 국가를 실현하고자 했다. 그러려면 철인哲人이 정치를 관장해야 하는데, 이것은 정치 politeia가 아니라 규범과 질서를 위한 치안 polizei이다. 정치가 평등의 과정이면서 실천의 놀이인데 반하여 치안은 위계적 질서와 분할의 체제다. 이처럼 치안으로 작동되는 질서의 세계에서 예술은 그림자나 이미지의 단계에 머물 수밖에 없다. 이런 플라톤의 사상에서 실재 Idea만이 가치가 있으며 이러한 이데아를 현상계에 재현한 예술은 무의미하다. 따라서 예술은 타율적 heteronomy일 뿐 의미가 없다는 관점에서 시인 추방론이라고 하는 예술 배제의 논리가 태동한다. 반면 아리스토텔레스는 플라톤에 의하여 추방된 예술의 가치를 인정했는데 그것은 현상계의 개별 개체를 실재로 보기 때문이다. 그런데 예술은 이데아의 세계를 모방 imitation하는 것이 아니라 진리를 재현하는 예술의 재현 체제 the representative regime of the arts인 미메시스 mimesis다. 이 체제에서 예술은 가시적으로 인식되거나 시와 같은 형태로 존재하면서 자율성 autonomy을 확보하지만 여전히 미적 불평등에 머물러 있다. 이 미적 불평등을 극복하기 위하여 랑시에르가 주목한 것은 18세기 독일의 관념 미학자 실러다.

'미학'을 새롭게 이야기한다. 랑시에르가 본 실러의 미학은 외형과 현실 사이뿐만이 아닌 형태와 재료, 능동성과 수동성, 오성과 감성 사이의 일상적이고 관행적인 연결을 중지시키는 특수한 경험 안에서의 감각적 경험방식을 의미한다. 일상의 분할과 일상의 통념으로 부터의 거리두기, 나아가 그것을 통한 자유야 말로 미적 경험으로서의 놀이의 본질인 것이다. 그 중 실러가 '놀이'라는 용어 안에 요약한 감성분할의 새로운 형식이 랑시에르의 관심사이다. 이제 놀이는 기존 방식의 '감각적인 것의 나눔'을 전복하고 그것과 단절하는 실천으로 재해석된다. 그가 보기에 실러는 일상과 현실의 지배적 조건에 대한 미학적 중지에 근거하여 새로운 혁명을 구성하려 한 사람이다.

이미 살펴 본 것처럼 이 '놀이'라는 용어는 칸트에 의해 근대 미학의 주요 개념으로 자리잡기 시작한다. 칸트는 이 '놀이'를 오성의 카테고리들에 따라 감각적 자료들을 결정하는 인지능력의 중지, 그리고 욕망의 대상들을 강제하는 감성 능력의 상관적 중지라고 하였다. 반면 실러는 칸트의 분석을 '지양'하고자 하면서 자유로운 놀이와 자유로운 외양을 강조한다. 이는 칸트의 분석에서 질료에 대한 형식의 권력을, 감성에 대한 지성의 권력을 중지시키는 시도이다. 앞서 말한 것처럼 실러에게 놀이 충동은 감각 충동과 형식 충동을 동시에 현실화하고 감성과 이성의 매개를 통해 조화를 이루고자 한다. 인간은 '아름다움(美)' 혹은 미적 예술을 통해 '자유'를 경험한다. 그것은 "모든 규정으로부터 해방된 단순한 규정 가능성의 상태"(171)이거니와 실러는 이를 '미적 상태 ästhetischer Zustand'라 일컫는다. 이러한 자유, 즉 미적 자유는 감각적 인간이 이성적 인간으로 변하는데 반드시 필요하다. 미를 통한 유희는 전인(全人, der ganze Mensch)이 되기 위한 필요조건일 뿐만 아니라 이러한 총체적 인간상이야말로 자유로운 '미적 국가'의 시민이 될 수 있다.

랑시에르는 이러한 자유로운 외양과 자유로운 놀이를 기존의 감성분할 방식을 거부하는 것으로 해석한다. 그가 보기에 근대의 감성 분할의 방식인 예술의 미학적 체제[13]가 자율화한 것은 모더니즘이 찬양한

13) 랑시에르는 미학과 정치의 관계, 사회적 지각 혹은 감성의 정치적 토대를 설명하기

예술적 '행위'의 자율성이 아닌 감성적 경험방식이었다. 그러한 감성적 경험 덕분에 감각적 세계에 대한 다양한 경험 형태들을 더욱 폭넓게 정의할 수 있게 된다. 이제 감각적 세계는 더 이상 실용적인 관계들이나 위계들에 따라 조직되는 질서에 종속되지 않게 된 것이다. 오히려 그 세계는 기존 질서나 위계들이 부여한 신체들의 자리와 그에 따른 기존의 '나눔들'(분할들, 분배들)을 흐트러뜨린다. 기존의 것을 중지시키는 이러한 전복은 언어활동, 가시적인 것, 감각적 경험의 모든 형태들과 새로운 관계 맺기를 가능하게 한다.

약간 복잡해 보이는 랑시에르의 이러한 논의를 따라잡기 위해 다른 시각으로 풀어 보자. 랑시에르에 따르면 미학이 하나의 분과학문으로 자리 잡은 시기는 예술이 여타 사회영역에서 떨어져 나와 자율성을 획득한 시기와 겹친다. 예술이 자율성 autonomy을 획득하기 이전에 예술은 예술이 아니었다. 미메시스-포에시스-아이스테시스의 삼각동맹이 해체되면서 미학이라는 분과와 예술이 탄생했다는 것이다. 이렇게 해서 미메시스 없이 포이에시스는 아이스테시스와 직접 만나게 된다. 모든 규칙과 보증이 없는 전적인 자유가 열린 것이다. 이 자유의 공간은 위계 질서가 중지된 평등의 공간이기도 하다. 칸트에 의해 정초되고 실러에 의해 발전된 '미학적 예술체제'는 이렇듯 예술이 현실의 감각적 질서를 중지시키고 '자유로운 유희의 공간'을 만들어낼 때에만 성립한다. 실러의 말처럼 자율적인 예술은 그것이 자율적인 한에서 더 나은 세계의 모

위해 '감성적인 것의 나눔'에 천착해 왔다. 예술의 세 가지 체제(윤리적 체제, 재현적 체제, 미학적 체제) 개념은 그것을 구체화하기 위해 창안된 것들이다. '체제'라는 개념을 사용한 것은 위대한 예술가와 걸작 중심으로 예술에 접근하는 기존의 방법을 극복하기 위한 것이다. 랑시에르에게 중요한 것은 개별 예술가들의 실천에 집합적인 가능성을 제공하는 공통의 조건을 발견하는 일이다. 개별 작가들과 개개 작품들은 특정한 예술 체제 안에서 제작되고 평가될 수 있다고 보기 때문이다. 이 체제들은 역사적인 시대 규정 개념이 아니다. 그것들은 공존하면서 서로의 위계를 무너뜨릴 수 있다. 나아가 '체제'를 경유하여 예술에 접근하는 것은 리얼리즘-모더니즘-포스트모더니즘과 같은 통용되는 시간적 범주들을 해체하는 방편이 된다. 이들의 대립은 상상된 것에 불과하다. 특히 중요한 것은 예술의 정치적 역량을 개별 작품에서 감상자의 미적 태도로 옮기는 것이다. 감상자가 놀이, 즉 스스로의 미적 경험(교육) 속에서 기존의 관행적 감상 방식을 중지시키고 자주적으로 창안한 새로운 경험 방식을 작품 너머로 확장시키는 그 과정에서 예술의 정치성은 발산될 수 있다고 본다.

델이 된다. 자유로운 놀이로서의 예술이 평등한 공동체의 모델이 되는 것이다.14)

하지만 랑시에르의 논의에서 볼 수 있는 예술의 자율성과 정치성의 공존은 모순적이라는 인상을 준다. 하지만 랑시에르는 이러한 모순과 역설이야말로 새로운 미적 공동체를 향한 에너지원으로 보는 듯하다. 그가 보기에 이 모순을 풀어헤치려는 노력은 예술과 정치를 삭제할 뿐이다. 그런 점에서 이성 우위의 시각을 역전시켜 타자성에 대한 절대적 복종을 요구하면서 재앙에 대한 '증언'이라는 윤리적 태도로 예술 작업을 귀결시키는 리오타르의 숭고 미학은 문제적이다. 왜냐하면 그것은 "재앙의 기억을 유지하는 보초병"을 자처하면서 "예술의 작업을 증언의 윤리적 임무와 동일시"하기 때문이다. 하지만 대결과 참여의 양식을 만들어냄으로써 삶 속으로 예술을 통합하려고 하는 관계적 예술도 문제적이다. 사회적 삶이라는 영역의 우위에 감각을 종속시킨다는 점에서 말이다. 이로써 랑시에르에게 순수예술이냐 정치적 예술이냐라는 이분법은 무효화된다.

랑시에르는 루이-가브리엘 고니라는 어느 이름 없는 소목장이가 쓴 텍스트를 예로 들어 예술과 정치의 새로운 관계를 제시한다. 마치 제 집에 있다고 느끼는 양, 고니는 자신이 마루판을 깔고 있는 방 작업을 완료하지 못하는 동안에도 그 방의 배치를 좋아한다. 창문이 정원 쪽으로 나있거나 그림 같은 지평선을 굽어본다면, 한순간 그는 마루판 작업을 하던 팔을 멈추고 널찍한 전망을 향해 생각에 잠긴다. 그럼으로써 그는 옆집 주인보다 그 방을 더 잘 즐긴다. 노동자라는 주어진 배치 혹은 자리를 벗어나 감성의 분배(분할) 방식을 해체하고 새로운 관계 맺기의 놀이를 즐기는 것이다. 결국 예술적 놀이와 감상은 전문가들의 전유물이 아닌 셈이다.

14) 『이미지의 운명』의 역자 김상운의 다음과 같은 해제도 같은 맥락에서 이해될 수 있을 것이다. "정치와 예술적 조작은 실재에 관한 헤게모니적 지각을 재배치할 수 있다. 즉, 예술과 정치는 사회 문화적 삶의 현재적 의미가 난공불락이라거나 불가피하다는 식의 모든 감각을 파열 낼 수 있는 잠재력을 공유하고 있다. 해방의 관건은 바로 이 기존의 '감성적인 것의 나눔'을 파열 내는 것에 달려 있다."(랑시에르, 2014, 240)

이처럼 '노동'하는 자리에서 벗어나 '감상'하기를 선택한, 놀이를 즐기기 위해 새로운 '배치'를 창안한 노동자들에게도 예술의 역능은 살아있다. 원래 예술적 경험과 놀이와 관련하여 만인은 평등했다. 이는 민주주의에 대한 새로운 정의와 연결된다. 지배에 대한 미학적 중지, 거기서 시작하는 새로운 혁명이라는 실러의 이념은 프롤레타리아적 정체성과의 단절과 연결된다. 사회적으로 주어지고 이데올로기에 의해 공고화된 정체성으로부터의 단절은 '해방'의 시작이다. 랑시에르에게 '해방'이란 '몫 없는 자들'의 고유명사인 프롤레타리아를 미학적 주체들로, 즉 칸트적 의미에서의 '무관심한' 시선을 던질 수 있는 주체로 되기 위한 과정과 실천을 의미한다.

실러는 『인류의 미적 교육에 관한 편지』에서 "인간은 유희하는 한에서만 온전한 인간"이라고 함으로써 인간과 동물을 구분한다. 놀이는 노동과의 차이를 함축한다. 실러에게도 놀이의 역능을 갖추는 것(혹은 놀이 교육)은 새로운 가치와 삶을 추구하기 위한 필요조건이다. 실러의 관점에서 인간은 자유로운 놀이를 통해 자유를 체험한다. 그 과정에서 인간은 이상 사회를 꿈꾸고 설계할 수 있는 주체로 성장한다. 예술·미학적인 실천, 즉 놀이는 자유의 느낌으로 충만한 체험을 제공하고, 이는 인간과 다른 종들을 변별시켜주기 때문이다.

랑시에르는 실러의 이 유명한 선언을 이렇게 받는다. "개인과 공동체를 위한 새로운 예술 세계 및 새로운 삶의 약속을 지킬 수 있게 해주는 특별한 감각적 경험-미감적인 것 the aesthetic이 존재한다."(랑시에르, 2009, 467-468) 여기서 예술에 대한 추구, 즉 놀이 충동 Spieltrieb은 예술과 삶 모두를 재구성할 수 있는 가능성과 연관된다. 특히 놀이 충동이라는 인간의 본성에 충실하다는 것은 우리가 살아가는 공동체에 새로운 가치를 수혈하며 그것을 더욱 '놀이적으로' 재구성하는 역량을 키우는 일이다. 우리는 놀이(예술)를 통해 우리의 삶의 '꼴'과 다른 새로운 질서와 가치를 창안하고 실험할 수 있는 것이다. 랑시에르는 놀이를 통해, 인민은 '지금 여기'의 시공간에 관한 감각을 가진 새로운 인간이 될 수 있으리라고 본다. 일상의 시공간을 포함한 일상의 모든 것들과 새로운 관계를 맺는 일은 놀이의 속성이기도 하다. 그에게 미학적 혁명이란 신체와 체험된 세계, 시공간의 재구성을 의미하기 때문이다.[15)]

이는 비단 예술가나 가진 자만의 문제가 아니다. 실러의『미학 편지』15번째 서신에 기대어 랑시에르는 미적 효용성 aesthetics efficacy으로 감각과 인식의 관계를 다시 정립하고 진정한 인간 공동체를 새롭게 디자인하자고 제안한다. 이러한 '미적 체제의 예술 the aesthetic regime of the arts' 혹은 '예술의 미학적 체제'에서의 예술은 완전한 자율성을 통해 삶과 예술을 통합한다. 그 결과 감성은 지성과 조화하여 총체성을 확보한다. 덕분에 인간의 잠재력이 개발된다. 놀이충동과 자유로운 놀이를 통해 인간은 진정한 인간이 되며 참된 해방을 누릴 수 있다. 랑시에르는 예술(놀이)이 이것을 가능하게 한다고 본다. 따라서 놀이와 예술은 '치안'이 아니라 '놀이'와 관계한다. 감각에 기반한 놀이의 정치는 전복과 파괴, 역설과 역전이 가능한 열린 영역이라는 점에서 축제의 정신과도 호응한다. 논리와 인식이 지배하는 치안의 질서를 뒤집어 감각과 감성이 지배하는 정치로 나아가는 것은 해방된 인간 공동체로의 길을 예비하는 것이기도 하다. 평등과 자유가 보장되고 예술과 삶이 일치하는 미적 공동체, 이는 다른 말로 놀이 공동체로 바꿔 부를 수 있다.

랑시에르에게 예술의 정치성과 자율성은 양자택일의 선택지가 아니다. 예술의 정치성과 자율성 사이의 '모순적 관계' 그 자체가 예술을 가능하게 하는 원리이기 때문이다. 이를 놀이에 적용해보자. 놀이(예술)

---

15) 랑시에르는 어느 인터뷰에서 실러의 '자유로운 놀이'와 아방가르드의 관계에 대한 질문의 답변에서 미학적 혁명에 대해 부언한 바 있다. "나는 근대성에서 전위에 관한 질문에 답하면서 이러한 구별을 했는데, 이는 내가 편안하게 느끼는 개념은 아니다. 실러는 명시적으로 '지성'의 '감성'에 대한 또는 '형상'의 '질료'에 대한 권력의 미학적 중지를 프랑스 혁명에 의해 수행되었던 것과 같은 '법의 권력'에 대립시킨다. 미학적 혁명은 정부 형태에서의 혁명 대신에 체험된 세계의 형태에서의, 감각적인 것의, 나눔에서의 혁명으로서 나타난다. 그러나 이를 '예술적 전위'와 '정치적 전위' 사이의 대립과 등치시킬 수는 없다. 이 대립은 혁명의 두 이념 사이의, 혁명의 두 '미학' 사이의 대립이다. 한편으로 권력으로서 전위에 대한 '표상적/대표적' 이념이 있고, 다른 한편으로 살아가기, 사유하기 그리고 느낌의 방식에 있어서의 전반적인 변화에 관한 미학적 이념이 있다." http://keunman.tistory.com/37(검색일: 2017년 2월 11일)

는 현실로부터 자유로워야지만 더 나은 세계의 모델이 된다. 실러의 글에서 영감을 얻은 랑시에르는 미학적인 것과 정치적인 것이 '역설적인 방식으로' 결합되어 있다고 본다. 이렇게 되면 예술이냐 정치냐의 대립은 문제를 잘못 짚은 것이다. 대립은 예술-정치를 사유하는 두 가지 시각 사이에 있다. 예술과 정치는 '감각적인 것'을 재분배하면서 논쟁적 공간을 발명하는 동일한 실천의 양면이기 때문이다. 예술과 정치의 '동종성'은 둘 다 원리의 부재, 즉 예외적 범주라는 사실에 있다. 이를 우리는 놀이-노동의 대립 관계에도 원용할 수 있다. 노동이냐 놀이냐가 아니라 기존 노동사회를 규정하는 원리와 다른 예외적 범주와 공간을 창안함으로써 노동-놀이의 새로운 관계를 창안하는 것이기 때문이다. 실러와 랑시에르는 '놀이 Spiel'에서 새로운 실천적 단초를 구상한다.

랑시에르에 따르면 '정치'는 "공동체를 지도하는 기술"이 아니다. 그것은 출발지인 "평등 전제를 현실화하는 것"이다. 이는 플라톤이나 아리스토텔레스가 옹호했던 치안적 질서와 배치된다. 놀이와 예술에서 각자가 가진 어떤 특질에 따라 정해진 자리를 배분하는 위계질서와 '불화'한다면 그것이야말로 정치다. 정치는 모든 내재적 원리의 부재를 특징으로 하는 예외적 상황이다. 랑시에르가 보기에 정치적 공동체는 어떤 논리적 모순에 의해서만 성립된다. 가령 사회적으로 주어진 (노동자로서의) 자격과 감성의 분할방식에 저항한 옛 노동자들은 '불화'를 실천한 주체들이다.

랑시에르의 이러한 시각을 인정하고 나면 민주주의는 새롭게 정의되어야 한다. 데모스(demos, 인민)는 단지 사회적 약자라는 소극적 주체가 아니다.[16] 그들은 국가의 구성원을 셈할 때 실체 없이 추가된 잉여적

16) 결론적으로 모두가 데모스다. 다만 '몫 있는 자들'의 지배를 중지시키는 실천 속에서 데모스는 실재로 존재한다. 몫 없는 이들의 '중지'와 '불화'의 실천 속에서 자연적 질서가 중단될 때 민주주의가 가능하다는 것이다. 미학과 놀이의 장에 초대받지 못하고 교육받지도 못했으며, 향유의 주체로 셈 되지 못하고 치안(통치)의 질서에 의해 배제된 이들이 "본성과 자격에 따른 통치"를 벗어날 때 민주주의는 가능하다. 이는 플라톤과 아리스토텔레스 이후 서양 정치철학의 '아르케 arkhe' 논리를 중지시키는 실천이기도 하다. 아르케의 정치는 어떤 합당한 원리에 의거해 질서를 이루고 있다고 주장하고 기하학적 비율에 따라 공동체의 성원들에게 몫과 자리를 정해줌으로써

개념이다. "실질적인 모든 셈과 비교하여 추상된 하나의 보충"(랑시에르, 2013, 217)이라는 랑시에르의 말은 그것을 의미한다. 데모스는 그 어떤 속성도 갖지 않는 범주이다. 그것은 속성의 부재에 의해서만 정의될 수 있는 존재이다. 그것은 반대항을 갖지 않는, 즉 상호성의 부재를 특징으로 한다. 모순에 의해서만 존재할 수밖에 없는, 양적 배분에 의해서는 설명될 수 없는 질적 존재이다. 그런 점에서 "귀족의 권력, 과두의 부, 그리고 데모스의 자유"라는 아리스토텔레스의 도시국가의 세 계급은 모순이다.

치안의 목적은 데모스를 삭제하고 공동체의 문제를 양적 배분의 문제로 환원해버리는 것이다. 정치를 삭제함으로써 남는 것은 치안의 양적 배분의 질서이다. 노동 중독과 피로사회 등은 치안의 정치를 뒷받침하는 원리들이다. 가령 홀거 하이데 Holger Heide는 노동 사회의 운동방식을 분배를 향한 노력으로 보는데, 그런 점에서 그것은 치안의 카테고리에 묶인 운동일 수밖에 없다. 거기에서 데모스들의 놀이 및 자율적 여가를 향한 요구는 늘 배제되거나 제한되어왔다.

반면 정치는 치안적 질서로부터 삭제된 데모스(불가능한 동일시로 구성된 모순적 주체성)를 출현시켜 불화의 공간을 만들어내고자 하는 지속적 실천이다. 랑시에르에게 '셈해지지 않은 자들의 셈', 그리고 비가시적이었던 요구들과 그 요구의 행위자들을 가시적으로 만드는 방식인 정치는 관념이 아니라 실천의 영역이다. 현실적 시공간에 대한 재구성의 문제인 것이다. 정치적인 것과 미학적인 것은 여기서 만난다. 정치적인 것은 언어/소음, 비가시적인 것/가시적인 것을 나누는 문제이기 때문이다. 정치와 치안은 시공간을 나누는(분할하는, 배분하는) 서로 다른 방식들이다. 그리고 놀이에의 요구와 체제의 빈틈에서의 놀이의 실천은 노동중심의 기존 시공간과 불화를 일으키며 새로운 자율과 해방의

공동체를 형성하고자 하는 것이기 때문이다. 여기서 정치는 몫 없는 자들의 '평등'을 쟁취하는 것을 목적으로 하는 운동이 아니다. 엘리트들의 전유물로 각인되어 그들로부터 시혜받기를 기대하는 식의 '재현의 정치' 혹은 대의정치 역시 '치안'에 불과하다. 처음부터 데모스들은 평등하다. 정치는 바로 엘리트들에게 독점된 자리들을 회수하여 자신의 평등을 입증하는 능동적 실천이다.

여지를 넓혀왔다. 이는 소음과 비가시적인 것을 잉여와 쓸모없는 것으로 갈라온 기존의 분할 및 배분 방식에 이의를 제기하고 불화를 유발하는 행위이다.

물론 정치와 예술이 동종적이라고 해서 동일하다고까지 할 수는 없다. 그것들은 상이한 분할의 방식을 통해 고유한 모순을 가시화하기 때문이다. 우선 정치는 사회계급의 양적분할(치안)을 치안과 데모스의 차이를 통해 한 번 더 분할한다. 반면 예술은 두 번 분할한다. 노동/휴식(놀이, 여가), 현실/상상 등 서로 다른 영역으로 분리된 현실(치안)을 분리된 현실과 그 현실의 중지로 분할한다(자유의 요구). 나아가 그것은 감성/지성, 질료/형식, 수동/능동 사이의 위계질서(치안)를 그 질서와 그 질서의 중지로 분할한다. 그것은 지금은 현실화되어 있지는 않지만 현실화되기를 요구함으로써 사회에 아직 없지만 있어야 한다고 간주되는 가치들과 성분들에 대해 발언한다.

어떤 점에서 랑시에르가 말하는 실러의 '자유로운 유희'는 일상적 감각 질서의 중단에 대한 요구이다. 그것은 그러한 중지를 통해서만 더 나은 세계에 대한 모델이 되기 때문이다. 가령 뉴욕 월가의 주코티 공원에서 전개된 오큐파이 운동 occupy the street!의 슬로건인 '무위도식'은 그런 점에서 참조할 만하다. 아니 일상적인 일과나 노동을 중지하며 참여자들이 보여준 온갖 놀이 활동들은 행위 아닌 행위를 통해 주코티 공원(공적 공간)을 점유함으로써 현존하는 감각적 질서(노동/놀이)의 중지를 요구했다. 이로써 '노동하지 않는 사람들'(놀이꾼들)의 평등한 권리를 가시화함으로써 예술적인 것과 정치적인 것의 결합을 시위한 바 있다. 당시 '아무런 것도 하지 않겠다'는 것이 유일한 요구였던 점을 기억하자. 어떤 점에서 공적 장소의 점거는 "누구나 가질 수 있는 권리"의 가장 물질적이고 직접적인 표현이다.

주코티의 시위-놀이꾼들은 '데모스'로 행동한다. 그들은 출신과 지위를 떠나 모든 사람들의 '평등'을 시위한다. 그것은 누구나 공간을 점유할 수 있다는 권리의 선언이기도 하다. 속성의 부재에 의해 정의되는 이 모임은 각 개인의 사회적 정체성(계급과 부, 지식 등의 위계)의 분할을 중지하고 새로운 분할 방식을 가시화한다. 이들이 점거하여 만들어낸 공간은 예술적 공간이면서 놀이적 공간 ludic space이다.[17] 그것은 일상적 감각 질서의 배분 관행에 대한 중지이기 때문이다.

자본주의 사회에서 휴식(여가, 놀이)은 장차 노동에 필요한 에너지의 재생산(충전) 정도의 의미를 갖는 것으로 여겨져 왔다. 하지만 주코티의 놀이꾼들은 노동과 대비되는 휴식을 위해 모인 것이 아니다. 그들은 '아무 것도 하지 않음'('비노동')을 노동으로 제시했다. 노동과 놀이를 가르는 경계선의 소멸이 시도되는 순간이었다. 그것은 감각의 위계질서와 분리 관행에 대한 중지를 요구하고 실천하는 것이었다. 나아가 자율성과 정치성의 접속을 통해 현실원칙을 중지시키는 것이기도 했다. "예술의 정치가 하는 임무는 감각적 경험의 정상적 정보들을 중지시키는 것이다." 여기서 아우토노미아 Autonomia 운동의 이론가들인 네그리 Antonio Negri와 하트 Michael Hardt가 제안하는 '점거운동'의 의미도 다시 생각해 볼 수 있다. 그것은 예외적이고 잉여적인 장소를 점유하여 다른 사용법을 창안하는 것으로 이해될 수 있기 때문이다.

우리가 살아가는 자본주의 사회에서 휴식과 여가는 대개 내일의 노동과 재생산을 위한 준비의 시간으로 간주된다. 자본주의의 윤리는 놀이를 노동에 포함된 종속 변수 정도로 평가하는 셈이다. 휴식은 노동과정의 일부일 뿐 자유를 의미하는 적극적인 놀이는 아니다. 노동의 요구에 따르는 자본주의적 시간은 그 성격을 바꾸지 않고 오히려 강화되어 왔다. 생산-재생산의 반복적인 순환 속에서 삶의 다른 가능성을 창조하기란 쉽지 않다. 휴식이 노동에 종속되는 현실에서 놀이를 사유하고 그 속성들을 실천하는 일이 정치적일 수밖에 없는 이유이다.

랑시에르는 '프롤레타리아의 밤'에 주목하면서 노동자라는 자기 자리에서 노동에 충실한 삶을 살지 않은 노동자들을 발견한 바 있다. 이른바

---

17) 놀이의 공간은 랑시에르가 말하는 '극장의 체제'를 닮았다. 미학적 정치체제이자 민주주의의 체제이기도 한 그곳은 "어떤 정치체제, 동일성에 대한 불확정, 말의 위치에 대한 불인정, 공간과 시간의 분할에 대한 무규정의 체제"이기 때문이다. 일상의 규칙과 다른, 달리 기능하는 놀이의 규칙이 있기는 하지만, 놀이의 공간은 무한한 서사가 생성되는 카오스의 체제이기도 한 것이다.

사회적으로 주어진 자신의 정체성을 배반하고 자신의 본원적 평등을 입증한 사람들 말이다. 그들은 사회적으로 지정된 자기 정체성을 버리고 철학자와 시인으로 살아가고 있었던 것이다. 그는 묻는다. '사유하도록 운명 지워지지 않은' 가난한 사람들이 글을 쓰고 시와 노래를 지으며 식자들의 언어를 나누던 그 비노동의 시간을 어떻게 이해해야 할까?! 공통적인 것과 그 안에서 각자의 몫과 자리를 부여해서 일정한 경계 안에 주체를 묶어놓고자 하는 '감각적인 것의 나눔'을 벗어나 몫 없는 '아무개'의 자리로 이동하는 놀이!! 사회적 차별과 배제의 근거로 오용되는 '차이'를 중성화하는 놀이!! 우리는 실러를 경유한 랑시에르의 사유에서 놀이사회로 가는 새로운 윤리적 요청의 목소리를 듣는다. 우리는 이 두 사람에게서 그 어떤 특권이나 독점적 지배가 용인되지 않는 미적 가상의 왕국을 상상할 수 있다.

3. 낭만주의와 놀이

플라톤은 예술가들을 추방하고 싶어 했지만, 낭만주의자들은 그들에게 왕관을 씌우고자 했다. 물론 바움가르텐 이후 칸트와 실러의 미학을 거치면서 예술가들의 위상은 크게 달라졌다. 예나 지금이나 성공한 소수 예술가들에게만 그 위상이 허락되었지만 어쨌든 예술가에 대한 인식에는 변화가 찾아왔다. 그리고 이제 낭만주의자들에 이르면 예술가-놀이꾼 Künstler-Spieler은 천재의 반열에 들어서고 심지어 시(詩)의 사원寺院에 복무하는 사제로 등극한다. 낭만주의자들은 선배 칸트와 실러의 이념을 나름대로 소화하며 급진화하는 가운데 당대의 자본주의적 현실로부터 출구를 마련하려 했다. 반反문명의 전략으로 선택한 과거로의 귀환, 무한 상상과 공상, 이성의 다양한 타자(감성, 욕망, 몸 등)에 대한 관심에는 기계적 유물론, 공리주의에 대한 비판의 정동(情動, Affekte)이 어려있다.

낭만주의자들은 칸트나 실러가 당면했던 문제들에서 완전히 벗어나지 않는다. 그들에게서도 급격한 사회변화와 분업적 산업화 속에서 증가하는 사회문제들을 극복하고자 하는 열망이 확인된다. 특히 봉건제의 미몽迷夢적 정신과 급변하는 사회 사이에서의 분열, 자본주의의 점진적 성장 과정에서의 인간 소외 등은 주체를 위축시키는 원인들로 여겨졌다. 대립되는 것들, 정신의 다양한 층위들을 예술과 놀이로 통합하고 화해시키려한 시도의 이면에는 온전한 인간 der ganze Mensch 혹은 '교양인 Bild ungsmensch'이 늘어나기를 바라는 어떤 열망이 자리했다. 스스로 생각할 권리, 자기-결정의 권리, 외부적 권위에서 독립해서 자신의 능력과 개인성을 발전시킬 권리 같은 가치들은 당대 지식인들의 공통 관심사였던 셈이다. 하지만 이러한 분열과 소외의 현실로부터 어떻게 출구를 마련할 것인가라는 문제에서 그들 사이에 이견이 발견된다. 특히 낭만주의자들은 출구 전략에서 실러와 만나면서도 날카롭게 갈라선다. 시민의 교양 Bildung을 통한 현실의 개선에 공감하지만 그 내용이나 방식에서는 사뭇 다른 모습을 보이기 때문이다. 이는 놀이에 대한 생각에서도 마찬가지였다.

그런 점에서 실러의 미적 교육론과 유사성 면에서 초기 낭만주의 Frühromantik의 미학주의는 재평가가 필요하다. 이는 "삶의 목적은 각 개인의 독특하고 고유한 능력들이 개발되어야 한다"는 신념에서 우선 확인된다. 계몽과 오성, 과학의 독선과 자연의 탈신비화 과정에서 드러나는 문제들을 진단하고 비판하려는 시도에서도 이들 둘은 만난다. 자연의 아름다움과 마법, 신비를 강조한 점에서 낭만주의자들은 실러와 일정한 차이를 보이기도 하지만 어떤 점에서는 계몽의 계승자였다. 급진적 문명 비판과 이성의 신뢰, 특히 교양(문화, Bildung)에 대한 주장이 그렇다.

낭만주의자들 스스로 제기한 질문들과 과제들에서도 실러와 낭만주의자들의 동행同行이 확인된다. 이성을 배반하지 않으면서 계몽의 공백을 어떻게 매울 것인가? 개인의 자율성을 지키면서 자연과 사회와의 통일성을 어떻게 회복할 것인가? 문화(교양)에 대한 계몽의 이상을 급진적 비판에 대한 요구와 어떻게 화해시킬 것인가? 이러한 문제들에 낭만주의자들은 '교양'으로 화답하고 그것을 궁극적 과제로 삼는다. "최고의 선, 그리고 모든 유용한 것(의 원천)은 교양 Bildung"이라는 슐레겔의 선언적 진술이 그것을 말해준다.(Fredric C. Beiser, 2011, 167) 그들에게 '교양'은 '문화'와 같은 의미로 사용되며 배움과 인격적 성장을 뜻한다. 개인의 성장은 그들이 꿈꾸는 공동체의 창안과 형성으로 이어지기를 열망한다는 점에서 낭만주의적 기획을 통한 자기-실현은 실러의 '미적 국가'와 유사한 비전으로 구체화된다. 낭만주의자들에 따르면 개인은 공동선이나 국가를 먼저 생각할 수 있도록 교양을 쌓아야 한다. 이는 시민 개개인의 자기실현을 증진하는 국가로 가기 위한 전제이다.

물론 교양을 갖춰가는 주체, 즉 '교양인'은 단지 순수하게 이성적인 존재가 아니라 '전체적' 개인이다. 낭만주의자들에게도 '전인全人'의 '형성'이 중요했다. 그것을 위한 방법으로 그들은 비교적 명확한 미적 강령을 내세운다. 그것을 압축적으로 정리하면 다음과 같다.

첫째, 한 인간의 모든 능력을 통일시키고 발전시키라. 그리하여 모든 구별되는 능력들을 하나의 '전체'로 주조하라.

둘째, 우리의 고유한 인간적 능력들(인간 존재로서 모두가 공유하는 것들)뿐만 아니라, 개인성(각 개인에게 고유한 독특한 소질과 성향들)을 발전시키라.

이러한 요청은 '계몽의 계몽', 앞 시대의 계몽 프로그램에 대한 급진화 요구로 볼 수 있다. 계몽의 독단과 공백은 예술로 치유하고 채울 수 있다는 것이다. 예술의 긍정적이고 생산적인 힘에 대한 낭만주의자들의 믿음은 '세계를 낭만화하라!!'는 슬로건으로 명시된다. 예술은 자연과의 유대와 사회적 연대를 표현하고 회복할 수 있는 매개가 될 수 있다. 이성의 원리가 공적 삶에서 실현될 수 있도록 이론과 실천의 간극을 메우는 것은 놀이, 즉 예술의 과제였다.

그런 점에서 낭만주의는 문학 · 예술적인 혹은 미적인 운동만은 아니었다. 그것은 보다 넓은 지적이고 문화적인 운동이었고, 심지어 인식론과 형이상학, 나아가 정치적인 기획을 포함한다. 그들이 미학적인 것을 진리의 안내자로 존중했다면, 그것은 '전체론'적인 시각의 맥락에서 그렇게 한 것이다. 하지만 초기 낭만주의는 윤리적이고 정치적인 목적을 미학적인 것과 종교적인 것(신화적인 것, 마술적인 것)에 결부시킨 점에서 칸트나 실러의 영향에서 멀어진다. 그들에게 '최고선 the highest good'은 인간의 자기실현 및 인류의 발전과 관련된 것이었고 이는 '교양 Bildung'에 대한 그들의 생각으로 압축된다. 이러한 대목에서 그들은 플라톤과 아리스토텔레스와 공감대를 형성하고 계몽의 유산을 이어간다. 하지만 낭만주의자들은 선배들의 성과들과 씨름하는 가운데 그것을 현실화하려는 방법론에서 급선회를 한다. 낭만주의에서 신화나 종교, 감성 등이 '전체화' 프로젝트에 중요한 요소로 자리함으로써, 즉 신비주의적 가치들이 교양의 중요한 수단으로 평가되면서 이전의 생각들로부터 일종의 분기점을 형성하는 것이다.

가령 슐레겔은 고대 세계의 전체성(총체성)과 통일성을 재창조하는 것을 근대의 임무라 여겼다. 그에게는 자신과 타인, 자연과의 통일성이 화두로 주어졌다. 그는 회복해야 할 것들은 '자유로운 행동'을 통해 가능하다고 믿었다. 예술-놀이는 자유로이 행동할 수 있는 개인의 교양 습득과 세계 낭만화의 왕도로 간주된다. 슐레겔에게 공상 Fantasie, 미메시스 Mimesis, 감성 Sentimenatalität 등은 '낭만화'를 위한 무기이자 원칙이다. 상상력은 어떠한 법칙도 알지 못하고 재료들을 자유롭게 결합한다는 것(공상적), 시대 전체의 초상을 포함하거나 삶의 풍부함을 재생산해야 한다는 것(모방적), 감정을 표현하는 데서 그치지 않고 사랑의 정신을 드러내야 한다는 것(감상적)이다.

슐레겔은 음악과 시를 생산하고 그것을 수용하며 그것들에 몰입하는 탈일상적 상승의 체험을 통해 인간과 세상이 구원되기를 바란다. 그에게 음악은 "예술들 가운데 최고"이며 "근대를 위한 예술"(Fredric C. Beiser, 2011, 42)로 격상된다. 음악과 시는 거의 동의어로 쓰인다. 이들 예술의 목표는 고대 신화에서 발견되는 예술과 학문의 통일성을 회복하는 것이며 새로운 신화를 창조하는 것이다. 낭만주의자들에게 '시적인 것'은 인간 존재 안의 창조적인 힘, 자연 그 자체 안의 생산적 원리이다.

시는 "실재하는 어떤 것의 직접적인 생산 혹은 창조"(셸링)이다. 그들에게 시와 음악은 놀이와 동의어로 사용된다. 시-놀이를 하는 창조적 예술가의 다른 이름이 '천재'이다. 그리고 놀이는 천재가 보편적이고 이상적인 것을 특수하고 실재적인 것으로 만듦으로써 자신 내부의 신적인 것the devine을 드러내는 창조적인 행위로 이해된다. 시인-놀이꾼은 "우리 기관들의 자유롭고 능동적이고 창조적인 이용"에 능숙한 자이다.((Fredric C. Beiser, 2011, 46 재인용)

주지하다시피 낭만주의자들은 최고선을 문화와 교양으로 보았다. 그들은 탁월성 혹은 완전성, 모든 인간적 능력 전체의 자기실현과 개발을 일관되게 주장했다(이는 고대 그리스의 '자기계발의 윤리'라는 원칙에 따라 제출된 놀이담론과 비교될 수 있을 것이다). 문화와 교양은 그들이 염원하는 공동체의 기반이다. 하지만 "낭만주의의 명령 der romantische Imperativ"과 "천재의 명령 genialischer Imperativ"에 따라 모든 자연과 학문이 예술이 되어야 한다는 요구는 낭만주의의 특이성을 보여주는 대목으로 보인다. 예술은 자연과 학문이 되어야 한다. 나아가 사회는 시적으로, 시는 사회적으로 되어야 한다. 도덕은 시적으로 되며 시는 도덕적으로 되어야 한다. 시는 살아 있는 것이 되어야 하며 예술은 자연과 학문이 되어야 한다. 실러의 '미적 국가'를 빌어 낭만주의자들의 비전을 '시적 국가'로 부를 수 있을 것이다.

그렇다면 이 대목에서 우리는 질문을 던질 수 있다. 이 과정에서 놀이의 역할은 무엇일까? 낭만주의자들도 놀이(성)를 미적 기획의 수단 혹은 매개자로 보고 있는 것은 아닌가? 어떤 점에서 그것은 칸트와 실러의 사유를 반복하고 있거나 좀 더 급진화한 것에 불과한 것은 아닌가?! "시를 사회적이고 살아 있는 것으로 만들 뿐만 아니라 사회와 삶을 시적으로 만드는 것"이라는 진술에서 이러한 의문은 강화된다. 나아가 "창조적인 아이"와 같은 시인-놀이꾼의 철학은 무엇인가? 슐레겔은 "자유와 자유에 대한 믿음에서 기원하는 저 창조적인 철학이 있다. 그것은 인간의 정신이 어떻게 모든 사물들에 자신의 법칙을 부과하는지 그리고 어떻게 세계가 그것의 예술작품인지를 보여준다"(Fredric C. Beiser, 2011,

168 〈단장〉 재인용)고 한다. 이러한 입장은 근대적 삶의 분열들을 극복하고 문화의 통일성을 회복하는 길로 나아가자는, 즉 근대(화)의 과정에서 잃어버린 것을 되찾자는 동일한 목표에도 불구하고 실러보다 더 관념적인 세계로 침잠한다는 오해를 부르기 십상이다. 심지어 낭만화의 기획이 마법과 신비의 외관을 호출하는 순간 그것은 예술-종교로 비약한다는 인상을 준다.18)

잃어버린 전체성의 회복을 주장하는 낭만주의적 전체론 역시 비슷한 혐의를 안고 있다. 이미 말한 것처럼 낭만주의의 전체론은 그것의 미학주의와 밀접한 관계 속에 있다. 낭만주의자들은 우주를 유기체적 전체로 간주하는데, 그들에게 우주는 곧 예술이다. 이는 예술의 형이상학적 지위에 대한 믿음의 기초가 된다. 그리고 그 결과는 미학적 경험을 궁극적 실재나 절대자에 대한 앎의 기준과 도구, 매개로 만드는 것이었다. 이는 이성의 주권에 대한 계몽의 독단과 의절하라는 요청으로 읽을 수 있을 것이다. 그럼에도 자본주의가 불러온 온갖 병폐들에 대한 처방으로서 그것이 어떻게 현실화되어야 할 것인지에 있어서는 무척 모호하다.

물론 실러가 '미적 국가'를 이야기한 것처럼 낭만주의자들도 '시적 국가'를 자기 이념의 현실태로 제시한다. 그들의 요청에 따르면 개인과 국가는 예술 작품이 되어야 한다. '시적 국가'는 예술작품이 되려고 부단히 노력하는 사람들의 공동체이다. 이러한 미적 유토피아는 실러의 '미적 국가' 프로그램보다 더 급진화한 것이면서 더 관념화한 것이다. 신비적인 외관을 띤 세계의 낭만화 프로젝트는 궁극적으로는 성취할 수 없는 목표이다. 낭만주의자들도 어쩌면 이를 의식하고 있는지도 모른다. 그들에게 중요한 것은 세계를 낭만화하려는 영원한 노력과 열망을 멈추지 말아야 한다는 요청과 방향이기 때문이다.

실러의 미적 국가 ästhetischer Staat의 이념, 즉 하나의 예술작품으로 국가나 사회가 완전히 변신해야 한다는 것은 유토피아에 불과하다는 비

18) 노발리스의 다음 진술은 그러한 비약의 한 증거로 들 수 있을 것이다. "내가 평범한 것에 고귀한 의미를, 관례적인 것에 신비로운 외관을, 알려진 것에 미지의 것이 갖는 위엄을, 유한한 것에 무한자의 환상을 줄 때 나는 그것을 낭만화하고 있다."(Fredric C. Beiser, 2011, 182 〈단장〉 재인용)

판을 받기 쉽다. 하지만 그것은 분열과 소외의 징후가 선연해지던 시대에 이념적 요청으로서는 의미가 있는 것이다. 사회의 다른 구성원들을 조화로운 하나의 전체로 묶는다는 것은 말이다. 낭만주의자들 역시 "인격들의 자유로운 상호작용과 생각들의 상호교환을 통해 개인들이 아름다운 전체를 구성하는 이상적 사회를 상상"(Fredric C. Beiser, 2011, 182 〈단장〉 재인용)했다. 여기에도 개인과 사회적 전체 사이의 유기체적 통일성에 대한 염원이 자리한다.

하지만 낭만주의자들에게 이는 육체적이거나 도덕적 제약을 통해서는 불가능하다. 그들이 보기에 자유로운 상호작용만이 대안이다. 사회적 혹은 정치적 예술 작품의 창조라는 이상은 '교양기관 Bildungsanstalt'을 통해서만 가능한 것이었다. 그 기관을 통해 사람들은 인격과 생각의 자유로운 교환을 실행하고 서로를 교육하는 사회가 될 것이라고 그들은 기대했다. 문제는 교육이다. 자유로운 개인을 양성하여 해방의 단초를 마련하는 것!! 그것은 또한 정치적 기획이기도 하다. 이는 우리가 낭만주의자들을 계몽의 적자는 아니더라도 서자로 볼 수 있는 이유이다.

하지만 낭만주의는 자유와 비이성, 창조와 탈일상성, 자연의 재신비화 등을 강조하는 대목에서 계몽과 다른 비전을 그리기 시작한다. 그 결과 낭만주의자들에게도 중요한 개념이었던 '교양'도 다른 뉘앙스를 띤다. 가령 노발리스 Novalis에 따르면 "모든 교육 Bildung은 우리가 자유-비록 이것이 단순한 개념이 아니라 모든 존재의 창조적 근거를 지칭하지만-라 부를 수 있는 것으로 이끈다."(Fredric C. Beiser, 2011, 187) 그에게 자유는 모든 형태의 사회정치적 억압으로부터 정신을 해방시키는 것이다. 그것은 개인의 해방이고 내면의 해방이다. 나아가 그것은 비이성적인 것을 통해 이성의 한계를 넘어서는 것이기도 하다. '일상적인 지각의 한계를 깨라!!'는 슬로건은 단순히 이성의 한계를 보완하는 차원을 넘어 탈일상의 마법적 세계로의 도약까지 함축한다. 이는 외적 감각, 내부 세계에 대한 감수성(내적 감각)의 낭만화를 통해 (도구적) 이성의 감옥에 갇혀 있던 참된 '자기'를 찾는 일이기도 하다. 낭만주의자들에게 자기-실현은 자기-발견과 같이 간다. 그것은 시민사회에서의 경쟁, 타인으로부터의 소외, 노동분업의 병폐, 자기 분열, 과학의 자연 탈신비화, 자연의 대상화, 자연으로부터의 소외 등을 극복하는 유일한 방편으로 이해된다.

자기실현은 이후 세계 낭만화의 기초로 이해되고, 새로운 공동체 창안의 시작점으로 여겨진다. 자기실현을 통한 자기-발견은 '자연과 타인과의 잃어버린 통일성을 회복하라!'는 명령을 수행하는 주체를 '형성 Bildung'하는 과정이다. 이는 세계의 재신비화에 대한 요청이기도 하다. 이제 낭만주의적 주체는 감각의 낭만화에 힘쓸 것이며 마법과 신비에 눈을 떠야한다. 범속한 일상에서 벗어나 새로운 차원과 경지를 체험하고 인식하며 몰입하기 위해서는 탈일상적 마법과 신비에 익숙해야 한다. 이를 위해서는 '새로운 인간'에 버금가는 인간화를 위한 감성교육이 요청된다. 낭만주의자들의 감성교육 프로그램에는 감각 역능을 벼리고 '욕망의 능력'을 개발하는 일이 강조된다. 특히 사랑의 힘이 중시된다. 사랑을 통해 우리는 자연과 타인들 안에서 우리를 보고, 그래서 다시 세계와 일체가 되며, 다시 그 안에서 편안함을 느낀다고 보기 때문이다. "오직 사랑과 사랑의 의식을 통해서만 인간은 인간이 된다."[19] 낭만주의자들에게 우정과 사랑의 공동체는 또한 시-놀이의 공동체이기도 하다.

이상 낭만주의의 미적 이념과 이상에 대해서는 이 정도로 거칠게 정리하고 넘어가도록 하자. 사실 낭만주의자들은 칸트나 실러만큼 놀이에 대해 많은 이야기를 하지 않았다. 하지만 중요한 대목에서 그들은 놀이를 시와 동일시하며 그것을 자유로운 사유의 도약점으로 삼는다. 아니 '놀이' 개념을 본격적으로 사용하지 않았지만 낭만주의자들은 이미 놀이를 이야기하고 있었다고 할 수 있다. 낭만주의자들에게 시와 예술은 놀이의 다른 이름이었고, 그들이 이것들에 기대했던 것들은 놀이의 속성이요 과제이기도 했기 때문이다. 우선 실러도 그랬던 것처럼 슐

19) 다음에 이어지는 진술은 더 강력하게 그것을 요청한다. "능력을 가진 진실한 인간들과의 우정과 사랑을 통해서가 아니면 그리고 우리들과 우리들 안의 신적인 것과의 접촉을 통해서가 아니면 인간성을 접종할 수 없고, 덕을 가르치거나 배울 수 없다." (같은 책, 192쪽) 1960년대 히피공동체들이 낭만주의에 열광한 이유를 여기서 알 수 있을 것이다.

레겔은 칸트에게서 예술의 자율성, 도덕과 과학(학문) 요구로부터의 독립성, 순수한 놀이와 관조의 영역으로서의 내적 가치에 대한 믿음을 이어받는다. 슐레겔에게도 미학적 자율성의 목적은 그 창조물의 실재성과는 무관하게 자유로운 놀이가 되어야 하는 것이었다.

칸트는 참된 미적 예술의 필요조건으로 상상력, 지성(오성), (천재의) 정신, 취미를 든다. 예술 작품이 '놀이'를 통해 만들어진다고 볼 때, 천재(예술가 혹은 시인)는 놀이에 능한 자라 할 수 있을 것이다. 칸트에게 작품은 '자연과 같이' 보여야 한다. 그는 인공미보다 자연미를 선호한다. 그것은 헤겔의 미학과 다른 점이기도 하다. 어려운 일이지만 예술을 창조하는 과정에서 규칙에 의해 만들어진 것이 아님을 자연스럽게 드러내는 작품의 창조가 예술가의 과제로 제시된다. 그래야 감상자의 상상력도 자유롭게 놀이 상태로 들어갈 수 있다나?!

그래서 낭만주의자들은 작품에로의 완전한 몰입과 상상력의 자유로운 놀이를 강조하면서 독창적인 예술가를 천재의 반열에 올려놓는다. 칸트가 강조한 '천재'는 자신의 주관 속에 있는 자연 Natur im Subjeckt과 그 주관의 능력들(상상력과 오성)을 조화시켜 예술에 규칙을 부여하는 사람이다. 이러한 조화는 '자유로운 놀이'를 통해 가능하다고 한다. 칸트의 이러한 천재 개념은 낭만주의에 의해 수용된다. 그리고 '천재'가 시詩라는 사원의 사제로 격상되면서 낭만주의자들은 칸트와 갈라선다. 이는 실러의 칸트 수용과도 사뭇 다른 지향성을 드러내는 점이기도 하다.

슐레겔 형제 August Wilhelm Schlegel & Friedrich Schlegel와 노발리스 Novalis 같은 초기 낭만주의자들은 '조화'와 '주관'에 방향을 둔 놀이이론과 다른 입장을 보여준다. 그들은 '자연'과 '인식', '도덕'의 조화 위에 놀이를 위치시키려 하는 속내를 감추지 않는다. 특히 슐레겔은 니체보다 앞서 헤라클레이토스의 '세계-놀이 Welt-Spiel' 개념에 기대어 자신의 시학詩學을 설명한다. 그에게 세계-놀이에서의 놀이는 예술작품의 창조행위에 대한 은유적 표상이다. 슐레겔이 보기에 모든 예술은 "성스러운 놀이"이기 때문이다. "모든 성스러운 예술적 놀이들은 오로지 우주의 무한한 놀이의 모방으로부터 원격조정당하는 것이며, 예술작품은 궁극적으로 그 자체를 새롭게 하는 것을 창조한다." 여기서 놀이는 "영원히 자기 자신을 형성하는 예술작품, 즉 무한한 세계의 놀이를 멀리서 따라서 형성하는 것일 뿐"(Schlegel, 1968, 322)이다. 슐레겔에게 이러한 놀이는 예술의 창작만을 의미하는 것은 아니다. 그것은 예술작품의 해석과 연관되기도 하는데, 창조행위와 동급을 이루기도 하는 해석 놀이는 어떤 정답을 찾는 과정이 아니라 종결을 무한하게 유예하면서 해석 그 자체를 즐기는 행위라는 의미에서 "반복의 놀이 Wiederholungsspiel"라 할 수 있다.[20)]

놀이와 낭만주의적 미적 기획의 상관성을 보여주는 대표적인 인물이 노발리스일 것이다. 그는 여러 면에서 실러와 비교됨으로써 낭만주의의 놀이시학을 보여주는 작가-해석자로 평가되기도 한다. 실러와 노발리스는 똑같이 급격한 자본주의의 흐름이 인간성의 타락을 불러왔음을 비판한 작가들이다. 이들은 각각 미적 인간과 시적 인간의 형성 Bildung을 통해 문명화의 부정적 결과들을 극복하자고 제안한다. 틀에 박힌 삶과 과도한 도덕률을 강조하는 당대의 문명과 도구적 이성을 극복하고 상실한 총체성을 회복하는 일, 서로 소원해진 인간과 자연을 화해시키는 것이 이제 미적 예술과 시적 예술의 과제로 대두된다. 계몽주의의 지나친 추상화로 인한 진정한 자아의 상실, 기계장치로 축소된 인간, 건조한 이성의 '갑질'에 희생된 독창성과 예술성을 되살리는 일이 예술과 시의 임무라는 것이다. 두 사람은 자본주의적 근대화가 야기한 부작용들은 감정과 이성의 조화, 자연과 정신의 합일을 통해서만 치유할 수 있다는 공감대를 형성한다. 불구화된, 균형을 상실한 인간성의 극복과 자유 없는 과도한 이성(노동)이 아닌 감성과 이성의 아름다운 동행同行은 실러와 노발리스 두 사람이 '놀이'를 통해 고유한 사유의 나래를 펼친 이유이다. 이들에게 놀이는 예술의 다른 이름이다. 예술과 놀이는 자유와 창조의 자율적이며 신성한 지대로 이해된다. 실러와 노발리스 모두

---

20) 이러한 무한히 놀이할 수 있는 놀이로서의 해석이라는 아이디어는 데리다 Jacques Derrida에 의해 "언어의 유희와 관련하여 충분히 수용 가능한 아이디어"로 수용된다. 그리고 이후 이는 '문학적 텍스트의 유희'에 관한 연구로 계승된다.

에게 외부로부터의 강요를 벗어나 자유로운 가상 세계를 창조하는 것이야말로 놀이의 준칙이다.

이처럼 실러에게나 노발리스에게나 놀이는 인간 경험의 결정적인 요소이다. 그들은 인간이 놀이를 통해 자신의 최고 열망과 이상을 깨닫는다는 사실에 동의한다. 하지만 두 사람이 놀이를 통해 가고자 하는 길은 다르다. 실러와 노발리스의 놀이 미학을 비교해보면 이후 전개될 놀이 연구의 두 가지 큰 흐름이 이들에 의해 선취되고 있음을 알 수 있다.

우선 노발리스와의 비교를 위해 실러의 생각을 다시 불러내보자. 실러가 보기에 인간의 내면에는 내면의 필연성을 현실화하는 힘(감각 충동 sinnlicher Trieb)과 외부의 현실적인 것을 필연성의 법칙에 종속시키려는 힘(형식 충동 Formtrieb) 두 개의 충동이 경쟁을 하고 있다. 새가 양 날개로 날듯이 실러에게는 이 두 개의 충동이 기분 좋은 긴장과 조화 속에서 존재하는 것이 중요하다. 감각 충동의 자유로운 발현을 보장하면서도 그 고삐를 마냥 풀어놓는 것이 아니라 형식 충동으로 하여금 견제와 조정을 하도록 하는 것을 과제로 제기한다.

놀이 충동 Spieltrieb은 그러한 조화를 가능하게 한다.[21] 그것은 두 충동이 능력을 완전히 발현되도록 하면서 중재(매개)를 통해 미적 세계로 인도한다. 예술미를 통해 적절한 조화와 균형을 이룬 상태가 바로 '미적 상태'이다. 이를 좀 더 자세히 풀면 다음과 같다. 감각 충동과 형식 충동은 각각 감각경험과 자의식의 차원에서 활동한다. 서로 다른 영역에서 활동하면서 서로 다른 것을 지향하기에 이 둘은 충돌할 가능성이 크다. 일단 예술미는 두 충동을 불러와서 서로 같이 노는 가운데 각각의 고집을 완화시킨다. 어느 한 쪽이 우월한 지위에 도달하는 것을 방지하는 효과가 있는 셈이다. 이처럼 대립과 충동을 조화로 인도하는 것이 놀이 충동의 역할이다. 어느 충동 하나의 강제와 구속으로부터 정신을 해방시키는 것, 놀이야말로 자유의 촉매인 셈이다.

---

21) "인간의 모든 상태 가운데에서 놀이야말로, 그리고 오로지 놀이만이 인간을 완전하게 만들어주고 그 이중의 본성을 동시에 활짝 펼쳐준다. [....] 쾌적한 것, 선한 것, 완전한 것을 가지고 인간은 오로지 진지할 뿐이지만, 아름다움으로는 놀이를 한다." (프리드리히 실러, 2012, 129)

실러가 보기에 예술은 잃어버린 인간성을 보존하고 있다. 미와 놀이충동은 늘 짝을 이룬다. 그는 "주관적으로도 객관적으로도 우연한 것이 아니며, 동시에 외적(감각적)으로도 내적(이성적)으로도 강요받지 않는 모든 것을 놀이 Spiel라는 말로 표현하곤 하는 언어의 관용慣用"을 따른다. 예술작품 안에 깃든 아름다움美, 그 아름다움을 관조하는 정신이야말로 아름다움을 창조하는 정신을 낳는다. 놀이충동은 미의 관조와 아름다움의 창조 사이의 선순환을 가능하게 한다. 아름다움은 '놀이충동'을 일깨운다. 그리고 놀이의 속성들은 각기 따로 노는 충동들이 고유한 특이성들을 보존하는 가운데 일종의 '화학작용'을 일으키며 조화로운 전체를 이루도록 촉매로 작용한다. 미적 놀이야말로 온갖 충동들이 다투는 인간내면에 작용하여 인간성을 회복하도록 하며 자유를 허락한다.

이러한 놀이의 궁극적 목적지는 감각과 이성의 조화이다. 미적 유희, 즉 가상의 시공간을 창안하는 놀이를 통해 우리는 두 충동 사이의 긴장을 해소하고 스스로를 능동적으로 규정할 수 있는 힘을 얻는다. 이러한 놀이를 노는 놀이꾼은 미적 인간이다. 자연적이며 소박한 인간은 놀이를 통해 자발적이고 자율적인 주체로 스스로를 '교육 Bildung'해야 한다.

실러의 미적 교육은 결국 최근 놀이 교육의 이론적 선구자인 셈이다. "인간인 한에서만 놀이하며, 또한 놀이하는 한에서만 온전한 인간이다"는 유명한 명제는 온전한 인간화를 위해 놀이가 필연적인 것임을 역설한다.(프리드리히 실러 2012, 128) 아름다움과 놀이를 짝 개념으로 삼는 실러에게 아름다움美만이 모든 세계를 행복하게 만들며 모든 존재는 미의 매력을 경험하는 동안에는 자신의 한계를 잊어버린다고 한다면, 결국 그것을 매개하는 놀이는 현실의 온갖 모순들에 좌절하고 삶의 기운을 소진해가는 사람에게는 온전한 주체성을 채워나가는 치료제의 역할을 한다.

반면 노발리스에게 놀이는 시적 언어를 활성화하는 실천과 관련된다. 자연과 정신의 경계를 허무는 것이야말로 시적 놀이의 본령이다. 노발리스는 자연과 정신이 구별되지 않는 카오스 안에서 자유와 창조가 가능할 것이라고 본다. 실러의 놀이가 미적 질서와 조화를 중시한다는 점에서 일견 '루두스'의 세계라면, 노발리스의 그것은 무규칙과 비규칙을 아우른다는 의미에서 '파이디아'의 세계라 할 만하다. 비약 übers chreiten과 낭만화 romantisieren는 낭만주의의 중요한 핵심어들이다. 비약은 시간(일상과 비일상), 공간(여기와 저기), 이성과 상상의 문턱을 자유롭게 넘나드는 시적 놀이의 속성을 의미한다. 낭만화는 우연의 놀이를 긍정하며 대상에 자유로운 변형과 창조를 허락함으로써 그 대상을 질적으로 도약하게 하는 시적 언어의 특이성과 관련된 개념이다. 나아가 시적 놀이는 기계론적 추상화, 즉 도구적 이성으로 인한 계몽적 미몽을 치유하는 수단이다. 망각하고 상실한 자연의 카오스적 진리를 기억하고 자연의 상형문자를 해독하는 과정이야말로 시적 놀이의 지향점이다. 노발리스는 "모든 형상질서가 무한함을 인식하고 그 유기적 기호들의 놀이를 이해하는 것"을 주요한 과제로 제시한다.

노발리스는 현실의 모순이나 결핍과 대결하는 가운데 그것들을 넘어서고자 하는 가정법적 시공간의 창안 행위라는 놀이의 의미와 관련해서도 선구적인 입장을 보여준다. 그에게 미적 놀이든 시적 놀이든 놀이는 가상적 시공간의 창조에서 시작되기 때문이다. 놀이라는 것이 다른 세계로의 질적 도약을 통해 다른 세계를 창조하고 향유하는 것이라고 보는 것이다. 노발리스에 따르면 신도 놀이하고 인간도 놀이한다. 자연과 우주도 논다. 놀이 안에서는 규칙 없음의 규칙, 상상력의 규칙, 우발성과 기적(경이)의 규칙이 통용된다. 이로써 이미 직설법적 현실에서 벗어나는 가정법적 시공간 안에서 탈일상적 규칙에 따라 새로운 경험을 감행하는 것으로서 놀이의 근본적 속성들이 제출된 것이다.

하지만 노발리스 역시 자신의 선배들보다 더욱 관념적인 놀이에 집중한다. 그가 말하는 시적 놀이는 예술적 창조와 놀이를 동급에 놓거나 동일시함으로써 추상의 강도를 높여가는 것이다. 다른 말로 노발리스는 자유로운 사유 놀이로서 일상에서 수없이 벌어지는 탈일상적인 세속적 놀이에 여전히 무관심하다. 이러한 문제는 노발리스가 상정하는 놀이꾼 주체의 역할 속에서도 두드러진다. 그가 그리는 시인-놀이꾼은 카오스에 자신만의 질서와 규칙을 부여하며 시적 상상력으로 설계된 미래를 창조한다.[22] 노발리스에게 그렇게 창안된 미래는 '사랑'으로 상징화된다. 놀이를 통한 집단적 공감은 사랑 안에서의 공동체적 공감과 비견된다. 지금의 시점에서 시인-놀이꾼이 만드는 사랑의 공동체는 시대의 불화를 이겨내는 윤리적 요청으로서 의미를 평가할 수 있다. 하지만 추상적인 놀이가 아니더라도 놀이 행위 자체는 재미와 몰입 등의 다양한 정동 Affekte들을 생산하는 가운데 놀이 참여자들의 연대와 공감을 촉발하며, 이것이 대안적 공동체라는 놀이 정치 ludic politics의 실천으로 나아갈 수 있다. 그런 점에서 칸트 이후 독일 놀이학의 공백과 편향은 낭만주의에서 강화되는 형태로 보존되고 있는 셈이다.

결론적으로 낭만주의자들에게 놀이는 시를 창조하는 것에 상응하는 행위이다. 아니 거꾸로 시를 짓는 행위를 놀이로 유비하고 있다고 보아야 할 것이다. 그들에게 시적 놀이는 자연을 오감으로 받아들이고 그것을 시적 결정체로 만들어내는 것이다. 그들은 이러한 놀이를 통해 인간과 자연의 화합이 가능해지고 시적 세계, 즉 온전한 하나의 우주가 태어난다고 본다. 시인-놀이꾼은 다양한 소재들과 요소들을 부려 환상적-마법적 세계를 창조하는 주체로 제시된다. '천재'로 명명되기도 하는 이들의 "우연적이고 자유로운 연결"은 차이와 생성을 긍정하는(향유하는) 행위이다. 낭만화는 이러한 '연결'의 유희 속에서 차이의 무한한 반복을 창조하려는 예술적 기획이다. 낭만주의를 특징짓는 슬로건 '질적 강화 qualitative Potenzierung'는 일상의 범속한 세계 재료들을 연결하여 놀이적 환상과 신비의 세계를 창조하는 과정을 압축해주는 표현이다. 아이들이 일상의 재료들을 통해 자기들만의 놀이-세계를 구성하듯이, 시인-놀이꾼은 자신만의 마법의 지팡이로 고상하며 탈일상적인 신비로운 세

22) 어떤 의미에서 이렇게 창조한 가상이야말로 진정한 현실이다. 노발리스는 놀 때마다 대상에 다른 형식 Form들을 자유로이 부여할 때 생겨나는 즐거움이야말로 비약과 창조적 상상 놀이의 시작임을 강조한다. 온갖 놀이 도구들과 대상들을 통해 자기만의 세계를 창조하는 아이들의 놀이에서처럼, 시인-놀이꾼은 고유한 놀이를 통해 현실의 시간을 넘어서 비일상/탈일상의 세계로 들어선다. 실러에게도 놀이의 경험은 "시간 속에서 시간을 지양하고 생성과 절대적 존재, 변화와 동일성의 결합을 지향하게"하는 것이다. 하지만 그의 경우 놀이는 이성과 감성의 조화를 매개함으로써 균형 잡힌 교양인을 형성하는 데 초점이 있다.

계를 창조하는 것이다. 주체의 위축과 소외를 야기한 문명화 과정에 대한 안티-테제로서 그들의 놀이 미학은 매혹적이면서도 공허한 인상을 준다. 과도한 추상성은 여전히 해결되지 않은 난제로 남는 것이다.

4. 니체와 놀이

니체는 칸트나 실러의 미학적이고 예술적인 놀이 이해를 벗어나거나 넘어서고자 한다. 간혹 니체를 낭만주의자로 분류하거나 낭만주의를 계승한 철학자로 보는 시각도 있지만 오히려 다른 길을 간다고 보는 것이 타당하다. 이는 그가 헤라클레이토스를 경유하여 세계-놀이의 지평을 회복하려 한 점에서도 확인된다. 니체에게 놀이는 다시 자유로운 인간 활동에만 국한되는 것이 아니라 세계 그 자체를 이해하는 열쇠어가 되기 때문이다. "세계는 신적인 놀이이며 선악의 저편에 있다면 모든 행위는 단지 일종의 재미를 추구하는 것일 수 있다. 철학함도 그것에 포함된다." "나에게 모든 것은 놀이이다."(KSA7, 1999, 407)와 같은 진술에서 니체에게 놀이가 갖는 의미를 짐작 할 수 있다. 그에게 놀이는 법칙, 규범, 금지 등과 같은 사회적 상징 코드가 아닌 삶의 스타일을 중시하는 윤리학 혹은 실천학의 단초가 된다. 니체가 제안하는 삶의 예술철학 혹은 미학적 삶은 존재와 삶의 다양성을 인정하면서 윤리적 삶의 문제와 예술의 문제를 동시에 제기한다. 특히 니체에게 예술과 놀이는 새로운 삶의 창안과 연관된 것이기에 어떻게 살 것인가라는 윤리와 밀접한 관계를 갖는다. 물론 여기서 윤리란 어떤 도덕적 요구와 거리가 있다. 새로운 스타일의 삶을 사는 것은 자기 고유의 삶을 형성하는 실천 방식과 삶의 양식, 다른 사유 방식과 삶의 가능성을 성찰하고 실천하는 것을 의미하기 때문이다.

가령 노동사회와 노동윤리가 우리 삶의 중심이었고 그것이 우리 고유의 삶을 방해했다면, 그것과 '다른 삶'을 창안하는 것이 문제인 셈이다.[23] 그런 의미에서 니체의 놀이 철학은 노동을 지탱하는 도덕과 규범

23) "수백의 눈을 가진 양심이 재빨리 알아차리기 전에 기꺼이 자신의 마음을 국가에,

에 대한 반성을 촉구하면서 다른 삶에 대한 촉매로 작용한다. 여기서 우리는 다르게 생각하고 그 다름을 즐기려했던 수많은 전위예술가와 현대철학자가 니체에 열광한 이유를 짐작할 수 있다. 니체 역시 자신의 삶을 예술작품으로 완성하는 일에 방점을 찍기 때문이다.

이처럼 니체는 놀이의 사유와 놀이 기반의 삶을 통해 다른 사회와 삶의 가능성을 모색하라고 촉구하는 일에 적극적이다. 고유한 삶의 구성과 삶을 예술작품으로 만들라는 니체의 요청은 전근대/근대/탈근대의 중첩적 상황 속에서 자율적이고 주체적인 삶을 살 수 있는 가능성과 방법을 사유하고 건조한 도덕과 도구적 이성의 한계를 넘어서려는 노력을 멈추지 말라는 주문으로도 읽을 수 있을 것이다. '다른 삶'은 니체에게 '놀이꾼-예술가의 삶'이기도 하다. 이는 근대화 과정의 부정적 현실, 그리고 도구적 이성 중심의 근대적 삶('학문적 삶')에 대한 대안으로 제시된 요청이기도 하다. 그렇기에 니체의 놀이 철학은 근대에 대한 통렬한 비판을 선취하고 있는 것으로 해석할 수 있다.

니체에게 있어 학문적 삶의 대안으로 제시된 예술가적 삶은 놀이의 정신과 적극 공명하는 삶이다. 반면 '진리 발견'을 향한 맹목적 의지에 사로잡힌 삶의 '피안'('저편'이자 '너머')을 창안하고 실천하고자 하는 예술적 삶은 '허구 창조'와 '놀이에의 의지'에 기초한다. 이러한 예술가적 삶의 방식은 "절대적 진리가 탈가치화되어 다양한 형태의 진리로 해체된 허무주의 시대에 우리가 취할 수 있는 삶의 양식"(이진우, 1997, 269)이다. 하지만 니체에게 학문적 삶의 방식인 '진리에의 의지'는 '무지에의 의지', '허무에의 의지'에 다름 아니다. '진리에의 의지'는 단 하나(一者, the One)를 진리로 고정화하고 절대화하는 가운데 다른 많은 타자들을 무시한다는 점에서 '무지에의 의지'이기 때문이다. 진리와 비진리를 가르고 자신에게서 벗어나는 것들을 무차별적으로 배제하고 억압하는 이

돈벌이에, 사교에 정신없이 열중하여 몰두하는 중노동"하는 인간을 니체는 '해골 인간'(『반시대적 고찰』, 440)이라 규정한다. '해골 인간', '가축떼', '말인' 등의 삶에서 벗어나는 대안으로 어린 아이의 놀이는 나름의 중요한 교훈을 준다. "어린애는 순결이며 망각이고 하나의 새로운 출발, 하나의 유희, 스스로 굴러가는 수레바퀴, 신선한 긍정이다."(『차라투스트라는 이렇게 말했다』, 55쪽)

러한 태도는 또한 허무주의의 직접적인 원인이기도 하다. 차이와 생성을 긍정하기는커녕 용납도 하지 못하는 객관적 · 보편적 진리에 대한 절대적 믿음은 환멸로 끝나게 될 독단적 허구에 불과하기 때문이다.

허무주의는 원래 존재하지 않는 것에 맹목적 신뢰를 보냈으나 나중에 그것이 아무것도 아닌 '무 無'에 지나지 않았다는 자각이 생기면서 발생한다. 다른 말로 허무주의란 "최고의 가치들이 탈가치화되는 것"이다. '탈가치화'란 삶의 무가치를 가정하는 것이 아니라 가치들의, 즉 최고 가치들의 없음을 의미한다. 니체가 보기에 허무주의의 원인은 '목적', '통일', '존재' 그리고 '진리' 등과 같은 이성 범주들에 대한 절대적 믿음에 있다. 허무의 강도는 그 믿음의 확고함 및 절대화에 비례한다. 문제는 신념의 허구성이 아니라 자신의 신념을 진리로 맹신하는 독단적 태도인 것이다. 하지만 모든 것을 가볍게 놀이하듯이 대하는 예술가-놀이꾼에게 거짓과 허구는 놀이의 대상이자 즐거움의 원천이지 허무와 불쾌를 가져오지 않는다. 그래서 니체는 "거짓말이 정당화되고 기만에의 의지가 양심의 가책을 야기하지 않는 예술은 금욕주의적 이념과 본질적으로 대립되어 있다."고 말한다.(KSA5, 1999, 420)

니체가 보기에 '진리에의 의지'에 함축된 '무거움'과 '진지함'은 병적인 징후이다. 학문의 무거움과 진지한 태도 속에는 인과의 끈을 논리적으로 힘들게 추구하면 드러날 수 있는 물자체, 그리고 본질에 대한 깊은 애착과 확신이 숨어 있다. 그러나 니체에 따르면 "진실한 사상가란 학문적 우울함과 진지함을 피해야 하며, 허공에 머무르면서 불가피하게 인간의 시야를 넘어서 있는 실재에 대한 해석의 그물망을 짜낼 수 있는 사람이다."(KSA3, 19-20) 이는 놀이하는 삶을 통해 가능하다. 무거운 진지함에서 벗어나 가볍게 살고, 어떠한 확신에도 사로잡히지 않은 채 우연을 긍정하고 유희하는 모습이야말로 새로운 삶으로 가는 첩경이다. 놀이하는 인간들은 그릇된 목적의식과 도덕관념이 유발한 죄책감과 구속에서 벗어나 있기 때문에 가벼울 수 있고, 따라서 절대화(독단화)에 기인된 허무주의에 빠지지 않을 수 있었다.

니체에게 참된 유희와 가벼움은 무거운 목적의식과 이성적 굴레에서 벗어나고, 모든 것은 연관되어 있다는 '탈이분법적 사유'에 의해 가능하다. 반면 학문적 삶은 '이분법적 사고방식'에 사로잡혀서 모든 것이 상호 의존적이라는 사실을 무시하고 특정한 가치나 관점을 절대화한다. 하지만 학문의 이분법적 사유에 의해 배척된 요소들이 삶의 근본이요 뿌리라는 점에서, 학문은 삶에 적대적인, 삶을 근원적으로 파괴하는 허무주의적 의지에 다름 아니다. 진리/허구, 본질/현상, 선/악이라는 이분법하에 하나를 절대화하고 다른 하나를 거부하는 태도 자체가 비판의 대상이 된다. 전통 철학이 대립적으로 이해한 것이 사실은 밀접히 연관되어 있다. 가령 전통 철학이 절대화한 '진리'라는 것은 오류의 일종이다. 진리란 자신이 배척하는 욕망과 무의식적 본능의 산출물이다. 전통 철학이 극과 극의 절대적 대립으로 분리한 것은 사실 분리된 것이 아니라 밀접히 연관되어 있음을 알아야 한다.

전통 철학은 진실眞을 추구하는 '학문'에 비해 아름다움美를 추구하는 '예술'을 열등한 것으로 평가한다. 예술은 감성적 차원에서 진리를 모방하고 표현하려 하지만 거짓과 가상, 허상의 창조에 그치기 때문이다. 예술은 '존재(실재)'에 대한 이해를 왜곡한다는 점에서, 이성적 사유를 통한 '보편적 진리의 발견'을 목표로 하는 학문보다 훨씬 열등하다. 그러나 니체는 학문과 예술의 전통적인 서열을 해체한다. 학문과 예술은 대립되는 것이 아니라 동일한 권력의지 Will zur Macht의 다른 표현형식일 뿐이기 때문이다. 오히려 예술은 학문에 비해 탁월한 권력의지의 표현이다. 모든 것을 권력의지의 표현으로 이해하는 니체가 보기에 객관적이고 보편적인 성격의 진리 개념은 애초에 불가능하다. 학문과 예술 모두 권력의지의 산물이라면 둘 다 허구에 불과하다. 둘 간의 차이는 진리 추구여부가 아니라 권력의지의 성격 차이이다. 니체가 보기에 학문이 추구하는 진리는 '권력의지의 핵심에 있는 조건, 즉 권력의 보존조건'과 관련된 것이다. 반면 예술의 본질은 권력의지의 증강 조건을 제공하는 데 있다. 예술은 "삶에 대한 위대한 자극제"(박찬국, 2014, 188 재인용)인 것이다.

니체가 예술을 긍정적인 것으로 가치평가를 하는 것은 그것이 권력의지의 본질적 특성을 가장 잘 보여주기 때문이다. 특히 그가 보기에 "'예술가'라는 현상은 가장 투명하다. 예술가를 들여다보면 권력에 대한 기본적인 본능이나 자연 등이 나타난다."(같은 책, 189) 학문이 권력의지의 생성을 거부하는 '자기 파괴적 권력의지'일 수 있다면, 예술은 권력의지를 증가시키는 '자기 긍정적 권력의지'이다. 학문의 형이상학적 신념들에 대한 맹신이 삶의 승화에 부정적이며 최종적으로 허무주의를 유발할 수 있다면 허무주의의 극복은 학문이 전제하는 형이상학적 신념들을 극복하는 데서 시작해야 한다. 예술 활동이야말로 형이상학적 신념에 지배되지 않는 창조적인 활동이자 최고의 권력의지 활동이고 자유로운 활동이다. 니체에게 놀이는 그러한 자유로운 창조 행위의 다른 이름으로 사용된다.

니체가 보기에 권력의지는 생명의 본질이다. 그런 점에서 모든 사물은 권력의지를 지닌다. 즉 모든 사물은 다른 사물에 자기의 영향력을 극대화하려는 공통성을 지닌다. 권력의지란 바로 영향을 미치는 활동으로서 각각의 대상은 다른 대상에 영향을 끼치며 그 영향의 정도에 따라 그 대상의 특징이 결정된다. 따라서 하나의 대상은 자기의 특징을 가능하게 한 다른 대상을 전제해야만 한다. 사람이든 사물이든 관계를 통해 비로소 그 존재가 구성되는 셈이다. 모든 대상은 다른 대상에 철저히 의존하고 "다른 사물 없이는 어떤 사물도 존재할 수가 없는"(KSA5, 87) 것이다. 모든 존재는 다양한 힘들의 관계에 의해 주어진 잠정적 창조물로서 새로운 존재에로 끊임없이 생성될 따름이다. 권력의지의 특성상 물자체, 실체, 주체 개념은 부정되어야 한다. 주체, 실체에 대한 신념은 다양한 힘들의 '생성'과 '관계성'을 자각하지 못한 결과이다. 예술은 언어를 절대적인 것으로 간주하면서 자신의 언어적 산물이 미학적 창조라는 것을 거부하는 학문을 상대화한다. 니체에게는 학문도 예술도, 모든 것도 권력의지의 미학적 활동일 뿐이다. 그래서 니체는 "학문을 예술가의 시각에서 고찰하고, 예술을 삶의 시각에서 고찰하는 것"(〈비극의 탄생〉, 2005, 8)을 자신의 주요한 과제로 삼는다.

니체에 따르면 권력의지의 활동은 끊임없는 생성의 과정이다. 그것은 논리적, 추상적, 체계적으로 표현될 수 있는 것이 아니다. 따라서 논리적 사유를 강조하는 학문은 권력의지의 적합한 표현수단일 수 없다. 왜냐하면 논리적 사유와 동일성의 사유가 가능하기 위해서는 선행적으로 불변성의 특징을 지닌 고정된 '대상'이 우선 주어져야 하기 때문이다. 또한 고정된 불변성을 인식할 수 있는 인식능력도 역시 보장되어야 한다.

그러나 니체에게 있어 인간을 비롯한 모든 존재는 권력의지를 그 본질로 한다는 점에서 끊임없는 생성의 과정에 놓여 있다. 결과적으로 고정된 인식 대상도, 그러한 대상을 인식할 수 있는 통일적 의식 주체도 존재하지 않는다. 니체에게 이성적 사유는 보편성, 체계성, 추상성의 성격을 가짐으로써 구체적인 개체와 생성을 포착하는 데 실패하고 만다. 하지만 감성적 사유는 전통 철학의 주장처럼 허구의 원인이 아니라 참된 실재인 '생성'과 '차이'를 잘 표현해준다. 오히려 이성적 활동이 참된 실재인 '생성'과 '차이'가 아니라 왜곡만을 산출한다. 물론 니체가 말하는 실재는 동일성과 불변성으로서의 실재가 아니다. 그런 실재는 허구이다. '차이의 실재', '변화와 생성의 실재'는 형이상학적 불변성과 동일성 사유에 대한 반대를 함축한다. 차이와 생성을 긍정하는 예술과 놀이는 학문과 달리 자기가 창조한 것이 영원한 것이 아닌 잠정적인 것(무한한 가능성을 내재한 잠재태)이라는 것을 인정한다.

하지만 자주 오해되는 것처럼 우리는 권력의지를 외부에 주어진 특정한 목표의 획득을 의지하는 단일한 '주체'의 활동으로 이해해서는 안 된다. 권력의지의 활동은 영향력을 더 확대하려는 '의지'를 '의지할' 뿐이다. 그것은 외부에 있는 것이 아니라 자신의 본래적인 활동이다. 이런 점에서 권력의지의 활동은 목적의식에 사로잡히지 않고 그 자체의 활동을 즐기는 놀이 활동과 비교될 수 있다. 우주의 생성변화를 힘들의 놀이로 본 헤라클레이토스처럼 니체는 힘들의 '놀이'라는 관점에서 형이상학을 벗어나고자 한다. 그래서 핑크 E. Fink는 "니체가 존재자와 생성을 놀이로 보는 곳에서 그는 더 이상 형이상학의 규정 안에 있지 않다"(Fink, 1960, 13)고 말한다. 니체에게 모든 존재자와 생성은 권력의지라는 놀이의 결과이다. 어떤 활동이 활동 그 자체가 아닌 다른 목적의식에 사로잡힐 때 더 이상 놀이가 아닌 노동이 되듯이 니체의 놀이로서의 권력의지는 목적이 없는 끊임없는 역동적인 게임인 것이다. 또한 참다운 놀이에는 놀이하는 자와 놀이가 분리되어 있지 않듯이, 니체의 권력의지도 그 본질적 활동에 있어 주체-객체의 분리를 철저히 극복하고 있다. 놀이하는 아이의 몰입 속에서 '나'라는 주체 의식이 사라지고 '그것'이라는 대상의식이 사라지는 '도취'의 상태를 볼 수 있듯이, 본래적 권력의지의 활동은 주객의 분리가 극복된 도취의 상태라고 할 수 있다.

니체에게 '도취'는 강한 힘(의지)을 통해 성취되는 것으로 이는 주-객의 분리가 극복된 전일성全一性과 통일성의 감정이자 미적 체험이다. 참된 놀이가 도취를 가져오는 놀이라면 '나'와 '대상'이 분리된 놀이는 나쁜 놀이라 할 수 있다. 어떤 목적의식에 사로잡혀 있는 놀이도 나쁜 놀이다. 학문이 나쁜 놀이인 이유는 '나'(주체)와 '대상'을 분리하는 이분법적 사유에 사로잡혀 있을 뿐만 아니라 '진리'라는 목표를 추구하고 있기 때문이다. 이분법적 분리를 행하는 학문적 사유는 그 자체 '진리-허구', '주체-객체', '의식-신체', '이성-욕망'이라는 분리 아래 철저히 후자를 부정함으로써 전자를 긍정하는 나쁜 놀이이다. 이원론적 분리 놀음은 다른 것을 부정함으로써만 자신을 긍정할 수 있는 반동적 권력의지에 다름 아니다.

니체에게 생성과 차이를 부정하는 학문의 노예는 나쁜 놀이꾼이다. 이는 어떠한 논증 없이 그 자체 자신을 긍정할 수 있는 능동적 힘을 발휘하고자 노력하는 귀족의 태도와 배치된다. 노예는 타인에 대한 부정을 통해서만 그와 대립된 자신을 간접적으로 긍정하는 반동적인 힘만을 소유한다. 학문도 다른 것을 부정함으로써만 진리를 확신할 뿐인 반동적 놀이에 불과하다. 니체가 보기에 반동적 놀이가 삶에 부정적인 이유는 대립적이지 않은 것을 대립적으로 설정함으로써 삶에 긍정적 요소로 활용될 수 있는 것을 부정하며, 결과적으로 삶을 약화시키고 부정하기 때문이다. 하지만 예술가-놀이꾼은 가장 의심스럽고 위험한 것마저도 자기에게 유리하게 이용할 줄 알며 따라서 더욱더 강해지고자 하는 자이다. 타자와 생성을 긍정하며 그것을 자기-증강을 위한 파트너로 받아들일 수 있는 오지랖의 소유자인 셈이다.

이처럼 학문은 놀이의 자기목적성 auto-telicity을 부정하고 진리를 자신의 최종 목표로 설정한다는 점에서 나쁜 놀이다. 최종적 목표를 설정하고 그것을 획득하려는 것은 놀이의 끝을 이야기하며 놀이의 중지를 의미하는 것이기 때문이다. 니체의 권력의지라는 힘들의 놀이는 시작도 끝도 없는 영원한 놀이일 따름이다. 놀이는 놀이 자체가 더 나은 놀이를 촉진시키는 방식으로 진행된다(그러한 놀이 속에서 놀이는 진화하고 삶의 지혜는 성장한다). 그러나 학문이 추구하는 '진리에의 의지'는 생성으로서의 힘들의 놀이를 인위적으로 중지시키려는 의지로서 고정된 '존재'에서 위안을 찾으려는 나약한 권력의지의 징후일 따름이다. 힘들의 생성을 부정하고 고정된 개념적 세계에서 삶의 확고한 위안을 얻고자 하는 의지는 헛된 의지로서 허무주의를 결과할 따름이다. 생성은 거부되어야 할 것이 아니라 긍정되고 유희되어야하기 때문이다.

반면 예술-놀이는 '긍정의 정신' 아래 고통으로서의 삶, 생성으로서의 삶, 허구에 기초된 삶을 배척하지 않고 유희의 대상으로 창조적으로 긍정하는 놀이이다. 예술은 부정의 정신에 기초한 학문과 달리 허구까지도 창조적으로 긍정하고 추구한다는 점에서 반(反)허무주의적 힘의 놀이이다. 학문이 객관적 진리를 추구함으로써 놀이의 중단을 결과하는 수동적 권력의지에 다름 아니라면, 예술은 자기가 산출한 것이 허구라는 사실임을 자각함에도 불구하고 새로운 허구창조라는 놀이를 끊임없이 연장하는 능동적 권력의지인 것이다. 모든 것이 권력의지라는 힘의 놀이의 잠정적 산물이라는 것을 자각하고 있는 예술가에게 자기 앞에 놓여 있는 것은 집착의 대상이 아니라, 변형의 대상이자 유희의 대상으로 긍정된다.

예술가가 거짓을 신성시하는 것은 살기 위해서는 거짓이 필연적일 뿐만 아니라 그러한 허구의 창조가 삶의 승화를 위해 필요하다는 것을 인정하기 때문이다. 놀이의 가상성과 환상성이 없다면 우리의 삶과 일상은 건조한 사막에 불과할 것이다. 니체가 학문을 부정하는 것은 학문이 삶의 필수적 조건인 거짓과 욕망과 생성을 부정한다는 점이다. 예술은 삶의 조건인 이들을 긍정한다. 삶을 긍정한다는 것은 삶의 필수적 조건을 냉철하게 자각하고 그 조건을 창조적으로 긍정하는 것이다. 이는 모든 것을 생성으로 보고 절대화하지 않으려는 태도에 다름 아니다. 모든 것은 절대적인 것이 아니라 변화될 수 있고 변화되어야하기 때문이다.

우리는 디오니소스적 '도취'라고 하는 미학적 현상을 통해 예술이 권력의지가 가진 본래적 모습의 반영임을 알 수 있다. 진정한 창조의 원천인 '도취' 속에서는 이미 주체와 객체의 분리의식이 소멸되어 있다. 도취 속에서 창조의 주체는 단일한 주체가 아니다. 도취 안에는 내재적 원인도 외적 힘도 그 원인으로 상호작용하고 있기 때문이다. 니체가 권력의지의 활동의 예로 '예술적 활동'과 '놀이'를 비유로 사용하는 이유도 여기에 있다. 최고의 권력의지의 활동은 도취적 활동이자 주체 없는 활동이며, 나아가 목적의식을 배제한 활동이다. 그래서 니체는 "나는 위대한 과제들과 함께 하는 데 있어 놀이보다 좋은 방법을 알지 못한다. 위대함의 징후로서, 이것은 필수적 전제조건이다."(『도덕의 계보』, 2005, 295)라고 역설한다.

물론 니체에게 모든 놀이가 다 좋은 놀이가 아니듯이 모든 권력의지가 다 바람직한 권력의지는 아니다. 권력의지는 그 자체로 자기 의지의 증대와 강화를 의지(wollen)하나 그 '의지함의 방식'에 따라 자기 파괴적인 권력의지가 되기도 하고, 자기 긍정적인 권력의지가 되기도 한다. 좋은 놀이는 놀이 자체가 그 다음 놀이를 계속적으로 가져오는 자기 긍정적인 권력의지의 놀이이다. 반면 나쁜 놀이의 경우 놀이 자체가 그 다음 놀이를 훼손하고 부정하는 자기 파괴적인 권력의지라고 할 수 있다. 자기 파괴적인 권력의지는 자기에게 주어진 모든 삶의 근본 조건을 부정하며 결과적으로 삶의 조건들을 창조적으로 힘의 놀이에 활용하지 못하는 의지이다. 반면 자기 긍정적 권력의지는 자기의 모든 조건을 긍정하며 이 모든 것을 자신의 권력의지의 놀이에 창조적으로 가져오는 의지이다. 놀이를 함에 있어 좋은 놀이자는 긍정하는 정신으로 다음 놀이를 창조하는 자이다. 그러나 이 새로운 놀이의 창조는 목적의식에 사로잡혀 놀려는 의식적 노력이 아니라 본능적 무의식에 따른 창조행위이다. 어떤 점에서 니체 역시 놀이의 자기 목적성과 자율성을 사유의 조건으로 삼고 있는 셈이다.

물론 니체에게 있어 새로운 놀이의 창조가 본능적인 무의식적 창조라고 해서 어떠한 규칙과 원칙도 배제한 맹목적 창조를 의미하는 것은 아니다. 춤의 규칙처럼 말이다(까이와의 말처럼 놀이는 규칙의 틈새 jeu에서 그것을 다양하게 가지고 노는 것인지도 모른다). 능숙한 춤꾼은 춤의 규칙을 지키지만, 그 규칙에 얽매이지 않고 오히려 그 규칙을 도약의 뜀틀로 삼아 더욱 개성 있고 풍요로운 춤을 춘다. 그에게 규칙은 더 이상 외면적인 규칙이 아니라 그에게 내면화된 그래서 본능이 된 규칙으로 승화된 것이다. "'그러한 변덕스러운 법칙의 압제' 덕택에 사유思惟나 정부, 수사학이나 설득 혹은 예술이나 윤리학에서 자유, 미묘성, 과감성, 춤 및 주인의 확실성처럼 현재 존재하고 또 지금껏 존재해 온 모든 것들이 발전해 왔다. 아마도 법칙의 압제가 바로 '자연'이며 '자연스러운 것'인지도 모른다."(『선악을 넘어서』, 2005, 110) 니체에게 있어 참다운 놀이꾼(예술적 삶)은 어떠한 규칙에도 얽매이지 않는 것이 아니라, 수 백 가지의 본능적 규칙에 의지해 자신의 삶을 질서지우는 사람이다. 그는 이 '질서지움'의 유희를 자신의 놀이로 삼는다. 이렇게 보면 니체는 본능에 기초한 무규칙적 삶의 옹호자가 아니라 삶의 일관성, 통일성, 총체성을 옹호한 철학자이다. 그러나 이러한 통일성, 일관성은 전통철학처럼 다양성을 부정하고 배척함으로써 가져온 것이 아니라, 오히려 모든 것을 긍정하고 그것을 조화시킴으로써 창출한 통일성, 일관성, 총체성이라고 할 수 있다. 즉 차이와 다양성을 있는 그대로 긍정한 가운데 산출한 통일성인 것이다.

이를 달리 표현하면 니체의 주체는 동일성의 주체가 아니라 분열된 주체, 끊임없이 힘의 중심이 변화되는 다중심적·다성적 주체라고 할 수 있다. 단일한 주체가 아니라 많은 힘들에 의해 구성된 '주체의 복수성'을 주장하는 셈이다. 니체에게 주체라는 명칭은 실체로서 실재하는 것이 아니라 다양한 충동력들의 조직과 해체, 투쟁과 조화의 놀이에서 생성된 결과물인 셈이다. 이처럼 참다운 창조는 대립된 힘들의 상호조화를 통해 가능하다. 힘들이 대립된 상태로 서로를 훼손하기만 한다면 참다운 창조는 불가능하다.

니체에 따르면 감각, 신체, 욕망, 본능, 상상력의 거부는 참다운 창조를 부정하는 것이다. 나아가 그것은 삶의 거부이자 예술의 부정이고, 삶의 창조성을 거부하는 것이다. 니체가 학문의 이름으로 과학문명을 비판하는 것도 과학 자체가 '진리에의 의지'에 입각해 합리성, 비판성, 회의성을 강조함으로써 창조의 근본 조건을 부정하기 때문이다. 니체에게 있어 신체나 본능이 의식보다 더 근원적이며 창조적인 힘의 토대가 된다는 점은 그가 몸(이를 생물학적 의미로 파악하면 안 된다. 이는 사유, 느낌, 욕구의 역동적 복합체이다)을 '큰 이성'으로, 의식을 '작은 이성'으로 부르는 데서도 알 수 있다. 놀이는 이러한 큰 이성을 긍정하면서도 큰 이성과 작은 이성 사이의 역동적 운동을 긍정한다. 이는 디오니소스적인 것과 아폴론적인 것의 상호작용과 유희를 통해 니체가 말하려는 바와 연결될 수 있을 것이다.

앞서 말한 것처럼 근대의 미학적 전회 aesthetic turn 이후 놀이가 인문적 사유에 중요하게 다루어지기 시작한 것은 그것이 합리적 지배 기술의 도구적 이성에 대항하는 사유와 실천으로 인식되었기 때문일 것이다. 물론 칸트와 실러가 과도한 이성에 대한 견제와 보완이라는 놀이의 그러한 지향성을 온전하게 실천했는지에 대해 의문이 있을 수 있다. 그럼에도 그들에게 놀이는 적어도 이성을 보완하고 그것의 과잉을 경계하는 역할을 한다. 놀이가 감성과 예술의 특이성을 설명하는 핵심 개념으로 작용하는 점에서 그것을 확인할 수 있다. 칸트나 실러가 관념 속에서의 유희를 중심으로 세속의 구체적 놀이를 부정하고 놀이를 교육적 기능에 종속시킨 점을 비판할 수는 있을 것이다. 하지만 놀이 자체는 노동이나 이성 담론과 긴장 관계에 있긴 하지만 그 자체의 이중성, 즉 놀이의 구심성과 원심성이라는 양가성을 갖는다. 따라서 아무리 칸트와 실러가 계몽과 도덕, 이성의 장 안에서 사유를 전개한다하더라도 놀이를 이야기하는 것 자체만으로도 그것의 탈일상적인 원심적 기능을 떨칠 수 없는 점에 주목해야 한다.

그럼에도 칸트와 실러가 구심성, 놀이의 윤리적 기능에 초점을 맞추었음은 분명하다. 낭만주의자들은 놀이의 비의성秘意性을 강조함으로써 두 선배를 넘어서려고 했지만 그 결과는 문학과 예술의 신비화로 귀결된다. 반면 니체는 놀이 미학의 차원을 실천철학의 차원으로 전환함으로써 놀이의 원심성에 더 주목한다. 물론 그 역시 구심성(아폴론적 경향)과 원심성(디오니소스적 경향)의 조화 속에서 새로운 삶의 가능성이 있다고 보지만, 그럼에도 후자에 더 강조점을 두는 것으로 보인다. 아폴론과 디오니소스는 니체의 철학과 놀이이론을 이해하는 첫 걸음으로서만이 아니라 이후 축제와 놀이를 관류하는 두 가지 힘을 설명하는 데에도 유용하게 쓰일 수 있다.

니체에게 아폴론은 개별화의 형식을 부여하는 예술적 힘의 상징이다. 반면 디오니소스는 자신의 유한성을 초월하는 예술적 힘의 상징이다. 디오니소스적 예술 경험은 한계를 초월해 다른 것에 대한 경험을 가능하게 하는 것이다. 그것은 근원에 대한 경험과 자신을 새롭게 형성할 수 있는 계기를 준다. 놀이 역시 그러한 경험을 준다. 그러한 놀이성은 이후 아방가르드적 실천의 촉매가 된다. 하지만 니체가 말하는 예술은 전통적인 의미의 예술을 넘어 삶의 예술로 확장된다. 자기 형성의 주체로서 인간은 예술가-놀이꾼이 되어야 하는 것이다.

주지하다시피 사회적 규범에 안주하는 삶은 놀이적 삶과 거리가 멀다. 자신의 삶을 자기만의 양식(예술작품)으로 만드는 것이 중요하기 때문이다. 니체의 사유는 주체를 규범과 도덕, 학문에 종속시키는 관행에 대한 비판과 그것들로부터 자유로운 개인 혹은 삶의 구성을 촉구한다. 수동적인 자기 형성에서 탈피한 주체의 능동적 자기 형성이란 사회로부터 주어진 규범과 질서를 넘어설 것을 요청한다. 그런 점에서 예술가-놀이꾼은 능동적인 '힘에의 의지'를 활성화함으로써 스스로 행위하는 주체라 할 수 있다. 그는 권력관계가 지배형식으로 고착되는 것에 대항하는 주체로서 사회 속의 '힘의 놀이'에 참여한다. 이러한 행위는 고정된 권력 권계와 화석화된 '노동-주체'(homo laborans)에 대한 '반구성 counter-structure'의 실천이기도 하다. 개인의 자기 형성은 기존 사회의 도덕과 학문을 거슬러 자율적이고 독창적인 삶을 창안하는 가운데 대안적인 삶과 공동체를 고안하는 것임을 알 수 있다.

위와 같은 이유에서 니체는 인간의 삶에 놀이(예술)가 꼭 필요한 것임을 역설한다. 그것을 통해서만 삶이 가능하기 때문이다. 놀이와 예술의 상수인 가상(허구)은 상징적 질서와 의무 속에서 반복되는 연속성의 중지를 가능하게 한다. 일시적이라도 현실(일상)의 중지가 없다면 삶은 피폐할 것이기 때문이다. 그런 의미에서 니체에게는 가상에의 의지가 진리에의 의지보다 더 근본적이다. 진리가 아니라 예술(놀이)이 삶의 근본 조건이라는 것이다.

그런 의미에서 니체가 말하는 미학적 삶에서 고착된 단의적이고 독백적인 진리는 존재하지 않는다. 다만 부단한 해석의 과정만 있을 뿐이다. 영속적인 해석의 놀이 과정에서 '옳은' 해석이란 문제가 되지 않는다. 진리 구성의 지속적인 과정이 해석이라면 세계는 무한한 해석의 과정이 되는 것이기 때문이다. 그렇다면 우리에게 필요한 것은 관점을 계속 달리해가면서 다양한 관점의 가능성을 실험하고 선/악의 이분법을 넘어 사유하는 역능을 기르는 것이다. 이는 관점 주의 Perspektivismus의 놀이로 바꿔 부를 수 있다. 그러한 놀이 안에서 해석은 창조 행위일 수 있고 삶을 긍정하는 최고의 예술일 수 있을 것이다. 니체에 따르면 의문스러운 것, 낯선 것, 고통스러운 것을 배척하거나 회피하지 않고 이를 껴안아 삶을 고양시키는 발판으로 삼는 해석이야말로 삶을 긍정하는 최고의 예술로 보았다. 그러한 예술의 다른 이름은 놀이일 것이다.

그러한 예술과 놀이에 능한 주체, 즉 해석과 창조에 능숙한 예술가-놀이꾼은 동일성의 주체가 아니라 복합과 융합을 긍정하는 주체이다. 니체가 보기에는 단의적 진리가 그렇듯 단일한 주체라는 것도 허구이다. 지속적인 자기 형성을 위한 노력 속에서 주체는 복합적 자기를 경험하게 되는 것이다. 지금의 자기는 수많은 잠재적 가능성들의 한 표현일 뿐 그에게는 내재된 수많은 주체화 가능성들이 있는 셈이다. "우리는 내면에 많은 유형들을 지니고 있다. 우리는 내적인 자극을 외적인 자극과 마찬가지로 하나의 형상이나 형상의 과정에 병렬시킨다. 예술가로서 말이다."(KSA11, 1999, 110) 수많은 잠재적 나'들'을 모두 잠재우고 하나의 나를 고집하는 것은 놀이의 정신에 반하는 것이다. 놀이의 운동은 지속적인 자기 형성의 활동 속에서 다양한 자기를 형성하며 변화시키는 역동적인 과정이라 할 수 있다.

니체에게 놀이는 확실성에 연연하지 않는 불확실성과 개방성을 즐기는 시도이자 실험이다. 도덕으로부터 자유로운 놀이꾼은 주체의 순수의식보다는 몸을 경유하여 몸 안에서 벌어지는 의식과 지각을 우선한다. 특정한 관점에 매몰되지 않으려면 다르게 존재하기와 다르게 생각하기의 실천이 필요한데, 이러한 시도와 실험은 다른 관점으로의 개방, 즉 차이와 다양성의 수용을 촉발한다. 그런 의미에서 니체에게 창조와 생성을 위한 능동적인 '힘에의 의지'는 '다르게 살기'의 시도와 실험의 결과이면서 동시에 그러한 새로운 모색이 가능할 수 있는 조건이기도 하다. 니체에게 힘은 선/악의 이분법을 벗어나 있다. 그것은 전략적인 놀이이다. 우리 사회에도 역동적인 놀이 운동이 필요하다. 그것은 일면적인 지배 상황을 자리 잡지 못하게 한다. 역동성의 실종으로 인한 정지된 삶은 고착된 권력 관계를 가져오고 사회의 생명성을 앗아버린다. 변화와 생성의 동력을 잃어버린 사회!! 니체는 놀이의 정신 혹은 윤리를 통해 현재의 삶을 극복한 다른 삶을 촉구한다.

물론 앞서 놀이를 통해 사유를 전재한 선배들의 경우처럼 니체에게서도 놀이와 예술은 불가분의 관계를 갖는다. 핑크 E. Fink의 말처럼 니체 사상의 핵심에는 존재와 가치의 일치 속에서 세계인식으로서의 예술적 놀이정신을 추구하는 미학적 사유가 자리하고 있다. 하지만 그 예술은 칸트나 실러, 나아가 낭만주의자들의 그것과 다르다. 니체에게 예술은 삶의 예술이요 '차이'와 '생성'을 긍정하는 비동일성의 놀이이기 때문이다. 유일의 절대 진리에 대한 믿음이 사라진 허무주의 시대, 그것을 넘어설 수 있는 가능성을 니체는 예술-놀이를 통해 모색하고 요청한다. 그는 '아름다움'과 '예술'을 인식과 판단의 문제로 보는 칸트의 문제의식을 거부한다. 나아가 그는 미에 대한 학문을 '아름다운 예술'(예술미)에 대한 철학으로 보려는 헤겔의 시각도 넘어서고자 한다.

놀이는 니체에게 헤겔을 비판하고 극복하려는 과정에서 일종의 열쇠 개념처럼 사용된다. 그는 "오늘날 예술은 더 이상 진리를 드러내 주는 최고의 방식으로 통용되지 못한다"고 주장하며 '예술의 종말'을 선언한 헤겔에 맞서 오히려 예술/철학의 경계를 넘어서는 실천으로 나아갈 것을 요청한다. 그는 이제 철학이 예술을 접수해야 한다는 헤겔의 요구 대신 예술과 삶의 경계를 지움으로써 더 밀고 나가려하기 때문이다. 예술의 사회적 가치 상실, 예술과 진리의 분열로 인한 예술의 종언과 그에 대한 헤겔의 애도 혹은 우울은 역설적으로 니체에게 새로운 가능성의 발판인 셈이다.

니체가 보기에도 질서와 조화, 형식의 통일이라는 '미적 예술'의 시대는 종언을 고했다. 하지만 바로 거기서 불협화음과 모순, 차이와 생성의 놀이를 통해 새로운 예술(삶=놀이)이 실험될 수 있어야 한다고 했다. 그의 관점에서 볼 때 "상상력과 오성의 자유로운 놀이", "특정한 인식 목적에 종속되지 않은 채 자유로운 조화를 이루는 무관심적 즐거움", "쾌의 보편적 전달 및 동의 가능성" 등 놀이를 계몽과 이성의 보완자로 간주하는 일련의 담론들은 모두 허구에 불과하다. 미학은 더 이상 아름다움의 학(學)이나 감각적 가상에 대한 논의가 되어선 안 된다. 대신에 니체는 미학적 삶을 이야기한다. 이제 창조되어야 할 예술작품은 삶이며 삶의 형성 가능성을 위한 실험이야말로 긍정의 대상이 된다. 결국 놀이는 종전의 삶을 넘어 차이와 생성에 친화적인 삶을 디자인하며 실험하는 윤리적 차원의 의미를 함유한다.

하지만 니체에게 놀이는 미학적 차원과 윤리학의 지평을 넘어 더욱 궁극적인 의미를 지니기도 한다. 아니 초기에 이미 놀이는 모든 존재자를 근거 짓는 형이상학적 근거로 활용되는데 그것은 새로운 삶과 윤리를 주창하는 근거로 제시된다. 우선 그것은 세계를 창조하며 영원히 그 자신과 놀이하는 세계 내재적 원리인 창조적 생명으로 이해된다. 그리고 예술은 종교 대신 세계의 비극적 본질을 인식하고 고통과 모순, 생성과 변화의 과정 속에서 형상화된 이 세계를 긍정하는 구원의 언어이자

세계 놀이를 긍정하는 언어로 간주된다.

니체가 보기에 세계 자체가 예술이며 자기 스스로 생산하는 예술작품이다. 생성과 소멸, 건축과 파괴(해체)의 과정을 반복하는 헤라클레이토스적 세계 아이의 놀이는 이를 시사한다. 우리의 삶 역시 세계의 예술활동에 참여하는 예술 행위이다. 니체의 예술철학은 어떤 의미에서 '놀이 미학'이라 할 만하다. 핑크는 그렇기에 디오니소스적인 것과 아폴론적인 것의 놀이, 세계 놀이, 인간의 놀이를 니체 사상의 핵심으로 본 것일 터이다.(Fink, 1960, 31) 귄터 볼파르트 Günter Wohlfahrt가 니체 철학의 진정한 기원을 헤라클레이토스에게서 찾은 것도 그 때문일 것이다.(볼파르트, 1997, 20-21) 그렇게 해서 예술-놀이는 세계의 생성과 소멸을 설명하는 원리일 뿐만 아니라 자기 극복이나 자기 창조, 가치 창조의 행위를 의미하게 된다. 나아가 놀이 행위는 몸이성 Leibvernunft으로서 '몸'에 대한 긍정을 수반한다는 점에서 몸의 증강을 통한 자기 형성의 과정으로도 해석된다. 이렇게 놀이는 지속적인 의미 확장과 변형을 거치며 궁극적으로는 '윤리적 미적 자기'인 위버멘쉬[24]를 찾는 과정으로 정리된다. 결국 니체에게 예술-놀이는 자기 자신을 넘어 상승하게 되는, 즉 자신을 찾아가는 과정이자 자신의 삶을 하나의 예술작품으로 만드는 창조적 과정이다.

니체에 따르면 예술-놀이의 특이성이 온전하게 실현되는 과정은 '도

---

24) 니체가 놀이를 통해 나아가고자 하는 방향은 분명하다. "예술가(창조하는 자), 그리고 철학자(인식하는 자)를 하나의 인격 속에서 구현하는 것."(KSA10, 501), 즉 최고의 인간, Übermensch가 그것이다. 그는 '정신적' 천재이다. 위버멘쉬가 되는 것은 "삶과 생성의 놀이를 가장 높게 했을 때" 가능하다. 새로운 가치를 창조하는 '창조적 철학자'로서, 그는 이미 존재하는 관점과 가치들을 사유하고 그것을 보존하는 '철학적 노동자'가 아니다. 그는 새로운 가치를 창조하여 새로운 방향을 제시하는 입법자 Gesetzgeber이다. 그는 '최후의 인간 (말인, der letzte Mensch)'의 사유와 행위의 방식을 극복하는 자로서 말인의 삶을 경멸한다. 말인은 "비인간적인 톱니바퀴장치와 메커니즘, 노동자의 '비인간성', '노동의 분업'의 잘못된 경제 Okonomie에서 병들어 있기" 때문이다. 위버멘쉬는 "목적인 문화는 상실되어 가고, 수단인 현대의 학문 활동은 야만적으로 되어 가고"(KSA6, 316) 있는 상황에서 최선의 놀이를 통해 그것을 이겨내고자 하는 미래의 철학자이다.결국 그는 탈경제적인 '귀족적' 가치의 창조를 통해 인간의 고양을 가능하게 하는 자로서 '최고의 인간'이며 최상의 놀이꾼-예술가이다.

취'를 생산한다. '도취'는 생리학적 몸에서 삶의 역동적 에너지가 발산되는 것이다. 그러한 체험을 통해 예술가-놀이꾼은 힘과 생명의 느낌으로 삶이 긍정됨을 발견한다. 주인의 도덕은 이러한 느낌이 최고로 고조될 때 발생한다. "예술가의 생리학에 대하여-예술이 있기 위해서, 미학적 행위나 통찰이 있기 위해, 도취라는 생리학적 전제는 필수불가결하다. [...] 도취에서 본질적인 것은 힘이 상승하는 느낌과 충만의 느낌이다." 『우상의 황혼, 2015, 147-148) 하지만 힘이 소진되고 에너지가 쇠약해진 사람은 피로에 젖은 눈으로 세계를 보고 왜곡된 시각으로 세계를 해석하며 수동적으로 그것을 견뎌 낼 뿐이다. 이런 상황에서 자기 형성은 물론 세계의 창조는 불가능하다. 이는 고유명사가 기입되지 않은 일반적인 평균적 삶이다.

생명감의 최고 정점인 도취를 수반하지 못한 일반적인 삶이란 노예도덕의 삶을 양산할 뿐이다. 주인 도덕의 삶은 자기 자신의 삶을 새롭게 가치 정립하고 끊임없이 의미를 창조하는 삶의 과정을 지속하는 삶이다. 이는 예술적 자기 창조의 과정이려니와 예술가-놀이꾼의 과제는 몸의 증강과 몸에 대한 새로운 해석일 것이다. 이러한 창조 과정은 문명과 왜곡된 이성에 오염된 몸의 치료 과정이기도 하다. 노예의 도덕(노동, 작은 이성, 도덕, 규범 등)으로부터 벗어나 삶의 자기표현 능력을 실험하고 상승시키는 과정은 치유의 과정인 것이다. 창조의 과정은 놀이의 과정이기도 하므로 어떤 점에서 니체는 놀이치료에 대한 반성을 촉구하는 면이 있다. 예술의 원인인 충만한 체험으로서의 놀이 치료는 제도권 학교 현장에서의 그것과 다른 실천을 요구하고, 그것이 추구하는 바도 확연히 다르기 때문이다. 문명과 이성 일방의 독주로 인해 오염된 몸과 삶의 해방을 가능하게 하는 놀이는 지금 우리가 대면하는 일상의 놀이 치료와는 다른 차원에서 이루지는 것으로 볼 수 있다.

이처럼 니체에게도 놀이는 하찮고 진지하지 않은 행위가 아니다. 그리고 놀이는 코흘리개들을 바른 길로 인도하기 위한 수단도 아니다. 그것은 칸트나 실러에게 그렇듯이 미적 판단의 단순 매개자도 아니다. 니체에게서 놀이/진리, 놀이/노동은 전도된다. 어떤 점에서 그는 물구나

무 선 놀이를 바로 세우고자 하는 철학자이다. 놀이는 니체에게 목적과 인과, 선/악의 범주에서 자유롭다. 궁극적으로 놀이는 니힐리즘의 극복을 위한 전략적 위치에 선다. 이미 "모든 것을 감싸는 영혼은 더 많은 잘못을 저지를 수 있다. 가장 현명한 영혼은 자신을 어리석음의 대양 속에 던져버린다. 가장 필연적인 영혼은 자신을 우연 속에 던진다. [....] 영혼. 그에게 있어 모든 것은 놀이이다."와 같은 진술, "완고한 현자들에 반하여 자신을 그들로부터 해방시키는 영혼, 그에게 있어 모든 것은 놀이이다."(KSA10, 551;KSA10, 615)[25]와 같은 진술에서 놀이는 도구로서의 기능을 넘어서고 있다.

니체는 놀이의 사유를 통해 유럽의 정신사를 규정했던 가치들을 해체하고자 한다. 그는 잔뜩 무게를 잡으며 젠 체하는 우상들의 허구성을 폭로하고 새로운 삶에로의 윤리를 마련하라고 줄기차게 설득한다. 놀이의 정신을 참을 수 없는 이들 우상들은 니체의 동시대에도 그리고 지금에도 활발하게 암약하고 있다. 이들은 삶의 고양보다는 삶의 쇠퇴와 문화의 몰락(니힐리즘)을 야기한다는 점에서 심각하다. 이미 니체는 '현대 Moderne'를 생리학적인 자기모순으로 규정한 바 있다. 왜냐하면 "몰락하는 가치들, 허무주의적인 가치들이 신성한 이름으로 주도권을 행사하기"(KSA6, 172) 때문이다. 기본적으로 놀이와 예술은 이러한 헤게모니를 겨냥한 망치이며, 그것은 새로운 삶에로의 초대장이라 할 수 있을 것이다.

니체가 보기에 구시대와 스스로를 구별하기 위해 현대성의 이름을 내세운 가치들이 몰락하는 가치들(허무주의의 가치들)을 초래한다. 여기서 '현대'는 연대기적 개념이 아니다. 그것은 소크라테스에서 연원하는 개념들과 태도들로 지금까지 계속되어온 어떤 경향성이다. 이를테

25) Friedrich Nietzsche, KSA10, 551; KSA10, 615. 아마 다음과 같은 진술은 놀이의 창조적 힘과 관련한 니체의 생각을 더욱 간명하게 보여주는 것들 중 하나일 것이다. "세계를 지배하고 탐구하는 존재자들은 창조되어야 한다. [...] 때로는 거기에서 그 놀이에 참여한다. 이 존재자들에게 힘이 주어져야 한다. 그들에게 힘이 위임될 것이다. 왜냐하면 그들은 하나의 단일한 목적을 얻기 위해서 그것을 폭력적으로 사용하지 않을 것이기 때문이다."(KSA9, 497)

면 '소크라테스적 인식욕 Erkenntnislust'은 모든 것이 설명되고 이해되어야 한다는 현대인의 실증주의적 태도와 일치한다. 니체에 따르면 계몽의 가면을 쓴 근대의 가치들은 형이상학적-신학적 세계관을 극복하기보다 그것을 세속화시킨 결과물이다. 근대는 이데아나 신의 자리에 이성, 정신, 주체를 앉힌다. 그리스도교의 도덕 대신 양심이나 보편적 도덕을 내세운다. 이성과 학문, 과학이 자기 신화로 되는 가운데 거기서 배제되고 제외되는 '다른 것들'은 엄숙하게 단죄된다. 창조와 새로운 삶의 원천인 차이와 생성은 부정되고 자유로운 놀이는 유치한 아이들의 부질없는 짓거리로 폄하된다. 니체의 놀이는 이러한 도구적 이성과 그에 기댄 근대의 과도한 노동윤리, 동일성 사유에 따른 사회적 억압과 부작용에 대한 명료한 반항이라 할 수 있다.

니체의 '계보학적 탐구'는 유럽 주류 문화를 있게 하고 그 스스로 긍정해온 가치들의 절대적 권리와 정당성 요구에 의문을 제기한다. 그에게 가치는 주어지는 것이 아니라 현실 속에서 구성된 것이다. 모든 가치의 뿌리에는 그것을 만든 사람들의 이해관계가 숨어 있다. 니체가 보기에 소크라테스, 그리스도교, 근대 계몽주의 등의 보편적 가치들 배후에는 '지금-여기'의 삶을 지배할 수 없었던 약자들의 원한과 간계가 어려 있다. 이데아, 신, 이성의 이름으로 절대성과 보편성을 주장해온 유럽 가치들의 허구성은 몰락의 길(니힐리즘)로 귀결될 것이라고 니체는 예언한다. 그리고 니힐리즘은 최고 가치의 몰락과 새로운 가치가 부재하는 상황, 즉 가치의 진공상태를 의미한다. '신은 죽었다.' 이로써 신, 이성, 주체 등의 최고 개념이 권위를 상실한다. 그런데 그것들을 대신할 대안적 가치도 없다. 인간에게 남은 것은 피로와 절망뿐이다. 현대의 화폐 편집증, 온갖 중독, 자살은 대안적 가치의 부재를 보여주는 단적인 사례들로서 니힐리즘의 확산과 고착화가 심각한 단계에 이르렀음을 보여준다. 니체의 철학은 이에 대한 응답이다.

니체의 진단과 예상, 특히 그의 수사법은 과장된 측면이 있지만 지금까지 계속되는 현대성의 폐해들을 돌아보고 다른 삶과 사회의 경로를 모색하는 동력을 제공하는 면이 분명 존재한다. 그는 '현대'와 관련된 모든 것들이 부정의 대상이지만 부정을 넘어 새로운 가치들과 삶의 방식이 계발되고 창안되어야 한다고 일관되게 주장하고 있기 때문이다. 이를 위해 니체는 놀이를 실마리로 삼고자 한다. "나는 위대한 과제를 대하는 방법으로 놀이보다 더 좋은 것을 알지 못한다."(KSA6, Ecce homo, 297) 놀이는 심심풀이, 오락이 아니다. 진선미에 가려질 만한 것도 아니다. 칸트와 실러도 놀이에 주목했다. 하지만 그것은 수단의 의미가 강했다. 반면 니체에게 놀이는 니힐리즘의 극복이라는 가장 위대한 과제와 관련된다. 가치의 진공상태를 극복하는 놀이의 대안적 가치 창조의 힘에 주목한 것이야말로 니체의 기여일 것이다.

지금까지 살펴 본 니체의 사유는 놀이라는 핵심어를 통해 좀 더 간명하게 정리할 수 있다. 니체의 놀이-예술 미학은 헤라클레이토스 독서의 결과물이다.[26] 문헌학자로서 니체는 한 소크라테스 이전 철학자의 짧은 놀이 관련 단편들에서 자기만의 고유한 놀이 윤리의 단초들을 발견하고 재해석하여, 거기서 사유를 전개한다. "우리의 최고 예술과 철학 사이에는, 그리고 진실로 인식된 먼 고대 사이에는 모순이 존재하지 않는다. 그것들은 서로 보호해주고 지지해준다. 여기에 내 희망이 놓여 있다."(N: KSA8, 69) 그는 단편 B52가 헤라클레이토스의 세계, 시간, 놀이에 관한 깊은 통찰을 담고 있다고 본다. "그것은 놀이이다. [....] 아이는 마치 예술가가 자신이 창조하고 있는 작품에서 누리는 것과 같은 즐거움을 그 안에서 갖는다."(KSA1, PHG, 832) 루키아노스의 전언에 따르면, "삶의 시간(영겁의 시간 aion, Lebenszeit, Ewigkeit)이란 도대체 무엇인가?"라는 질문에 대한 헤라클레이도스의 답변이 "장기 돌을 모았다 흩트렸다 하며 노는 아이 pais paizon, spielendes Kind(Knabe)"(KGW2, 1995, 273)였다고 한다. 헤라클레이토스는 세계를 생성과 대립자의 투쟁으로 본다. 여기는 존재의 세계가 아니라 놀이의 세계이다. 니체는 세계를 하나의 놀이로 파악한 헤라클레이토스에게서 세계를 단일한 목적이나

26) "세계가 일종의 신적인 놀이이고 선과 악의 저편에 있다고 본 점에서 베단타 철〈학〉과 헤라클레이토스는 내게 선배가 된다."(N; KSA11,20). 여기서 N은 니체의 전집 중 Nachlaβ(유고)를 의미한다.

법칙으로 파악하려는 태도와 다른 것을 발견한다.[27)]

또한 단편 B52의 장기 돌을 가지고 노는 아이는『일리아드』에서 모래성 놀이를 하는 아이, 즉 제우스와 유비적 관계로 나타나기도 한다.[28)] 영원히 생성하는 세계를 놀이의 운동과 비교하는 니체의 알레고리는 다음과 같은 진술에서 간명하게 선언한다. "모든 것이 헤라클레이토스에게는 하나의 조화로 합쳐진다. [....] 생성과 소멸, 건축과 파괴는 아무런 도덕적 책임도 없이 영원히 동일한 무구의 상태에 있으며, [....] 영겁의 시간 에온 Aeon은 자기 자신과 이 놀이를 한다. 마치 아이가 바닷가에서 모래를 쌓듯이 그는 물과 흙으로 변신하면서 높이 쌓았다가는 부수곤 한다."(KSA1:PHG, 830-831) 놀이(하는 아이)의 속성은 '순진무구', '도덕과 무관', '파괴' 등이다. 이러한 특이성을 통해 니체는 세계가 형이상학적 목적이나 인과성의 공리 그리고 선/악의 이분법과 무관함을 강조하고자 한다.

이후 헤라클레이토스 수용 과정을 거치면서 니체에게 놀이는『비극의 탄생』을 비롯한 초기 저서에서 예술과 연결된다. 특히 디오니소스의 본성은 놀이를 빼면 그에 대한 논의가 불가능할 정도이다. 가령 다음의 진술은 디오니소스적인 것과 놀이의 상관성에 관한 니체의 태도를 선명하게 제시한다. "디오니소스적 현상은 우리에게 항상 새롭게 반복되는 개체 세계의 놀이적 건설과 파괴를 근원적 쾌락의 분출로서 드러낸다. 이는 신비로운 사람 헤라클레이토스가, 장난으로 돌을 이리저리 옮겨놓고 모랫더미를 세웠다가 부수는 어린 아이를 세계를 형성하는 힘에 비유한 것과 같은 방식으로 이루어진다."(KSA1, 153)

헤라클레이토스의 aion, 놀이하는 아이와 디오니소스의 공통점은 '심미적 성격'에서도 찾을 수 있다. "오직 심미적인 인간만이 [....] 필연성과

27) 니체와 헤라클레이토스의 관계 혹은 니체의 해석과 관련해서는『놀이하는 인간의 철학』(정낙림, 2017, 1부 1장)을 참조 할 것.

28) "제우스는 세계의 형성에서 바닷가에서 모랫더미를 쌓았다 허물었다 하는 아이에 비유됩니다."(KGW Ⅱ-4, 273) 다른 곳에서도 유사한 진술이 발견된다. "세계는 제우스의 놀이이며, 또는 물리적으로 표현하자면 불이 자기 자신과 하는 놀이이다." 따라서 "세계를 형성하는 힘으로서의 불", 즉 아이온(aion)이 제우스이라는 유추도 가능하다. (KSA1:PHG, 828)

놀이, 투쟁과 조화가 예술 작품을 탄생시키기 위해서는 서로 결합해야만 한다는 것을 경험한다."(KSA1:PHG, 831)[29] 니체에 따르면 그리스 비극은 꿈의 예술을 대표하는 아폴론적인 것과 도취의 예술이 뿌리내린 디오니소스적인 것의 '케미'이다. 니체는 이러한 화학작용 역시 '놀이'로 비유한다. 아폴론적인 "조형가의 예술은 꿈과의 놀이"이고, "디오니소스적인 예술가의 창조는 도취와의 놀이이다."(KSA1, 554, 555)

이후 후기 저작인 『차라투스트라는 이렇게 말했다』에 이르러 헤라클레이토스를 통해 시작된 놀이 기반의 세계 이해가 심화된다. 특히 〈세 가지 변화에 관하여 von den drei Verwandlungen〉라는 장에서 놀이가 어떻게 새로운 가치 창조와 니힐리즘 극복에 기여하는가가 잘 드러난다. 니체에게 있어 '낙타', '사자', '아이' 세 유형의 정신은 인간 실존의 본질적인 세 유형이다. 니체는 다음과 같은 질문을 던진다. "어떻게 정신이 낙타로 되고 낙타가 사자로, 그리고 마지막으로 사자가 아이로 되는가?"(KSA4:ZA, 29) 정신과 존재의 변화 과정에서 아이의 놀이가 중요한 작용을 한다.

주인의 명령에 따라 짐을 싣기 위해 스스로 무릎을 꿇는 낙타의 정신은 굴종과 자기 비하의 태도를 의미한다. 낙타의 정신은 등에 실린 짐의 무거움을 참아내는 능력에 비례한다. 무거운 짐은 신이나 선조 등의 이름으로 명령된 가치체계이다. "공경하고 두려워하는 마음을 지닌 억센 정신, 짐깨나 지는 정신에게는 참고 견뎌내야 할 무거운 짐이 허다하다."(같은 책, 29) 사막(실재계)이 말해주듯, 낙타적 정신은 생각과 행위의 자기 기준을 자기 스스로 만들 수 없는, 가치를 창조할 수 없는 정신적 불임 상태이다. 이러한 자세에서 창조는 물론이고 니힐리즘의 극복 역시 쉽지 않다. 스스로 무거운 짐을 내려 놓지 못하는 낙타들은 고귀하고 무거운 가치가 초월적 존재로부터 자신들에게 이미 주어져 있다고 확신한다. 그들은 그 가치들에 순종함으로써 그들은 초월자의 착한 종

29) 따라서 "헤라클레이토스는 오직 현존하는 세계를 묘사할 뿐이며, 예술가가 완성되어가는 자신의 작품을 바라볼 때 느끼는 직관적 희열을 이 세계에서 느낄 뿐이다."(KSA1:PHG, 832)

으로 살고자 한다. '너는 해야만 한다 du sollst'는 낙타적 정신의 정언명령이다. 그것은 전통적 가치를 무조건 따름으로써 스스로의 역능을 부정하는 노예도덕의 전형적 태도이다.

이후 불모의 사막에서 정신은 낙타에서 사자로 변화를 맞이한다. "사자가 된 낙타는 이제 자유를 쟁취하여 그 자신이 사막의 주인이 되고자 한다."(같은 책, 30) 사자 단계의 정신은 낙타가 복종하는 실체 없는 곳에서 유래한 전통적 규범, 즉 낙타적 정신이 주인 혹은 신이라 부르는 자로 '거대한 용'을 지목한다. 그리고 그것의 허구성을 폭로한다. "'너는 마땅히 해야 한다'가 바로 거대한 용의 이름이다." 용의 "비늘 하나하나에는 '너는 마땅히 해야 한다!'는 명령이 금빛 찬란하게 빛나고 있다. 이들 비늘에는 천 년의 역사를 자랑하는 가치들이 번쩍인다."(같은 책, 30) 용은 일체의 가치들이 자기에게서 나왔고, 새로운 가치란 있을 수 없다고 사자에게 강변한다. 자신의 명령이 신의 전능한 의지를 표현하고 있으며, 이를 무조건 따르라고 겁박한다.

하지만 사자는 용의 허구를 간파한다. 그는 'du sollst'에 '나는 하고자 한다 Ich will'로 맞선다. 낙타에서 사자로의 변신은 정신의 자기부정을 함축한다. 이는 구체제를 타도하기 위한 혁명을 상기시킨다. 혁명을 통해 구가치와 지배체계가 붕괴되듯이, 'Ich will'이라는 선언과 함께 낙타와 용 그리고 사막은 사라진다. 사자의 정신은 새로운 가치의 탄생을 위한 준비를 한다. 하지만 사자의 정신은 전통적 가치들로부터 자신을 해방시켰지만, 새로운 가치를 창조하진 못했다. "새로운 가치의 창조, 사자라도 아직은 그것을 해내지 못한다."(같은 책, 30) 신을 살해함으로써 형이상학과 선/악 도덕의 절대 권위를 붕괴시켰지만 대안적 가치를 창조하지 못했다. 허무감이 찾아온다. 사자는 니힐리즘 시대의 정신을 대변한다.

이처럼 사자는 '부정 Nein'을 대변한다. 부정은 진정한 의미의 자유가 아니다. 그래서 그는 또 다른 변신을 시도한다. 왜 강탈을 일삼는 사자는 이제 어린아이가 되어야 하는가? 어린 아이는 놀이하는 자로서 생성과 창조를 위한 새로운 출발의 역능을 지닌 자이기 때문이다. "어린아이는 순진 무구요 망각이며, 새로운 시작, 놀이 스스로의 힘에 의해 돌아가는 바퀴이며 최초의 운동이자 거룩한 긍정이다."(같은 책, 31) 망각과 순진무구를 대변하는 아이는 '너는 반드시 해야 한다'는 의무나 규범(과거)의 굴레에서 자유롭다. 새로운 시작, 놀이를 할 수 있는 것이다. 그에게 의미의 시작은 외부의 타자나 초월적 존재에게 비롯되지 않는다. 니체에게 놀이를 통한 의미의 생성은 스스로 구르는 바퀴처럼 자신에게서 시작하여 자신에게 돌아가는 원운동의 형태를 띤다. 가치의 시작과 끝이 자기 자신이라는 자각은 삶을 긍정하는 것이다. '지금 바로 여기 이 곳'의 삶에 대한 '거룩한 긍정 ein heiliges Jasagen'이 있기에 가능하다. 그는 과거로부터의 해방된 자다. 더 나아가 그는 미래의 언약에 대한 헛된 꿈도 꾸지 않는다. "그렇다. 형제들이여, 창조의 놀이를 위해서는 거룩한 긍정이 필요하다. 정신은 이제 자기 자신의 의지를 원하며, 세계를 상실한 자는 자신의 세계를 획득하게 된다."(같은 책, 31) 아이의 정신은 대지의 삶을 긍정하고 자유롭게 가치 창조의 놀이를 한다. 놀이는 원인이나 목적에 따라 정해진 하나의 길을 따르는 것이 아니다. 그것은 스스로의 길을 감으로써 세계를 획득한다. 아이의 정신은 세계와 타자를 복종과 강탈의 대상으로 보지 않는다. 아이의 정신 속에는 자유가 깃든다.

놀이하는 아이의 정신은 니체 철학의 정수를 담고 있다. '놀이, 힘에 돌아가는 바퀴'는 '영원회귀'를 의미한다. 차라투스트라를 쓰기 훨씬 전(1881) 니체의 다음 진술은 놀이와 영원회귀와 그것이 갖는 의미를 명확하게 보여준다. "새로운 주요 관심사: 동일한 것의 영원회귀. [....] 단지 놀이로만 간주되고 통용되며, [....] 우리는 이전에 존재자의 진지함을 이루었던 것에 대해 마치 아이들 같은 태도를 취한다."(N: KSA9, 494)[30] 다음의 진술에 비추어 보면 이는 헤라클레이토스의 만물의 생성과 변화 이론에서 영향을 받은 초기 이론의 심화로 볼 수 있다. "영원회귀에 대한 가르침, 즉 무조건적이고도 무한히 반복되는 모든 것의 순환에 대한

30) 1888년 유고도 이를 뒷받침한다. "새로운 세계 구상(....) 이미 무한히 자주 반복되었고 자신의 놀이를 무한히 즐기는 순환운동으로서의 세계."(N: KSA13, 376).

가르침-차라투스트라의 이 가르침은 결국 헤라클레이토스가 먼저 가르쳤을 수도 있으리라."(KSA6:EH, 313)

니체에게 아이의 '거룩한 긍정'은 영원회귀를 통해 배우는 세계와 실존에 대한 절대적 긍정, 즉 운명애 amor fati를 의미한다. 운명애는 "앞으로도, 뒤로도, 영원토록 다른 것은 갖기를 원하지 않는다는 것"(같은 책, 297)이다. 여기서 아이들의 놀이는 힘에의 의지, 즉 권력의지를 상징한다. "힘이 축적된 자의 이상으로서의, '어린이다운 것'으로서의 '놀이'"(N:KSA12, 129)라는 진술에서 그것을 유추할 수 있을 것이다.[31] 결국 니체에게 놀이는 우리의 삶을 짓누르는 무거운 가치들을 떠나보내는 것이다. 홀대받은 가치들인 놀이, 우연, 몸, 힘 등을 삶을 위해 받아들이는 것이기도 하다. 니체의 힘에의 의지에서 힘은 타자를 지배, 억압, 파괴하는 것을 의미하지 않는다. 그것은 주인이 되고자 하며 더 강해지는 것이다. 말인(末人, der letzte Mann)이 되지 않기 위해서 말이다.

니체가 보기에 일체의 가치창조는 일종의 놀이다. 인식 행위들도 놀이다. "우리의 사고란 실제로는 보고 듣고 느끼는 매우 정교하게 서로 얽힌 놀이일 뿐"(N:KSA9, 309)이라는 말처럼 니체가 말하는 놀이의 외연은 무척 넓다. 놀이로서의 인식행위 측면에서 보자면 우리는 오직 관점주의적으로만 세상과 현상을 본다. "관점적인 것은 삶의 근본 조건"(KSA5: JGB, 12)인 것이다. 니체의 관점주의적 시각에서 보면 사실들은 존재하지 않고 해석들만이 있을 뿐이다. 관점과 해석은 지속적으로 추가된다. 완성은 없지만 그것을 향한 영속적인 접근의 운동과 놀이는 계속되는 것이다. 따라서 하나의 고정된 불변원칙이니 궁극적인 원리 따위는 없다. '해석의 놀이만 있을 뿐이다. 좋은 해석이란 관점의 다양성을 허용하고 관점들 사이의 경쟁을 촉발하는 것이다. 반면 나쁜 해석은 선악을 기초로 한 도덕이다. 놀이에 대한 이러한 견해는 전통적 형

31) 1885년 유고의 한 단편에서는 더욱 구체적으로 표현된다. "그대들은 '세계'가 무엇인지를 알고 있는가? [....] 이 세계는 시작도 끝도 없는 거대한 힘이며, [....] 힘들과 힘의 파동의 놀이로서 하나이자 동시에 '다수'이고, [....] 모순의 놀이로부터 조화의 즐거움으로 되돌아오고, [....] 이러한 세계가 힘에의 의지다-그리고 그 외에 아무것도 아니다."(N;KSA11, 610)

이상학과 도덕에 정면 배치된다. 형이상학적 욕망, 근대적 기계적 세계관을 니체는 거미가 자신의 배설물로 하늘을 동여매려는 욕망에 비유한다. "오, 내 머리 위에 펼쳐져 있는 하늘이여, [....] 내게는 영원한 이성이라고 불리는 거미가 존재하지 않으며 그런 거미줄도 쳐 있지 않다."(KSA4:ZA, 209)

근대가 진행되면서 이성은 모든 대상들의 차이성을 배제하고 동일성을 추구한다. 대상을 개념화하고 언어화하는 과정에서 이성의 본질이 극명하게 드러난다. 거기서 일정한 관계를 통해 법칙과 개념을 산출하는 동력은 동일성의 원리다. 이로써 개념이나 언어가 대상을 완전하게 대변한다고 '오인'한다. 하지만 니체의 말처럼 언어는 "어떤 사물을 전적으로 상이한 영역으로 전이시킨 것이다."(N:KSA7, 66) 그것은 '사물 자체' 혹은 '물 자체'와 무관하다. 그것은 사물을 "신경자극에 그리고 표상으로 종국적으로는 소리"(KSA1:WL, 879)로 전이시킨 것에 불과하다. 대상에서 개념에 이르는 각 단계는 필연적이지 않고 임의적이다. "그럴듯한 미학적 관계"만 있을 뿐이다. 그렇지 않다면 세계에 "그렇게 많은 언어들이 존재하지 않을 것이다."(같은 책, 884, 879) 어떤 점에서 니체는 '실재 das Reale'를 포함하지 못하는 상징질서를 간파한 라캉, 그리고 차이를 억압하는 동일성의 폭력을 비판했던 비판이론과 포스트구조주의의 이론을 선취하고 있다.

물론 니체가 개념화 자체를 부정하는 것은 아니다. 우리에게 개념은 생존과 사유에 여러모로 요긴한 것이기 때문이다. 다만 개념은 사물에 대한 보편적 잣대가 아니라 미학적 결과물이요 허구적 부산물임을 인정하자는 것이다. 이성과 과학의 이름으로 사물들에 전횡을 일삼는 것, 이성과 과학의 종교 아래 노예로 살아가는 것은 개념이 미학적 허구라는 것에 대한 무지에서 비롯한다. 개념 만들기 역시 수많은 놀이 중 하나임에도 불구하고 그것을 부인하는 것도 노예의 태도 중 하나이다.

니체가 보기에 과학의 이름으로 '일자(一者, the One)를 맹신하는 인과법칙 역시 해석의 한 결과물이다. 그것은 "모든 작용 Wirkung을 작용을 촉발한 자 Wirkende, 주체에 제약된"(KSA5:GM, 279)것으로 보는 인간의 오랜 습관에서 비롯된 것이다. 이 습관은 끊임없는 생성 속에 있는 세계를 예측 가능한 방식으로 이해함으로써 자신의 삶을 보다 용이하게 보존하고자 하는 생존 전략의 산물이다. 세계에 대한 이해는 기본적으로 인간의 "집단적 놀이"(N:KSA12, 104), 즉 다양한 사고 실험 과정의 산물이다. 이들 중 하나의 불변의 법칙으로 둔갑하고, 생성의 세계를 법칙 아래 가둬두려는 전도가 일어난다. 주어 중심의 문법과 이성 중심의 철학이 그 주범이다.

니체는 생성의 세계를 보편적 법칙으로 묶고 지배하려는 이성의 무한 팽창 욕구를 '인식욕 Erkenntnislust'(KSA1:GT, 89)으로 부른다. 소크라테스가 대표적이다. 그는 인식에 대한 충동으로 살아가는 최초의 파우스트적 인간이다. 그로부터 "보다 황량한[....] 지식의 바다[....]"(같은 책, 116)로 내몰리게 되는 운명이 시작되었다. 이론적 인간의 전형인 소크라테스는 "사유, 즉 인과의 실마리 덕에 존재의 가장 깊은 심연에까지 도달할 수 있다고"(같은 책, 99) 확신한다. 그런 의미에서 그의 등장은 '세계사의 전환점'이다. 하지만 이성은 개념이나 법칙을 통해 세계를 포섭할 수 없다. 생성과 우연의 법칙은 개념의 그물망을 번번이 비켜가기 때문이다. "'모든 사물 위에 우연이라는 하늘, 천진난만이라는 하늘, 뜻밖이라는 하늘, 자유분방이라는 하늘이 펼쳐져 있다.' [....] '뜻밖에.' 이것이야말로 세상에서 더할 나위 없이 유서 깊은 귀족이다. 그것을 나 모든 사물에게 되돌려주었다. 그렇게 하여 나 모든 사물을 목적이라는 것의 예속 상태에서 구해준 것이다."(KSA4:ZA, 209)

이처럼 보편적 법칙을 고수하는 소크라테스 류의 철학자들은 놀이에 서툰 자들이다. 우연과 생성이라는 놀이의 조건들에 무지하거나 그것들을 긍정하지 못하기에 그들은 불변의 우상을 만들어낸다. 그래서 니체는 그런 철학자들에게 "그대들은 주사위를 잘못 던졌던 것이다."(같은 책, 363)라고 일갈한다. 그들은 주사위의 한 면이 나올 확률을 1/6이라고 믿는다. 기계론자들의 경우처럼 말이다. 그들에게 우연은 필연으로 향하는 길에 하찮은 부분에 불과하다. 그들의 주사위 던지기는 놀이의 우연성에 대한 경탄과 기쁨이 존재하지 않는 기계적인 동작, 즉 노동에 불과하다.[32] 반면 어린 아이에게 주사위 던지기는 놀이가 초래하는 경탄과 기쁨의 연속이다. 주사위 놀이의 이유는 던지는 행위에 있지 확률, 즉 수의 조합에 있지 않다. 그들에게 이러한 놀이의 행위는 동일성을 단순 확인하는 반복이 아니다. 그것은 새로움의 반복이다. 그들은 우연과 놀이의 가치를 체득하고 있고 생성의 세계에 가까이 가 있다. 하지만 소크라테스 이후의 엄숙한 주류 철학자들은 놀이와 아이를 무시함으로써 자신들의 성채를 이룩해왔다.

이미 말한 것처럼 니체에게도 놀이는 예술과 동일시되기도 하고 동급으로 여겨진다. 물론 그에게 예술은 단순히 작품을 창작하는 행위나 그 결과물에 국한되지 않는다. '놀이-예술'은 삶의 기술을 바꾸는 차원을 의미한다는 점에서 윤리학으로 도약한다. 놀이가 미학에서 윤리학으로 확장되는 어느 지점에 니체는 자리하고 있는 셈이다. 아니 니체가 놀이와 예술, 가령 비극과 음악, 춤을 이야기할 때 그것은 미학과 윤리학의 경계를 넘어서려는 기획으로 평가할 수 있을 것이다. 『차라수트라는 이렇게 말했다』 3부 〈해뜨기 전에〉의 한 대목에서 니체는 "신성한 우연이란 것이 춤을 추는 무도장이며 신성한 주사위와 주사위 놀이를 즐기는 자를 위한 신의 탁자"(같은 책, 209)라고 하고 있다. 놀이꾼-예술가는 그러한 우연의 가치를 통찰한 자이다. 그는 "가장 긴 사다리를 갖고 있는, 그리하여 가장 깊은 심연까지 내려갈 수 있는 그런 영혼"의 소유자이다. 그는 "자기 자신의 내면으로 더없이 멀리 뛰어들고, 그 속에서 방황하며 배회까지 할 만큼 더 없이 포괄적인 영혼, 기쁜 나머지 우연 속으로 뛰어드는 더없이 불가결한 영혼, 생성 속으로 잠겨드는 영혼"(같은 책, 261)을 가진 자이기도 하다. 우연을 긍정하며 그 속에서 재미를 찾으며 창조의 행위를 능숙하게 하는 자, 우리는 그를 진정한 놀이꾼으로 부를 수 있다.

셰익스피어는 이 세계를 무대로 보면서 우리를 그 무대 위의 연기자로 보았지만, 니체는 이 세계를 신들의 놀이터로 보면서 우리로 하여금

32) 니체에게 놀이는 '우연', '차이', '생성'의 긍정이다. "너희들은 [....] 우연을 가엾게 여긴다. 그러나 나는 말한다. '우연으로 하여금 내게 다가오도록 내버려두어라. 우연은 어린 아이와 같아서 천진난만하다!"(같은 책, 221쪽)

우연과 생성을 긍정하는 놀이꾼-예술가가 될 것을 촉구한다. 가령 『일곱 개의 봉인』에서는 이러한 진술이 나온다. "내 일찍 이 신들의 탁자인 이 대지에 앉아 대지가 요동치고 터져 불길을 토하도록 신들과 주사위 놀이를 벌여보았더라면. 이 대지는 신들의 놀이터"(같은 책, 288)[33]. 동시대 현실과 정신적 풍조에 대한 니체의 비판 속에서 매번의 주사위 던지기에 호기심과 기쁜 마음으로 놀이를 즐기는 자들과 형이상학자나 기계적 법칙으로 우연의 놀이를 계산하려는 자가 대조된다. 놀이 자체를 모르거나 서툰 자들은 조롱 섞인 비판의 대상이 된다. "그러나 주사위 놀이꾼들이여, 무슨 상관이랴! 어떻게 놀이를 하고 희롱을 해야 하는지 그 방법을 익히지 못해 그렇게 된 것이니! 아무렴 우리는 언제나 희롱을 하고 놀이를 하도록 되어 있는 거대한 테이블에 앉아 있지 않는가?"(KSA4:ZA, 363).

니체에 의하면 우연은 결코 필연에 매일 수 없다. 우연의 단편들을 필연으로 구속하는 것은 '마땅히 그런 법칙과 섭리가 있어야만 한다'는 도덕적 관점의 태도이다. 그런 의미에서 놀이꾼으로서 차라투스트라는 '우연을 구제하는 자'이다.[34] 그 반대는 '중력의 악령 Geist der Schwere' 이다. 그는 우연과 생성, 웃음과 가벼움, 생명과 대지, 춤과 놀이의 정신에 대항한다. 중력의 악령이 부과하는 가치들은 '선과 악, 양심, 목적과 인과, 평등 등에 무조건적으로 복종하라'는 것이다. "특히 공경하고 두려워하는 마음을 지니고 있는, 억세고 짐깨나 지는 사람은 낯선 무거운 말과 가치들을 너무나도 많이 짊어진다."(KSA4:ZA, 243) 이들에게 삶은 고통의 바다이다. 삶의 무게를 맴신하는 그들에게 우연, 순간, 생성, 창

---

33) 들뢰즈는 니체의 주사위 놀이에 기대어 자신의 차이와 우연, 생성의 철학을 펼친다. "한 번 던지는 주사위들은 우연의 긍정이고, 그것들이 떨어지면서 형성하는 조합은 필연의 긍정이다. 존재가 생성에 의해서 긍정되는 것과 정확히 같은 의미로 필연은 우연에 의해 긍정되며 하나는 다수에 의해 긍정된다."(들뢰즈, 1999, 62)

34) 생성의 세계는 "종국 상태에 도달하지 않았기 때문에, 기계론은 불완전한, 한갓 잠정적 가설에 불과한 것이다. 필연은 우연 그 자체의 조합이다. 필연은 우연이 그 자체로 긍정되는 한에서 우연에 의해서 긍정된다. 그 이유는 우연 그 자체의 유일한 조합, 우연의 모든 부분들을 조합하는 유일한 방식, 다수 중의 하나, 즉 수나 필연과 같은 방식만이 존재한다는데 있다. (...) 우연의 모든 조각들을 결합시키는 것은 운명적인 유일한 수, 우연 그 자체의 유일한 수이다."(들뢰즈, 1999, 63)

조, 놀이의 정신은 삶의 진중함을 방해하는 것이다. "내가 나의 옛 악마이자 불구대천의 원수인 중력의 악령과 그가 만들어낸 모든 것, 이를테면 강제, 율법, 곤궁 Noth과 결과, 목적, 의지, 선과 악을 다시 발견한 그곳에는"(같은 책, 248) 우연을 긍정하는 놀이가 존재하지 않는다. 인과성, 목적성, 선/악의 집게발로 우연을 파괴하려는 중력의 악령은 놀이에 서툰자들이다. 그들의 놀이는 이성이라는 거미가 쳐놓은 거미줄의 지배를 받는다. 이성의 법칙을 맹신하는 무거운 정신은 '규칙에 따라 가라. 그러면 끝이 있을 것이다'라는 계명에 따라 살며 정확한 결론을 기대한다.

니체가 보기에는 "하늘나라에 대한 희망을 설교하는 자들"도 중력의 악령에 속한다. "그런 자들은 스스로가 알고 있든 모르고 있든 독을 타 사람들에게 화를 입히는 자들"이다. 그들은 자기 시대가 "저 죽음의 설교를 들어야 마땅한 자들로 가득 차 있다."(같은 책, 15)고 단언한다. 죽음의 설교에서 가장 위험한 것은 '모든 사람은 같다'는 평등의 설교이다. 이를테면 평등의 이름으로 설교하는 타란툴라는 우연, 차이, 순간의 가치를 악으로 보는 자다. 그는 필연, 보편, 영원을 선으로 보면서 가치의 불변성을 신봉, 무거운 정신을 소망한다. 소크라테스, 그리스도교, 근대의 옹호자들도 무거운 짐진자들로서 중력의 무게를 강요하는 자들이다.[35]

중력의 악령이 지배하는 곳에는 삶에 대한 피로와 구토가 엄습한다. 따라서 니체는 중력의 악령을 제거하고 낡은 서판을 깨부술 것을 주문한다. 물론 낡은 서판, 용을 해치우는 것이 다는 아니다. 더욱 중요한 것은 낡은 가치를 대신할 새로운 서판을 창조하는 것임을 분명히 하고 있기 때문이다. 놀이의 정신은 그것을 가능케 한다. 새로운 서판의 가치들-생성, 우연, 순간, 차이, 웃음, 춤, 힘, 몸 등은 놀이와 친화적인 속성들이기 때문이다. 이는 자본주의, 그것의 화폐 제국주의와 자본이라는 물신과 같은 최고의 동일성 원리, 삶의 기계적 패턴, 피로와 우울-니힐

35) 가령 다음과 같은 진술들에서 그러한 생각이 분명하게 제시된다. "그리스도교는 민중을 위한 플라톤주의자"(KSA5:JGB,12) "민주주의는 자연화된 그리스도교" (N:KSA, 12) "현대는 소크라테스에게서 시작되었다."(KSA1:GT, 116)

리즘의 도래, '동물-인간', '병든 동물'을 극복하는 문제이기도 하다. 놀이를 통해 이러한 근대의 무게와 부작용들을 벗어나려 한다는 점에서 니체는 탈근대를 선취하고 있는 셈이다.

당연한 이야기이겠지만 놀이의 규칙은 놀이의 즐거움을 위한 것이다. 따라서 놀이 참여자가 놀이의 주체가 되는 것이 중요하다. 우리 모두 자기 세계를 구성하는 창조자가 될 수 있다. 이는 초기 낭만주의의 프로그램이기도 했다. 우리 모두 가치 창조의 예술가가 되라고 니체는 주문한다. 이는 중력의 악령으로부터의 해방을 의미한다. 니힐리즘의 극복을 위한 관건은 우리 '스스로에서부터 돌아가는 바퀴'처럼 놀이의 정신을 구현하는 것이다. 놀이의 정신은 우리의 지금 삶에 대한 반성인 동시에 새로운 가치 창조의 원천이다. 니체의 말처럼 우리 앞에는 "아직 그 누구의 발길도 닿지 않는 길이 천 개나 있다. 천 개나 되는 건강이 있으며, 천 개나 되는 숨겨진 생명의 섬이 있다. 무궁무진하여 아직도 발견되지 않은 것이 사람이며 사람의 대지다."(KSA4:ZA, 100)

니체의 놀이이론은 그의 철학 전체와 씨줄과 날줄로 얽혀 있다. 서구의 주류 사상과 종교, 제도 등 거의 모든 영역에서 '망치를 들고 철학하는' 그에게 놀이는 훌륭한 무기 역할을 한다. 따라서 지금까지의 놀이이론에서 놀이의 주요한 역할로 간주되어 온 것들은 문제시될 수밖에 없다. 가령 놀이와 교육을 연결하려는 시도들은 어쩌면 니체에게 해체의 우선 대상일 수도 있다. 종전과 완전 다른 그의 놀이 담론에서 보면 플라톤, 아리스토텔레스, 칸트의 '놀이' 교육은 비판의 대상이 될 수밖에 없다. 비판의 내용은 '평균인을 양성하는 교육은 그만!!'으로 정리할 수 있을 것이다. "지금까지 '교육'은 사회의 이익을 염두에 두고 있었다. 그것은 미래를 위한 가능한 한 최상의 교육이 아니라 지금 현존하는 사회의 이익을 염두에 두고 있었다. 사람들은 사회를 위한 '도구'를 필요로 했다."(N:KSA12, 425) 근대 교육의 목표는 "인간의 순화 Zähmung des Menschen"에 있었고, 그것은 "인간의 왜소화 Verkleinerung des Men schen"로 귀결되었다는 것이다.

니체는 이른바 근대 지식인들의 '교양' 담론에도 비판을 제기한다. 물론 이러한 비판이 칸트나 실러, 낭만주의자들의 교양 이념 자체를 비판한 것은 아니다. 다만 교양이 현실의 필요에 종속되어 그 역할을 제대로 하지 못한 점을 비판한 것이라 할 수 있다.

> "자 친구여, 교양을, 다시 말해 이렇게 부드러운 기운의 기분 좋은 맑은 영혼의 여신을, 때때로 '교양'이라 불리기는 하지만 생활고 Lebensnoth와 소득과 궁핍에나 봉사하는 지적인 시녀이자 조언자인 저 유용한 하녀와 혼동하지 말게. 그 과정의 끝에 가서 하나의 관직이나 생계 수단을 약속하는 모든 교육은 우리가 이해하는 바와 같이 교양을 위한 교육 Erziehing zur Bildung이 아니네. 그것은 어떤 길을 통하면 생존 투쟁 Kampf um das Dasein에서 자신의 주체를 구하고 보호할 수 있는지를 알려주는 지시에 불과하지."(KSA1, 715)[36]

이는 자본과 시장의 논리에 종속된 교양 교육 비판으로 읽을 수 있을 것이다. 니체는 이미 비싸게 팔릴 수 있는 인재 양성을 목표로 한 교육의 폐단을 짚고 있는 셈이다. 그는 유용성과 효율성의 지상주의에 매몰되어 창조적 교양인 양성이라는 이념을 배신하고 획일화와 균질화를 초래한 점에 대해 신랄하게 문제를 제기한다.

> "교육: 규칙을 위해서 예외를 파괴하는 수단의 체계. 교양: 평균적인 것

36) "그러나 자신에게 이러한 경쟁을 독려하고 이를 위한 능력을 키워주는 이 기관들이 진정한 의미에서 교육기관으로 고려될 수 있다고는 아무도 생각하지 않네. 아무리 관료나 상인이나 장교나 도매상이나 농부나 의사나 기술자를 교육시킨다고 약속한다 해도 이 기관은 생활고를 극복하기 위한 기관일 뿐이야."; "다른 소수 집단의 사람들에게 교육기관은 전혀 다른 것을 의미한다. 이들은 확고한 조직의 엄호물로서 자신들이 저 군중들에 휩쓸려 떠내려가 사방으로 흩어지지 않으려 하고, 그들 각자가 너무 일찍 피로해져 딴 곳에 정신이 팔려서 기형이 되고 파괴되어 자신의 고귀한 과제를 잊어버리는 일이 없도록 하려 하네. 이러한 개인들은 과업을 끝내야 하네. 그것이 바로 그들의 공동체적 교육기관의 의미라네. 말하자면 이 과업은 주체의 흔적들로부터 정화되어 시간의 상호작용을 벗어나 계승되어야 하는 과업이며 사물의 영원한 불변의 본질을 순수하게 반영하는 것이네. 이 기관에 참여하는 모든 사람은 그러한 주체의 정화를 통해서 천재의 탄생 Geburt des Genius과 그의 작품의 창조를 준비하도록 함께 노력해야만 하네." (KSA1, 715)

에 유리하도록 취향을 예외적인 것에 적대적으로 정립하는 수단의 체계. 이것은 냉혹하지만 경제적 관점에서 보면 완전히 이성적이다."(N:KSA13, 484)

니체는 특히 이윤 창출을 향한 맹목적 자본의 논리에 굴복하여 아곤(경기, agon)의 이상을 배반하는 현실에 비판적이다.

고대 그리스 시대부터 아곤은 자기극복 Selbstüberwindung과 자기형성 Selbstgestaltung의 수단이었으나 세속적인 잣대의 성공만을 열망하는 노예적 삶의 도구가 되고 말았다는 것이다. 이는 놀이에 대한 관심이 '우리 아이'의 세속적 성공의 염원과 직결되는 '지금 여기'의 현실에도 제기될 수 있는 비판일 것이다.

이제 니체는 교양기관 Anstalten der Bildung이 생활고의 기관 Anstalten der Lebensnoth으로 전락하는 것을 중단시켜야 한다고 역설한다. 탐욕의 본능에 매몰되어 쾌락과 재화 획득만을 추구하는 '최후의 인간'(말인)을 극복하고 건강한 '귀족'을 키울 수 있는 교육이 필요하다는 것이다. 스스로 차이와 생성을 감당할 육체적 · 정신적 근력이 부족하여 평균인이 되는 것은 공동체에도 바람직하지 않은 일이다. '가축떼' 혹은 '말인'이 아닌 '주권적 개인 souveraine Individuum'의 삶 속에 '위버멘쉬'가 자리한다. 니체는 그리스의 '아곤'(경쟁)을 모델로 가치의 관점성과 다수성을 증강하는 교육을 지지한다. 그가 보기에 아곤은 공동체 구성원들의 역능을 극대화하고, 개별자들의 긴장을 유지하며 공동체에 기여하는 것을 목표로 한 교육 방식이었다. 그러한 과정을 이수한 구성원들은 공동체의 힘을 고양하는 데 기여할 수 있으리라는 기대가 자리한다. 니체에게도 주체 형성(교양, Bildung)은 중요한 문제이다. 어떤 면에서 그것은 '훈육 Züchtung'으로서의 교육"을 의미한다. 하지만 한국어 번역의 부정적인 어감에도 불구하고 훈육은 사육이 아니다. 그리고 그것은 칸트나 실러, 나아가 낭만주의자들의 경우처럼 정신적 성숙과 성장에 한정되는 것도 아니다. 니체에게 훈육은 큰 이성인 '몸'의 근력을 키우는 일은 정신의 성장과 연동된 것이기 때문이다.

니체에게는 생리학이 중요하다. 생리학은 인간의 '자연성' 회복과 몸

Leib의 복권을 강조한다. 서구는 몸을 타자로 배척했다. 하지만 니체에게 몸은 정신보다 자발적이고 개별적이며, 근본적인 것이다. 그것은 힘에의 의지가 발현되는 장소다. 몸에서의 힘에의 의지는 정동 Affekte들 간의 놀이로 나타난다. 정동으로 드러나는 힘에의 의지는 "영원히 파괴하고 다시 창조하는 디오니소스적 놀이"(N:KSA13, 260)이다. 귀족적 인간, 주권적 인간은 키워지는 것이 아니다. 그것은 스스로 만들어 가야 하는 것이다. 이는 일종의 실험이다. 그리고 우리는 그것을 '놀이'라 부른다. 놀이의 충동은 쉬지 않고 다른 세계를 불러들이는 것이다. 그것은 목적과 법칙을 배제한 것으로 특수하며 개체적인 자유로운 활동의 끊임없는 반복이다.(정낙림, 2017, 351-356)

니체의 사유는 포스트주의자들에게 지대한 영향을 미쳤다. 가령 리오타르는 놀이를 적대 관계 일반으로 해석한다. 그리고 데리다는 놀이를 현존의 파괴 혹은 해체로 보며 차연 différance 작용 자체를 놀이로 규정한다. 그들은 니체의 사유를 경유하여 기존의 틀을 깨고 부정하는 활동에 주목한다. 그들에게 놀이란 파괴적 창조, 끊임없는 현재에의 거부, 의미화의 부정이다. 하지만 차이, 분산(산포), 분쟁, 충돌 그 이상의 무엇이 필요하지 않을까? 해체론자들의 한계는 그들을 '부정 Nein'에 능숙한 니힐리스트로 판단할 빌미를 제공한다. 일탈성과 파괴성에 대한 어떤 대안이 필요하지 않은가?! 니체가 사자의 단계를 넘어선 어린 아이의 놀이에서 찾고자 한 어떤 가치들은 우리에게 모종의 현재적 가르침을 줄 수 있지 않을까?! 법칙이나 목적에 구속되지 않으면서도 법칙과 목적과 자유롭게 대결(조우)하는 가운데 대안적인 법칙과 목적을 추구하는 활동으로서의 놀이, 규칙을 긍정하면서 그 안에서 다양한 변이들을 창조하는 놀이의 특수한 활동 방식에서 무언가 실천적인 의미를 찾아볼 수 있지 않을까?! 니체를 경유하여 우리는 스스로 이러한 물음에 대한 답을 찾아야 하는 과제를 부여받는다.

V. 놀이학의 새로운 출발을 향하여

1. 가다머와 놀이

주지하다시피 니체는 근대미학의 프레임을 규정하는 칸트적 문제 설정을 넘어서려는 기획을 하면서 새로운 예술의 가능성을 도출하려했다. 칸트에 대한 니체의 비판에는 근대 '이후' 혹은 '너머'를 향한 주장과 미적 징후들로 가득하다. 특히 놀이는 보다 근본적인 "강력한 체험, 욕망, 경이, 황홀의 충만"(KSA5, GM, 346)을 결여한 칸트 미학에 대한 비판의 무기로 소환된다. 니체에게 놀이는 단순한 수단이 아니다. 그래서 그는 "나는 위대한 과제를 대하는 방법으로 놀이보다 더 좋은 것을 알지 못한다. 이것이 바로 위대함의 징표이자 본질적 존재 조건이다."(KSA6, EH, 297)라고 고백한다. 놀이는 위대한 과제를 수행하는 무기이다. 어떤 점에서 니체는 일과 노동의 분리를 비판한 선구자이다. 그는 일이 삶의 건강성을 유지시키는 자유로운 놀이가 됨으로써 노동의 소외를 극복하여야 함을 주장한다. 일이 놀이의 방법을 취하고 놀이가 일의 결과를 양분으로 취하는 상호작용은 마르크스와 니체가 공유하는 부분이기도 하다. 니체에게 놀이는 예술이고 예술은 놀이이다. 그는 "영원한 자기 창조와 파괴의 디오니소스적 세계"로서 힘과 파동 놀이의 세계를 인식하지 못하는 칸트를 비판하면서 삶의 윤리와 근력의 촉매로 놀이의 힘을 이용할 것을 주문한다. 어떤 의미에서 니체는 삶과 놀이, 삶과 예술을 일치시키려 했던 아방가르드적 실천가들의 선구자이다.

가다머 Hans-Georg Gadamer도 니체와 다른 방향에서 칸트를 비판하면서 놀이에 대한 자신의 관점을 구축한다. 그가 보기에 칸트가 『판단력 비판』에서 놀이를 상상력과 지성이라는 인식능력을 매개하는 수단으로 축소한 것은 놀이의 본질을 오인한 것이다. 대신에 가다머는 놀이 그 자체의 존재론에 관심을 둠으로써 놀이의 진면목으로 돌아가자 주장한다. 놀이자의 심리 상태나 태도가 진지하기 이전에 놀이 자체가 '진지한 것'이라 주장하는 것도 그 때문이다. 놀이 자체의 진지함이 가다머 놀이관의 출발점이다. "놀이함 그 자체에는 어떤 독특한, 아니 어떤 신성한 진지성이 존재한다는 것이다. [....] 놀이가 전적으로 놀이가 되게 하는 것은 놀이로부터 벗어나 있는 진지성과의 관계가 아니라, 오직 놀이에서의 진지성이다."(WM, 107)[1)]

우리는 여기서 놀이를 그 행위자와 연결하려는 시도에 대한 거리두기를 확인한다. 가다머는 놀이가 놀이하는 사람의 의식이나 주관적 태도와 무관하다고 주장함으로써 칸트를 비롯한 선배 인문학자들로부터 벗어나고자 한다. 놀이의 주체는 놀이하는 사람이 아니라고 보는 것이다. "모든 놀이함은 놀이됨 Gespieltwerden이다. 놀이의 매력, 놀이가 주는 매혹은 놀이가 놀이하는 사람을 지배한다는 데 그 본질이 있다. [....] 놀이하는 사람이 단 한 사람뿐인 경우의 경험이 분명하게 보여주는 바와 같이, 놀이의 원래 주체는 놀이하는 사람이 아니라 놀이 자체이다. 놀이하는 사람을 사로잡는 것, 그를 놀이로 끌어들여 놀이에 붙잡아매는 것은 놀이이다."(같은 책, 112) 가다머에게 "왕복운동 die Bewegung des Hin und Her은 명백히 놀이의 본질을 규정하는 데 중심적 역할을 하며, 따라서 이 운동을 누가, 혹은 무엇이 수행하는가는 중요하지 않다."(같은 책, 109)[2)]

물론 놀이하는 자는 놀이가 표현되는 채널이자 수단으로 존재 의미를 갖는다. 하지만 놀이 자체는 주체나 기체 없이 이루어지며, 이러한 놀이의 특성을 가다머는 '중간태적 과정 mediale Vorgang'이라 칭한다. "놀이가 놀이하는 사람의 의식이나 태도에서 그 존재를 가지는 것이 아

1) H.G. Gadamer: Wahrheit und Methode. Grundzüge einer philosophischen Hermeneutik(WM), Tübingen, 1986. 107. 가다머, 『진리와 방법1』, 문학동네, 이길우 외 옮김, 2012.(이하 본문에 WM으로 표기하고 쪽수를 병기함)

2) 이와 관련하여 조지아 원키의 다음과 같은 해석을 참조할 수 있을 것이다. "놀이가 갖는 호소력과 장점은, 그것이 놀이자를 주재하게 된다는 사실에 있다. 우리 스스로 설정한 과제들을 달성하려는 놀이의 경우에조차, 중요한 문제는 놀이가 작동하고 또 성공하고 그리고 다시 성공하는가 하는 문제다. 놀이의 실제 주연은 놀이자가 아니라 놀이 그 자체다". 원키는 이렇게 말한다. "놀이의 이런 측면은 비트겐슈타인의 언어 놀이와 명확한 유사성을 보여준다. [....] 그리고 그것은 사회적 실천의 이해를 위해 이 개념을 사용하는 사람들의 용법과 특히 유사성을 갖는다."(조지아 원키, 1999, 94)

니라, 반대로 놀이가 놀이하는 사람을 놀이의 영역으로 끌어들여서 놀이의 정신으로 가득 채운다. 놀이하는 사람은 놀이를 자신을 능가하는 현실로서 경험한다."(WM, 115) 이러한 점에서 가다머는 근대적 놀이관을 벗어난다. 그에게 놀이의 주체와 목적, 그 원인은 놀이에서 본질적이지 않다. 가다머가 보기에 "놀이의 운동은 목적이나 의도가 없을 뿐만 아니라, 또한 긴장 없이 일어난다는 것이 놀이의 본질이다. 놀이는 그 자체로부터 발생한다. [....] 놀이의 경쾌함은 주관적으로는 해방으로 경험된다."(같은 책, 110) 놀이는 놀이하는 사람을 자신 안에 품고 있다. 따라서 가다머는 '놀이가 놀이한다 Spiel spielt', '그것이 놀이한다 es spielt'라는 표현을 자주 한다.

가다머에게 놀이의 이러한 속성은 미적 행위에서 더 잘 드러난다. 그래서 그는 "미적 행위는 표현의 존재 과정의 한 부분이며, 본질적으로 놀이 자체에 속한다."(같은 책, 122)[3]라고 주장한다. 가다머에게도 놀이는 예술의 존재방식이다. 그리고 놀이의 운동이 지속적으로 진화하는 과정에서 그것은 결국 예술로 완성된다. 놀이가 예술을 통해 그리고 예술로 진정한 완성을 이루면서 그것은 이념성을 획득한다. 완성체를 향한 놀이의 예술로의 상승작용을 가다머는 '형성체로의 변화'라고 부른다. 가다머는 예술작품을 통해 형성체의 동일성과 통일성이 나타난다고 말하면서 그것을 '진리'의 출현과 연결 짓는다. 놀이가 그렇듯이, 예술작품은 이처럼 주관과 관계없이 세계의 진리를 재현한다.[4]

앞서 말한 것처럼 가다머가 보기에 예술과 놀이는 철저히 주관-객관의 틀을 넘어서 있다. 놀이는 주관적 의미를 갖지 않는다. 예술과 관련하여, 놀이는 창작자나 감상자의 태도 혹은 마음 상태도 아니다. 그것은 주관성의 자유를 통하지 않는다. 놀이는 예술 작품 자체의 존재방식을

---

3) 같은 책, 122. 이는 놀이의 생기 Geschehen와 예술작품의 존재방식이 동일하다는 진술에서도 확인된다. "우리는 예술작품이 놀이라는 것, 즉 예술작품은 자신의 고유한 존재를 자신의 표현으로부터 분리할 수 없으며, 이 표현 속에서 형성체 Gebilde의 통일성과 동일성이 나타난다."(같은 책, 127)

4) "진리란 놀이 개념으로부터 규명된다. 언어와 놀이는 우리가 우리 자신을 학습자로서 세계 이해를 하는 것이다."(같은 책, 464)

의미한다. 근대미학의 주관적 관점과 구별하여 우리는 이를 '객관적 미학'이라 부를 수 있을 것이다. 이처럼 예술 작품의 존재방식을 '놀이'로 보는 가다머의 입장은 상상력과 지성의 자유로운 놀이(칸트), 형상 충동과 질료 충동을 조화하는 놀이충동(실러)으로 보는 종래의 놀이 담론과 다른 궤적을 따른다. 칸트나 실러는 놀이를 객관에 대한 주관의 작용('주객 이원론')으로 보기 때문이다. 특히 그들에게 진리는 주관성에 있거나 주체와 관련이 있는 것으로 해석된다. 하지만 가다머는 이러한 시각이 예술과학으로서 예술에 '관한' 진리를 산출하려 할 뿐이라고 비판한다. 예술'의' 진리에는 안중이 없다는 것이다. 그래서 그는 주객 이원론을 해체하려고 한다. 이를 위해서 가다머는 '해석' 개념을 통해 주객의 (재)통일을 시도한다.

다소 난해하고 추상적인 가다머의 놀이이론에는 근대적 사유를 넘어서고자 하는 지향성이 깔려 있다. 우선 그는 근대의 주관주의, 주체의 이성적 능력에 대한 낙관론에 기댄 과학적 사고에 비판적이다. 따라서 인간의 주관적 의식이나 이성의 확실성, 나아가 온갖 토대주의로부터도 그는 거리를 둔다. 그 역시 데카르트적 코기토에 비판적 거리를 두는 사유의 흐름에 일단 한 자리를 잡고 있는 셈이다. 가다머는 주관성을 사유의 출발점으로 삼지 않는다. 주관을 통해 인식의 객관성을 규정하려하지도 않는다. 주관-객관이라는 이분법적 접근 방식에 그는 회의적이다.

가다머의 미학은 여기서 출발한다. 그는 예술을 '미적 의식'이라는 주관의 영역으로 환원하는 것에 비판적이다. 나아가 그는 예술의 인식적 의미를 탈각하는 것에 이의를 제기한다. 가다머가 보기에 예술 역시 인식이며, 거기에는 과학적 진리와 구별되는 고유의 인식 방식이 있음을 역설한다. "예술에는 어떠한 인식도 없다는 것인가? 예술의 경험에는 과학의 진리 요구와 분명히 구분되면서도 그것에 종속되지 않는 진리요구가 깃들어 있지 않은가? 미학의 과제는 바로 예술 경험이 독자적 인식 방식이라는 사실을 정초하는 데 있는 것이 아닐까?"(WM, 93) 따라서 가다머는 "예술 경험이 하나의 경험으로 이해되도록 고찰하는 일"을 과제로 삼을 것임을 표방한다. 나아가 그는 예술 경험이 곧 '진리 경험'임을 입증하고자 한다. 이는 예술 작품을 주관적인 '미적 체험'으로 간주하는 것에 대한 거부이기도 하다.

여기서 놀이는 예술 작품을 미적 주체의 향유 대상으로 보는 태도를 거부하며 예술 작품 자체를 고유한 진리를 담고 있는 탁월한 존재방식으로 이해하는 근거로 활용된다. 앞서 말한 것처럼 '놀이'는 '예술작품의 존재방식' 그 자체를 의미한다. 이러한 '예술작품의 존재론' 혹은 '놀이의 존재론'은 미적 주관과 미적 대상으로서 가르고 나누는 예술작품의 이분법(바움가르텐, 칸트)을 거부하고자 한다. 특히 가다머는 작품을 미적 체험의 대상으로만 간주하고, 작품의 생산 목적이나 기능(삶)과의 연관성을 소홀히 하는 것에도 비판적이다. 취미판단을 통해 예술의 자율성을 확보하고자 했던 칸트 역시 비판의 대상이 된다. 예술의 문제는 미적 주관의 자율성으로 국한할 수 없다고 보았기 때문이다. 결국 가다머에게는 근대 미학의 문제틀을 벗어나기 위해 놀이와 예술 안으로 인식의 문제를 도입하는 것, 나아가 삶과 유리된 '순수 미적인 것'으로서의 예술관을 극복하는 것이 과제로 제시된다.

이러한 과제를 수행하기 위해 가다머는 우선 놀이자의 태도나 마음 상태, 감상 혹은 주관성으로부터 놀이를 해방시킬 것을 요청한다. '놀이의 존재방식' 혹은 '놀이의 속성'은 이미 놀이 그 자체의 객관성을 내장하고 있다. 가다머가 보기에 놀이는 놀이자의 의식이나 주관적 태도로부터 독립된 특이성 singularity을 갖기 때문이다. 감상자가 예술 작품을 감상하지 않는 순간에도 예술작품은 존재한다. 놀이 역시 놀이꾼이 없더라도 존재한다. 나아가 가다머는 예술이 경험 주체를 마주하고 있는 대상이 아닌 것처럼, 놀이 역시 대상으로 환원할 수 없다고 주장한다. 이는 예술의 목표가 미적 쾌락만이 아닌 것처럼, 놀이는 그 존재를 드러내는 사건으로서 의미가 있다는 주장으로 이어진다.

다음으로 놀이의 특이성 singularity, 즉 '독특한 진지성' 역시 놀이 고유의 속성으로 제시된다. 놀이는 한편으로 일상적 행위나 사건의 목적들과 무관하다. 하지만 다른 한편 놀이 또한 어떤 진지함을 요구한다.

놀이는 놀이자에게 결코 진지한 '일'로 여겨지지 않는다. 별 진지함 없이 그는 놀이에 임한다는 것이다. 하지만 놀이꾼의 이러한 마음가짐과 상관없이, 놀이 자체에는 고유하고 신성한 '진지성 Ernst'이 있다. "놀이함이 자신이 갖는 목적을 실현하는 때는 오직 놀이꾼이 놀이하는 데에 전적으로 몰두할 때뿐이다. 놀이에서부터 벗어난 채 진지성을 지시하고 있는 연관이 아니라, 오직 놀이에서의 진지성만이 놀이를 전적으로 놀이이게 한다."(WM, 107-108) 이는 몰입성, 주/객 구별의 불가능성, 아니 주체-객체 구분 이전의 경험으로서 놀이 그 자체의 사건에 주목할 것을 주문하는 말로 이해할 수 있을 것이다.

가다머는 이전부터 놀이의 속성들로 제시되어온 것들을 받아들이면서도 그것들을 모호하지만 독특하게 해석하는 것으로 보인다. 이는 놀이의 규칙성에 대한 해석을 보더라도 잘 나타난다. 모든 놀이에는 규칙이 있다. 그것은 현실의 규칙을 반영하면서도 그로부터 거리를 둔다. 규칙을 모르면 우리는 놀이에 참여할 수 없다. 그럴 경우 우리는 '놀이 파괴자'가 되기 십상이다. 하지만 규칙을 아는 것만으로 '놀이' 과정에 자동적인 참여가 보장되는 것은 아니다. 놀이에로의 '몰입 flow'은 놀이와 놀이하는 사람의 하나됨을 요구한다. 그러기 위해서는 놀이에의 완전한 몰두가 필요하고, 놀이 규칙과 놀이하는 자신을 추상적 사고에 의해 분석하고 분리하려는 태도를 버려야 한다. 놀이 평론가의 자세로 놀이에 끼어들 생각일랑 하지 말라는 것이다. 놀이를 비평하는 사람이라 하더라도 '놀이의 시간'에는 달라져야 한다. 놀이에는 일종의 신적 진지성이 개입한다.(같은 책, 107) 그것은 과학적, 이성적 진지성과 다르다. 또한 노동의 윤리에 요구되는 진지성과도 다른 차원의 진지성이다. 놀이하는 사람이 놀이에 몰입할 때 우리는 그 놀이와 분리될 수 없다. 놀이의 시간 속에서 일상의 모든 일들은 비현실적인 것으로 된다.[5] 놀이

5) 가다머는 이를 다음과 같이 푼다. "놀이가 전적으로 놀이가 되도록 해주는 것은 놀이로부터 벗어난(놀이 밖으로부터의) 진지성에 대한 관계가 아니라, 오로지 놀이 상태에서의 진지성이다. 놀이를 진지하게 받아들이지 않는 사람은 놀이를 망치는 사람 Spielverderber이다. 놀이의 존재방식은 놀이하는 사람이 놀이를 대상처럼 대하는 것을 허용하지 않는다. 놀이하는 사람은 놀이가 무엇인지, 그리고 자기가 행하는 것이

의 규칙성은 놀이 특유의 진지성을 가능하게 하고, 이는 놀이 안에서의 '주체-객체 경계 없음'의 차원으로 귀결된다.

가다머에 따르면 주객 구별의 무화(無化) 혹은 넘어섬은 놀이만이 아니라 예술의 특징이기도 하다. 그래서 가다머는 다음과 같이 주장한다. "예술작품이 대자적으로 존재하는 주체에 마주 서 있는 대상이 아니라는 점이 바로 예술의 경험이었고, 이 경험은 우리가 미적 의식의 수평화에 맞서 고수해야 하는 것이다. 예술작품은 오히려 자신의 본래적인 존재를 그것이 경험하는 자를 변화시키는 경험으로 된다는 데에 두고 있다. 예술 경험의 '주체', 즉 무엇인가 지속하며 버티는 것은 예술을 경험하는 자의 주관성이 아니라 예술작품 자체이다."(같은 책, 108) 이는 놀이에도 적용된다. 그래서 가다머는 같은 페이지에서 바로 뒤이어 유사한 논리를 놀이에 적용하여 다음과 같이 진술한다. "놀이는 주관성이라는 대자적 존재가 주제적인 지평을 제한하지 않는 곳에, 그리고 놀이하는 태도를 취하는 주체들이 없는 곳에서도 아니 본래 거기에 존재한다."

우리는 위의 진술을 놀이 자체의 작용, 즉 놀이 경험 그 자체의 양태에 대한 강조로도 읽을 수 있을 것이다. 놀이자는 놀이에서 자신의 주관성을 드러내기 위해 노는 것이 아니다. 놀이 자체에서 드러나는 것은 그의 마음 상태가 아니라 놀이 자체일 뿐이다. "놀이의 주체는 놀이하는 사람이 아니며, 놀이는 놀이하는 사람을 통해서 단지 표현될 뿐"(같은 책, 98)인 것이다. 이는 놀이가 갑이라는 것이다. 즉 놀이는 놀이자의 주관적 의식보다 앞선다. 그런 의미에서 놀이는 놀이자의 단순한 향유 대상이 아니다. 놀이는 놀이-주체의 마음을 사로잡아 그 자체로 끌어들임으로써 놀이 활동의 주체가 된다. 다시 말하지만 놀이자가 놀이를 하든 안 하든 "놀이가 존재한다"는 사실이 놀이 이해의 출발점이라는 것이다. 놀이가 있었고, 그것이 놀이자를 그 고유한 시공간으로 끌어들여 놀이의 경험을 가능케 하는 것이다.

가다머는 이렇게 자기 논의의 출발점을 명시하고 난 후 놀이 작용의

'놀이일 뿐'이라는 것을 잘 알고 있다. 그러나 그는 이때 자신이 '아는 것'이 무엇인지는 알지 못한다." (같은 책, 108)

특이성을 해명하고 해석하는 방향으로 나아간다. 그가 보기에 놀이는 '왕복운동 Hin und Her' 이다. 놀이는 반복 가능성 replayability을 그 특징으로 한다. 그런 의미에서 놀이는 어떤 목표에 도달하면 끝이 나는 활동이 아니다. 끊임없는 반복 속에서 이루어지는 운동이기 때문이다. 놀이의 왕복운동은 목적이나 의도가 없다. 또한 '놀이'는 놀이-주체를 그 자신에 포함하고 있는 운동 그 자체이다. 가다머는 이를 '중간태적 의미 der mediale Sinn'로 표현한다.[6)]

놀이는 'hin und her'라는 속성 상 일종의 왕복운동을 한다. 놀이는 '밀고 당김'의 연속이면서 긴장과 해소의 순환과정이다. 네덜란드의 가다머 해석자 베이텐디예크는 그것을 이렇게 받는다. "우리는 사실상 늘 우리와 함께 놀이하는 이미지들과 놀고 있다. 여기서 이미지라고 불리는 것은 사물과 사건들의 현상 방식이다. 대상이란 그것이 상징성을 가지고 있는 만큼만 놀이의 대상이다. 놀이의 범위는 이미지들의 영역이다. 따라서 가능성과 환상의 영역이다. 놀이의 대상은 어떤 특정한 대상의 성격을 가지고 있는 것이 아니다. 사람들은 정해진 어떤 것을 가지고 노는 것이 아니라, 교제를 함에 있어서 꼬이는 것과 꼬임을 받는 것의 변증법적 순환 과정에서 비로소 형성되는 그 어떤 것 하고만 놀이한다. 이렇게 '갔다 왔다 hin und her'하는 것 속에 상징성이 임시로 숨어져 있으나, 추측하게 만드는 가능성들이 발견된다."(Buytendijk, 1973, 91)

이처럼 가다머는 반복적으로 주체나 기체 없이 수행되는 운동으로서의 놀이를 강조한다. 이는 놀이가 '중간적 의미' 혹은 '매개적 의미 medialer Sinn'를 갖는다는 입장에서도 잘 드러난다. 놀이의 왕복운동 역시 놀이자라는 주체에 의해 행해지는 것도 아니고 그 운동의 원인이 되는 실체가 있는 것도 아니다. 기회가 있을 때마다 가다머는 그것을 거듭

6) 이는 놀이함의 가장 근원적인 의미이기도 하다. 그것은 또한 놀이 활동이 주관성에 귀속된 활동인 것처럼 보지 말라는 되풀이되는 주문이기도 하다. 가다머에 따르면 놀이의 존재방식은 자연의 운동과 유사하다. 자연의 운동은 목적이나 의도 없이 늘 새롭게 시작하는 놀이이기 때문이다. 놀이자는 단지 놀이에 참여할 뿐이다. 놀이가 우리에 의해 놀아지는 것은 아니라는 것이다.(참 특이하다. 놀이 연구에서는 놀이자의 역할이 중요시되기 때문이다. 하지만 결국 가다머 역시 다른 방식으로 놀이자의 역할을 강조한다.)

해서 밝힌다. "놀이함이 전반적으로 일종의 [사람의] 활동 Betätigung으로 이해되지 않는다는 점에 대한 간접적 지적으로 여겨진다. 언어로 보자면 놀이의 본래적 주체는 명백히, 다른 활동들 가운데서도 놀이하는 사람의 주관성이 아니라, 놀이 자체이다."(WM, 109-110) 놀이는 놀이함이자 놀이됨 Gespieltwerden이다. 놀이의 '왕복운동' 역시 어느 일방이 놀이의 갑이 아니라는 것임을 기억하자. 놀이의 '중간적 의미에서 우리가 얻을 수 있는 의미는 주체 없이도 놀이는 일어나고, 놀이의 주체는 놀이 자체일 뿐이라는 것이다. 그리고 "언제나 거기서는 (놀이들에서는) 한 운동의 이리저리(Hin und Her einer Bewegung)가 염두에 두어지는데, 이 운동은 자신이 거기서 끝나는 그런 목표에 고정되어 있지 않다." 운동의 종점, 목표, 놀이 주체 그 어느 것도 고정되어 있지 않다.

다시 놀이의 주체가 주관성이 아니라 놀이 그 자체라는 말로 돌아가자. 놀이자를 지배하는 것은 놀이이고 놀이자의 주관(의식)에 대해서도 놀이가 갑이라는 것이 요점이다. 놀이에 참여하지만 놀이의 주체일 수는 없다는 말이 낯설게 느껴질 수 있을 것이다. 그만큼 우리가 놀이자를 중심으로 사유해왔기 때문일 것이고, 그렇기에 가다머의 논의가 새로우면서도 어렵게 생각된다. 어쨌든 가다머가 보기에 놀이자는 놀이에 참여하면서 '놀이'를 자신을 능가하는 현실로 경험할 뿐이다. 일단 우리는 이것을 놀이를 인간 주체의 활동으로 보는 것에 대한 비판으로 읽을 수 있을 것이다. '놀이 자체의 존재방식'에 방점을 찍겠다는 것도 이해가 된다. 놀이가 너무 인간 중심으로 이해된 측면이 있으니까.[7] 우리는 이를 놀이의 운동이 놀이자와 놀이 자체의 '만남'(사건)에서 발생할 수밖에 없다는 사실에 대한 확인 정도로 정리하자. 이를 예술경험에 적용해 보면 예술 경험을 하는 자와 예술 작품 간의 만남에서 예술에 대한 해석(놀이)이 발생한다는 생각으로 번역될 수 있을 것이다.

7) "놀이의 매력, 놀이가 주는 매혹은 놀이가 놀이하는 사람을 지배한다는 데에 그 본질이 있다."는 진술이나 "놀이의 원래 주체는 놀이하는 사람이 아니라 놀이 그 자체이다. 놀이하는 사람을 사로잡는 것, 그를 놀이로 끌어들여 놀이에 붙잡아 매는 것은 놀이다."라는 진술 모두 놀이자 중심의 놀이 담론에 대한 비판으로 읽을 수 있다. 가다머의 입장을 간단하게 정리하면 '다시 놀이 그 자체로!!' 정도가 될 것이다.

자, 놀이의 주체가 놀이자가 아니라면 놀이자의 역할은 무엇인가? 가다머는 놀이가 다만 놀이꾼을 통해 표현에 이른다고 주장한다. 여기서 우리는 '왕복운동'과 더불어 놀이의 또 다른 존재방식인 '자기표현 Selbstdarstellung'이라는 개념을 만나게 된다. "놀이의 존재방식은 자기표현이다. 자기표현이란 자연의 보편적인 존재양상이다. 오늘날 우리는 생물학적인 목적 개념들이 생물의 형태를 이해시키는 데 얼마나 불충분한지를 알고 있다. 마찬가지로 놀이의 경우에도 놀이가 가지는 삶의 기능과 생물학적 목적에 대한 물음은 (놀이의 본질을 규명하기에는) 불충분하다."(같은 책, 103) 놀이자가 놀이에 참여함으로써 놀이가 표현되기는 하지만, 놀이자가 자신의 의도대로 노는 것은 아니다. 놀이는 그 자체로 놀이되는 것이기 때문이다. 놀이는 '자기표현'되는 것이고, 놀이자는 그러한 놀이의 풍부한 자기 표현적 잠재성을 표현하는 행위자 agency인 것이다. 하지만 이러한 사태를 충분히 규명할 수 있는 놀이의 개념은 아직 발명되지 못했음을 가다머도 인정하고 있다.

이를 좀 더 구체적으로 살펴보기 위해 다시 예술작품에 대한 논의로 우회하기로 하자. 가다머는 놀이의 존재방식이 예술작품의 존재론적 측면과 상동성을 갖는다고 보니까 말이다.[8] 우리는 놀이가 갑이듯이 예술도 갑이라는 주장을 예측할 수 있다. 따라서 놀이와 예술을 통해 표현의 문제를 살펴보아도 문제될 것은 없다. 가다머에 따르면 놀이는 놀이하는 사람을 통해 '표현'된다. 하지만 놀이는 놀이자의 주관에 종속되지 않는다. 놀이는 오히려 놀이자의 주관성을 제약한다. 그래서 "놀이는 놀이를 지배하는 데 그 본질이 있다"(같은 책, 104)[9]는 말이 나온다. 이를

---

8) 놀이의 목적은 '자기표현' 뿐이다. "놀이의 존재방식은 따라서 Selbstdarstellung이다. 그런데 자기표현은 자연의 어떤 보편적인 존재측면이다."(WM, 113) "놀이함이 언제나 이미 어떤 표현함이기 때문에, 인간적인 놀이는 표현함 자체에서 놀이의 과제를 발견할 수 있다. 그래서 사람들이 표현하는 놀이라고 불러야만 하는 놀이들이 있다." (같은 책, 114)

9) 다음과 같은 진술도 유사한 의미를 갖는다. "놀이하는 사람의 의식이나 태도에서 그 존재성을 가지는 것이 아니라, 반대로 놀이가 놀이하는 사람을 놀이의 영역으로 끌어들여서 놀이의 정신으로 가득 채운다. 놀이하는 사람은 놀이를 자신을 능가하는 현실로 경험한다."

예술에 적용하면 "예술 경험에서 변하지 않고 지속하는 것은 예술을 경험하는 자의 주관성이 아니라 예술작품 자체이다"로 표현할 수 있다. 이를 '놀이〉놀이자'로 볼 수 있지 않을까?! 우리는 놀이의 세계를 일거에 맛볼 수 없다. 놀이는 그 자체로 무한한 가능성과 잠재성의 다른 이름이기 때문이다. 놀 때마다 그것이 다르게 다가오는 것은 이를 입증한다. 그렇지만 놀이자로서 우리는 끊임없이 왕복운동하는 놀이의 세계에서 그것이 스스로 표현하는 무한한 사건들을 드러내는 역할을 할 수는 있다.

가다머가 보기에 자연의 놀이는 '예술의 모범'이다. 심지어 분트같은 사람은 인간의 놀이와 동물의 놀이를 구분하고 위계화할 수 없다고 주장하기도 한다. 모든 놀이는 모두 자연의 경과이며 자기표현이다. 그래서 가다머도 다음과 같이 주장한다. "동물들도 역시 놀이를 한다는 것은 또는 사람들이 전용된 의미로 물과 빛에 대해서조차 이것들이 놀이한다고 말할 수 있다는 것은 명백히 사실이 아니다. 오히려 우리는 거꾸로 인간에 대해, 인간도 역시 놀이한다고 말할 수 있다. 인간의 놀이함도 역시 자연의 경과 Naturvorgang이다. 인간의 놀이함의 의미도, 인간이 자연이라는 바로 그 이유로 또 인간이 자연이라는 바로 그 이유로 또 인간이 자연인 바로 그 만큼만, 하나의 순수한 자기표현이다."(같은 책, 110-111) 어떤 면에서 이러한 주장은 놀이 범주의 엄청난 확장이다. 자연이 놀이를 한다고 주장하고 있으니 말이다. 동물과 식물, 심지어 사물도 논다. 인간의 놀이(자기표현)는 자연의 자기표현(놀이)을 닮고자 한다. 예술의 놀이는 자연의 놀이를 닮고자 한다. 예술작품은 자연의 놀이를 모범으로 삼는다.[10]

그럼에도 인간의 놀이는 특이성을 갖는다. 모든 놀이함은 놀이됨이기도 하다. 놀이의 원래 주체는 놀이 그 자체다. 이것이 가다머 놀이 이해의 기본 전제다. 그렇지만 인간의 놀이는 '선택된 놀이'라는 점에서 특이하다. "인간의 놀이함에 있어서 내게는 그런데 이러한 일반적인 규

10) "무엇보다도 그러나 놀이의 이러한 중간적인 의미에서부터 비로소 예술작품의 존재에 대한 [놀이의] 관계가 드러난다. 자연은, 그것이 목적과 의도, 노력이 없이 끊임없이 자기를 갱신하는 놀이인 한에서 바로 예술의 모범으로 현상할 수 있다." (같은 책, 111)

정들에 맞서 놀이함이 어떤 것을 놀이하는 것이라는 점이 특징적이라고 여겨진다. 이 말은 인간의 놀이함이 거기에 종속되어 있는 그런 운동질서가 놀이꾼이 이 놀이를 선택하는 어떤 확정성을 갖는다는 점을 말할 것이다."(같은 책, 111) 우리는 여기서 가다머가 놀이 그 자체를 중시한다고 해서 놀이자를 폄하하는 것은 아님을 알 수 있다. 다만 그는 놀이 자체에서 출발하는 놀이 연구를 통해 과잉 해석되고 과도한 의미가 부여된 놀이 주체를 해방시키고자 할 뿐이다. 놀이의 현상학적 양태들을 객관적으로 분석하고 이해하고자 할 뿐 놀이의 선택자로서 놀이자의 역할은 여전히 존중되고 있는 것이다.

일반적으로 놀이의 목적은 누군가 다른 사람을 위해 보여주기 위한 것이 아니다. 전시가 목적이 아니라는 말이다. 그런 의미에서 과시를 위한 놀이는 재고의 여지가 있다. 하지만 가다머에 따르면 "자기표현 활동이 놀이의 참된 본질임과 동시에 예술작품의 참된 본질"이다. 일단 가다머도 놀이의 '자기 목적성 autotelicity'을 인정한다. 하지만 놀이와 달리 예술은 보여줌 혹은 제시함(전시)를 요구한다.[11] 여기서 놀이와 예술이 갈라지는 듯한 인상을 줄 수 있지만 가다머는 그 차이를 미미한 것으로 보는 듯하다.

가다머는 연극 Schauspiel을 예로 들어 설명을 이어간다. 놀이가 놀이 자체를 위해 수행되고 연극이 상연을 목적으로 '놀아지는 gespielt werden' 것이기는 하지만 놀이와 예술은 '동근원적 gleichursprünglich'이다. 이를테면 "연극 Schauspiel 역시 놀이이며, 연극은 그 자체로 완결된 세계라는 놀이의 구조를 가지고 있다. 하지만 연극은 관객에게서 비로소 자신의 온전한 의미를 얻게 된다."(같은 책, 104) 여기서도 우리는 다시 가다머가 '놀이 그 자체로!'라는 근본 과제 때문에 놀이자를 홀대하는 것이 아님을 알 수 있다. 일단 놀이가 놀이하는 사람의 행동을 지배한다. 그러나 놀이의 온전한 의미를 가능하게 하는 자는 놀이자이다. 연극도 연기자의 행동을 지배한다. 사람이 갑이 아니라는 것이다. 인간은

11) "예술의 표현은 비록 듣거나 보는 사람이 없다고 할지라도 그 본질상 누군가를 위해 존재한다"(같은 책, 105)

놀이(예술작품)의 자기표현 행위에 주체로 참여할 뿐이다. 하지만 연극의 관객 역시 수동적인 자세로 '관조'하는 것이 아니라 거기에 능동적으로 진지하게 집중함으로써 참여한다.

놀이자로서 관객의 역할과 관련하여 다음 진술은 가다머의 생각을 종합적으로 보여준다. "관객에게서 비로소 연극은 자신의 온전한 의미를 획득한다. 연기자들은 모든 놀이에서 그러하듯이 자신의 역할을 행하고 그래서 놀이는 표현에 이르지만 그러나 놀이 자체는 연기자들과 관객들로 이뤄진 전체이다. 물론 놀이는 함께 놀이하지 않고 관람하는 사람에 의해 가장 본래적으로 경험되며, '의도 되는' 바 그대로, 그 사람에게 표현된다. 관람하는 사람에게 있어서 놀이는 이를테면 자신의 이념성에로 고양된다. [....] 근본적으로 여기서는 연기자와 관객의 구별이 지양된다. 연극 자체를 그 의미내용에 있어서 의도해야 한다는 요구는 양자 모두에 대한 동일한 요구이다."(같은 책, 105)

물론 예술 놀이와 놀이 그 자체는 구현하는 '세계' 면에서 다르다. 놀이는 존재론적으로 완결된 세계이다. 하지만 예술로서의 연극은 연극에서 표현하는 세계가 아무리 완결되어 있더라도 관객 쪽으로 열려 있다. 연극은 관객에게 열려 있는 세계라는 점에서 그 의미가 있다. 우리는 이를 연극의 의미는 결국 관객에게서 온전한 의미를 얻는다는 것으로 이해할 수 있다. 연극은 자기표현(놀이+예술)이면서 '무엇인가를 위한 표현'이다. 그것은 놀이라는 존재론적 속성을 지니면서 거기에 관객이 놀 수 있는 무엇인가를 추가로 내장하고 있다. 이는 가다머의 다음과 같은 진술에서도 확인된다. "제식 놀이와 연극은 표현하는 것으로 다 끝나는 것이 아니라, 동시에 자신을 넘어서 자신들을 관람하면서 참여하고 있는 사람들에게로 향한다. 여기에서 놀이는 더 이상 어떤 질서 있는 운동의 단순한 자기표현이 아니고 또 놀이하는 아이가 몰두하고 있는 단순한 표현도 아니며, 그것은 '~을 위한 표현'이다."(같은 책, 104)

이렇게 되려면 관객 놀이꾼은 관조자에 머물러서는 안 된다. 연극이 연출하는 세계에 '참여'해야 하는 것이다.12) 가다머에게서도 놀이꾼은

12) 놀이를 한다는 것은 이해하는 것 Spielen ist verstehen인데 "이해하는 자는 이미 항상

어디서든 능동적이어야 한다는 요구가 제기되는 것이다. 놀이도 놀이자의 능동성을 필요로 하지만, 놀이에 무언가가 추가된 연극의 경우 관객-놀이자의 더욱 적극적인 참여가 요구된다. 이는 놀이가 연극이 될 때, '총체적 전환 totale Wendung'이 일어날 수 있는 조건이다. 연기자의 입장에, 즉 연극에 관객이 '귀속'할 수 있을 때 연극의 고유한 세계는 '완성체 Ergon'가 된다. 이렇게 되면 놀이는 자기표현 행위인 동시에 '누군가를 위해 표현하는 놀이'가 된다. 그래서 가다머는 말한다. "제례놀이와 연극은 명백히 놀이하는 아이가 표현하는 식과 같은 의미로 표현하지 않는다. 놀이는 여기서 더 이상 어떤 질서 있는 운동의 단순한 자기표현이 아니고, 또 놀이하는 아이가 몰두하고 있는 단순한 표현도 아니고, 오히려 그것은 '누구를 향한 표현'이다. 모든 표현에 고유한 이러한 지시가 여기서 이를테면 되찾아지며 또 예술의 존재를 위해 구성적인 것이 된다."(같은 책, 114)

결국 가다머에게 놀이는 예술을 지향한다. '형성체로의 변화 Verwandlung ins Gebilde'라는 개념은 그것을 말해준다. 그 개념은 "인간의 놀이가 예술이라는 진정한 완성을 이루게 되는 전환"(같은 책, 105)을 의미한다. 가다머는 그것을 "예술 놀이에서 표현되는 것이 지속적으로 참된 것으로 변한다."(같은 책, 106)고 보태어 말한다. 이는 단순히 다른 세계로 옮겨가는 것 Veränderung이 아니라, 예술놀이 자체가 하나의 완결된 세계로 완성되어가는, 완성체를 향한 점근적 변화를 의미한다. 완결된 세계로서의 이러한 '형성체'는 "그것의 척도를 자체 내에서 발견하기 때문에 밖에 있는 어떤 것을 기준으로 측정되지 않는 것"(같은 책, 107)이다.

가령 연극은 '형성체'로서 독자적인 세계를 이루고 있기에 외적인 기준에 의한 측정을 거부한다. 연극을 '이해'하는 사람은 연극의 세계를 또 다른 현실 세계로 이해한다. 연극 놀이는 현실태 Energeia의 면모와 작품(완성체)의 성격 Ergon을 동시에 지닌다는 것이다. 가다머가 강조

그 자신이 의미 있는 것으로 되는 어떤 사건 속에 들어가 있다. 해석학 Hermeneutik적인 현상으로 보면 놀이하는 자는 똑같은 개념이 아름다운 것의 체험처럼 사용되도록 잘 정초되어 있다." (같은 책, 464)

하는 '변화'는 동일한 것으로 존속하는 것 Veränderung이 아니다. 심지어 변화는 "어떤 것이 한꺼번에 전체적으로 다른 것으로 바뀌어 변화된 것이 참된 존재이고, 그 이전의 존재는 아무 것도 아님을 의미한다." 그것은 점진적인 이행이 아님을 알 수 있다. 따라서 변화는 '질적 전화'에 가까운 개념이다. 놀이자의 사명은 변화를 감행하는 것, 즉 인간의 놀이를 예술이라는 진정한 완성을 이루는 장소로 만드는 것이다. 이는 예술 경험을 통해 그 이전의 모습에서 완전히 탈피하는 것이기도 하다. 그래서 '재인식'('이해')에 도달하는 것이 목표로 제시되는데, 이는 놀이의 '표현'이라는 매개를 통해서만 가능하다. 예술 작품의 '형성체로의 변화'는 '놀이'의 자기표현을 통해 가능하다는 점에서 우리는 형성체와 놀이의 공속성을 이야기할 수 있다.

놀이는 잠재성의 덩어리다. 그것은 가능성의 실현을 통해 현실태가 된다. 동시에 놀이는 그 자체로 완성되고 완결된 것이다. 그런 점에서 그것은 예술작품이 되는 것이다. 하지만 가다머는 놀이=예술작품의 세계에 '형성체' 개념을 가져옴으로써 그것을 '진리' 개념과 연결하려 한다. 그에게 놀이가 형성체로 변화한다는 것은 놀이자의 표현적 행위가 '참된 것으로 변화한다'는 것을 의미하기 때문이다. 이는 전면적 total 변화이다. "그래서 형성체로의 변화는 이전에 있던 것이 더 이상 없다는 것을 뜻한다. 형성체로의 변화는 또한 지금 있는 것, 즉 예술의 놀이에서 표현되는 것이 지속적인 참된 것이라는 점을 뜻하기도 하다."(같은 책, 116-117) 여기서 '참된 것'은 진리이다. 놀이가 예술작품으로, 그리고 진리의 차원으로 진입한다. 물론 이러한 진리는 고정된 불변의 진리는 아니다. 그것은 완전히 변화된 세계를 가져오는 사건이며 '지속'을 속성으로 갖기 때문이다.

이를 다시 연극의 사례를 통해 설명해보자. 놀이에서는 놀이자들의 주관(자기의식)이 작용하지 않는다. 일상 세계도 더 이상 존재하지 않는다. 아니 놀이 안에 직설법적 현실이 들어와 있다하더라도 그것은 놀이의 자기표현 과정에서 놀이의 완성에 기여한다. 놀이 속에서는 그 모든 것들이 '지양'되기 때문이다. 놀이가 만드는 의미 세계를 통해 일상의 세계는 잊히는 것이다. 연극 안에 들어온 현실의 계기들이 연극이라는 허구의 놀이 안에 융합되어 하나의 '형성체'로 변화하는 것처럼 말이다. 가다머는 연극과 예배 행위에서처럼 이러한 과정에의 몰입 flow, immersion을 통해 세계의 진리가 드러난다고 말한다. 그에 따르면 진리, 그것은 "전적으로 변화된 세계"이다. "예술작품의 세계 곧 그 안에서 하나의 놀이가 그런 식으로 자신의 경과의 통일성 속에서 완전히 자신을 표현하는 그런 세계는 사실상 하나의 전적으로 변화된 세계이다. 그 세계에 의거해 각자는 사실이 그런 거구나라고 인식한다. 그러므로 변화의 개념은 우리가 형성체라고 불렀던 것의 독립적이며 우월한 존재방식을 특징짓는다. 이 개념으로부터 이른바 현실은 변화되지 않은 것으로 규정되고, 예술은 진리 속으로의 이 현실의 고양으로 규정된다."(같은 책, 118)

놀이가 참된 것으로 변화할 때 '재인식'이 일어난다. 그러한 변화의 결과인 '형성체'는 세계의 진리 혹은 진리로 고양된 진리이다. 예술작품의 참됨은 그것에 대한 인식과 재인식의 과정에 달려 있다. 작품을 가지고 제대로 노는 사람은 그 안에서 자기 인식과 재인식, 나아가 자신과 세계의 이해에 도달하기 위해 노력하는 자이다. 그래서 가다머는 말한다. "사람들이 본래 어떤 예술작품에 의거해 경험하는 어떤 것과 사람들이 그리로 방향을 두고 있는 어떤 것은 오히려 그 예술작품이 얼마나 참된가, 즉 어느 정도로 사람들이 거기서 어떤 것을 그리고 자기 자신을 인식하고 재인식하는가 하는 것이다."(같은 책, 119)

우리는 인식과 재인식의 이러한 놀이를 우리가 살아가는 사회와 그 안의 더불어 살아가는 사람들 Mit-Mensch로 확장할 수도 있다. 우리는 예술에서 이러한 '참됨'을 경험하고 그것을 통해 자기 자신과 타자 및 주변을 재인식하기 때문이다. 가다머가 말하는 '이해 Verstehen'는 주체와 예술작품 간의 왕복운동만이 아니라, 작품-작품 혹은 주체-주체 사이의 놀이운동으로 확장될 수 있는 잠재성을 내장한 개념이다. 그런 점에서 예술작품 안에서 우리가 놀 때 경험하거나 현상하는 이러한 진리를 다른 말로 '놀이적 정의 ludic justice'로 표현할 수 있을 것이다. 놀이가 완전체가 되려는 지속적인 자기 운동은 결국 놀이자가 그 놀이를 통해 표현하고자 하는 '대안적 자기'일 수 있고, 나아가 그것은 그러한 자기표현을 가능하게 하는 '대안적 사회'의 구상과 연결될 수도 있을 것이기 때문이다.

우리는 놀이가 '다양체'임을 늘 기억할 필요가 있다. 그런데 특이한 것은 이 다양체가 놀이꾼들의 주관적 다양성이 아니라 놀이(작품) 자체의 존재가능성의 다양성이다. 놀이의 무한한 잠재성과 다성적 표현성은 놀이꾼이 맘껏 뛰어 놀 수 있는 놀이터이다. 예술 역시 수용자에게 무한한 이해와 해석의 장을 제공한다. 어떤 점에서 예술의 점진적 완성 과정은 수요자-놀이꾼의 몫일 수 있다. 그래서 가다머는 말한다. "어떤 그림 형성체의 상연들이나 연주들의 다양성은 그 경우에 분명 놀이꾼들의 견해에로 소급할 수 있을 것이다. [하지만] 그 견해도 놀이꾼들의 의견의 주관성 속에 폐쇄되어 있는 것이 아니라, 오히려 생생하게 (연주들 속에) 현존한다. 따라서 문제가 되는 것은 견해들의 단순한 주관적 다양성이 아니라, 작품의 고유한 존재 가능성들인데, 이 작품은 말하자면 자신의 측면들의 다양성 속에서 해석되는 것이다."(같은 책, 123) 작품의 표현과 해석의 다양성은 작품의 다양한 존재 가능성에서 비롯한다. 놀이가 존재론적으로 천의 우발적 잠재성을 내장하며 그 놀이의 과정 속에서 다양한 현상들이 표현되는 것처럼, 예술작품 역시 표현을 기다리는 잠재성들의 다양체라는 것이다. 여기서 생겨나는 견해들은 연주(놀이)의 과정에서 현상한 고유한 존재 가능성에서 나타난 것들이다.

또한 놀이는 일상과 구분되는 고유한 시공간의 지평을 갖는다. 우리는 놀이를 통해 '변화 속의 지속'의 시간을 산다. 가다머는 축제를 통해 이를 설명한다. 우리는 여기서 축제로서의 놀이와 놀이로서의 축제를 생각해볼 수 있을 것이다. 즉 놀이의 시공간으로서의 축제적 시공간을 좀 더 심도 깊게 살펴볼 수 있을 것이다. 축제는 과거의 사실로 머무는 역사학적 시간이 아니다. 그것은 정기적으로 반복되기 때문이다. 가다머 역시 이러한 반복성 replayability에 주목하여 축제적 시간의 특이성을 이해하고자 한다. "최소한 정기적인 축제들에 속하는 것은, 그것들이 반복된다는 점이다. 우리는 축제에서의 이러한 점을 축제의 회귀라고 부른다. 이때 회귀하는 축제는 어떤 다른 축제도 아니고 어떤 근원적으로 경축되었던 축제에 대한 단순한 회상도 아니다. 모든 축제들의 근원적으로 신성한 성격은, 우리가 현재 상기, 기대에 관한 시간 경험 속에서 알고 있는 것과 같은 구별을 명백히 배제한다. 축제의 시간 경험은 오히려 거행 Begebung인데, 이것은 고유한 종류의 현재이다."(같은 책, 128) 거행, 즉 축제의 회귀와 생성은 축제의 존재방식으로 여겨진다. 축제는 회귀하고 반복되는 것이지만 그 과정은 차이를 동반한다. 축제든 놀이든 '지금 여기'로부터의 '어떤 다름'이야말로 우리가 그것들을 즐기는 이유일 것이다[13] 가다머가 말하는 회귀와 생성으로서의 축제는 니체의 '영원회귀'와 그것을 계승한 들뢰즈의 '차이와 반복' 개념으로 바꿔 부를 수 있을 것이다. 놀이, 예술작품, 축제가 놀아지는 시간이 '지속'이지만 그것은 차이를 수반하는 생성 속의 회귀로 여겨진다는 점에서 말이다.

나아가 가다머에 따르면 우리는 놀이 안에서 그리고 그것을 통해 '동시성 Gleichzeitigkeit'을 살 수 있다. 동시성은 현실에 없는 (아니 그 현실을 넘어서는) 것을 현존재에로의 초대이다. 이로써 놀이적 정의 ludic justice나 유토피아적 요소는 직설법으로서의 현실에 저항하는 가정법으로서 작용한다. "동시성은 사안을 고수하여, 이 사안이 '동시적으로' 되도록 다시 말해 모든 매개가 총체적인 현재성 속에서 지양되어 있다는 점에 존립한다."(같은 책, 132) 놀이와 예술의 '미적 거리'가 이러한 동시성을 가능하게 한다. 그것은 일상의 모든 활동으로부터의 거리두기이면서 '동시에' 작품(놀이)에 대한 전면적인 참여이다. 어떤 작품과의 놀이(해석)에 참여하면서 "수용자는 어떤 절대적인 거리 속으로 들어서도록 지시되는데, 이 거리는 그에게 모든 실천적이고 유목적인 참여를 거절한다. 이 거리가 본래적 의미에서의 거리이다. 이 거리는 봄에 필요한

---

13) "축제는 따라서 자신의 원래의 본질에 따라 그렇게, 즉 그것이 끊임없이 어떤 다른 것이라는(비록 축제가 '아주 똑같이' 경축된다고 하더라도) 방식으로 존재하는 것이다. 끊임없이 어떤 다른 것이라는 점에 의해서만 존재하는 존재자는, 역사에 속하는 모든 것보다 어떤 더욱 철저한 의미에서 시간적이다. 그 존재자는 오직 생성 Werden, Becoming과 회귀 Wiederkehr 속에서만 자신의 존재를 갖는다." (같은 책, 128)

간격을 의미하는데, 이것이 사람들 앞에서 자신을 표현하고 있는 것에 대한 본래적이고 전면적인 참여를 가능하게 한다."(같은 책, 133)

이러한 일상으로부터의 놀이적 거리두기를 통해 관객은 일상의 자기를 '망각'한다. 그리고 작품(놀이)의 세계에 몰입한다. 놀이에의 참여는 세계의 진리 속에서 자신을 발견하는 과정이다. 나아가 그것은 놀이(작품)와 자기 사이의 의미 연속성을 가능하게 한다. 가다머는 놀이를 통한 자기표현과 새로운 자기 발견을 위한 이러한 놀이의 과정을 이렇게 설명한다. "탈자적인 자기망각에 상응하는 것은 따라서 자기 자신과의 연속성이다. 그가 관객으로서 그 안에서 자신을 상실하는 바로 그것[작품의 의미범위, 의미세계]에서부터 그에게 의미의 연속성이 요구된다. 바로 관객 자신의 세계 진리, 즉 그가 그 안에 살고 있는 그 종교적이고 인륜적인 세계의 진리가 관객 앞에서 표현되는 진리이고, 관객이 그 안에서 자신을 인식하는 세계이다."(같은 책, 133)

어떤 점에서 놀이자가 놀이와 예술작품 안에 서 있는 그 순간은 자기망각의 시간이다. 하지만 그 망각의 순간은 동시에 자기 자신과의 새로운 만남을 통해 보다 완전한 존재로 나아가는 과정이기도 하다. 연극에서 "관객을 모든 것에서부터 떼어냈던 어떤 것이 관객에게 동시에 그의 존재 전체를 되돌려"(같은 책, 133) 주는 것처럼 말이다. 우리는 놀이 안에서의 자기망각과 자기인식의 동시성이 결국 자기에 대한 재인식으로 귀결되는 것임을 확인하게 된다.

놀이의 철학, 나아가 놀이의 인문학에 있어 가다머가 갖는 의미를 다시 정리하면서 논의를 진행시켜보자. 가다머는 선배들의 놀이담론과 대결하면서 인간도 세계도 아닌 예술작품 자체의 존재론을 명확히 하기 위해 놀이를 원용한다. 그리고 놀이가 무목적성의 목적성을 속성으로 가지면서 저절로 새로워지려는 경향이 있음에 주목하면서 객관적인 자연 역시 그러한 속성을 지닌다고 주장한다. 그에게 예술작품과 놀이가 모종의 상동성을 지니는 것이었던 점을 복기하면, 자연과 예술 및 놀이가 동일한 지평에서 서로 상관적인 운동을 하고 있다고도 볼 수 있을 것이다. 어떤 점에서 "자연이 목적과 의도 없이, 노력 없이 항상 새로워지는 놀이로 있는 한, 자연은 예술의 전형"(같은 책 134)이라는 진술은 선배들이 꼽은 놀이 속성을 바꿔 말한 것에 불과하다. 하지만 가다머 놀이 담론의 특이성은 놀이를 주체와 연관시키지 않고 작품 고유의 존재방식 그 자체와 연결한다는 점이다.

앞에서도 말했다시피 가다머의 놀이이론은 칸트와 실러의 논의를 비판적으로 계승하면서 논의 중심을 놀이 주체로부터 '놀이 그 자체'로 옮기는 데에서 출발한다. 그가 보기에 칸트 미학적 놀이론은 인문학 Geistwissenschaft의 고유성을 반성하는 중요한 단초들을 제공한다. 하지만 예술의 진리를 감성적·미적 진리에 국한한다는 점에서 칸트의 놀이 담론은 비판의 대상이 된다. 가다머는 미적 대상에 대한 진리를 주관적 원리로 가둘 수 없다고 보기 때문이다. 그가 보기에 칸트는 미적 감정에 대한 보편적 원리를 마련했지만 인간 정신현상 일반에 대한 보편 원리를 마련하지는 못했다. 그리고 미적 감정과 관련한 보편 원리란 것도 주관적 원리에 불과하다. 가다머는 이러한 한계를 딛고 보편적 미적 감정과 역사적 감정에 바탕을 둔 '객관적' 진리를 구성하고자 한다. 여기서 '놀이'는 일종의 출구 전략으로 전용된다.

가다머가 '놀이' 개념에 천착하는 이유는 그것이 미학의 특이성만이 아니라 인문학의 고유성을 이해하는 데도 중요한 계기를 내장하고 있다고 보기 때문이다. 놀이가 특이한 현상이라는 점은 여러 가지 면에서 드러난다. 놀이는 어떤 대상을 원하는 이기심이나 본능의 차원을 벗어난다. 그것은 어떤 대상이나 사태에 대한 희로애락의 감정과도 다르다. 감각적 경향성을 벗어나는 것이야말로 놀이의 특이성인 셈이다. 놀이는 또한 어떠한 대상을 본능이나 이기심에서 바라보는 마음과도 관계하지 않고, 윤리적 행위를 지향하는 마음이나 이론적 지식 추구와도 상관이 없다. 물론 놀이를 추구하거나 향유하는 마음은 인간에게 본질적이다. 직접적인 이익을 제공하지 않음에도 인간은 놀고자 하며 놀아야 하는 존재인 것이다.

칸트와 실러의 놀이 개념에서 가다머는 주관성을 벗겨내고자 한다. 창작자나 감상자의 주관과 놀이의 관계가 우선적 의미를 갖는 것은 아니라고 보기 때문이다. 한마디로 놀이 그 자체로 돌아감으로써 예술작품 그 자체의 존재방식을 해명하고 객관적 미학 혹은 놀이론 구성의 계기들을 마련하고자 하는 셈이다. 가다머가 보기에 놀이는 실재하는 것이다. 놀이자의 참여 여부와 상관없이 놀이 자체는 실제로 존재하고 있기 때문이다.

물론 예술작품을 해석하고 평가하는 일이 대상을 객관적으로 인식하는 일과 다르다고 보는 점에서 가다머는 칸트와 같이 간다. 하지만 예술작품을 미적 대상으로 받아들이는 순간의 체험은 주관과 예술작품(객관)이 분리하기 전의 통일적인 체험이다. 가다머가 보기에 이러한 체험은 놀이의 과정과 흡사하다. 아니 예술 감상은 놀이에의 참여라 할 수 있다. 흔히 놀이하는 사람과 놀이 규칙이 놀이의 우선적 요인이라고 생각하는 경향이 강하다. 물론 가다머도 그것들의 중요성을 인정한다. 놀이에는 규칙이 있고 그것을 모르면 놀이에 참여할 수 없기 때문이다. 그러나 규칙을 알고 받아들인다고 해서 그 놀이를 함께 놀 수 있는 것은 아니다. 놀이 안에 놀이꾼이 참여할 수 있으려면 우선 놀이에 일정한 거리를 두고 놀이 규칙의 추상성을 분석하고 난 후 놀이에 참여하려는 태도에서 탈피해야 한다.

여기에는 놀이에 대한 놀이꾼의 신성한 진지성이 요구된다. "놀이하는 사람이 놀이하는 데에 전적으로 몰두할 때에만, 놀이함은 그 목적을 실현하게 된다. 놀이가 전적으로 놀이가 되게 하는 것은 놀이로부터 벗어나 있는 진지성과의 관계가 아니라, 오로지 놀이에서의 진지성이다. 놀이를 진지하게 받아들이지 않는 사람은 놀이를 망치는 사람 Spielverderber이다. 놀이의 존재방식은 놀이하는 사람이 놀이를 대상처럼 대하는 것을 허용하지 않는다. 놀이하는 사람은 놀이가 무엇이라는 것, 그리고 그가 행하는 것이 '다만 놀이일 뿐'이라는 것을 잘 알고 있다. 그러나 그는 이때 자신이 여기서(놀이에서) '아는' 것이 무엇인지는 알지 못한다."(가다머, 2012, 190-191)

놀이의 진지함 Ernst은 고대 그리스에서부터 논란의 대상이었다. 그것은 진지하지 못하다는 이유로 플라톤과 아리스토텔레스의 배척 대상이었다. 하지만 칸트와 실러는 미적 놀이에서 그 고유의 진지함을 해명하고자 한 바 있다. 그것은 아름다움을 지각하는 미적 주체의 특별한 주관과 관련된 것이었다. 가다머는 놀이에서의 진지성을 밝힘으로써 이를 구체화하고자 한다. 그가 보기에 예술을 창작하는 사람이나 감상하는 사람들은 분석과 종합을 통해 예술작품을 향유하지 않는다. 예술가는 완전한 '놀이' 상태에서 좋은 작품을 만들고, 수용자는 그것을 제대로 감상할 수 있다. 가다머에게 중요한 것은 놀이꾼으로서의 창작자나 감상자가 아니다.[14] 이들이 놀이를 전유하는 과정과 거기에서의 결과들은 어떤 점에서 놀이의 객관적 존재에서 빗어진 현상이기 때문이다. 그에게는 놀이를 '인간 주체의 활동'으로 보는 근대 미학을 극복하는 것이 중요했다. 그래서 '천재적으로' 대상의 형식을 이용하여 재료를 조작하는 가운데 취미를 얻어낼 수 있는 탁월한 능력의 소유자라는 칸트의 견해에 그는 동의하지 않는다.

가다머가 보기에 놀이는 인간 주체를 창조하고 즐겁게 하는 태도나 활동을 뜻하지 않는다. 놀이에 참여할 수 있는 인간 주체의 자유라는 것도 놀이 자체의 존재론에 비추어 봤을 때 크게 의미가 없다. 정리하자면 가다머의 의도는 이런 것이다. "우리는 미학에서 중요한 역할을 했던 '놀이' 개념을 출발점으로 선택한다. 우리는 이 개념을 주관적 의미로부터 탈피시키고자 하는데, 이 주관적인 의미는 칸트와 실러, 근대 미학 전체와 인류학을 지배해 온 개념이기도 하다. 만약 우리가 예술 경험과 관련하여 놀이를 말한다면 놀이는 태도 Verhältnis나 창작자의 심적 상태 Gemütsverfassung, 혹은 예술작품을 즐기는 자(감상자)의 심적 상태, 그리고 일반적으로 놀이에서 표현된 주체의 자유를 가리키는 것이 아니라, 예술작품 자체의 존재방식 die Seinsweise des Kunstwerkes selbst을 말한다."(가다머, 2012, 151)

가다머에 따르면 놀이는 놀이자, 놀이 규칙, 놀이 공간으로 이루어진

14) "놀이가 갖는 호소력과 장점은, 그것이 놀이자를 주재하게 된다는 사실에 있다. 우리 스스로 설정한 과제들을 달성하려는 놀이의 경우에서 조차, 중요한 문제는 놀이가 작동하고 또 성공하고 그리고 다시 성공하는가 하는 문제이다. 놀이의 실제 주연은 놀이자가 아니라 놀이 자체이다." (조지아 원키, 1999, 94)

다. 놀이는 고유의 진지함을 내장하고 있다. 놀이를 진지하게 받아들이지 않는 사람은 놀이 훼방꾼이다. 놀이는 놀이꾼들의 의식과 독립되어 있는 나름의 역동성과 목표를 갖는다. 하지만 우리의 참여가 놀이의 조건이긴 하지만 놀이의 과정에서 드러나는 것은 우리 저마다의 주관성이 아니라 놀이의 사태 그 자체이다. 놀이가 먼저이고 놀이의 재미가 우리를 몰입시킨다는 것이다. 놀이는 그 자신의 역학 Dynamik; Mechanic을 지니며 고유의 정신을 표상한다.

놀고자 하는 놀이의 선택권은 우리에게 있다. 하지만 일단 우리가 선택한 놀이에 돌입하고 나면 놀이 고유의 '틀 지어진' 시공간에 스스로를 가두게 된다. 이후 어떤 의미에서 놀이는 스스로 작동한다. 놀이란 처음 단순한 놀이로 시작될 수 있지만 놀이로 진행되는 동안은 그것이 주인이다. 놀이의 매력은 우리를 놀이의 시공간 속으로 우리를 유인한다. 놀이자에 대해 그것의 '갑질'을 하는 것이다. 놀이가 그 자신 고유의 정신을 갖는다는 가다머의 진술은 그러한 맥락을 달리 표현한 것이다. 놀이는 놀이자의 의식이나 행동을 그 영역으로 끌어들여 그 정신으로 가득 채운다. 놀이의 주체는 놀이자가 아니라, 단지 놀이자를 통하여 놀이가 상연 Darstellung될 뿐이다.

놀이는 역동적이다. 이는 독일어 '놀이 Spiel'의 어원을 '움직임'에서 찾을 수 있다는 점에서도 알 수 있다. 가다머에 의하면 '놀이'라는 말의 근원적 의미는 '춤 Tanz'이라고 한다. 자연의 움직임과 놀이의 그것은 많이 닮아 있다. 목적이나 의도, 노력 없이 언제나 스스로 새로운 놀이(움직임)를 연출하며 끊임없이 자기표현을 생성하는 그 자연처럼 말이다. 가다머에게 역동성으로서의 놀이의 존재방식은 자연의 운동형식에 접근해 있고, 그런 점에서 인간의 놀이는 자연적인 과정을 닮아 있다. 자연의 왕복운동 Hin und Her은 하나의 운동일 뿐 뚜렷한 어떤 목적을 갖는 것은 아니다. 마찬가지로 놀이의 운동 역시 어떤 최종적인 목적을 갖지 않는다. 그저 반복을 통해 그 자체로 새로워지는 운동일 따름이다. 가다머의 표현을 빌자면 놀이운동 자체에는 기체 Substrat가 없고 놀이운동 그 자체의 수행일 뿐이다. 여기서 우리는 '놀이자의 의식에 대한 놀이의 선차성'을 주장함으로써 놀이의 본래적 주체로 놀이자 대신 놀이 자체를 내세우려는 가다머의 의도를 읽을 수 있다. 우리는 '놀이의 인간학'을 '놀이의 존재론으로' 형질전화시킨 과정에 초점을 맞추어 가다머의 놀이 철학을 정리해 볼 수 있을 것이다.

가다머는 빛과 파도의 놀이부터 기계부품과 곤충의 놀이 등 다양한 놀이를 논의에 끌어들인다. 그럼에도 그는 무용과 연극, 비극 등 일련의 예술을 통해 놀이와의 유사성을 밝히고자 한다. 그는 놀이를 경유하여 예술을 이해하고, 예술을 경유하여 놀이를 설명한다. 특히 그에게도 예술작품과 놀이는 친화적이다. 하지만 그것은 단순히 미적 만족의 대상만은 아니다. 놀이처럼 예술작품도 고유한 자율성을 갖는다. 천재적인 창조자나 감상자와 상관없이 그 자체는 고유의 동학과 역동성을 갖기 때문이다. 특히 예술작품의 수용자에게 열려 있는 예술작품의 '구조'는 '놀이구조'와 흡사하다. 예술작품은 박물관과 전시장의 화석이 아니라 시간과 공간을 초월하여 그 고유의 작품 세계를 우리 앞에 시위하기 때문이다. 이 말은 작품의 고유한 세계가 우리에 의해 지속적으로 달리 수용된다는 것을 의미하지 않는다. 작품에 대한 다양한 해석은 그 작품의 존재 진리가 드러나는 양태들이며 우리와 그 세계의 만남이 빚어내는 사태들이기 때문이다. 달리 말해 가다머에게 있어 놀이 자체가 선차성을 갖는 것처럼 놀이구조를 갖는 작품자체가 '갑'인 셈이다. 이는 '예술경험'에서도 확인된다. 놀이와 예술 작품 자체는 고유한 힘을 행사하여 그 경험자를 '변형'한다. 그런 점에서 가다머는 예술을 경험하는 주체는 작품을 경험하는 주체가 아니라 '예술 작품 자체'라 본다.

가다머에 따르면 놀이는 놀이자에게 '그를 능가하는 현실 eine ihn übertreffende Wirklichkeit'로 경험되고 구경꾼 Zuschauer에게는 '그를 위한 설명' 즉 '구경거리 Schauspiel'로 나타난다. 놀이의 존재 이유는 놀이 속에 잠재된 '능가하는 현실'을 매개하는 데 있다. 이러한 '매개'를 통해 놀이와 정신이 소통한다. 예술작품은 인간의 놀이가 만들어낸 특이한 완성이다. 가다머는 놀이의 예술로의 방향전환을 '형성체로의 변환'이라 부른다.[15] 이러한 변전을 통해 예술작품이 만들어지고 나면 일상세계는 사라지고 작품의 세계만 남는다. 이는 일상과 놀이 세계의 관계와 유사한 면이 있다. 변전을 통해 옮겨진 세계는 신성에 의해 둘리어진 놀이의 세계와 흡사하기 때문이다. 마법의 원 magic circle 으로 표상되는 놀이의 시공간처럼 예술작품의 세계 역시 폐쇄된 세계이며 자기 자신 안에 고유한 척도를 갖는 자기 충족적 세계인 셈이다.

창작자가 놀이자가 되어 만든 형성체가 작품으로 완성되면 그의 역할은 끝난다. 이후 작품은 하나의 독립한 놀이 세계로서 그 자체로 존재하게 된다. 이후 감상자가 일상 세계를 떠나 예술작품이라는 놀이의 세계로 초대되고 그 규칙을 따름으로써 새로운 세계이해라는 예술경험을 하게 된다. 여기서 예술작품은 그것을 경험하는 감상자에 대립하여 존재하는 대상이 아니다. 그것은 감상자를 변화시키는 경험이 된다는 점에서 고유한 존재를 갖는다. 예술경험의 주체는 그것을 경험하는 사람의 주관성이 아니라 예술작품 자체인 것이다. 놀이의 주체는 놀이자가 아니라 놀이자체이며 예술경험의 주체는 예술경험자의 주관성이 아니라 예술작품 자체라는 말의 의미를 다시 기억할 필요가 있다.

가다머에 따르면 놀이는 놀이하는 자를 자기 안으로 끌어들이고 놀이운동의 본래 주체가 되면서 놀이하는 것이다. 결국 가다머의 생각을 간명하게 다음과 같이 정리 할 수 있을 것이다. "놀이하는 자는 그가 어떤 것을 유희하면서, 즉 묘사하면서 그 자신의 자기 연출에 도달한다. 놀이는 예술이다. 작품 속에서의 변화를 통하여 비로소 놀이는 그것의 이상을 얻는다. 놀이하는 자, 예컨대, 시인은 있는 것이 아니라, 단지 그 자신에 의하여 유희되어진 것에 불과하다, 자기 연출이야 말로 놀이의 진정한 본질이며, 예술 작품의 본질이다."(WM, 103)

---

15) 유토피아의 철학자 에른스트 블로흐 Ernst Bloch 역시『희망의 원리』에서 이렇게 말한다. "논다는 것은 변신하는 것이요, 반복되는 확실성 속에서도 변천하는 것이다."(에른스트 블로흐, 2004, 22) 하지만 이러한 변신은 일정한 모험과 위험을 수반하는 활동이다. 물론 기분 좋은 긴장은 덤일 것이다. 가다머는 말한다. "위험 속에 놀이의 매력이 들어 있다면, 놀이하는 자가 놀이하면서 변신의 위험으로부터 자신을 벗어나게 하려는-즉 해방시키려는-점에 관해서 배려해야 한다."(같은 책, 101)

2. 오이겐 핑크와 놀이

다시 놀이에 대한 통상적인 이해에서 시작해보자. 놀이는 노동의 무게를 들어내는 시간이다. 노동의 중력 혹은 무게를 가벼움으로 들어내는 시간이나 행위로 이해되는 것이다. 여기서 놀이는 더 나은 노동 혹은 일상을 위한 휴식시간을 의미한다. 재생산과 재충전의 시간 또는 그것을 위한 활동으로서의 놀이는 여전히 노동을 중심으로 정의된 것이다. '여가 Freizeit', 레크리에이션 recreation, 갱신 refreshing 등의 개념들은 이러한 이해를 위해 자주 동원되는 낱말들이다. 근대 자본주의를 지탱하는 노동윤리에 따르면 놀이는 부정적이므로 일상의 노동을 위한 휴식 정도로 제한해야 하는 것으로 취급된다. 노동이 '갑'으로 여겨지니 놀이는 소극적이거나 부정적인 의미를 띠게 되는 것이다.

독일 철학자 그레첼 S. Grätzel은 우리 시대 여가문화에 여전히 노동 이데올로기가 강조되다보니 노동의 윤리화 현상이 심각하다고 지적한다. 물론 노동은 중요하고 진지한 것이기는 하다. 하지만 노동 대신, 아니 그 만큼 놀이도 중요한 것이라는 주장을 제기하는 것은 금기시된다. 따라서 노동과 다른 맥락에서 놀이도 중요하고 진지한 것임을 이야기하기 위해서는 노동 패러다임에서 벗어날 필요가 있다. 이를 위해 그레첼은 놀이와 여가를 구분하는 데서 놀이 연구가 시작되어야 함을 지적한다. 여가와 놀이를 등치하는 우리의 관행을 멈추고서야 온전한 놀이 연구가 가능하다는 지적인 셈이다. 놀이는 노동과 노동 사이의 주어진 틈새 시간, 빈둥거리며 소일하는 시간, 권태의 시간 등 그 이상의 의미를 갖기 때문이다.(Grätzel, 2007, 102)[16)]

따라서 까이와가 놀이의 사회학을 통해 놀이 자체에 대한 객관적 접

---

16) 미국 듀크대학 여성학 교수 케이시 윅스 역시 자본주의의 발전 이후 우리가 "일하기 위해 살라"라는 노동윤리에 지배당해 왔음을 지적하면서 "일해야 한다는 사실은 경제적 필연이라기보다는 사회 관습이자 규범 장치"라고 역설한다. 특히 그는 노동윤리와 가족윤리의 공모 하에 자본주의적 착취에 동의하고 순응하는 주체가 양산되었으며 '노동사회'를 지탱하는 주축이 되었다고 비판한다. 이에 대해 그는 노동의 근본적 구조와 지배적 가치를 파헤치고 이에 대한 '탈노동의 상상'을 모색할 때라고 강조한다.(케이시 윅스, 2016, 13-21)

근을 시도한 비슷한 시기에 놀이 자체에 대해 존재론적으로 접근하고자 한 핑크 E. Fink의 작업은 놀이에 대한 새로운 인식의 단초들을 제공한다.[17] 놀이가 인간의 실존에 갖는 의미를 조명하는 작업으로 시작된 핑크의 놀이 철학은 이후 세계의 놀이라는 차원으로 '전회'를 감행한다. '인간의 놀이에서 세계의 놀이로'라는 표어로 정리될 수 있을 그의 작업은 여타 인문학적 놀이이론과 상호 보완될 수 있는 여러 가능성들을 함유하고 있다. 그에 따르면 "기계소음으로 요란한 우리의 세기에 인간 현존재의 구조에서 놀이가 갖는 의미들을 통찰"한 선배 놀이학자들(가령, 하위징아와 뷔텐다이크, 쇼이에를과 피아제, 까이와 등)은 "문화비판에 주도적인 정신적 지도자들"로서 놀이를 통해 "현대 지식인의 반성적인 자기의식"(OG, 5)을 선보이고 있다.

핑크가 보기에 선배 인문학자들의 작업은 크게 두 가지로 나뉜다. 한 부류는 삶을 젊고 새롭게 하는 놀이의 기능을 인정하면서 그것을 삶의 동력으로 키우자고 제안한다. 그들은 놀이가 "현대 테크노크라시의 문명적 폐해에 대한 처방"이 될 만한 잠재력을 지닌다고 보면서 그렇게 주장한다. 다른 한 흐름은 "태고의 근원성과 형성하는 창조성"을 가진 놀이와 일의 일치를 통해 "천상의 뮤즈와 가깝게 교제하던 시대"로의 회귀를 꿈꾼다. 핑크는 이러한 두 흐름의 제안들에 부분적으로는 동의한다. 그러면서도 그는 놀이의 고유성에 대한 본원적인 접근, 놀이의 존재론에 대한 이해가 선행돼야 한다고 주장한다.[18]

핑크는『행복의 오아시스』(1957)를 쓴 1950년대를 놀이가 삶의 거대한 방편이 될 정도로 풍요로운 시대라 진단한다. 어느 정도냐 하면 "어떤 시대도 이 시대보다 놀이의 가능성과 놀이의 기회를 가진 적이 없었으며 [....] 놀이공원과 스포츠를 즐기는 경기장이 도시건축에서 계획되고 모든 지방과 국가의 놀이들이 세계적으로 통용되며 놀이기구를 산업

17) Eugen Fink, Oase des Glücks. Gedanken zu einer Ontologie des Spiels. Freiburg 1957.(이하 본문에 OG로 축약하고 쪽수를 병기)

18) "우리 시대 놀이의 본질에 대한 이해를 가지고 있는가? 다양한 놀이현상을 꿰뚫어 보고 있는가? 놀이현상의 존재의미에 대한 충분한 통찰을 하고 있는가? 놀이와 놀이함이 무엇인지에 대해 철학적으로 알고 있는가?" (같은 책, 6)

적으로 대량 생산하고 있는 시대적 상황"(같은 책, 5)이 연출될 정도이다. 하지만 놀이의 흥행이 극으로 치닫는 이러한 상황에도 불구하고 놀이에 대한 사유는 극도로 위축되고 있다. 사람들은 흥행 산업을 위해 인위적으로 제공된 놀이 환경과 스펙터클에 온 몸을 던질 뿐, 왜 놀아야 하고 놀이가 어째서 중요한지를 전혀 생각하지 않는다. 핑크는 '놀이에 무지한 거대 놀이산업의 흥행'이라는 역설적 상황이 놀이의 왜곡과 불모화를 야기할 수 있음을 경고한다.

핑크는 오락산업과 대중문화의 비약적인 성장이라는 현실과 대결하면서, 그리고 지금까지의 놀이담론들을 비판적으로 '지양'하는 가운데 놀이 철학의 새로운 지평을 개척하고자 한다. 그는 인간학적 놀이 연구의 전통(칸트, 실러, 낭만주의)과 놀이를 세계의 존재방식이자 상징으로 보는 존재론적 관점(헤라클레이토스, 니체, 하이데거 등), 놀이의 교육학과 문화인류학적 연구들을 종합적으로 수용하면서 자신만의 놀이이론을 구성하려고 한다. 핑크에게 놀이는 근대의 인식론적-미학적 차원에서 인간의 실존 범주로 여겨지는가 하면 후에는 세계와 우주의 생성 및 변화의 상징으로 확대된다. 1960년에 발표한 『세계상징으로서의 놀이 Spiel als Weltsymbol』는 그 스스로 '놀이 사유의 전회'라고 하면서 세계-상징으로서의 '사변적 놀이개념'을 탐색하는 것이야말로 놀이 존재론의 고유한 과제이자 목표가 될 것임을 밝힌다.

그런 의미에서 핑크 놀이 연구의 제1부라 할 수 있는 『행복의 오아시스』는 제2부 『세계상징으로서 놀이』를 위한 선행연구라 할 수 있다. 여기서 그는 "본래적인 인간놀이의 존재 성격에 대한 성찰, 구조적 계기들의 개념적 정식화 및 사변적 놀이 개념의 선행적 제시"(OG, 7)를 일차적 과제로 삼는다. 이를 위해 핑크는 우선 놀이에 대한 세간의 오해를 정정함으로써 그에 대한 철학적 의미를 재조명한다. 핑크가 보기에 놀이는 우리의 실존적 조건이다. 일상적으로 우리는 놀면서(아니면 놀고 싶어 하면서) 놀이 고유의 가능성들을 실현하고자 한다. 놀이는 개인적인 것이기도 하지만 우선은 "사회적 세계의 사실" 속에서 이루어지는 것이다. 그런 의미에서 놀이는 나름의 커뮤니케이션 행위이면서 공동체의 긍정적 진화에 중요한 역할을 한다. 놀이를 통해 우리는 "함께 사는 사람들과 사회적 접촉"을 함으로써 "더불어 사는 인간이라는 지평"(같은 책, 7-8)을 획득한다.

나아가 놀이는 인간의 원초적이며 근원적인 육체적 · 정신적 행위이다. 우리는 이미 엄마의 몸속에서부터 '논다'는 사실에서도 그것을 알 수 있다. 하지만 놀이는 늘 주변 현상으로 대접받아 왔다. 일과 공부가 중요하니 해도 그만, 안 해도 그만인 것으로 치부되어 온 것이다. 하지만 나름의 한계도 있고 제한적이긴 하나 다수의 인문학자들은 놀이를 사유와 실천의 발판으로 삼고자 해왔다. 오이겐 핑크의 놀이의 현상학 혹은 놀이의 존재론은 그러한 시도들을 종합함과 동시에 그러한 성과들을 존재론으로 수렴하고자 한다. 그에 따르면 "놀이는 마치 사막에서 우리의 행복이 추구하는 오아시스에 도착하는 것 같다고 말할 수 있다. 놀이는 우리를 유혹한다."(같은 책, 8) 핑크는 "어린이에게 논다는 것은 인간 현존재의 순수한 완수"이며 "놀이에 대한 인간의 근본적인 가능한 이해는 인간 현존재가 자기 자신을 위해 열어놓고 있는 어떤 근원적인 이해를 밝히는 정도에 달렸다"[19]라고 하며 놀이의 의미를 적극적으로 평가한다.

이처럼 핑크는 놀이에 대한 통념들을 정정함으로써 존재론적 놀이 연구의 필요성을 입증하고자 한다. 우선 놀이는 외부에서 주어지는 어떤 것이 아니다. 놀이함 속에 산다는 점에서 놀이는 우리의 실존적 · 존재론적 조건이며 우리 인간은 놀이의 주체이다. 어떤 사람들은 동물들도 논다는 점에 주목하면서 인간 놀이와 동물 놀이의 차이를 무화無化하고자 하지만, 핑크가 보기에 놀이의 두 양태들은 본질상 다르다. 이러한 존재론적 차이, 즉 인간 놀이의 고유성은 그것이 의미를 만들어내는 실천들이라는 점에 있다. 인간의 놀이는 단순히 반복되는 운동이 아니라 "늘 의미를 내포하며 진행되는 사건이며 체험적인 수행"(OG, 11)이다. 그것은 반성에 앞서는 활동인데, 놀이로 몰입하는 순간에 주체는

19) Eugen Fink: Spiel als Weltsymbol, Stuttgart, 1960. S. 6: 16.(이하에서는 SW로 축약하여 쪽수와 함께 본문에 병기)

반성으로부터 거리를 두기 때문이다. 이처럼 의미화하는 실천 Signifying Practices으로서 놀이는 인간 삶에 있어서 필수적 성분이면서 일상과 노동의 중력을 이겨내고 삶의 본질을 체험하는 계기를 제공하는 것이다.

핑크는 놀이가 인간의 존재론적 상수임에도 불구하고 그것에 부착되어온 부당한 편견들을 지적한다. 그에 따르면 흔히 놀이는 부차적인 주변 현상으로 간주되어 왔다. 놀이에 비해 노동과 현세적 가치들이 우선시되어 온 데서 그것을 알 수 있다. "덕과 능력, 명망과 가치, 존경, 권력과 복지"를 추구하는 삶 속에서 놀이는 휴식과 긴장의 이완을 통해 일상의 재생산을 도와주는 것 정도로 평가된다. "진지하며 책임을 요구하는 삶의 활동과 달리 명랑한 한가로움"을 추구하는 행위가 놀이라는 것이다. 놀이는 대개 노동의 부담을 덜어주는 "중단하고 쉬는 시간", "소일거리"로서 긴장/긴장완화, 노동/소일, 노동의 일상/축제의 순환 속에서 일상의 멍에와 고역을 덜어주는 것으로 이해된다.(OG, 11-12)

놀이는 또한 "삶의 진지함, 의무적이고 도덕적인 태도, 노동, 냉정한 현실성의 의미 일반"과 대별되는 영역에 자리하는 것으로 평가되기도 한다. 이러한 관점에서 놀이는 "공상적인 상상의 나라와 텅 빈 가능성"에 안주하며 하릴없이 순간의 쾌락으로 도피하는 부정적인 것으로 묘사되곤 한다. '개미와 베짱이' 이야기에서 베짱이에 대한 세간의 이해가 그러한 설명 방식을 전형적으로 보여준다. 그러한 시각에 따르면 놀이는 "사물의 모순으로부터 벗어나는 꿈과 유토피아로의 도피"에 지나지 않는다. 물론 우리 시대 놀이교육과 놀이치료 담론이 말해주듯 놀이는 "영혼의 치료수단"으로 대접받기도 한다. "무시무시한 현대 노동세계의 유령"에 신들리지 않기 위해 놀이가 권장되기도 하는 것이다. 또 혹자는 "윤리적 엄숙주의"에서 웃음과 명랑함을 잃지 않기 위해, "단순한 사실성"의 수인(囚人)이 되지 않기 위해 우리는 놀이가 제공하는 상상의 기회를 포기하지 않아야 한다고 주장한다. "놀이의 즐거운 가벼움"은 과잉노동과 성과주의에 시달리는 우리에게 효과적인 치료의 수단일 수 있다는 것이다.(OG,13)

하지만 놀이의 긍정성에 주목하는 이러한 담론들 역시 놀이를 주변 현상으로 여기며 일상으로의 복귀를 위한 수단으로만 볼 뿐이다. "진지하지 못한 것, 의무적이지 않은 것, 비-본래적인 것", "분방하고 한가로운 것"으로서 놀이는 노동과 진지함의 대립항일 뿐인 것이다. 핑크가 보기에 "그것의 존재 내용과 존재의 심층에서 이해되고 있지 않은"(같은 책, 14) 놀이는 본래의 존재론적 의미에서 해명되지 않는 한 그 의미는 늘 왜곡될 위험에 놓여 있다. 놀이를 유치한 것, 아이들이나 하는 "유년기적 삶의 기본요소"로 보는 통상적인 시각은 이러한 위험을 더욱 부채질한다.

최근 유행하는 놀이 교육 담론에 있어서도 핑크는 그 긍정성을 평가하면서도 일정한 비판적 거리를 두고자 한다. 사실 놀이의 교육적 효과와 활용의 역사는 무척 오랜 역사를 지닌다. 이미 플라톤과 아리스토텔레스의 놀이 이론의 궁극적인 목적 역시 교육에 있었다. 자신들이 생각하는 여가를 만족스럽게 보내려면 그들 스스로 제시한 기준과 원칙에 따라 교육과 훈련을 거쳐야한다고 말하기 때문이다. 칸트와 실러 이후 놀이 교육은 전인적 인간 형성을 위한 필요조건으로 제시된 바 있다. 하지만 놀이교육의 본격적인 제기자는 프뢰벨 Friedrich Wilhelm August Froebel이었다. 그는 아이들의 내면세계를 외부 세계로 발현하는 데 놀이만큼 유용한 매체가 없다는 인식에서 사유를 시작한 사람이다. 놀이는 기쁨과 만족, 세계와의 일치와 평안이라는 속성을 지니거니와, 놀이는 아이들이 가장 순수한 정신을 양양할 수 있는 계기를 제공하는 것으로 여겨졌다. 놀이는 선함의 원천이며, 자신만의 행복뿐만 아니라 타자의 행복을 위해 노력하는 인간성 교육에 매우 효과적이라는 판단에서였다.

핑크는 프뢰벨을 비롯한 초기 유아 및 아동교육 운동가들의 이념에 관심을 갖는다. 특히 그는 쇼이에를 H. Scheuerl과 씨름을 한다. 쇼이에를은 놀이의 구성적 요소들로 자유, 내적 무한성, 가상, 양가성, 패쇄성, 현재화를 들고 있다.(Scheuerl, 1952, 17-21) 이를 풀면 놀이는 우선 책임과 결과에 대한 요구에서 자유롭다. 놀이에는 반복과 지속은 있을지언정 끝이 없는데 놀이 욕구의 완전한 충족은 지속적으로 지연되기 때문이다. 그런 의미에서 놀이는 내적 무한성을 지닌다. 놀이는 일상으로부터 분리된 '가상'의 시공간에서 진행된다. 놀이의 가상은 기만과 허구가 아니라 삶의 부정적인 현실에 맞서려는 고유한 논리를 지닌다. 양가성은 결과의 예측 불가능성에서 비롯된 긴장을 의미하는데, 그것은 놀이의 필수요소이다. 폐쇄적이라는 말은 놀이가 특유의 규칙을 전제로 한다는 것이고, 현재화는 놀이 고유의 시간 구조를 통해 일상 시간과의 단절을 만들어낸다는 것을 의미한다.

핑크는 이러한 쇼이에를의 놀이 연구에 큰 영향을 받는다. 하지만 쇼이에를의 놀이교육론에 대해서 그는 양가적인 태도를 보인다. 물론 핑크가 놀이의 교육적 활용에 대해 반대하는 것은 아니다. 다만 놀이치료에 대한 비판에서도 그랬듯이 놀이가 노동의 대립항으로 이해되는 것에 불편함을 감추지 않을 뿐이다. 나아가 핑크는 놀이교육이 놀이의 긍정적 속성들을 이용하여 사회적응과 노동을 준비하는 과정으로만 이해하는 것에도 반대한다. 특히 존 듀이 John Dewey의 실용주의적 놀이교육처럼 놀이에서 노동으로의 급격한 단절을 막을 수 있도록 놀이가 완충 역할을 할 수 있도록 기획되어야 한다고 보는 것에 대해 아쉬움을 피력하기도 한다. 놀이가 아이들로 하여금 노동으로 인한 억압적인 삶의 무게를 느끼지 못하도록 하는 "일종의 방법적으로 훈련된 놀이"(같은 책, 15)라는 점에서 그는 듀이의 실용주의에 이의를 제기하는 것이다.

우리는 아이들만을 놀이의 주체로 삼는 것에 대한 핑크의 비판에 대해서도 경청을 할 필요가 있다. 놀이치료나 놀이교육의 주된 수혜자들이 아이들이라는 점에서도 그것들에 대한 핑크의 문제제기는 반성의 계기를 제공한다. 아이들에게 고유한 유치한 것, 진지하지 않은 것으로 놀이를 대하는 관행의 지속은 놀이가 지닌 잠재성들을 제한할 것이기 때문이다. 어른들이 "유희적 현존"을 자극하는 놀이에 동요해서는 안 되며, 권태에서 벗어나기 위해 '적당' 수준에서 시간을 보내는 기술로만 허용되어야 한다는 세간의 주장이 그렇다. 놀이가 '중심'이던 유년기를 지나 어른이 되는 것은 "의무, 염려, 노동"이라는 성장 단계를 위해 놀이로부터 점점 거리를 두는 것이라는 시각은 지금도 지배적이다. 하지만 놀이로부터 어른이 멀어질수록 즉 "삶의 진지함이 분명하면 할수록 놀이도 더 분명하게 그 범위와 의미를 상실한다"(같은 책, 15)는 진술은 놀이사회의 기획이 보다 심오하고 넓은 수준에서 이루어져야 함을 의미한다.

하지만 핑크가 보기에 아이들만 노는 것은 아니다. 어른들도 놀고 그래야 한다. 다만 어른들은 "단지 다르게, 보다 비밀스럽게, 가면을 쓴 채로 놀 따름"이다. 아이들의 천진난만한 놀이가 놀이의 존재론적 본질에 가까운 것은 사실이다. 그럼에도 어른들 역시 자신들의 놀이를 발굴하여 논다. "소위 '진지한' 어른들의 세계에서 진행되는 일, 그들이 존경하는 것, 가치, 사회적 관습, 성적인 만남"(같은 책, 16) 속에도 놀이는 비밀리에 깃들어 있는 것이다. 그런 점에서 놀이는 모든 인간들의 배경이며 그 자체에 내밀한 본성을 깔고 있다. 놀이는 삶의 상수라는 것이다.

핑크는 나아가 놀이가 인간 실존의 근본 현상들과 연결되어 있으면서 인간을 전반적으로 조율하는 역할을 한다고 강조한다. 그러면서 그는 놀이가 "긴장과 상호투쟁, 상호적인 조화를 해명하는 기초적인 실존적 계기들의 연결"(같은 책, 17) 양상을 보이는 점에서 인간학적 놀이 연구를 넘어서야 함을 주문한다. 우리는 이를 놀이가 통합적 연구의 대상이어야 하는 이유로 읽을 수 있을 것이다. 놀이의 의미는 "이성적 개념의 침투"만으로는 충분히 해명될 수 없고 "수수께끼 같은 양태를 가진 실존형식"(같은 책, 27)이므로 다른 접근법이 개발되어야하기 때문이다.

이처럼 놀이의 내밀한 다의성을 이해하기 위해 우리는 그것을 인간의 여타 실존적 현상들과의 연관 속에서 살펴야 한다. 핑크는 죽음, 노동, 지배(권력), 사랑과의 연관 속에서 놀이에 접근하고자 한다. 우선 우리 인간은 죽음에 직면해 있으며 늘 인간은 그것을 향해 가고 있다. 죽음은 인간의 실존적 조건이라는 것이다. 또한 인간은 노동을 통해 대지의 저항을 극복하고 그것을 축복의 공간으로 만든다. 인간 모두는 '더불어 사는 자 Mit-menschen'로서 투쟁과 사랑의 관계 속에서 삶을 영위한다. 죽음과 노동, 지배와 사랑을 삶의 상수로 삼으며 우리는 놀이를 한다. 아니, 이러한 인간의 실존적 조건들에도 불구하고 인간은 놀이를 통해 삶의 추동력을 얻는다.(같은 책, 18-19) 핑크에게 놀이는 그 특유의 무목적성의 목적성을 본질로 지니며 인간 고유의 생동적인 충동이 발휘되는 활동이다. 자발적이면서 능동적인 행위라는 것이다.

나아가 핑크는 놀이가 우리의 실존적 불안과 불확실한 미래에 대한 효과적인 브레이크로 작용할 수 있음을 주장한다. 우리는 미래로 정향된 삶을 살도록 강요당한다. '지금 여기'는 더 나은 미래를 위한 준비기이며 간이역 혹은 과도기로 여겨진다. 고대 철학의 경우 현재는 미래를 위한 "영혼의 정화과정"이며 기독교에서 현세는 하느님 나라로 가기 위한 "고통의 계곡"으로 간주된다. 핑크는 이러한 직선적 시간과 그에 따라 미래만 보고 질주하는 삶의 태도를 삶의 '미래주의 Futurismus'라고 부른다. 이것의 문제는 '약속되지 못한' 미래의 행복을 위해 지금의 삶을 저당잡히고 희생해야 한다는 점이다. 인간은 죽을 수밖에 없는 존재이다. 하지만 대책 없는 행복의 추구로 인해 존재의 완성과 만족을 위한 욕망을 포기할 수 없는 것이 미래주의의 문제인 것이다.(같은 책, 21) 사실 우리는 '최고선'이라는 궁극목적을 향해 노동과 진지함, 진정성 있는 삶을 추구하지만 그 궁극 목적의 실체를 알 수 없다. 우리는 참된 행복이 무엇인지 알 수 없다. 실존적 불안과 미래의 불확실성과 씨름할 수밖에 없는 것은 어떤 점에서 인간의 운명인지도 모를 일이다. 그렇지만 핑크는 알 수 없는 미래에 온 존재가 저당 잡히는 것에 이의를 제기한다.

핑크가 보기에 놀이는 미래에 '올인'하는 노동하는 삶, 진지한 삶과는 다르다. 그것은 목적을 추구하는 삶으로부터 비켜서 있기 때문이다. 놀이는 궁극 목적으로 인한 "불안한 역동학, 어두운 의문성, 좌절하는 미래의 전망"에 둘리지 않는다. 불안을 낳을 수밖에 없는 미래의 모호한 목적 대신에 놀이는 편안한 현재와 자기만족적인 것을 추구한다. 그런 점에서 놀이의 즐거움을 핑크는 사막 같은 일상 속의 "행복의 오아시스"(같은 책, 23)라 칭한다. 그에게 오아시스는 일상들 사이에 현존재의 잠재성을 실험하고 발휘할 수 있는 대안적 시공간을 마련하는 놀이를 은유한다. 놀이는 현재의 진행에 잠시 브레이크를 걸고 순간의 지속을 즐김으로써 질적으로 다른 행복을 경험하려는 노력의 표현이다. 그것은 인간의 실존적 염려 Sorge와 구속성, 현실의 불안을 넘어서려는 시도인 것이다.

물론 궁극 목적을 지향하지 않는다고 해서 놀이에 목적이 없는 것은 아니다. '무목적적 목적성' 혹은 '자기 목적성'은 놀이가 향하는 목적의 특이성을 말해준다. 놀이의 과정과 놀이 행위 전체는 나름의 목적성을 가진다. 놀이가 재미와 현재의 중단을 향한 "내재적인 목적"마저 포기하는 것은 아닌 셈이다. 놀이가 '무목적적'이라는 말은 놀이 그 자체를 목적으로 삼는다는 말로 읽혀야 하는 것이다. 이를 달리 표현하자면 '쓸모없음'의 '쓸모있음', '무용성의 유용성'으로 읽을 수 있을 것이다.

핑크는 놀이를 통해 절망이나 불행을 수반하는 인간의 실존적 상태를 벗어나려는 노력의 필요성을 강조한다. 놀이는 고통과 절망이라는 실존에 굴복하지 않는 보다 고차원적인 실존의 역설을 보여줄 수 있기 때문이다. 놀이 안에서의 순간적인 즐거움과 일상의 반복을 버티게 해주는 환상적인 행복감이 진지한 철학자들에게는 타락으로 비칠 수도 있을 것이다. 하지만 핑크가 보기에 순간이나마 순수한 자기만족으로 일상의 섬과 같은 놀이의 시공간 안에서 수행하는 놀이야말로 "시간 속에 있는 인간적 거주의 가능성"을 드러낸다. 물론 놀이의 시간은 미래에 있을 청사진을 염두에 둔 것이 아니라 "잠시 동안의 여분을 간직한 동시에 영원의 순간적인 빛"(같은 책, 24)이다. 하지만 놀이 이외의 것(돈, 정치 등)을 위해 놀이가 행해진다면 그것은 "거짓된 놀이"일 것이다. 하위징아와 까이와가 '놀이의 타락'이라고 우려했던 그러한 현상 말이다.

대개 우리는 노동과 필연이 지배하는 일상의 삶에서 이탈하여 환상의 공간으로 도피하는 것에 불편해 하곤 한다. 하지만 이를 다르게 볼 경우 놀이는 그러한 탈주를 통해 현실과 '다르게' 관계를 맺는 방식으로도 볼 수 있다. 또한 놀이가 "노동, 현실성, 진지함, 진정성"과 대립하는 것만은 아니다. 일을 더 잘 하기 위해 우리는 놀 수 있고, 놀이에의 진지한 참여를 통해 더욱 참된 삶을 모색할 수도 있기 때문이다. 어떤 점에서 핑크는 이른바 '워라벨 Work Life Balance', 즉 일과 삶의 균형을 선취적으로 주장한 학자인 셈이다.

핑크 또한 죽음, 사랑, 노동, 지배만큼이나 놀이 역시 근원적인 것임을 이야기하면서 놀이가 그것들과 상호보완적으로 얽혀 있음을 강조한다. 놀이도 인간의 실존적 본질의 한 구성적 계기이며 더 본질적인 의미에서 우리는 '놀이하는 인간'이라는 것이다.[20] 놀이가 그러한 속성들과 연관을 맺는다는 말은 인간을 가두는 지배적 가치들을 반성적으로 지양할 수 있는 가능성을 보기 때문이다. 놀이는 그것을 명쾌하게 설명해줄 적합한 범주도 없고 명료하게 설명될 수 없는 현상이다. 하지만 이성적 사유가 놀이에서 부정적으로 보는 것, 진지하지 않은 것, 진정성이 결여된 것, 비현실적인 것, 시간 죽이기 등이야말로 거꾸로 "놀이의 탁월한 본질적 성격"(같은 책, 35)일 수 있다. 여타 인간 조건들의 구속과 억압을 성찰하고 벗어날 수 있는 연습을 가능하게 한다는 점에서라도 말이다.

그렇다면 놀이는 어떤 본질적 속성을 지니기에 이러한 역할을 할 수 있는가? 핑크가 놀이의 구성적 요소들이라고 밝힌 네 가지는 놀이의 속성과 역할을 이해하는 단초로 삼을 만하다. 우선 놀이를 놀이답게 만들어주는 것은 '재미'이다. 놀이의 재미는 다차원적이고 다의적인 것으로 놀이를 내밀하고도 모호하게 한다. 놀이의 즐거움은 '창조적 형태화의 기쁨'에서 비롯한다. 놀이의 재미는 슬픔과 심연의 고통마저 껴안으며, 두려운 것마저도 재미를 위한 어떤 것으로 변환할 수 있다. 현존재의 희극과 비극을 모두 놀이의 세계 안으로 녹여낼 수 있는 잠재성은 놀이가 자기만의 영역인 상상적 차원에 대한 기쁨을 추구하는 데서 가능하다.(같은 책, 27 참조)

놀이-세계를 구성하는 두 번째 계기로는 '놀이의 의미'가 있다. 놀이는 일상적으로 늘 반복되는 단순 운동이 아니다. 그것은 수행과정에서 의미를 생산하는 실천이며 의미들을 담고 있다. 놀이'판'을 구성하는 사물이나 행위, 절차, 이 세계를 구성하고 참여하며 구경하는 모든 사람들은 놀이의 의미화 연관 속에 있다. 이를테면 제의(놀이)는 일상과 분리

20) "우리는 진지함을 놀이하며 진정성을 놀이하며 현실성을 놀이한다. 우리는 노동과 투쟁을 놀이하며, 사랑과 죽음을 놀이한다. 심지어 우리는 놀이조차 놀이한다." (같은 책, 25)

되어 특별한 시공간 안에서 거행된다. 그것은 일상 규칙이 부분적으로 힘을 잃거나 대체되면서 놀이 고유의 규칙을 마련하며 놀이를 구성하는 모든 것에는 의미가 부여되고 진지하게 여겨진다. 놀이의 요소들 하나하나는 별도로 존재할 경우 무의미할 수 있지만 놀이 세계 안에서 고유의 규칙에 따라 작동하는 순간 그것들은 모두 의미를 창출하거나 발산하는 것이다.

그 다음 계기로는 '놀이공동체'가 있다. 놀이는 사회적 실존의 근본 가능성들 중 하나이다. 놀이는 그 수행과정에서 인간 사회의 내적 형식을 반영하고 변형하기도 한다. 놀이는 비현실적인 것이 아니라 놀이의 재미를 위해 그리고 구체적 현실의 대안적 형식으로 현실을 담으려고 노력한다. 나아가 놀이는 개인의 행위가 아니라 더불어 사는 사람들을 위해 열려 있다.(같은 책, 30) 놀이규칙은 놀이 공동체를 지탱하는 역할을 한다. 그것은 현실의 상징계와 달리 지속적인 소통 과정에서 다양하게 변주된다. 놀이 세계 안에서 놀이하는 동안 놀이규칙은 엄격하게 적용되지만 더 큰 재미와 결사 association를 위해서는 놀이 동무들의 동의를 통해 업그레이드될 수 있다. 이는 놀이가 집단적 상상의 결실임을 말해주는 증거이다. 놀이공동체와 놀이의 규칙은 우리가 공동-현존재로 살고 있고, 살아야함을 말해주는 윤리적 지평을 시사해준다.

마지막으로 놀이의 특이성을 설명해주는 계기는 '놀이도구'이다. 놀이에 사용되는 도구들은 자연스러운 사물과 닮지 않은 인공적인 물건일 경우가 많다. 하지만 그것이 실제의 대상과 얼마나 흡사한지는 중요하지 않다. 나무 작대기가 훌륭한 명검名劍일 수 있고 곰 인형은 엄마나 아기가 될 수 있다. 그야말로 놀이의 상상력은 마법적 가상을 실재로 만들어내는 능력이 있는 것이다. 그 안에서 일상의 규칙이나 이성적 사유는 잠시 자발적으로 중지되기 때문이다. 물론 놀이자는 그러한 대상이 아기나 엄마일 수 없음을 인지하는 가운데 논다. 놀이하는 아이는 현실과 비현실의 두 차원에서 놀면서, 재미를 위해서는 어떻게 살아야 하는지를 안다. 현실성과 비밀스러운 실재성의 이중성이야말로 놀이라는 마법적 가상의 매력일 수 있다. 놀이하는 사람은 놀이-역할을 통해 자신의 본래 모습을 감추고 그 역할에 몰입한다. 놀이의 가상은 현실성과 가상의 이중적 삶을 인식하면서 이러한 '분열'을 기꺼이 체험하도록 해주기에 매력적일 수 있는 것이다.(같은 책, 33-34)

이 모든 계기들이 어우러지는 시간과 공간, 즉 일종의 놀이생태계를 핑크는 '놀이 세계 Spielwelt'라 부른다. 이러한 요소들과 놀이자의 행위들이 놀이 세계를 구성한다. 놀이의 세계에 기꺼이 몸을 던진 자는 일상의 사물이나 소재를 놀이의 도구로 변환하며 놀이 행위를 통해 의미연관을 형성하면서 놀이의 구성요소들에 생명을 부여한다. 놀이 동무들과 창조한 놀이 공동체는 '지금 여기'의 실존적 비루함을 넘기 위해 놀이 고유의 시공간을 창안한다. 경우에 따라 그것은 또 다른 대안 현실의 디자인을 위한 촉매가 되기도 한다. 우리가 살아가는 현실에서 놀이는 고유의 내적 시간과 공간을 통해 일종의 '섬'이 되어준다. 현실 안에서 현실적이지 않은 놀이를 노는 가운데 여러 가지 선택지들을 실험할 수 있다.

그런 의미에서 놀이는 단순한 주관적 가상이나 현실과 동떨어진 망상이 아니다. 놀이의 가상이 선사하는 재미, 의미를 품은 각각의 행위들, 억압으로부터의 탈주를 제공하는 놀이적 상상과 환상은 그 자체로 놀이의 잠재성을 구성한다. 결국 놀이는 인간의 주권적 역능과 창조의 시험대라 할 수 있다. 우리는 놀이를 통해 가상/현실, 실재/비실재, 무/존재 사이를 오가며 다른 사회를 상상할 수 있고 '또 다른 나'의 모습을 발굴할 수 있다.(같은 책, 37)[21] 나아가 놀이는 일상 노동과 하루 일과의 촘촘한 그물망 속에서 삶의 무게와 중력을 벗어나는 순간과 계기를 제공한다. 그럼으로써 그것은 일상 속의 자유를 제공함과 동시에 진정으로 자유롭기 위하여 습관적 관계로부터 벗어나는 선택의 의미를 생각하

21) "놀이의 구조 전체에는 놀이세계에 고유한 가상의 마술적 생산, 놀이 공동체의 혼연일체, 놀이하는 자와 구경하는 자의 일치, 삶의 거울로서 놀이에서 주어지는 인간 현존재의 자기-직관, 놀이의 선-이성적 감각성, 상징적 힘, 다시 말해 모든 현상들의 대립 가능성에서 패러다임 전환의 기능과 시간으로부터의 자유, 현존재의 유희적 가벼움, 인간 실존의 모든 다른 근본현상들을 포괄하고 자기 자신과 노동, 투쟁, 사랑, 죽음뿐만 아니라 놀이를 놀게 하는 능력이 드러난다."(Eugen Fink, Grundphänomene des menschlichen Daseins, Freiburg 1995, 414.)

게 한다.

이와 같은 설명과 주장들은 종전의 놀이연구들과 쉽게 공명할 수 있는 내용들이다. 하지만 핑크는『행복의 오아시스』를 발표하고 3년 뒤『세계 상징으로서의 놀이』를 내놓으면서 놀이 사유의 전회를 감행한다.[22] 이러한 전회의 핵심은 존재론적 놀이 연구를 보다 근원적인 수준으로 상승시키는 것이었다. 이제 놀이는 단순히 인간의 실존적 조건이 아니라 세계놀이의 상징으로 제시된다. 핑크는 자신의 과제를 스스로 세계상징으로 제시될 "사변적 놀이개념"을 제시하고 발전시키는 것이라 밝힌다. 이는 어떤 점에서 놀이 형이상학으로의 도약이라 평가할 만한 전환이었다. 그만큼 놀이의 의미는 더욱 추상적으로 되고 난해해진다.

우선 핑크는 형이상학의 관점에서 놀이에 입혀진 부정적 시선들로부터 놀이의 속성들을 변호하고자 한다. 놀이의 가상성과 비진지성, 무구속성 등의 의미를 적극적으로 평가하고자 하는 것이다. 진지함과 목적성, 책임과 도덕으로부터 자유롭고자 하는 놀이 행위는 일상의 고단한 삶을 중단시키고 적절한 휴식과 이완, 재생의 기회를 제공함으로써 더 나은 진지한 삶에 기여할 수 있다. 이는 노동의 재생산이라는 관점에서 경제적으로도 기여할 수 있다. 나아가 놀이는 그 결과에 구속적인 책임을 부과하지 않는다는 점에서 고유의 '가벼움'을 통해 인간을 유혹한다. 부담을 지우지 않는 놀이의 속성은 인간을 '미학적' 태도로 이끈다는 것이다. 상상적 창조행위의 시작으로서 놀이는 사회적 삶에 기여할 수 있다. 이를테면 현실과 거리가 있는 가상적 행위인 놀이는 그 비현실성 때문에 "Tun-als-ob"으로 폄하되기도 하지만, 그것의 부담 없는 안전성 때문에 아이들 교육의 유효한 수단으로 긍정되기도 한다.

하지만 핑크는 놀이의 비현실성이 현실과 관련 없는 것으로 이해되어서는 안 된다는 것을 분명히 한다. 놀이 행위는 현실과 비현실의 이중적 중첩 구조를 갖는다고 보기 때문이다. 이를테면 역할 놀이에서는 현실을 반영한 놀이자의 행위와 놀이 세계 안에서의 역할 행위가 동시에

---

22) Eugen Fink, Spiel als Weltsymbol, Stuttgart, 1960(이하 본문에 SW로 표기하고 쪽수 병기).

이루어진다. 이를 지켜보는 사람들 역시 그 놀이자의 행위를 현실 속 인간의 놀이이면서 동시에 놀이세계 속 인물의 놀이로 본다. 이처럼 현실에서의 행위들이 진지하지 않은 놀이의 세계에서 이루어지는 것이다. 이러한 현실과 가상의 중첩 혹은 직설법과 가정법의 중층구조는 우리에게 큰 즐거움과 행복을 선사한다. 나아가 놀이의 가상성과 비진지함은 "진지한 삶에 대한 가상적 의역 scheinhafte Paraphrase"을 통해 현실의 삶에 값진 기여를 할 수 있다.(SW, 82)

핑크가 보기에 놀이의 본질적인 근본 특징인 가상성은 특이한 창조의 경험을 제공하기도 한다. 놀이의 반복 플레이 가능성 replayability이 말해주듯 놀이는 무한한 가능성을 지니기 때문이다. 우리는 놀이 안에서 자유로이 환영 Illusion의 나래를 펼칠 수 있는데, 이는 다른 시간과 공간으로의 상상 여행을 가능하게 한다. 그야말로 '착각은 자유'가 현실화될 수 있는 셈이다. 이러한 놀이적 환영은 현실 너머의 새로운 세계를 상상할 수 있게 해주며 현실에서 가능하지 않은 자유로운 무한 창조의 계기를 열어준다. 이러한 시각에 따르면 돈키호테는 단순한 몽상가가 아니며 이상한 나라의 앨리스는 훌륭한 놀이꾼이다.

놀이는 현실의 요소들을 그 세계에 반영한다. 그리고 놀이는 진지한 일상의 활동들 '사이'에서 이루어지는 활동이다. 역설적으로 놀이는 고유의 '가상성'을 통해 현실과 관계를 맺는다. 그 비현실성은 현실에 대한 대결의 결과이고, 그 일상에 대한 모방과 상상적 너머를 통해 다른 것을 상상하는 즐거움을 맛보고자 하는 것이기 때문이다. 그래서 핑크는 "놀이는 인간이 자기를 실현했다는 환영을 가지도록 진지함(현실)을 의역하는 것이다. 놀이의 비진지함은 오히려 여러 면에서 바로 삶의 진지함에 대해 착각하도록 모방하는 데 있다. 놀이는 상상적인 것의 공간에서 일어나는 모방이다."(같은 책, 79)[23]라고 말한다.

다들 인정하는 사실이긴 하지만 놀이는 고유의 틀과 경계 속에서 이

---

23) 같은 면의 "가상, 즉 전혀 아무 것도 아니며 불안정한 이러한 구성물은 우리를 유혹하고 염려로 가득한 삶에서 우리를 벗어나게 하는 비밀스러운 힘을 가지고 있다."라는 핑크의 발언 역시 유사한 의미로 읽을 수 있다.

루어지는 행위이다. 혹자는 놀이가 이루어지는 다양한 시공간을 '마법의 원 magic circle'이라고 표현하기도 했다. 하지만 전통 형이상학에서는 이 탈일상적 시공간 안에서 이루어지는 행위들과 현상들을 부차적인 것으로 여겨왔다. 그러한 비판의 일차적인 원인은 놀이의 가상성과 비현실성이었다. 핑크는 그 기원을 플라톤의 시인 추방론에서 찾는다. 플라톤은 놀이를 "모사적 모방, 즉 미메시스"의 측면에서 비판한다. 여기서 비판의 주된 근거는 그것의 '비현실성'이다. 특히 그는 "놀이를 통한 세계 해명, 신비와 비극의 지혜, 특히 음악의 신들에 몰입해 진리를 말한다고 자화자찬하는 시인들의 주장"에 비판적이다. 철학 위에 놀이(시 짓기)를 두려는 것을 결코 묵인할 수 없다는 것이다. 예술을 포함하는 일체의 놀이는 이데아에 대한 모상인 감각적 사물에 대한 모상 즉 시뮬라크르에 지나지 않기 때문이다.

핑크는 플라톤에게서 시작된 이러한 해석에 강한 반론을 제기한다. 이런 식의 소박한 반영론 혹은 거울 모델은 놀이의 근본 요소를 전혀 고려하지 않는다고 보기 때문이다. 거울은 늘 원본을 전제로 한다. 하지만 놀이의 경우 늘 감각적 사물과 거울의 관계처럼 현실에 대해 "평행적 이행 Parallellevollzug"의 관계를 전제하는 것은 아니다. 다시 말해 놀이에서의 상 Bild은 모상이긴 하다. 하지만 그러한 모상은 현실적인 것의 있는 그대로의 모상이 아니다. '비현실적인 것'을 포함하는 현실적인 것이라는 점에 놀이의 특이성이 존재한다는 것이다. 핑크가 보기에 놀이 세계의 비현실성은 존재하지 않음 Nichtsein이나 완전한 무 ein blankes Nichts가 아니다. 놀이의 미메시스적 속성은 달리 접근해야 한다는 것이다. "놀이의 상은 그것이 비록 모상이라 하더라도 이미 현실성에 대한 의역이다. 즉 놀이의 상은 반영하는 것이 아니라 해명한다."(같은 책, 106) 이처럼 시인-놀이자는 현실을 자유롭게 모방하며 비현실적이라는 비판에 아랑곳 하지 않고 자유로이 상상의 놀이를 펼친다.

또한 핑크는 놀이에 기만적이니 비현실적이니 진지하지 못하니 하는 비판에 대해서도 나름의 반론을 펼친다. 그는 연극을 예로 들어 놀이에는 그 어떤 기만의 의도가 들어 있지 않다고 주장한다. 가령 배우든 관객이든 연극이 진짜 현실이 아님을 안다. 다만 연극이든 역할놀이든 그 고유의 현실성을 가질 뿐이다. 배우는 죽음을 연기하고 상처를 연기하더라도 관객은 그것이 연극적 현실임을 인정하고 인식한다. 핑크는 연극의 환영성 Illusion과 기만성을 혼동하지 말 것을 주문한다. 다른 예술이 그렇듯이 예술의 환영주의, 즉 작품의 개연성 혹은 핍진성은 아무리 그 장면이 현실처럼 느껴진다 하더라도 그 이상을 의미하기 때문이다. 모사처럼 보이는 것에도 인간의 자기 이해와 반성이 내재해 있다는 것이다. "묘사놀이의 놀이 세계에서 비-유희적 현존재의 현상이 나타나면 [...] 그것은 기만의 목적으로 진정성 없는 연극을 상연하고 있다는 의미는 아니다. 인간의 삶을 그 자신 앞으로 가져다 놓은 것이 연극이다. 인간의 놀이에는 우리의 현존재가 반영된다."(Eugen Fink, 1995, 405)

핑크는 형이상학의 틀에 갇혀 상像을 모상으로만 보는 플라톤 류의 거울 이론 혹은 소박한 반영론을 벗어나기 위해 상 Bild을 상징 개념으로 이해하고자 한다. "상의 모사적 성격이 약화되면 될수록 상의 상징적 계기가 더욱더 분명하게 드러날 수 있기"(SW, 117) 때문이다. 놀이세계를 이루는 가상은 '모상' 그 자체, 즉 원본에 해당하는 존재자에 대한 모상적 재현이 아니라고 보기에 이 작업은 핑크 놀이 철학에 있어 중요한 의미를 갖는다. 그런 점에서 놀이적 가상 안에 깃든 단순 소박한 대상의 반영을 훌쩍 넘어서는 상징을 구제하는 것이 후기 핑크의 과제인 것으로 보인다.

핑크가 보기에 놀이 상징은 신화와 마술적(주술적) 제의에서 잘 나타난다. 제의적 의례들은 어떤 점에서 신화의 놀이적 재현이다. 신화시대 사람들의 세계 인식과 욕망, 공동체의 집단적 결속과 희망을 상징적 놀이 형식을 통해 재연하고자 한 것이 제의적 의례들인 것이다. 핑크에 따르면 이러한 제의들은 "주술사의 마술 행위"를 통해 진행된다. 그의 행위와 도구들은 일상과 현실에서 자주 보는 것들의 모사이지만 그 이상의 의미를 갖는다. 그 어느 누구도 현실과 다른 것들이라는 이유로 그것들을 폄하하지 않으며 의례의 시공간을 비현실적이라고 비웃지 않는다. 오히려 의례적 놀이의 '비현실성'은 신성성의 징후로 여겨진다.

그래야 그 놀이판이 깨지지 않기 때문이다. 그것은 세속에 영향을 미치는 '성스러운 것'으로 긍정된다. 이러한 제의적 시공간 안에서 "동화 같은 것", "기이한 것", "경이로운 것"은 더 본원적인 것으로 존중된다. 이 공간에서 놀이/노동, 놀이/진지함의 이분법은 무효화된다. 물론 굿판과 놀이판은 다르다는 반론이 있을 수 있다. 그렇지만 그것들이 작동하는 원리와 방식에서는 강한 유사성이 드러난다.

핑크에 따르면 신화와 의례 속의 상들에는 플라톤이 강조한 철학보다 더 근원적인 세계지世界知가 들어 있다. 그것은 어떤 사건에 대한 충실한 재현이 아니라 그 자체로 근원적인 경험이다. 닮아 있지만 그 이상의 본래적인 것을 담고 있는 것이다. 말과 몸짓, 온갖 생명체들의 등장, 온갖 표현 기호들이 동원되는 총체적인 놀이로서 의례가 전달하는 상은 의미들을 생산하며 주술의 이해와 소통을 가능하게 하는 '의미-상 Sinn-bild'이다.(같은 책, 141) 나아가 그 상들은 비유 Gleichnis이다. 풀어 말하자면 신화와 의례의 놀이 상징들은 성스러움과 제의적 놀이를 통해 흔히 볼 수 있는 것들을 더 고차적인 것으로 만든다. 결국 '비유'는 그것의 통상적인 문학적 의미와 달리 세속의 사물들에서 "근원적인 세계의 빛 Weltlicht을 재생하려는 시도"(같은 책, 130)로 해석된다. 까이와 식으로 말하자면 비유는 성과 속의 변증법을 작동시키는 기제로 작용하는 셈이다.

이처럼 제의적 의례는 인간의 놀이 세계가 상징으로 나타나는 시원적 형식이다. 그러한 상징은 놀이가 단순한 현실 모상이 아님을 명시한다. 놀이는 그 고유의 가상성 혹은 비현실성을 통해 일상과 세속보다 더 고차적인 의미를 획득한다. 물론 까이와의 말처럼 놀이와 제의는 다른 것이다. 하지만 핑크가 보기에 놀이 안에서 아이들이 진지한 것처럼 신 앞에서 이루어지는 의례 역시 가장 진지한 인간의 놀이라 본다. 통과의례나 공동체의 사안에서 가장 진지하고 중요한 일이 그것이었다는 점이 이를 입증한다. 그래서 핑크는 "세계는 제의적 놀이에서 직관되며, 여기서 놀이는 참인 세계-관이다"(같은 책, 124)라고 진술한다.

하지만 핑크는 여기서 멈추지 않는다. 의례-놀이적 상징은 더 심오한 세계와의 연관을 밝히는 데 한계가 있다고 보기 때문이다. "인간에 의해 수행된 신적인 것과 맺는 모든 태도의 종합적 개념"이 의례이긴 하지만 그것은 "존재자의 세계성에 대한 부분적이며 불완전한 내면화"에 멈추어 있다는 것이다.(같은 책, 152) 그래서 핑크는 가장 근원적인 상징을 드러내기 위해 사유의 도약을 감행한다. 새로운 상징으로서 놀이는 대개 세상일에 파묻혀 정작 세계를 조망하지 못하는 인간에게 우주의 생성과 변화에 대한 통찰을 제공하며, 인간계의 존재자에만 갇혀 있는 한계를 넘어설 수 있는 계기를 부여한다. 이제 핑크에게 상징은 "우주의 재현자 das Repräsentante des Universums"로 이해되기까지 한다.(같은 책, 138)

핑크에 따르면, 인간의 놀이는 세계의 놀이로 확장되어야 한다. 그에 발맞추어 상징 역시 놀이 안에서 나타나는 것이 아니라, 세계놀이 그 자체의 상징으로 도약한다. 이전에 '세계의 개방성 Weltoffenheit'은 인간의 몫이었으나 그 귀속관계도 바뀐다. "세계 개방성은 인간에게 속한 것이 아니다. 오히려 그 반대다. 인간이 세계 개방성에 속한다."(같은 책, 139) 인간은 자신의 세계 이해와 이성적 인식을 통해 세계를 소유할 수 없다. 오히려 인간은 무한한 세계의 한 개체로서 생성 변화하는 세계의 개방성에 참여한 덕분에 세계를 사유하고 자신의 존재를 이해할 수 있다. 인간은 세계가 주인이 아니라 우주적 과정으로서의 세계에 지배되는 존재라는 것이다. 인간은 '세계-내-존재'로서 자신의 본질을 실현하기 위해 놀이하며 산다. 물론 놀이의 과정은 불안을 수반하기도 하지만 놀이를 통해 세계와 관련을 맺는다.

결국 핑크는 '사변적 놀이 개념'이야말로 세계 자체의 지배를 해명하는 최적 개념으로 본다. 놀이 현상은 고유의 상징들을 통해 세계를 가장 잘 드러낸다는 것이다. 놀이적 가상, 즉 '비현실성'은 우주 Kosmos 혹은 세계 질서의 구성과 구조를 특유의 '비유'를 통해 제시한다. 핑크에게 놀이는 존재자 전체의 연극, 즉 밝게 빛나는 세계의 은유로 간주된다. 우리는 여기서 헤라클레이토스-니체-(하이데거)-핑크로 이어지는 세계놀이의 메타포를 만나게 된다. 인간의 놀이를 통해 세계 전체를 '비유'하려는 철학적 사유의 전통을 말이다. 가령 "세계운행은 이리 저리 놀이판을 깔고 놀이하는 아이이며, 아이의 왕국이다"라는 헤라클레이토스의 명제를 핑크는 "놀이하는 아이"로서의 세계로 상징화한다.

핑크에 따르면 세계놀이에 참여함으로써 인간은 자기 자신과 현실을 넘어선다. 인간의 놀이에는 이미 세계놀이가 깃들어 있다. "인간의 놀이에는 세계에로 향한 현존재의 탈자태가 사건화되고 있다. 놀이함은 인간의 세계 내부적 태도와 행위, 행동 이상의 것이다. 놀이에서 인간은 자기 자신을 '초월한다'."(같은 책, 231) 이런 의미에서 우리는 놀이를 유치하다고 비난할 수 없다. 핑크가 보기에 인간은 놀이로써 세계의 본질에 가닿으려고 하는 순간 유일한 존재가 될 수 있다. 우리는 세계의 마술적 생산, 창조적 힘과 지배라는 사건이 일어나는 "도박판에 던져져 있다". 놀이에 내장된 초월성을 경유하여 우리는 고유한 존재에 점점 더 가까이 갈 수 있다. 나아가 "인간의 놀이는 세계-상징"(같은 책, 239)이므로 그것은 일상의 고착된 시간과 비루한 현실을 탈구축하면서 재구축할 수 있는 사유의 단초가 될 수 있다. 핑크는 인간이 '놀이-내-존재'로 나아가려고 노력하는 한 세계-상징에 그 만큼 점진적으로 가닿을 수 있을 것이라고 낙관한다.

핑크의 놀이 철학은 유사-놀이가 넘쳐나는 시대에 다시 놀이를 생각하게 해준다. 우리는 외견상 놀이 과잉의 시대를 살고 있다. 우리는 놀이기구, 놀이공원, 놀이터, 게임, 영화와 드라마, 예능 등 놀이 '장치'의 과잉 환경에 놓여 있다. 통상적으로 놀이는 책임이 따르는 진지한 삶의 활동과 대비되는 휴식이자 긴장의 이완으로 이해된다. 그러나 우리의 놀이 과연 그러할까?! 정말 우리에게 놀이는 무엇일까? 핑크는 그러한 물음과 씨름하는 가운데 놀이의 존재론에 닿으려 했고, 결국 놀이의 특이성들을 조명하는 가운데 세계-상징으로서의 놀이로 나아갔다. 그에 따르면 놀이는 우리의 삶에 주변적인 현상만은 아니다. 그리고 그것은 가끔 놀아지는 우연적 현상만도 아니다. 그것은 실존적 근본 현상으로서 본질적이고 인간적 현존재의 존재 구성틀이다. 놀이는 인간에게 고유한 독자적인 것이다. 그것은 다른 현상으로부터 파생될 수 있는 어떤 것이 아니다. "인간은 본질적으로 죽을 자이며, 본질적으로 노동자이며, 본질적으로 투사이며, 본질적으로 사랑하는 자이며, 본질적으로 놀이하는 자"이기 때문이다."(같은 책, 18)

핑크가 보기에 놀이세계는 상상 차원의 세계이다. 그는 이를 "놀이의 상상계 Das imäginäre Reich der Spiele"(같은 책, 45)라 부른다. 여기에는 현실성과 비현실성이 교차하고 상호작용한다. "인간은 상상적인 놀이세계를 기획한다. 어린 소녀는 상상적으로 작동하는 생산을 통해 인형이란 사물의 조각을 '살아있는 아이'로 알고 스스로 '엄마'의 역할을 수행한다. [...] 놀이는 가상의 마술적 차원에서 이루어지는 유한한 창조이다."(같은 책, 48) 놀이자는 놀이 도구가 한낱 가상에 불과한 것을 안다. 사물일 뿐이라는 것을 말이다. 하지만 소녀처럼 놀이자는 그것의 사물성을 잠시 접어둔다. 그에게 놀이도구는 마술적 성격을 획득하는 것이다. 놀이도구는 현실 속의 사물이지만 놀이의 시공간 안에서 그것은 비밀스러운 '실재성'을 갖는 것이다. 그런 점에서 놀이자는 상상적 놀이세계의 창조자이다. 동시에 그는 놀이 세계의 사물들(규칙들, 성분들)과 그 속의 타자들과 '비밀스러운' 상호작용을 하는 가운데 자신의 역할을 다한다. 놀이 세계의 역할과 현실 세계의 역할 사이의 '분열'을 기꺼이 감당하는 자, 그가 놀이꾼인 셈이다. 그는 놀이 안 '역할'을 통해 현실의 자기를 감춘다. 아니 그것을 뛰어 넘고자 한다. 모든 놀이 행위는 놀이자에게 'n개의 자아'를 선물하는 마법적 변신의 촉매이다.

핑크는 놀이의 재미를 놀이 세계의 창조 과정에서의 즐거움, 즉 "상상적 차원에 대한 기쁨"으로 본다. "인간의 놀이는 재미라는 기분에 흠뻑 젖은 상상적 놀이 세계의 산물이며, 가상에 대한 놀라운 기쁨이다."(같은 책, 38) 핑크에게 놀이는 여러 가지 이유에서 재미가 있으며 그 재미는 다층적 기능을 한다. 우선 그것은 삶의 중력과 현존재의 무거운 짐을 덜어준다. 나아가 놀이는 억압적인 상황으로부터의 해방과 현실의 부정으로서의 유토피아 구상의 촉매가 되기도 한다. 인간의 놀이에 나타는 수많은 자유의 요소들은 그것을 입증한다. 그와 관련해서 핑크는 다음과 같이 주장한다. "놀이를 하는 가운데 인간은 두 가지 극단을 체험할 수 있다. 첫째, 놀이는 인간적 주권의 최고봉으로서 체험될 수 있으며, 둘째, 인간은 거의 제한 없는 창조를 즐기며, 방해 받지 않고 생산적으로 창조물을 형성한다. 왜냐하면 인간은 실재적인 현실성의 공간에서 생산하지 않기 때문이다. 놀이하는 자는 스스로 상징적 산물의 '주인'이라 느낀다. 놀이함은 탁월하며, 제한이 거의 없기 때문에 인간적 자유의 가능성이 된다."(같은 책, 38-39)

핑크가 보기에 놀이는 합목적적 활동이다. 하지만 그것은 여타 인간의 합목적적 행위와 다르다. 놀이는 궁극적인 목적을 이루기 위한 수단으로 기획된 것이 아니기 때문이다. "놀이는 행위 전체가 목적에 부합하는 것으로 규정되며, 또한 놀이 과정의 매 단계마다 그것에 부합하는 특별한 목적을 가진다. 그러나 놀이의 내재적인 목적은 다른 인간적 행위들의 목적들처럼 최상의 궁극 목적에로 기획되어 있지 않다. 놀이의 행위는 단지 내적이며, 그것을 넘어서는 어떤 목적도 가지지 않는다." (같은 책, 23) 궁극 목적이 없다는 주장은 목적으로부터 자유로운 활동이라는 말로 바꿔 쓸 수 있다. 이는 놀이의 '자기 목적성'을 의미하는 것이며 순수한 자기만족으로서의 놀이를 강조하는 것이기도 하다. 일상으로부터의 기분 좋은 잠시 동안의 탈주이면서 중력의 무게를 이겨낼 더 가볍고 환상적이며 행복한 세계의 창조 과정이라는 점에서 놀이는 행동이면서 창조이다.

3. 놀이교육을 넘어서

현재 한국은 놀이교육의 전성기를 맞고 있다. 하지만 아이들에게 '주어진' 놀이는 산과 들, 혹은 도시의 어느 골목길에서 그의 부모들이 '자발적으로 선택하여' 놀던 놀이와 다른 놀이를 논다. 프뢰벨, 몬테소리 등의 이름을 딴 어린이집이나 학원들, 유아 스포츠센터나 축구클럽, 각종 창의력 향상 프로그램 등은 놀이의 이름을 빌고 있지만 부모들에 의해 '기획된' 것이라는 점에서 놀이의 정신을 배반하고 있다. 놀이의 이름으로 놀이의 정신을 배반하는 현장을 우리는 일상적으로 목도한다.

가령 천편일률적으로 디자인된 한국의 놀이터들은 '놀이'에 대한 우리의 인식을 날 것으로 보여준다. 위험방지를 명분으로 설계된 놀이터도 감지덕지할 만한 상황이긴 하다. 하지만 아이들을 과잉보호의 대상으로 삼으며, 관리하고, 감독하고, 간섭하고, 지시하는 어른들의 시선에 따라 설계된 천편일률적인 놀이터에서 자유와 상상이라는 놀이의 속성은 간과되고 만다. 그것은 놀이를 통한 아이의 성장이라는 놀이교육의 목표에도 배치되는 것이다. 그런 점에서 저명한 놀이터 디자이너 귄터 벨치히 Günter Beltzig의 말은 우리에게 많은 것을 시사한다. "좋은 놀이터는 어느 정도 위험을 허용해야 해요. 통제와 인식이 가능한, 조정할 수 있는 위험을 제공해야 합니다. 그리고 아이들은 이 놀이터에서 자신이 결정권을 가져야 하죠."[24]

우리는 어른에게나 아이에게나 놀이가 일상의 스트레스를 해소하고 기분을 전환하는 필수 요소임을 안다. 일찍이 놀이교육에 관심을 둔 학자들과 실천가들은 스트레스 해소와 기분 전환에 더해 아이들에게 놀이가 사회의 습관을 익히고 몸과 마음을 익히는 기능을 한다는 사실에 주목했다. 아이들은 우선 재미를 위해 놀이의 장을 구성하고, 노는 가운데 자연스럽게 그 사회의 일원으로 성장한다는 것이다.

어른들은 일로 생긴 육체적, 정신적 피로를 풀기 위해 논다. 하지만 아이들은 놀이 그 자체를 위해, 즉 놀기 위해 논다. 놀이는 아이들의 일인 셈이다. 예전에 어른들은 놀이를 통해 일을 배우고 세상에서의 자기 역할을 익혔다. 일은 어린 아이의 놀이로부터 시작되고 노는 가운데 학습되는 것이다. 사회성의 발달, 시민성 교육에 있어 놀이가 갖는 중요성 때문에 놀이를 통한 교육은 일찍 관심의 대상이 되어왔다. 나아가 놀이는 "눈과 손의 협응 eye-hand coordination과 규칙개념, 수 개념, 손과 손가락의 조작기능, 놀이전략에 필요한 지적 능력과 사회성 및 규칙준수의 태도 등 다양한 측면의 발달을 돕는 데 효과적이다."(유안진, 1990, 426)[25]

---

24) "한국 놀이터는 판박이…재료 · 디자인 다양화해야", 〈한겨레신문〉, 2014. 06. 02, http://www.hani.co.kr/arti/society/schooling/640342.html(검색일: 2015년 12월 2일)

하지만 놀이의 효과는 자발성과 자율성, 자기 목적성이라는 놀이의 속성들을 훼손하지 않을 때 극대화될 수 있다는 것이 놀이교육학계의 정설이다. 놀이는 자발적이어야 하고 놀이 이외의 목적이 우선되어서는 안 되며, 놀이하는 동안 즐거움과 재미가 지속되어야 한다는 원칙에 충실해야 하는 것이다. 재미보다 학습의 목적이 앞설 경우, 어른이 미리 정해진 규칙과 틀 안에서 놀도록 '강요'하거나 '관리'하려 할 경우 그것은 놀이라 할 수 없다.[26] 사실 '놀이=교육'은 성립할 수 없다. 한국 부모들의 아이 놀이에 대한 관심은 자식을 '경제인 Homo economicus'으로 키우려는 욕망에서 비롯한다. 놀이를 매개로 한 교재와 교육용 완구 산업의 규모, 교육 관련 엑스포에 전시된 이벤트들은 그것을 여실히 증명한다. '자본주의에서 우리 아이들만 승리하기'라는 지상 목표에 놀이는 종속 변수로서만 의미를 가질 뿐인 것이다. 결국 '동일한 목표', '동일한 욕망'은 아이들의 '동일화 Gleichmachung'라는 파국을 부를 뿐이다.

우리는 기억할 필요가 있다. 놀이가 온전한 놀이일 때, 부모가 아니라 아이 자신이 놀이의 주체가 될 때, 그 놀이는 재미가 있는 것이다. 놀이의 교육적 효과나 치료적 기능은 놀이가 본연의 속성을 극대화할 때 나

---

25) 김정임의 다음과 같은 주장도 놀이의 교육적 역할과 관련하여 참조할 만하다. "아동들의 놀이 속에서 놀이에 대한 열정이 삶과 직업으로까지 연결되는 경우가 종종 있다. 이러한 관점에서 교육은 놀이의 변화가 훗날 성인이 되어서 자기의 일에 애정으로 대할 것이다." (김정임, 1998, 77)

26) 최근 놀이 교육 연구에 포스트주의, 즉 탈구조주의나 해체론이 적용되면서 아이의 자율성과 독자성을 강조하려는 경향이 나타난다. 존 월 John Wall같은 연구자는 역사적으로 아이들을 자신들의 고유한 권리와 몫을 박탈당해온 존재로 규정한다. 놀이의 존재론적 특성상 아이들 그룹의 경험들은 물려받은 사회적 규범들을 해체(탈구)하며 그 규범들을 재구축하는 계기를 제공함에도 말이다. 그가 말하는 '아이주의 childism'은 어른의 시선에 포획된 놀이교육 담론을 반성하고, 아이들의 탈주 경험 자체를 강조하려는 전략의 하나인 셈이다. 문제는 놀이에 대한 어른주의 adultism의 극복인 것이다. 이는 아이들을 그저 어른이 되기 이전의 존재 혹은 어른이 되어가는 존재로 보는 것이 아니라 문화적으로 특이성을 지닌 사회적 행위자로 인식하려 하는 데서 시작한다. 제임스 Allison James와 프롯 Alan Prout의 말처럼 아이들은 사회와 삶의 구성에 능동적으로 참여하는 행위자로 보아야 한다는 것이다. 특히 데리다의 논의에 기대어 존 월은 아이들의 에이전시와 참여를 환대하는 데서 더 나아가 어른들의 경험을 기준으로 어떤 토대를 가정하는 것을 해체(탈구축, deconstruction)하며, 아이들 놀이 경험의 전 지구적 의미를 재구축할 것을 주문한다.

타나는 사후적 효과이다. "지적으로 그리고 인위적으로 고안된 활동들은 유아가 실제 삶의 기능들과 접촉할 수 있는 기회를 차단한다. 유아교육 속에 끌어들여져야 할 내용은 삶 그 자체로부터 취해져야 한다."는 원칙론을 곱씹을 시점이다.(곽노의, 1999, 88) 놀이 그 자체가 아니라 다른 목적을 위해 '인위적으로' 설계된 교육완구들은 아이가 지적으로 성장하는 것 같은 잠시 동안의 착시적 기쁨을 줄지언정 부모들이 기대하는 창의성 향상에는 오히려 해로울 수도 있다. 그래서 롤랑 바르트 Roland Barthes는 놀잇감이 장난감이 되고만 세상을 비판하며 장난감은 새로운 창조의 세계로 나가지 못한다고 경고한 바 있다.(바르트, 1995, 132)[27)]

놀이교육학자 존 월 John Wall은 다른 이유로 어린이 놀이의 '놀이다움'을 회복해야 한다고 주장한다. 그에 따르면 서구의 철학자들은 아이들로부터 상당히 많은 것을 배워왔다. 인간 본성(존재), 윤리학, 정치학, 미학, 인식론 등에 대한 그들의 논의는 아이들의 독특한 경험들을 고찰하면서 형성되어 온 것이라고 한다. 대체로 이러한 노력들은 아이들을 '인간화 humanize'하려는 노력의 표현이었다. 하지만 이는 결과적으로는 아이들의 탈인간화, 즉 인간성의 탈인간화 dehumanization of humanity로 이어졌다. 놀이의 역할과 기능을 미적 취미와 교양에 둠으로써 상대적으로 세속적인 놀이와 육체적인 놀이를 간과한 근대적 놀이 담론에 기대고 있기에 빚어진 현상으로 볼 수 있을 것이다.

플라톤과 아리스토텔레스로부터 칸트와 실러에 이르기까지 일찍이 놀이의 교육적 역할에 관심을 둔 놀이 학자들이 보기에 아이들의 놀이는 원초적이다. 고분고분하지 않음(무규칙성), 열정, 무질서 등은 아이

27) 페리노들만은 이데올로기적 차원에서 이러한 장난감의 폐단을 비판한다. "어떤 놀잇감들은 실제로 변할 수 있고 어린이들에게 선택의 기회를 준다. 바비 인형과 같은 인형들은 엄청나게 많은 의상과 장신구를 갖고 있고, 몇몇 캐릭터 놀잇감들은 변신 원칙을 따른다. 자동차처럼 생긴 기계가 인간처럼 생긴 기계로 변하는 것이다. [....] 이런 놀잇감들은 더 나은 세계를 바라거나 자신의 운명을 직접 경험하기를 바라는 어린이들의 욕구를, 언제나 우리 사회의 주류이데올로기를 뒷받침하는 새로운 물건을 가져야 한다는 필요성으로 바꾸어 놓는다. 그 문화 안의 진정한 변화나, 영향에서 진정한 자유로 이끌어가는 대신에 말이다."(페리노들만, 2001, 207쪽 재인용.)

들의 놀이에 속한다고 가정되거나 상상된 속성들이다. 이러한 원초적 상태를 길들이기 위해서 그들은 합리성(이성)이나 신성한 법 등의 도입이 필요하다고 본다. 이들이 구상하는 철학적 사유와 사회적 실천은 보다 고상한 질서를 위한, 즉 인간의 원초적 놀이성을 훈육하기 위한 필수적인 조처들이다. 이후 살펴보고자 하는 놀이교육학자들의 경우에도 그러한 흐름으로부터 완전히 자유롭지는 않다. 어른들의 렌즈로 아이들 놀이를 보고 있다는 혐의에서 자유롭지 않은 것이다.

하지만 아이들을 대상화하려는 경향에도 불구하고 그 흐름에서 벗어나려는 노력도 발견된다. 일단 아이들을 훈육함으로써 노동 친화적인 근대적 주체를 만들려는 강박적 경향이 우세하던 시대에 '놀이를 통한 교육'에 관심을 가진 것만으로도 초기의 놀이교육학자 혹은 운동가들은 혁신적이라는 평가를 받을 만하다. 우리나라에서는 놀이를 통한 가르침의 '일방적' 대상으로 아이들을 보려는 추세가 강함에도 불구하고, 이들에게는 아이들을 놀이의 주체로 보아야한다는 태도가 감지되기도 한다. 우리는 이들을 통해 놀이교육을 고민해야 할 어른의 역할을 재사유할 수 있다. 아이들을 위해 놀이제도와 놀이환경, 놀이교육의 비전과 방향을 고민해야 하는 놀이 설계자로서의 어른과 자율성과 자유, 무목적성이라는 놀이의 속성을 만끽할 수 있도록 지원해야 할 놀이 지원자로서의 역할이 우리 앞에 놓여 있다. 이러한 두 가지 요청들의 길항작용 속에서 놀이교육의 새로운 벡터와 좌표를 구상하는 것이 필요한 이유이다. 아마 여기서 필요한 '실천적 지혜 phronesis'는 '지원은 하되 간섭은 하지 않는다' 정도로 정리할 수 있을 것이다. 그 출발점은 놀이가 단순히 어떤 목표를 위한 수단이 아니라는 사실을 기억하는 일이 될 것이다. 놀이는 그 자체 안에서 혹은 그 자체로 의미로 충만한 활동이기 때문이다.

그런 의미에서 놀이를 수단으로 보는 관점에 이의를 제기하는 다른 주장들에 눈길이 간다. 근대적 주체의 양성, 혹은 사회질서 안에 안착하는 인재 육성이라는 교육 목적에 반대하는 탈근대적 놀이교육을 사유하는 시선은 지금의 우리에게 놀이교육이 무엇이어야 하는지를 고민하게 한다. 가령 린튼 Samuel Linten같은 학자는 낭만주의나 놀이교육의 선구자들의 목소리를 빌려 대안을 모색하고자 하고, 코즐린 Alex Kozulin같은 이는 프뢰벨을 경유하고 비고츠키 Lev Semenovich Vygotsky를 참조하여 지배적인 놀이교육 담론을 극복하고자 한다.(Linten, 2003, 27-31; 82-83) 이들은 놀이의 교육적 효과에 관심을 갖되, 이를 위해서는 놀이의 전모에 대한 파악이 필요하다는 입장을 개진한다. 여기에는 실러나 낭만주의자들의 이상이 계승되고 있다. 세계를 '총체적으로' 이해하는 것이 놀이의 역할이라고 주장하는 점에서 말이다. 놀이는 그 자체로 만족을 가져다주며, 그 자체로 가치 있는 활동이라는 것이다.(Oakeshott, 1995, 330)

이러한 생각에는 '놀이충동 play drive'을 통해 자연법칙과 도덕법칙이 부과한 의무로부터 벗어나 진정한 자유, 미적 충동을 얻을 수 있다고 본 실러의 메아리도 들린다. 놀이교육이 삶의 수단이 아니라 목적이 되어야 한다는 생각은 우리 놀이교육의 현 주소를 진단할 수 있는 하나의 매개를 제공해 준다. 가령 오우크쇼트 M. Oakeshott같은 사람은 놀이를 '여가활동 leisure activity'으로 본다. 물론 여기서 말하는 '여가'는 우리 사회에서 통용되는 그런 의미는 아닐 것이다. 그것은 '인간 본연의 모습으로 살아가고자 하는' 욕망과 욕구에 기반한 활동이기 때문이다. 이는 일상에서 벗어나 '그 너머의 삶'('신성한 아름다움')을 관조하는 것으로 이해된다. 오우크쇼트의 놀이는 '전인 der ganze Mensch'을 향해 자유와 계몽을 향유하고자 하는 목적을 지닌다. 그가 보기에 일과 놀이는 대상이 다르다. 놀이는 세계를 설명하고 이해하고자 하는 마음이 담긴 활동이다. 삶의 원형을 찾고 인간 본연의 모습을 알아가고자 하는 열망의 표현인 것이다. 그의 놀이 범주는 광범위하다. 구체적인 놀이 활동에 삶의 '시적' 성격을 드러내는 모든 활동이 놀이라고 보기 때문이다. 물론 방점은 후자에 찍힌다. 삶의 궁극적인 지향은 바로 '시적인 삶'을 사는 것이라 한다.(Oakeshott, 1995, 303-314)

이제 우리는 잠시 놀이교육과 관련하여 자주 거론되는 학자들의 대략적인 이론을 살펴보고 그 의미를 사유하게 될 것이다. 하지만 태어난 순서에 상관없이 책을 쓰는 저자의 '특정한 의도'에 따라 검토하고자 한다. 일단 제일 먼저 존 듀이를 배치한 것은 그의 놀이교육 이념이 우리의 현실에서 인기를 끄는 미국의 실용주의적 경향성을 선취하고 있다고 보기 때문이다. 물론 한국의 놀이교육이 듀이 John Dewy의 이념을 제대로 수용하고 있는 것처럼 보이지는 않는다. 피아제 Jean Piaget나 비고츠키, 그리고 그 이전의 놀이교육 선구자들의 경우도 마찬가지지만 듀이의 주장 역시 본래 취지와 의도는 사라지고 그의 몇몇 주장들만 피상적으로 수용되고 있다. 그럼에도 듀이의 이념에 놀이교육의 도구적 활용에 유리한 요소들이 감추어져 있음을 부인할 수는 없다. 따라서 그가 제일 먼저 등장하는 데에는 우리의 놀이교육 담론이나 현실에 대한 나름의 반성 의도가 들어가 있다.

다음으로 피아제와 비고츠키가 비교 · 분석될 것이다. 두 사람 모두 미국인이 아니면서 서로 국적이 다르다. 두 사람은 유럽적 사유의 전통을 취하고 있어 공감대를 형성하면서도 차이를 보인다. 스위스 사람 피아제는 자연과학과 심리학을 두루 섭렵하는 가운데 놀이를 통한 개인의 발달과정과 인지적 성장에 주로 관심을 둔다. 반면 러시아 출신 비고츠키는 개인의 발달을 위한 사회적 조건의 성숙, 특히 놀이 안에서의 협력과 연대를 통한 아이의 발달을 강조한다. 우리는 이 두 사람의 공통점과 차이점을 통해 우리 놀이교육의 나아갈 바를 타진해 볼 수 있을 것이라 생각한다.

마지막으로 놀이교육의 선구자들로 돌아가서 놀이교육의 초심을 살펴보고자 한다. 우리 유아교육과 놀이교육 산업 관련 상호(商號)로 흔히 등장하는 그들의 주장은 한국 놀이교육에 성찰의 기회를 제공할 수 있다. 그들이 경계했던 부작용들을 우리가 반복하는 측면이 있기 때문이다. 인문적 놀이교육의 지향점이 인간화 교육, 전인적 잠재성의 실현, 참여와 직접 경험을 통한 자유와 해방 등에 있는 것이라면 놀이교육의 '아버지들'은 각기 다른 이유, 다른 방향에서 그 가치들을 실천하고자 노력한 사람들이었다. 그런 점에서 마지막에 그들을 배치한 데에는 우리의 놀이교육이 처음부터 다시 새로운 출발을 시작했으면 하는 바람이 들어 있다.

1) 존 듀이

앞서 잠시 말했다시피 놀이와 교육을 연결하려는 움직임은 '소크라테스 이후'의 철학자들에게 상존하는 문제였다.[28] 플라톤-아리스토텔레스-칸트-실러의 놀이 담론 계보만 하더라도 그렇다. 가령 아리스토텔레스는 아이들을 '비합리적 irrational' 존재가 아니라 '전 합리적 pre-rational' 존재로 본다. 그들은 충분히 발달되지 않은 자연적 잠재성의 상태에서 세상에 나왔으므로 '덕스러운 관습 안에서' 즐거움을 발견할 수 있도록 가르쳐야 할 대상으로 간주된다. 영국 경험론 철학자 존 로크 John Locke에게도 아이는 "주조되고 빚어지기를 기다리는 백지"로 삶을 시작한다. 그래서 그는 "아이들의 모든 놀이와 오락거리들은 선하고 유용한 습관들을 위해 조정되어야 한다. 그렇지 않으면 그들은 병적인 것이 되어버리기 시작할 것이다"라고 주장한다. 장 피아제 J. Piaget나 그 이후의 발달심리학자들도 이러한 견해들의 변주라 할 만한 입장들을 내놓는다. 아니 그와 다른 흐름 속에서 놀이를 이해해온 지식인들의 경우에도 이러한 경향과 멀리 있지 않다. 그도 그럴 것이 '인간의 변화'에 관심이 있다면, 그리고 광의의 교육 혹은 '교양 Bildung'의 차원을 생각한다면, 놀이의 교육적 역할과 효과의 문제가 제기될 수밖에 없기 때문이다. 놀이의 교육적 효용성을 주장하고 실험한 선구자들의 작업을 통해 드러나는 교훈과 문제들은 21세기 한국 놀이교육과 관련하여 많은 시사점을 제공한다.

놀이 교육의 관점에서 볼 경우, 우선 놀이를 삶의 문제 해결 과정과

---

28) 플라톤은 『공화국』에서 아이들을 "가장 교활하고 말썽꾸러기이며 통제가 되지 않는 야수"라고 하면서 "어른이 되었을 때 그들 스스로 채우고 있어야 할 위치로서 아이들의 취향과 성향을 지도하는 수단으로서 게임(놀이일반)을 이용하려 노력해야 한다"고 주장한다. 이는 중세 신학자 성 아우구스티누스에게서도 반복된다. 그는 '원죄' 개념을 입증하기 위해 아이들의 놀이를 끌고 온다. 그가 보기에 게임이나 오락은 세계의 영원한 창조주 안에서 휴식하는 기쁨보다 세속적인 창조 안에서의 쾌락일 뿐이다. 칸트 역시 아이들의 놀이가 욕망과 충동에 대한 인간의 근본적인 종속을 의미한다고 비판한다. 자율적인 충동과 이성을 행사하는 방법을 습득하기 위한 자기-훈육을 통해 이를 극복해야 한다고 본다. 이러한 태도들은 오늘날에도 매우 왕성하게 계승되고 있다. 존 월은 '놀이의 존재론적 복잡성 play's ontological complexity'에 대한 인정을 통해 이를 극복해야 한다고 역설한다.

다른 목적의 수단으로 보는 경향이 있다. 이미 고대 그리스로부터 놀이는 어른이 되기 위한, 그리고 향후에 감당해야 할 노동의 준비과정으로 여겨진 바 있다. 하지만 이 문제를 집중적으로 학문화하고 실현 방법을 고민한 사람으로는 단연 존 듀이 J. Dewy를 내세울 수 있을 것이다. 듀이는 흔히 도구주의, 실용주의의 대표자로 소개된다. 이러한 이념들은 실용성이나 효율성과 동일시되면서 우리 사회에 만연한 '놀이의 제도화'에 깊이 각인된 생각들이다. 그 많은 놀이교육에 대한 관념들과 놀이 산업들은 그것을 단적으로 말해준다. 물론 그들이 듀이의 생각을 온전하게 받아들이지는 않는 것 같다. 이른바 듀이의 진정성은 거세한 채 사업화에 도움이 되는 단편적인 아이디어만 입맛에 맞게 받아들이고 있기 때문이다.

듀이가 놀이를 어린이가 성인이 되기 위한 준비의 수단으로 본 것은 사실이다. 하지만 그의 교육철학에는 민주주의적 시민 육성을 위한 전인교육 프로그램의 이념이 깔려 있다. 그리고 놀이의 자율적 속성과 상호작용적 대화성을 활용한 실용 교육을 강조하는 경향 역시 뚜렷하다. 그가 제시하는 놀이교육의 방향성은 '능동적 작업 활동 active occupation'으로 정리될 수 있다.(Dewy, 2007, 331) 여기에서도 단적으로 그의 놀이관이 드러난다. 듀이는 스스로 자발적으로('능동적') 탐색하고 도구와 재료들을 조직하고 만드는 작업이라면 재미와 보람을 줄 수 있기에 놀이와 일을 굳이 구분할 필요가 없다고 보는 것이다. 듀이를 실용주의자로 도매금 처리할 수 없는 이유도 여기에 있다. 굳이 듀이의 방식에 기대지 않더라도 이러한 놀이 교육은 미국만이 아니라 유럽의 놀이교육 현장에서도 광범위하게 실천되어 왔다.

물론 듀이는 오랜 시간 반복적이고 지속적인 노력을 필요로 하는 활동('노동')과 그렇지 않은 활동('놀이' 등의 여가활동)을 구분하기는 한다. 하지만 놀이교육과 관련해서는 굳이 일과 놀이를 구분하지 않는다. 이는 놀이의 '정동 Affekt'과 재미가 교육에 반영되어야 한다는 생각 때문이다. 듀이에게 중요한 것은 놀이가 일상의 다른 활동을 재미있게 배우고 연습할 수 있는 수단이 되어야 한다는 것이다. 놀이는 "인간의 내면 깊숙한 본능을 일깨워 주며, 동시에 사회적 의미가 있는 사실과 원리들을 가득 담고"(같은 책, 310) 있기에 그것이 가능하다.

듀이에게 교육은 끊임없이 변화하는 사회 환경에의 원활한 적응과 삶의 연속성을 중단시키지 않기 위한 능력의 습득과 훈련을 목표로 한다. "결국, 삶이라는 것은 환경에 작용함으로써 스스로를 갱신해 나가는 과정이다. [...] 어떤 종족이 사멸하면, 그에 뒤이어, 그들이 극복하지 못했던 장애를 딛고 서서 그것을 활용할 수 있는, 더 큰 적응력을 갖춘 새로운 생명체가 나타난다. 삶의 연속성은 생명체의 필요에 환경을 끊임없이 재적응시켜나가는 것을 의미한다. [...] 인간의 경우에는, 생물학적인 존재의 갱신과 더불어 신념, 이상, 행복, 불행, 그리고 활동의 재창조가 이루어진다. [...] 교육은 가장 넓은 의미에서 말하면, 삶의 이러한 사회적 연속성을 유지하는 수단이다."(같은 책, 40-41) 사회적 기관(social organ)으로서 학교는 사회의 생존을 위해 아이들을 교육시킬 책임이 있다. 놀이 역시 사회적 연속성을 유지하기 위한 조건으로서 개별 주체의 적응력 향상이라는 실용적 목적에 복무해야 하는 것으로 여겨진다. 그에게 놀이는 미래를 예견하고 그 예견에 따라 현재의 반응을 조절하는 경험의 재구성 과정이기 때문이다.

듀이는 성장주의와 성과주의에 밀려 소홀히 되었던 행복과 웰빙, 나아가 소외된 노동으로부터 해방과 인간성 회복을 위해 놀이가 기여할 수 있는 바에 관심을 갖는 경향과 다른 노선에 서있는 것처럼 보인다. 말 그대로 그에게 놀이는 더 나은 성장을 위한 실용적인 도구로서 우선시되기 때문이다. 그가 '킨더가르텐'의 교육학자 프뢰벨 Friedrich Wilhelm August Froebel의 상징주의 교육론을 비판한 데에는 특유의 실용주의 교육관이 크게 작용한 것으로 보인다. 어떤 점에서는 듀이는 주입식 교육과 암기식 교육이 미래형 인재 양성에 도움이 안 된다며 문제해결능력을 갖춘 인재 양성을 강조하는 우리의 현실에 더 요긴한 인물처럼 보인다. 놀이의 재미를 만끽하는 가운데 창의성과 개성을 기를 수 있고 혁신적이며 풍성한 문제해결능력을 배가할 수 있는 교육이 개인의 생존력과 사회적 재생산에도 도움이 될 수 있다는 그의 생각은 탁월한

국가를 위한 탁월한 개인의 양성이라는 플라톤 이후의 철학과 공명하는 것이기도 하다. 물론 그리스의 철학자들은 놀이의 재미나 정서적 효과에 대해서는 별 언급이 없었지만 말이다.

듀이에 따르면 삶은 경험이며 그 경험이 바로 교육이다. 여기서 경험은 놀이와 동의어로 쓰이며 인간과 환경 사이의 상호작용을 의미한다. 교과서보다 삶의 현장에서의 직접 교육과 놀이의 참여적 속성을 교육방식에 도입한 점에서 그는 진보주의적 교육사상의 입안자로 평가되기도 한다. 교과서적 지식보다 일상과 주변의 다양한 경험들을 놀이하듯 체득하는 방식은 한국의 대안교육에서도 중시되는 것이기도 하다. 특히 아동의 본성을 따르는 아동교육, 아이의 흥미를 중시하는 교육, 아이의 자발적인 자기표현을 중시할 것, 교수자와 어린이의 능동적 상호작용을 모색할 것을 중시한 점에서도 듀이의 놀이교육은 우리에게 시사해주는 바가 크다. 실제로 한국의 교육학자나 현장의 놀이교육 전문가들은 듀이의 논의와 작업에 크게 기대고 있다. 다만 듀이가 말하는 '실용'을 성과나 생산성과 연관시키며 성과주의로 오독하는 현실은 놀이에 대한 배반으로 평가될 수 있는 소지가 다분하다.

2) 피아제와 비고츠키

미국의 실용적이면서 어떤 면에서는 도구적인 놀이 교육론과 달리 유럽의 놀이교육 패러다임은 다분히 철학적이고 인간학적인 뉘앙스를 띤다. 특히 인지심리학과 발달심리학 분야에서 놀이교육에 대한 관심이 두드러지게 제기된 점에서도 그 이유를 찾을 수 있다. 여기에는 종래의 인문학적 선행 연구들의 영향 역시 작용했을 것으로 짐작할 수 있다. 특히 유럽의 놀이교육자들은 인간의 미묘한 심리상태를 관찰하면서 놀이가 인간의 발달과정에서 주요한 역할을 한다고 본다. 이를테면 정신분석학의 창시자 프로이트 S. Freud는 놀이를 통해 인간이 부정적 경험에 능동적으로 대처하는 방식을 습득한다고 보았다. 그에 따르면 인간은 놀이를 통해 부정적 정서(이를테면 어머니의 부재)를 극복하고 소망을 충족시킨다. 놀이의 심리적 치유력을 일찌감치 예고한 셈이다.

반면 놀이의 카타르시스적 기능에 주목한 프로이트와 달리, 피아제는 (유아의) 놀이 경험이 인지 발달에 영향을 미친다고 주장함으로써 놀이의 긍정적이고 전진적인 기능을 강조한다. 피아제는 "놀이는 아동의 경험을 능동적이고 즐겁게 종합하는 과정으로 아동은 여러 가지 놀이를 통해서 세계를 경험하고 가장 순수하게 동화와 조절을 이루어 나간다"(Piaget, 1970, 24)고 함으로써 발달심리학적 놀이교육론 발전에 중요한 기여를 한 바 있다.

피아제가 놀이에 관심을 둔 이유는 "우리가 아동을 성숙한 인간으로 기르고자 한다면 그것을 가능하게 하는 원리들을 연구하는 것보다 더 합당한 일은 없을 것이다."(Piaget, 1965, 9)라는 말에서 읽을 수 있다. 그에 따르면 아이의 성장에 발맞춰 놀이를 하는 아이의 태도에도 변화가 생긴다고 한다. 그에게 놀이는 '인지발달'과 '적응', '동화', '조절' 등 다양한 역할과 기능을 한다. 삶에 대한 성찰과 삶의 맥락 이해에 도움을 준다는 점에서 놀이는 교육과 그 흐름을 같이 한다. 이를테면 '구슬치기'와 같은 간단한 놀이를 통해서도 아이는 규칙을 존중하는 태도를 습득하고 인간에 대한 이해를 심화할 수 있으며 도덕성의 발달을 촉진할 수 있다.

하지만 놀이의 학습 효과를 인정하는 피아제도 미리 계산된 어떤 목적을 위해 특별한 놀이를 설계하는 것에는 반대한다. 놀이의 본성인 재미와 자유를 왜곡할 수 있기 때문이다. 그런 점에서 교과 성적의 향상이라든가 지식의 증가를 기대하며 놀이교재를 만들고 놀이 프로그램들을 무차별적으로 양산하는 것은 어떤 의미에서는 피아제의 생각과 의도에 반하는 것이다. 물론 피아제는 놀이를 통한 수학적 능력과 지성의 성장을 강조했지만 그러한 기대효과 역시 놀이의 속성들을 존중하는 가운데 이루어져야 한다고 본다. 그리고 그는 어른들이 주도해서 아이들에게 놀이를 지시하는 놀이의 제공자가 되어서는 안 된다고 분명히 말한다. 이를테면 교사가 '성직자'가 되어서는 안 된다는 말도 그러한 맥락에서 읽을 수 있다.

그리고 피아제에게 지식의 축적과 향상보다 중요한 것은 사회적 주체로서 온전한 시민을 키워내는 일이다. 그런 의미에서 교사와 아이들은 놀이 공동체의 협력자요 동료이다. 그들의 긴밀한 합의와 대화를 통해 놀이의 규칙을 스스로 만드는 것이야말로 민주주의의 학습이다.(같은 책, 423-424) 아이들은 민주주의를 교육하지 않더라도 놀이 동료들과의 상호작용이 이루어지는 자유로운 놀이를 통해 규칙이 사회생활을 위한 장치임을 자각하고 배운다. 그런 의미에서 피아제는 협동과 협의, 놀이 기반의 사회 구성주의의 원조로 평가할 수도 있다.

다음과 같은 진술은 그러한 가정에 힘을 실어준다. "교육의 주된 목표는 이전 세대들이 행했던 것을 단순히 반복하는 것이 아니라 새로운 것들을 할 수 있는 사람들, 즉 창조적이고 창의력이 풍부한 사람들을 만들어 내는 것이다. 교육의 두 번째 목표는 주어진 것들을 다 받아들이지 않는 비판적인 정신을 기르는 것이다. 오늘날 교육의 커다란 위험은 슬로건, 집단 의견, 진부한 사고에 있다. 우리는 이의를 제기할 수 있어야 하며, 입증된 것과 입증되지 않은 것을 구별할 수 있어야 한다. 따라서 우리에게는 때로는 자발적인 행동을 통해 때로는 교육을 통해 학습하는 능동적인 학생이 필요하다."(Herbert, 2006, 329) 놀이가 그러한 창의적 학습과 비판적 대화, 자발적 자기 교육을 위한 최적의 환경일 수 있다는 전제는 피아제의 놀이교육론을 받치고 있는 근간일 수 있다.

피아제의 인지발달이론은 아이들의 연령마다 적합한 놀이가 다름을 주장한다. 그는 만 2세까지 감각운동기, 만 7세까지 전조작기, 만 13세까지를 구체적 조작기로 나눈다. 이로써 아이들의 놀이가 성장 단계에 따라 진화한다는 것, 인지능력은 물론 몸과 정서, 사회성의 발달에까지 놀이의 힘이 작용한다는 생각이 자연스럽게 도출된다. 단순한 반복 놀이나 규칙성이 약한 놀이, 경험을 대입하는 놀이, 규칙과 질서에 바탕한 놀이로 나아가면서 아이는 자신의 감각과 감정, 공감과 인식, 협동과 문제해결의 능력을 키워가는 것이다. 탐색놀이와 반복놀이-상상놀이와 역할놀이-협동놀이로의 단계적 실행을 통해 뇌 발달과 신체의 발달이 자연스럽게 이루어진다고 보는 셈이다. 이는 가장 기초적인 놀이의 단계에서 고도의 정신활동을 수반하는 놀이까지 공백 없이 자연스럽게 거쳐 성장한 놀이 주체라면 마음과 몸의 전체적인 균형 발달에 더 유리한 위치에 설 수 있음을 말하는 것이기도 하다. 이후 이러한 주장은 과학적 탐구, 특히 뇌과학 연구를 통해 과학적 근거를 갖기 시작한다.

피아제는 배워야 할 학습 learning의 대상이 심리화될 때 그 효과가 만족스러울 수 있다고 주장한다. 심리화는 아이가 학습하고자 하는 것을 스스로의 욕구와 일치하는 것으로 받아들이고, 성취하고자 하는 바를 위해 흥미를 가지고 자발적으로 추구할 수 있는 것으로 만드는 것을 말한다. 피아제는 심리화의 효과를 이렇게 기술한다. "교과가 심리화될 때에 학습자들은 교육내용을 배워야 할 분명한 목적의식을 갖게 되며, 자신의 목적을 달성하기 위한 수단을 강구하기 위하여 능동적이며 자율적으로 노력하게 될 것이다. [...] 학생들의 마음속에 품고 있는 욕구와 주어진 교육 내용 사이에 긴밀한 상호 관련이 있을 때에 비로소 수업은 삶과 긴밀한 관련을 맺게 되며 살아 있는 생생한 수업이 될 것이다."(Piepper, 2002, 66) 피아제가 보기에 놀이는 이러한 심리화에 유리한 조건을 조성한다. 그는 놀이의 능동성과 자율성을 '살아있는 교육'을 위한 전제로까지 평가하기도 한다. 놀이의 재미 요소와 참여성은 '교육 받는 사람의 입장'을 중시하여 활용될 수 있다는 것인데, 여기서 환경과의 상호작용과 참여적인 과정 중심의 학습을 중시하는 구성주의 교육론의 맹아가 확인된다.

피아제에 따르면 아이들은 놀이를 통해 자기중심적 사고를 벗어나 주변과 타자들을 이해하는 법을 배운다. 거기서 더 나가면 역지사지易地思之, 즉 교감과 공감의 능력을 키우게 된다. 교감과 공감의 능력을 갖지 못한 사람들은 거꾸로 놀이의 경험이 부족한 셈이다. 피아제는 놀이가 결국에는 추상적인 사고력과 문제해결의 능력으로 이어진다고 강조한다. 놀이의 경험을 통해 인지발달의 중핵인 인지의 동화, 조절, 평형의 과정이 발달한다는 것이 그의 인지발달이론이다. 가령 상징놀이 혹은 역할놀이를 보면 인지발달의 각 단계가 잘 드러난다. 소꿉놀이를 예로 들자면, 아이들 각자가 엄마와 아빠 역할을 맡는 것은 '동화'의 과정이다. 일상적으로 본 엄마와 아빠의 모습을 흉내내는 것은 인지의 조절 능력을 향상시키는 행위이다. 놀이 과정에서의 갈등을 해결하는 방법을 고민하는 것, 즉 몰랐던 것을 스스로 습득하는 과정은 인지 평형이론에 해당된다. 이처럼 놀이를 통해 놀이자는 세상에 대해 아는 것을 '자율적으로' 재배열하며 그것을 연습하고 다진다. 아이들은 성장과 발달의 매 단계마다 자신에 맞는 놀이를 통해 동화와 조절, 평형의 과정을 습득한다. 피아제가 보기에 그들은 연습 놀이(기능적 놀이)에서 시작하여 상징 놀이(구성 놀이와 극놀이), 결국에는 다소 복잡한 규칙이 있는 게임(사회적 상호작용과 규칙의 변경 및 응용의 단계)들을 놀며 배워야 할 것들을 익힌다.

반면 러시아의 발달심리학자 비고츠키 Lev Semenovich Vygotsky는 발달의 단계보다는 발달의 총체성과 사회성에 주목한다. 그 역시 아이는 놀이를 통해 세상을 배워간다는 데 동의한다. 현실에서는 경험할 수 없는 다양한 상황과 문제를 놀이라는 가상현실을 통해 스스로 만들고 풀어나간다는 것이다. 그는 각 발달과정의 모든 놀이들이 상상을 통해 상징적 사유의 능력을 배우며 타자와 관계 맺기의 능력을 습득한다고 본다. 물론 그가 보기에 놀이도 진화한다. 놀이가 아이들에게 똑같은 재미를 주는 것도 아니다. 그리고 놀이를 갈고 닦는 데 드는 시간도 천차만별이다. 살아가는 사회적 환경도 다르다. 따라서 놀이하는 우리는 저마다 형편에 맞게 놀이의 규칙과 강조점을 변화시킨다. 심지어 당대의 사회현실을 게임규칙에 반영하기도 하고 지역마다 변별적인 규칙을 추가하기도 한다. 어른들의 고스톱도 마찬가지다. 놀이의 이러한 발달과 변화를 비고츠키는 이렇게 설명한다. "우리는 놀이가 발달해 감에 따라 그 놀이 목적의 의식적인 실현 쪽으로 이동해 가는 것을 볼 수 있다. [...] 결국, 처음의 미발달된 형태들로 된 복합체였던 것이 놀이 발달의 말기에는 점차 전면에 드러나게 되는데, 즉 초기의 부차적이고 우연적이었던 형태들이 말기에는 중심 위치로 자리 잡게 되며 중심 위치에 있던 것들은 역으로 우연적인 위치로 가게 된다."(Vygotsky, 2000, 164) 이처럼 놀이는 규칙이 느슨한 놀이paidia에서 체계적인 규칙의 놀이 ludus로 발전을 하는데, 놀이자들은 그러한 놀이들을 경험함으로써 의미 있는 발달을 성취한다.

비고츠키가 보기에 놀이는 협력의 산물이기도 하다. 또한 놀이에 나타나는 역할, 주제, 서사 등은 어떤 사회 문화적 특성에 대해 아이가 체득한 것의 표현이다. 그에 따르면 놀이를 단순히 '즐거운 활동'으로, 즉 쾌(즐거움)를 좇는 활동으로 보는 일반적 견해는 놀이의 특성을 제대로 설명하지 못한다. 놀이가 아닌 상황에서도 우리는 즐거움을 느낄 수 있고, 승부가 있는 게임에서처럼 승부의 결과가 불쾌한 느낌을 줄 수 있으니 말이다. 비고츠키는 또한 놀이를 지나치게 인지화 과정으로 다루면서 아이의 욕구나 행동 동기, 정서적 기대 등을 무시하는 관행의 위험성을 지적한다. 이미 그는 일찍이 놀이의 자연스러운 결과로서의 학습이 아닌, 학습을 위한 놀이의 폐단을 지적하고 있는 셈이다.

비고츠키는 놀이가 어떤 점에서 현실에서 이루지 못한 욕구나 욕망의 표현이라고 본다. 다른 말로 정서적 관점에서 현실적으로 이루어질 수 없는 행동 경향이 나타나면서 놀이 역시 생겨난다. 아이는 현실에서 부딪히는 다양한 놀이 장애들을 다양한 상상적 설정과 장치들을 통해 해결한다. 그리고 그러한 상상하기 과정의 축적을 통해 그는 발달하고 성장을 경험한다. 물론 이러한 생각이 놀이가 성취하지 못한 욕구의 결과일 뿐이라는 것을 의미하지는 않는다. 다만 놀이는 각 현상에 대한 개인의 정서적인 반응 경향의 표현이고, 미리 예정되지 않은 정서적 경향성의 발현이라는 것이다. 비고츠키는 놀이가 즐거운 활동 때문에, 즉 쾌락에 근거를 두고 나타나는 활동이긴 하지만 그 본질상 소망을 충족시키는 활동인 것 역시 분명하다는 것을 강조하고 있는 셈이다. 그런데 아이는 이러한 것들을 의도하고 노는 것은 아니다. "아이는 놀이활동의 동기를 깨닫지 못하고 놀이를 한다."(Vygotsky, 1990, 279)는 비고츠키의 말처럼 현실에서 지체된 욕망의 가상적 실현이나 놀이 그 자체의 재미는 놀이의 자연스러운 사후적 효과이기 때문이다.

비고츠키의 발달이론에서 볼 때 놀이는 또한 '상징적 특성'을 띤다. 놀이의 출발은 상상이지만 놀이자들의 자발적 규칙 설계와 수용의 과정을 거치며 최적의 놀이 상황을 향해 진화한다. 놀이 안에서 상상과 상징은 상보적으로 상호작용한다. 일단 아이들이 놀이를 위해 상상적(가상적) 상황을 만들어내면서 놀이는 시작된다. 그래서 비고츠키는 놀이를 상징적·인지적 과정으로만 보는 것을 강하게 경계한다. 그러한 태도는 놀이에서의 동기화 경향을 간과할 위험이 있기 때문이다. 또한 과도한 인지적 접근은 놀이 행위가 일어나는 상황을 무시하는 결과로 이어질 수도 있다. 놀이의 출발점은 상상적 상황의 연출이고 상징적 과정은 그 이후의 일이라는 것이다. 결국 비고츠키는 우선 (표상)놀이가 실현할 수 없는 욕망의 극복을 도와주는 상상적 상황의 창조 활동이라는 것을 전제한다. 상상적 놀이 상황이 갖추어진 다음에는 놀이의 완수를 위해서 따라야 할 행동 규칙이 마련되어야 한다. 비고츠키가 보기에 가장 간단한 놀이에서조차 사회적 규칙은 잠재되어 있다. 그러한 규칙의 자발적 수용이 놀이의 필요조건이다. 놀이가 학습과 관련이 있는 것은 그 규칙들의 파악과 습득을 요구하기 때문이다. 놀이 공동체 구성원들이 숙의과정을 거치며 자주적으로 규칙을 설계하고 합의해나가는 과정이야말로 주체적 시민교육에 좋은 기회가 될 수 있다.

어떤 점에서 놀이는 규칙에 의해 지배되는 상상적 상황이다. 놀이 규칙은 상상하기와 상징화라는 두 가지 상보적 능력의 발휘를 도와준다. 가령 우리는 놀이를 준비하고 놀이를 실행하며 그것을 반성하고 더 나은 놀이로 발전시키는 일련의 과정을 반복하며 행동들과 대상들로부터 사고를 분리하는 능력(우리는 나무 작대기를 칼이나 말로 '분리'(대체)할 수 있다)[29]을 키우고 의식적이고 융통성 있는 자기 조절활동을 위해 충동적 행동을 조절할 수 있는 능력('놀이 파괴자'가 되지 않을 수 있는 능력)을 배양한다. 상상과 상징의 변증법적 상호작용을 강조하며 비고츠키는 놀이의 규칙이 놀이 주체의 행위를 제한하는 것이 아니라 오히려 자유의 강렬도를 증가시킨다고 본다.

흔히 놀이는 외부의 구속을 벗어나 있다는 점에서 자발적인 활동으로 여겨진다. 하지만 거기에는 역할과 규칙에 대한 구속이 있다. 놀이의

---

29) 이러한 상징적 변형은 놀이와 창의적 사고의 상관성을 입증하는 근거로 삼기도 한다. 놀이에서의 가장 make-believe는 행동이나 사물의 실제 의미나 용도를 변형한다. 이와 같은 상상 속에서의 사물의 변형 과정은 문제해결의 실마리를 제공하면서 창의적 사고 능력을 발달시킬 수 있다는 것이다.

정동에 최적화된 놀이의 규칙은 놀이꾼의 자기 조절 연습을 돕는다. 놀이의 장 ludic sphere에서 벌어지는 일련의 이러한 과정을 비고츠키는 다음과 같이 정리한다. "놀이는 계속해서 아이에게 즉각적 충동에 반대해서 행동할 것을 요구한다. 매 단계에서 어린이는 게임의 규칙과 갑자기 충동적으로 하고 싶은 행동 사이의 갈등에 직면한다. 게임에서 어린이는 하고 싶은 것과 반대로 행동한다. 어린이의 가장 높은 수준의 자기 조절은 놀이에서 일어난다. 어린이는 게임에서 직면한 유혹을 자제할 때 의지력을 최대한 발휘한다. 보통 어린이는 그가 원하는 어떤 것을 자제함으로써 규칙을 따르는 것을 경험하지만, 여기에는 규칙을 따르고 즉각적인 충동에 의한 행동을 자제함이 최대의 즐거움을 얻는 방법이다."(Berk & Winsler, 1995, 73) 놀이의 규칙이 재미와 상충되는 것이 아니라 오히려 재미의 질적 강화와 상승을 위한 장치임을 알아가는 과정에서 학습의 효과는 극대화될 수 있다. 그리고 위의 인용에서 주어를 '어린이'가 아니라 '어른'으로 바꾸어도 그 의미는 여전히 유효성을 갖는다.

이처럼 비고츠키는 놀이 규칙에 내장된 사회적 의식과 문화적 의미의 학습 가능성을 강조한다. 놀이의 규칙성은 윤리적 성장의 기반이 된다는 것이다. 놀이는 현실에서의 아이 수준이나 동일 연령대의 기대 능력을 상회하는 '근접 발달지대 ZPD; the zone of proximal development'를 창출함으로써 놀이자의 발달을 돕는다. "놀이는 유아를 위해 근접 발달지역을 만든다. 유아는 놀이를 할 때 항상 자신의 나이나 일상적인 행동보다 높은 수준에서 행동하고 있다. 놀이는 모든 발달의 경향성을 집중된 형태로 보여준다. 아이들은 자신의 보통 수준 이상으로 뛰어넘으려고 노력한다. 놀이와 발달의 관계는 교수와 발달의 관계에 비유되어야 한다. 놀이는 발달의 원천이고 근접 발달지역을 창출한다."(Vigotsky, 2000, 162)[30] 가령 소꿉놀이에서 아이들은 이미 엄마, 아빠들이다. 다른

---

30) 근접 발달영역은 아이가 혼자 힘으로 할 수 있는 것(실제적 발달수준)과 다른 사람의 도움으로 할 수 있는 것(잠재적 발달 수준) 사이의 간격이다. 그것은 "아직 성숙되지는 않았으나, 성숙의 과정에 있는, 즉 현재는 발아 상태에 있으나 미래에는 성숙하게 될 기능들"(같은 책, 139)이다. 놀이는 이러한 근접 발달영역의 창출에 유효하다. 한 주체가 환경 속에서 타인 혹은 동료들과 협력하여 상호작용을 할 수 있고, 그를 통해

역할놀이들에서도 놀이자들은 자신의 나이나 일상적 행동 수준에서 불가능한 역할들을 '놀며 배운다.'

여기서 근접 발달영역이란 다른 말로 지금 아이가 혼자 할 수 있는 것(현재의 발달 수준)과 다른 누군가(학교의 교사나 동료 놀이자)의 도움이 있다면 독립적으로 수행할 수 있는 것(잠재적 발달수준) 사이의 거리이다. 그것은 "아직 성숙되지는 않았으나, 성숙의 과정 중에 있는, 즉 현재는 발아 상태에 있으나 미래에는 성숙하게 될 기능들"(같은 책, 139)이다. 여기에는 성공적인 주체화의 과정을 위해서는 이미 성숙한 기능들만이 아니라 성숙하고 있는 상태의 기능들도 고려해야 한다는 생각이 깔려 있다. 발달의 미래, 즉 '발달의 다음 영역'을 파악해야 한다는 것이다. 또한 우리는 아이-주체의 잠재성을 인정하고 그것이 온전하게 발달할 수 있는 사회적 관계와 환경을 조성하는 것이 중요하다는 요청도 읽을 수 있다.(Vigotsky, 2011, 377) 협력은 비고츠키 교육론과 놀이론의 또 다른 중핵이다.

약간은 추상적으로 들리는 비고츠키의 이념과 개념을 조금 더 풀어서 설명해보기로 하자. 아이는 대개 일상적 행동 수준이나 능력, 자신의 나이보다 더 높은 수준에서 논다. 감히 그는 아빠가 되고 아이가 된다. 자신의 일상을 뛰어 넘는 놀이를 통해 아이는 어른의 추상적인 세계로 들어가 규칙을 배운다. 그리고 놀이의 규칙 안에서 스스로 자율적 행동과 책임을 배운다. 하지만 놀이를 잃어버린 아이는 근접 발달영역이 소진되어 버린 아이다. 발달의 잠재력과 창조적 성장 동력을 잃어버린 존재인 셈이다. 결국 사회의 미래를 위해서라도 근접 발달영역의 가능성을 지속적으로 창출하려는 노력이 필요하다. 한 사회의 상수로 놀이를 만드는 것, 놀이를 위한 최적의 환경을 만들려는 사회공학의 벡터를 가

다양한 발달 과정을 불러일으킬 수 있기 때문이다. 교사는 물론 동료들이 상호작용의 주체가 될 수 있다. 후자에 더 큰 의미가 부여될 수도 있다. 비고츠키에 따르면 놀이는 근접 발달영역을 만드는 첩경이다. "놀이는 아동의 근접 발달영역을 창조한다. 놀이에서 아동은 항상 자기 평균 연령을 넘어선, 아동의 일상적 행동 이상의 수준으로 행동하는데 자신보다 머리 하나쯤 더 큰 사람인양 행동한다. 놀이는 마치 확대경의 초점안에 담겨진 것처럼 모든 발달적 경향성들을 하나의 압축된 형태로 담고 있어 그 자체가 발달의 주요한 원천이 된다." (같은 책, 163쪽.)

동시키는 것은 그 첫걸음일 것이다.

물론 우리는 혼자서도 성장할 수 있다. 하지만 타인들과 더불어 관계하고 도움을 받으면서 더 잘 성장한다. 놀이의 시공간은 타인들과 더불어 만들어가는 대안적 '관계들'의 실험장이라는 점에서 협력과 참여, 공생을 통한 성장의 촉매가 될 수 있다. 사회적 관계 속의 협력이야말로 비고츠키 놀이학의 키워드라 할 수 있다. 동료 놀이자들과의 협력적 관계 속에서 더불어 성장하고 발달하는 가운데 기쁨을 느끼는 것은 놀이의 알파요 오메가이다. 협력적 상호작용, 문화적 상호작용 속에서 인간도 성장하고 놀이도 진화한다. "우리가 우리 자신이 되는 것은 다른 사람을 통해서"(Vigotsky, 2013, 34)이기 때문이다. 또한 놀이적 환경, 혹은 놀이 장치 ludic apparatus는 감추어져 있거나 억압되어 있는 잠재력을 키우고 발산할 수 있도록 한다.

아이들만 놀이를 통해 성장하는 것이 아니다. 어른들에게도 놀이는 '인간 발달'의 원천이다. 놀이 안에서는 왕후장상의 씨앗이 없다. 놀이 안에서 우리 모두는 나이, 능력, 계급을 떠나 평등하다. 어른들도 현실과 일상의 번잡함을 벗어나 놀이를 통해 자율적 행동을 하며 그로부터 '다른 삶'을 배운다. 나아가 어린이와 청소년, 어른의 생각 발달을 방해하는 교육과 노동 환경을 교정하는 아이디어를 생성한다. 물론 중요한 것은 관계를 변화시키기 위한 놀이 주체의 노력일 것이다.

결국 비고츠키가 내리는 결론 중 하나는 놀이가 추상적 세계를 제공하고, 놀이자는 그 안으로 들어가 규칙과 그에 따른 자율적 행동을 배운다는 것이다. 놀이의 상상적 상황(놀이에서의 가상적 역할, 규칙, 동기 등)은 보다 난해하면서도 높은 수준의 과제를 추체험하고 수행하는 최적의 기반일 수 있다. 이러한 과정은 사회적 상호작용('대화' '사회적 협력')의 내면화 과정을 거치면서 더 높은 차원의 정신활동을 익히는 과정으로 상승한다. 놀이에서 아이들은 스스로 동기화된다. 그들은 안전한 환경에서 논다. 이는 일상적 환경이 허락하지 않는 능력 발휘의 최적 상황을 연출할 수 있다. 이는 상징놀이에 참여하는 어른들에게서도 찾아볼 수 있는 것이기도 하다.(Salaverría, 2007, 24-26)

비고츠키에 비하면 피아제는 아이의 발달과정을 개인적 과정으로 보는 측면이 있다. 또한 그는 놀이를 이미 학습한 것을 '연습'하는 과정으로 보는 경향이 있다. 물론 그의 놀이 담론은 놀이가 발달을 촉진하고 상상놀이가 폭넓고 다양한 능력들을 끄집어내고 개선하도록 도와준다는 비고츠키의 견해와 상통하는 면이 있기는 하다. 하지만 아이가 개인적 과정을 통해 발전한다고 본 피아제와 달리, 비고츠키는 인간을 사회적이고 문화적인 존재로 본다. 우리는 사회문화적 맥락 밖에서 살 수 없다. 당연히 그는 놀이의 사회성, 공동체성을 강조한다. 더 유능한 타자와의 놀이를 통해 발달이 자극될 수 있다는 것이다. 아니 놀이 공공체 안에서 참여자들은 '따로 또 같이' 서로의 성장을 도모할 수 있다는 것이다.

놀이의 공동체성과 상호협력적 연대의 정신을 감안한다면 놀이는 동화 혹은 연습의 차원을 넘어서는 것이다. 따라서 비고츠키에게서는 당연히 "자신의 정서적인 관심사들을 상상적으로 표출하는 자기표현의 형태로, 놀이 상황에 내재된 사회문화적 규칙과 의미가 자발적으로 수용되는 체계 내에서 성공적으로 일어날 수 있는 규칙 지배적인 활동"(같은 책, 71)이라는 놀이 정의를 실현할 수 있는 공동체의 조건이 문제시된다. 사물과 행동을 상징적으로 사용할 수 있도록 자극하는 풍부한 환경, 복잡하면서도 확장적인 주제, 놀이시간의 확장 등은 협력적 놀이 환경의 설계와 관련되기 때문이다. 비고츠키 놀이 교육론의 이러한 정신은 '지금 여기' 우리가 처한 환경에도 시사해주는 바가 크다. 인간은 홀로 성장하고 발달하는 존재가 아니라 사회의 많은 사람들과 관계하고 협력하면서 스스로 성장하고 발달해야 한다는 비고츠키의 사회적 구성주의와 놀이의 상관성, 그의 놀이이론이 갖는 급진성에 대한 고찰을 성숙시킬 필요가 있다.

3) 프뢰벨

일찍이 루소 Jean-Jacques Rousseau는 아이들에게 사회의 도덕률이나 가치관을 주입하는 것이 아니라 스스로 자신의 가치관을 세워나가는 교육을 중시한 바 있다. 그에게 아이는 '미성숙한 어른'으로서 어른-되기에 골몰해야 하는 존재가 아니라 그 자신만의 고유한 본성과 활동 역량을 가진 존재이다. 특히 놀이는 루소에게 이상적인 인간형, 즉 자연인으로 성장하는 데 주요한 수단으로 이해된다. 그래서 그는 "헤엄치기, 뛰기, 팽이치기, 돌던지기 같은 놀이 활동은 아이의 몸을 튼튼히 하는 데 도움이 되는 훌륭한 운동"(루소, 2003, 207)[31]이라고 역설한다. 루소는 놀이를 아동기에 마음껏 뛰고 즐거워하는 천성을 독려하는 자연적 활동으로 정의한 바 있다.

루소가 교육에 있어 놀이의 중요성을 말하긴 했지만 놀이교육과 관련하여 체계적이고 집중적인 작업으로 밀고나간 것은 아니다. 온전한 의미의 놀이교육에 대한 본격적인 창안은 프뢰벨 Friedrich Wilhelm August Fröbel의 공으로 돌려야 할 것이다. 루소의 영향을 받은 그는 유치원 Kindergarten의 역사와 은물 Gabe, gift이라는 이상적 놀이도구의 교육적 활용으로 지금까지도 중요한 영향을 끼치고 있다.

프뢰벨의 출발점은 '신, 인간, 자연과의 올바른 관계 형성'이다. 그는 만물에는 신성이 영원한 법칙으로 깃들어 있으며 신성이 작용한다고 보는 범신론자였다. 인간 역시 이러한 만물의 일원으로서 자신의 창조행위와 행동을 통해 신적인 본질을 느끼고 인식할 수 있는 존재이다. 그에게 놀이는 만물의 본질과 법칙인 신성을 경험하고 그것을 표현함으로써 그것과의 합일을 가능하게 한다. 특히 놀이는 주체의 온전한 성장을 위해 필수적이다. "교육은 사유하는 지능적 존재로서의 인간이 내면 법칙인 신성을 순수하게 발현할 수 있도록 이끄는 것이며 그것의 방법과 수단을 가르치는 것이기 때문이다."(프뢰벨, 2015, 27) 무엇보다 놀이는 세

31) 루소는 플라톤이 『국가론』에서 어린이를 기르는데 일관되게 축제와 놀이와 노래, 오락으로 시간을 보내야 한다고 주장했다고 한다. 하지만 그러한 평가에는 플라톤의 놀이사유에 대한 오해의 여지가 있어 보인다. 앞서 플라톤 장에서도 보았듯이 플라톤에게 놀이는 철저하게 공화국의 수호자를 양성하기 위한 특정한 오락에 국한된 것이었고, 일반적인 의미의 오락이나 놀이는 배제의 대상이었기 때문이다. 루소 역시 놀이의 목적을 유사하게 보는데 그가 인용하는 몽테뉴의 말은 그것을 증언한다. "영혼을 강인하게 하려면 근육을 튼튼하게 해야 한다. 모든 고통을 견뎌내게 하려면 단련의 고통 따위는 문제가 되지 않게 만들어야 한다."(루소, 2003, 207)

계와 소통하는 창문의 역할을 한다. 놀이가 아동기의 삶만이 아니라 그 이후의 삶에도 중요한데, 놀이를 통해 인간은 세계를 경험하고 자기를 인식하며 내면만이 아니라 외부 세계와 소통할 수 있기 때문이다. 프뢰벨의 이러한 생각은 놀이 혹은 놀이교육이 어린이 단계에서만이 아니라 인생의 매 국면마다 적합하게 수행되어야 함을 강조한 것으로 확대할 수도 있을 것이다.

물론 프뢰벨에 따르면 "놀이는 아동 발달, 즉 아동기 인간 발달의 최고 단계이다. 왜냐하면 놀이는 내면의 내적 필요와 욕구로부터 나오는 내면적 자기표현이기 때문이다. 놀이는 이 단계에 속한 인간의 가장 순수하고 정신적인 활동인 동시에 인간 삶 전체의 전형이다. 따라서 놀이는 인간에게는 즐거움, 자유, 만족, 내적 · 외적 편안함, 세상과의 평화를 준다."(같은 책, 55) 여기서 우리는 프뢰벨이 독일 고전주의와 초기 낭만주의의 '교양 Bildung' 개념에서 영향을 받았음을 알 수 있다. 놀이는 인간의 가장 순수한 습성과 내적인 세계의 발현을 도와주는 것으로 인식되고 있기 때문이다.

프뢰벨에 따르면 특히 어린이에게 놀이는 필수적이다. 아이의 활발하고 완벽한 발달이 그 이후 단계들의 발달에 결정적인 역할을 하기 때문이다. "이 시기의 여러 놀이들은 장차 삶의 떡잎들이 될 것이다. 놀이를 통해 '전인'으로서의 발달과 더불어 그의 가장 미세한 소질과 내면적 성향이 그대로 나타나기 때문이다. 인간이 성장한 후 나타나는 모든 삶의 근원은 이 시기에 있다."(같은 책, 56)

프뢰벨은 놀이 안에서 그리고 놀이를 통해 '발전하면서 학습하는 인간상'을 구현하려했다. 그는 놀이야말로 어린이의 본성에 상응하는 가장 중요한 교육방법이라는 신념을 유치원 Kindergarten 운동에 녹여내려 했다. 프뢰벨이 시작한 유치원은 "아이들이 만족함, 순수함, 신뢰를 간직한 채, 그들의 행위 충동과 직업 충동을 충분히 돌볼 수 있는 곳"으로 "창조적이고 묘사적인 인간의 힘, 그 실천적이고 실질적인 면을 발전시키고 도야하는 것"(같은 책, 272)을 목적으로 한다.

프뢰벨은 유치원에서의 놀이 활동을 위해 체계적인 놀이 활동과 은

물을 제작한다. 장난감을 놀이도구로 사용한 것은 그가 처음은 아닐 것이다. 하지만 뚜렷한 교육적 이념을 가지고 체계적인 사용법을 도입한 것은 프뢰벨의 공적이라 할만하다. "어린이가 외부 세계를 배우는, 원래가 어린이를 전체 외부세계로 인도하는 수단인 그러한 대상-놀이감-은 모든 것을 드러내주는 거울이고, 동시에 어린이가 자신의 내면을 능력과 의지 등에 따라 펼칠 수 있도록 해주어야 합니다."(Fröbel, 2002, 262) 은물은 자연 발달의 과정과 아이 자신의 존재를 근본적으로 경험하고 이해하는 값진 선물로 간주된다. 이를테면 모든 삶과 자연의 전체성의 상징인 '둥근 공'처럼, 그것은 "아이를 자신의 삶과 자연과 세계 전체로 인도하는 도구"(같은 책, 117)이다.

또한 프뢰벨은 놀이가 아이(인간) 고유의 충동이라는 실러의 주장을 자신의 교육적 강령으로 삼는다. 그에 따르면 실러가 말하는 유희충동 Spieltrieb은 인간 내적인 본성이며, 놀이를 통해 본성의 충족을 얻을 수 있다. 프뢰벨은 아이의 놀이충동과 같은 "이러한 기본 현상을 아이의 삶에서 진실로 주목하는 것이야말로 올바른 행동과 교육을 위한 중요한 열쇠"(같은 책, 261)라고 본다. 심지어 그는 놀이하는 아이의 아름다움을 언급하면서 놀이가 "즐거움, 자유, 만족, 내적·외적 편안함, 세상과의 평화"(Fröbel, 2005, 55)를 줄 수 있다고 역설한다.

다른 측면에서 프뢰벨의 이러한 주장은 놀이를 신비화할 뿐만 아니라 지나치게 추상화하는 측면이 있다. 프뢰벨의 놀이교육 이념은 낭만주의나 고전주의의 놀이 이념에서 영향을 받고 있고 루소와 페스탈로치 Johann Heinrich Pestalozzi의 교육관을 계승하고자 한다. 하지만 그의 이념이 다소 추상적이고 당위적인 부분이 있더라도 실천적인 면에서는 그러한 한계를 극복하고 있다는 반론도 제기된다. 그럼에도 프뢰벨의 실제 작업과 관련한 작업들에도 어떤 한계가 발견된다. 가령 그에게 아이의 놀이는 체계적인 관리 대상이 되어야 한다. 그러지 않을 경우 아이의 발달에 부작용이 있을 수 있기 때문이라는 것이다. 놀이에 대한 체계적인 관리야말로 교육자의 역할이라고까지 강조한다. 이러한 대목은 엄밀한 놀이교육의 필요성을 강조한 것이면서도 놀이의 구심성의 한계에 미리 항복한 것은 아닌지 의문이 제기된다. 그런 점에서 '관리되는 놀이'라는 우리시대 놀이교육의 제도적 한계는 이미 프뢰벨에게서 그 싹이 발견되는 것은 아닌지 생각해 볼 여지가 있다. 그의 선구적인 놀이 교육론의 긍정적 핵심을 인정하더라도 말이다.

물론 놀이를 삶의 본성으로 보는 프뢰벨이 놀이의 자율성과 자유로움을 부인하는 것은 아니다. 심지어 놀이는 발달 초기에 있는 인간의 삶 전체를 표상하는 가장 순수하고 영적인 활동이다. 여기서 우리는 프뢰벨의 놀이교육 이념에 종교교육이 얽혀 있음을 읽을 수 있다. 기독교와 교육 사이의 어느 지점에 놀이가 위치한다는 점에서, 프뢰벨은 이후에 살펴볼 몰트만(콕스)의 '놀이의 신학'과 루소의 '놀이 교육' 사이에 놓일 수 있는 인물이다. 루소와 페스탈로찌의 혁신주의적 교육관, 고전주의나 낭만주의의 계승, 기독교 이념과의 제휴 등 프뢰벨의 교육이론은 다양성의 복합체라 할 만하다.

놀이를 통해 기독교 교육을 지향한 다는 점에서 종종 종교적 편향에 대한 비판이 제기될 수 있을 것이다. 하지만 그가 말하는 종교교육은 복음화가 목적인, 선교를 학교 교육의 궁극적 목표로 삼는 것과는 다르다. 그것은 철저하게 실용주의적인 교육에 반하는 것으로 '영성'과 '자연적 인간상'을 향한 교육으로 이해될 수 있다. 이는 한국에서 대중적으로 호명되는 실용주의적 프뢰벨과 다른 모습을 보게 해준다는 점에서도 중요하다. 수많은 상품과 유치원의 간판으로 소비되는 프뢰벨은 우리에게는 잘못 도착한 놀이교육 사상가일 수도 있기 때문이다. 프뢰벨에게 교육의 궁극적 목표는 인간의 자기실현이다. 이는 다만 하느님과의 관계(혹은 자연과의 관계)회복으로 표현될 뿐이다.

프뢰벨에게 하느님은 만물(자연과 인간을 포함한)의 근원이자 본질이다. 이러한 본질의 발현이 인간 본질의 참된 실현인 셈이다. 놀이는 이를 교육하기 위한 최적의 매개이다. 놀이는 그 자체로 신적인 것이다. 그것은 신의 활동을 상징한다. 놀이를 통해 발현되는 세계는 상징적으로 나타나는 신, 신의 법칙이다. 프뢰벨은 하느님, 인간, 세계와의 관계 속에서 놀이를 파악한다. 특히 어린아이의 놀이는 인간과 자연의 합일로 가기 위한 도정이기도 하다. 어린이는 신적 본질을 가지고 있다고 보기 때문이다(물론 이는 프뢰벨에 의해 상상된 어린이이다). 결국 프뢰벨이 시도하는 놀이교육과 종교교육 간의 연관 작업이 갖는 핵심은 우선 놀이(노동도)를 통해 인간의 참된 본질을 실현할 수 있다는 것으로 정리할 수 있을 것이다. 그리고 이는 자연과의 유기적 관계 속에서 놀이가 이루어져야 한다는 실천적 요구와 연결된다.(Fritz Blättner, 1968, 43-45) 프뢰벨에 따르면 하느님은 창조하는 신, 즉 노동자다. 신은 내적인 것 혹은 정신적인 것에 형식을 부여하고 부단한 창조(일)를 통해 신의 속성을 표현한다. 하느님은 어린 아이처럼 활동 충동, 창조 충동, 작업 충동을 지닌다. 이들은 놀이 충동으로 수렴될 수 있다. 또한 놀이는 이들 충동에 녹아들어 창조적 결과를 가져올 수 있다.

프뢰벨을 낭만주의자로 간주하는 것에도 이의를 제기할 수 있다. 놀이를 통해 노동의 개념과 의미를 조정하려 한다는 점에서 그는 더 지극한 '낭만주의자'일 수도 있다. 그에게는 놀이와 노동, 놀이와 공동체의 관계를 익히며 성장하는 것이 중요한 교육 목표이기도 하기 때문이다. 프뢰벨에게 노동과 놀이는 대척되는 개념쌍이 아니다. 둘은 합일되고 통일되어야 한다고 보기 때문이다. 그가 보기에 "모든 존재는 활동, 행위, 노동을 통해서만 개발될 수 있다." 인간 내면의 정신은 "외적인 것, 자연에서 분명하고 확고하게 드러난다." 정신과 자연은 행위와 활동 속에서 결합함으로써 '삶'을 형성한다. 노동 속에서 "자연과 정신이 합일된다."(Fröbel, 2005, 118-119) 노동이 놀이에 수렴될 때 그러한 합일과 통일의 과정은 더욱 원활하게 이루어지는 것으로 여겨진다. 놀이와 호응하는 노동을 통해 인간은(어린이 역시) "위대하고 보편적인 생명 전체의 일원으로서 입증되며 또한 그 한 성원으로서 활동할 것이다."(같은 책, 130) 공동체는 이러한 과정의 결실이다.

프뢰벨의 시각을 따르자면 우리가 노동을 빵, 집, 옷을 얻기 위한 수단으로만 이해해버리면 노동의 참 의미를 놓치는 것이다. 그는 놀이뿐만 아니라 노동을 통해서도 "인간은 오직 근본적으로 자기 안에 놓여 있는 정신적인 것, 신적인 것을 자기 밖에 형성함으로써 창조할 수 있다. 그리고 인간은 그렇게 그 자신의 신적 본질과 신의 본질을 인식한다"고 말하고 있기 때문이다. 프뢰벨에게 신은 활동가, 창조자, 노동자이다. 이는 하느님을 놀이꾼이자 창조자로 보는 몰트만이나 콕스의 생각과도 닮은 것이다. 프뢰벨에게 노동은 "사유된 형식", 눈에 보이지 않는 것에 형식을 부여하는 것, "내적인 것을 외적으로 표현하는 것"(같은 책, 136)이다. 그런 의미에서 놀이와 노동은 유사한 속성을 지니며 인간 활동의 필연적인 두 측면이고, 상호보완적인 작용을 한다. 이는 인간의 교육 Bildung이 놀이만이 아니라 노동을 통해서도 가능하다고 보는 점에서도 드러난다. 놀이를 지향하는 노동, 노동으로서의 작용을 지속하는 놀이, 노동과 놀이의 상호작용에 대한 프뢰벨의 강조는 21세기 요구되는 새로운 노동 지형의 윤리로 되새길 만 하다.

프뢰벨의 이러한 생각은 그 당시의 교육에 대한 분석과 진단 속에서 나온 것이다. 그가 보기에 지금까지의 학교(가정) 교육은 "육체적 태만과 나태한 활동"을 초래했다. 프뢰벨은 좌초 위기에 놓인 교육을 정상 궤도에 올려놓기 위한 반성과 갱신의 출발점으로 다음과 같은 강령적 수준의 주문을 한다. "너의 정신적인 본질을 순수하게 외적인 것에 그리고 외적인 것을 통하여 행동 속에 세우라, 그리고 너의 본질이 무엇을 요구하는지 그리고 그것을 어떻게 창조할 것인지를 찾아라." 그에 이어서 페스탈로치로 부터 영감을 받은 프뢰벨은 "이러한 진정한 교육법이 적용되고 있는 나라의 국민은 행복하여라"(같은 책, 227)고 찬사를 보내기도 한다. 프뢰벨이 놀이도구 Spiel-gabe를 포함한 다양한 놀이를 통해 태만과 나태를 극복한 창조적이고 진취적인 인간 교육에 힘쓴 데에는 전인적인 인간 성장을 향한 그의 기대가 자리한다.

프뢰벨은 당대 현실의 교육에 대해서는 냉철한 비판자였지만 놀이교육의 가능성에 관한 상당히 낙관적인 태도를 보인다. 가령 "유능하고, 조용하며 끈기 있게 노는 어린이는 후에 유능하고 조용하고 지구력 있는 인간이 된다"는 진술에서도 그러한 낙관적 비전을 읽을 수 있다. 이러한 주장은 제대로 놀지 못한 어린이는 뒷날 성숙한 어른이 될 수 없고, 창조성도 발전시킬 수 없다는 해석으로도 확장될 수 있다. 따라서 놀이를 잃었거나 강탈당하는 것은 그것은 사회적으로나 공동체적으로도 재앙이다. 놀이를 통한 상호 협동적 시민윤리 inter-cooperative civility를 체득하고 습득하지 못한 주체는 도구적이고 순응적인 삶을 살 수밖에 없을 것이기 때문이다. 그런 의미에서 프뢰벨의 놀이 이념은 인간소외와 도구적 문명 발전으로 인한 문제들을 해결하는 창의적 시민 양성을 위한 교육으로서 현재적 의미를 획득한다.(Berger, 2015, 24-31)

앞서 말 한 것처럼 프뢰벨은 인간 내부의 조화로운 성장을 강조하면서 특별히 어린이를 창조적이고 생산적인 존재로 여겼다. 그는 어린이의 신성神性이 놀이를 통해 창조성과 상상력이 발현된다고 생각했다. 그는 놀이를 아이의 내적 자아발달의 법칙을 발견하는 수단으로 여겼기 때문에 아이가 놀이를 바탕으로 성장한다고 믿었다. 그가 줄곧 놀이의 교육적 가치를 중시한 것도 그 때문이다. 따라서 그의 유치원 교육과정에서 놀이는 중요하게 다뤄졌고, 프뢰벨은 놀이를 선물하고자 은물 Gift이라는 선, 면, 형체의 교구를 개발했다. 더불어 프뢰벨은 페스탈로치와 마찬가지로 만들기 등의 노작勞作 교육을 강조하기도 했다.

은물恩物은 프뢰벨이 고안한 체계적인 교구의 총칭으로 단일한 것과 복합적인 것, 부분과 전체, 잡다함과 통일 등의 원리를 담고 있다. 공, 고리, 막대, 색판 등의 다양한 은물의 활용을 통해 인식형식, 미적형식, 생활형식을 발견하게 된다. 프뢰벨은 아이들에게 은물이 신중하고도 조심스럽게 제공되어야 한다고 보았고 교육에서의 활용 방법을 단계적으로 체계화하고자 하였다. 그가 보기에 일단 "놀이는 가능한 한 단순하고 맨 처음 나타나는 것에서부터 식물의 씨나 동물의 알과 같은 공에서 시작해야 한다." 공은 세계와 우주의 통일성의 상징이며 그것은 다양성으로의 분기를 내장한 잠재태이기 때문이다. 이처럼 프뢰벨이 공을 놀이의 출발점으로 보고 그것을 중시한 것은 그것이 "어린이의 충동을, 각각의 사물 속에서 모든 것을 보며, 각각의 사물로 모든 것을 만들려는 충동"을 충족시키는 도구일 수 있기 때문이다.(Fröbel, 1982, 81-85)[32]

32) "이미 공이란 단어는 우리 안팎에서 중요한 단어로 풍부한 표현과 의미심장한 것을 지시해준다. 즉 Ball은 ein Bild vom All과 같으며 모든 것의 표상이다." (Fröbel, 1982, 74)

아이의 발달 및 성장과 더불어 더욱 다양한 은물이 사용될 수 있다. 가령 "놀이에서 그리고 놀이를 통해 그의 창조 성향, 그리고 그의 교육 성향의 예술적인 산물과 표현을 위한 재료를 위한 것처럼 흡사 그것을 위한 출발점을 위해 더욱 견고한 것, 견고한 모양, 특별한 것이 나타난다."(같은 책, 78) 주사위와 같은 것이 바로 그것이다. 이를테면 "일단 각 방면으로 나누어진 주사위"를 통해 아이는 건축 형식(생명의 형식), 표상 형식(미의 형식), 지식의 형식(인식의 형식)으로 이용할 수 있는 다양성 속의 통일성을 학습할 수 있다.

이외에도 프뢰벨은 다양한 교구의 활용 사례들을 소개하고 있다. 하지만 그가 소개하는 놀이도구는 절대적인 것이 아니라 교육의 목적과 방향에 따라 다양한 은물로 활용될 수 있다. 우리 주위에 다양한 상품으로 제공되는 값비싼 은물들은 프뢰벨의 지향점과 관련하여 재고의 여지가 있는 것이다. 그런 점에서 이기숙 교수의 다음과 같은 진술은 경청할 만한 진단이라 하겠다. 이 교수는 "가베는 원래 신과 자연과 인간은 하나라는 걸 가르쳐주기 위한 교구였는데, 다루는 방법이 상당히 복잡하고 자유롭지 못해 창의력 개발과는 거리가 멀다"며 "지금 교구업체에서 빌려 쓰는 이론은 본래 내용과는 별로 관계가 없다"[33]고 지적했다.

정리하자면 프뢰벨에게 교육의 목적은 자연스러운 환경을 제공하여 각자가 영원한 법칙에 의거하여 내부로부터 자연스러운 자기활동적 인간을 만드는 것이다. 그는 놀이야말로 이러한 환경을 제공할 수 있다고 보았다. 놀이는 어린 아이의 내적인 힘의 발현을 위한 최적의 수단이기 때문이다. 놀이는 단순한 오락이 아니며 우둔한 자들에 대한 악마의 유혹도 아니라는 생각은 당시로서는 상당히 진보적인 태도로 평가받을 만하다. 청교도적인 입장에서 놀이를 보게 되면 놀이의 잠재성을 오해하는 것이라는 생각으로 확장될 수 있기 때문이다.

우리는 프뢰벨을 통해 단순히 신체적 능력의 발달을 위해서만 놀이

---

33) "몬테소리 · 프뢰벨… 철학은 없고 빈껍데기만", 〈세계일보〉 2013년 8월 16일. http://www.segye.com/content/html/2013/08/05/20130805004255.html?OutUrl=daum (검색일: 2016년 9월 20일)

가 필요한 것은 아님을 알 수 있다. 놀이는 정신의 성장만이 아니라 도덕력의 근원이 되기도 하기 때문이다. 놀이의 윤리, 놀이가 윤리적일 수 있는 것은 주의 집중과 긴장 해소, 독립심의 배양, 규칙과 자유의 접속을 통해 자연과 예술에 대한 감수성을 키울 수 있기 때문이다. 특히 놀이는 인간에게 잠재된 내면세계의 성숙에 기여하며, 다양한 생명체와의 '연대'의 마음을 내면화할 수 있는 수단이 되기도 한다. 이를 위해 프뢰벨은 11종의 놀이 작업 occupations을 기획하고 실험하였다. 하지만 그것은 신과 자연, 인간 사이의 원초적 통일성을 학습하고 체화하기 위한 수단이었다. 따라서 우리 시대에는 우리가 놀이를 통해 회복해야 하는 가치가 창안되어야 하며, 우리시대와 우리의 현실에 걸맞은 은물과 놀이법이 개발되어야 한다. 프뢰벨 당시는 산업혁명 이후의 시기라는 시대적 맥락을 볼 필요가 있다. 모든 놀이 담론에는 콘텍스트가 있다. 나아가 프뢰벨이 아이들에게만 놀이의 작업이 필요한 것이 아니라고 한 점에 주목할 필요가 있다.

4) 몬테소리

끝으로 놀이교육에 큰 족적을 남긴 마리아 몬테소리 Maria Montessori를 언급하고 넘어가야 할 것 같다. 한국에서는 영재를 길러내는 교수법 창안자 정도로 변질되어 수용되고 있지만, 그는 아이의 자발성과 자기통제를 길러주는 놀이교육을 위해 노력한 인물이다. 여의사가 드문 시대 의사 출신이자 선구적인 양성평등 운동가였던 몬테소리 역시 '놀이를 통해 아이가 스스로 배운다'는 이념에서 출발하면서 다양한 사례 발굴과 실험을 통해 그 효과를 다방면으로 입증한 사람이다. 그는 아이들의 창조적인 잠재력, 학습에 대한 욕구, 한 개인으로서 대우받을 권리에 대한 믿음을 견지하려고 평생 노력한 인물이기도 하다.

몬테소리에게 놀이교육은 핀을 꽂아 박제로 만든 나비처럼 아이들을 한 자리에 붙박아두는 종래의 교육방식을 극복하기 위한 중요한 방편이었다. 신학과 철학 등 인문학적 사유에 기대면서도 생리학과 정신병리학을 전공한 의사답게 그는 프뢰벨 유아교육의 과학적이고 실제적 응용을 위해 노력한 인물로 평가할 수 있을 것이다. 종종 프뢰벨과 몬테소리가 비교되기도 하지만 그것은 큰 의미가 없어 보인다. 두 사람은 다른 시대적 맥락을 살았고 지향점도 달랐던 것처럼 보이기 때문이다. 물론 놀이교육에 대한 공감대, 신학과 철학적 사유에서의 출발, 다양한 놀이교육 사례 발굴과 실험 등 차이점보다 공통점이 더 많다고 볼 수 있다. 그런 의미에서 몬테소리는 선배 프뢰벨의 어깨 위에 서서 놀이교육의 학문적 독립에 크게 기여한 인물로 평가할 수도 있을 것이다.

그럼에도 프뢰벨과 몬테소리 두 사람 사이의 두드러진 차이점 하나는 언급할 필요가 있겠다. 프뢰벨은 상상력의 발휘를 통한 상징적 지식의 습득에 방점을 찍는다. 반면 몬테소리는 현실을 바탕으로 한 놀이교육을 강조한다. 특히 그는 정신지체아에게 관심을 갖는다. 하지만 장애인만이 아니라 일반 아이들에게도 놀이교육이 중요하다며 도구 놀이와 신체 놀이를 두루 섭렵한 몬테소리는 프뢰벨의 '지양'(止揚,Aufhebung) 혹은 '플러스'(+)로 볼 수 있다. 몬테소리의 놀이교육은 다소 형이상학적이고 상징적인 프뢰벨과 달리 구체적이고 감각적인데 이는 몬테소리가 앞선 놀이교육 실험들의 성과를 참조하고 계승했기에 가능한 것으로 볼 수 있다. 나아가 몬테소리에게도 놀이의 자발성이 중시된다.

정리하여 말하자면 몬테소리에게도 어린이는 스스로 발달을 위한 내적 능력을 소유하고 있다. 아이의 '선함 goodness'에 대한 믿음, 그의 자발성에 대한 강조, 아이들의 발달 과정의 중요성을 강조한 점에서 프뢰벨과 몬테소리는 유사한 출발점을 갖는 셈이다. 이러한 믿음과 생각들은 대다수 놀이교육 선구자들과 계승자들을 하나로 묶어주는 매개적 이념이다. 아이들의 주체적 역능과 자발적·창조적 실천의 잠재성은 결국 놀이에 대한 강조로 수렴된다.

그러나 프뢰벨보다 더욱 체계화되고 치밀하게 계산된 몬테소리의 놀이 교육법은 현실에서의 적용 가능성이 높은 것으로 평가되는 반면 상대적으로 도구주의적인 측면을 비판받기도 한다.(Lillard, 2005, 41-42) 정원 놀이와 야외 놀이의 중요성을 생각하는 프뢰벨과 좋은 교구로 디자인된 환경에서 치밀하게 계획된 놀이 방법을 통한 '기능계발적 학습법'

을 강조하는 몬테소리 사이의 '시차적 효과' 역시 그러한 인식에 기여하는 측면이 있다. 가장 이상적인 학습법을 '놀이 Splel'에서 찾는 프뢰벨과 달리, 놀이를 '작업 work'이라 주장하는 몬테소리가 이질적으로 느껴지는 것도 당연할 수 있다.

하지만 몬테소리가 '일' 혹은 '작업'을 이야기할 때 그것이 '노동'을 의미하는 것이 아님을 기억할 필요가 있다. 오히려 놀이를 일과 노동 사이의 벽을 허무는 가능성을 보고 실천적인 대안을 찾고자 한 그의 입장이야말로 현실적으로 필요한 태도라고 평가할 수도 있다. 어린아이든 어른이든 '작업을 즐기는 존재', '작업에서 기쁨을 발견하는 존재'로서의 인간은 소외된 노동과 노동중독에서 벗어나야 할 우리에게 슬로건과 같은 역할을 할 수 있다. 나아가 놀이를 위해 치밀하게 '준비된 환경 prepared environment'에 대한 강조 역시 놀이교육이 단순히 아이들에게 놀이를 제공하는 그 이상의 작업임을 환기시키는 효과가 있다.

상대적으로 몬테소리의 프로그램이 프뢰벨의 그것보다 엄격하고 지적인 면이 있다. 하지만 교사가 놀이의 지도자가 아니라 관찰자로 있어야 한다고 본 점에서 그는 놀이자의 자율성을 중시한다. 몬테소리 교육방법은 자기 교육 self-education을 기본으로 한다. 때로는 교사가 특수한 '교수자료'를 마련해서 설명하기도 하지만, 교사는 기본적으로 뒤에 남아 있고 아이들이 스스로 그것을 조작하게 한다. 몬테소리 교육방법은 생물학적 · 정신적 성장과 관련을 맺고 있다. 이런 점을 보더라도 몬테소리는 이전 놀이교육 입안자들의 보완자요 계승자로 평가할 수 있다.

결론적으로 몬테소리에게 놀이는 어른들의 세계와 아이들의 세계를 연결하는 가교 역할을 해야 한다. 그 역시 교구 Montessori materials 들을 통해 놀이 교육을 하고자 했고 그것을 활용한 교수법을 설계하고자 했다. 하지만 프뢰벨처럼 몬테소리도 놀이도구를 사용하지 않은 놀이들을 아울러 강조하고 그 효과를 중시했다. 그리고 몬테소리에게 '놀이'는 '작업'으로 표현된다. 여기서 작업은 환경이 인간에게 강요하는 노동이 아니다. 그것은 인간의 창의성의 발현이자 '유적 특성 Gattungswesen'이기도 하다. 이는 아이에서 어른으로 성장하는 과정의 필요조건이다. 아이들의 전인적 발달과 '정상화'에 놀이가 꼭 필요하다는 것이다.

몬테소리는 '정상화된 아이'라면 놀이(작업)하기를 좋아한다고 본다. 문제는 놀이의 역량을 성적이나 성과에 가두는 사회, 박제된 시스템에 아이를 붙잡아 두려는 현실이다. 아이의 놀이 역량을 우리는 참다운 선택의 역능, 은유의 능력, 자발적인 자기 조절, 온전하게 기쁨을 표현할 수 있는 능력, 전인적 발달의 잠재성과 주변 환경에 대한 능동적 적응, 궁극적으로는 사회적 요구들을 형성하고 자발적으로 받아들일 수 있는 능력으로 볼 수 있을 것이다. 특히 아이들의 놀이를 통한 '내적 자아의 구성' 능력은 성인의 외적 동기에 따른 활동의 출발점이 될 수 있다. 아이들은 '구조'(놀이 환경과 작업 도구) 속에서의 '자유'를 습득한다. 놀이 교육의 선구자들이 알고 있었고 알려주었지만 미처 우리가 알지 못한 그들의 교훈들을 되새김해야 할 시점인 이유이다.

2 부

VI. 축제와 제의, 그리고 놀이
VII. 놀이와 여가
VIII. 21세기 대표 놀이, 디지털 게임
IX. 놀이사회를 향하여

Ⅵ. 축제와 제의, 그리고 놀이

여가의 상업화 및 노동 소외에 따를 수밖에 없는 놀이성의 상실, '여가 소외', '여가 격차', '유사-놀이의 과잉'등은 현대사회가 극복해야 할 주요 문제로 대두하고 있다. 이 문제들은 특히 현대 후기 자본주의 사회의 주요 여가 형태로 등장한 '대중문화'의 문제점들과도 맞닿은 문제로서, 놀이 불가능의 현실적 조건들과 주체의 놀이 무능을 극복하는 문제는 향후 놀이 연구의 주요 관심사로 되어야 할 것이다. 현대인들은 거의 모두가 분열증적 삶을 살고 있다. 이는 "별이 빛나는 창공을 보고, 갈 수가 있고 또 가야할 길의 지도를 읽을 수 있던 시대는 얼마나 행복했던가? 그리고 별빛이 그 길을 훤히 밝혀주던 시대는 얼마나 행복했던가?" 라며, 과거 '황금시대'를 그리워 한 루카치 G. Lukacs의 말을 들먹이지 않더라도, 우리는 지금 심각한 '자아 분열'의 시대에 살고 있는 것이다.

인간이 신의 자리를 대신하려 하면서 '나는 생각한다, 고로 존재한다'(데카르트 René Descartes)며 근대적 사유의 포문을 열어젖혔을 때, 인간의 이성적 두뇌는 그 스스로에게 무한한 행복을 가져다 줄 것 같았다. 수학을 비롯한 자연과학은 인간에게 무한한 행복을 가져다 줄 전령사였고, 끊임없는 '진보'의 추동장치였다. 그러나 이성적 사유에 근거한 모든 사물에 대한 '계산 가능성'과 '예측 가능성'에 대한 맹신은 인간에게 지울 수 없는 재앙을 예고하고 있다. 아니, 애초에 인간중심주의(사실은 서구의 백인 중심주의에 다름 아니었다.)이기도 했던 근대적 사유는 다양한 '타자와 차이'를 배제한 것이라는 점에서 문제점을 내장하고 있었다고 봐야한다. 그야말로 '자기반성성 self-reflexity'을 상실한 '도구적 이성'의 '이원론'은 이성의 '현실 부정성'의 원리를 배신하고, 전에 없던 사회적 모순들과 재앙들을 야기해오고 있다. 가령, 양극화로 나타나는 계급모순, 이념적 진영 대결의 종말 이후 빈번하게 일어나고 있는 민족모순과 종교간 적대의 재앙들, 새로운 파시즘의 징후들, '여혐'으로 대표되는 가부장제적 억압들, 아동권 탄압, 생태문제, 오리엔탈리즘 등의 굵직한 문제들도 따지고 보면, '근대' 이후 서구 중심의 '이성(인간)중심주의'의 '과잉'으로 비롯된 문제들 아니던가?

인간의 삶과 사회적 연대를 해치는 이러한 문제점들은 여가문제와 관련해서도 심각하다. 이제 실존적 차원의 여가(놀이)를 즐기기에 우리는 너무 먼 길을 왔는지 모른다. 아니, 지금 우리가 즐기고 있는 여가들의 본모습을 골치 아프게 따지는 것 자체가 귀찮기만 하다. 상업주의적 여가, 여가의 정치적 · 이데올로기적 비민주성, 여가 불평등 현상의 심화, 여가 소외, 문화 제국주의, 축제적 이벤트의 공공성 상실과 축제성 Festivity의 약화는 지금 현대 자본주의 사회들이 안고 있는 문제점들을 집약적으로 보여준다. 다른 말로 우리가 잃어버린 여가의 '축제성'과 '놀이성 Ledicity'을 다시 회복하는 문제는 심화되는 '분열증'과 다양한 '소외' 및 문화적 불균형을 극복하는 일차적 방법이다.

앞으로 살펴 볼 '축제' 관련 담론들은 다양한 관점에서 축제의 정신과 저 마다의 실천들을 주장한다. 물론 이러한 축제 담론이 우리의 가려움증이나 온전한 여가문화에 대한 궁극적인 해답을 주리라고 생각하지는 않는다. 다만 그들의 이야기를 통해 앞서 말한 현실의 문제들을 더욱 구체적으로 '비추어 보고 reflex' 향후 그 대안을 구상함에 있어 하나의 참조점으로 삼을 수는 있을 것이다. 이를테면 우리의 다양한 '굿'과 연희演戱들이 갖는 긍정성이 여전히 유효하더라도 그것을 과거의 모습대로 복원하는 것은 무의미하다. 축제의 탈일상적 해방성과 놀이에의 참여를 통한 공동체의 거듭남이라는 긍정적 전통을 창조적으로 계승하되 지금 우리가 안고 있는 여러 문제들을 극복하기 위한 현재화 노력 속에서 그것들을 '지금 여기'에 걸맞은 문화로 '기능전환 Umfun -ktionierung'하는 지혜를 마련해야 할 시점이다. 그 점에서 이 장에서 소개하는 이론들을 고민의 단초로 삼을 수 있을 것이다.

이미 오래 전부터 우리 주변의 온갖 다양한 '이벤트들'은 상업주의적 전시물에 불과하다는 진단을 받아오고 있다. 이는 '문화 다원주의 Cultural Pluralism나 '문화 민주주의 Culural Democracy'에 역행하는 현대판 여가들과 문화 현상들에 비판을 가하는 것으로 해결될 문제는 아닐 것이다. 왜냐하면 축제에 대한 관심은 우리가 살아가는 권력과 자본 주도의 현실에 대한 반성이나 문제제기를 수반하기 마련이기 때문이다. 다시 말해 축제는 '정치성'을 띨 수밖에 없는데, 그것은 바로 '축제'가 '개방성'과 '대화성', '위반성' 등을 그 본질로 하기 때문이다. 지금 우리의 '삶의 꼴'을 되묻고, '다른 삶'을 살아보며, 그 과정에서 얻은 깨달음을 가지고서 우리가 처한 사회적 · 정치적 · 문화적 환경을 바꿔보려는 큰 기획이 축제에 깃들어 있다. 60년대 이후 전 세계의 비판적 지성들과 문화운동가들이 현실의 제 모순을 극복하기 위해 '축제'에 관심을 두었던 사실은 잘 알려져 있다. 이러한 선행력 이론과 실천들은 '물질적 삶 중심의 무한한 진보'라는 미망에서 벗어나 '존재'('삶의 질')지향적 삶을 재구성하는데 축제가 주는 충고와 조언으로 받아들일 수 있을 것이다.

먼저 주요 축제를 매개로 인문적 사유를 전개한 사상가들의 담론을 살피기 전에 잠시 축제의 개념을 알아보자. 놀이만큼이나 축제의 개념은 아주 광범위하다. 우리나라만 하더라도 수 천 개를 웃도는 지역축제는 말할 것도 없이 각종 공연 이벤트나 집안의 대소사를 비롯하여, 온갖 행사들이 축제의 범주 안에 포괄될 수 있다. 축제의 범위 확장은 특히 이벤트들을 통하여 이윤을 창출하려는 '문화자본'의 전략과 결합하여 전방위적으로 확장되어 왔다. 이러한 상황에서 축제에 대한 다양한 관점의 논의들을 살펴보게 되면 우리 주변에서 일상적으로 진행되는 축제의 결함과 '빈틈'을 반성하고 개선하는데 도움이 될 수 있을 것이다. 특히 축제의 다양한 정의들은 우리에게 익숙해져 있는 축제들을 평가하는 심석이 될 수 있다.

사전적으로 '축제祝祭'는 축하의 제전, 즉 축하와 제사의 의미를 동시에 지닌다. 이는 그야말로 가장 원론적 정의라 할 수 있다. 인류학이나 민속학적 관점에서 축제의 뿌리는 고대의 제천의식에서 찾아볼 수 있고 거기에서는 종교적 성격의 '의례'와 축하의 '난장 Orgy'이 통일되어 있었기 때문이다. 인간은 '종교적 인간'(homo religius, 엘리아데)과 '놀이적 인간'(homo ludens, 하위징아)으로서 종교와 놀이 두 지향을 모두 지니고 있는데 이러한 인간의 근본 심성(心性, mentality)이 가장 잘 발현된 것이 축제였던 셈이다. 디오니소스 축제나 사투르누스 축제, 우리의 '동맹東盟', '영고迎鼓', '무천舞天', 삼한 '10월제十月祭'와 같은 제천의식은 모두 잔치와 제사의 두 속성을 지닌 것으로 보이는데 이들은 각기 그 나라와 지역의 정신적 · 문화적 유전자 meme로 계승된다.

이밖에도 축제는 다양한 의미를 지니고 있다. 가령, '축제'와 관련된 어휘들을 대충 추려보더라도 그것을 확인할 수 있다. Carnival(사육제, 왁자지껄 놀기, 흥청거림, 광란, 축제, 스포츠 경기), Celebration(축하, 축전, 의식, 성찬식, 찬양), Cult(제식, 의식, 숭배, 존경, 예찬, 이교異教, 사교邪教, 종파, 숭배자 집단), Gala(환락적인 축제나 잔치), Festivity(축제, 제전, 경축행사, 잔치, 축제 소동), Festival(축하, 축전, 제전, 잔치, 향연, 축일), Rite(의식, 의례) 등이 그것이다. 이들은 각기 서로 다른 의미를 지니고 있고, 다른 모습의 축제적 행사들이긴 하지만, 요즘엔 겹쳐 쓰이는 경우가 많다. 따라서 축제는 이 모든 어휘들이 함축하고 있는 것을 모두 의미한다고 볼 수 있다. 하지만 뒤에 살펴보겠지만 종교적 심성의 약화와 더불어, 즉 문명 발전(?)으로 인한 탈주술화와 세속화 경향의 심화로 인해 축제가 '놀이'에 경도되고 있다는 지적도 있다. 그러나 '종교성'(聖스러움, the sacred)의 대상만 바뀌고 있을 뿐 그것은 우리 일상 곳곳에 여전히 건재해 있다고 봐야한다. 어쨌든 이처럼 축제가 다양하다는 것은 지금의 축제문화가 과거의 모습을 잃어버렸다는 것의 반증이기도 하고 축제가 '상품화 가능성의 보고寶庫'로서 자본주의적 문화상품의 길을 걸어왔음을 반증하기도 한다.

콕스 Harvey Cox에 따르면, "축제란 인간이 과거-현재-미래를 포함하는 삶의 전 영역을 그 자신의 체험 속으로 적용시키려는 인간적인 놀이 형식으로서, 일상을 깨뜨리고 인간에게 과거를 열어 보임으로써 그의 경험을 확대·보완하려는 것"이다. 또한 마르틴 Gerhard Martin은 "축제적 시간이란 '삶의 질'을 구성하는 것에 대한 인식이며, 그것을 위해 공개된 공간, 자유로운 시간, 사치 luxus이며 자유로운 시간, 주일 휴가, 각종 휴일을 포괄하는 시간"(Martin, 2001, 27)으로 이해한다. 이 두 사람의 견해에는 상당한 차이가 드러난다. 콕스의 경우 축제의 본원적 의미에 가까이 가 있는 반면, 마틴은 '여가'개념과 축제를 혼동하고 있다. 우리는 마틴의 축제 이해를 통해 현재 축제라는 말이 얼마나 모호하게 사용되고 있는가를 엿볼 수 있다.

그렇지만 여러 어려움에도 불구하고 우리는 축제를 개념화하려는 시도를 포기할 수 없는데, 그래야 축제에 대한 학문적 논의가 가능할 것이기 때문이다. 이러한 저간의 사정에 비추어 축제를 다시 정의할 필요가 있는 것이다. 우선 잠정적으로, 축제란 첫째 일상생활 속에서 행해지는 특별한 활동('탈일상'과 '탈자아를 목표로)이며, 둘째 대부분 신격화된 대상을 가지고 있으며(종교성, 우상이나 스타 숭배), 셋째 원래는 농업과 밀접한 의례에서 기인했으나, 특정한 시간이나 상황을 기념하여(소호 신화, 국가 탄생, 혁명 등을 기념) 순환 · 반복적으로 행해지는 종교성과 놀이성이 혼재된 이벤트 정도로 이해하고 축제의 형식으로 넘어가도록 하자.

축제는 인간사와 관련된 일이다. 그러나 前 근대 사회에서 축제는 사람과 신을 동시에 즐겁게 하고 위로하고자 하는 행사이다. 자본주의적 산업화 과정에서 축제는 급속도로 세속화의 경로를 밟지만, 그렇다고 해서 '종교성' 자체가 완전히 소멸되었다고 볼 수는 없다. 축제학에서 '종교성'은 비단 기성 종교들과의 관계로만 해석되지 않기 때문이다. 그것은 일상의 세속적인 감정과 다른 '성聖'의 감정을 일컫기도 하는 것이다. 그런 점을 감안하면 축제는 집행자와 관중이 모두 참여하는 가운데 둘 간의 경계와 구분이 사라지면서 특정한 감정적 고양과 해방을 가져다주는 모든 '이벤트들'로 확대 해석될 수 있다. 물론 우리 주변에는 탈제도적 축제만 있는 것은 아니다. 이른바 국가의 경축행사 같은 관변축제('공식적 축제')도 있고 요즘처럼 상업주의적이고 관중들을 수동적인 관객으로 묶어 놓는 '사이비 축제'도 있다. 이후 여러 학자들이 소개하는 축제의 속성을 기준으로 온전한 축제의 모습을 상상해볼 수도 있을 것이다.

어쨌든 인간사와 관련된 축제는 원래 '사람과 신'의 차원에서 주기적 · 반복적으로 거행되는 경우(종교적 의례나 그와 간접적으로 관련된 연희 행사들, 우리의 경우 굿-탈춤-마당굿 · 풍물굿-마당극 등 가무백희歌舞百戱가 모두 이 범주에서 이해될 수 있다)와, 이후 세속화 과정에서 변형된 순전히 인간 상호간의 축제(정치 · 혁명적 사건 자체나 그것을 기념하는 행사들, 현대의 온갖 문화 행사들)로 구분된다. 물론 이런 식의 구분이 절대적인 것은 아니다. 대부분의 전통적인 축제문화의 경우 이 두 가지 형태가 혼합되어 있기 때문이다. 우리의 경우 탈춤이나 줄다리기, 고싸움, 차전놀이 등이 모두 독립된 놀이는 아니었다. 여기엔 나름의 의례적 절차가 마련되어 종교성 자체를 가미하고 있기 때문이다. 그렇다고 현대 공연문화에도 종교성 자체가 완전 거세된 것도 아니다. 가령, 스타를 숭배하는 '팬덤 fandom' 현상은 '현대판 종교'가 아니라고 누가 말하겠는가? 그런 의미에서 팬들의 숭배 대상인 '스타'는 매력적인 연구 대상이다. 그것은 종교학적, 사회학적, 인류학적, 심리학적, 문화정치적, 커뮤니케이션학적 등 모든 인문사회과학의 연구 대상이 될 수 있기에 하는 말이다.

물론 옛날부터 행해지던 관혼상제冠婚喪祭나 통과의례通過儀禮, 계절제季節祭처럼 공동체에서 주기적으로 행해지던 자연적 통과의례는 성스러움과 종교성이 두드러지는 행사였을 것이다. 하지만 '혼돈 Chaos'에서 '조화로운 세계 Cosmology'로의 변화를 말해주는 '창조신화'가 축제 저변에 깔려 있더라도 그것은 창조의 주체인 '신'과 인간을 동시에 놀리는 일이었다. '인간'과 '자연'의 통과의례는 둘의 원활한 '신진대사 Stoff wechsel'를 기원하는 일이기도 했지만 축제의 신명을 통해 한 판 잔치를 벌이는 것이기도 했다. 세습무의 굿판이 신을 불러와서 즐거이 놀리는 일련의 마당들로 구성이 되면서도 굿을 준비한 사람들이 난장을 벌이는 '거리굿'으로 마무리되는 데에서도 그러한 특징들을 발견할 수 있다.

하위징아의 분석 역시 축제의 형태와 속성을 이해하는 데 유용할 수 있다. 그 역시 놀이와 축제의 탈일상적 성스러움과 놀이의 양가성을 논의의 핵심에 놓고 있기 때문이다. 그는 놀이의 기원을 단순 오락이 아닌 '진지한 유희'(신성 유희, 娛神)에서 찾는다. 이는 원래 놀이라는 것이

처음부터 오락으로 존재했던 것이 아니라, 특별한 목적 즉 '신성성의 회복'을 목표로 하는 제의와 밀접한 관련을 가지고 있었음을 암시한다. 과거 우리의 전통 놀이문화를 생각해도 이것을 알 수 있다. 라흐너 Rachner에 따르면, 놀이를 한다는 것은 자신을 신비(비의)의 세계에 맡김으로써 미래를 얻고, 혼란한 세계의 허상을 벗겨내는 것이다. 물론 듣는 사람에 따라, 이런 말이 너무 종교적인 분위기를 풍긴다고 생각할 수도 있겠다. 하지만 이러한 진술은 일상적 '틀'을 벗어나는 놀이의 특성을 말한 것이다. 유년 시절 밥 먹는 것조차 잊고 놀아본 일이 있지 않은가? 바로 그런 경험을 강조하는 것으로 이해할 수 있다. 이러한 놀이 중에는 '공식적으로' 허용되지 않던 것들이 허용되고, 일체의 억압으로부터 자유로워질 수 있는 초월의 상태에(최고 상태)에 이를 수 있다는 것이다. 다른 말로 이는 '난장 Orgy'과 관련된 체험이다.

이처럼 제의와 놀이는 원래 '신성성'을 목표로 한 '하나의 사건'이었다. 이 둘은 연속적 행위로서 본本 제의의 경우 혼돈 chaos에서 질서의 세계 cosmos를 만들어낸 신의 창조행위를 모방 · 반복함으로써 자연과 인간 사회의 조화와 신진대사를 원활히 하려는 행위였다. 반면 1부에 해당하는 종교적 성격의 본 제의 뒤에 이어지는 '유희적 제의'의 경우 카오스적 난장을 기획함으로써 일상의 사회적 위기와 삶의 긴장을 '풀려는' 즉 '신명'을 통해 '원기'를 회복하려는 행위이다. 별신굿의 마지막 거리인 '거리굿'의 경우처럼 말이다.

하지만 이들은 시대의 흐름과 더불어 '신성성'의 변화를 겪거니와, 종교 자체의 모습을 잃고 다양하게 세속적으로 변형된다. 아니, 현대 여가의 주 경향들과 더불어 현대판 축제의 세속적 신들마저 위기에 처한 것은 아닌지 다시 생각해 볼 일이다. 물론 주류의 흐름에서 비켜서 자기 사회의 위기와 긴장을 제대로 진단하고 노력하려는 '이벤트'들이 있고, 축제를 일순간의 경험이 아니라 다시 찾아온 일상의 변혁 잣대로 삼으려는 노력 역시 있어 왔다. 축제의 이론가들은 과거의 축제들에서 추구해야 할 축제의 모습들을 구상하면서도 시대의 변화를 감안하여 대안적 실천을 주장한다. 우리는 그들의 담론 속에서 과거 축제의 위반성과 해방성을 긍정하고 그것이 현재 속에서 긍정적으로 되살아나기를 바라는 염원을 읽을 수 있는 것이다.

1. 그리스와 중세의 축제, 바흐친과 카니발

인간은 축제 없이 살 수 없는 존재이다. 마르크스는 놀지 못하면 바보가 된다고 하였지만 이는 축제에도 해당된다. 노동으로만 점철되는 삶의 고단함과 그에 대한 노동하는 사람들의 불만을 알았기에 지배자들은 체제 안정 및 유지를 위한 안전판으로 일시적인 제한된 공간에서나마 축제를 허락하였다. 하지만 축제는 피억압자들의 불만 표출을 막기 위한 안전장치 그 이상을 의미한다.

특히 고대에는 더욱 그러했는데, 축제는 신과 만나는 공간인 동시에 공동체 구성원들의 단합과 정체성 굳히기의 계기였으며 희열과 즐거움을 위한 탈일상적인 외도의 시간이기도 했다. 시대와 지역에 따라 다양한 변형과 이형이 존재하지만 축제의 근본적인 속성은 오늘날에도 존속한다. 어떤 이에게 각종 대중문화는 놀이의 타락으로 비쳐지겠지만 그것 역시 축제의 속성에 비추어 볼 수 있다. 다만 오늘날 이벤트와 축제는 종교성과 신성의 강조에서 벗어나 탈주술적인 세속화의 과정을 거쳐왔거나 참여하는 사건에서 구경되는 사건으로 변하기도 했지만 축제의 몇몇 외형이나 축제의 어떤 속성들은 흔적으로나마 보존되어 있을 뿐이다. 그런 의미에서 고대나 중세의 놀이를 대략적이나마 보게 되면 오늘날 축제의 문제점을 짐작해 볼 수 있고, 뒤에 소개할 축제이론을 이해하는 데도 도움이 된다.

우선 하위징아에 따르면 "고대인들은 자신들의 의식 속에 새겨진 자연의 질서를 놀이하였다."(하위징아, 1993, 30) 그리스 사람들에게 "제의는 성스러운 놀이로서, 그 공동체의 복지(안녕)를 위하여 필요 불가결하고, 우주적 통찰로 충만해 있으며 사회발전을 잉태한 놀이이다."(같은 책, 44) 종교와 신화가 그들에게 세상과 우주를 이해하는 기준이었고 자연의 변화와 삶의 불확실성에 따른 불안으로부터 그들을 보호해주었던 것처럼 그들은 일상적으로 수많은 축제를 놀았다. 그래서 하위징아는 “성스러운 놀이의 영역에서 어린이와 시인은 미개인과 함께 산다.”(같은 책, 45)고 했다.

고대 그리스 역시 축제는 종교적인 제의로 시작된다. 겉으로 보면 종교성이 강하고 놀이성은 다소 약한 것처럼 보인다. 하지만 이후 제의는 종교성이 강조되는 이벤트들과 종교적이면서도 놀이성이 강조되는 이벤트들로 분화하며 발전한다. 다양한 형식과 내용이 도입되면서 제의는 축제로 발전한다. 이처럼 다양한 문화권에서의 발전 과정에서 우리는 종교성의 약화(세속화)와 놀이성의 강조를 확인할 수 있다. 그리스 고전기 종교제의는 300개 이상이며 400명의 신을 섬겼다고 한다. 아테네의 경우 BC 4-5세기 경 120일 정도가 축제일이었다고 한다.(Cartledge, 1985, 98-99)

그리스에서 축제와 제의, 공동의 이벤트들은 다양한 개념들과 연관되어 나타난다. 가령 synodoi, panegyris, heorte같은 명칭들이 자주 사용된 것으로 보인다. 이들 이름들은 서로간의 만남을 통해 ‘소통’하고 ‘즐거움’을 갖는 것이라는 공통된 의미를 갖는다. 그리스인들은 지속적인 반복적 만남을 통해 우주의 자연 질서와 법칙의 질서를 기념하는 종교적 제의(신과의 만남과 소통)를 벌이고 공동체의 화합과 운영을 원활하게 하는 국가 축제나 가족, 개인 등과 관련한 다양한 의례를 진행했는데 이러한 이벤트들이 위와 같은 명칭으로 불린 것이다. 물론 그러한 축제나 의례들의 배경에는 ‘신화’가 자리한다.

좀 더 구체적으로 보자면 synodoi는 ‘함께 가는 것’을 의미하고 라틴어로는 ‘민의회’를 의미하는 concilia로 옮겨졌다. 이는 공적인 문제를 논하고 해결하고자 시민들이 모이는 것을 의미하면서도 축제라는 의미로도 쓰였다. 그리스인들에게 축제는 가장 큰 공적인 행사였기 때문이다. 다음으로 panegyris가 쓰이기도 한다. 그것은 ‘모임’ ‘집회’를 의미하며 광장인 아고라에 모여 신을 기리며 벌인 대규모 이벤트를 의미했다. 간혹 올림피아드(올림픽)와 같은 이벤트에 이러한 어휘가 쓰이기도 했다.

아마 축제에 대해 우리가 기대하는 의미에 가장 가까운 개념이

heiorte일 것이다. 이는 가장 광범위하게 사용되기도 했다. 'heiorte'는 성찬, 좋은 구성원들, 여흥들을 필수적인 구성요소로 삼고서 신을 숭배하며 일상을 중단시키는 특별한 행사이다. '즐거움'을 추구하기 위해 일상에서 벗어나기 위해 마련된 잔치인 셈이다. 원래 이러한 축제는 신과 인간 모두를 즐겁게 해주려는 범 공동체적 이벤트였다. 여기에는 희생제의(종교)에 이어 신과 공동체 구성원을 위한 춤, 찬가, 봉헌, 잔치, 운동경기가 펼쳐졌다. 가령 'the Greater Panathenaia'(판아테나이아 축제)(기원전 560s 시작)가 대표적인데 여기에서는 호메로스의 작품 암송과 노래에 이어 횃불경기, 마상경기, 배 경기 등과 같은 다양한 경기 agon와 신체 활동(춤, 음악, 기도, 찬가. 행렬, 드라마, 만찬, 운동경기)이 수반되었다.

당시 축제는 종교적 제의인 동시에 일종의 '종합예술작품 Gesamtkunstwerk'이면서 사회적으로 좋은 놀이라 인정된 경쟁 놀이의 향연장이었다. 여기서 기악과 기예는 '놀이'였으며 그러한 놀이에는 '훈련'과 '종교적 헌신'이 요구되었다. 한편으로 축제는 신화적 사건 즉 신화 서사의 연극적 · 제의적 구현 embodiment이었다. 그 절차는 대개 다음과 같이 진행되었다. 신화의 특별한 장면(디오니소스, 테세우스의 귀환, 아르테미스의 탄생 등)을 일련의 춤이나 퍼포먼스, 찬가 등을 통해 재현한다. 그러한 종교제의에는 운동 경기(전차경기, 경마, 체육 등)가 포함되었다. 우리에게 스포츠였던 것이 그리스 사람들에게는 신을 경배하고 찬미하는 종교 이벤트였다는 것이 놀라울 수 있겠지만, 우리에게도 줄다리기나 차전놀이 등 많은 놀이들이 종교적 의례의 성격을 포함했다. 그러한 경쟁들은 '내기agon'의 대상으로 아름다움, 손기술, 노래와 춤, 비극, 암송 등 신체적 능력과 정신적 능력을 두루 겨루었다(경연과 경기). 이러한 축제 이벤트들에는 올림피아(권투, 달리기, 레슬링, 전차경기 등), 퓌티아 축제(학문과 예술의 신 아폴론을 위한 시가 경연대회), 이스트미아(포세이돈 희생제의 이후 전차 경기, 레슬링, 복싱과 같은 pankration 경기를 벌임), 네메아 경기(전차경기, 레슬링, 5종경기, 팡크라티아) 등이 유명하다. 니체도 지적하듯이 이러한 아곤 agon은 참여자의 탁월성 arete을 증명함으로써 신을 기쁘게 하는 것이면서 공동체의 정체성과 귀속감을 강화시키는 것이었다. 재미와 즐거움은 그러한 성취의 자연스러운 결과물로 이해된다.

우리가 이미 앞에서 살펴본 것처럼 플라톤은 놀이를 대체로 배격한 바 있다. 하지만 축제와 결부된 행사에 대해서는 그렇지 않았다. 영혼을 위한 교육(시가 등의 문예교육), 신체를 위한 교육(체육)은 공화국의 수호자 육성을 위해서도 필수적인 것이었다. 하지만 육체보다 영혼을 중시하는 플라톤에게 방점은 정신의 훌륭함에 찍힌다.(플라톤, 1997, 403d) 그렇지만 체육 교육은 그리스인들 사이에 널리 인기가 있었다. 영혼과 신체의 조화는 미래의 공화국 수호자에게 필수적인 자질이기 때문이다.

그런 의미에서 아리스토텔레스는 플라톤보다 더 단호하게 '아곤'을 강조한다. 그에게 행복 eudaimonia은 "탁월성에 따르는 영혼의 활동"(아리스토텔레스, 2006, 1102a)인데 아곤은 이러한 영혼 활동을 위한 기초 근력을 키우는 것이다. 영혼과 육체 그 어느 하나에 치우치는 것은 비윤리적이며 그 어느 하나의 한계를 넘어서는 '오만 hybris' 역시 경계해야 한다. 과도하거나 부족하지도 않고 어느 한쪽으로 치우치지 않는 '중용 Mean'이야말로 궁극적으로 추구해야 할 덕목으로 제시된다. 마음과 몸의 균형 성장을 위해 놀이는 제 역할을 하여야 하며 삶의 기술 techne을 익히는 데에는 몇몇 종목의 체육과 음악이 추천되었다.

특이할 만한 것은 놀이와 관련하여 부정적이거나 특수한 놀이만을 긍정하던 아리스토텔레스가 1년 내내 지속된 공식적인 축제에 대해서는 그 필요성을 주장하고 있다는 점이다. 신을 섬기고 교류하는 것은 행복으로 가는 길인데 축제는 신과 인간, 지상과 자연이 어울리고 소통하는 시공간이라는 이유에서였다. 하지만 아리스토텔레스는 신과의 소통을 위해서는 적절한 자격을 지닌 좋은 사람이 축제를 주도해야 한다는 단서를 붙인다. "좋은 사람으로서 신들에게 제물을 바치는 것이, 그리고 기도와 봉헌 및 그 밖의 신들에 대한 섬김으로써 언제나 신들과 교류하는 것이 가장 아름답고 kailliston 좋은 ariston 것이며, 행복한

eudaimona 삶과 관련해서도 매우 효과적이고 특히 적절합니다. 그러나 나쁜 사람의 경우에는 이것들과 반대입니다."(아리스토텔레스, 2009, 716d-e) 이처럼 신을 대하려는 사람들은 축제를 위해 개인적인 준비가 필요하다. 스스로의 몸과 마음을 갖고 닦아 스스로 좋은 사람이 되려고 노력해야 하는 것이다.

축제를 통해 "시민들은 제물을 바치는 의식들과 함께 서로 우호적으로 대하며 친근해지기도 하고 또한 서로 알게도 된다."(아리스토텔레스, 2006, 738d-e) 축제는 신을 위해서만이 아니라 인간들과 그들의 공동체적 결속을 위해서도 순기능을 갖고 있는 셈이다. 종교적인 축제에서 인간들은 신들을 만나기도 하지만(수직적 소통), 인간들의 만남의 기회가 되기도 한다(수평적 소통) 국가 공동체들의 상호결속에 신화를 공유하는 집단들의 공동 축제가 지대한 기능을 한 셈이다. 가령 그리스 전역의 축제인 올림피아, 퓌티아, 이스트미아, 데메아 경기 등은 전쟁을 방지하거나 유예시키는 역할을 하기도 했다.[1] 나아가 축제는 인간의 고통과 노고를 위로하고 휴식을 준다. 인간의 갈등과 전쟁의 중지, 소통과 평화에 기여했던 것이다.

이처럼 고대 그리스의 축제는 신에게 호의를 얻고 그를 즐겁게 하려는 행사이다. 그리스 사람들은 인간들 서로의 'agon'을 통해 '탁월성 arete'을 발휘하는 것이야말로 신들의 기쁨이라고 믿었다. 여기에 춤, 노래, 드라마, 운동경기 등의 축제 문화가 중요한 역할을 한다. 축제와 그 행사는 인간도 즐겁게 한다. 그야말로 신과 인간 모두의 '향연'인 것이다. 행복은 신의 선물이다. 축제는 인간이 신에게 봉헌하는 의례이면서 고통 속에 살아가는 인간의 삶을 위로하기 위한 신의 선물이다. 그래서 플라톤조차 이렇게 말한다. "신들은 인간들이 본성적으로 고통 받는 종족으로 태어난 것을 불쌍히 생각했네. 그래서 그들은 인간들에게 고통에서 벗어나 휴식할 수 있도록 신들을 위한 축제 heorte를 정해주었네.

1) 플라톤도 축제의 이러한 순기능을 힘주어 말한 바 있다. "개별적인 집단이 정기적으로 모이게 되고 필요한 일들에 쉽게 대처할 수 있게 하며, 사람들이 제의에서 서로 우호적으로 대하며 서로 친밀해지고 서로 알아가게 됩니다. 사람들이 서로 친숙해지는 것보다 국가에게 더 큰 혜택이 없습니다."(Platon, 2009, 738d)

무사 여인들 Mousai과 이들을 이끄는 아폴론과 디오니소스를 축제들에 동참할 신들로 정했고, 인간들은 신들과 함께 축제에 함께 하여 [삶의] 영양분 trophas이 되어 [삶의 방식을] 재정립 epanorthontai할 수 있다네."(플라톤, 2009, 653d)

이처럼 인간들에게 잠시라도 고통에서 풀려나 휴식을 취하도록 신이 마련한 선물이 축제이다. 물론 인간들은 축제를 통해 일시적으로 휴식을 얻는다. 하지만 더욱 근본적인 목적은 신들에 대한 인식을 통해 삶에 대한 깨달음을 얻도록 하는 것이다. 축제의 정기적 반복을 통해 축제의 시간(신화적 시간)은 현재화한다. 신이 주인공이지만 그 안에는 인간과 집단의 바람이 들어 있다. 이후 제의로부터 축제가 발전하면서 놀이도 발전한다. 그만큼 인간들의 '탁월성'을 드러내는 '아곤'의 방식이 다양해진 것이다.

정리를 하자면 그리스 축제의 목적은 첫째 개인적 측면에서는 입문과 정화를 통해 낡은 삶을 벗고 새로운 삶으로 재탄생하는 기회를 제공하는 것이고, 둘째 사회적 측면에서는 기존의 낡은 질서를 해체시켜 새로운 질서를 정립하려는 이벤트였다. 셋째 우주적 측면에서 우주(자연)의 순환적 체계 속에서 낡은 생명을 소멸시키고 새로운 생명력으로 부활시키고자 하는 열망이 축제에 지속적인 에너지를 공급한다. 그것은 축제의 일탈적 행동(탈일상적 행위)을 통해 낡은 질서를 해체하고 낡은 생명을 소멸시킨다. 축제는 우주의 창조적 시간(신성한 시간)과 역사속의 특정한 시간을 현재로 불러와 경험하려는 것이기도 하다. 그것은 신화적 시간의 재현이며 순간을 영원으로 기억하려는 몸짓이다. 제의와 아곤, 축제에 따른 일련의 이벤트들은 모두 이렇게 다중적 · 다층적 기능을 지니고 있었다.

중세에도 다양한 축제가 행해졌다. 고대 마케도니아와 바빌론에서 시작되어 로마의 사투르누스 축제[2]를 계승한 카니발이 대표적인데 특

2) 로마인들은 사투르누스를 그리스의 농업신 크로노스와 동일시했다. 그를 기리는 가장 큰 축제인 사투르날리아는 로마의 가장 큰 축제이며, 그 영향은 오늘날까지도 크리스마스와 서양의 신년 명절에서 찾아볼 수 있다. 사투르날리아는 본래 12월 17일 하루에 치러졌지만 뒤에는 7일 동안 계속되었다. 이 축제는 한 해의 가장 즐거운 축제

히 그것은 중세 · 르네상스 민중문화의 대표였다. 간혹 카니발과 더불어 바보제도 대표적인 중세 축제로 거론되지만 그것은 카니발과 많은 속성을 공유하거나 카니발의 한 부대 행사로 간주된다. 카니발은 공식적인 지배세력의 허용과 묵인 속에서 주기적으로 순환되는 축제임에도 불구하고 민중들의 욕망과 바람이 강하게 반영된다. 그렇기에 카니발에서는 현실의 계급질서에 대한 위반과 풍자, 일탈과 탈주를 통한 해방감과 재미를 위한 온갖 분장과 아이디어들이 다양하게 표출된다. 특히 카니발의 의미는 놀아본 사람들이 축제에서의 경험을 통해 고단한 현실의 문제점을 인식하고 새로운 대안을 희망하며 비참한 현실을 바꾸려는 주체로 거듭나는 것이다. 클루게 Ernst Kluge 역시 중세 당시 여러 지역에서 표출된 유토피아 사상들이 그 지역 카니발과 강한 연관 속에서 생겨나고 거기서 동력을 얻고 있음을 분석한 바 있다.(Kluge, 2001, 26-36)

사육제謝肉祭로 일컬어지는 카니발은 라틴어의 '카르네 발레carne vale, 살코기여, 잘 있거라)' 또는 '카르넴 레바레carnem levare, 육식 금지)'에서 나온 말이다. 로마의 풍요제의인 사투르날리아 Saturnalia를 계승한 것으로 이야기되지만 기독교의 공인 이후 부활절을 준비하는 이벤트가 되었다. 그리스도의 부활을 기념하는 부활절 전의 사순절에는 그리스도의 고행을 본받아 육식을 하지 않는 관습이 있는데, 육식이 주식이다시피 한 서양에서 육식을 금한다는 것은 고통스러운 일이었다. 그래서 금식과 금욕 등 금욕적인 생활에 들어가기 전에 마음껏 먹고 마시는 행사가 3일에서 1주일 동안 벌어졌는데, 그것을 가리켜 카니발이라고 한다. 주로 가톨릭 국가에서 열리는데, 지금은 브라질의 리오데자네이로에서 열리는 리오 카니발, 독일의 쾰른, 프랑스의 니스, 이탈리아의 나폴리 카니발 등이 유명하다. 원래 카니발은 재의 수요일로 시작되어 부활절을 준비하는 기능을 했다. 특히 카니발 축제에서는 가장행렬, 가면, 음악, 분장이 주요한 역할을 하며 특유의 활기와 생동성이

로 모든 일과 사업이 중지되고 노예들에게도 자기들이 하고 싶은 대로 말하고 행동하는 일시적인 자유를 주었으며 도덕적인 규율도 완화되고, 선물을 자유롭게 교환했다. 영어 'Saturday'(라틴어로는 Saturni dies)는 사투르누스에서 유래한 것이다.

지배한다.

이미 말한 것처럼 카니발은 누천년의 전통을 지닌 농경제(사투르누스, saturnales)와 같은 고대의 희극적 의례에서 시작된다. 그것은 사투르누스의 재림을 경축하는 이벤트이다. 이 축제의 구성원들은 완성된 일체의 것, 불변과 영원을 추구하려는 모든 노력에 적대적이다. 그것은 역동적이고 유연한 표현 형식을 추구하기 때문이다. 교체와 쇄신의 역동, 진리와 권력에 대한 상대적 의식이 이 축제를 징질 짓는다. '거꾸로', '반대로', '위와 아래', '앞과 뒤'의 뒤바뀜의 논리, 패러디, 가장, 비방, 익살스러운 즉위(대관)와 퇴위(탈관) 등 이미 축제학자들이 축제의 핵심으로 사는 속성들이 이 축제에서부터 잘 드러났다. 그것은 일상생활의 풍자를 부추기며 '거꾸로 된 세계'를 현실에서 구현하고자 한다. 본능의 격상과 생명의 잉태는 카니발을 거치며 현대에 계승되고 있다. 에두아르프 푹스 Eduard Fuchs에 따르면, 그것은 그리스 축제의 연속으로서 육욕 만족의 기회(11월의 아이 "사육제의 아이")를 제공하며 웃음의 원리에 기초한 민초들의 제2의 삶을 가능하게 한다.(푹스, 2004, 474-475) 그런 의미에서 축제는 놀이와 밀접한 연관을 갖는다.

카니발적 축제, 카니발적 관습들, 카니발적 제 형식들은 매우 다양하고 복잡한 형식을 갖는다(.Michail Bachtin, 1969, 47) 나라와 지역마다 카니발은 나름의 정체성을 지니고서 다양한 형식들을 띠는 것이다. 이러한 특이성 때문에 개별적인 접근과 연구가 요구된다. 하지만 대강의 절차와 지향은 유사하기에 카니발의 모습과 의미를 이해하는 데는 무리가 없을 것으로 보인다. 카니발에서는 공동체의 가장 낮은 자가 왕으로 추대된다. 축제가 끝나면 그는 추방되거나 죽는다. 그의 사라짐과 더불어 공동체는 정화되고 공동체는 새로운 삶을 맞이한다. 여기서 카니발의 전모를 담을 수는 없다. 다만 카니발의 문화사회학적 · 정치적 의미를 정리하는 정도로 마치도록 한다. 특히 중세의 카니발을 분석하고 있는 바흐친의 논의는 앙리 르페브르 Henri Lefebvre도 주목한 바 있는 축제와 놀이의 상관성을 밝히는 주요한 준거로 활용할 수 있을 것이다.

처음 카니발은 인간과 자연의 재생을 의미한다. 기독교의 전래와 더불어 부활절 이전의 의례로 정례화되고 가장행렬이나 가면극에 기독교적 상징들이 수입되지만 카니발의 원초적 속성들은 고스란히 살아남는다. 거기에는 기쁨으로 가득한 소란스러운 잔치로서 술과 음식의 향연이 함께 한다. 카니발 동안의 시간은 일상의 시간과 다른 흐름을 탄다. 카니발에 참여한 주체들은 다른 방식의 삶을 살 수 있고 살아야 했다. 축제의 시공간에서는 사회적으로 허용되지 않는 규범, 직위, 역할 가치관 등의 '뒤집기'가 가능했기 때문이다. 우주적인 '탄생-죽음-재생'이라는 주제는 카니발의 다양한 상징적인 놀이를 통해 표현되었다.(바흐친, 2004, 132-134)

나아가 카니발은 인간의 본능을 무시하고 금욕과 고백을 강요하는 정형된 형식과 사회 규범을 풍자한다. 그것은 미에 가려진 추를 드러내기도 한다. 카니발에는 인간 본연의 모습에 대한 지향이 어려 있다. 그것은 인간 몸과 삶의 가치를 인정하며 그것을 즐기려는 긍정적 가치관을 다양하게 표현한다. 생명 긍정성(Nikolay Chernyshevsky), 웃음과 해학의 세계는 배타적이거나 파괴적인 세계가 아니다. 그것은 부정적 가치도 희화를 통해 녹여내고 마는 생명력을 갖춘 상대성의 세계이다.

중세 카니발의 이러한 면모는 러시아의 인문학자 바흐친에 의해 가장 분명하게 설명된다. 중세 르네상스 시대의 인문주의자이자 작가였던 라블레 François Rabelais에 대한 박사논문에서 그는 민중 축제의 다양한 특성과 의미를 상세히 분석하였다. 그에 의하면 고대의 공식적 축제에서도 민중 카니발의 특징은 예견되었지만 본격적인 비공식적 민중 카니발의 전통은 중세 시대에 이르러 절정에 이른다. 중세의 민중 카니발은 교회가 지배하는 시대의 독백적, 권위적, 서열적, 공식적 축제와 지배 문화에 대항하여, 이를 희화화하고 전복하는 민중의 유토피아적, 해방적, 보편적인 저항문화의 성격을 지닌다.(때문에 바흐친의 라블레론은 스탈린주의에 대한 비판으로 해석되기도 한다.) 바흐친은 특히 중세의 불변하는 수직적 서열의 공간적 세계관으로부터 수평적으로 변화하고 진화하는 르네상스의 역사적, 시간적 세계관으로의 전환을 강조한다. 이는 독백적 질서로부터 대화적 질서로의 이행을 의미하기도 한다.

바흐친에게 카니발은 좁은 의미와 넓은 의미의 두 가지로 구분할 수 있다. 좁은 의미에서 카니발은 연중행사로 벌어지는 실제적인 사건으로서의 축제를 지칭하며, 넓은 의미에서 카니발은 공식적이든 비공식적이든 중세 민중 축제의 '카니발적' 성격을 구현하는 모든 축제와 특히 소설장르를 포함한 문학작품, 그리고 더 나아가서 인간의 역사와 삶, 문화 일반까지 포함한다. 그러나 중요한 것은 카니발 자체보다 거기에 내재하는 카니발적 요소이다. '카니발적인 것 the carnevalesque'이 문제인 셈인데, 바흐친이 묘사하고 설명하는 카니발의 장면들은 그것을 상세하게 보여준다.

배우와 구경꾼의 구별 없이 모든 사람들이 자유롭게 참여하는 보편적인 삶의 시공간을 실현하는 카니발에서, '민중의 웃음'은 자연, 인간세계, 우주에 대한 공포로부터 인간을 해방시킨다. 카니발 기간에는 상하, 내외가 뒤집어지고 사회적 서열이 폐기/전복되며, 평등하고, 친숙하고, 대등한 인간관계를 구현하는 '유쾌한 상대성 gay relativity'의 유토피아가 실현된다. 가짜 왕이나 교황의 대관과 탈관이 행해지고, 가면과 가장을 통해 지배계급과 문화에 대한 풍자와 패러디가 이루어지며, 왕과 교회보다는 바보와 광대가 주인공이 되고, 정신과 영혼보다는 '물질적 육체의 하부'가 우선시된다. 일상과 비일상, 정상과 비정상의 경계가 허물어지고 그 질서와 서열이 뒤집히는 것이다.

이러한 카니발의 장면들에서 바흐친은 우선 카니발의 제반 절차와 사건에 깔려 있는 세계관에 주목한다.[3] 그의 논의에는 '물질적 육체의 원칙', '그로테스크 리얼리즘', '방종과 자유', '대관(戴冠)과 탈관(脫冠)', 차이(별)의 무화, 질서의 파괴, 시공간의 전도, 카오스의 시공간, 가면,

3) 바흐친은 실제적인 문화현상으로서의 축제를 분석하기보다는, 라블레의 소설 속에 '희극적 언어 형식'으로 문학화된 카니발적 요소에 주목한다. 라블레의 소설은 '민중의 웃음', '광장의 언어', 카니발의 '양가성 ambivalence', '향연'의 전통, '그로테스크한 몸 grotesque body'과 '그로테스크 리얼리즘 grotesque realism', '물질적 · 육체적 하부'의 이미지 등과 같은 중세 민중 카니발의 전통을 문학적으로 재현한다. 바흐친은 라블레의 이러한 측면들이 중세 카니발의 비공식적 속성을 반영한 것으로 본다. 물론 그러한 속성들은 우리 동시대의 공식문화/비공식문화에 대한 분석과 실천으로 전유될 수 있다.

사회적 신분 등 제반 위계질서의 전복, 인간 상호간의 친밀성과 관련한 주제들이 강조된다. 특히 다음과 같은 주장은 카니발을 통해 바흐친이 하고자 하는 이야기의 핵심을 담고 있다. "일상적인 삶의 질서를 규정하는 법률, 금기, 제약들은 카니발이 열리는 기간 동안은 모두 그 효력을 상실한다. 이것은 각종 위계질서와 관련하여 특히 그러한데 바로 이러한 위계질서에서 연유하는 모든 형식의 공포, 외경, 경건, 말하자면 사회적 위계질서에 의한, 인간의 제각기 다른 모든 불평등, 연령 차이에 의한 불평등까지 카니발이 열리는 동안 모두 허물어진다. 인간들 사이의 여하한 격차도 지양되며, 인간 사이의 소원함은 특별한 카니발의 영역, 즉 자유로우며, 가족적 친밀감을 가진 인간 상호간의 관계가 가능한 그러한 영역이 대신한다. 이것이 바로 카니발적 세계이해의 가장 중요한 계기이다."(같은 책, 48)

바흐친은 '웃음문화의 기본 특징들'에서 카니발을 지배하는 중세의 웃음 문화를 육체적인 삶의 드라마(성교, 출생, 성장, 식사와 음주, 배설)로 설명한다. 물론 이 드라마는 개인의 몸, 개인의 사적인 일상과 관계하는 것이 아니라(다분히 그러한 문화는 '근대적인 것'이다), 종족 혹은 민족('공동체')의 거대한 육체와 관계한다. 카니발은 출생과 죽음을 '가장'한다. 하지만 그것은 절대적 시작과 절대적 종말의 서사가 아니다. 결코 고갈되지 않는 성장과 부활의 계기들이 그 안에 내장되어 있기 때문이다. 웃음은 두려움, 엄숙함, 권위적 금기, 과거, 권력에 대해 '내적 검열'을 극복하며 해방을 꾀한다. 그래서 르페브르는 축제를 혁명에 빗대어 이야기하며 종전의 혁명과 대비되는 대안적 혁명의 구상을 촉구한 바 있다. 움베르토 에코 Umberto Eco는 소설『장미의 이름』에서 '아리스토텔레스의 비극론 외에도 희극론이 있었다면'이라는 가정을 통해 중세의 질서에 가한 웃음의 충격을 묘사한 바 있다.

바흐친에 따르면 카니발의 웃음은 자신마저도 웃음의 대상으로 삼는 웃음이다. 그것은 '대화적'이다. 플라톤에게 대화가 진리를 발견하기 위한 것이었다면, 바흐친에게 대화는 인간의 존재방식이다. 대화는 다른 사람들과의 소통인 동시에 자기 자신을 알기 위해 자신이 되어 보는 것이다. 반면 대화에서 살아 있는 목소리를 제거하고 추상적인 개념과 판단을 살아 있는 단어와 반응으로부터 추출해 모든 것을 추상적인 의식으로 몰아넣는 것은 '독백적'이다. 바흐친은 비공식 문화인 카니발과 대비해서 이러한 독백을 기독교 공식 문화의 특징으로 보았다. 독백은 서열과 권위에 기초해서 지배적인 규율과 도덕적 기준을 독점하는 가운데 엄숙함과 진지함으로 삶의 원초성과 생동성을 가두려는 공리의 체제이다. 카니발은 그러한 독백에 흠집을 내고 저항하려는 움직임이다.

바흐친이 보기에 카니발의 대화야말로 고착된 질서를 깨고 우리의 의식을 변화시키며, 새로운 삶의 모습을 창안하는 것이다. 시장과 광장의 떠들썩한 대화는 카니발의 구성적 요소이다. 카니발은 특수한 삶의 형식이고, 일종의 실존적 언어이기 때문이다. 그 점에서도 대화와 카니발은 공명한다. 여기에는 하나(진리)의 목소리만 있는 것이 아니라, 다수의 진리가 다수의 목소리에 실리는 공간이다. 그것은 통일되고 완성된 텍스트의 권위를 부여하려는 공식적인 질서를 위협한다.[4] 카니발은 모든 종류의 완결성, 영속화에 반대한다. 거기에서 상하위계와 사농공상, 안과 밖, 자기와 타자 등의 장벽과 경계는 소멸한다. 탈위계와 탈경계의 역동적인 사건이 즐겁게 향유되는 시간과 공간이기 때문이다. 그런 의미에서 카니발적 축제는 과거를 기념하기 위해 모인 것이 아니라 다가올 미래를 불러내기 위한 장치이기도 하다. 바흐친이 다성성 polyphony과 독특한 '시공성 Chronotope' 개념으로 카니발을 설명하고자 한 것도 그것의 중층적 구조와 대화성, 탈경계적 역동성 때문이었을 것이다.

대개 카니발 유형의 축제들은 중세인들의 일상 속에서, 중세 대도시의 경우 일 년에 2~3개월 정도 지속된다. 자신의 공식적 지위를 벗어나 자신마저도 카니발적 웃음의 세계 속에 던지는 카니발의 위반은 중세의 다른 축제와 문화에도 지대한 영향을 미친다. 가령 바흐친이 중세 민중

4) 우리는 오스트리아, 특히 빈 Wien에서 카니발의 가면 행진이 금지되고 그것이 실내의 갇힌 가면무도회로 위축된 점을 기억할 필요가 있다. 18세기 마리아 테레지아는 축제가 폭동이나 소요로 이어질 것을 두려워하여 그것을 '문명화'한다는 명분 아래 그것을 길들이고 제도화하고자 한 것이다.(노시내, 2013, 80-81)

문화를 규명하기 위해 관심을 둔 라블레의 소설은 이른바 '카니발적인 것 the carnevalesque의 모든 것을 보여준다. 라블레는 신학생들과 교수들의 학술논문을 패러디하고 종교 이데올로기와 의례까지도 웃음과 풍자의 대상으로 삼는다. 중세에 널리 행해진 '바보제'는 아예 교회 전례와 기도문을 패러디한다.

바흐친은 카니발적인 요소를 다시 '그로테스크 리얼리즘'이라는 개념으로 압축하여 강조한다. 이 개념 안에서 카니발은 물질적 · 육체적 원리, 전 민중적인 축제적 유토피아의 차원으로 확장된다. 나아가 카니발에서 이제 우주적, 사회적, 육체적 요소들은 분리할 수 없는 전체를 이룬다. 물질적, 육체적 삶의 이미지들이 유쾌하고 축제적인 특성의 기초를 제공한다. 그로테스크 리얼리즘의 주된 특징은 격하시키는 것, 즉 고상하고 정신적이며 이상적이고 추상적인 것을 물질적, 육체적 차원으로 전환시키는 것이다. 라블레의 소설에서 그것은 먹고 마시기, 소화, 분변학 Scatology, 성생활 등 엄청난 향연으로 묘사된다. 그로테스크 리얼리즘은 심지어 똥과 오줌과 같은 분변학적 묘사에서 정점에 도달한다. 이는 죽음에 대한 삶의 승리를 상징하면서 생물학적 욕구를 예찬하는 것이기도 하다.

나아가 이러한 카니발의 '비정상적' 장면들은 일상을 벗어나는 카니발 시간 즉 '시간 밖의 시간'과 '광기의 시간'을 더욱 실감나게 해준다. 광기의 시간 동안 우리는 익살스러운 왕을 세우고 그의 왕국을 마련한다. 왕은 구성원들의 웃음을 유발하기 위한 존재이다. 카니발의 광인은 말 그대로 '미친놈'이 아니다. 그는 다만 '광인'과 '바보' 역할을 수행할 뿐이다. 광인이나 바보가 된다는 것은 일상의 걱정거리에서 벗어나 성령을 받기 위해 머리나 마음을 비워둔 상태로 여겨지기도 한다. 광기와 성령의 긴밀한 연관성을 보여주는 중세의 바보 예찬은 공식적 세계와 그 문화, 근엄함을 웃음거리로 만들고자 하는 장치이다. 이미 바흐친의 카니발 이론에서 우리는 콕스와 몰트만의 축제 신학 혹은 놀이 신학의 핵심을 만나게 된다.

2. 하비 콕스와 축제의 신학

1960년대 이른바 '68혁명'이라는 고유명으로 불리는 사회정치적 상황의 급격한 변화와 아울러 신학계에서도 기성 제도 종교에 대한 일련의 반성이 이루어진다. '신 죽음의 신학'과 '세속화 신학'은 그러한 반성의 대표적 결과이다. 당시 60년대의 운동은 몸과 욕망, 상상력과 감성을 중시하는 청년문화의 양상을 강하게 띤다. 히피들의 공동체 실험이나 우드스탁 등지에서의 록페스티벌, 축제적인 반反 문화적 시위문화는 진지함의 무게에 짓눌린 과거 이성중심적 변혁운동을 거부하고 유쾌한 난장을 지향했다. 당시 마르쿠제 Herbert Marcuse나 프로이트 Sigmund Freud, 바타이유 Georges Bataille 등과 더불어 하위징아나 바흐친이 다시 관심 대상으로 부상한 것 역시 이러한 분위기와 관련이 있다. 기 드보르 Guy Debord 등이 조직한 '상황주의 인터내셔널 SI, Situationist Inter national' 그룹이 말해주는 것처럼 놀이와 축제를 통해 문명과 제도가 부과한 권태와 우울을 벗어나고 자본주의가 강요하는 노동 일변도의 삶과 소외를 극복하고자 한 데에는 이러한 이론들이 지적인 영감을 준 측면이 있다. 이러한 경향은 놀이와 축제를 신학의 주요 모티브로 삼으려는 '놀이의 신학'과 '축제의 신학'으로까지 이어진다. 이는 교회 속의 '성스러움'으로 포장된 신의 죽음을 사유하고 새로운 하느님을 경험하려는 일종의 문화운동적 성격을 띤다.

하비 콕스는 60년대 세계사적 변화를 신학에 반영하려한 대표적인 인물이다. 그는 자신의 시대를 위기로 진단하면서 축제의 쇠퇴에서 그 원인을 찾는다. "우리가 신의 죽음이라고 부르는 이 서구적 의식의 시대적 위기는 단순한 하나의 과도기적 유행이 아니다. 그것은 산업화와 기술 향상, 다원화와 현대 과학과 문화적 자각 등을 포함하는 누적된 역사적 소산인 것이다. 그러나 가장 중요한 것은 신의 부재, 은둔 내지는 죽음이라는 생생한 문화적 경험이 온갖 형태를 갖췄던 제축이 지속적 쇠퇴 과정에 놓여 있는 문명 안에서 발생하였다는 사실이다."(콕스, 1977, 52) 이러한 시대적 격랑 속에서, 문명 위기로부터의 엑소더스의 일환으로 축제가 제시된다. 이는 놀이와 축제의 엑스터시 경험 속에서 삶의 지평을 확장하고 문명 너머로 경험을 확장하라는 제안이기도 하다.

콕스가 제기하는 문제는 제도화된 기독교에 대한 개혁 요구인 동시에 자본주의와 물질주의로 훼손된 생명의 가치를 살릴 수 있는 새로운 문화에 대한 시대적 요청이기도 하다. 이른바 '놀이의 신학'은 도덕적 구속과 교리적 권위를 입은 주류 신학에 대한 반성이요 성장 신화에 매몰된 제도교회의 관행에 대한 반성인 것이다. 놀이의 신학자들은 축제와 환상의 역동을 교회와 사회에 수혈함으로써 시대와 현실의 요구에 부응하고자 하며 축제를 경험한 인간에 의한 새로운 교회와 새로운 인간의 탄생을 열망하는 셈이다.

콕스에게 추구해야 할 인간상은 축제에 능동적으로 참여하며 상상(환상)을 형성할 수 있는 인간이다. 이를 포용할 수 있는 문화의 창안과 구성은 새로운 교회의 역할로 제시된다. 삶의 현장에서 '즐기는 존재자'로서의 인간과 그들이 모여 놀 수 있는 공간으로서의 교회가 아니라면 그 사회와 문명의 위기는 막을 수 없다. 콕스는 낭만주의 철학자 슐라이허마흐를 논의의 배경으로 교회가 축제와 상상의 적극적 수렴을 통해 삶의 위기와 문명의 타락을 막기 위해 나름의 역할을 해야 한다고 주장한다.

콕스는 새로운 삶의 신학에 기초한 교회의 역할 변화를 위해 우선 '광대 그리스도'라는 새로운 예수상을 가져온다. 이는 과도한 엄숙주의와 금욕의 신학에 기대고 있는 기존의 교회권력을 비판하고자 하는 의도를 담고 있다. 축제와 놀이가 지금의 제도 종교를 비판할 수 있는, 기독교의 갱신을 이야기할 수 있는 기초가 될 수 있음을 보여주는 일은 60~70년대 콕스의 일관된 작업 주제이기도 하다. 그는 초대 교회가 '춤'의 중요성을 강조하고 중세 가톨릭 사상에서도 '직관 theorea'이 강조된 점을 이러한 주장의 배경으로 제시한다. 이후 이러한 생각은 니체의 영향을 받아 '디오니소스의 신학'으로 발전한다.

콕스가 보기에 근대화 이후 인간의 삶은 왜소해졌다. 인간소외를 비롯한 제반 문제들은 이러한 현상과 무관하지 않다. 하지만 콕스가 보기에 인간을 노동자 혹은 호모 파베르 Homo faber로, 혹은 이성적인 인간으로만 보는 것은 문제가 있다. 우선 인간은 놀이와 춤을 즐길 수 있을 뿐만 아니라 본성상 그것을 선호하는 '축제인 Homo Festivus', 꿈과 비전을 그리고 상상할 수 있는 환상인 Homo Fantasia이기 때문이다. 노동만이 긍정되는 근대 사회에서 인간의 그러한 면모는 비이성적인 것으로 취급되면서 위축되었을 뿐이다. 막스 베버도 말한 것처럼 개신교의 윤리 protestantism 역시 노동 중심적 인간형의 양산에 기여한 바 있다.

콕스의 대안은 위축된 인간의 놀이 본능을 회복하고 놀이하는 인간들의 공동 축제를 통해 우정과 친교의 공동체로 사회를 개선하는 것이다. 이는 '노동도 일종의 오락이 되는 사회'로 제시되기도 한다. 노동과 놀이의 조화는 지옥을 천국으로 만든다는 주장을 통해 우리는 콕스가 현실을 '지옥'으로 인식하고 있음을 알 수 있다. 서구의 문명이 이러한 축제와 환상의 방향을 계속 소홀히 할 경우('획일적인 사회', '놀이와 환상을 잃어버린 사회') 짐작할 수 없는 사태가 초래될 것이라고 그는 경고한다.

콕스의『바보제』는 70년대에 쓰인 책이지만 불행하게도 콕스의 진단과 예언은 우리 시대에도 그대로 적용될 수 있는 대목들이 적지 않다. 니체처럼 그 역시 '신의 죽음의 신학'을 이야기하는데 이는 두 가지 의미로 읽힌다. 우선 놀이와 축제가 신의 원초적 속성임에도 지금의 교회는 그것을 부정함으로써 신을 죽이고 있다는 실상에 대한 분석이다. 또 하나는 권위로써 인간의 접근을 막는 하느님이라면 인간을 사랑하고 생명을 긍정하는 그의 온전한 신성을 위해 위축되고 왜곡된 하느님을 죽여야 한다는 요청이다. 결국 일 밖에 모르는 근엄한 신을 죽여 축제와 상상의 하느님을 살려야 한다는 당위적 요청이 콕스『바보제』의 출발점인 셈이다.

『바보제』는 1부의 아르또 Antonin Artaud 연극론이나 존 케이지 John Cage에 관한 부분도 흥미롭지만 우리는 2부 '바보제'에 대한 분석을 중심으로 이야기를 풀어가기로 하자. 특히 환상과 창조력을 이야기하면서 그것들이 대안적 비전 설계의 촉매가 되어줌으로써 현실의 삶을 더 풍부하게 하고 있음을 설파하고 있기에 그렇다. 이는 책의 서두에서 이야기한 놀이적 가상이나 놀이적 정의와 관련해서도 모종의 시사점을 준다. 콕스가 말하는 놀이 공동체는 실험 공동체로서 유토피아('새로운 질서')를 그리는 인간의 열망이 담겨 있다. 이는 블로흐 Ernst Bloch의 유토피아론에 기대어 희망의 신학을 사유하고 그 결과를 놀이의 신학으로 확장한 바 있는 몰트만의 작업과도 연관지을 수 있다. 그들은 모두 축제와 익살, 놀이의 해방적 의미가 신학과 인문학의 '생명 긍정성'과 상통하는 것임을 논의의 중심에 놓고 있기 때문이다.

이제 축제와 관련하여 콕스의 논의를 본격적으로 살펴보자. 그에게 축제와 환상의 능력을 잃어버린 서구 문화는 "비참하리만치 미개발된 문화"(같은 책, 15)이다. '호모 파베르'나 '호모 사피엔스'는 놀이의 신비를 상실하고 불구자가 되고 있다. 이는 인간의 본성을 상실한 것이요 놀이와 축제를 강조한 하느님의 가르침을 소홀히 하는 것이다. 그렇다면 놀이와 축제를 통해 하느님을 모시는 일이 신앙의 과제로 제시된다. 축제에의 참여는 자유와 탈일상적 경험을 통해 새로운 삶을 경험하는 일이기도 하다. 콕스에게 축제는 "평상시에 억압되고 부정되었던 감정을 표현하는 사회적으로 허용된 기회"(같은 책, 22)[5]이다. 그것은 '의식적 과잉성 conscious excess', '축의적 긍정성 celebrative affirmation', 비일상성과 탈일상성을 의미하는 '대국성 對局性juxtaposition'(같은 책, 23)을 속성으로 갖는다.

우선 축제는 '의식적 과잉성'을 띈다. 축제의 실천은 늘 인습과 상식, 일상 규범이 허락하는 수준을 '넘어서려는' 경향을 띠는 것이다. 위반이 영속적인 사건이 아닐지라도, 축제인은 과잉의 순간을 즐기고 누린다. 둘째, 축제는 '축의적 긍정성'을 갖는다. 죽음이 인간의 필연적 숙명이지만 축제 안에서 그리고 그것을 통해서 인간은 생명 긍정성과 명랑성을 경험한다. 셋째, 축제는 '대국성'을 갖춰야 한다, 그것은 일상과 사뭇 달라야 한다. 일상의 많은 소재들이 축제와 놀이의 시공간에 들어오더라

5) 반면 까이와는 "인간의 생명을 구성하고 있는 본능적이고 무궤도적인 요소의 사회적 발작"이라고 한다.

도 축제는 고유한 논리와 규칙을 갖는다. "한 축일의 축제로서의 성격은 그 축일의 예외성이 결정하는 것이다."(같은 책, 23)

콕스에 따르면 축제는 '신의 죽음'을 야기한 서구 문화 속에서 신의 지평을 만날 수 있는 유일한 기회이다. 축제적 놀이의 시공간 안에서 인간과 신의 회통과 만남이 이루어진다. 따라서 축제 안에서 비일상적 · 탈 일상적 경험 안에서만 인간은 거듭남을 경험할 수 있다. "인간은 역사와 영원 안에서 동시에 살 수 있는 능력, 시간의 모든 차원을 긍정하여 이를 자기의 친구로 삼을 수 있는 능력"(같은 책, 43)을 상실하였기 때문이다. 콕스에 따르면 '합법적 과잉성'을 속성으로 갖는 축제, 환희와 대국성을 수반하는 축제는 인간에게 역사 전개의 장소인 광활한 터전을 감각할 수 있는 능력을 회복시키는 긴요한 소임을 수행한다.

나아가 축제는 인간으로 하여금 역사를 대관할 수 있게 하여 줌으로써 역사 창조자로서 참고 견디어야 할 공포와 책임을 외면하지 않을 수 있게 해준다. 축제의 이러한 기능을 온전히 수행하기 위해서는 그 축제에 어울리는 축제인의 역능을 키워야 한다. 놀 수 있는 능력의 회복은 현실에서 자행되는 공포와 사회 변화의 책임을 실천하기 위한 전제로 이해된다. 문제는 춤을 억압하는 제도를 극복하고('신 앞에서 춤을 출 수 있어야 한다') 육체성을 긍정하는 축제의 시공간으로 들어가는 것이다. 그 안에서 "그리스도는 우리를 인생의 춤으로 인도하실 뿐만 아니라 우리들의 신앙의 본질적 측면을 회복시켜 주시는 것이다."(같은 책, 55) 라고 콕스는 믿는다.

축제는 우리에게 현실에 대한 부정성을 극복하는 유토피아의 구성을 촉구한다. 제의든 축제든 그것이 놀아지는 순간에만 국한되는 것이 아니라 이후에도 지속적으로 축제를 논 사람들에게 영향을 준다. "환상 형식의 형식과 기회를 제공하는 것이 제의이다."(같은 책, 70) 하지만 축제 안에서 참여자들이 공동으로 그리는 가정법적 현실이 한낱 공상인 것은 아니다. 축제의 경험을 경유하여 현실을 재미와 희열의 공간으로 만드는 것은 '나우토피아 now-topia'라 할 만한데 그것은 그저 공상으로 머무는 것이 아니라 현실 안에서의 실현 가능성을 염두에 두는 현실주의적 실천을 견지하기 때문이다.

이는 정치적으로도 중요하다. “정치적 환상은 새로운 사회 존재 형식을 머릿속에 그리며 그 ‘가능성’ 여부를 먼저 묻지 않고 이를 실천에 옮긴다.”(같은 책, 82) 이러한 실현은 실험과 놀이에 근거한 실험의 공동체를 만드는 것이기도 하다. 축제 안에는 과거(전통), 현재(상황), 미래(비전)가 병존하는데, 축제는 이 세 층위 간의 갈등을 연출함으로써 새로운 경험과 감각을 얻는다. “병존의 방법은 급진 신학과 제휴하여 과거에의 향수를 폐기한다. 그러나 새로운 것에의 갈망을 용납한다는 점에서는 희망의 신학과 결탁한다.”(같은 책, 132) 이는 “존재하지 않은 것으로써 존재하는 것을 낭패시는 것”(같은 책, 133)이고 당대의 지배적 견해와의 긴장을 형성하는 것이기도 하다. 그런 의미에서 축제의 상상력은 부정적 현실에 대한 변증법적 ‘지양 Aufhebung’의 작업이라고도 할 수 있다.

이미 말한 것처럼 콕스의 대국의 신학에서 예수는 ‘광대 그리스도’의 모습으로 나타난다. 그는 교사, 심판자, 치유자의 모습으로만 나타나지 않는다는 것이다. 축제와 환상을 상실한 우리 시대에 광대 그리스도는 축제와 환상의 구현자이다. 그는 절망의 상태를 비웃음으로써 풍자와 아이러니의 능력을 발휘한다. 바흐친이 웃음문화와 민중 축제를 통해 이미 얘기한 것처럼 말이다. 그는 공리주의와 성과주의, 피로사회가 판치는 일상에 놀이정신의 귀환을 예고한 자이다. “광대 그리스도라는 표현은 우리가 과거를 유희적으로 평가하고 미래의 불가피성의 명령을 희극적으로 거부하는 것을 의미한다. 광대 그리스도는 제축과 환상의 성육적 변신이다.”(같은 책, 136-137)

이어서 콕스는 하위징아의 『호모 루덴스』를 언급하면서, 신앙을 놀이의 차원으로 ‘끌어 내린다’. 천상의 신학을 지상, 즉 이 세상의 신학으로 하강시키는 것이다. 하위징아가 놀이와 종교의 친밀성을 언급했다면 콕스는 예배와 기도를 아예 놀이의 한 형식으로 본다. 기도는 공상, 남이 되어보는 것, 기쁨의 환상, 무제한의 가능성이라는 놀이의 속성을 지닌다고 보기 때문이다. 나아가 콕스의 놀이의 신학은 ‘풍자적 신학’, 상상력의 신학과 공명한다. 그것은 환상과 상상을 통해 새로운 미래를 불러들이는 상상력의 신학이며, 세속적 잣대로 어떠한 것의 수단도 되지 않고 비생산적이며 무익하다는 점에서 놀이의 신학이다. 우리에게 필요한 것은 감성의 회복과 축제(놀이)의 혁명성을 적극적으로 전유하여 그것을 우리 삶을 진단하고 다른 삶을 구성하는 실험의 계기로 삼는 것이다. 인간은 디오니소스적인 축제의 요소를 본성 안에 지니기에 그만한 잠재성을 가지고 있다.

하비 콕스에 따르면 신학은 그 자체로 존재하는 고정 불변의 신성불가침 영역이 아니다. 그것은 문화적인 틀 속에서 문화와 영향을 주고받으며 지속적인 변화를 겪는다. 모름지기 신학자가 '문화의 신학자'가 되어야 하는 이유이다.(Cox, 1969, 172) 콕스는 종교 생성의 문화적 맥락, 문화 변동과 종교의 변화에 관심을 둔다. 특히 그는 지배의 신학에서 벗어나 민중들의 해방의 신학을 구성하고자 노력한다. 그에 따르면 우리는 세속화 secularization의 시대를 살고 있다. 세속화는 "저 너머의 세상에서부터 이 세상과 현재의 시간으로 관심을 돌리는 것"(콕스, 2005, 2)이다. 실용주의와 불경성 profanity를 특징으로 갖는 세속도시에서 인간이 기댈 수 있는 초월적 실재는 사라졌다. 하지만 콕스는 이러한 세속화를 긍정의 계기로 삼고자 한다.[6] 이제 신학은 새로운 시대에 걸맞은 새로운 신학으로서 사회변혁의 신학이어야 함을 명시한다.

이러한 새로운 신학을 표방한 이후의 첫 저작인 『바보제』는 콕스에 의한 자기반성의 결과물이다. 『세속 도시』와 같은 작업을 하던 1970년

6) 세속 도시는 세속적이기 때문에 유아기적 의존성을 벗어나는 성숙성을 의미한다. 나아가 그것이 '도시'라는 점에서 인간 간 호혜적 관계를 조성하는 책임성을 나타낸다 그런 의미에서 세속 도시 개념 안에는 이미 사회변혁의 가능성이 잠재해 있다. 하느님 나라神國는 형이상학적 · 초월적 실재가 아니다. 그것은 하느님과 인간이 협동하여 실현해가는 과정이다. (Harvey Cox, 1969, 8)). 콕스가 보기에 하느님은 정적인 영원성의 존재가 아니라, 세상의 변혁에 참여하는 혁명가로 제시된다. 신은 스스로 사랑으로 창조한 이 세상의 구원에 관심을 두기 때문이다. 하느님의 활동 영역은 교회가 아니라 이 세상이다. 속세는 정치적으로 구조화되어 있다. 그런 점에서 하느님의 사역은 정치적일 수밖에 없다, "신은 우선 정치적 사건, 혁명, 내전, 침략, 패배 속에 함께 하신다."(같은 책, 21) 교회의 사명인 케리그마(선포), 디아코니아(봉사), 코이노니아(친교)는 하느님 나라를 예비하는 역할을 한다. "교회는 새 통치의 아방가르드이다."(콕스, 2005, 145)

대의 학문적 성과를 그는 지극히 '프로테스탄트적'이고 '아폴론적'이었다고 자평한다. 하지만 이제 『바보제』를 통해 상징적 행위와 신화적 사유로의 디오니소스적 전회를 선언한다. 이전 책과 사뭇 다른 분위기의 이 저술은 명랑하며 포용적인 뉘앙스 속에서 생명 존중과 축제를 강조한다. 이 책에서 하느님은 '성자와 혁명가'의 이중성을 띈다. 이 작업을 통해 콕스는 축제와 놀이와 함께 하는 감정적 인간의 활인성(活人性)을 재발견하고 긍정한다. 새로운 신학은 이제 놀이의 자유와 창조성을 수용해야 하기 때문이다. 이는 중세 바보제의 긍정적인 속성을 현재 속으로 호출하는 작업과 병행된다.

콕스가 묘사하는 바보제는 바흐친이 설명하는 카니발의 모습과 흡사하다. 가령 이런 식이다. "중세기 기간 중 유럽의 여러 지역에서는 '바보제'라고 불리우는 휴일이 성행하였다. 대체로 정월 초하루 쯤에 거행되는 이 명절이 오면 늘상 경건하기만 하던 사제들도, 근엄하기 이를 데 없던 어르신네들도 모두가 징글맞은 가면을 쓰고 거리로 뛰어나온다. 목청을 뽑아 민요를 부르는 사람, 술에 취하여 마냥 흥겨워하는 사람, 풍자와 조소를 퍼붓고 돌아다니는 사람들로 세상이 발칵 뒤집힌다. 말단 미직의 서사들도 얼굴에 물감칠을 하고 상사들의 예복을 걸치고서 거리를 활보하는가 하면 심지어 교회나 궁정에서 가지는 웅장한 예식을 흉내 내면서 이를 조롱하기도 한다. 때로는 악질 현감, 가짜 임금, 아이, 주교 등을 선출하여 사건을 처리하기도 하고 풍자적인 모의 미사를 집전하기도 한다. '바보제'의 기간 중에는 풍속이나 관례를 아무리 조롱하여도 상관이 없으며 국가 최고급의 명사들을 대상으로 야유를 퍼부어도 용납이 된다."(콕스)(하비 콕스, 2005, 43)

바보제를 경유하여 앞서의 논의를 보충해 본다. 바보제는 축제 festival이다. 축제는 놀이처럼-아니 그것이 놀이이기도 한데-그 자체에 목적이 있다. 그것은 인간적 삶의 필요조건이다. 놀이가 있기에 노동 역시 자신의 자리를 갖는다. 나아가 놀이는 사회비판의 촉매이면서 대안적 삶에 대한 상상의 매개자이다. 하지만 근대적 산업화와 더불어, 나아가 근대적 노동 윤리에 포획된 기독교 덕분에 인간은 축제와 상상의 능력을 잃어 버렸다. 서구의 우월성의 표식인 근대화와 기독교는 비서구의 문화와 가치에 대해 "비참하리만치 미개발된 문화"(같은 책, 16)라는 진단을 내린 것도 그 때문이다. 인간은 원래 노동과 사고만이 아니라 노래와 춤, 기도 등을 삶의 구성소로 삼는 존재이다. 그런 의미에서 놀이와 축제, 상상의 상실은 유적 존재로서 인간 전체성의 상실이요 소외라 할 수 있다. 이는 개인적 상실임과 동시에 사회적 상실이기도 하다. 나아가 자신의 삶을 우주와 연결할 수 있는 종교적 감성과 상상력의 위축을 불러온다. 그것은 인간의 죽음과 신의 죽음을 야기하며, 결국은 사회의 생동성을 빼앗는다.[7] 이러한 상실과 위축을 극복하기 위해 콕스는 축제적 인간 homo festivus과 상상(환상)적 인간 homo fantasia 되기의 항구적인 노력과 실천을 주문한다.[8] 그래야 우리는 역사의 지평을 떠나 영원의 차원에 들어설 수 있고, 신과의 만남이라는 경험을 할 수 있기 때문이다.

콕스는 인간이 신 앞에 춤을 추어야 하는 신이 되어야 한다고 한다. 이는 춤을 억압해 온 역사의 극복 과정이기도 하다. 춤을 추는 것은 육체의 긍정이요 놀이성의 회복이다. 이는 "지금까지는 종속적 지위에로 쫓겨나 있었던 축제 정신이 다시 지성소에로 복귀한다는 것을 의미한다."(같은 책, 42) 콕스가 보기에 놀이성이 농후한 축제는 자유의 상징성을 내포한다. 이는 기독교의 정신이기도 하다. 춤은 축제와 놀이의 상관어로 볼 수 있다. "그리스도는 우리를 인생의 춤으로 인도하실 뿐만 아니라 우리들의 신앙의 본질적 측면을 회복시켜 주시는 것이다."(같은 책, 55) 이런 맥락에서 하느님은 축제인과 환상인의 하느님이며, 그리스도 자신은 춤꾼이요 광대이다.

콕스에게 '지금 여기'와 다른 시간과 공간을 꿈꿀 수 있는 환상인 homo fantasia은 축제 사회를 구성하는 대안적 주체이다. 환상(상상)은 인간의 '여기 지금'의 한계를 뛰어넘을 수 있는 역능의 기능이기 때문이

7) "인간은 역사와 영원 안에서 동시에 살 수 있는 능력이다. 그리고 시간의 모든 자원을 긍정하여 이를 자기의 친구로 삼을 수 있는 능력을 상실하였다." (같은 책, 43쪽)
8) 같은 책, 16쪽.

다. 그것은 인간 창조력의 원천이고 인간에게는 그만한 잠재성이 있다. 환상은 "사람 안에 살아 있는 창조의 신의 영상이다. 신과 마찬가지로 인간은 환상 안에서 세계를 무로부터 ex nihillo 창조한다."(같은 책, 59) 콕스에게 이러한 환상은 '승화된 상상'이다. 그것은 현실의 속박을 벗어나 다른 세계를 선취하는 행위이다. 상상을 허락하지 않는 사회는 놀이를 금지하는 사회만큼이나 삶(생기)을 위축시킨다. 현실계와 환상계의 경계선을 활성화하면서 두 세계 사이의 왕복운동을 활성화하는 일은 공동체 발전을 위해서도 필수적이다. 놀이와 축제는 공동체의 주기적인 왕래를 허락한다. 집단적 환상은 신화와 전설을 의례적으로 경축함을 통해 문화와 문명의 씨앗이 되기도 한다. 콕스는 종교/문명의 관계를 환상/개인의 관계와 유비한다. 개인의 삶의 과정에 환상이 중요한 역할을 하는 것처럼, 종교를 통해 발현되는(집단적 상상을 먹고 사는) 문명 역시 공동체의 성장에 결정적인 의미를 갖는다는 말일 것이다.

현대가 불러온 종교-문명과 환상-개인의 원활한 상호작용을 회복해 주는 것이 바로 축제요 의례이다. 환상의 중요성은 의례를 통해 발현된다. "환상 표현의 형식과 기회를 제공하는 것이 제의"(같은 책, 70)이다. 그것은 환상을 촉진하며 공동체 구성원들의 바람을 체현하고 실연實演하는 사건이다. 그러한 집단적 상상 행위를 통해 우리는 먼 역사를 추체험하기도 하고 의례 공동체 구성원들 간의 접촉과 유대를 강화하며 다른 시공간을 설계하기도 한다. 미래의 상은 지금 이곳의 세계로 들어와 억압과 부자유를 변화시키는 촉매가 되기도 한다. 그런 의미에서 환상은 정치적으로도 중요한 의미를 띈다. "정치적 환상은 새로운 사회 존재 형식을 머리 속에 그리며 그 '가능성' 여부를 먼저 묻지 않고 이를 실천에 옮긴다."(같은 책, 82)

기독교의 하느님 나라를 꿈꾸어 온 지난한 역사를 통해 우리는 환상의 변혁적 잠재성을 확인할 수 있다. 그렇다고 콕스가 무조건 환상을 낭만화하는 것은 아니다. 가령 축제와 환상은 변화를 가두고 방해하는 역할을 할 수도 있기 때문이다. 축제와 놀이를 둘러싼 이른바 '안전판' 논쟁이 재연될 소지가 있는 것이다. 미래상에 대한 실천을 유예하는 일,

놀이와 환상의 잠재력을 순간의 재미에 국한하는 일, 이들을 관념화하거나 사사화私事化하는 일 등은 지금도 우리의 주변에서 흔히 목격할 수 있는 광경이기도 하다.

이러한 상황에서 우리가 할 일은 실험 공동체로서의 놀이 공동체를 활성화하는 일이다. 이를 위해 과학과 이성의 놀이 왜곡, 혹은 노동사회를 지탱해온 가치들의 일방적 강조를 통해 위축된 상상(환상)의 계기들을 사회 곳곳에 수혈하는 일이다. 그래서 콕스는 교회가 정치 공동체로서 사회적 환상을 제시하고 체현하는 공간이 되어야 함을 역설한다. 물론 우리 한국사회에 교회만이 그런 역할을 할 수 있는 것은 아니다. 그것은 마을 공동체, 인문의 집, 놀이 공동체 등 다양한 형태의 장치들로 변주될 수 있을 것이기 때문이다.

이제 정리를 해보자. 콕스의 관심사는 축제와 상상의 부활에 신학이 기여할 수 있는 방안을 모색하는 것이다. 그는 과거를 해석하고 설명하는 훈고학적 해석의 신학을 거부한다. 콕스는 현재적 경험만을 강조하는 신학에도 부정적이다. 이를테면 과거와 절대적으로 단절한 채 미래를 희생시키며 현재적 현실성에만 골몰하는 급진적 신학에서 부족함을 발견한다. 반대로 현재적 경험을 무시하고 신과 미래를 동일시하는 소망의 신학 역시 극복의 대상이다. 대국성의 방법에서 출발하는 그의 신학은 '급진 신학'의 현재성에서 시작하면서도 과거(전통)와 미래(바람, 소망) 사이의 긴장을 생산적 계기로 삼고자 하는 것이다. 이는 비연속성과 불협화음, 즉 차이를 긍정한다. "병존의 방법은 급진 신학과 제휴하여 과거에의 향수를 폐기한다. 그러나 새로운 것에의 갈망을 용납한다는 점에 있어서는 소망의 신학과 결탁한다."(같은 책, 132) 지금의 상황과 미래적 상황간의 변증법적 길항을 창조의 방향으로 작동하도록 하는 신학인 것이다. 그런 점에서 "존재하지 않는 것으로써 존재하는 것을 낭패시키는 것"(같은 책, 133)을 변증법적 '지양'에 비견한 바 있다. 하지만 이는 말만큼 쉬운 작업도 아니고, 신중을 기해야 한다.[9]

9) 그래서 콕스는 다음과 같이 주장한다. "대국의 신학은 위와 같은 방법을 통해 전통의 진면목과 현대적 기질이 함축하고 있는 통찰을 정확히 파악해야 할뿐더러 이 둘을

우리 모두는 광대 그리스도를 본받거나 그러한 주체가 되어야 한다. 물론 우리에게 광대로서의 그리스도의 모습은 낯설다. 하지만 콕스가 보기에 세속화 시대의 그리스도는 교사나 심판자, 혹은 치유자의 모습이 아니라 광대로 나타난다(아니 그래야 한다 혹은 그랬으면 좋겠다고 보는 것일 터이다). 그는 계산과 산술, 공리주의의 잣대로 세상일을 대하는 태도에 배치되는 축제인의 다른 이름이다. '광대 그리스도'는 절망적인 현실에 풍자와 아이러니로 맞서는 존재이다.

콕스에 따르면 초기 그리스도교 역사에 그리스도는 광대의 형상으로 종종 나타났다고 한다. 하지만 중세 시기 동안 엄숙한 기독교 하에서 사라졌다가 세속적인 탈 기독화와 더불어 그 존재감을 드러내기 시작했다고 한다. 늘 실패와 기만, 멸시와 억압에 노출된 허약한 존재이지만, 그는 끝까지 좌절하지 않고 풍자와 아이러니의 능력을 발산한다. 과거를 놀이의 대상으로 전유하고 그것의 긍정적 핵심을 새로운 미래 상상의 자산으로 삼을 수 있는 능력, 필연과 법칙의 이름으로 특정한 미래를 강요하는 것에 우연을 긍정하며 저항하는 능력은 광대의 자질이다. 광대 그리스도는 축제와 환상이 성육화되어 변신한 주체로 그러한 능력을 갖춘 대안적 주체로 표상된다. 어떤 의미에서 그는 놀이하는 유쾌한 차라투스트라라 할만하다.

우리가 이러한 광대 그리스도를 영접할 수 있다면 신앙은 놀이가 된다. 종교와 문화의 친족성 혹은 친화성을 받아들여 콕스는 놀이로서의 예배를 이야기한다. 기도 자체의 놀이성 혹은 놀이 자체의 성스러움 속에서 둘 간의 경계는 사라진다. 여기서 놀이는 상상, 타자-되기, 기쁨의 환상, 무제한의 가능성을 의미한다. '희극으로서의 기독교 Christian as Comedy'는 전쟁 유발자들과 빈곤을 영속화하는 자들을 조롱함과 동시에 정의로운 세계를 위한 투쟁 참여를 촉진한다. 엄숙하고 경직된 지배자들에 풍자적 활동(풍자적 신앙)으로 맞서는 광대의 신학은 지배관계에 풍자로써 균열을 내는 신학이다. 그것은 풍자적 신학이요 놀이의 신

교묘하게 대국시키는 능력을 발휘함으로써 하나의 새로운 비판적 인식을 자아내는 한편, 이 신선한 각도에서 양자를 재평가하는 일을 해내야 한다." (같은 책, 136-137쪽)

학이다. 나아가 그것은 이성에 치우친 현대인에게 감성의 회복과 축제의 혁명성 회복을 촉구한다.

그렇다면 왜 콕스는 우리에게 축제할 수 있고 환상을 행할 수 있는 능력을 회복하라 역설하는 것일까?! 일단 성과사회와 피로사회에 지친 우리들의 몸과 영혼이 견딜 수 없을 지경에까지 이르렀다는 '흔한' 판단은 접어두기로 하자. 콕스가 보기에 더 큰 문제는 축제와 상상의 억압으로 인해 인간 종의 생존이 위협에 처하게 되었다는 점이다. 다른 말로 이러한 능력의 상실은 자신의 신성한 기원과 운명을 판단하고 그에 맞춰 다른 삶을 살 수 있는 소질의 상실을 의미한다. 자본주의와 그것을 지탱하는 노동윤리로 인해 인간은 '탈영성화'의 길에 빠지고 말았다는 홀거 하이데(하이데, 2000, 78-80)의 진단과 유사한 대목이다.

이러한 삶으로부터의 탈주를 위해 우리는 축제와 상상에 관심을 가져야 한다. 인간은 그 본성상 노동을 하고 사색을 하는 것만큼이나 노래와 춤, 이야기와 축제의 행위를 할 수 있는 존재이다. 이것의 불균형은 우리가 목도하고 있는 다양한 위기들, 온갖 생태계와 삶의 환경의 타락과 같은 문제들에서 드러난다. 문제는 노동과 이성 일변도의 삶을 다른 것으로 균형을 맞춰야 한다는 점이다. 그것은 콕스가 '축제인 homo festivus'과 '상상인 homo fantasis'으로서의 본성 회복이 절실하다고 주장하는 이유이다. 그것이야말로 온전한 '문화'의 필요조건이기 때문이다. 축제 없는 문화는 건조하고 상상과 공상을 저버린 문화는 권태롭다. 잔치와 놀이, 선녀와 요괴, 거인, 난장이 등이 풍성한 문화를 콕스는 바라는지도 모른다. 노동하는 인간 homo fabre, 생각하는 인간 homo sapiens에 대한 프로테스탄트의 인준은 막대한 기술적 성취와 더불어 엄청난 대가를 지불하게 했다. 그 대가로 인한 상처를 아물게 하는 것은 '호모 루덴스'와 '호모 페스티부스', '호모 판타지아'의 속성들에 부단히 관심을 갖는 것 말고는 대안이 없다고 보는 셈이다.

또한 축제와 환상은 끊임없이 변화하는 이 세상에의 적응과 혁신을 가능하게 한다. 그것은 풍요한 경험의 보고요 기존의 해결 방식에 안주하지 말 것을 촉구하는 촉매이다. 축제는 타자들과의 연대를 통해 현재와 그 너머를 즐겁고 창조적인 방법으로 재생할 수 있게 해준다. 그것이 없었더라면 인간은 이미 멸종한 공룡의 전철을 밟고 있었을 수도 있다고 콕스는 약간 과장된 진단을 하기까지 한다. 축제와 상상의 상실은 종교적으로도 심각한 문제다.[10] 콕스가 보기에 '종교인 homo religiusus'은 자신의 생명을 우주계 cosmic scene라는 큰 틀 속에서 보려고 하는 사람을 의미한다. 그는 거대한 생태계의 일부로 자신을 보며, 그 안의 모든 타자들과 관계 맺고 있는 자신을 상상할 수 있는 자이다. 당연히 공감과 동감의 능력을 갖춘 사람이고, 이 생태계의 장편소설에 한 역할을 맡고 있음을 상상할 수 있는 사람이다. 자신의 삶을 이 거대한 이야기에 연결시킬 수 있는 것이 축제요 노래요 상상이다. 그것들을 통해 우리는 에덴 동산과 하느님 나라 사이의 어느 지점에 자신의 자리를 상상할 수 있고, 과거와 미래 사이에 자기만의 시간을 디자인 할 수 있다. 반대로 그것들이 없다면 우리의 정신과 영혼은 위축될 수밖에 없다. 기원도 운명도 갖지 못한 하루살이와 같은 존재가 되고 말 것이다.

콕스가 보기에 선진 자본주의 국가들은 축제성을 상실했다. 그것이 살아 있는 곳은 오히려 제3세계 국가들이다. 남미의 축제들은 그것을 입증한다. 그곳의 축제들은 삶의 불길한 측면들을 도외시하거나 회피하지 않고 그것의 가치들을 인식하는 가운데 그것을 긍정한다, 축제와 놀이에 몰입하여 '엑스터시'의 경지에 들어갈 수 있는 능력은 고통과 압제의 맛을 알고 있는 사람들에게서 많이 발견된다. 따라서 진정한 축제는 불의와 사악한 현실로부터의 도피가 아니다. 악의 현실과 정면으로 맞서는 가운데 그것을 인식하고 그것과 다른 삶을 '가상적으로라도' 환상(상상)을 통해 살아볼 수 있는 곳에서 그러한 축제는 생명력을 얻는다. 축제는 경박한 행위도 아니다. 때로 축제는 그 가벼움과 동일시되기도 하지만 그 둘은 근본적으로 다르다. 경박성에서 나온 환상은 독창적

10) "축제와 환상이 없는 인간의 길은 이미 지구에서 사라진 공룡의 길을 가고 있는 지도 모른다. 우리는 지금 관료제 사회에 살고 있다. 이 관료제는 직관이나 풍부한 감정보다는 메마른 논리적 사고를 중시하고 비개성화 현상을 인간에게 가져다주었고, 노는 것과 일하는 것을 극단적으로 분리시켜 버렸다. 이것은 종래에는 인간성 상실과 비인간화를 초래했고, 종교적 인간의 몰락을 가져왔다."(콕스, 1977, 52)

이지 않다. 남을 놀라게 하고 남의 눈을 끄는 데에만 관심이 있을 뿐이다. 르페브르가 말하는 '스펙터클'에 불과하다. 그것은 종래의 관습을 승인하고 답습하는 것에 유화적인 태도를 보인다. 가령 그러한 의도에서 나온 익살('개그')은 생의 의미를 파악하지 못한 절망감의 결과이다. 니체가 말하는 허무주의의 감옥을 벗어나지 못한 자는 생각을 허락하지 않는 허탈한 개그에 냉소적 웃음을 지을 뿐이다. 그것은 삶과 생명은 궁극적으로는 아름다운 것이라는(아니 아름다운 것이어야 한다는) 기쁨에 찬 확신과는 관계가 없다.(같은 책, 46-47)

진정한 축제는 '신의 죽음'이 목격되는 곳에서는 가능하지 않다. 그것은 경박하지 않고 삶의 긍정 속에서 '진지하다'. 과거를 경유하여 미래로 나아가는 축제는 심리적, 정신적 감성을 위축시키는 지금의 질서에 질문을 던진다. 인간의 본성이지만 지금은 위협받고 있는 축제의 본성을 회복하는 일은 '신(성)'을 부활시키는 것이다. 하지만 후기 자본주의 혹은 신자유주의가 지배하는 지금의 시점에서 축제의 소생은 어려운 일일 수밖에 없다. 콕스의 말처럼 생산력주의 일변도의 산업화가 '신의 죽음'과 축제의 쇠락을 가져왔다면, 축제의 부활은 체제의 모순이나 문제점들의 해결을 요청하기 때문이다. 신의 죽음을 철회할 수 없다는 고백에서 콕스의 고민을 읽을 수도 있다. 콕스는 더 이상의 말을 아끼지만 신을 불러오고 축제의 감성을 회복하는 일이 우리가 현실에서 부딪히는 정치적 · 사회적 문제들과의 대결이어야 함을 역설한다. 그럼에도 신학자 콕스는 우선 종교적 관점에서 축제라는 주제에 관심을 갖는다. 물론 그것이 문명 위기의 구원이라는 시대적 과제와 공명하는 것임에도 불구하고 말이다.

콕스에게 신의 죽음은 축제의 소멸과 동의어이다. 신의 죽음은 지금 우리가 살아가는 사회정치적 환경에서 이성적으로 알 수 있는 문제이다. 하지만 더 큰 문제는 직관적이고 미학적 차원에서 신을 믿을 수 없게 되었다는 점이다. 거대 교회에서, 아니 지금의 자본주의적 환경에서 우리는 신을 체험할 수도 없고 신과 만날 수도 없다. 신과 인간의 만남이 불가능하다는 것은 인간과 인간, 인간과 타자, 나와 너, 나와 또 다른 나의 만남이 가능하지 않음을 의미한다. 이를 가능하게 하려면 '만유 질서 Cosmos'와 '신성 환경 Divine Milieu'과 접촉해야 한다.(같은 책, 53) 이것들과의 안테나를 잃어버린 과정이 신의 죽음의 과정이다. 이로써 우리가 잃은 것은 영원과 역사 속에서 살 수 있는 능력, 즉 과거-현재-미래를 '동시에' 살 수 있는 영성이다.

이의 해결책은 무엇일까? 콕스는 축제를 제시한다. 사실 어떤 점에서 이러한 결론은 비약적인 것일 수도 있다. 현실 진단은 근본적인데 그 대안이 안이하게 느껴지기도 한다. 하지만 우리는 축제가 총체적인 것이라는 콕스의 말에 주목하기로 하자. 일단 축제가 그만큼 중요한 것이라는 말이고, 그것을 살리는 일은 종교적인 과제일 뿐만 아니라 사회정치적인 실천이라는 말로 이해할 필요가 있다. 나아가 그것은 개개인 주체의 각성과 변화만이 아니라 사회의 변화를 아우르는 작업임도 기억할 필요가 있을 것이다.

그렇다 하더라도 아쉬움은 남는다. 특히 사람들로 하여금 자신의 과거를 기쁨으로 포옹하고 역사와 그 한계를 정당하게 평가하는 일, 인생과 역사를 경축하고 긍정하는 방법을 다시 배움으로써 문제 해결의 실마리를 찾자는 제안은 매력적이기는 하지만 공허한 느낌을 준다. 그럼에도 축제를 통해 우리가 살아가는 시간과 살아온 역사, 나아가 신적 영원과 새로운 관계를 맺을 수 있는 축제의 부활이라는 콕스의 비전은 우리에게 많은 시사점을 준다. 특히 신의 죽음과 종교의 위기를 근본적으로 성찰하고, 신을 급진적으로 다시 소생시키려는 그의 전략은 종교에 대한 지금의 급진적 수용과도 접맥될 수 있으리라 생각한다.

3. 몰트만과 놀이의 신학

『희망의 신학』의 저자 몰트만 Jürgen Moltmann은 도래할 하느님 나라의 모습을 놀이를 통해 그려 보인다. 하느님의 창조 행위나 구원과 같은 사역을 놀이로 보는 그에게 '놀이의 신학'은 하느님 나라의 의義와 선善을 실현하기 위한 실천을 강조한다. 놀이의 기쁨과 사랑의 열정이 없는 곳에 하느님 나라의 가능성은 깃들지 않는다고 보기 때문이다. 그의 생각은 『신학과 재미』라는 책의 제목에서도 잘 나타난다.[11]

몰트만은 하느님에 대한 사랑은 이웃 사랑만이 아니라 그분에 대한 심미적 찬양과 축제를 통해서도 표현되어야 한다고 역설한다. 나아가 그리스도를 통한 인간 해방은 행동과 실천을 통해 획득한 자유이면서 동시에 일체의 강요된 행동으로부터의 해방이다. 그래서 그는 놀이와 축제의 속성 중에서 자유와 상상을 강조한다. 상상과 놀이의 결핍은 율법주의를 부르기 때문이다. 몰트만이 보기에 명상, 축제, 찬양, 놀이를 통해 본래의 존재를 즐기는 것은 '반성 없는 행동주의'로 가지 않기 위한 방편이기도 하다. 하느님이 부여한 놀이의 역능은 하느님 나라로 가기 위한 투쟁과 정치적 진지함을 명랑함으로 지양하기 위한 필요조건이다. 소진된 인간, 특히 무한한 책임에 '번-아웃'된 인간을 구원해 줄 것은 명랑한 웃음이다. 그리고 불의와 소외에 맞서는 수단이 놀이여야 한다는 주장은 엄숙주의적 정치 투쟁에 대한 경계의 목소리로 읽을 수도 있고, 교회 내부의 율법주의적 근본주의에 대한 비판으로 해석할 수도 있다.

어쨌든 몰트만에 따르면 하느님 나라의 공동선을 쟁취하기 위해서는 진지함과 웃음, 윤리와 미학, 일과 놀이의 '동행 mitgehen'을 도모해야 한다. 명상과 사색은 하느님을 즐기는 것 fruito Dei, 창조하시는 하느님의 기쁨에 참여하는 길이다. 다시 말하면 축제적 놀이는 하느님을 몸소 체험할 수 있는 시공간이다. 축제의 장은 주체로 하여금 경이와 사랑으로써 타자에게 자신을 개방하는 사귐과 친교의 사건이 발생하는 시공간이다. 타자와의 교감과 공감 속에서 축제에 참여한 주체와 타자의 동시적 변화가 일어난다. 축제를 통해 '나'도 변하고 '너'도 변하는 기적이 일어나고 친교의 공동체가 구성되는 것이다.

그런 의미에서 안식일은 창조와 축제의 시공간이어야 한다. 특히 "우리는 이 세계를 변화시키기 위해 하느님을 필요로 하는 것이 아니라,

11) 원래 이 책은 독일어로 쓰였고 영어 제목이 『신학과 재미』(Theology and Joy, SCM Press, 2013)이다. 이 책의 독일어 서지사항은 다음과 같다. Jürgen Moltmann, Die ersten Freigelassenen der Schöpfung. Versuche über die Freude an der Freiheit und das Wohlgefallen am Spiel, München: Kaiser, 1971.

오히려 하느님을 향유하기 위해 이 세계를 변화시키고자 한다"(몰트만, 1974, 436)고 말할 때 창조의 놀이와 축제는 정치적 지평을 획득한다. 신학의 지평 안에 쉼과 놀이의 자리를 마련하는 일은 이윤을 향한 무한 노동을 강요하는 탐욕적 자본주의에 대한 부정이기 때문이다. 쉬시는 하느님 Deus otiosus과 노시는 하느님 Deus ludens의 복권은 창조와 안식의 경이로운 하느님의 역사를 본받는 것이기도 하다. 노동과 놀이에 대한 합당한 균형에 대한 요구는 하느님 나라의 공동선에 상응하는 것이기 때문이다.

'하느님은 세상과 함께 놀기 위하여 이 세상을 만드셨다.'는 것이 몰트만의 '놀이의 신학'의 근본 기조이다.(몰트만, 1974, 421)[12] 하느님의 형상과 하느님 나라의 특징이 가장 잘 나타나는 것이 놀이다. 콕스와 마찬가지로 몰트만 역시 하느님의 창조 작업을 놀이로 본다. 이러한 생각은 이후 '그렇다면 우리는 그분의 창조 행위 속에 깃든 놀이를 본받아야 한다'라는 실천론으로 이어진다. 자발성 willingness, 즐거움 bliss, 창조성 creativity, 생기와 생명력 vitality을 지닌 하느님의 놀이를 일상 속으로 옮기는 일이야말로 신앙인의 과제로 제시된다.

몰트만에 따르면 하느님의 최고의 작품은 노동하는 인간이 아니라 '창조하는 피조물'로서의 인간이다. '하느님의 놀이'는 '사람의 놀이' 속에 살아있고, 그것을 통해 계승된다. 하느님을 믿는 사람은 '하느님의 놀이'를 따라 살려고 노력해야 한다. 이런 이야기가 나오는 이유는 신앙인(사람)들이 놀이를 잃어가고 있다는 판단 때문이다. '하느님의 놀이'와 '인간의 놀이'가 만날 수 있는 접점의 소멸은 교회만이 아니라 세상에도 불행한 일이다. 주류 신학에는 하나님의 '통치 dominion'에 대한 윤리적 해석 천지다. 주류 신학과 제도교회 안에는 미학적 신학이 부재하다는 것이 몰트만의 비판적 진단이다. 이는 율법주의로 가는 길이다. 그래

12) "하느님이 무엇을 창조하셨을 때, 그 무엇은 하나님 자신이 아니며 또한 무(無창)도 아니다. 따라서 그것은 자신의 존재 근거를 그 자신에서 가질 수 없으며 오직 하느님의 선한 의지 혹은 기쁨 속에서 가질 수 있을 뿐이다. 창조는 하느님의 놀이 God's play, 즉 하느님의 측량할 수 없고 근거를 가지지 않는 지혜의 놀이이다. 창조는 하느님이 자신의 영광을 드러내는 영역인 것이다."(몰트만, 1974, 417)

서 그는 놀이적 · 미학적 회심 conversion을 요청하는데, 이는 놀이를 가로막는 온갖 정치사회적 장애들에 대한 미학적 · 놀이적 저항과 고난당하는 세계와의 즐거운 '연대'를 포함하는 비전이다.

몰트만이 보기에는 천지창조부터가 하느님의 놀이임과 동시에 미적 예술 활동이다. 인간은 놀이하는 하느님의 최고 창조물이면서 하느님 놀이의 목적이요 동역자다. 한 마디로 인간은 하느님의 놀이동무인 것이다. 하지만 인간의 역사는 하느님이 주신 놀이의 은사를 망각하거나 스스로의 놀이 본성과 재능을 억압하는 방향으로 흘러왔다. 노동의 의무나 이윤 창출과 관련된 활동만을 강요하는 자본주의에서 인간의 타락은 정점에 도달한다. 이러한 상황에서 인간의 절실한 의무는 하느님의 놀이를 이어받는 것이다. 그것은 '다른 삶'의 실천이다.

유토피아의 철학자 에른스트 블로흐 Ernst Bloch의 철학과 신학을 경유하여 사유하는 몰트만[13]에게 그것은 어떤 삶일까? 일단 그것은 자유로운 삶이다.(몰트만, 1974, 425)[14] 그것은 하느님의 기쁨에 자신을 개방하고 하느님의 놀이에 참여하는 것을 통해 확장된다. '자발성'과 '즐거움'은 놀이의 핵심적 속성이다. 그래서 몰트만은 말한다. "놀이에서 중요한 것은 완료, 성공, 업적이 아니라, 창조주의 무한한 기쁨에 대한 유일한 모방으로서의 끝없는 아름다움과 자유이다."(같은 책, 423)[15] 몰트만이 보기에 하느님의 놀이도 '무사심성 disinterestedness'과 '무목적성 non-telicity'의 목적성의 영역에 있다.

이미 여기서도 잘 드러나는 것처럼 몰트만의 비판은 업적 지향적 문

13) "미래란 과거와 현재로부터 되거나 될 수 있는 무엇이 아니며 현재로 다가오는 것이다."(몰트만, 2005, 14)라는 진술은 블로흐와 유토피아 개념과 공명한다.

14) "하느님과 함께 말할 수 있는 자유 혹은 하느님에 대해 말할 수 있는 자유는 하느님의 기쁨에 의해 개방된다는 것을 가리킨다. 그것은 강요할 수 없는 것이다. 왜냐하면 진정한 앎은 강요적일 수 없기 때문이다. 그것은 권위적인 강압이나 혹은 논리의 설득력에 의해 생겨나지 않는다. 그것은 자유를 전제한다."(몰트만, 1974, 426)

15) "놀이로서의 세계라는 상징은 우리로 하여금 행동 · 소유 · 성취의 범주들을 넘어서서 존재함 · 본질적인 인간 실존 · 그것의 명시적인 축하와 같은 범주들로 나아가게 만든다. 놀이는 생산보다는 창조를 강조하고, 윤리적인 것 the ethical보다는 미학적인 것 the aesthetic을 강조한다. 땅에서의 노동은 축제, 춤, 가락 그리고 놀이에서 쉼을 발견한다."(같은 책, 424)

화와 종교적 도덕주의의 강박을 겨냥한다. 나아가 그는 놀이마저도 빈부 양극화에 지배되는 현실에 매우 비판적이다. "놀이의 인간 homo ludens 그리고 행복 · 재미 · 게임에 대한 우리의 권리를 복권하는 것은 괜찮은 생각인 듯 보이지만, 오직 여유와 돈이 있는 사람들에게만 그러하다."(같은 책, 416) 몰트만은 또한 특정한 목적을 겨냥하여 설계된 삶이 결국에는 권태만을 불러올 것이라고 경고한다. 교환가치와 경제적 효용성의 원리가 지배하는 비루한 일상의 지루함을 극복하지 않고서는 천국을 꿈꿀 수 없다는 것이다. "삶의 의미가 목적과 목표에 의해서만 만들어진다면, 그러한 삶은 천국의 소망을 아주 끔찍하게 여길 것이다. 그 소망이 목적 없는 무한한 지루함만을 선사하기 때문이다."(같은 책, 434) 놀이의 신학은 놀이학의 고전인 실러의 『서신』에 대한 성찰의 결과물이기도 한데 물신주의적 유용성이 우리 시대의 새로운 우상이라는 실러의 주장은 몰트만의 신학에서도 확인된다.

물론 몰트만이 강한 반목적론을 표방함에도 놀이 고유의 목적성마저 부인하는 것은 아니다. 놀이는 이해관계로부터의 자유로움을 속성으로 갖지만 무목적성이라는 목적을 갖는 것이기도 하기 때문이다. '무목적성의 목적성'이라는 놀이의 역설적 속성은 놀이의 목적이 놀이의 자율성과 재미 지향성 그 자체를 추구하는 것에 있음을 의미한다. 여기에 보태어 몰트만은 놀이가 생명에 대한 긍정을 지향함을 분명히 한다. 다음과 같은 진술은 놀이와 예술(미)의 생명 긍정성에 대한 언급으로 눈길을 끈다. "자유의 혁명이 정치적 남용과 불운에 의해 질식되어진 후에, 그것은 예술의 아름다운 환상 속에서 자신의 완성을 발견하게 된다."(같은 책, 431) 다시 문제는 놀이와 축제의 상상력을 통해 정치적으로 왜곡된 자유를 완성해나가는 것이다. 이를 위해 아름다운 영혼들로 구성된 진정한 공동체를 모색하고 실험해야 한다.(같은 책, 435)[16]이는 놀이공동체로서의 하나님 공동체를 향한 지속적인 지향과 노력에 대한 주문으로 볼 수 있다.

16) "따라서 '진정한 교회'와 마찬가지로 '진정한 공화국'은 오직 몇몇 선택된 아름다운 영혼들의 모임 속에서만 존재할 수 있다."(같은 책, 441)

물론 현실주의자를 자체하는 이들은 몰트만의 생각을 몽상으로 치부할 것이다. 그렇지만 '놀이를 노는 자유'를 무시한 지금까지의 많은 혁명이 파국으로 귀결되었음을 지금까지의 역사는 확인해 준다. 그런 의미에서 메시아적 희망을 품고 현실의 실망스러운 작태를 극복하려는 끊임없는 노력이 필요할 수도 있다. 놀이를 통해 주체적 역량을 키우고 같이 놀이하는 사람들의 공동체를 통해 보다 나은 세상을 향한 연대를 모색하는 일은 '놀이하는 하느님'의 뜻에도 부합하는 것일 터이다. 그런 점에서 몰트만의 다음 진술은 여러 가지를 생각하게 한다. 특히 객관적 현실의 변화와 주체 내면의 영적 성장이 동시에 이루어져야 한다는 주장으로 확대 할 수 있을 것이다. "놀이를 노는 자유에 대한 순수한 미학적 관심은 몇몇 고집스러운 리얼리스트 혁명가들이 주장하듯이 단지 반혁명적이지만은 않다. 오히려 그것은 잘 알려져 있고 또한 계속적으로 관찰되듯, 변화에 대한 메시아적 희망을 보다 나은 세상에 대한 신비주의로 전환시킨다.

즉 외부적인 실망을 내향적인 관심으로 변신 metamorphosis시키는 것이다."(같은 책, 445)

『놀이의 신학』의 각주에서 몰트만은 루카치 Georg Lukács를 참조한다. 루카치는 인간의 놀이나 미학적 활동이 탈출구 없는 현실에서 가상적으로 탈출하게 만드는 일종의 현실 '중지'의 역할을 한다고 본다. 하지만 몰트만이나 콕스는 놀이가 현실 중지나 일시적 도피구의 기능 그 이상의 역할을 한다고 주장한다. 놀이나 축제가 현실에 대한 대안 제시의 기능을 한다고 보기 때문이다. 또한 그러한 주장에는 현실 '중지' 자체가 위안과 일시적 해방의 도구이기도 하지만 놀이가 권력의 알리바이로 작용할 수도 있다는 우려도 담겨있다. 축제를 둘러싼 오랜 '안전판 논쟁' 역시 그러한 비판을 염두에 둔 것이다. 하지만 몰트만과 콕스는 현실을 상대화함으로써 전복의 힘으로 작용하는 놀이의 기능에 주목한다. "일상생활의 스트레스를 경감시키는 안전판으로 기능하지만, 이러한 게임은 동시에 해방의 게임이기도 하다. 그것은 억압의 현실에 놓인 자들의 게임이고 그들 자신의 억압을 유지시키는 게임이지만, 그럼에도 불구하

고 해방의 게임이다."(같은 책, 449)

종교개혁 이후 베버 Max Weber가 프로테스탄티즘의 윤리, 즉 자본주의적 경제 활동에 대한 신학적 옹호로 보았던 것에 대해 몰트만은 패러다임의 전환을 요구한다. 그는 '업적의 도덕 morality of achievement'을 구원의 길로 여기는 자본주의적 프로테스탄트 윤리에 대한 뒤집기를 시도한다. 이러한 뒤집기를 위해서는 소외되고 억압된 놀이를 해방된 사회를 연습하는 자유의 놀이로 전환하는 것이 절실하다. 그러한 놀이는 반反구조적 상상력을 통해 현실의 절대화에 저항한다. 놀이와 예술은 '반환경 anti-environment, counter-environment'의 의미를 갖기 때문이다.

몰트만에게 놀이와 축제는 유토피아(하느님 나라)에 대한 '준비와 실험'이다. "그것들은 힘없는 자들이 자신의 굴레를 벗어 던지기 위해 사용하는 수단이다. 이러한 놀라움의 상황 속에서, 그들은 자신들의 복종을 가능케 했던 두려움의 사슬로부터 벗어나기 때문이다. 힘없는 자들의 힘은 신처럼 두려워하던 지배자들이 사실은 예쁘게 차려입은 난쟁이들에 불과하다는 웃음에, 그러한 두려움으로부터의 해방에 놓여 있는 것이다."(같은 책, 431-432) 바흐친이나 콕스가 카니발이나 바보제와 같은 축제에서 보았던 놀이의 잠재성 즉 권력에 대한 상대화의 가능성을 몰트만 역시 주목하고 있는 것을 볼 수 있다.

이처럼 몰트만은 『놀이의 신학』을 통해 놀이의 종교적·윤리적 지평을 넓히고자 한다. 이는 신학에 대한 기존의 도덕적 해석을 벗어나 놀이를 통해 신학으로부터 미학적 즐거움의 가치를 발굴하고자 하는 시도이다. 그런 점에서 놀이의 신학은 "윤리의 압도적인 요구에 대항하여 미적인 즐거움의 가치를 재언명하기 위해서" 쓰인 저작이다.[17] 그가 보기에 우리시대의 신학은 현대인이 처한 다양한 소외 문제들을 다루는 데에는 익숙하지만 소외를 벗어난 이후에 도래할 자유, 놀이와 신앙이 공존함으로써 생겨날 기쁨과 즐거움을 상상하고 그러한 전망을 향해 실천을

17) 이는 "멋이 흘러넘치고 밝으며 놀이"를 인간의 본성으로 규정한 샘 킨 Sam Keen의 주장과도 상통한다. 그는 교리와 관념으로부터 신학이 해방되어야 한다고 보는데, 인간의 영과 육의 활동인 놀이야말로 정신이 육체로 이사하는 행동임을 역설한다 (Sam Keen,1977, 172)

하는 데에는 인색한 면이 있었다. 몰트만은 현대의 강박적 성과주의와 편협한 도덕적 엄숙주의에서 벗어나 존재의 가치나 미학적 차원을 놀이의 신학을 통해 회복하고자 한다. 여기에는 기독교의 전통에는 미학적 이미지와 담론들이 풍부하지만 계몽주의 이후의 '도덕 신학'의 영향으로 인해 윤리적 환원주의로 경도되어가고 있다는 반성이 들어 있다.[18] 그래서 몰트만은 근대 이후 사라진 신학과 의례의 기쁨을 회복하고자 한다. 놀이는 맘몬 신에 대한 숭배, 규모와 성과에 대한 강박 속에 놀이하지 못하는 그리스도교인에 대한 비판임과 동시에 현실의 비참을 놀이의 희망으로 되살릴 것에 동참하기를 바라는 몰트만의 초대라 할 수 있다.[19] 놀이하는 하느님의 나라. 이는 종교적 차원에서만이 아니라 놀이의 인문학이 지향하는 사회의 다른 이름일 수도 있을 것이다.

물론 '억압받는 사람들'의 편에서 희망의 신학과 정치신학을 정초하려 한 몰트만이 무조건 놀이를 향유하자는 이야기를 하는 것은 아니다. 몸소 제3제국의 군인으로 참전하여 전쟁포로가 된 바 있고, 그러한 치욕적인 과거와 반성적으로 대결하면서 신학의 길에 접어든 몰트만이 그러한 주장을 할리는 없을 것이다. 그의 신학에는 아우슈비츠로 대표되는 독일 과거에 대한 도저한 성찰이 읽힌다. 고난과 굶주림, 부당한 권력에 의한 억압과 빈곤, 난민과 양극화 등의 문제들은 우리가 사는 세상을 '놀이할 수 없는 곳'으로 만드는 장애들이다. 현실 속의 이러한 온갖 장애를 극복하는 것과 놀이의 공동체를 만들어 가는 과정은 동시적이어야 하는 것임을 몰트만 역시 인정한다.

몰트만의 놀이신학은 다양한 사상적 갈래들에서 영향을 받는다. 우선 나치에 저항하다 죽어간 본 회퍼 목사의 신학과 무신론적 메시아주

18) 그런 의미에서 오토의 다음 진술도 새길만하다. "종교란 윤리 ethos나 목적성 telos에 종속되지 않으며, 요청들 Postulaten에 의존하여 생명을 유지하는 것도 아니다." Rudolf Otto, 『성스러움의 의미』, 길희성 옮김, 분도출판사, 1987, 225쪽 참조.

19) '왜 놀이의 신학인가?'와 관련해서 죌레 D. Sölle와 피터슨 E. Peterson의 다음 발언들이 그에 대한 답을 줄 수도 있을 것이다. "현재에 다양한 방법으로 영적 빈곤함이 말해진다면, 삶을 찬양하는 것에 무능력해진 것 가운데 그것을 인식해야 할 것이다."(도로테 죌레, 2007, 280). "자유롭고 충만하며 하나님을 향한 온전한 예배로서 놀이되는 삶"(유진 피터슨, 2006, 23)

의를 주장한 에른스트 블로흐의 영향이 보인다. 그는 민중의 고난과 수난의 역사에서 희망의 가능성을 찾고자 하는데 놀이는 그의 희망의 신학에 중요한 영감을 준다. 몰트만은 놀이가 갖는 속성들을 통해 소외된 삶으로부터의 해방을 예견하고자 한다. 그가 보기에 놀이는 신학적 교리들 안에서 전복적 희망을 회복하고 재구성하는 주요한 실마리이기 때문이다. 그에게 놀이는 억압하는 사람들과 배부른 사람들의 전유물이 아니다. 오히려 고난의 땅에서 놀이를 이야기하는 것은 억압을 향한 저항이며 해방을 선취하기 위해 놀이의 가능성을 찾아내는 것이다.(같은 책, 453-454)

몰트만의 놀이의 신학에 미친 실러 놀이이론의 영향은 좀 더 구체적으로 살펴볼 필요가 있다. 그가 강조하는 '자유'라는 놀이의 속성은 실러의 논의에 가장 많이 기대고 있기 때문이다. 몰트만이 보기에 놀이는 사회에 실질적으로 존재하는 상수이며 정치적 의미를 갖는다. 그도 그럴 것이 근대 자본주의의 등장 이후 놀이나 축제는 노동 윤리와 병립할 수 없는 쓸모없는 것으로 배척되었기 때문이다. 실러의 말처럼 "유용성은 우리 시대의 위대한 우상"이 되어버린 것이다. 하지만 몰트만이 보기에 실러는 진정한 정치적 자유의 실현이 미학적 아름다움을 경유해서만 가능하다는 것을 보여준 선구자이다.

여기서 '미학적 아름다움'은 놀이의 다른 표현으로 읽을 수 있다. "만약 정치적 실천의 문제를 인간이 언젠가 풀 수 있다면, 그는 그러한 문제를 미학의 문제를 통해서 접근해야만 할 것이다. 왜냐하면 인간이 자유를 향해 나아가는 것은 오직 아름다움을 통해서이기 때문이다."(실러, 2012, 131) 몰트만은 이러한 실러의 진술을 적극적으로 해석한다. 현실에서는 패배한 싸움이더라도, 예술은 그러한 좌절마저 미적 가상을 통해 보존하고 새로운 가능성으로 미래를 향해 남겨둔다는 것이다.[20]

몰트만이 보기에 예술과 놀이, 축제의 혁명성은 유토피아적 가능성의 계시 기능에서 찾을 수 있다. 정치적 자유가 완성된 나라도 그리고

20) "자유의 혁명이 정치적 남용과 불운에 의해 질식되어진 이후에, 그것은 예술의 아름다운 환상 속에서 자신의 완성을 발전하게 된다."(몰트만, 1976, 414)

예수의 정의가 실현된 하느님 나라도 현실엔 존재하지 않는다. 하지만 예술과 놀이는 그러한 가능성을 희미하게나마 열어보여 줌으로써 유토피아의 숨구멍을 열어준다. 그런 의미에서 예술과 놀이가 미적가상을 통해 엮어 보이는 자유의 비전들은 단순히 현실 도피와 망각을 위한 매체가 아니다. 그것은 현실에 지고 우울해 하는 영혼의 위안거리도 아니다. 오히려 예술은 오랫동안 역사 속에 잠복되어 온 가상의 미학적 출구요 해방구이다. 여기서 중요한 것은 예술적 놀이가 지닌 유토피아적 비전과 실패를 발판으로 새로움과 다름을 실천하려는 '끝이 없는 여행'이다.

물론 우리는 예술적 가상이 그렇듯이 놀이의 가상 역시 이중적인 것으로 이해될 필요가 있다. 바흐친도 축제의 해방적 역할과 더불어 안전판 기능을 동시에 지적했듯이 놀이 역시 양가성 Anbivalenz을 지닌다는 점을 유념해야 하는 것이다. 놀이는 억압된 정치적 자유에 대한 민중의 갈망이 정치적으로 표출되는 계기이기도 하지만, 그러한 열망을 잠재우는 체제 유지의 알리바이가 될 수도 있다는 것이다.[21] 하지만 놀이의 오용 때문에 그것을 포기할 수 없다는 것이 몰트만의 입장이다. 그렇다면 문제는 놀이의 역기능을 경계하면서 그것의 해방적 기능을 활성화하는 것일 터이다. 인간화를 위한 미래의 "준비와 실험"이라는 유토피아적 역할을 할 수 있도록 다각적인 노력이 필요한 것이다. 놀이와 축제의 미적 가상은 '지금 여기'의 현실에 대한 계시를 제공할 수 있는 잠재력을 지니기 때문이다.

몰트만이 블로흐의 유토피아론을 경유하여 도출한 놀이의 세계는 사물의 질서에 대한 절대화에 자유분방함으로 맞선다. 나아가 놀이는 대안적인 정치 질서와 새로운 삶의 방식을 미리 살아보게 해준다. 그렇기에 놀이의 구심성(권력의 도구로서의 놀이)을 두려워하여 그것의 저항적 기능을 포기하는 것은 청교도적인 노동의 윤리에 굴복하는 것이

21) "죽은 자가 다시 살아나고 만물이 새롭게 변화되어서 모두가 춤출 수 있는 그때까지는 그리스도의 십자가는 여전히 걸림돌로 남는다. 그리고 아유슈비츠는 여전히 아우슈비츠로 남는다. [...] 놀이의 열광주의자가 되지 말고 놀이의 변증법론자가 되어라!"(같은 책, 432)

다. 그런 의미에서 유용성이라는 도구적 신화, 즉 우상에 저항하는 인간다움의 마지막 보루를 지켜내는 것이야말로 놀이 신학의 과제라 할 수 있을 것이다. 이는 베버가 말한 '프로테스탄트 윤리' 즉 하느님의 소명으로서의 노동의 윤리에 대한 정정이기도 하다.[22]

"너는 세상에 즐거움을 위해 태어난 것이 아니다"라는 격언은 오락과 축제를 배척한 프로테스탄티즘의 태도를 단적으로 보여준다. '성과의 도덕'을 구원의 잣대로 삼는 태도는 성과사회의 생존 논리는 될 수 있지만 삶을 피폐하게 만드는 이데올로기일 뿐이다. "억압된 사회는 배출구를 조이거나 억눌린 압박을 더 많은 노력으로 이끄는 것으로는 해방될 수 없기"(같은 책, 451) 때문에 우리는 '더 많이'의 욕망구조를 벗어나야 한다. 그래서 몰트만은 인간화와 해방을 위해 소외되어온 놀이를 외면하지 말 것을 주문한다. 사회 통제라는 목표로 특정 놀이를 선택하고 나머지 놀이를 배제하려는 지배자들의 이해관계로부터 벗어나서 놀이를 대안 사회 구성을 위한 자유의 놀이로 전환하자는 것이 그의 주장이다. "사회에서 지배자에 의해 통제되고 있는 놀이를 풀어내고 그것을 더 해방된 사회를 위한 인간을 준비하는 자유로운 놀이로 바꾸어야 하는 것"(같은 책, 453)이 중요하다는 것이다.

놀이와 예술은 자유로운 상상력을 통해 현실의 절대화와 도구화에 저항한다는 공통점이 있다. 그래서 몰트만은 놀이와 예술에 '반환경 anti-, counter-environment'의 의미를 부여한다. 놀이와 예술의 자유분방함은 소외와 억압으로 점철된 현실에 부정성의 원리를 작동시키는 것이다. 다시 말해 놀이와 예술은 사회적 적폐積弊들을 가상적으로 극복하기 위한 실험을 가능케 하기 위한 비판적 상상력의 원천이 되어 준다. "다르게 될 수 있고, 다르게 되어야만 하는 상황을 놀이함으로 예견할

---

22) 몰트만은 종교개혁의 과정에서 놀이를 즐거워하는 하느님의 이미지가 상실되었다고 비판한다. 베버의 말처럼 청교도주의는 모든 오락과 축제, 예술 등을 배척했고 크리스마스 축제까지 박해의 대상으로 삼았다. 그렇다면 놀이의 신학이 지향하는 '호모 루덴스'가 신의 뜻에 합당한 것임을, 나아가 계산과 성과에 따른 삶에서 벗어나 자유를 회복하는 새로운 윤리를 마련하는 것임을 주장하는 것은 실종된 놀이의 유산을 '재매개 remediation'하는 실천들을 창안하는 일이 될 것이다. 어떤 점에서 신의 영광은 '노동'이 아니라 '놀이'를 통해 개발되어야 하는 것일 수 있기 때문이다.

때, 그리고 그 과정 안에서 변할 것 같지 않은 현재 상황의 고리를 끊어 낼 때, 우리는 자유를 즐긴다. 우리는 놀이가 우리의 괴로운 세계를 바꿀 비판적 관점을 제공해 줄 때, 놀이 안에서 즐거움을 발견하고 놀이할 때의 가상 상태를 즐기게 된다. 그러한 경우에, 놀이의 의미는 예술의 그것과 동일하다. [...] 그 때 우리는 더 이상 단지 과거를 잠시 잊기 위해 놀이하는 것이 아니다. 우리는 더욱 더 미래를 알기 위해 미래와 더불어 놀이한다. 현재 삶의 속박에서의 해방은 '놀이함'을 통해 발생한다. [...] 상황이 지금 그대로의 모습이어야 한다거나, '그렇게 되어야만 해'라고 우리가 말해왔던 모습이 될 필요가 전혀 없다는 것을, 우리는 웃으며 발견한다."(같은 책, 432-433)

특히 몰트만의 놀이 신학은 놀이의 전복적 성격을 강조할 때 바흐친과 유사한 태도를 보여준다. 하비 콕스의 경우도 그랬지만 정치적 유머, 재담과 농담, 게임, 패러디, 연극, 고의적 말 비틀기 등은 지배자의 절대적인 권위를 역전시키는데 주요한 수단들로 본다. "그것들은 힘없는 자들이 자신의 굴레를 벗어 던지기 위해 사용하는 수단이다. 이러한 놀라움의 상황 속에서, 그들은 자신들의 복종을 가능하게 했던 두려움의 사슬로부터 벗어나기 때문이다. 힘없는 자들의 힘은 신처럼 두려워하던 지배자들이 사실은 예쁘게 차려입은 난쟁이들에 불과하다는 웃음에, 그러한 두려움으로부터의 해방에 놓여 있는 것이다."(같은 책, 446-447)

사실 여기까지만 보면 몰트만의 놀이의 신학에 뭔가 새로움을 찾아보기 힘들다. 이미 이러한 내용들은 바흐친 등을 통해 이야기된 것들과 크게 달라 보이지 않기 때문이다. 사실 그의 놀이의 신학이 의미 있어 보이는 것은 놀이의 중요성을 신학적 근거를 통해 밝히려 노력한다는 점일 것이다. 몰트만이 보기에 놀이는 신학적 개념이다. 인간이 놀기 전에 이미 하느님은 놀고 있었다. 이 세계의 존재(창조)는 그러한 놀이의 결과이다. 이는 어떤 필연적이고 뚜렷한 이유나 목적으로 세계를 창조한 것이라는 종래의 신학적 입장과는 사뭇 다른 태도이다. 물론 '세계 창조의 무목적성'이 세계 창조를 우연 혹은 신의 실수를 이야기하는 것은 아니다. 다만 세계 존재의 필연성에 매인 형이상학의 하느님 상에서 벗어나고자 할 따름이다. 놀이가 무목적적인 것처럼 하느님의 놀이 역시 그렇다는 것이다. "아무 것도 없지 않고 어떤 것이 존재한다는 명제에는 그 어떤 목적론적 이유도 없다."(같은 책, 449)[23)]

몰트만이 보기에 세상은 하느님의 피조물이며, 하느님은 '자유로운 창조자'이다. 그분의 자유는 형이상학적 필연성으로 해명될 수 있는 것이 아니다. 필연적이지 않은 필연성, 즉 놀이의 미학적 필연성으로 세계의 존재에 접근해야 한다. 하느님의 창조 놀이는 미학적 행위이기 때문이다. 창세기 1장을 보면 세상을 창조하는 행위가 '즐거움'에서 비롯되었음을 알 수 있듯이 말이다. 나아가 하느님은 어떤 형이상학적 근거나 특정한 이유에서가 창조를 한 것이 아니기 때문이다. 그분은 '무로부터의 창조 creatio ex nihilo'의 주체인 것이다.

다음과 같은 몰트만의 진술은 놀이와 창조의 동근원성에 대한 요약으로 삼을 수 있을 것이다. "하느님이 무엇을 창조하셨을 때, 그 무엇은 하느님 자신이 아니며 또한 무無도 아니다. 따라서 그것은 자신의 존재근거를 그 자신에서 가질 수 없으며 오직 하느님의 선한 의지 혹은 기쁨 속에서 가질 수 있을 뿐이다. 창조는 하느님의 놀이, 곧 하느님의 측량할 수 없고 근거를 가지지 않는 지혜의 놀이이다. 창조는 하느님이 자신의 영광을 드러내는 영역인 것이다."(같은 책, 447) '하느님의 자유로부터의 창조 Creatio ex liberate Dei'는 '하느님의 사랑으로부터의 창조 Creatio ex amore Dei'와 연결된다. 필연적인 이유에서 세상을 창조한 것이 아니라 사랑하기 때문에 그렇게 한 것이라는 점이다. 하느님의 사랑 속에서, 그리고 그의 창조-놀이 속에서 우리는 '자유'를 배워야 하는 셈이다.

몰트만은 하느님의 이러한 창조-놀이를 우리가 놀아야 하는 이유와

---

23) 우리는 불안사회에 살고 있다고 한다. 이러한 불안 때문에 우리는 놀지 못한다. 몰트만은 우리에게 두 가지 선택지가 놓여 있음을 본다. "인간은 이 세상에서, 세상과 함께 놀이하고, 그것을 통해 절대 타자에 상응하는 존재가 되려고 한다. 혹은 두려움의 심연에 빠져 불안해하고, 불안정한 것들에 매달려 확실성을 찾으려 한다."(같은 책, 452쪽) 물론 경계해야 할 것은 후자일 것이다. 물론 이것이 개인의 회심을 통해서만 가능한 것은 아닐 것이다. 문제는 사회적 연대와 공동체의 회복일 것이기 때문이다. 자유로운 창조자의 자유로운 놀이는 그것을 가르쳐준다.

연결한다. 이미 하느님의 형상을 따라 창조된 인간의 유전자 안에는 창조의 즐거움이 DNA로 묻어 있다. 하느님의 자유로운 창조를 영광스럽게 하기 위해 우리는 놀아야 한다. 하느님의 놀이에 참여하고, 우리의 놀이를 통해 그분을 영광스럽게 하는 일이야말로 놀이 신학의 근본적인 정신이다. 일과 노동의 강박에 시달리며 일 속에서 구원을 찾는 것은 하느님에 대한 배신이다. 게으름을 악인양 취급하는 것도 바람직하지 않은데, 경제적 이익과 하느님의 소명을 연관 짓는 것은 인간의 소외를 부를 뿐이기 때문이다. 그래서 몰트만은 이렇게 말한다. "놀이에서 중요한 것은 완료, 성공, 업적이 아니라, 창조주의 무한한 기쁨에 대한 유한한 모방으로서의 끝없는 아름다움과 자유이다."(같은 책, 453)

결론적으로 몰트만이 우리에게 주문하는 것은 놀이의 하느님 Deus ludens을 본받아 하느님의 창조와 존재를 가장 근본적으로 보여주는 놀이를 따르는 것이다. 이는 놀이와 노동의 간극을 지속적으로 좁혀가면서 인간 실존의 잠재적 가능성을 더욱 풍부하게 하는 것이다. "놀이로서의 세계라는 상징은 우리로 하여금 행동, 소유, 성취의 범주들을 넘어서서 존재함 · 본질적인 인간 실존 · 그것의 명시적인 축하와 같은 범주들로 나아가게 만든다. 놀이는 생산보다는 창조를 강조하고, 윤리적인 것보다는 미학적인 것을 강조한다. 땅에서의 노동은 축제, 춤, 가락 및 놀이에서 쉼을 발견하게 된다."(같은 책, 453-454)

더욱이 몰트만은 하느님이 예수의 몸을 입고 나타난 성육신의 신비 역시 놀이를 통해 설명하고자 한다. 그가 보기에 형이상학적 필연성에 기대어 인간의 죄를 치유하려는 목적으로 하느님이 인간이 될 수밖에 없었다는 식의 설명은 사태의 일부만을 설명할 뿐이다. 인간의 비참함이 하느님의 성육화를 필연적으로 강제한 것은 아니다. 몰트만은 하느님의 무목적적 사랑이 이유를 초월하여 성육신의 사건을 가져왔다고 주장한다. 하느님의 이러한 '주권적 자유'의 신학은 "하느님 안에서 넘치는 즐거움, 하느님의 은혜로 인한 사유 · 언어 · 이미지 · 노래의 자유로운 놀이"에 기대고 있다. 몰트만은 그것을 '영광송 doxology'의 신학이라 일컫는다.

나아가 몰트만은 자유로운 놀이이자 고귀한 게임이야말로 신학의 정수라고 역설한다. "하느님과 함께 말할 수 있는 자유 혹은 하느님에 대해 말할 수 있는 자유는 하느님의 기쁨에 의해 열린다는 것을 의미한다. 그것은 강요될 수 없다, 왜냐하면 진정한 앎은 강제적일 수 없기 때문이다. 그것은 권위적인 강압이나 혹은 논리의 설득력에 의해 생겨나지 않는다. 그것은 자유를 전제한다. 하느님을 안다는 것은 예술이며, 이런 표현이 가능하다면, 일종의 고귀한 게임이다."(같은 책, 427)

그렇기에 예수의 부활은 자유를 향한 노예상태에 대한 저항이다. 도덕적 명령이나 계율이 아닌, 자유의 사건에 대한 놀라움과 감사로 시작된 부활의 아침은 축제의 시간이다. 십자가 수난을 경유하여 쟁취한 부활은 "참으로 구원받은 자의 웃음이, 해방된 자의 춤, 새로운 창조의 놀이가 시작"(같은 책, 429)[24)]됨을 알리고 있기 때문이다. 따라서 이러한 게임이나 놀이에 참여하는 일은 자유와 사랑의 사건에 동참하는 일이 된다.

하지만 부활의 기쁨은 그저 주어지는 것은 아니다. 그것은 우리의 '지금 여기'에 대한 부정의 작업을 경유해야 한다. 죽음을 진지하게 받아들이고 그것을 회피하지 않고 직면하는 자만이 자유의 놀이로 들어갈 수 있기 때문이다. 부정 das Negative의 고통을 거치지 않는다면 해방은 없는 셈이다. 부활의 과정이 그것을 말해준다. 놀이를 허락하지 않는 현실의 사태에 대한 고통스러운 인식, 부정된 현실을 바꾸려는 노력과 자유로운 세계를 가져오기 위한 연대의 실천이 부활과 놀이의 정신임을 몰트만은 이야기한다. "그러므로 바울이 '자유'라고 불렀던 '부활의 힘'은 우리로 하여금 그리스도를 따라 십자가를 지게 만들고 그리스도가 친히 형제가 되신 버림받은 자들과의 사귐 속으로 우리를 이끈다. [...] 해방

24) 몰트만의 다음 진술은 부활의 놀이적 의미를 더욱 분명히 말해 준다. "웃음은 폭력의 심각성을 제거하고, 그것을 무가치하게 만든다. 그것은 이 세상의 권력자와 지배자가 공포감과 죄책감을 중시했던 바로 그곳에서 범접할 수 없는 자유와 그 우월성을 드러낸다. 그 권력자와 지배자의 파트너가 사망일 때, 부활절은 바로 그들의 노예를 해방하는 반란의 시작이 된다. 그 반란은 윤리적 강제성이 아닌 해방을 감사하는 기쁨에서 시작된다. 부활신앙 안에서 그것은 도덕적 뿌리를 초월하는 의미를 갖는다." (같은 책, 30쪽).

의 기쁨으로서의 삶, 묶인 자들과의 연대로서의 삶, 화해된 존재의 놀이로서의 삶, 그리고 아직 화해되지 못한 존재의 고통으로서의 삶은 부활의 사건을 이 세계 안에 드러낸다."(같은 책, 431)

이제 마지막으로 '몸의 복권'을 통해 콕스와 몰트만을 넘어서고자 한 샘 키인 Sam Keen과 더불어 이 장을 마무리 짓자. 샘 키인은 몰트만보다 앞서 육체의 신학, 즉 '내장 신학 visceral theology'으로 감성과 몸에 대한 신학적 관심을 촉구한다. 천상에 머문 신학을 지상으로 끌어내리려는 그의 작업은 흡사 니체와 바흐친를 경유한 신학이라는 인상을 준다. 키인은 감성과 격정이 약동하는 몸에서만 하느님의 체험이 가능하다는 입장을 단호하게 고수한다. 하느님의 사랑을 몸으로 향유하고 일체의 생명을 긍정하는 가운데 축제를 즐기고 삶의 충만함과 공동체를 찾아야 과제가 우리에게 주어진다.

키인에 따르면 "인간의 몸은 세계로 연결된 하나의 다리이고, 세계의 모형이다". (셈 키인, 1977, 204) 신앙의 훈련은 몸과 몸의 접촉을 통해서만 가능하다. 몸들의 소통, 육체성과 감각성 및 도취의 요소들의 향연을 가능하게 하는 것이 축제요 놀이이다. 그가 보기에 신은 천상이 아니라 대지에 깃들어 있다. 이러한 대지와의 육체적 교류를 통해 축제인은 신의 내장에 다다른다. 그런 의미에서 놀이와 축제는 신의 음률과 신비에 대한 체험이다. 놀이는 천상에서 미래의 지복을 찾는 것이 아니라 몸의 현재, 몸의 사태 그 자체로 향할 것을 촉구한다. 키인이 보기에 몸으로 하느님을 영광되게 하는 것은 자신과 타자에 대한 책임을 긍정하는 것이기도 하다. 도구적 이성과 천상의 영혼이라는 말에 왜곡된 육체의 재발견은 놀이(춤)을 통해 가능하다. "지금 우리는 말, 개념, 교리, 관념, 말, 말, 말의 대양에 빠져 병들어 있다. 말은 육체 안에서 재발견되어야 한다. 종교는 마땅히 춤으로 되돌아가야 한다. 아마도 조르바야말로 우리 시대의 성자일 것이다."(셈 키인, 1977, 207-208)[25] 여기서 춤은 축제

25) 휴고 라너 역시 키인과 유사한 진술을 내놓고 있다. "놀이는 마술에 걸리는 일이며, 전적 타자를 표현하는 것이며, 미래를 선취하는 것이며, 수고와 짐을 진 현실세계를 부정하는 것이다. 놀이에서는 지상의 것이 한꺼번에 일시적인 것이 되고 즉각 극복된 것이 되며 그 다음 마침내 해결된 것이 된다. 그러면 정신은 한 번도 듣지 못한

와 놀이라는 말로 대신할 수 있다.

고든 Gordon은 축제를 종교와 관련하여 정의한 바 있다. 이는 고대에서 시작되는 축제에 종교성이 강했고, 세속적인 현대 사회의 경우에도 그것이 완전히 상실되지 않은 데서도 나름의 설득력을 갖는다. 그가 보기에 축제는 성속聖俗의 구분에 기초한 일종의 의례적 사건이나 집단상징이다. 그것은 일종의 '신성성이 부여되는 시간'이다.(류정아, 2003, 9) 뒤르켐 Émile Durkheim의 경우에도 축제는 "사회적 통합을 위해 기능하는 일종의 종교형태"(같은 책, 15)로 보았다. 여기에는 축제의 종교성만이 아니라 그것의 사회적 기능이 추가된다. 일종의 공동체적 기능으로 결사와 연대의 매개가 축제였다는 것이다. 이처럼 축제는 기능이나 역할, 사회문화적 의미 등의 관점에서 다양한 상징성과 의미를 지니는 '복합체'라 할 수 있다.

하지만 우리는 놀이와 관련하여 축제의 의미를 다시 새길 필요가 있다. 그런 점에서 다시 하위징아의 개념에 주목하는 것도 좋을 것이다. 그는 축제를 인간의 놀이 본성이 표현된 한 가지 양태로 보기 때문이다. 그에 따르면 "인간의 유희적 본성이 문화적으로 표현된 것이 축제이며, 이 축제적인 상황에서 벌어지는 놀이는 비일상적이고 비생산적인 것이지만 일상과 생산을 위해서는 필수불가결한 일"이다. 놀이가 그런 것처럼 축제 역시 인간의 놀이 본성이 표현된 것이다. 달리 말하면 인간은 축제를 통해 '종교적 인간 homo religiosus'으로서 자신의 종교적 지향성만이 아니라 '놀이적 인간 homo ludens'으로서 놀이적 본성을 표출하는 것이다. '성스러움'과 '탈일상성'을 공유하는 종교와 놀이 안에서 인간은 축제인 homo festivus의 삶을 산다. 이러한 축제를 통해 인간은 신과 인간, 인간과 인간의 화해를 도모한다. 종교적 상징과 유희성이 유기적으로 결합한 하나의 사건이 바로 축제인 것이다.

나아가 축제는 위반과 전복을 통한 새로운 세계의 실험이라고도 볼

것을 청종할 준비를 갖추게 되며 전혀 다른 법의 세계로 걸어 들어가며 가벼운 존재가 되어 자유롭고 왕처럼 매인 것이 없으며 신적인 존재가 된다. 놀이하는 인간은 놀라운 해방감을 기대한다. 이 해방감은 지상의 짐으로부터 해방된 몸에서 천상의 춤을 추는 경쾌함에 이른 상태이다."(Hugo Rahene, 2008, 59)

수 있다. 바흐친의 카니발 이론이나 하비 콕스, 몰트만 등의 입장에는 차이는 있지만 이러한 측면을 공유하는 학자들이라 볼 수 있다. 축제는 일상의 전복이면서 기본적인 삶의 원칙을 중단하는 행위이다. 다시 말해 축제인들은 기존의 질서를 뒤집거나 해체하여 새로운 질서를 창안하고자 한다. 거기서는 사회의 상징질서와 기득권, 불평등한 모순, 억압과 갈등, 어두움과 희미함이 '일시적이나마' 차단된다. 일차적으로 놀이가 우리에게 주는 것은 재미와 오락, 쾌락과 희열이지만, 놀이를 통과한 주체는 그 경험을 현실 속에서 구현하거나 반복하고자 하기 마련이다. 그러한 도저한 노력 속에서 창조의 정신과 예술은 진화한다. 하지만 무엇보다도 놀이를 경험한 주체들은 자기가 살아가는 사회의 바람직한 방향을 고민하고 설계한다. 우리 시대에 축제와 놀이가 다시 관심의 대상이 되어야 하는 이유이다.

Ⅶ. 놀이와 여가

1. 여가란 무엇인가?

서구가 후기산업사회 즉 소비사회로 진입하면서 놀이에 대한 관심이 부상하기 시작한다. 여가에 대한 학문적 관심은 바로 후기 자본주의의 놀이 및 여가 산업의 급성장과 관련이 있다. 여가학 lesure studies은 근·현대사회 이후의 여가문화들을 주로 사회학적 관점에서 연구하고자 하는 학문이다. 물론 전근대사회의 여가문화들에 대해서 무관심한 것은 아니지만, 근대 산업혁명, '이동 수단'의 변화, 미디어의 변화 등 여가환경의 변화 등으로 나타난 여가의 새로운 형식과 행태들에 집중적인 관심을 보인다. 따라서 국내외의 여가학자들에게 '여가'는 근대의 산물이라는 언급이 자주 나타나며, 그러한 맥락에서 여가는 근대적인 대중여가이다. 즉 자본주의 시대의 상품으로서의 여가이고 소비대상인 것이다.

다시 이야기하겠지만, 주류 여가학의 여가를 바라보는 태도나 여가 분석 연구 방법론의 경우 사회학 특유의 데이터 처리나 통계조사에 입각한 양적 조사나 그 데이터에 대한 질적 분석 등이 두드러지게 나타난다. 물론 여가와 문화연구의 접속을 시도하는 '여가 문화학'을 주장하는 이들도 있지만, 그 성과는 기존의 여가학과 크게 구분이 되지 않는다. 그럼에도 성과들이 쌓이면서 기존의 주류 여가학을 반성하고 대안적 사유로서 여가학을 자리매김하려는 시도들이 점점 늘고 있다. 이를테면 포스트포디즘 사회로의 진입 이후 자본주의가 정동 자본주의나 인지 자본주의의 성격을 띠게 되었고 노동의 형식이 변화함에 따라 여가의 양과 질에 현격한 변화가 있음을 지적하는 연구물들이 나오고 있다. 이러한 경향은 인공지능이나 로봇이 인간의 일상과 노동에 필연적 구성요소로 대두하면서 점점 더 심화할 것으로 보인다.

여가에 대한 학문적 연구는 당연히 학제적 성격을 띨 수밖에 없다.

왜냐하면 여가 자체가 종합적인 사회현상이기 때문이다. 이는 여가학자들도 인정하는 부분이기도 하다. 그러나 국내의 여가연구는 학문적 통섭 필요성에 대한 인식에도 불구하고, 그것의 실천에 있어서는 미진함을 드러내고 있다. 우선 여가학 연구자들의 구성이 대부분 관광학자들, 사회학적 문화연구자들, 소수 여가학자들 등이 다수인 점에서 그 한계를 보인다. 이들에게 여가는 사회학적 분석의 대상일 뿐 그것의 인문적 가치는 상대적으로 소홀히 되고 만다. 물론 노동과 생산 담론 중심의 사회에 대한 비판과 삶의 질 개선에 있어서 여가가 갖는 중요성에 대한 공감에도 불구하고, 연구의 결과물들은 한국 여가문화의 사회적 문제점들과 그에 대한 대안 마련에 무척 소극적인 면모를 보여준다. 여가학이 사회학의 하위학문이라는 지위를 벗어나 독자적인 영역을 확보해야 한다는 의지에도 불구하고, 그 그늘에서 벗어나지 못하고 있다는 인상을 강하게 받는다. 또한 여가학은 '대중여가 사회'에 편중된 연구 대상 선택, 기존의 사회학적 방법론의 고수, 문화연구와 여가연구, 관광학 등 기존 학문들과의 관계설정의 모호함 등 많은 해결과제를 안고 있기도 하다. 이러한 난제의 극복을 위해서는 여가를 어떤 사회를 구성하는 인간들의 문화적 실천, 즉 의미화 하는 실천 signifying practices으로 바라보고 사회학적 패러다임을 인간학적 패러다임으로 보완하려는 노력이 필요하다. '여가'는 경우에 따라 '놀이'의 상위 개념으로서 놀이의 외연 확장을 위한 단초가 될 수도 있다는 점을 고려하여 자신의 정체성과 역할에 대한 정립이 필요하다. 그러나 지금처럼 여가를 사회적 현상으로만 보게 되면 여가학 특유의 강점이 될 수 있는 학제간 연구를 스스로 제한하고 마는 오류를 범하게 된다. 특히 여가학 특유의 여가현상 분석에 인문학적 숨결을 불어넣으려는 노력은 다양한 한국 여가소외 현상들의 극복과 대안 마련에 중요한 영감을 제공할 수 있다. 여가현상들은 인간의 삶과 무늬, 문화와 예술 등과 직접적인 관계를 맺고 있기도 하기 때문이다. 여가는 인간과 사회, 문화 · 예술과 사회를 이어주는 매개항이다. 또한 교통과 미디어 등 과학기술의 변화에 강한 영향을 받는 다는 점에서는 테크놀로지에 대한 이해 역시 요구하는 영역이기도 하다. 이처럼 여가학이 사회학적 패러다임을 벗어나 다른 학문들과의 대화를 위해 그 문을 개방할 때 질적으로 새로운 통합학문의 모델이 될 수 있을 것이다.

나아가 지금의 여가연구는 다양한 여가 현상들을 이론적으로 추수하는데 머무는 것이 아니라 그러한 사회적 현상들을 비판적으로 조망하는 가운데 대안적 여가 실천의 가능성을 모색하는 역할을 분명히 할 필요가 있다. 하지만 아쉽게도 현행 여가연구들은 (물론 다 그런 것은 아니지만) 대체로 현대사회에서의 여가문화의 중요성, 어느 분야의 여가 동향과 데이터 통계분석, 피상적인 대안 제시 등으로 흘러가는 경향이 대부분이다. 이런 연구들이 우리 사회의 여가를 읽어내는 데는 도움이 되겠지만, 여가문화의 문제점을 총체적으로 드러내는 데는 한계가 있다. 그런 점에서 여가연구를 종합적인 문화연구로 승화시키자고 하는 일각의 제안은 그런 문제점을 자각하고 있는 것이라 반가운 일이라 할 수 있다. 비판을 위한 비판이 아니라, 여가문화에 대한 입체적이고 전면적인 비판만이 새로운 '여가판', 즉 21세기 휴먼 에코-레저 eco-leisure를 실현할 수 있는 전제일 수 있을 것이기 때문이다. 현상분석과 그에 대한 두루뭉실한 문제점 분석만으로는 사태의 개선을 기대하기 어렵다. 중요한 것은 인간의 삶에 대한 본원적인 성찰과 사회의 근본적인 리모델링을 염두에 둔 여가학일 것이기 때문이다. 주류 사회학이 너무 중립적인 비판을 받곤 하는데, 혹 여가학은 그런 여지가 전혀 없는지 자문할 필요가 있다.

그리고 여가학은 관광상품과 스포츠 레크레이션, 일부 텔레비전과 영화 등 일부 대중문화 등에 연구대상이 집중되어 있다. 물론 그것들이 우리 사회의 대표적인 여가현상들임에는 틀림없지만, 여가의 광범위한 범주를 스스로 제한할 필요는 없을 것이다. 그리고 현상분석이 아니라 대안적인 여가를 가능하게 해줄 사회적 환경 창출이 여가학자들의 중요한 과제라고 한다면 '적극적인 여가'의 소개와 그것이 담고 있는 사회문화적 · 정치적 함의를 따져보고 소개하는 것도 의미가 있을 것이다. 그야말로 여가 '사회학'은 여가 '인문학'이기도 해야 하고 여가 '정치학'이기도 해야 하며, 여가 '문화공학'이기도 해야 하는 등 그 범위를 지속적으로 넓혀가려는 노력을 기울여야 한다.

2.여가의 개념

먼저 통념상 여가는 하루 24시간 가운데 노동, 수면, 식사 그리고 기타 생리적으로 필요한 시간 등을 제외한 나머지 시간이다. 이는 여가를 '잔여시간 residual'으로 간주하는 태도로서, "일하는 시간, 잠자는 시간, 그리고 생존에 필요한 일을 처리하는 시간을 빼고 남는 시간"으로 기술하는『사회학 사전 The Dictionary of Socialogy』의 정의를 따르고 있다. 이런 시각은 무척 광범위한 부분들을 포괄할 수 있는 장점을 지니지만 여가의 범위 설정이 모호하다는 비판을 받을 수 있다. 가령 사교적인 외식, 노동의 재생산과 관련된 활동의 문제, 전통적인 여가의 문제 등과 관련하여 명료한 답변을 제공하지 못한다. 여기서는 개념이 여가라는 사태의 이해에 도움은커녕 오히려 그것을 가로막는 일이 나타날 수 있다.

다음으로 시간적 관점이 아닌 참여하는 활동과 여가 참여자의 심리적·정신적 상태에 의거하여 여가를 정의하는 경우이다. 특히 종교적·철학적 성향이 강한 논자들에 의해 선호되는 정의방식이기도 하다. 가령 가톨릭 성향의 요셉 피퍼 Josef Pieper는 여가를 정신적이고 영적인 태도로 받아들인다. 그리하여 여가는 단순히 외재적인 요인들의 결과라든지 혹은 남는 시간, 휴일, 주말, 휴가의 결과가 아닌 마음의 태도이며 영적인 상태로 간주된다. 개신교 신학의 관점에서도 여가는 마음의 정제된 상태와 동일시된다. 여가가 영적 혹은 예술적 가치와 유사하게 사용되는 것이다.

반면 여가를 자유의 상태로 보는 것은 고전적인 입장이다. 가령 뚜렌 Touraine은 여가를 규칙으로부터의 자유 그리고 사회적으로 인정되고 부과된 행위와 강제적 일상으로부터의 자유로 이해한다. 여기서의 문제점은 여가를 너무 정신적으로 몰고 간다는 점, 즉 여가의 물질성이나 세속적인 여가문화를 거부하는 일종의 정신주의적 엘리트주의가 아닌가 의심을 받을 수 있다는 점이다. 더욱이 여가의 실질적 조건은 크게 고려되지 않게 보인다.

마지막으로 앞의 두 입장을 통합적으로 기술하는 방법도 있다. 우선 이 시각에서 여가는 "개인이 노동 혹은 그 밖의 의무로부터 자유로우며 휴식, 기분전환, 사회적 성취, 개인적 발전을 위한 목적에 활용되는 시간"이라고 '시간적인' 정의를 둔다. 하지만 여기에 만족하지 않고 "개인이 자신의 자유의지에 의해 탐닉하는 일로서 직업, 가정 및 사회적 의무를 이행한 후에 휴식을 취하거나, 즐기거나, 지식증대, 기술향상, 지역사회봉사에의 자발적인 참여 등을 수행하는 활동"으로 본다. 이는 여가학자들에 의해 가장 광범위하게 받아들여지고 있는 개념이다.

『현대사회와 여가』의 저자 스탠리 파커 Stanley Parker는 여가를 위한 '시간'의 양이 여가활동의 내용을 결정한다고 주장한다. 이를 테면 빠듯한 일정으로부터 짧은 휴식을 취하는 것과 새로운 여가 기술로 악기를 배우거나 장거리 여행을 하는 것은 구분되어야 한다는 것이다. 하지만 그는 또한 여가를 단지 '자유시간'으로 간주하는 것이 바람직하지 않을 수도 있다고 주장한다. 실업자들이나 저소득층의 경우 많은 자유시간을 갖지만 이들의 여가는 '강요된 여가'나 '소극적 여가'에 머무는 경우가 허다하기 때문이다(우리는 여기서 다시 베블렌의 여가 계급론을 생각하게 된다. 그리고 여가 소외층을 위한 여가 혹은 놀이 프로그램의 사회적 마련이 중요한 문화정치 혹은 놀이 정치의 과제일 수 있다고 생각한다. 놀이사회의 궁극적인 이념 중 하나는 '재미있는 사회'와 아울러 '재미를 나누는 사회'가 될 것이기 때문이다.) 그 정신주의적 한계에도 불구하고 "오늘날 사람들이 필요로 하는 여가는 자유시간이 아니라 자유정신이며, '더 많은 취미활동과 즐거움이 아닌 일상의 바쁨'으로부터 우리를 구제하는 은총과 평화의 느낌인 것이다"라는 고든 달 Gordon Dahl의 주장 역시 이러한 맥락에서 나온 것으로 놀이사회의 구상과 관련하여 의미있는 진술로 여겨진다.

일단 여가학이 제시하는 여가가 무엇인지를 살피면서 다음 논의로 넘어가보도록 하자. 미국의 대표적인 여가학자 캐플런 Max Kaplan은 여가를 구성하는 기초적인 요소들을 제안한다. 그러면서 그는 경제적 기능으로서의 '노동'의 반대 개념으로 놀이로서 특징지어지는 진지하지 못하고 중요하지 않은 것으로 생각되는 각종 활동을 여가라고 정의한다.

프랑스의 여가사회학자 드마쥬디에 Dumazedier는 여가의 기능 및 목적과 관련하여 여가에는 휴식, 기분전환 그리고 자신의 지식증대 및 자발적인 사회참여의 기능이 있다고 본다. 그로쓰 Edward Gross는 여가가 사회집단이나 사회 자체에 확실한 기능을 하고 있음을 보여주면서, 동료의식이나 집단의식, 민족적 정체성의 중심점으로서의 스포츠의 중요성을 강조한 바 있다. 하비거스트 Robert Havighurst가 보기에 계층 · 성별 · 연령을 떠나 여가 참여자들은 '즐거움을 찾기 위해서', '일로부터의 기분전환을 위해서', '시간을 보내기 위해서', '창의적인 감정을 느끼기 위해서' 여가를 즐긴다. 이러한 여가의 기능들을 조합하면 이들에 복무하는 활동들을 여가에 포함시킬 수 있을 것이다.

이상의 여가 개념을 보건대 여가와 놀이의 상관성은 무척 크다고 볼 수 있다. 노동이 지배하는 일상적 현실로부터의 탈주, 즐거움을 추구하는 행위라는 일반적인 특징에서 볼 때 그렇다. 여가는 놀이를 포함하는 더욱 광범위한 개념이라 할 수 있다. 그러나 여가학자들은 놀이와 여가의 밀접한 연관성을 인정하면서도 놀이의 개념이나 그 특성에 대해서는 거의 전부 자세한 언급을 피하고 있다. 스탠리 파커의 경우에도 "모든 놀이는 여가의 한 유형"이라고 하면서 그 역은 반드시 일치하지 않는다고 주장하는 정도에서 멈추고 만다. 심지어 브라이트빌 Charles Brightbill의 경우 "놀이는 자유롭고, 즐거우며, 즉흥적이며, 특히 젊은 층에 있어서는 동물적인 자연스러운 표현"이라고 한다. 이는 놀이를 폄하하는 논거로도 될 수 있으며, 놀이의 범주를 크게 제한할 수 있는 주장이기도 하다.

더욱이 하위징아와 까이와가 여가학자로 분류되는 경우도 나타난다. 놀이에 대한 여가학자들의 상대적인 무관심은 이들이 주로 사회학자이고, 근대 이후의 소비적 여가문화를 주된 분석으로 삼고 있다는 점에서 비롯된 것이 아닐까 짐작해볼 수 있다. 물론 대중사회의 대중문화가 지금의 주된 여가 대상인 것은 부인할 수 없지만, 그것이 놀이에 대한 무관심으로 이어진 것은 아쉬운 일이라 하겠다. 놀이는 '수동적 여가'와 달리 상호작용성 interactivity과 참여의 여가, 즉 참여적 쌍방향성의 여가이다. 그것은 개인의 창조, 집단과 사회의 갱생과 관련이 있는 중요한 활동이다. 놀이는 재미의 다양한 흐름들과 문화적 상상력 및 사회적 정의 등 다양한 요인들이 협응하여 크고 작은 '우발적' 결과들을 산출하는 인간 존재의 필수적인 활동이다.

따라서 놀이에 대한 학제적 · 입체적 접근을 시도하는 '놀이학 play studies'의 관점에서 여가문제에 접근할 경우, 놀이가 갖는 인문학적 속성 덕분에 여가에 대한 더욱 풍성한 기술이 가능할 것이다. 그리고 놀이가 갖는 유토피아적 속성은 현실분석에 머물고 있는 여가연구를 비판적 담론으로 그리고 대안적인 여가사회 디자인을 위한 많은 아이디어를 제공할 수 있을 것이다. 놀이학의 경우 여가학의 데이터나 현실분석을 우리 사회의 놀이진단을 위한 자료로 활동할 수 있을 것이고, 여가학의 경우 인문학적 놀이학의 수혈을 통해 사회 혹은 여가 분석학을 넘어 종합적인 비판학으로서의 면모를 획득할 수 있을 것이다.

흔히 레크리에이션 recreation도 자주 여가와 유사한 개념으로 쓰인다. 스포츠 연구자들의 경우가 그렇다. 레크리에이션 역시 여가나 놀이처럼 다양한 의미를 지닌다. 문자 그대로 해석하자면 레크리에이션은 재창조 혹은 갱생을 의미하는데, 이는 여가나 놀이의 한 기능 혹은 효과이기도 하다. 이러한 관점에서 파커 Parker는 "자신을 새롭게 하거나 일에 대한 준비"가 레크리에이션의 원래 의미라고 주장한다. 레크리에이션의 이러한 요소는 여가를 낭비나 소모 등 부정적인 것으로 보는 이들에게 큰 설득력을 가지며 '건전한 레크리에이션'으로서의 여가관 형성에 기여할 수 있다고 덧붙인다. 하지만 이러한 긍정적인 함의에도 불구하고 레크리에이션은 흔히 기분전환을 위한 개인적 혹은 집단적인 오락활동이나 체육활동 등 제도속의 여가로 이해된다. 그래서 맥코맥 Thelma

McComack 같은 이의 경우 "레크리에이션은 일종의 사회통제시스템이다. 그리고 모든 사회통제시스템과 마찬가지로 어느 정도는 조작적이며, 강제적이며 주입적이다. 하지만 여가는 그렇지 않다"고 지적하기도 한다.

놀이 개념의 범주가 무척 광범위하고 명확한 정의를 내리기가 어려운 것처럼, 여가의 그것 역시 연구자에 따라 일정한 차이를 보인다. 하지만 여가가 자유시간 그 이상의 의미를 갖는다는 공감대는 형성된 것으로 볼 수 있다. 이러한 관념은 이미 플라톤이나 아리스토텔레스로까지 거슬러 올라간다. 그리스 시대의 여가관은 자유시간보다는 자신을 훈련하고 경작한다는 의미를 지녔다. 이는 16세기 이후의 '문화 culture' 개념, 즉 교양의 함양으로서의 (고급) 문화 개념과 유사한 의미를 지니는 것이었다.

우선 여가는 그리스어 Schole와 라틴어 Licere에서 유래했다. Schole의 원래 의미는 '멈춘다' 혹은 '그치다'의 뜻을 가지고 있었다. 하지만 이후 그 의미의 추가 혹은 확장 현상이 일어난다. 그 결과 여가는 자기생활공간으로부터의 자유와 해방, 조용함, 평화, 남는 시간, 자유 시간을 의미하며, 급기야 배움과 교양, 학식으로까지 확장된다. 이처럼 그리스인들에게 여가는 그저 주어진 자유시간은 아니었다. 왜냐하면 "잘못 사용된 남는 시간은 여가가 아니었으며, 여가는 필수적인 노동으로부터 자유로운 상태"로 이해되기 때문이다. 당시 여가와 반대되는 것은 일만이 아니었다. 우리가 놀이로 이해하는 'paidia'는 물론 규칙이 있는 경쟁 놀이인 'agon'의 경우에도 여가의 반열에 오르지 못하는 경우도 있기 때문이다.

가령 아리스토텔레스는 "함께 마시고, 함께 주사위 놀이를 하며, 운동이나 사냥을 같이" 즐기는 것을 여가활동으로 보지 않는다. 그에 따르면 유흥과 오락은 '직업'활동으로부터의 '해방감과 휴식'을 제공하며 일을 하는 사람에게나 꼭 필요한 것이다. 결국 놀이의 다수는 '노동의 연장'이며 놀이가 아닌 것이다. 아리스토텔레스의 여가관은 다음과 같이 간단하게 정리할 수 있을 것이다. 여기에는 그리스 사회의 유한계급이 생각한 여가관이 분명하게 드러난다.

1) 여가는 직업 활동보다 더 높은 가치를 가지고 있다.
2) 여가는 직업 활동이 궁극적으로 지향하는 목적이다(여가는 일의 최종 목적)
3) 직업 활동은 여가를 위한 수단이다.
4) 모든 생활에 기본이 되는 것은 여가를 올바르게 사용하는 능력이다.
5) 여가 활동을 위해서는 지혜를 필요로 한다.
6) 여가를 선용하며 마음을 수양하는 데 필요한 자질에는 절제의 기질, 용기와 인내의 자질이 필요하다.
7) 행복은 직업적인 일에 종사하는 사람은 누릴 수 없는 것이며, 여가가 있는 사람만이 가질 수 있는 것이다.
8) 여가를 정신의 개발을 위하여 적절히 사용하는 것을 목적으로 연구해야 하는 학문과 교육의 분야들이 있다.

여기서 알 수 있듯이 아리스토텔레스에게 여가란 '정신의 계발, 정신적인 수련'과 연관된 활동이다. 그에게 모든 행동과 추구는 어떤 선(善)을 목표로 삼아야 한다. '선'은 그것 자체가 목적이 되는 것이다. 우리의 삶에는 많은 목적들이 있기 때문에 '선'은 무척 다양하다. 하지만 그 중 최고의 선, 궁극적인 목적은 '행복'이다. '행복'이야말로 "그 자체 이외의 다른 어떤 것 때문에 선택되는 것"이 아닌 그 자체로 "궁극적"이며 동시에 인간행위의 "목적"이기 때문이다. 당연히 행복은 '(심리적) 쾌락과 동일시'될 수 없으며 "오락 속에 깃들 수 있는 것도 아니다". 행복은 "일종의 좋은 생활 및 좋은 행위"이며 "그 자체가 바람직한 활동"으로서 "그 활동 이외에는 아무 것도 희구되지 않는 활동"이다.

아리스토텔레스는 행복을 위한 가장 유력한 활동이란 "어떤 종류의 정신의 유덕한 활동", "덕을 따른 정신의 활동"이라고 역설한다. 결국 행복은 덕을 따르는 활동인 것이다. 이 때 '덕'이란 "칭찬할만한 정신상태"로서 이성적 원리를 가지고 실천적 지혜를 발휘할 때 성립되는 '중용'을 의미한다. 아리스토텔레스는 삶을 향락적 생활, 정치적 생활, 관조적 생활로 구분하면서, 관조적 활동이야말로 완전한 행복의 원천이라고 주장한다. 그러한 관조적 활동의 핵심은 철학함이다. 결국 그 역시 여가를 '자유인 free man'의 기초로 보는 그리스인의 여가관을 공유하고 있는 셈이다. 그에게도 행복한 삶은 '여가'없이 불가능하다. 여가가 있는 삶 속에서 덕을 따르며 살 때 완벽한 선은 가능한 것이기 때문이다. 명상과 음악은 철학함과 더불어 가장 바람직한 '여가'이다. 그리고 최상의 여가, 즉 "명상 중의 인간은 자유인이다. 그는 아무 것도 필요치 않다. 그리하여 아무 것도 그를 결정짓지 못하며 파괴하지 못한다. 그는 자신이 하고 싶은 모든 것을 할 수 있으며 자신이 하는 무엇이든지 그것은 그 자체만을 위해 이루어질 수 있다."

지금 사람들의 관점에서 그리스인들과 아리스토텔레스의 여가관에 대해서는 많은 비판이 쏟아질 수 있다. 특히 아리스토텔레스 여가관은 고대 노예제를 기반으로 둔 정치철학과 윤리학을 틀로 삼고 있다는 점, 불변의 본성론적 관점에서 노예제를 옹호하는 점, 따라서 자유인이라는 특권층의 여가만을 우선시하고 있음이 비판의 단골 메뉴이다. 실제로 그에게 노예는 귀족의 재산으로서 "생명이 있는 도구"에 불과하고 "본성으로 인하여 그 자신의 주인이 될 수 없고 타인에게 속하는 사람"이며 "이성이 결핍되어 있지만 타인이 이성을 갖추고 있다는 것을 알 정도의 이성"을 가진 사람이다. 그는 노예는 "자연적으로 노예"이며 "노예상태가 올바르며 동시에 유익하다"고 주장한다. 노예들은 육체적 '생활'이 목적이지 관조적 생활인 '여가'가 목적이 아니다. 따라서 노예들의 생산과 관련된 오락과 여흥은 여가가 될 수 없다.

이러한 전통은 1960년대 일종의 문화적 전회 cultural turn, 그리고 8·90년대의 '놀이적 전회 ludic turn'가 도래하기 전 모습을 달리하면서 계속되어 왔다. 대중문화나 통속문화 등의 '저급문화 low culture'를 배척하는 '고급문화 high culture' 옹호자들의 태도는 한 예가 될 수 있을 것이다. 그도 그럴 것이 대중문화와 레저산업의 비약적 발전과 고급문화/저급문화의 이분법에 저항하는 다양한 학문적 시도들로 인해 그 위세가 점점 약해 졌지만 여가나 놀이와 관련한 '구별짓기'나 엘리트주의적 차별화의 시도들은 지속적으로 변형되면서 재생산되어 왔기 때문이다.

물론 21세기를 살아가는 우리들에게 '여가'란 어휘는 무척 익숙한 말로 들릴 것이다. 그도 그럴 것이 1990년대 이후 한국사회 역시 진입했다고 하는 이른바 '후기 산업사회' 혹은 '소비 자본주의'를 살아가는 우리의 삶과 부모 세대의 삶을 비교해보면, 우리는 분명 '여가의 전성시대'를 살고 있다는 생각에도 무리는 없을 것이다. 그러나 사정은 그렇지 않은데, 왜냐하면 우리가 '여가'라고 생각하는 것들이 사실은 단순 오락에 지나지 않는 경우가 많기 때문이다. 물론 오락이나 놀이 역시 여가의 중요한 구성요소라는 데에는 이견의 여지가 없다. 그러나 '인간다운 삶' 혹은 '삶의 질 Quality Of Life, QOL'과 긴밀한 관련이 있는 여가문화를 한바탕 먹고 마시는 일로 여기는 것은 우리 여가 문화의 한 풍경임에 틀림없다. 하지만 '여가'가 사회 민주화나 '문화 다원주의'로 가는 지름길이면서 사회 민주화나 문화적 민주화를 측정하는 척도라고 할 때, 그것의 의미를 다양한 측면에서 조명할 필요가 있을 것이다. 이는 최근 외국 '여가학'이 인문적 사유와 가치를 적극 반영하려는 노력의 이유이기도 하다.

우리의 여가학과 여가를 이해하는 시각이 대체로 편협한 것은 우리 근대화 과정의 불구성과 긴밀한 관련이 있음이 이후 드러날 것이다. 가령 국어대사전(삼성출판사)에서 '여가' 항목을 찾아보면 "겨를, 틈"으로 너무나 간략하고도 안이하게 정의를 내리고 있다. 그러나 브리테니커의 '여가 leisure' 항목에는 여가를 "삶의 재창조 Recreation"와 "탈일상성" 및 "복지"와 관련한 일체의 활동이라고 하면서 세세하게 설명하고 있을 뿐만 아니라, 이를 문화인류학, 철학, 사회학, 문화학, 문학 · 예술, 관광학, 공연학 등 다양한 학문 활동과 관련하여 설명하고 있어 우리의 눈길을 끈다. 특히 '삶의 질 QOL'을 "욕구와 욕망, 열망, 선호되는 삶의 스타일을 아우르는, 삶과 환경에 대한 개인의 행복이나 만족, 그리고 총체적 웰빙 well-being을 결정하는 유무형의 요소"라고 할 때, 이는 너무 광범위한 개념이라 할 수 있다. 그렇지만 이를 삶의 '만족'이나 '행복'과 관련한 일체의 활동으로 이해하고 있다는 점에서 진일보한 정의라 할 수 있다.

우리는 대략 인생의 1/3을 수면으로 소비한다. 이는 생존을 위해 필히 요구되는, 거역할 수 없는 시간이다. 그리고 우리는 먹고살기 위해 노동을 해야 하고, 노동과 삶의 피로를 해소하기 위해 '휴식'을 취한다. 그리고 자투리 시간에 놀기도 하고 사교생활을 한다. 우리 대개의 삶은 이런 식으로 흘러간다. 그런데 여기에서 단순 휴식은 '여가'에서 제외된다. 왜냐하면 '여가'는 '자유롭고도 주체적이며' '필수적 생존활동'을 벗어나거나 더 원활하게 이어나가기 위한 '목적의식적' 활동이기 때문이다. 다시 말해 인간의 삶은 '생리적 필수시간'(잠, 식사, 신변잡일)과 '노동시간'(일), '여가시간'으로 구성될 수 있다. 첫 번째 시간과 두 번째 시간은 인간의 생존을 위해 필연적으로 있어야 할 시간이므로, 이러한 필연과 필요에서 벗어난 자유로운 여가시간의 범주에 넣을 수 없다.

여가는 노동과 짝패 개념이라 할 수 있다. 즉 여가는 노동에서 해방된 시간이면서(탈노동, 탈일상), 다시 그 다음의 노동을 위한 에너지 확보의 시간이기도 하다. 그래서 여가학은 항상 노동에 대한 시각이나 노동 양태의 변천사에서 출발한다. 가령 "우리는 왜 일을 하는가?" "왜 우리는 공부를 하지 않으면 안 되는가"라는 질문을 스스로 던져보면 여러 가지 대답이 나올 수 있을 것인데, 대부분은 '어쩔 수 없이'라는 말로 자신의 답변을 시작할 것이다. 과연 자신의 일에서 "자발성과 주체성, 창의성"이나 '자유로움'을 찾을 수 없다면 이는 여가와는 관련이 먼 활동일 것이다. 그렇다고 여가가 무작정 노는 것은 아니다. '여가'는 독일어로 'Freizeit'(영어의 free time과는 좀 다르다)이다. 이는 그야말로 남는 시간 '여가'의 의미도 있지만, 오히려 자유로운 자기활동의 시간, 즉 "살아 있는 자기 시간"이라는 실존적 의미가 더욱 강하다.

자, 그렇다면 실존적 · 실질적 의미에서 우리의 여가 시간은 얼마나 주체적이고 개성적이며 창의적인가? 여가학은 자기 개인의 삶을 여가의 정신에 맞게 기획하고 연출하는 일뿐만 아니라, 사회의 자유성과 창의성을 증진시키기 위한 프로그램을 포함하는 학문이다. 그 점에서 여가학은 '인간학'이요 '정치 · 사회학'의 노른자위 학문이 될 수 있다. 가령 우리의 여가 시간을 따져보면, 우리는 자유로이 주어지는 시간에 주로

술 마시고(술집), 노래하고(노래방), 고스톱치고, 텔레비전 보고, 게임하고, 휴식하는 것이 거의 전부이다. 물론 최근 여행이나 공연관람, 여가용 독서, 외식 등의 여가문화들로 다양해지는 징후를 보이곤 있지만, 이는 단순히 획일적 틀에 맞추어진 판박이 놀이문화일 뿐이다. 세계 제1의 40대 사망률을 자랑하는 나라라는 오명 뒤엔 여가정책을 방치해 온 국가와 우리의 무관심이 도사리고 있다.

우리는 자주 여가는 '가진 자들'이나 하는 것 정도로 생각한다. 그도 그럴 것이 공공복지정책을 등한시하는, 아니 공공복지정책의 비전을 제시하지 못하는 정부나 지자체들, 여가를 돈벌이 수단으로만 생각하면서 여가 상업주의에 포획되어 있는 관련 기관이나 기업들은 여가에 대한 우리의 인식 수준을 보여준다. 그리고 우리의 근현대화 과정에서 여가 문제를 학문과 사회적 실천의 대상으로 여겨오지 않았거나 소극적이었던 대학사회 역시 비판의 대상이 되어야 한다. 노동시간 단축이나 최저임금제 등을 둘러싼 지루한 다툼과 논쟁은 우리 사회의 수준을 보여주는 바로미터이다. 최근 정책의 중심으로 부상하고 있고 여가/놀이 환경의 정초에도 중요한 의미를 갖는 지역재생이나 문화복지에 대해 그것을 신종 뉴딜사업으로 여기는 관행에서도 삶의 질에 대한 논의는 어느새 사라지고 경제적 지표에 대한 장밋빛 신기루만 남발되고 있는 형편이다.

인간의 자유는 사회구조적 조건들에 많건 적건 제약을 받는다. 가령 90년대에 접어들기 전 독점자본주의 경제구조의 한국사회는 유무형의 권력들에 의해 여가의 권리를 침해당하거나 적절한 여가생활을 요구할 수 없었다. 물론 폭압적인 권력에 대항해야 했던 진보적 학계나 시민운동들 역시 '한가롭게'(?) 여가를 요구할 상황에 있질 못했다. 그러나 90년대부터 시작된 유례없는 전 세계적인 정치·경제적 변화와 더불어, 그리고 그에 따른 국내의 사회적 변화로 인해 우리 사회 역시 삶의 근본적 변화에 대한 다양한 질문에 직면하게 된다. 그와 관련하여 가장 소중한 문제틀이 바로 '일상'이다. 왜냐하면 결국 온전한 '여가문화'의 프로그램을 마련하고 실행하는 일은 '일상의 정치학'과 불가분의 뗄 수 없는 관계에 있기 때문이다.

일상과 여가에 관심 갖는 일은 결국 사회의 근본적인 민주화를 이루는 일이다. 일반적으로 일반 민중의 삶의 질은 과거 방식의 혁명이나 거창한 개혁 프로그램만으로 이루어질 수 있는 일이 아니다. 비단 이는 과거 소련의 경험만이 말해주는 것은 아니다. 우리의 경우에도 6 · 70년대 근대화 과정에서 엄청난 경제적 변화를 이룩했지만, 그것은 국민의 일상적 자유에 대한 억압과 국민 총동원 강압정책이 있었기에 가능한 일이었다. 사실 구한말 이후 우리의 근대화 과정은 일상적 억압과 노동동원의 역사였고, 결국 국민의 여가를 억압하거나 조작해온 역사였다. 우리 대중문화의 역사나 이와 관련한 지식계의 반응의 변천사는 이러한 사태의 본질을 상징적으로 보여준다. 왜냐면 19세기 이후 자리 잡은 대중문화는 이전의 전통적 민중문화(축제 문화)를 밀어내고 근대적 여가의 주요한 성분으로 자리 잡게 되거니와, 서구나 우리 할 것 없이 대중문화의 변천상은 여가에 대한 우리의 태도에 얼마나 많은 문제가 노정되어 있는지를 말해줄 것이다.[1)]

역사가 짧은 한국 여가 연구는 주로 사회학적 데이터 분석의 대상으로만 여겨져 온 감이 있다. 물론 국민들의 일상적 삶의 자료들을 수집하고 통계를 통해 그것을 분석함으로써 사회적 삶의 지표를 마련하는 일은 너무나 중요하고 소중한 작업일 수밖에 없다. 그러나 여가와 관련하여 우리는 관심의 폭을 넓힐 필요가 있다. 왜냐하면 여가학 역시 사회변화에 발맞춰 실천학으로 나아가야 하기 때문이다. 여가와 일상, 문화에 대한 관심이 실천학으로서 사회 변화에 맞닿을 수 있음을 보여주는 예로 문화혁명이었던 '68혁명'이 자주 거론되는 것도 그러한 이유에서 일 것이다. 이 당시만큼 일상적 삶과 여가에 대한 진지한 고민이 이루어진 적이 없고, 여가 문화의 올바른 자리매김의 관건인 '축제 정신'에 대해 전대미문의 관심을 보인 시대였기 때문이다.

그런 점에서 과거 여가문화에 대한 반성과 새로운 여가문화의 가능

1) 물론 이는 대중문화의 부정적 기능을 말하고자 함이 아니다. 권력과 문화의 밀월 관계만큼이나, 문화는 권력으로부터 거리를 두고 인간 삶의 본질적 변화를 추구하기 때문이다.

성을 동시에 보여주는 열쇠 개념으로서 '축제'에 다시 주목할 필요가 있다. 장 뒤비뇨 Jean Duvignaud의 말대로 "인류사는 축제사"라 할 수 있겠거니와, 그가 보기에 축제의 정신과 양상은 우리 사회의 억압적 스트레스를 보여주고 반성하게 하는 '거울'이 되어줄 것으로 확신한다. 축제는 그야말로 제의성과 황홀성, 주기성과 탈일상성 등의 복합적 성격을 갖는 이벤트이다. 이벤트는 단순히 요즘과 같은 전시용 행사가 아니라 하나의 '사건'이다. 산업화 이전 과거, 동양이나 서양에서는 그런 경험들이 있었다. 우리는 축제 경험의 좌절 속에서 축제의 현대적 변용의 기회를 상실하거나 강탈당해 버렸지만, 서구의 경우 이것이 다양한 형태로 변형되어 지역 공동체의 연대와 결속뿐만 아니라 문화산업적으로 훌륭한 자산이 되고 있음을 안다. 이러한 다양한 문제틀에 주목하면서 우리는 우선 여가학의 일반적 동향을 살펴보도록 한다.

3. 여가 연구가 걸어온 길

논란의 여지가 있지만 여가연구의 문을 열어젖힌 인물은 마르크스의 사위이면서 사회주의자인 라파르그 L. Lafargue이다. 그는 프랑스 공산당의 주도적 창립 멤버의 한 사람이었으며, '노동자의 여가를 찬양'하는 글을 쓴 인물이다. 『게으름에 대한 권리』(Right to Lazy, 1883)는 '노동 이데올로기'가 지배적이던 시기에 쓰인 역작이다. 라파르그의 문제제기는 지금의 시점에서 볼 때 자본주의와 현실 사회주의 모두를 비판하는 주장을 담고 있다. 그도 그럴 것이 "노동생산성 향상=사회발전과 진보"라는 발전도식은 양 체제 모두를 지배했기 때문이다. 여기서 우리는 이미 인간학으로서의 여가학이 사회 · 구조와 필연적 연관을 맺고 있음을 알 수 있거니와, 그 때문에 비판적 여가관은 이러한 생산력주의와 그로 인한 국민동원 및 일상과 자유 억압에 비판의 칼날을 들이댈 수밖에 없고 인간 사고와 행위의 자율성에 대한 억압의 뿌리를 여가 탄압 및 여가 조작(여가 상품주의 등)에서 찾게 된다.

하지만 본격적인 여가학은 1950년대 일군의 사회학자들에 의해 처음 그 필요성이 제기된다. 그렇다고 해서 바로 독자적인 학문 영역으로 자리 잡은 것은 아니고 사회학의 한 분과학문으로 인식되었을 뿐이다. 그러나 1960년대 일상혁명과 문화혁명을 표방한 이른바 '68혁명'의 거대한 문화정치적 혁명의 파고가 지나간 뒤 '일상의 정치학'이 대두되면서 '여가학'으로 그 시작을 알린다. 이 시점에서 종래 여가 연구의 한계, 즉 여가의 증대를 단순히 "개인 생활의 향상이나 복지수준의 향상"이라는 문제로 보는 편향적 연구의 한계를 반성하면서 여가학은 여가와 노동 및 가정생활 등 모든 영역에서의 총체적 삶의 전환, 즉 '삶의 질 QOL'을 핵심적인 과제로 삼게 된다. 특히 거시권력에 대한 변화 못지않게 미시적 수준의 민주적 사회변화에 대한 시대적 요청이 제기되면서 비판적 여가학의 등장 징후까지 나타난다.

일단 다시 여가학의 출발선으로 돌아가자. 우리는 제2차 세계대전 이후 미국 중심의 사회학자들이 여가 문제에 관심을 갖기 시작한 점을 인정해야 한다. 그들은 급격하게 발전한 여가산업에 힘입어 국민들의 여가 동향을 분석하고 여가 소비 진흥책을 모색한다. 물론 선진국들에서의 갑작스러운 여가산업의 비약은 3세계 착취를 기반으로 한 생산력의 엄청난 증대에 힘입어 등장한 '풍요로운 사회 affluent societies'로 인한 '자유시간 증대'에 힘입은 것이다. 그런 점에서 우리는 주류 지배소화에 대한 반성과 대안으로서 긍정적으로 평가되는 당대의 '하위문화 sub-culture'에 대해서도 이중적 평가를 할 필요가 있다. 그 저항성을 감안하더라도 그 밑바탕엔 전 세계적 불평등 구조에서 획득한 물적 자본이 깔려 있었기 때문이다. 당시 많은 사회학자들은 여가의 증대와 사회계층간의 평준화 현상이 여가사회의 밝은 앞날을 예고한다고 주장하면서, '일 중심' 사회에서 '여가 중심' 사회로의 전환을 사회 진보의 실질적 징표이자 '자유세계'의 우월성을 입증해주는 징후로 파악하였다. 대중문화의 문화적 민주화 기능에 대한 낙관주의적 평가 역시 이러한 분위기에 크게 힘을 싣고 있다.

하지만 곧이어 소비자본주의적 여가산업을 옹호하는 순응적 여가연구에 대한 비판이 제기된다. 가령 로젝 Chris Rojek의 경우 50 · 60년대의 여가연구는 '사회 없는 여가'를 다루고 있다고 비판한다. 이는 과거 여가

연구가 여가를 사회학의 대상으로만 여기던 관행에서 기인하는 현상을 비판한 것인데, 통계 등 데이터에 대한 실증적 연구 중심의 관행에 대한 문제제기로 볼 수 있다. 로젝은 여가 연구가 복합 과학이어야 함을 주장하고, 특히 현대 여가 현상 저변의 사회 구조적인 병폐를 진단하는 '비판이론'이 되어야 함을 역설한다. 이는 『포스트모더니즘과 여가』에까지 지속되고 있는 로젝의 일관된 주장이다. 그는 자유, 해방, 일상으로부터의 탈출, 즐거움에 대한 추구로 정의한 기존의 여가관이 잘못되었음을 지적하고 여가가 동시대 여가 불균등과 지배문화에 대한 저항과 투쟁이기도 하다는 점을 논파함으로써 여가학의 지평을 확대한다.

반면 사회주의권 국가들에서 여가 연구는 부르주아적인 학문으로 취급되며 기피의 대상이었다. 이러한 사정은 스탈린 사후의 '해빙기'에도 마찬가지였다. 오히려 마르크스주의적 관점에서의 여가 연구 가능성은 '일상'에 대한 서구 마르크주의자들의 관심에서 꽃피웠고, 이는 현대 세계 연구 및 '문화연구 cultural Studies'에 지대한 영향을 미친다. 특히 이와 관련해서 앙리 르페브르, 아도르노 Theodor Wiesengrund Adorno나 마르쿠제 Herbert Marcuse 등의 프랑크푸르트 학파의 이름이 자주 거론된다. 이들은 특히 사회주의 사회 내부에 (여가의) 불평등 문제, 인간/자연, 정신노동/육체노동, 개인/사회의 모순과 불균형 문제가 자본주의 못지않게 팽배해 있음을 비판하는데 사회주의 사회의 일상적인 소외의 문제를 동시에 지적한다. 관료주의, 차이를 인정하지 않는 획일적 지배, 소외 등은 사회주의 국가들의 민주화라는 측면에서 반드시 제고해야 할 문제로 대두된다.

4. 여가를 바라보는 시선들

주류 사회학에서는 과학적 여가 연구의 출발점으로 여가 경험의 본질을 규명하고자 노력을 경주해왔다. 가령 뒤마즈디에 Dumazedier의 경우 여가를 휴식, 오락, 인격 개발과 연관된 것으로 파악한다. 그에게 여가는 "개인이 자신의 직업적 의무와 가족과 사회에 대한 의무로부터 벗어나, 휴식하거나 즐기거나 자신의 지식을 늘리거나, 이해관계에서 벗어나 그의 능력을 배양하거나, 공동체 생활에서 자발적 참여를 늘리거나 하는 등 자신의 자유의지에 만족할 수 있는 다양한 일들로 구성"된다고 보았다. 이러한 생각은 다른 강단 사회학자들의 그것과도 일치한다. 가령 버치 Burch는 여가가 "긴장완화 및 그의 삶과 사회를 가늠해 볼 수 있는 기회"를 제공한다고 파악한다. 카플란 Kaplan이 여가를 "자기 결정성, 자유시간, 즐거움의 감정"으로 규정하는 것 역시 같은 맥락으로 이해할 수 있다. 이외에도 많은 논자들이 유럽과 미국의 복지국가 모델을 준거로 삼아 여가를 설명하는데, 이들은 파커의 여가관, 즉 "선택 choice, 융통성 flexibility, 자발성 spontaneitity, 자기 결정성 self-determination"을 여가의 결정적 요소로 간주하는 태도에 머문다.

이들 논의의 문제점은 자명하다. 우선 그들이 제시하는 후기-산업사회론의 청사진에는 현실적으로 나타나는 제반 사회적 억압과 문제들이 은폐되어 있다. 즉 영미 여가연구자들의 담론에는 과연 후기 산업사회에서 여가 선택의 자유와 융통성이 인간관계에 전적으로 발휘되고 있는지, 그리고 개인의 잠재적인 능력과 욕망들 및 에너지가 자유롭게 발산되며 그렇게 허용되고 있는지를 지금의 현실에 비추어 반성하고 비판할 수 있는 비판이론적 잠재력이 소거되거나 부족하다.

가령 이들의 산업화 논리에는 고질적 저임금에 시달리는 특정 사회집단(비정규직이나 여성 노동자, 외국인 노동자 등)의 여가 제한과 여가의 사회적 위계화 및 서열화의 문제가 소홀히 된다. 여가(소득)의 분배에 있어 정치적·경제적 권력이 미치는 영향력에 대한 언급이 없고, 세계체제의 문제에서 자본주의(제국)와 여타 국가들 사이의 여가 불평등의 구조적 원인에 대한 성찰의 노력이 명확하게 드러나지 않는 것도 이들의 맹점이다. 특히 이러한 시선에서는 '헬조선'으로 표상되는 최근의 청년문제나 노년문제 등에 대한 반성과 극복의 비전이 뚜렷하게 나타나지 않는다. 프랑크푸르트 학파의 좌장이었던 호르크하이머가 실증주의적 사회과학을 '지배계급 이데올로기의 대표자'라고 비판한 대목은 이러한 여가 연구 경향에 대한 비판에도 적용될 여지가 충분하다.

그러는 한편 호르크하이머와 아도르노는 동구 현실 사회주의 국가들의 관변 마르크스주의와 대결하면서, 마르크스의 고전적 혁명관의 현실 괴리현상을 절실하게 체험한다. 자본주의에서와 다른 모습으로 나타나는 현실 사회주의 국가들의 자유와 여가 문제는 향후 대안 사회구성을 위해 반드시 대결해야 할 문제라는 점에서 프랑크푸르트학파의 비판은 매우 중요하다. 그들이 보기에 마르크스의 예상과 달리 혁명은 주로 후진국에서 일어났고 소련을 비롯한 사회주의 국가들은 자본주의의 폐해를 답습하거나 더욱 악화시키고 있다. 특히 그들은 사회주의 국가들의 극악한 '관료주의화' 현상을 비판한다. 즉 그들이 보기에 자본주의나 사회주의 국가들 모두 대중들에 대한 관료적 지배 형태, 신종 야만의 상태를 벗어나지 못했다는 것이다. 어떤 점에서 자본주의보다 더욱 억압적인 사회주의에서 여가의 문제를 논하는 것 자체가 사치라고 보는 지도 모르겠다. 여가와 일상, 대중문화 등과 관련한 그들의 관심은 주로 서구 선진 자본주의 국가들에 집중되어 있기 때문이다.

특히 자본주의 비판과 관련하여 그들이 관심을 갖는 영역은 문화산업(대중문화)인데 이는 일종의 여가산업 비판으로 읽을 수도 있다. 그들의 '문화산업론'은 후기 자본주의 사회의 정치적·경제적·이데올로기적 조건을 상세하게 비판하고 있다. 여가산업으로서의 문화산업에 대한 그들의 주요 비판 지점은 첫째, 혁명적 계급의식을 약화시키며 의식을 조작하는 복지국가의 실체, 둘째, 시장에서의 구매력, 기술 숙련도, 사회적 지위의 차이에 따르는 여가의 차별화와 노동계급의 파편화 현상 셋째, 계급 통제의 유효한 수단으로서의 여가(대중문화) 기능 등이다. 결론은 자본주의의 공고화 과정에서 등장한 여가산업이 자본주의의 중요한 이윤창출의 요소가 되었고, 자본주의 사회의 존속에 기여하고 있다는 것이다. 특히 선진 자본주의 국가들의 여가 상황은 노동자에게 자유와 자기 결정성이라는 환상을 심어줌으로써 노동자를 종속적 위치에 묶어 놓는데 기여한다. 이는 자본주의 사회 '문화산업' 전반의 문제점을 비판하는 작업으로 이어진다.

호르크하이머와 아도르노의 '문화산업론'은 여가와 관련하여 우리의 눈길을 끈다. 현대 여가산업은 문화산업을 전유하고 통제하는 문화자본의 이해관계에 깊은 영향을 받는다. 가령 문화산업은 개인의 사회화 socialization를 좌우한다. 수많은 드라마들과 영화들의 역사 및 진실 왜곡과 그것을 자연스럽게 체득하는 과정은 대중문화가 주체화에 미치는 영향을 구체적으로 보여준다. 아도르노는 이미 자본주의 문화산업의 '현혹 연관'을 지적함으로써 문화산업의 위험을 경고하고 있거니와, 이는 여가의 자율성이나 자기 결정성의 환상에 대한 비판이기도 하다. '비판이론'이라고 불리기도 하는 프랑크푸르트학파의 문화산업론은 주요 주장은 다음과 같이 요약될 수 있다.

첫째, 문화산업은 보편적 universal이다. 이는 대중의 의식과 무의식 모두에서 비판적 사유의 무기력화, 즉 태만 default을 조장할 수 있다(가령 Rock음악에 대한 대중들의 희열을 탈일상적 탈주 시도로 볼 수도 있지만, 이것이 '축제' 본연의 탈주로 평가되기 위해선 축제 이후를 엄밀히 평가할 필요가 있다).

둘째, 문화산업은 개인의 여가시간을 '착취'한다. 이는 문화산업의 본성, 즉 '여가활동의 상품화' 지향성에서 비롯된다. 문화산업의 작동은 이윤창출이라는 자본의 속성을 따를 수밖에 없기 때문이다. 이는 문화 상업화의 문제라기보다는 '상업주의화'의 문제이다. 가령 영화의 경우 '할리우드 시스템'의 형성과정, 음반시장의 형성과정과 변천사 등은 이에 대한 적절한 사례를 제공할 수 있다.

셋째, 문화산업은 대중들의 무의식 세계에 개입하여(이데올로기는 머리뿐만 아니라 몸에도 각인되는 법이다) 지금의 권력질서에 자연스럽게 복종하도록 한다. 그것은 현실에 존재하는 지배권력의 문제점들을 잊게 만들어 기존 현실을 단단히 한다. 일종의 '사회적 시멘트' 역할을 하는 것이다.

넷째, 대중문화의 향유(여가)에 있어서의 '자유선택'은 단지 제한된 범위 내에서의 선택일 수밖에 없다. 일상으로부터의 탈출은 단지 허구적 가상에 불과하다. 로젝은 이를 '보편시장 universal market'으로서의 자본주의와 관련시켜 설명한다.

다섯째, 판매나 디자인 분야에서 떠들어대는 상품의 개성과 특이성은 대량생산품의 속성을 감추기 위한 전략에 불과하다. 문화산업에 대한 이들의 비판의 쟁점은 대중문화의 여가 기만성이다. '자유로운 선택'은 자유롭지 않고, '자발성'이라는 것도 여기 조직자들의 이윤추구 동기에서 조작된 것이며 '자기 결정성' 역시 여가산업의 교묘한 계략일 뿐이라는 것이다. 따라서 현대 자본주의 사회에서의 여가활동은 자본주의적 생산의 필요에 규정되어 있고, 문화산업은 대중들의 비판의식에 물타기를 하는 도구로 간주된다.

마찬가지로 프랑크푸르트학파의 일원으로 간주되는 마르쿠제 H. Marcuse 역시 현대 사회의 여가와 노동에는 도구적 합리성(과도한 이성)과 관료주의적 지배에 의해 잠식된 일차원적 사유 one dimensional thinking가 침투해 있다고 본다. 마르쿠제의 이러한 비관론은 아도르노나 호르크하이머의 사유와 공명한다. 이러한 생각들은 자본주의 대중문화나 미디어 산업에 대한 비판으로 그 의미를 인정할 수는 있다. 비판의식이나 주체적 판단이 결여된 일차원적 인간을 양성하는 도구라는 비판이 과도하게 보이는 측면이 있음에도 불구하고 말이다.

하지만 60년대 청년문화가 발흥하는 시점에서 마르쿠제는 이러한 입장이 대중들의 수동성을 선험적으로 가정하고 있지 않은지에 대한 자기 반성을 한다. 대체로 문화가 자본주의적 지배의 알리바이로 기능하고 체제를 단단히 현상 유지하는 '사회적 시멘트'의 역할을 하고 있지만, 그에 저항하고 자기 고유의 사건과 서사를 구성해가는 적극적 주체들과 실천들이 있을 수 있다는 견해들을 피력하기 때문이다. 록음악과 포크음악이 어우러진 페스티벌, 발랄하고 경쾌한 당시의 시위문화 등 68혁명이 절정에 달한 시점에서 마르쿠제는 '다른' 대중문화와 여가산업에 대한 가능성을 엿보기도 한다. 이는 비단 마르쿠제뿐만 아니라 바흐친과 바타이유 등의 축제학에 대한 당시의 관심에 힘입은 서구의 학자들에 의해서도 주장된다. '에로스 효과 Eros effect'는 바흐친주의자들의 "축제적 상상력의 복권"과 맥을 같이 하는 것으로서 감성 혁명은 진정한

여가활동의 단초를 마련해 줄 것으로 기대되었다.[2]

대중문화를 향유하는 다양한 방식의 실천과 주체에 주목한 '문화연구 cultural studies'도 빼놓을 수는 없을 것이다. 주로 서구 마르크스주의자들로 분류되는 영미 문화연구자들은 속류 마르크스주의의 '경제-상부구조' 관계에 대한 도식적 해석을 거부한다. 왜냐하면 속류 마르크주의자들은 경제(생산양식)와 의식(상부구조)의 관계를 근본적인 인과관계로 도식화하기 때문이다. 이러한 관점에서는 경제적 토대가 사회적 의식을 규정하는 것으로 해석된다. 서구 마르크스주의자들은 이러한 '경제결정론'을 거부한다. 왜냐하면 사회적 의식('상부구조')은 계급관계의 물질적 수준에 의해 영향을 받기도 하지만, 상부구조에는 경제적 토대로 환원되지 않는 복잡한 요인들이 작용하기 때문이다. 프랑스의 구조주의적 마르크스주의자 알튀세르 L. Althusser는 이를 '중층적 결정' 개념으로 넘어서고자 했다. 주체 역시 자본주의의 토대나 미디어에 의해 일방적으로 규정되는 '좀비'같은 주체가 아니라 순응과 저항 사이에서 요동하는 복합적 존재로 설명된다.

문화연구의 관점에서 여가의 문제를 설명해 보자. '정통 마르크스주의'라는 이름으로 포장되어온 속류 마르크스주의적 관점에서 '여가'는 당시 체제의 물질적 수준에서 결정되어야 하는 것이었다. 즉 자본주의에서의 여가 따위는 자본주의의 물질적 토대에서 자유롭지 않다는 식으로 말이다. 물론 '여가'의 영역 확보를 둘러싼 사회적 갈등 속에서 노동자들은 거의 항상 제한을 받거나 조금의 성과에 만족해야 했다. 그 점에서 체제의 물질적 수준을 무시할 수 없다. 그러나 사정은 훨씬 복잡하다. 알튀세르의 '이데올로기' '중층 결정론' '상대적 자율성', 그람시의 '헤게모니' 등의 개념을 수용한 '문화연구 Cultural Studies 그룹은 이러한 환원론을 거부하고, 프랑크푸르트학파와는 다른 차원에서 문화와 여가 및 일상에 관심을 갖는다.

---

2) 조지 카치아프카스는 마르쿠제의 『에로스와 문명』에서 영감을 얻어 60년대 전 세계적 문화혁명을 '에로스 효과 Eros Effect'의 발산으로 정리한다. 그는 '에로스'를 '해방을 향한 본능적 욕구', '억압에 저항하는 원초적 본능'이라고 보았다.

여가연구와 관련하여 문화연구 그룹은 자본주의 사회에서 일어나는 '문화적 통합 cultural integration' 메커니즘을 탐색한다. 특히 스튜어트 홀 S. Hall은 노동계급과 소수인종, 더 나아가 스포츠 관중들의 '여가'에 주목하면서 프랑크푸르트학파와는 사뭇 다른 분석을 내놓는다. 아도르노나 호르크하이머의 경우, 선진 자본주의의 대중문화는 '관리되는 사회'라는 명칭에 걸맞게 대중들을 체제 순응적 존재로 묶어두는 기능을 한다고 본다. 그러나 '문화연구'의 이론가들은 노동계급의 다양한 문화적 소비 양태에 나타나는 역동성에 관심을 가지면서 여가를 즐기는 대중들은 자본의 충실한 노예나 좀비인 것만은 아니라는 입장을 개진한다. 그들은 대중들을 문화산업의 결과물을 거부할 수 있는 행위자의 측면, 즉 양가성 ambivalance을 지닌 존재로 이해한다. 더 나아가 이들은 대중문화 역시 체제 유지적 순응성을 조장하는 측면이 있기는 하지만 체제에 균열과 틈새를 만드는 역할을 할 수 있다고 하면서 어떤 대중문화냐를 따져 물어야 함을 암시한다.

'문화연구'의 입장을 계승한 연구자들은 여가를 '자유시간 및 자유선택'과 연결하는 주류 사회학의 안이한 분석에 거부반응을 보인다. 물론 이들은 여가에 대한 금욕주의적 거부반응을 보이는 '정통' 마르크스주의자들의 태도엔 더욱 거부적이다. 이들이 보기에 대중들의 여가 행위는 '경제적 구속'에서 자유롭지 않은 여가 불평등의 문제를 안고 있기는 하다. 하지만 여가의 영역은 '상대적 자유의 영역'(알튀세르)이고 이것이 체제와 현실에 만족하지 않고 더 나은 사회를 만들고자 하는 비순응적 · 자발적 주체화에 기여할 수도 있다고 본다. 문화나 여가에는 계급에 따른 격차가 있음을 인정하면서도 경제적 토대로부터의 상대적 자율성을 인정하는 것이다. 물론 지금의 시점에서 이러한 문화의 능동적 역할에 대한 견해가 너무 이상적으로 여겨질 수도 있다. 왜냐하면 자본주의는 기성 사회의 안정을 해치는 반체제적 · 축제적 여가문화를 포획하여 순응시켜버리는 즉 '체제내화' 해버리는 융통성을 지니고 있기 때문이다. 그럼에도 축제적 여가경험은 대중들로 하여금 일상의 억압을 인식하게 하고, 더 나은 사회를 향한 실천적 노력의 계기를 제공할 수 있다. 문화연구 그룹은 자본주의 여가문화의 다양성을 고려하고, 그것의 역기능과 순기능을 동시에 포착하고자 한다는 점에서 그 의미를 평가할 수 있다. 더 나아가 이들은 '인종/계급/세대/성'이 여가나 문화의 수용과 갖는 상관성에 주목하고 그것의 정치적 의미를 재해석하려한 노력은 지금의 시점에서 다시 평가되어야 할 대목이라고 생각된다.

반면 '결합체 사회학 Figurational Sociology'에서는 서구 마르크스주의의 좌파적 시선과 다른 흐름 속에서 여가에 대한 새로운 시각을 제공한다. '결합체 사회학'이란 엘리아스 Elias와 그의 제자들에 의해 행해진 일련의 사회 연구 방법론을 일컫는 개념이다. '결합체 figuration'라는 개념은 이들의 방법론을 가장 잘 드러내는데, 그것은 "상호 지향되어 있고 의존되어 있는 인간들의 집합 구조"로 정의된다. 결합체 사회학에서는 이러한 집합 구조와 여가의 상관성에 주목하여 그것의 기능과 효과를 분석한 바 있다. 결합체 사회학의 대표 주자인 엘리아스와 더닝은 "현대 사회의 여가활동이 일상생활에서 결여되었던 강렬한 즐거움의 감정을 분출시키게 해준다"는 점을 강조한다. 이는 대중문화나 스포츠와 같은 노동 후 여가활동이 일상(노동)에 대한 보상적 기능을 해줌을 의미한다.

하지만 현대의 여가문화에 대한 긍정으로 읽힐 수 있는 이러한 주장은 엘리아스나 더닝의 본래 의도가 아니다. 이들의 주장을 더 따라가 보면 지배적 여가문화에 대한 비판적 거리두기를 하려는 경향이 짙기 때문이다. 특히 다음과 같은 주장들은 이른바 주류 여가사회학에 대한 비판으로 읽을 수 있는 대목들이다.

첫째, 현대의 여가활동은 '자유'와 동일시할 수 없다. 오히려 지금의 여가는 감정을 구속하고 균형 잡히도록, 다른 말로 사회의 '안정화'에 기여한다. 특히 체제가 제공하는 여가란 그것이 아무리 열정적이고 폭발적인 성향을 보이더라도 제한된 경계 내에서 '소비'된다.

둘째, 현대사회의 여가문화는 임의적이고 난폭하며 강렬한 감정을 분출하거나, 흥분을 폭발시키기 위한 축제적 여가문화를 허락할 수 없다. 다른 말로 온전한 '주이쌍스 jouissance'를 가능하게 하는 여가를 위해서는 '문명화'와 '안정적 질서의 유지'를 위한 중세보다 더 높은 사회화의 문턱을 넘어야 한다. 아무리 즐겁고 위반적인 축제나 놀이라 하더라도 그것은 체제가 허락하는 테두리 안에서만 가능하다는 것이다.

셋째, 그래서 현대의 여가활동은 '대리적인' 행태를 띄게 된다. '대리적'이라는 말은 "강렬한 감정이 '통제된 형태로' 풀려나올 수 있는 이벤트들을 사회적으로 시행한다"는 의미를 담고 있다. 가령 스포츠와 영화, 콘서트 등 자본주의의 여가용 이벤트를 통해 깊이 누적된 감정들이 표출되는데, "선진 산업사회의 여가활동이란 적당하게 자극적인 행동이 공공연히 일어나는 것을 사회적으로 승인하고 고무하는 이색적인 영역이다". 이러한 이벤트에서 여가활동이 사회적으로 통용되는 질서를 넘어 걷잡을 수 없는 형태로 흐를 때 이는 장기간의 여러 계기를 거쳐 형성된 '결합체 유대 figurational bonding'를 해칠 수 있으므로 제한된다. 들뢰즈의 말을 빌어 표현하자면 사회적 공리계를 넘어서는 탈주의 시도는 불가능하게 되고 고작 영화나 대중문화의 자극적 문화현상을 통해 대리만족하게 되는 것이다.

일반적으로 대중들은 사회적 · 정치적 억압들을 싫어하면서도 사회적 안정을 희구하는 양면성을 지닌다. 그들은 핵위협과 환경 위기 등의 재앙이 만연한 현실에도 불구하고, 그리고 과학기술의 발전으로 인한 다양한 부작용에도 불구하고 이러한 위험들에 대해 무감하거나 자신들만은 안전하다고 생각한다. 그러면서 영화의 폭력적인 장면들에 대해서는 점점 더 강한 것을 원한다. 폭력에 대한 대리만족인 것이다. 산업사회의 등장 및 발전과 더불어 대중의 여가는 '온순화 pacification'의 행보를 밟아왔다. 초기 생산력 증가라는 과제에 직면하여 자본주의는 전통적인 민중축제의 해체 및 놀이의 온순화를 강제했지만, 후기 자본주의에 와서는 여가의 상업화와 더불어 더욱 강한 자극을 '매매'하고 있는 것이다. 대중은 참여와 협력, 공동의 희열과 연대를 통한 축제 경험을 상실했고 그 대신에 노동에 대한 보상으로 대리만족 거리들을 제공받게 된 것이다. 결합체 사회학의 여가 연구는 문화연구의 여가관에 일정한 거리를 두면서도 주류 여가학에 대해서도 문제를 제기하면서 나름 균형을 찾으려는 시도로 볼 수 있을 것이다.

한편 사회사로서의 '일상사 연구' 역시 1950년대 미국 중심의 주류 사회학에 반발하여 생겨났다. 나아가 '일상사'는 '위로부터의 역사'에만 집착하는 주류 역사학에 반대하며 말할 자격을 얻지 못해 역사에서 배제되어 온 민중들의 목소리를 듣고자 한다. 소수자나 하위주체들의 목소리를 통해 역사적 서사를 재구성한다는 점에서 '아래로부터의 역사'를 지향한다고 볼 수 있다. 이러한 시도는 실증주의적 방법에 매몰된 주류 사회학의 몰역사적이고 초역사적 연구태도에 대한 비판으로 효과를 갖는다. 특히 일상사 여가 연구자들은 주류 사회학 논자들의 서구 중심주의, 즉 제3세계 국가들의 역사에 대한 무관심의 저변에 서구 사회에 대한 정당화 논리가 깔려 있다고 비판한다.

'미시사', 즉 일상에 천착하는 여가학자들은 마르크스주의 역사학과는 다른 관점에서 민중들의 '생활사'에 관심을 갖자고 주장한다. 이들이 보기에 일반적으로 '거대서사'에 매몰된 역사가들은 '권력의 아첨꾼'이다. 물론 민중들 스스로 문헌자료를 남기지 않았지만, 사실 주류 역사학자들이 민중들의 일상에 관심을 갖지 않은 이유는 '사료의 부족' 탓이 아니라 역사에 대한 근본적인 자세 때문이다. 미시사가들은 이제 역사가 '균형 proportion'을 회복해야 한다고 주장한다. 이들은 일상의 문헌에서 혹은 직접적인 현장 연구를 통해서 거대 역사에 기록되지 않은 하위주체들의 목소리를 되살리고자 한다. 민속학이나 문화연구자들의 '서발턴 subaltern' 연구에 대한 관심은 이러한 인식의 산물이다.

가령 뤼트케 A. Lüdke는 '일상사 연구' 방법론에 입각하여 노동자들의 여가생활을 연구한다. 그는 8시간제 노동쟁취와 같은 고전적 거시사가 아닌 공장에서의 일상적 휴가시간에 관심을 갖는다. 그가 보기에 휴식시간은 공식적으로 허용되는 '공식적 휴식시간'과 감시를 피해 이루어지는 불법적인 '비공식적 휴식시간'이 있다. '공식적 휴식시간'이 '조용한' 노동자들의 체력 회복의 시간이었다면, '비공식적 휴식시간'은 아주 딴판의 '시끌벅적한' 상호교제 및 커뮤니케이션의 시간이자, 공동체적 동지애라는 노동자 특유의 정체성 Identity을 만들어나가는 시간이었다. 노동자들은 이러한 어울림을 통해 서로 사회적 · 정치적 정보를 공유하고 정치의식을 키워나가기도 했다는 것이다. 그런 의미에서 지배계급이나 유한 지식인들의 살롱문화와 다른 '선술집'에서 노동자들이 사귀고 그들의 문화를 즐기며 나름의 '공통적인 것 the common'을 구축해온 역사가 주목받기도 한다.

뤼트케가 말하고자 하는 바를 요약하자면 이른바 '불법적인' 휴식시간에 이루어지는 행위들이 노동자들의 여가문화에서 중요한 의미를 갖는다는 것이다. 비록 짧은 시간에 지나지 않지만 이러한 비정규적인 휴식 시간 동안의 시끌벅적한 장난과 농담, 신체 접촉을 통해 노동자들은 공장주에 직접 저항은 않지만 공동체적 결속감을 키워나간다는 것이다. 그의 결론은 이른바 사사로운 '사밀성의 정치'도 공공성을 띠는 '정치적 행위의 영역'에 포함시켜야 한다는 것이다. 가령 공장에서 점심시간이나 일과 후 벌이는 족구시합, 대포 한 잔, 등산 등의 사적인 만남들이 노동자의 연대와 결속에 더 큰 의미를 가질 수 있다는 것이다.

이러한 주장은 카니발의 이론가 바흐친과 연관시켜 살펴볼 수도 있다. 왜냐하면 바흐친 역시 축제의 비공식적 행위들을 통해 이루어지는 '축제적 경험'의 의미를 유사하게 평가하기 때문이다. 물론 이러한 '은밀한 결사'의 경험이 일시적인 해방감의 성취로 끝날지 모르겠으나, 축제에 대한 직접 경험은 축제 공간의 상호 대화와 민주주의에 대한 근본 성찰로 이어질 수도 있다. 우리가 지금의 대중적 여가형태의 의미를 되새김질하고 그 한계의 대안을 마련하기 위해 '축제'에 관심을 갖는 이유가 거기에 있다. 여하튼 뤼트케는 '위로부터의 관점'에서 민중을 관망하는 시각을 버리고 '나날'의 일상적 민중생활사에 관심을 둠으로써 소중한 통찰을 얻는다. 즉 민중의 삶과 행위들은 다람쥐 쳇바퀴 돌 듯 진부하고 반복적으로 보이지만, 그들의 일상적 관계와 일상성 밑바탕엔 서로 "모순되고 단절되기도 하며 불규칙적이고 다층적인" 흐름이 존재한다고 본다. 이러한 틈새와 '엇질들'이 공식 문화(사회적 공리계)에 대한 저항의 의미를 띌 수도 있는 것이다.

5. 근대 이후, 여가문화의 변화

대개 '여가' 문제는 산업혁명에 의해 추동된 자본주의의 등장과 더불어 대중적 관심사로 떠올랐다고 이야기한다. 그도 그럴 것이 여가라는 단어가 근대적 노동 개념과 쌍을 이루어 발전해왔고, 여가의 대중적 토대가 자본주의적 잉여가치의 축적과정에서 마련되었기 때문이다. 하지만 그렇다고 해서 자본주의적 여가문화와 구분되는 근대 이전의 여가문화가 없었다거나 그 존재는 별 의미가 없다는 식의 주장은 위험천만하다. 플라톤과 아리스토텔레스의 여가 관련 진술들은 우리시대의 여가관에도 큰 영향을 끼치고 있기 때문이다. 그리고 고대와 중세의 여가문화 역시 계승 및 변화 발전 속에서 지속되고 있기도 하다.

그런 의미에서 우리시대 여가학의 주요 분석 대상인 여행, 독서, 스포츠, 공연, 대중문화 등이 자본주의가 마련해준 물적 토대위에서 생겨난 '모더니티 modernity'의 여가문화라는 점을 감안하더라도, 근대 이전 여가문화에 대한 무관심은 균형 잡힌 여가학의 자세는 아닐 것이다. 특히 앞서 말했다시피, 여가학이 현재 여가 행태들의 다양한 문제점을 직시하고 제대로 된 여가문화의 상을 마련함으로써 사회의 주 · 객관적 문화 민주화에 기여하는 '실천학'으로 자리매김해야 한다는 점에서 온전한 여가학의 요구는 절실하다. 그야말로 여가학은 현실 문화에 대한 '부정 negativity'과 그에대한 '대안' 마련을 위한 대항문화 counter-culture 혹은 대안문화가 되어야 하는 것이다.

그렇다면 근대 이전의 여가문화에 관심을 갖는 이유는 어디에 있는가? 자본주의는 분명 고대 노예제 사회나 중세 봉건사회에 비해 경제적으로나 문화적 · 정치적으로 '진보'한 사회임에 틀림없다. 일단 형식적이든 아니든 개인적 자유와 평등권의 쟁취는 자본주의의 빛나는 성과임에 틀림없다. 자본주의의 발전과 공화제의 등장은 그 자체로 '이성'과 '합리성'을 핵심으로 하는 계몽주의의 승리를 말해준다. 이른바 '근대성'이라는 근대사회의 속성은 제한되어 있던 민중의 경제적, 정치적, 문화적 욕구를 상당 정도 충족시켜 주었던 것이다.

그러나 인류사회에 대한 근대적 이성의 큰 기여에도 불구하고 근대가 인류에게 무한정의 행복과 진보만을 가져다 준 것은 아니었다. 고야 Francisco Goya의 그림 〈이성이 잠들면 괴물이 깨어난다〉처럼 근대는 밝은 면과 어두운 면을 지니고 있고, 급기야 거대한 계몽 프로젝트의 어두운 면은 지금 인류에게 모종의 '재앙'을 예고하고 있다. 여가문화에 있어서도 근대 자본주의는 인류에게 수많은 여가 향유의 기회와 가능성을 마련해 주었지만, 자본주의적 '보편시장'으로 인해 창의적 · 변별적 여가문화의 가능성은 요원하기만 하다.

여가 소외나 여가 격차를 비롯한 제반 자본주의적 문제들, 이성과 인류 진보에 대한 과도한 맹신에 대한 비판은 여러 방면에서 다각도로 진행되어 왔다. 특히 축제의 부활을 염원하는 다양한 담론들은 자본주의적 근대의 대안으로 우리시대에 걸맞은 축제의 재구성을 주장한다. '축제'에 대한 학문적 관심은 우리 사회가 안고 있는 제반 문제점들과 대안 마련의 단초를 제공하고 있다고 평가된다. 이때 과거의 축제문화는 한편으로는 극복의 대상이기도 하지만 우리의 '잃어버린' 감성과 해방 잠재력의 단초를 제공해주는 원천이기도 하다. 과거의 축제를 통해 현재의 축제를 사유하고, 그것을 미래의 사회적 비전으로 발전시키는 이러한 작업은 '놀이 사회'의 설계를 위한 인문적 기초 작업이기도 할 것이다. 동 · 서양을 막론하고 근대 이전의 여가는 일부 특권층에 국한되어 있었고, 이들 계층은 일상생활의 빈곤함으로부터 자유로운 생활을 영위하는 가운데 '유한적' 여가문화를 누렸다. 물론 이러한 단정적 기술은 문제가 있다. 왜냐하면 특권층의 '여유문화'와 별도로 민중들은 늘 노동 중심적 생활을 영위하면서도 일상에 바탕을 둔 튼튼한 '민중문화'를 개척하고 즐겨왔기 때문이다. 다시 말해 민중들은 고된 노동 가운데서도 '놀이'의 공간을 적절하게 창조해냄으로써 '일과 놀이'가 한데 어우러지는 일상생활의 공간을 창조해냈던 것이다. 우리가 동·서양의 민중생활사에 관심을 갖는 이유는 인류가 집단생활을 시작한 이래로 지속시켜왔던 축제가 유한 계층의 여가문화보다는 민중들의 생활공간에 더 잘 녹아있고, 이는 억압적 사회질서 속에서 자신들의 정체성을 정립하고 공동체적 결속을 단단히 하는 계기로 작용했기 때문이다.

과거 원시사회에서 주된 노동 동기는 생존이라는 일차원적 생물학적 욕구 충족이다. 이때 일과 놀이, 노동과 여가는 하나의 독립된 활동들이 아니라 생활의 전체로서 통일되어 있었다. 다시 말해 이때 경제활동(일), 종교활동(의례), 정치 및 문화 활동 등이 서로 긴밀한 연관 속에서 융합되어 있었기 때문에 생활세계에서 일과 놀이는 그 기능의 상이함에도 불구하고 '한 몸' 즉 '전체로서의 하나, 축제 das Ein als Ganze, Fest'로 통일되어 있었던 것이다. 우리가 서구 연희예술의 뿌리를 원시 축제에서 찾는 것은 바로 이러한 통일 속에 서구문화의 '원형'이 간직되어 있기 때문이거니와 이는 근대의 성립 이전까지 민중들의 삶 속에 그 흔적을 남겼다.

하지만 노예제 사회에 접어들면서 양상이 사뭇 달라지기 시작한다. 이때부터 육체노동과 정신노동의 분업화가 진행되면서 피지배계급의 노동활동은 지배계급들에게는 기피의 대상이 되기 시작한다. 그 결과 지배층의 '여유문화'와 민중들의 '저급하고 거친' 집단문화는 확연히 다른 길을 가기 시작한다. 가령 그리스 사회에서 노예들은 육체노동을 담당하고, 귀족과 자유민들은 정치, 문화, 예술 등과 같은 지적 활동에 종사함으로써 노동을 천시하는 부정적 노동관이 자리 잡게 되었다. 이러한 사정은 '노동'과 '여가'의 어원을 살필 때 더욱 확연해진다. 라틴어 'Ponos'는 노동과 형벌의 뜻을 동시에 지닌다. 불어에서 노동을 의미하는 'Travail'은 라틴어에서 '고문 기구'의 의미를 지닌다. 반면 라틴어 'Otium'은 전쟁용어인 '무기의 침묵' '전사들의 휴식'이라는 개념에서 '평화' '직업적 휴식'이라는 의미로 확대된다. 이것의 부정인 'neg-Otium'은 여가의 박탈로서 '일' '노동'의 의미를 지녔다. 희랍어 'Schole'는 학교 school의 어원이면서, 학문과 철학, 명상 등을 통해 자아계발과 자아증진을 한다는 적극적 의미(문화 창조의 의미)를 지닌 여가 개념인데, 이것의 부정인 'a-Schole' 역시 '일' '노동'을 의미했다. 이들 개념에서부터 노동이 기피대상임을 알 수 있을 뿐만 아니라, 민중들의 육체적인 놀이문화에 대한 부정적 시선을 느낄 수 있다.

중세에도 이러한 부정적 노동관은 지속된다. 초기 기독교는 노동을 인간이 하느님을 배반한 원죄 때문에 인간의 교만함을 훈계하기 위해 신이 내린 벌로 인식한다. 그로 인해 여전히 노동은 부정적 뉘앙스를 띤다. 그러나 르네상스 시기 교회 권력의 권위가 약화되고 제후의 권한이 커지면서, 그리고 도시와 시장이 성장하면서 축제의 시대가 열리기 시작한다. 물론 그 이전에도 민중들은 과거 '절기'에 따른 축제일을 기독교적 '성일聖日' 축제일로 변용하여 지속적으로 여가 이벤트들을 실행하던 터였다. 하지만 금욕과 금기는 지켜야 하는 것이었고 진지함과 엄숙함이 유지된다.

하지만 르네상스 시기에 오면서 금욕적 사회질서에서 인간의 관능을 해방하고, 종교적 도그마로부터 인간의 '이성'을 해방시킴으로써 사회의 여가가 풍부해진다. 그런데 이 당시에도 여가의 계급적 차별화는 여전했다. 가령 상류층은 여가활동을 자아개발과 지적 욕구를 충족시키는 교양 증진의 수단으로 인식하고, 문학과 드라마, 오페라 하우스, 미술, 발레 등을 향유했다. 반면 민중들은 '허용된 시/공간 속에서' 민중적 축제 이벤트들을 통해 자신들의 삶과 노동과정에서 버무려진 민중적 축제들을 시장이나 광장에서 '성대하게' 치루었다. 이러한 여가의 계급적 분화에도 불구하고 하위징아 J. Huizinga의 말대로 르네상스는 '놀이의 황금시대'였다. 바흐친이 라블레의 소설 안에서 '카니발적인 것'속에서 역동적 민중문화의 역동성과 위반성을 읽어내고 그러한 축제의 속성들이 공식 문화에 대한 저항의 의미를 띈다고 본 것처럼 말이다.

한편 중세의 부정적 노동관은 '종교개혁' 이후 획기적으로 변한다. 아담과 이브의 낙원 추방의 비유에 빗댄 노동관, 즉 노동은 고통이고 일종의 저주라 생각했던 관점에 변화가 생긴다. 이제 막스 베버 Max Weber가 근대 자본주의 생성의 기본 정신으로 봤던 프로테스탄트적 노동윤리가 자리 잡기 시작한다. 노동 자체를 종교적 의무요 도덕적 선행으로 바라봄으로써 일대 노동관의 변화가 생기는데, 노동은 '생활의 기초며 열쇠'라는 언명은 근대적 노동관의 핵심을 선취한 것으로 볼 수 있다. 이제 여가의 범주였던 종교 행위와 세속적 노동 행위 사이의 높은 장벽은 사라진다. 다시 말해 고대 이래의 육체노동/정신노동, 노동/여가 사이의 장벽이 사라지고 노동이 긍정적 의미를 획득한다. 이제 직업은 천직天職이 되고 노동은 구원에 이르는 종교적 방법으로 간주된다.

가령 캘빈의 '예정조화설'에 의하면 인간의 운명은 신에 의해 이미 결정되었다고 하지만, 그럼에도 태만은 죄악이고 노동은 인간의 의무였다. 오히려 근면 · 성실 · 청빈의 윤리에 충실한 가운데 노동을 통해 부를 축적하는 것은 구원의 징표로까지 해석된다. 이 때 더불어 요구된 하층 민중들의 거친 축제 문화와 놀이 및 음주문화에 대한 제한, 엄격한 청교도적 생활의 요구 등은 일종의 여가 탄압이었지만 당시 근대 자본주의에서 요구된 가치관을 이식하는 역할을 한다. 이로써 자본주의적 행위와 감각, 의식이 일상 세계에서 정당화됨으로써 신흥 중산층의 사회 보편적 가치로 자리 잡게 된다. 이는 더 나아가 이윤창출을 목표로 하는 행위에만 의미를 두는 '공리주의'로 발전한다.

근대적 여가의 생성은 산업혁명의 결과인 노동시간의 근본적 연장과 연관된다. 근대 이전 사회의 비규율적 노동 행위가 규율화되고 노동의 시/공간이 제한된 것 역시 산업혁명으로 인한 자본주의의 형성과 그 맥을 같이 한다. 하지만 노동시간이 극단적으로 길어지자 '노동시간 단축운동'이 전개되고 '표준 노동일'이 제정된다. 이제 노동계급의 여가 문제는 보편적 사회문제로 되고 노동운동의 쟁점 중 하나로 부상하게 된다. 근대 자본주의는 생산력의 발전과 증가를 위해 신분제를 철폐하고 토지(생산수단)로부터 자유로운 임노동자들을 양산했으며('enclosure' 운동), 자본주의적 생활윤리를 창조하고 강화했다(규율과 훈육). 초기 자본주의는 노동력의 동원을 위해 공공연한 '국가의 개입'('최단 노동시간법' '최고 임금법' '단결금지법')을 요구했다. 이와 별도로 '근대적 노동관' 수립을 위한 이데올로기적 차원의 작업 역시 요구된다. 가령 생시몽

(Claude-Henri de Rouvroy, comte de Saint-Simon)의 "일하지 않으면 먹지도 마라!!"라는 격언은 이러한 저간의 사정을 여실히 증언한다. 이 과정에서 노동을 기피하고 여가를 가치 있는 것으로 여기던 전근대적 관행은 거꾸로 근대적 노동관으로 역전된다.

이러한 근대적 노동관은 신흥 중산층의 이해관계와 맞아 떨어지는 것이었다. 하지만 일반 민중에게 전통적 생활양식을 버리고 근대 자본주의 생활양식으로 직행하기란 쉬운 일이 아니었다. 다시 말해 부상하는 자본주의의 진행에 능동적으로 대처하고 적응하기 보다는 과거 자신들의 몸속 깊이 각인된 전통적 생활양식을 고수하려는 경향이 있었던 것이다. 이는 신흥 중산층의 입장에서는 바람직한 현상이 아니었다. 그래서 그들은 직·간접적 수단을 동원하여 일반 평민들의 생활을 강제하기 시작한다. 가장 광범위하게 행해진 것이 각종 전통적인 민중축제, 가톨릭의 종교 행사, 전통 명절에 대한 탄압으로 나타난다(우리의 경우도 마찬가지다. 근대화 과정에서 굿이나 설날 등의 세시풍속이 억압되거나 도태되는 과정을 거치기 때문이다). 이러한 탄압의 근거로는 '일하지 않고 논다' '천민들은 게으르다'는 식이었는데, 이러한 '노동 이데올로기'는 신흥 중산층의 이해를 대변하던 성직자나 경제학자, 도덕주의자에 의해 유포되곤 했다.

전근대적 민중문화에 대한 자본주의 윤리의 승리 경향은 18세기 이후 더욱 강화되어 '일상 가치체계'에 일대 전환을 가져온다. 즉 '공리주의 문화'가 일상 문화로 자리 잡게 되는데, 그 결과 전통주의, 세습주의, 귀속주의는 소멸되고 근대 자본주의의 가치들인 업적주의, 성취주의, 경쟁주의가 확고한 자리를 잡게 되는 것이다. 이제 일상에서는 실용적이고 합리적이며 세속적 가치가 '미덕'으로 간주되거니와, 베버의 말대로 '가치 합리성'보다는 '수단(목적) 합리성'이 절대적으로 우선시된다. 이는 부르주아 계급의 이해를 '절대적으로' 대변하면서 일반 평민들을 자본주의적 생활 질서와 임노동의 세계로 끌어들이는 기능을 한다. 그야 말로 '근대적 인간상'인 경제인 homo Economicus과 공작인 homo Faber 개념은 '노동 지향적 인간성'의 실체를 보여준다는 점에서 계몽주의 이후의 근대성의 모습을 잘 보여준다. 더불어 여가의 확보문제는 노동운동의 쟁점으로 자리잡는다.

19세기에 들면서 다시 한 번 여가문화에 큰 전환이 일어난다. 우선 이러한 변화는 신흥 중산층 내부에서 일어나는데, 이들은 자신들의 지금까지의 노동윤리('청빈' '절제' '금욕' 등)와 축적된 물적 자본을 통해 가능해진 열렬한 소비 사이에서 줄타기를 하기 시작한다. 마르크스의 표현대로, 신흥 중산층 혹은 자본가들은 "축적 충동과 향락 충동 사이의 파우스트적 갈등"을 감내하는 모습을 보인다. 이러한 갈등은 사치를 제한해야 한다는 입장(Adam Smith, Ricardo)과 사치와 향락을 옹호해야 한다(Malthus)는 입장차에서 여실히 드러난다. 하지만 1850년대까지만 하더라도 자본가와 노동자 사이의 여가는 뚜렷한 변별성을 드러낼 정도로 구분되지는 않았다. 그야말로 '화해할 수 없는' 이 두 계급은 즐거움을 추구함에 있어 '혼합된 대중 mingled mass'을 구성하고 있었다.

하지만 1860년대 이후 자본가 계급은 노동자들과의 '구별짓기'(부르디외 Pierre Bourdieu)를 위해 '과시적 소비'를 하기 시작한다. 당시 신문이 말해주듯, 신흥 중산층 내부의 여가문화의 변화는 그야말로 '대중에 대한 거대한 배제' '거대한 혁명' '중산계급 지위의 중요한 변화'였다. 특히 이 시기의 문제점 하나는 부르주아가 노동자들과 함께 해오던 일체의 행사들, 가령 '일하는 사람의 워크숍'이나 노동자 계급을 위한 각종 개혁 프로그램, 노동자 가족 후원 바자회 등을 중단시키고 여가에 대한 계급적 차별을 심화시키면서 자신들의 향락문화를 극대화하는 비인간적 조처를 실천에 옮겼다는 점이다. 우선 자본가들은 대중 인쇄물(일간신문, 대중적 통속 정기간행물, 통속소설 등)을 통해 이윤을 창출한다. 특히 대륙을 횡단하는 철도 개설을 통한 휴가나 여행문화의 촉진과 '옐로우 페이퍼 yellow paper'와 같은 여행 파생상품 개발, 당구와 같은 실내 스포츠 활성화, 아마추어 스포츠의 프로화 등 자신들과 노동대중들을 하나의 '공중 the public'으로 묶으며 대중문화를 통한 이윤창출의 시도들을 시작한다.

당시 여가문화의 변화를 가장 구체적으로 보여주는 예는 스포츠이다. 그 시기를 즈음하여 대영제국을 중심으로 근대 스포츠의 기본골격이 세워졌다. 근대 스포츠는 처음 아마추어 스포츠로 출발했는데, 규칙으로부터 상대적으로 자유로운 중세 스포츠를 '근대적으로' 규칙화하는 과정은 근대 부르주아 상류층을 길러내려는 주체화 전략과 일치한다. 가령 전 세계의 식민지를 다스리고 경영 할 수 있는 주체를 양성하기 위한 학교 체육은 노동자들을 철저하게 배제함으로써 근대 구기 종목을 유한계급의 전유물로 만들려는 노골적인 의도를 드러냈다.

당시 새로 짜인 스포츠 규칙은 학교를 중심으로 실험되고 교육되며 중산계급의 새로운 여가양식으로 자리 잡았다. 중산계급은 축적된 부를 통해 '가족적'(집단적이 아님에 유의) 여가문화를 발전시키는데, 근대 스포츠는 '유한계급'이라는 신분 과시 효과 status symbol로서 기능했다. 하지만 자기들만의 문화로서 '구별짓기'의 수단으로 기능하던 아마추어 스포츠는 이후 프로 스포츠로 전환하면서 여가의 상업화에 한 몫을 한다. 이 과정에도 중산계급은 처음에 프로 스포츠를 스포츠의 왜곡으로 폄하하고 아마추어의 순수성을 강조함으로써 '배제'의 전략을 구사한다. 하지만 이후 프로 스포츠의 흥행을 통해 돈을 벌어들인 것도 그들이었다.

노동자 여가문화의 경우, 근대 초기 신흥 중산층은 금욕과 절제의 금욕주의 가치관(청교도와 프로테스탄트 윤리)에 근거하여 평민들의 여가문화(축제문화)를 억압했다. 지배 계층은 이른바 도덕 재무장 운동이라는 이데올로기적 개입을 통해, 그리고 '진조례 Gin Act' 등의 법적 제제로써 축제와 놀이, 유흥을 탄압했다. 특히 18세기 중엽 산업혁명기에 평민들은 근대적 산업 시스템이 요구하는 전면적 생활방식의 변화를 요구받는다. 이는 '경제적 강제'를 통해 일반 민중을 자본주의적 임노동 체제로 포섭하려는 반강제적 조처였다.

그러나 1870년대에 즈음해서 노동자들의 여가문화에도 변화가 일어난다. 우선 임금의 상승과 교육 및 문화 수준의 향상으로 노동자들이 여가 영역에서 의미 있는 잠재적 유효 고객으로 부상하기 때문이다. 특히 노동자들에게 여가의 소비를 허용하고, 더 나아가 권장하는 일은 무척이나 남는 장사였다. 무엇보다 이는 노동자들의 현실불만을 잠재우기 위한 일종의 '당근'이기도 했고 더 많은 생산력을 확보하는데 있어 노동자 여가의 의미에 대한 자본 측의 계산이기도 했다. 즉 반공일 half holiday의 도입으로 토요일 오후 여가시간이 늘어나자 뮤직홀과 같은 노동자 클럽의 확산, 축구의 유행 등 노동자 여가 현상이 나타난다. 이러한 여가문화는 노동자 계급의 긴장 해소나 스트레스 해결의 계기이기도 했지만 계급적 동질성을 확인하는 기회가 된다.

그럼에도 공공연한 노동자들의 축제는 행해지지 못했는데, 그럴 가능성이 나타나면 국가와 자본 측의 강제적 개입이 뒤따랐기 때문이다. 물론 노동운동의 결과 대규모 집회 문화가 있었지만 이는 본격적인 '여가문화'는 아니었다. 그럼에도 새로 생겨난 노동자들의 여가 장소에서는 지배층에 대한 험담과 비판이 가능했고, 그곳의 노래들은 정치적 풍자를 담기 일쑤였다. 그러나 뮤직홀이나 카바레 등에서의 이러한 정치적 여가문화 역시 제제를 당하는데, 가령 이동식 좌석을 고정 좌석으로 바꿀 것, 객석과 무대를 분리할 것, 무대 앞에 안전 커튼을 칠 것, 객석에 술을 들고 가지 말 것 등의 법을 제정한 것이 그랬다.

정리를 하자면, 19세기의 여가문화는 '여가의 합리화 the rationalization of leisure'라는 특징을 지닌다. 이는 자본주의적 생활 체계에 대한 신흥 부르주아들의 요구에 따라 여가가 발전했기 때문에 나타난 필연적 귀결이다. 하지만 이런 식의 합리화는 '잔혹성' 혹은 '야성'을 띠는 공동체적 전통 축제를 '미신'이나 '야만'으로 간주하면서 이루어진 것이었다. 그야말로 특권층이나 공리적 질서에 대한 위반의 징후에 대한 억압 속에서 노동자 여가를 길들이려는 지향을 노골적으로 드러낸 셈이다. 이러한 현상은 1960년대, 아니 지금도 공공연히 혹은 암묵적으로 행해지는 문화적 검열 행위이기도 하다.

하지만 이후 계층 간 대중적 오락문화의 확산은 '여가의 상업화'를 부추긴다. 더욱이 1890년대 영화의 등장, 방송매체의 확산으로 문자매체 의존적이던 문화적 관행에 큰 변화를 준다. 라디오 등의 대중 매체 mass media의 등장과 더불어 드디어 온전한 의미에서의 '대중문화 mass culture'가 등장하는 것이다. 이후 대중문화는 여가를 종전의 계급 구별적 성격에서 오히려 계급 사이의 구별을 흐리는 방향으로 발전시키는데, 이는 '문화 민주화'에 대한 대중문화 옹호론자들의 논거로 자주 거론된다.

20세기를 거치면서, 선진 자본주의 국가를 중심으로 일대 사회적 변화, 즉 노동 및 생산중심의 라이프 스타일에서 여가 및 소비 중심의 생활양식으로의 변화가 나타난다. 특히 19세기 말에 형성된 '대중문화'는 그 자체로 교환가치의 대상, 즉 상품으로 취급 받으면서 현대 여가문화의 적자嫡子로 행세하기 시작한다. 무엇보다 1 · 2차 세계대전을 승리로 이끈 미국은 전후의 엄청난 경제적 축적을 달성했으며 그 성과를 바탕으로 세계 대중문화를 주도한다(할리우드 시스템, 브로드웨이 시스템, 공원 및 레크레이션 시설의 완비 등). 이는 노동계급의 계급적 소속감을 붕괴시키고 평등에 대한 환상을 심어줌으로써 자본주의 사회 내의 새로운 지배 양식의 정착에 크게 기여한다.

이제 '지배'는 프랑크푸르트학파의 이론가들이 말해주듯, 경제적 · 계급적 직접 지배의 양태를 벗어나 문화영역에서의 '은밀한 지배 양태'로 변화한다. 특히 소비사회로의 진입은 민주주의에 대한 환상, '소비 평등주의'를 통해 사회 변혁적 프로그램의 약화를 야기한다. 다시 말해 소시민적 사생활주의(가족주의)와 세속적인 물질적 향유를 그 핵심으로 하는 소비주의는 대중들로 하여금 기존 사회체제가 삶의 물질적 수준을 향상시켜 준다는 '현혹 연관'에 빠져들게 만들고, '거짓 만족', '멋진 신세계', '민주주의의 완성'이라는 가상의 영역을 제 영토로 '착각'하게 만들며, 그 결과 은밀하게 이루어지는 다양한 신종 노동착취나 정치적 권위들을 묵인하게 하는 '성과'(?)를 낳기도 한다.

미국은 20세기 독점 자본주의 하에서의 여가문화 양상의 변화를 명확하게 보여주는 모델이면서, 동시에 대중문화가 '꿈 공장 dream factory'으로서의 역할을 제대로 할 때 나타나는 정치적 · 문화적 결과를 전형적으로 보여준다. 그래서 연구자들은 미국 여가문화(대중문화)의 변천사에 큰 관심을 갖는다. 그런 점에서 우리 역시 미국의 사례를 좀 더 살펴

볼 필요가 있다.

앞서 말한 것처럼, 20세기 초 만하더라도 노동계급의 여가생활은 상호부조 결사체나 펍 등의 선술집에서 주로 이루어졌다. 상업적 대중문화가 득세하기 전까지만 하더라도, 노동자들은 공통의 계급 경험을 재생산함으로써 공속감의 계기들을 만들어냈고, 나름대로의 자율적 · 능동적 여가 양식을 소유하고 있었다. 하지만 상층계급의 여가 양식에서는 20세기 여가 양식으로의 변화를 설명해줄 모종의 변화가 일어난다. 요컨대, 전통적인 금욕주의적 생활양식에서 쾌락적인 소비주의적 생활양식으로의 변화 징후가 나타나거니와, 이는 그들이 하층민들에게 강요했던 지금까지의 '합리적 레크레이션 운동'에 대한 배신이기도 했다. 이는 경쟁 자본주의의 안착과 장기간의 호황으로 인한 부의 축적이 야기한 필연적 결과였는데, 자본가들은 자신의 경쟁적 전리품을 '과시'하기 위해 여가의 다양한 영역을 이용한다.

베블렌 Thorstein Veblen에 따르면, 이 시기 피지배계급의 육체노동은 무익한 수고이고 나약함과 열등성으로 귀결된다는 의식을 조장하고, 반면 지배계급의 정신노동은 보다 효율적이고 바람직한 삶이라는 구태의연한 가치관이 만연하기 시작한다. 이러한 태도를 견지하는 가운데, 유한계급은 여가 영역에서 그들의 성공적 삶을 과시함으로써 그들과 '구별'되는 자신들의 성공적인 삶을 사회적으로 인정받으려 한다는 것이다.

물론 이러한 사회변화에 대한 '전통주의자들'(벤자민 프랭클린의 금욕적 보수주의)의 저항이 있긴 했지만, 청교도와 프로테스탄트주의의 금욕주의에 반발하는 자유주의자 청년 지식인들의 이데올로기적 뒷받침에 힘입어 체제 안에서의 놀이와 쾌락주의 윤리가 우위를 점하게 된다. 이러한 현상은 1920년대 '새로운 자본주의'의 등장으로 물적 기초가 완비되자 대중들의 일상적 여가문화에 뚜렷한 흔적과 변화상들을 남기기 시작한다. 특히 과학기술의 발달(자동차의 대량보급, 대중매체의 대중적 확산)과 소비 증대를 위한 자본주의적 소비 장치들의 급성장(광고, 마케팅, 할부판매의 등장)은 소비주의 확산과 여가문화 변화에 가장 큰 추동자였다. 여가연구에 있어 1920년대가 의미 있는 것은 도시화가 급진전되면서 현대사회 여가문화의 골격이 완성되고, 이른바 '문화산업 culture industry'이 크게 번성하는 시기이기 때문이다. 이 당시 여가문화의 쟁점으로는 다음과 같은 점들을 들 수 있을 것이다.

첫째, 여가 대중화에 따른 대중문화론과 대중예술론의 등장
둘째, 대공황의 결과, '강요된 여가 enforced leisure'를 둘러싼 다양한 논의 대두.
셋째, '청년과 여가' 문제의 부상.
넷째, 복지국가 모델과 관련하여 여가정책에 대한 논의의 활성화.

이후 1950년대 미국은 제2차 세계대전의 전시 혼란 상태를 벗어나 안정기에 접어들면서 안정화 국면에 접어든다. 특히 공장 자동화와 컴퓨터의 도입 결과 노동생산성이 엄청나게 상승하게 되고, 이는 거주지의 이동(도심에서 교외로)과 여가 관련 지출의 증가(가령, 외식비나 도서구입비, 공연 관람비, 해외 여행비)를 불러온다. 뿐만 아니라 TV가 주된 대중 방송매체로 자리매김하면서 영화나 라디오와 더불어 여가문화를 선도하게 된다. 더 나아가 지자체에 '공원 · 레크리에이션'과 같은 부처와 연방정부 산하 '야외 레크리에이션 자원조사위원회'등이 설립되면서 여가의 공공성과 관련하여 다양한 논의가 이루어지고 행정적 실행이 시작된다. 드디어 여가정책의 수립은 국가적 주요 사업으로 부상하게 된 것이다.

이제 쾌락의 결핍, 여가에 대한 경시는 사회적 생존 경쟁에서 뒤졌거나 실패했다는 인상을 주며, '즐거움의 도덕 fun morality'이 보편화된다. 여성 인류학자 미드 Margret Meed의 말대로, "종래의 여가 개념의 경우 생산으로부터 벗어난 시간이라는 소극적 의미를 지니고 있었다면, 이제 여가 개념은 '노동에 의한 정복'이라는 차원을 벗어나 '소비 가능한 시간'이라는 적극적 의미로 변화하게" 되었다. 전쟁 이전 상류층의 전유물이었던 쾌락적 여가생활이 중산층에까지 확장되면서 다시 쾌락의 '현혹

연관' 문제가 대두된다. 즉 쾌락 산업의 가파른 상승과 유행이 대중들의 시민성을 약화시키고 지배 체제내의 순응을 부추김으로써 체제 유지에 기여하는 것 아니냐는 물음이 제기되는 것이다.

알고 있다시피, 본격적인 소비적 여가문화의 확산 결과 나타나는 사회적 문제들에 대한 논의는 비판적 여가학의 오랜 관행이다. 가령 『고독한 군중 The Lonely Crowd』에서 리스만 Riesman은 대중사회에서 인간은 타인 지향적 성격(구별적 과시나 눈치 보기, 문화적 주눅 들기)을 띠는데, 이 결과 표준화된 여가를 추종하는 과정에서 개인적 취향과 가치관, 유행, 오락, 여가 등이 평균화 · 평준화된다고 지적한다. 다시 말해 사회적으로 '성공했다'는 인식에 상응하는 기준에 따라 소비를 추종하다보면 여가 문화의 몰개성화가 나타날 수밖에 없다는 것이다. 각종 교육매체(동년배 집단과 대중매체 등)는 문화적 평준화를 부추기는데 어떤 점에서 '취향의 민주화'는 획일적 여가의 다른 이름으로 개성적 여가의 말살을 가져올 수 있다는 것이다. 특히 '어떻게 소비하고 즐기느냐'는 잣대가 인간 평가의 제일 잣대로 되고 과시적 여가 경쟁이 격화되면서, 이 영역에서도 '물질주의'와 '황금만능주의'가 대두된다. 리스만은 서구사회의 이러한 여가 관행에 주목하여 이런 사회를 두고 리스만은 '낭비사회'라 지적한다.

이러한 여가 관행을 통틀어 서구사회 여가 문화의 가장 큰 문제는 무반성적 여가문화였다는 점이다. 가령 그들 공동체 내부의 여가 불평등 문제에 대한 정치적 관심은 완전 배제되어 있었다. 하층민들 역시 상층의 여가 따라잡기 과정에서 저들과 평등한 여가를 누리고 있다는 환상 속에 매몰된 나머지 자기 사회의 어두운 면들에 눈을 돌려버린다. 그야 말로 '멋진 신세계'라는 환상이 전 서구사회를 지배하고 있었던 것이다. 자신들이 누리는 여가의 물적 토대가 제3세계에 대한 신식민지적 착취에서 온 것이란 성찰은 더더욱 상상할 수 없는 일이었다. 그야 말로 쾌락은 무한대였으나 사회의 보수적 관행은 여전했다. 60년대의 경제 불황과 정치적 보수주의는 축제적 문화혁명을 불러왔거니와, 이는 이전 여가문화 관행에 대한 도발이었을 뿐만 아니라 대중문화 일반에 대한 반성이 정치적 민주화 시도로까지 이어진 한판의 '난장'이었다.

6. 한국사회의 여가문화

서구에서의 전통사회 붕괴와 산업사회(자본주의사회)의 등장 및 근대화로 인한 여가문화의 변화는 한국사회 역시 비켜갈 수 없는 현상이었다. 특히 한국 근대화 과정에서의 다양한 내적 · 외적 요인들은 한국사회의 변화 발전에 여러 문제점을 남겨놓았는데, 이는 지금까지도 정치 · 사회 · 경제적으로나 문화적으로 '한국적 근대성 the korean modernity'을 규정하고 있기도 하다. 이는 여가분야에서도 마찬가지다. 일제와 미군정의 문화적 탄압과 '외국 것=새 것' 이라는 콤플렉스, 그리고 미신타파라는 미명 하에 말살된 우리의 전통적 축제 문화는 근대화 과정을 거치면서 나타난 상흔을 고스란히 말해준다.

전통사회의 여가문화는 주로 지역적 구속성(공동체 결속성)을 띄며, 근대적 노동과 그에 따른 시/공간의 분할과 무관하게 마을 공동체의 다양한 일정과 농경문화의 계절적 리듬에 맞추어 이루어졌다. 가령 두레와 향도의 다양한 굿 문화 및 마을 행사들이 대표적이다. 혼인이나 상장례의 사적인 의례의 경우도 공동체의 축제가 되기 일쑤였다. 그리고 마을이나 고을의 굿판이나 놀이판들은 고유의 '구비 · 행위 전승'에 의해 강화된 공동체적 인습에 크게 좌우되었다. 놀이 도구나 자료는 단순하고 초보적이었으며 마을의 공동재산으로서 비교적 자유롭게 이용할 수 있었다. 이는 마을 전 성원들의 자발적 공동참여의 계기가 되었다. 물론 조선 중 · 후기 마을 축제나 잔치 때 전문 예인집단이 흥을 돋우기도 했지만('남사당패', '사당패') 대체로 농촌사회의 경우 스스로 놀거리를 준비하고 참여하면서 일상의 고통들을 풀고자 주기적인 '푸닥거리' 즉 축제를 예비하곤 했다. 또한 근대 이후 노동 중심의 산업사회가 등장하면서 금기시되기 전까지 야성의 축제 공간('난장亂場')이 허용되었으므로, 다시 말해 문명과 이성의 이름으로 추방되기 전까지 탈일상적 파격과 일탈이 인정되었으므로 당시의 축제는 '일시적으로나마' 말 그대로 탈주적 사건의 의미를 획득할 수 있었다.

그러나 현대사회의 여가문화는 무척 대조적인 양상으로 나타난다. 일단 현대사회엔 전통사회의 카니발이나 마을굿처럼 일상에서 벗어나 공식 문화를 뒤흔드는 파격적 축제문화가 금기시된다. 이는 현대 대중사회가 제공하는 여가나 이벤트들이 과연 대중에게 어떤 경험을 제공하느냐를 판단함에 있어 비판적 논거로 원용되곤 한다. 왜냐하면 상업주의적 이벤트에서 직업적 오락제공자들이 제공하는 볼거리들이 놀거리가 되지 못하며 일반 대중들을 수동적 관객으로 만드는 경향과 사뭇 다른 놀거리 · 볼거리의 통일체가 바로 전근대사회에 존재했기 때문이다. 참여하는 즐거움이 사라진 축제와 놀이는 여전히 한국 여가문화의 가장 큰 문제라 할 수 있다. 물론 과거의 민중문화를 이상화 하는 것은 시대착오적 발상이지만 참여와 공유의 놀이문화라는 기본적인 정신은 여전히 현재성을 갖는다고 할 수 있다.

그런 점에서 한국 여가문화를 반성하는 데 있어 로젝 Rojek의 작업은 유의미한 기준을 제공한다. 그는 현대 여가문화의 주요 경향을 살피는 가운데 그것의 문제점들을 몇 가지 경향으로 정리한다. 이를 한국 현대 여가문화의 모습에 전용함으로써 새로운 대안적 여가문화의 가능성을 타진해 보도록 하자.

우선 여가의 상업화 commercialization 현상을 거론할 수 있겠다. 여가의 상업화 현상은 과거 전통 사회에는 없던, 자본주의 사회에서 자본의 운동 논리에 따른 '노동의 상업화' 즉 노동 소외로부터 야기된 현상이다. 푸코 M. Foucault의 논의를 잠시 빌어 설명해보자. 이미 말한 것처럼 초기 산업자본주의 시대에는 노동시간 자체가 잉여가치(이윤) 창출의 주요 수단이었고, 자본가들은 잉여노동시간('노동강도')을 연장함으로써 더 많은 이윤을 창출하고자 했다. 이런 상황에서 시간은 '기회비용 opportunity'의 관점에서 생각되며 철저하게 상품화된다. 벤자민 프랭클린의 '시간은 금이다!!'라는 격언이 말해주듯이, 이제 시간은 인간 외부에 존재하면서 고정된 방식으로 일상을 구조화하는 외적 규제로서 체험된다. 다시 말해 노동 시간표나 노동규칙 체계와 같은 근대적 규칙이 수립되어 일상에 큰 영향력을 행사하면서, 노동(노동시간)과 여가(자유

시간) 사이에 엄격한 구분선이 생겨난다. 근대적 규율이 인간의 육체에 훈육 및 각인되는 과정 역시 유사한 양상을 띤다. 즉 초기 자본주의 사회에서 여가시간은 단지 내일의 노동을 위한 준비(보충) 혹은 생체 리듬 회복의 시간이라는 매우 소극적 상태에 머물면서, 과거 전통 사회의 일과 놀이(노동과 여가)의 유기적 끈은 사라지고 양자가 엄격히 구분되는 '근대적 여가'가 생겨난다.

물론 근대적 여가라는 것은 노동소외의 결과물이라는 점에서 반드시 '여가소외'를 불러올 징후를 안고 있었다. 그도 그럴 것이 직접적인 노동(일)과 괴리된 여가 양식이 보편적인 것으로 치부되는 상황에서 온전한 여가의 향유는 불가능한 것이었기 때문이다. 더 나아가 자본의 운동논리는 더 많은 이윤의 창출을 위해 여가의 상품화를 위한 다양한 전략을 입안한다. 특히 이러한 현상은 20세기 독점자본주의 시기에 이르러 '테일러주의'와 '포드주의' 덕분에 가능했던 사회적 생산력의 증대로 '소비주의'가 대두되면서 더욱 심화된다. 하지만 이 과정에서 '여가 소외'[3]의 문제가 나타난다.

가령 현대 자본주의 사회의 틀에 맞춘 일상사, 대도시 생활이 갖는 기계적 규칙성(N.EX.T의 노래, 〈도시인〉), 대도시의 공동생활은 일반적으로 개인의 무의식적 순응을 강제하고 '대중화'로 귀결된다. 이러한 경향은 일간신문과 라디오, 영화와 텔레비전, 신문광고와 거리 광고판 등 모든 대중매체를 통해 강화된다. 게다가 자본주의 사회의 여가문화에는, 자본의 운동논리에 따라 상업적 이윤추구 그 자체를 목표로 하는 상품화된 대중문화에 의한 퇴폐성, 폭력성, 잔인성이 만연한다. 대중문화의 이러한 경향은 사회의 치열한 생존경쟁과 과도한 노동 등으로 인한 사회적 스트레스 지수가 상승함에 따라, 그 만큼 단순 자극적 · 소비

---

3) '여가 소외'라는 말은 표면적 여가 향유의 가능성은 확장되었으나, 여가가 상품의 외양을 띠면서 나타나는 '여가 불평등 문제'나 여가 조작을 통한 대중의 비판의식 왜곡, 진정한 자아실현을 가로막는 자본주의적 여가문화의 행태 등과 관련하여 제기된 개념이다. 가령 과거 축제 문화가 자기 사회의 위기를 풀어내는 역할을 했던 반면, 이제 현대판 축제들은 오히려 대중 소외와 '물화 현상'의 진원지가 되어버렸다는 비판이 저변에 깔려 있는 셈이다.

적 오락물의 증가를 수반한다. 이러한 점에서, 현대 자본주의 여가의 폭과 다양성은 확대되었겠지만, 여가산업의 상업주의적 경향으로 인한 '여가 소외' 현상은 심화되었다고 볼 수 있다.

한국사회의 경우에도 이러한 경향은 비켜가지 않았다. 가령 일제 강점기 라디오와 레코드의 보급을 통해 촉발된 대중음악이 상업주의적 여가문화의 일보를 내디딘 이후, 해방 후 미군정의 '문화정책'으로 상업화 경향은 더욱 심화된다. 하지만 여가의 본격적인 상업주의적 경향은 1960년대 '조국 근대화 프로젝트'와 더불어 본격화된다. 1960년대 이후 전개된 한국의 근대화 과정은 현재의 기형적인 재벌 중심 경제구조를 형성하는 과정이었다. 당시 본격적인 경제개발 정책은 '서울 이주'로 대변되는 급격한 도시화가 이루어졌고, 노동(일)과 여가의 유기적 결속의 상실은 농촌의 해체뿐만 아니라 '강제적인' 전통적 여가문화의 소멸을 부추겼다. 뿐만 아니라 더 나아가 방송매체와 인쇄 및 영상매체의 발전은 상업화된 대중문화의 수용층 확대에 기여했다.

그러나 대중매체의 확산과 보급으로 인한 한국 여가문화의 전환점은 60년대 후반 혹은 70년대에 비로소 마련된다고 볼 수 있다. 당시에는 라디오와 영화가 전성기를 맞고 〈선데이서울〉과 같은 대중 주간지가 등장한다. 70년대 중반 텔레비전의 시대, 80년대 중반 비디오의 대량보급은 도시 여가 인구를 중심으로 한 여가문화 변화의 체질변화를 증언한다. 80년대 이후 주목할 만한 현상으로는 한국인의 주요 여가로 자리잡은 대중문화의 주요 수혜자의 변화가 있다. 이전까지만 하더라도 대중문화의 주 소비자는 성인이었다[4]. 그러나 80년대 소형 카세트와 컬러 TV의 대중적 보급은 대중음악 분야에서 청소년층의 여가문화에 급격한 확장을 가져왔고, 급기야 현재에 이르러서는 이들이 한국 문화산업의 단골 고객이 되었으며 대중문화의 거의 모든 문화 기획물들도 이들을 겨냥하는 변화의 단초를 가져왔다. 78년 시작된 대학가요제, 80년대의 쇼 프로그램은 이러한 현상의 직·간접적 원인을 제공했다. 이후 점차

4) 70년대 영화의 '고무신 관객들', 트로트 음악과 고고 음악의 전성기 한 가운데 '포크음악'은 그야말로 외로운 섬이었다.

문화산업이 대형화되고 체계화되는 과정에서 한국 대중문화의 상업화 경향이 심화된다. 이로 인해 문화 '다원주의 cultural pluralism'를 핵심으로 하는 '문화 민주화'의 가능성은 그 전망을 상실하기도 하고 지금에 와서는 독점화 현상의 징후마저 나타나고 있다.

여가의 상업주의화 현상을 부추긴 것은 대중문화만이 아니라, 교통수단의 발전(승용차의 보급과 고속도로문화, 철도문화 등과 대중 잡지)이나 관광 상품의 개발로 인한 '관광붐' 역시 한몫했다. 산과 강에서의 취사행위나 위락행위, 관광지 인근의 관광 타운의 형성은 80년대 이후 나타난 '한국식 여가문화'를 부추긴 감이 있다. 한국의 대표적 여가문화로 자리 잡은 '외식문화' 역시 이러한 과정에서 당연히 나타날 수 있는 현상이었는데, 여가문화의 이러한 변화는 사회적 생산력의 증대 및 소비수준의 상승으로 더욱 가속화되었다고 할 수 있다. 특히 대도시 중산층 이상의 새로운 여가 스타일은 이른바 여가의 '구별짓기' 경향의 대표적인 예로 볼 수 있거니와, 이는 '과시적 소비행태'라 부를 만한 현상이었다. 이는 한국사회의 '여가 불평등' 현상, 여가의 상업화로 인한 문제를 더욱 악화시키기도 한다.

이러한 여가의 상업화 경향은 심각한 사회적 문제를 내포하고 있다. 아도르노와 호르크하이머가 지적했듯이 자본주의적 '문화산업'은 여가영역에 자본의 논리가 침투하고 있음을 말해주기도 한다. 로젝은 '보편시장 universal market'으로써 이 현상을 설명하고 있다. '여가산업'(문화산업)은 엄격한 시장규칙, 즉 사회적 필요의 충족보다는 이윤 축적의 추구를 목적으로 하여 일반 대중의 여가활동을 조직화하고, 여가상품과 용역을 필요로 하는 소비자들을 생산 · 재생산하는 광범위한 여가소비의 네트워크를 의미한다. 이러한 네크워크 한 가운데서, 여가활동은 자본의 운동 논리에 따라 끊임없이 조정되는 시장 논리에 포섭됨으로써, '존재'보다는 '소유'에 의해 지배되는 경향이 있다. 이 경우 여가활동은 시장의 힘에 의해 가치가 부여되고 여가활동의 인간적 가치나 의미는 소외된다.

한국사회에서도 여가를 둘러싼 계급 간 경쟁은 본래적 여가가 지니는 '공동선'의 의미를 상실했고, 오히려 사회적 결속의 강화와 상호대화라는 축제와 놀이 본연의 정신을 배반하고 있음을 목도할 수 있다. 더욱이 한국사회에서는 가족주의적 · 소비주의적 여가관행에 의해 소시민적 사생활 주의와 정치적 무관심이 체계적으로 조장되고, 기존 사회질서의 온갖 모순들을 은폐하고 봉합함으로써 부작용들을 재생산하는 부정적 경향이 강화되고 있다.

현대 자본주의 전체의 일반적 콘텍스트 속에서 한국적 여가문화 양식을 보면 이러한 현상들은 20세기 독점 자본주의 시대에 들어와 지배계급의 '새로운' 사회통제 메커니즘이 확립되었음을 말해준다. 다시 말해 자본주의의 발전과정 속에서는 '이윤율 하락의 위기'를 극복하기 위해 대중들의 끊임없는 새로운 욕구를 창출해야 하고, 그 결과 소비부분의 팽창이 야기됨으로써 자본의 운동에 활력을 가져온다. 이제 대중문화를 비롯한 여가가 '새로운 상품'으로 자리 잡을 뿐만 아니라 대중의 일상에 소시민적 사생활 주의나 가족주의의 여가 경향이 구조적으로 고착화되는 양상을 띤다. 또 일반 대중에게는 공적 영역에 대한 무관심이 체계적으로 조장되면서 '사적 생활세계로의 침몰'이 유도되어 기존 사회질서의 지속적 재생산의 발판이 마련된다. 이로써 소비에 골몰하는 순응적 주체 양산이 일반화된다.

현대사회 여가문화에서의 또 다른 특징으로는 '여가의 사사화' 내지 '개별화' 현상을 지적할 수 있다. 이는 공동체적 여가문화의 쇠퇴를 의미하는 것으로 여가가 한 개인의 일로 치부되면서 타인과의 직 · 간접적 정서적 교류가 사라지는 현상을 의미한다. 가령, 마을이나 고을에서 조직된 마을굿이나 풍물굿은 공동체 구성원들 사이의 '직접적 · 호혜적 커뮤니케이션'을 지향한 것이었고, 그로써 자신들에게 닥친 온갖 위기와 노동의 고단함을 놀이로 승화시키고자 하는 시도였다.

그러나 현대에 와서 집단적 '신명'의 유희는 사라지고, 여가 자체가 개인적 일로 축소된다. 이것의 대표적인 예가 혼자 TV를 시청하거나, 극단적으로는 골방에서 PC와 씨름하는 경우다. 가령 '히키코모리'같은 은둔형 주체는 현대 사회 여가경험의 주된 장소였던 가족의 틀마저 벗어난 '밀실 여가'의 모습을 보여준다. 우리는 지하철에서, 식당에서, 심지어 가족의 저녁 밥상에서 스마트폰과 씨름하는 개개인의 모습에서 사사화된 여가의 전형적 광경을 본다. '혼밥'과 '혼술', '혼족'은 개인 간, 공동체 간 유대와 관계가 허물어져 가는 사회적 흐름을 단적으로 보여주는 현상이라 할 수 있다.

이러한 경향은 점점 더 강화되는 경향을 보인다. 그 결과 한국사회 역시 '익명성'을 특징으로 하는 대중 사회의 문제점, 즉 '군중 속의 고독'을 감수해야 하는 상황에 이르렀다. 전철과 버스에서 신문을 바리케이트 삼거나 이어폰을 끼고서 자기 자신을 타인과 분리하는 모습, 혼자서 디지털 게임에 몰두하는 현상 등에서 여가의 사사화 현상을 확인할 수 있다. 특히 1980년대 이후 한국사회 역시 사회적 생산력의 급증을 발판 삼아 소비주의가 만연함에 따라 계층별 Life Style 자체가 크게 차별화되기 시작한다. 지금이야 일반화된 현상이지만, 90년대 이후 지금까지 여가산업은 개별화된 정체감 identity을 고무하고 강화하며, 대량 생산된 여가 상품은 개개인에게 독특하고 흥미로운 개인적 생활양식의 필수 장식품으로 나타난다. 이러한 현상은 전통적인 공동체적 여가문화의 해체와 맞물리면서 '자유주의'와 '개인주의'를 심화시켰으며, 심할 경우 '나만 즐기면 되지, 뭐!!'하는 식의 여가 이기주의로 극단화되기도 한다.

여가의 온순화 경향 역시 현대 여가문화의 중요한 특징이다. 여가의 '온순화'란 인간이 즐거움을 추구하는 방식에 있어 인간의 잠재된 원초적 욕망과 감정을 '우발적' 방식으로 분출하는 것이 아니라 통제되고 순화된 형태로 충족시키는 경향이 지배적임을 말한다. 가령 다양한 'blood sports'들이 정교한 게임 규칙체계를 갖춘 근대 스포츠로 '문명화'되는 과정은 여가 온순화의 한 사례라 할 수 있다. 놀이의 자유로워지려는 속성을 최대한 해당 사회의 틀 안으로 가두고 그것을 온순하게 길들이려는 시도들은 지금까지도 늘 있어왔다. 그러한 시도는 적당한 선에서의 즐거움을 통해 국민의 정치적 · 사회적 불만을 잠재울 수 있고 유사한 놀거리 상품들을 통해 자본에게 이득을 줄 수 있기에 지배권력의 입장에서는 매력적인 방법이다.

이러한 온순화 경향은 특히 '축제 문화'의 쇠퇴 내지 소멸에서도 확인된다. 바흐친 M. Bakhtin은 르네상스기의 축제 문화를 언급하면서 '카니발'을 민중들의 생활에 있어서 구속 없는 잔치놀이 기간으로 제시한다. 여기에서 노동(일)은 일시 정지되고 '공식적 위계질서'는 전복된다. 신분이 낮은 사람은 높은 사람들을 비웃고, 익살, 농담, 쾌락추구가 여러 날 동안 사회관계를 지배한다.

콕스 H. Cox 역시 축제를 일상 속에서 억압되고 간과되었던 감정을 표현하는 것이 사회적으로 용인되는 것으로 이해한 바 있다. 앞서 말한 것처럼 그는 관습적 일상으로부터 잠정적으로 탈출하는 '고의적 과잉성'(폭음, 과식, 성적 문란, 흥청망청 노는 것), 실존적(존재론적) 삶과 생명을 긍정하는 축의적 '긍정성', 일상생활과는 판이하게 대비되는 '대국성'을 축제의 물질적 요소로 든다. 하지만 오늘날 이러한 속성들은 '가두리 속의 난장'으로 끝나버릴 가능성이 크다. 그래서 축제의 이론가들은 체제의 '안전판'으로 축제가 작용할 수 있음을 경고하면서 새로운 사회를 위한 열망의 경험을 축제 이후의 인식과 실천으로 전환하려는 윤리적 전회를 요청하기도 한다. 더 자유로운 사회, 그리고 화해와 연대가 날로 성장하는 공동체로 축제의 경험이 작용할 수 있기를 주문하는 것이다.

'결합체 여가 사회학'에서도 서구 여가문화에서 원초적 · 비구속적 흥분의 형태가 줄어들고 격렬한 감정을 순화시키는 현상에 주목한 바 있다. 물론 엘리아스의 말처럼 현대사회에서 격렬하고 폭발적인 감정이 완전히 사라지는 것은 아니다. 단지 합리주의의 이름으로 타산적이고 신중한 생활관습이 지배하면서 여가문화 역시 이를 닮아간다는 것이다. 근대 스포츠의 생성에서도 드러나듯이 현대사회에서는 임의적이고 난폭하며, 강렬한 감정을 분출시키거나 흥분을 날 것 그대로 표출하기 위해서는 '문명화'라는 속박 때문에 중세보다 더 높은 문턱으로 넘어야 하는 것이다. 그래서 비교적 평화로운(?) 현대사회에서는 '유사' 격렬함(영화나 게임에서의 폭력과 잔혹성 등)이 유행하지만 그것의 분출은 비교적 순화되고 '갇힌' 형태로만 가능하다. 그야말로 현대 여가활동은 '직접성'을 상실하고 '대리적인' 양상을 띠게 되는 것이다.

한국 여가문화 역시 격렬한 방식의 '난장'이 수반된 즐거움을 추구하는 여가양식은 소멸의 길을 걷고 있다. 가령, 편을 나눠 '돌싸움'(石戰)을 한다거나 쥐불 싸움을 하는 관행 등은 이제 아득한 추억이 되어버렸다. '오징어', '사다리' 놀이로 시간 가는 줄 몰랐던 지난날은 이제 골방에서의 '얌전한' 디지털 게임에 자리를 내주었고, 현대의 대중문화는 극히 일부를 제외하고는 '집단적', '직접적', '육체적' 접촉을 통한 놀이를 내몰고 있다.

많고 많던 전통적인 놀이양식들의 소멸은 우리 근대화 과정의 왜곡을 보여주는 좋은 예다. 이를테면, 이런 놀이들은 처음 일제강점기 당시의 법률적 강제에 의해 탄압을 받게 된다. 여가의 온순화 경향은 서구와 유사한 '축제문화'(다양한 굿문화)의 쇠퇴과정에서도 확인할 수 있는데, 그 원인은 축제 합리성을 추구하는 현대사회의 생활양식에 그러한 문화가 걸맞지 않다는 편견에서 찾을 수 있을 것이다. 하지만 중요한 원인을 다른 데에서도 유추 할 수 있다. 즉, '근대화'를 서구식 문명화로 이해하고, '우리 것=옛것=야만적인 것-미신' 혹은 '서양 것=선진 문명=진보'의 도식을 여과 없이 적용한데에도 그 원인이 있는 것이다. 개화기 당시의 1차 근대적 지식인이나 해방 이후 2차 근대적 지식인 모두 그들의 교양 있는 여가 모델을 서양문화의 향유에서 찾았던 것은 이후 우리 문화정책에 두고두고 영향을 미치고 있으며 지금까지도 '문화적 식민성'의 원인으로 지목받기도 한다.

지금까지 남아 있는 한국의 대표적인 축제인 설날과 추석도 여가로서의 '옛' 모습을 잃고 있다. 계절제의 성격을 띠고, 중요한 각 절기마다 행해지던 '단오제'나 '백중놀이', '시월제' 등은 사라지거나 '변형된 관제 이벤트로 제도화된다(이는 서양의 경우와 비교할 때 의아한 일이다. 이들은 축제를 예전의 모습을 유지하면서 현대적 요소를 가미하여 훌륭한 문화상품으로 만들고 있다). 전국의 이른바 축제 과잉 현상은 한국에서 여가와 놀이의 변화를 보여주는 단적인 사례일 것이다. 오늘의 축제에서는 일상에서 파격적으로 벗어나 연일 음주가무를 즐기며 '집단적 엑스터시'를 추구하거나 공동체에 대한 소속감을 확인하는 모습은 없다. 설날과 추석에도 노동일의 연장선상에서 현대인에게 요구되는 절제된 감정으로 각종 의례적 행사나 인사치레에 구속된 경우가 대부분이다.

다음으로 현대 사회 여가문화의 경향으로 국제화를 들 수 있을 것이다. 이는 '자본의 운동에는 국경이 없다'라는 모토처럼 자본주의 발전 결과 나타난 '여가의 상업화' 현상과 그 흐름을 같이 하는 현상이다. 2차 세계대전 이전의 구식민지 상태에서도 여가의 국제화('종속화') 현상은 존재했지만, 이후의 '신식민지' 상태에서는 더욱 급진전된다. '신식민지'라는 말이 경제적 · 문화적 예속을 의미하듯이, 전후 미국 대중문화와 삶의 형태를 중심으로 한 전 세계적 문화적 재편은 지금까지도 계속되고 있다. 아니, 신자유주의가 전 세계를 지배하면서, 일종의 '문화적 제국주의' 현상은 더욱 심화되는 경향이 있다. 특히 (여가)문화의 국제화는 식민지 경험을 지닌 국가들의 경우 근대적 삶의 양식에 맞는 자생적 여가문화 생성의 가능성을 박탈할 위험을 안고 있다. 우리의 경우, 우리의 전통 여가가 근대적 맥락에 맞게 변형될 여유를 잃어버린 것도 이와 무관치 않다.

앞서 말했듯이 영국이나 미국 같은 나라들은 정상적 · 자생적인 근대화 과정을 통과하면서 그들 나름의 자생적인 여가문화를 만들어 왔다. 이러한 현상이 오늘날 영국은 스포츠 분야에서, 미국은 대중문화를 필두로 한 상업화된 여가산업 분야에서 전 세계적인 장악력을 과시하는 결과를 초래했다. 영국의 경우 근대 스포츠의 발상지로서 야성적 축제의 일부였던 스포츠들을 19세기 후반 경 '근대적 룰', 즉 게임의 기본규칙을 갖춘 근대적 스포츠로 만들었다(축구, 테니스, 권투 등). 미국은 현대 대중오락의 중심지로서 상업화된 여가문화를 전 세계로 침투시켰다(영화, TV 등의 영상매체와 대중음악). 프레드릭 제임슨 Fredric Jameson에 의하면, 후기 자본주의의 문화논리인 '포스트모더니즘' 현상이 대두하면서 이러한 현상은 심화된다. 그가 보기에, 포스트모더니즘 단계에는 자본의 위력이 (특히 여가문화를 통해) 일상생활의 모든 영역에 침투함으로써 문화의 생산과 교환, 소비가 경제활동의 주요 영역으로 자리 잡으며 그 핵심으로 포섭된다. 제임슨은 포스트모더니즘적 소비 자본주의에서 문화영역과 경제영역의 구분선이 붕괴되고, 전자매체의 급속 발전의 결과 미국 중심 다국적 자본주의의 전 세계적 경제체제의 모순들을 은폐한다고 주장한다.

한국은 이러한 세계적 환경에서 독자적인 자생적 여가문화를 개발하고 발전시키는데 실패했다. 이 역시 갑오경장-일제강점기-미군정-한국전쟁-조국 근대화 등으로 인한 비정상적 '한국적 근대성 Korean Modernity' 현상과 무관하지 않다. 일제 치하의 식민지 상태로의 예속은 한국 전통문화 단절에 결정적으로 작용한다('집회 금지법'). 문화적 정체성의 확립은 그만큼 더 어려워진다. 특히 해방 이후 신지식인층(개화파, 미국파)이 한국의 주도적인 집단으로 자리하면서, 서구 취향적 감성구조가 교양과 품위로 대접받고 '열등한'(?) 전통문화는 그 긍정적 계기들을 보존할 가능성을 상실하고 만다. 물론 70년대 대학가를 중심으로 전통문화의 부흥에 대한 관심이 일기도 하지만 소수문화로 맥을 잇다가 소비자본주의의 심화와 함께 지지부진해지고 만다.

"한 시대의 지배이념은 지배계급의 이념"이라는 마르크스 K. Marx의 테제를 입증하듯, 한국사회의 교육 및 문화정책을 입안하고 주도해온 서구 지향적 신지식인들의 전통문화에 대한 부정적 태도는 일반 민중의 사고와 생활방식에도 지대한 영향을 준다. 그 결과 우리의 전통문화는 근대화 과정에서 근대문화와 접목하지 못하고 일제와 미국 그리고 우리 스스로에 의해 배척되는 운명을 겪는 가운데, 서구와 일본의 '문화 제국주의'가 순조롭게 침투하게 된다. 게다가 정치적 정당성이 미약하고, 미국에 과잉 의존적인 한국의 지배 세력은 이런 문화적 침투에 능동적으로 대처할 만한 자율성을 갖지 못했고, 그럴 의지를 보이지도 않았다.

물론 한국 여가문화의 이러한 경향들에 대한 위의 비판들이 21세기를 살아가는 지금에는 맞지 않을 수도 있다. 디지털 미디어의 상호작용성은 대중들의 참여와 공유, 협력에 유리한 조건을 제공하고 있는 것처럼 보이기 때문이다. 나아가 IPTV나 넷플릭스 등이 보여주듯이 대중문화에 대한 접근성과 선택성 역시 비약적으로 넓어진 측면이 있다. 이로써 문화 민주주의와 대화적 문화소비에 대한 낙관적 분석과 전망이 제출되고 있기도 하다.

그럼에도 우리는 현대의 여가문화를 둘러싼 여러 가지 우려를 감출 수는 없다. 나날이 발전하는 미디어와 급격하게 발전하는 사용자 친화적 정보기술환경에도 불구하고 온순화, 사사화, 상품화, 국제화 등의 부정적 여가 현상은 은밀한 형태로 심화되고 있는 것처럼 보인다. 물론 디지털, 로봇, 인공지능과 빅 데이터 등은 '어떻게' 사용하느냐에 따라 우리의 여가만이 아니라 노동과 일상의 환경을 긍정적으로 변화시킬 잠재력을 가지고 있다. 하지만 그러한 기술로부터 이윤을 극대화하려는 이들이 있는 한, 그리고 테크놀로지에 대한 낙관론에 도취되어 인간의 삶에 대한 논의를 소홀히 하는 한 오래된 문제들은 더 큰 문제들로 반복될 것이다. 그런 점에서 우리에게 필요한 것은 우리시대의 여가환경에 대한 다각적인 논의와 이미 도래하기 시작한 미래의 삶에 대한 진지한 공론일 것이다. 사회의 모든 구성원들이 함께 즐거워하는 공환(共歡, conviviality)의 여가문화를 위해 지혜를 모아야 할 시점에 우리는 서 있다.

Ⅷ. 21세기 대표 놀이, 디지털 게임과 퍼포먼스

1. '중독' 프레임을 넘어서

2014년 4월 한국의 헌법재판소는 문화콘텐츠 산업의 장래에 큰 파장을 부를 수 있을 중대한 판결을 내렸다. 여성가족부가 마련한 '청소년 게임 셧다운 제'가 합헌이라는 결정이었다. "인터넷 게임의 제공자는 16세 미만의 청소년에게 오전 0시부터 오전 6시까지 인터넷 게임을 제공하여서는 아니 된다"고 규정한 이 법은 청소년의 여가권이나 문화향유권, 일반적 행동자유권, 게임 사업자의 표현의 자유, 가족의 자율성과 부모의 교육·양육권을 침해한다는 비판을 받아왔다. 나아가 게임에 대한 등급제가 실시되고 있는 마당에 중복적인 규제가 도입된 점에 대해서도 다양한 우려가 쏟아졌다. 명목상 청소년들의 수면권 보호를 내세우고 있지만, 사실 잠의 부족은 과도한 사교육과 경쟁 사회('성과사회'로 인한 '피로사회')에 있다는 지적도 만만치 않다.

부상하는 문화산업에 대한 정부나 보수적인 시민단체와 문화(산업) 종사자들의 대립은 하루 이틀도 아니고 한국에서만의 일도 아니다. 과거 영화, 텔레비전 프로그램, 만화에 대한 통제와 그를 통한 주체 훈육의 기획은 문화산업의 성장과 표현의 자유를 크게 위축시키고 특히 수용자들의 문화적 다양한 실천들을 가로막은 바 있기 때문이다. 이러한 대립은 흔히 '문화전쟁 culture war'으로 불린다.(이동연, 2014, 88-114) 그리고 게임이 지금 이 전쟁의 중심에서 '고전苦戰' 중이다.

게임 산업과 관련하여 한국사회는 분열적 태도를 보여 왔다. 한편으로 게임은 국가 경제를 견인할 창조산업의 견인차로 평가되면서도[1], 다

1) 실제로 한국의 게임산업은 한국콘텐츠 산업의 중추를 이루고 있다. 그것의 총매출액은 2014년 기준 12조 1,028억원으로 예상된 바 있거니와, 매년 10%이상의 성장률을 보이고 있다. 나아가 게임산업의 수출액은 11개 콘텐츠 산업의 총 수출액 중 60%를 차지할 정도이다.(이재홍, 2014, 52)

른 한편으로는 중독과 폭력의 원인으로 매도당하곤 하기 때문이다. 이는 게임 사용 연령 및 시간 제한을 주도하고 있는 문화체육관광부와 미래창조과학부, 여성가족부의 게임정책에 일관성이 없는 데서, 그리고 주요 언론사들의 게임 관련 뉴스들의 오락가락하는 보도 행태 속에서 자주 확인되는 바이다. 이러한 이중적 태도는 객관성과 과학성이 결여된 '게임-포비아 game-phobia'로 인해 더욱 뒤틀린 모습으로 나타나기도 한다.2) 이는 헌법재판소의 판결에서도 나타난다. 판결문은 우선 "인터넷 게임 자체는 유해한 것이 아니"라는 것을 명시한다. 그러면서도 게임은 "높은 인터넷 게임 이용률 및 중독성 강한 인터넷 게임의 특징" 때문에 유죄라는 주관적 가치평가가 개입된 판결을 내린다. 판결문에서 확인되는 것은 객관성의 부재와 주관적인 게임-공포증이다. 이러한 공포증은 게임의 놀이적 속성과 문화적 특이성에 대한 몰이해에서 비롯된 것이다.

물론 어떤 게임에는 중독적이거나 폭력적인 요소가 있을 수 있다. 그것의 객관적인 기준이나 데이터가 주어진다면 게임으로 인한 부작용들을 예방하는데 큰 도움이 될 것이다. 외국에서는 이와 관련하여 정신의학계나 심리학계에서 다양한 연구가 진행되고 있다. 그것은 실제 게임 행위와 플레이어에 대한 1~2년간의 장기적이고 다각적인 관찰 실험과 민속지학 ethnography의 방법이 활용된다. 하지만 국내의 정신의학계를 비롯한 관련 학계나 기관에서는 '게임중독법'의 도입을 강하게 촉구하면서도 별 노력을 하고 있지 않은 것으로 보인다. 게임의 부정성에 대한 프레임이 미리 강력하게 각인되어 있기 때문이다. 또한 외국이나 한국이나 게임중독에 대한 명쾌한 정의가 제기된 바 없고 그에 대한 임상분석이나 객관적 통계가 제출된 적도 없다. 또한 '중독 addiction과 '몰입 immersion, engagement'에 대해 우리는 신중한 접근을 할 필요가 있다. 문화에서 '중독'은 '몰입'의 다른 이름이고 그 둘의 경계는 미미한 것일

2) '게임 쿨링오프제'나 '게임중독법'을 둘러싼 논란에서도 이는 입증되고 있다. 외국의 경우 게임을 비롯한 대중문화콘텐츠의 중독성이나 폭력성에 대한 주장에 근거가 부족함을 말해주는 더 많은 반론들이 제출되고 있다.(이동연, 2014, 49-68)

수도 있기 때문이다. 창조산업 생태계에 '중독'되지 않은 경험을 지닌 사람이 그 영역에서 창의적인 결과를 내어올 수 없는 법이다. 문화에 대한 '중독'은 약물 중독과 달라서 그 경험이 이후 창작의 원천이 될 수 있는 것이다. 문화나 매체에 대한 중독을 약물중독이나 도박중독과 구분하기 위에 '감성 중독 emotional addiction'이라는 개념을 사용하자는 제안이 나오는 것도 그러한 이유에서 일 것이다.[3]

게임에 대한 근거 없는 공포 혹은 혐오 담론들의 확산에는 게임 생태계에 직접 참여하고 있는 사람들 역시 그 책임에서 자유롭지 않다. 특히 게임 포비아 담론들의 무한 확장과 재생산을 관망한 연구자들도 지난 몇 년간의 스스로를 반성할 필요가 있을 것이다. 과거 영화나 텔레비전에 대한 규제를 적극적으로 돌파하려 했던 해당 미디어 생태계 관련자들의 노력을 복기할 필요가 있을 성 싶다. 자발적 자율 규제와 비평 담론의 마련 노력, 업계와의 소통을 위한 실천들이야말로 이들 선배 미디어들이 당당하게 문화로 인정받는 계기가 되었던 사실을 말이다. 게임은 진보한 테크놀로지와 문화적 역량을 결합한 콘텐츠이다. "예술과 문화산업은 분리된 영역이 아니고 교차하는 영역이 존재한다"는 것을 가장 잘 보여주는 분야가 게임이다. 따라서 그것은 문화적 창의성을 핵심성분으로 삼으며, 놀이에 대한 근원적 욕망이 발현하는 매개자이다. 디지털 기반의 문화콘텐츠로서 게임은 놀이와 문화에 대한 상상력의 강화를 통해 성숙시켜가야 할 대상이지 배척의 대상이어서는 안 될 것이다.

물론 모든 게임 콘텐츠가 마냥 긍정적인 것만은 아니다. 나아가 특정 장르에로의 쏠림 현상은 문화 다양성 확보라는 측면에서 바람직하지 않다. 게임의 다양성 확보나 게임 윤리에 대한 고민은 한국 게임 산업의 미래를 위해서도 지속적으로 수행되어야 할 과제이다. 그럼에도 어떤

3) 물론 게임 중독의 임상적 사례들이 있음을 부인할 수는 없을 것이다. 하지만 언론의 보도와 달리 그것이 일반적 사례는 아니다. 그리고 게임으로 인한 사고로 보도되는 사건들 배후에는 더 본질적인 원인들이 자리하고 있다는 사실 드러난 바 있다. 거기에는 게임 내재적인 어떤 부작용보다는 사회적, 교육적, 가족적, 경제적 문제들이 복잡하게 얽혀있다는 것이다. 게임이 야기했다고 '상상되는' 온갖 문제들이 사실은 게임 리터러시에 둔감한 이들의 불안과 혐오에서 비롯된 상상의 결과물이라는 것이다. (미구엘 시카트,2014, v~vii)

점에서 사악한 게임은 없다고 할 수 있다. 상호작용적 미디어 interactive media라는 점에서 그것은 윤리적으로 부정적인 플레이를 유인할 수도 있지만 윤리적인 경험을 위한 대화의 촉매도 될 수 있기 때문이다. 게이머들의 경우에도 주어진 콘텐츠를 수동적으로 소비하는 '디지털 좀비'가 아니라 특이한 방식으로 상호작용하고 경험을 공유하면서 해석하는 가운데 목적을 달성하고 문제를 해결하는 주체이다. 다시 말해 그들은 주어진 문제들을 혹은 스스로 설정한 목표들을 해결하기 위해 자신들만의 가치와 지식 및 기술을 적용함으로써 사회적 정체성을 창조하고 '다르게 살아보기'와 '다르게 생각하기'를 수행하는 자들이다. 물론 게임은 순백의 중립적인 공간은 아니다. 그럼에도 현실의 필연적 질서를 반성하고 위반할 수 있는 계기를 제공함으로써 탈영토화의 이벤트 공간을 제공할 수 있는 잠재성을 지니기도 한다.

이번 장은 게임 담론을 지배하는 부정성 일변도의 접근법에 대한 반성을 시도한다. 게임 매체의 속성들을 밝힘으로써 객관적 게임 연구의 어떤 단초를 제공하고자 하는 것이다. 이를 위해 인문학적 게임 연구에 중요한 기여를 한 바 있는 공연학 performance studies 담론들의 도움을 받고자 한다. 인문적 게임 연구에 기여했던 몇몇 연극학자들이 게임 미디어의 어떤 가능성에 주목했는지를 살펴보는 일은 놀이로서의 게임이 갖는 미디어적 특성들을 이해하는 데 유용하기 때문이다. 그런 다음 퍼포먼스 연구 performance studies, 특히 미디어 퍼포먼스 media performance의 접근법을 통해 게임 매체의 수행적 특이성을 알아볼 것이다.(전경란, 2014, 17)

2. 상호작용적 '종합예술작품', 디지털 게임

에스펜 올셋 Espen Arseth이 2001년을 인문학적 게임 연구 game studies의 원년으로 삼자고 선언하기 전까지 게임 연구는 주로 공학과 심리학 등에서 수행되었다. 물론 미디어학이나 사회과학계에서 간헐적으로 의미 있는 성과들이 나오기도 했지만, 대부분은 게임 테크놀로지에 대한 공학적 연구들과 게임의 부정성에 관한 심리학적 진단들이었다. 하지만 2000년대에 접어들면서 문학 연구자들과 미디어 연구자들이 인문학적 시각에서 게임의 의미화 과정과 스토리텔링 콘텐츠에 관심을 보이면서 학제간 융복합 학문으로서 게임 연구는 대학 내에 자리매김하기 시작한다. 이후 게임을 서사로 볼 것이냐 아니면 놀이로 볼 것이냐를 둘러싸고 치열한 논쟁이 벌어지기도 했다. 이는 서사학 narratology과 게임학 ludology의 대결로 정리될 수 있는 이 논쟁은 게임의 매체적 복합성 medial complexity의 특정 측면만을 고집한다는 비판을 받으며 일단락된 듯하다.(김겸섭, 2008, 182-191)

하지만 서사와 놀이라는 토픽들은 이후 게임에 대한 인문학적 연구의 단초로 작용하면서 지속적인 확대 · 변형 · 재생산의 과정을 거치며 진화한다. 이후 게임의 커뮤니케이션적 성격, 게임의 의미화 실천 메커니즘과 이데올로기적 작동 방식, '몸-주체'로서의 게임 플레이어의 다중적 주체성(플레이어, 페르소나, 게임 생태계 내의 한 사람), 게임 안에 구현된 종교성과 신화성, 게임 콘텐츠와 게임 플레이의 윤리학적 의미 등의 주제들로 확장되면서 게임 연구는 그 폭과 깊이를 더해가고 있다.[4] 이러한 게임 연구의 확장 과정은 멀티미디어에 기반한 새로운 이야기 매체, 디지털 멀티미디어 시대의 새로운 놀이문화 등으로서 게임이 지닌 다의적 · 다성적 속성에서 비롯된 것으로 볼 수 있다. 외국의 다양한 게임학 담론들을 수용하면서 한국의 연구자들 역시 나름의 성과들을 세출하고 있는 중이다.[5] 이 장에서 화두로 삼고자 하는 '게임하기 game -playing, gaming'에 대한 관심은 복합적 미디어인 게임을 대상으로 나온 다층적 성과들과 종합적으로 대결하면서 게임의 실제적이고 실천적인 양상들을 수렴하고자 하는 시도이다.

---

4) 게임 연구의 확장 경향을 보여주는 사례로 미구엘 시카트, 김겸섭 옮김, 『컴퓨터 게임의 윤리』, 커뮤니케이션북스, 2014나 Tobias Beve(Hg.), Computerspiele und Politik, Berlin, 2007을 참조할 수 있을 것이다.

5) 2000년대 시작된 한국의 본격적 게임 연구의 포문을 연 연구자들은 대개 국문학 연구자들(최유찬, 이인화(류철균), 한혜원 등)과 문화연구나 미디어 연구자들(박근서, 윤태진, 전경란, 나보라, 김상우 등)이었다. 이후 게임과 '게이밍'에 관심을 두었던 기타 연구자들(이동연, 박상우, 김겸섭 등)이 논의를 이어갔다.

게임에 대한 인문·사회과학계의 관심들은 중독과 폭력이라는 상투적인 비판을 넘어 게임이 우리 시대의 일상적 놀이문화이며 인간의 원초적인 놀이 욕망을 담아내는 미디어임을 인식하게 해주었다. 그 결과 적어도 학계에서는 게임이 상호작용적이고 탈근대적인 놀이 매체라는 것을 인정하기 시작했다. 다시 말해 게임은 유저들 users에 의해 구성되는 개방적인 텍스트로서 해석되어야 할 서사적·상징적 텍스트일 뿐만 아니라 매 순간 의미를 만들어내는 문화적 복합 구성체라는 것에 대한 공감대가 형성된 것이다.[6] 특히 네트워크로 연결된 가상세계에서 그것은 리좀 rhizom처럼 얽힌 정보계 infosphere를 구성하며 미디어와 텍스트, 사회적 제도들과 집단들이 상호 접속하는 장면들을 연출한다. 이는 게임 연구가 콘텐츠 연구나 플랫폼 연구를 넘어 다양한 사회적 상호작용 양태들에 관심을 가져야 하는 이유이기도 하다. 다시 말해 게임 고유의 형식이나 규칙, 게임 플레이 수행과정에서 추출되는 다양한 결과를 입체적으로 조명할 수 있는 문제틀이 요구되는 것이다.

그런 의미에서 텍스트와 작가 중심의 전통적인 연극 개념을 '수행성 performativity' 개념으로 확장하고자 하는 퍼포먼스 연구, 나아가 퍼포먼스 개념을 뉴미디어적 사이버스페이스 환경으로 불러들이고자 하는 '미디어 퍼포먼스' 개념은 게임의 매체성과 놀이성을 달리 볼 수 있는 하나의 접근법으로 볼 수 있을 것이다. 특히 인문학적 게임 연구 초기에 드라마 혹은 연극학 전공자들이 게임에 주목하며 제출한 성과들은 게임 수행성 연구의 단초가 될 만하다. 이들은 다양한 연극이론들을 원용하여 게임의 새로운 매체성을 밝혀내려고 하면서 연극과 게임의 수행적 공통성을 탐색하고자 한 바 있기 때문이다. 이는 게임이 종합예술인 연극 혹은 공연과 공유하는 다수의 속성들이 있기에 가능했다. 특히 직접

6) 마노비치 Lev Manovich는 문화적 층위(백과사전과 소설, 이야기와 플롯, 구성과 관점, 모방과 카타르시스 등)와 컴퓨터 층위(컴퓨터 고유의 재현 방식과 운영 메커니즘), 사회적 층위(게임 생태계를 구성하는 다양한 사회적 요인들) 등 다양한 영역들이 복합적으로 교차하는 문화적 실천의 장으로 게임을 정의한다. 그것은 인류의 풍부한 이야기 자산, 과거의 매체나 콘텐츠들을 '재매개 remediation 혹은 전유하며, 매체 상호간의 '융합 convergence을 통해 인간-컴퓨터, 인간-인간의 새로운 상호작용의 결과들을 생산하고 있다고 강조한다.(Lev Manovich, 2004, 128-130)

적인 행위에 기반한 서사 예술이라는 점은 공연 연구와 게임 연구의 간극을 좁혀주었다.

우선 인문적 게임 연구의 초기를 수놓은 연구자들로는 브렌다 로럴 Brenda Laurel과 자넷 머리 Janet Murray 등을 들 수 있을 것이다. 이들은 아리스토텔레스의 『시학』에 기대어 게임과 연극의 공통성을 찾아내고자 한다. "2000년도 더 된 과거에 아리스토텔레스가 드라마에 적용했던 것과 동일한 규칙 하에서 소프트웨어 디자인이 이루어질 수 있음"을 주장한다는 조롱 섞인 비판을 받기도 했지만, 어쨌든 그들은 아리스토텔레스를 경유하여 주류 게임의 디자인 문법을 정초하고자 한다. '아리스토텔레스적 컴퓨터 게임 Aristotelian Computergames'으로 명명되기도 하는 이 모델은 놀이형 참여 미디어를 두고 게임의 '서사 narratives'에 편향적으로 포커스를 맞춘다는 비판을 받기도 하지만 게임-연극의 상호 매체성에 대한 관심을 촉발했다는 점에서 그 가치를 평가해줄 수 있을 것이다.

연극학적 관점에서 로럴은 게임의 공간적 시뮬레이션을 일종의 연극 '무대'에서의 수행 performance으로 간주한다. 게임에 대한 상호작용적 참여는 "무대에서 연기하는 것과 같은 경험"(Laurel, 1993, 6)이라는 것이다. 게임 역시 직접 몸을 움직여 acting 사건을 '상연'하는 연극적 매체라고 보는 셈이다. 상호작용적 스토리텔링 interactive storytelling의 미디어로서 컴퓨터 게임은 '사용자 퍼포먼스 user performance'이고, 게임을 통해 플레이어는 드라마 수행자 performer이자 관객의 역할을 동시에 수행한다는 것이다.

로럴의 성과를 비판적으로 계승하고자 하는 머리 역시 컴퓨터의 상호작용성에 기초한 연극적 경험으로 게임을 정의하면서 이를 '사이버드라마 Cyberdrama'로 명명하자고 제안한다. 그녀가 보기에 컴퓨터 게임은 텍스트와 영상, 사운드 등이 결합된 멀티미디어 배경무대를 제공한다. 이 무대 위에서 플레이어-배우 player-actor는 직접 탐색과 도전을 통해 성격과 행동을 창조함으로써 역동적인 허구적 사건들을 연출한다. 이렇게 되면 게임 속 '가상현실'은 플레이어가 행위의 수행을 통해 극적 사건을 창조하는 가상의 무대인 셈이다. 이 모든 것이 가능한 것은 게임의 상호작용적 속성 덕분이다.

우리는 게임 캐릭터, 즉 '아바타'를 통해 로럴과 머리의 주장을 이해할 수 있다. 게임의 아바타는 어떤 점에서 연극의 배역 그 이상의 의미를 지닌다. 아바타 꾸미기, 즉 게임 안으로 본격적으로 진입하기 이전에 행하는 '커스터마이징 customizing'은 게임 공간이라는 가상 무대에서의 역할놀이를 위한 최초의 선택이요 입문식이다. 소설이나 영화 등의 선형적인 서사와 달리 게임에서 '하나의' 이야기를 완성하는 사람은 개발자가 아니라 플레이어들 자신이다. 그리고 그 최종적으로 구성된 이야기란 단 하나가 아니다. 게임을 통해 플레이어들은 자신의 세계관과 욕망을 무대화할 수 있기 때문이다.(머레이, 2001, 21-22) 그 결과 사이버스페이스는 안정, 고착, 균형의 공간이 아니라 일탈과 동요, 변화와 생성의 무대가 된다. 캐릭터 '커스터마이징'은 플레이어가 사이버 무대에서 영웅으로서 자발적으로 떠나게 될 대장정의 준비 과정이다.

원래 인도 신화에서 신의 분신인 '아바타'는 닐 스티븐슨 Neil Stephenson의 소설 『Snow Crash』에서 등장하면서 널리 쓰이기 시작한 개념이다. 이 소설의 등장인물들은 '메타버스 Metaverse'라는 가상의 나라에 들어가기 위해 아바타라는 가상의 신체를 빌려 입는다. 이후 RPG의 고전 〈울티마〉에서 본격적으로 사용되면서 아바타 개념은 플레이어 캐릭터를 의미하게 된다. 이 게임에서도 주인공 캐릭터는 '브리타니아'라는 가상세계의 위기를 해결하기 위해 소환된 영웅이다. '아바타'는 인간과 컴퓨터 상호작용의 대리인 agent으로서 플레이어-배우의 '또 다른 자아 alter-ego' 혹은 '분신 persona'이다. 그(것)는 개인비서로서의 역할뿐만 아니라 플레이어의 무의식적 욕망이 의식과 현실의 수면으로 떠오르는 역할을 하기도 한다.

"오늘날 가상공간을 걸어 다니는 3차원 아바타를 가질 수 있게 되면서 사람들은 그들의 인격을 게임에 투영하는 것을 즐긴다"는 데이비드 페리의 진술처럼 아바타는 플레이어의 욕망이 향하는 이상적 자아 ideal ego를 가상공간이라는 무대에 '현전'하도록 도와준다. 어떤 사람들에게는 자신만의 아바타를 창조하는 것이 적을 무찌르는 일보다 더 중요하다. 특히 〈검은 사막〉, 〈블레이드&소울〉, 〈마비노기〉나 〈리니지〉 시리즈 같은 다중 접속역할수행 온라인게임 MMORPG에서 아바타는 플레이어들의 정체성과 개성을 반영한 분신 만들기가 가능하도록 '커스터마이징' 기능을 강화하고 있기도 하다. 이로써 게이머들은 자신들의 '분신 Double'을 통해 평소의 자기를 감추고 일상에서 하지 못했던 것들을 연기하는 '퍼포머 performer'가 된다. 게임 속에서 우리는 전사, 마법사, 요정 등의 모습으로 변신하여 게임 속 일상 사회를 살아가는 '사회극 the social drama'의 수행자인 것이다.

디지털 연극인 게임에서 플레이어-배우는 객석에서 수동적으로 극적 사건을 구경하던 관행에서 벗어나 사건의 한 가운데로 나와 몸소 동료 플레이어들과 함께 '역할'을 수행한다. 이 과정에서 그는 '플레이어-주체'로 변신 transformation하여 무한의 선택지들과 씨름하면서 자기만의 스토리를 생산한다. 이는 게임이 "하나의 상황이나 줄거리를 일상 경험 속에서는 서로 배치되는 여러 가지 변형으로 보여주는", "다수의 대안을 선택함으로써 다양한 미래를 동시에 창조하는"(같은 책, 7) '다중 형식의 스토리 the multiform story'인 이유이다. 그 결과 게임 유저는 다양한 선택지와 도전들과 대결하면서 연출가(작가)/행위자 performer/배우-관객-플레이어로서 '다중 주체성 multi-subjectivity'을 구현한다. 머리가 보기에 사이버 드라마로서의 게임은 "전통적인 연극은 아니지만 스릴 있는 연극의 형식을 취하고 있다. 참여자들은 서로에게 배우이자 관객이 되며 그들이 펼치는 연기는 때로 개인적 경험을 반영한다."[7] 나아가 이들의

---

7) 머리에 따르면 사이버 공간은 참여, 공유, 협력을 실천하는 플레이어-주체의 '항해 navigation'에 의해 형성되는 공간이다. 항해는 게임 개발자가 마련한 게임 환경에 내재한 무수한 잠재적 플롯들을 '현재화 to actualize'하는 것을 의미한다. '몰입 immersion'은 게임의 수행 과정에서 게임 디벨로퍼의 흔적을 지우고 플레이어 자신이 사건을 장악하고 있다는 '환영 Illusion'에서 비롯된 즐거움이다. 자신이 작가/창조자이고 게임 속 플롯들과 관련하여 스스로를 '갑'의 위치에 갖다 놓는 셈이다. 머레이는 그 즐거움을 다음과 같이 설명한다. "물이 공기와 다른 것처럼, 현실과 완전히 다른 가상현실에 자신이 둘러싸여 있다는 느낌, 바로 이것이 우리의 모든 주의력과 인식체계를 지배하게 되는 것이다. [...] 새로운 세계에 실존할 수 있다는 사실 자체도 기쁨이지만 그 세계로 자리바꿈을 할 수 있는 방법을 아는 것도 기쁨이다."(머레이, 2001,

활동 무대인 사이버 공간은 관객-배우 spect-actor가 직접 참여하여 사건과 행위의 중심에서 개방적이며 우발적인 서사를 구성한다는 점에서 '환경연극 environmental theatre'의 가능성을 보이기도 한다.

디지털 스토리텔링과 아리스토텔레스의 시학을 접속하고자 한 머리와 로럴의 시도는 게임 서사 연구의 행로에 중요한 기여를 했다. 하지만 그들의 시도는 아리스토텔레스의 시학만큼 풍성한 내용과 체계성을 지니지 못했다. 메티어스 Michael Mateas는 머리의 '에이전시 agency' 개념을 중심 도구로 삼아 '신-아리스토텔레스적 new-aristotellian' 게임 모델을 구상함으로써 논의를 더욱 정교화하고자 한다. 그가 보기에 '몰입'이나 '변형'의 경험은 굳이 게임이 아니더라도 다른 예술을 통해서도 가능하다.[8)]

하지만 에이전시는 게임 고유의 특징으로 "가상 세계에서 직접 행동을 할 수 있다는 사실에서 기인하는 능력신장의 경험"(같은 책, 21)이다. 게임의 상호작용성이 허락하는 미학적 고유성은 '에이전시'에서만 나타난다는 것이다. 그래서 그는 로럴-머리의 아리스토텔레스적 게임 모델을 게임 고유의 '에이전시'로 수렴하고자 한다. 물론 그도 '인터랙티브 드라마' 역시 스펙터클과 감정의 집중, 사건의 통일과 완결적 이야기 구조를 갖는 '폐쇄 연극 the closed theatre'의 경험을 창조할 수 있다고 주장한다. 하지만 메티어스는 게임의 디자인이 '에이전시'의 창조에 집중해야 한다고 보면서 '신아리스토텔레스적 드라마 모델'을 제안 하지만,[9)] 오히려 개방적 속성을 지니는 매체인 게임을 두고 기존의 한 방향 커뮤니케이션 미디어의 접근법에 지나치게 의존적이라는 비판을 받는다.

---

113)

8) 그는 기존의 연극에서도 '동일시'의 형식으로 '몰입'을, 주인공의 변신과 성장의 형식으로 '변형'을 경험할 수 있다고 본다.(Michael Mateas, 2009, 21) 하지만 관객의 수동적인 동일시 행위를 참여적 몰입의 경험과, 주동인물의 극중 변화 과정을 플레이어-주체의 변신 경험과 동일화한다는 점에서 문제가 있다.

9) 여기서는 지면 관계상 이 모델을 구체적으로 소개할 수는 없다. 인문학적 게임 연구의 초기에 드라마 이론과 극적 상상력이 게임 연구에 어떻게 반영되었는지를 확인하는 것이 논문의 목적이기 때문이다. (메티어스의 게임 모델과 관련해서는 김겸섭, 2007을 참조할 것)

로럴-머레이-메티어스는 아리스토텔레스의 드라마 미학을 경유하여 '잘 짜인 well-made' 게임 디자인의 이론적 지반과 모델을 제시하고자 했다. 하지만 그들의 논의를 따라 가보면 게임 기반 동일시의 형식인 '몰입' 경험의 극대화가 궁극적 목적임을 알 수 있다. 이들의 시각은 "분명한 관점이 없는 열린 결말의 스토리는 플롯 구조를 파괴할 수 있고, 결과적으로 이는 에이전시의 붕괴를 야기할 수 있다"(Mateas, 2008, 27)는 우려에서 단적으로 드러난다. 사실 RPG 장르의 일부 게임들, 특히 과거 〈파이널판타지〉 시리즈의 콘솔 게임은 이러한 디자인 원칙에 충실한 것처럼 보인다.

하지만 온라인 게임처럼 '자유도'가 높은 여타 게임들은 그것이 상업적인 주류 게임이라 하더라도 이들의 모델을 추월한다. 게임 디자이너의 예상과 기대를 벗어나는 그 어느 지점에서 플레이어들은 자신만의 퍼포먼스를 통해 사건들을 발생시킨다. 그런 점에서 잘 만들어진 아리스토텔레스적 게임에 대한 이들의 제안에는 플레이어-주체의 역동적인 참여와 그들의 다각적인 실천에 대한 고려가 부족하다.[10] 게임에 대한 '저항적 해독' 혹은 '일탈적 해독'의 가능성을 인정하기 위해서는 기존 아날로그 서사 미디어에 적용될 수 있는 것과 다른 모델이 요구되는 것도 그 때문이다. 연극의 확장으로서의 '퍼포먼스', 매체성과 수행성의 상호작용에 주목하는 '미디어 퍼포먼스' 개념은 게임의 그러한 실천들에 접근하는 대안적인 이론적 모델의 단초를 제공할 수 있다.

3. 디지털 시대의 퍼포머, 게임 플레이어

'퍼포먼스 이론 performance theory'은 연극에 대한 기존의 접근법을 확장하면서 넘어서고자 하는 시도이다. 이를 게임 연구에 접목하고자 하는 시도들은 최근의 게임학만이 아니라 예술들 간의 소통과 융복합

10) 이러한 한계를 비판하면서 우르과이 출신의 게임 학자이자 게임 개발자인 프라스카 Gonzalo Frasca는 대안적인 사회비판적 게임 디자인 모델을 제안한다. 그는 아리스토텔레스 대신 독일의 연극이론가이자 실천가인 브레히트 Bertolt Brecht와 남미의 연극운동가인 보알 Augusto Boal을 실험의 출발점으로 삼는다.(이와 관련해서는 Gonzalo Frasca, 2008, 1장과 2장을 참조할 것)

가능성을 넓히는 데 나름의 기여를 하고 있다. 물론 전통적인 '무대극 Stage drama' 혹은 '연극 theatre' 개념에 익숙한 시선으로 보기에 '퍼포먼스'라는 개념이 낯설 수 있다. 퍼포먼스는 무대와 재현이라는 차원을 넘어서기 때문이다.

퍼포먼스학 혹은 공연학의 주창자들이 보기에 'theatre' 개념은 근대의 소산이다. 더욱이 '연극'이라는 개념은 비서구 연극이나 인간의 다양한 참여적 이벤트에 소홀하기에 그것들에 대한 균형 잡힌 접근을 가로막는 단점이 있다. 놀이나 게임을 비롯한 다양한 퍼포먼스 행위에 대한 심도 있는 연구를 포괄하지 못하는 측면이 있음을 부인할 수 없는 것이다. 이를테면 우리의 굿놀이를 비롯한 전통 연행 예술은 물론이고 최근의 문화현상들과 사회현상들은 그것이 확장된 연극성을 지님에도 연구의 주변부에 머물 수 있다. 그런 의미에서 드라마 텍스트에서 공연 행위로 무게 중심을 옮기려는 '수행성 performativity' 개념은 공연에 대한 제한적인 시각을 극복하는 단초가 될 수 있다.

'공연학'을 체계적으로 소개한 바 있는 셰크너 Richard Schechner는 좁은 의미의 '연극'이라는 개념 자체를 해체하려는 의도에서 퍼포먼스에 관심을 갖는다. 셰크너가 보기에 "드라마를 무대에 구현한다는, 좁은 의미의 연극은 식민주의에 의해 광범위하게 확산된 것이자 아주 소수 문화권에만 귀속된 것"이다. 그에 따르면 퍼포먼스란 "더욱 형식적인 제의 의식들, 공적인 회합들, 그리고 정보와 상품과 관습을 교환하는 다양한 수단들의 부분이거나 혹은 이것들과 이어진, 일종의 의사소통적 행위"(Richard Schechner, 136)이다. 여기서 강조점은 커뮤니케이션 행위 일반에 놓인다. 하지만 너무 큰 개념이라 막연한 느낌을 주는데 "퍼포먼스의 경계는 명확하게 그을 수 없는 것"이라는 그의 고백에서 개념화의 어려움을 감지할 수 있다.[11] 개념의 광대함으로 인한 불명료성에도 불

11) 마빈 칼슨도 퍼포먼스 개념 규정의 불가능성을 언급한다. 인간의 모든 발화 행위에서 글쓰기까지, 나아가 삶의 모든 행동이 '퍼포먼스'로 수렴되기 때문이다. 우리는 일단 전통적이고 인습적인 '연극' 개념으로는 장르와 매체 간의 경계 해체와 확산을 통해 경계가 모호해진 우리시대의 상황을 설명할 수 없기에 퍼포먼스 개념에 주목한다. 나아가 디지털 게임의 경우처럼 극적 상황 안으로 미디어가 호명되거나 뉴미디

구하고, 퍼포먼스의 이해를 위해서는 '틀 frame'과 '틀짓기 framing' 개념이 중요하다. 퍼포먼스는 "틀처럼 짜여 지고 표현되고 강조되거나 보여진 행위"(같은 책, 2)이기도 하기 때문이다.[12)]

셰크너는 스포츠, 축제, 놀이, 대중적 정치 이벤트, 컴퓨터 게임 등을 퍼포먼스의 대표적 사례로 든다.(셰크너, 2004, 236) 놀이와 축제를 지향하는 최근의 시위 문화는 퍼포먼스의 대표적 사례라 할만하다. 지난 광화문의 촛불 혁명은 시위와 놀이의 문턱을 허물고 축제의 장을 열어준 바 있다. 컴퓨터 게임 역시 셰크너가 퍼포먼스의 속성들로 지적한 많은 것들을 공유한다. 먼저 게임은 놀이의 배경과 놀이 규칙에 의한 시공간의 분리를 특징으로 한 '프레임에 둘러진 행위'이다. 그 프레임은 일상과 퍼포먼스의 시공간을 가른다. 그래서 우리는 게임의 공간을 놀이공간에 대한 일반적 은유인 '마법의 원 magic circle'이라 부르기도 한다. '게임하기'는 끊임없는 리허설과 반복 플레이 속에서 매번 각이한 경험과 지식을 구성해가는 '과정적 서사 procedural narrative'이기도 하다. 일상의 놀이가 그렇듯이 매번 같은 게임을 플레이 하더라도 사건은 '차이'를 생산한다.

더욱이 좁은 의미의 '퍼포먼스', 즉 실험적인 현대연극들을 능가하는 인터랙션은 게임의 '퍼포먼스성'을 강화한다. 게임 고유의 '상호작용성 interactivity'은 게임 생태계 내 주체들의 상호-행위를 통한 다양한 의미화 실천들을 의미한다. 이는 '공연적 상황' 안에서 살아가는 다양한 주체들의 사회적 행위와 커뮤니케이션 행위 수행에 주목하는 공연학의 관심사이기도 하다. 무엇보다 게임의 플레이어-주체는 수동적인 '관객'의 위치에서 벗어나 능동적인 '참여'와 '협력', '공유'를 통해 놀이적 상황을 지

어가 우발적 발화 상황을 연출하는 현 단계의 수행적 활동을 이해하는데 이 개념이 제공하는 장점도 거부할 수 없는 매력이다.(Carlson, 1996,134-137)

12) 마빈 칼슨과 빅터 터너 역시 이러한 면을 강조한다. "퍼포먼스 이론에서 중요한 개념인 'framing'은 고프먼 Eirving Goffman에 의해 탐구되었으며, 그 개념은 play의 허구적 세계가 작동하도록 허락해주는 중요한 것으로 심리적 개념이다."(위의 책, Marvin Carlson, 38); "틀 frame을 설정한다는 것은 '경계'를 만들고 둘레를 형성하는 일"이다. "이러한 틀을 설정하여 각 이미지나 상징들을 평가 검토하게 되는 것"이다.(빅터 터너, 1996, 210)

속시켜나가며 존재 및 의식의 변화, 즉 주체화의 가능성을 모색하는 퍼포머의 사례가 될 만하다. 셰크너 스스로 21세기에 들면서 네트워크나 컴퓨터 게임 등의 디지털 미디어에 관심을 기울인 것도 이러한 이유들에서 일 것이다.(FirstPerson, 2007, 157-158) 그것이야말로 퍼포먼스의 중핵이라 할 수 있는 참여와 소통, 지식 공유와 지성의 훈련에 유리한 플랫폼이 될 수 있을 것이라고 보기 때문이다.

그런 점에서 게임의 플랫폼과 인터페이스는 퍼포먼스의 실천적 기반을 제공할 수 있다. 셰크너가 보기에도 무대와 객석, 관객과 배우의 경계를 흔들어버리는 상호작용성과 관객성 등의 수행적 속성은 디지털 게임의 특이성으로 수렴될 수 있다. 이는 미디어 퍼포먼스에 대한 그의 논의와 연결된다. 그가 보기에 미디어 퍼포먼스는 생산과 수용 방식에 있어 전통적인 미디어의 재현 mimesis representation을 넘어선다. 디지털 공간에서의 상호작용적 이벤트들은 주체의 '현전성' 구성에 직접 참여하는 계기를 제공하기 때문이다. 이를테면 게임 플레이어-주체는 가상현실 속의 사건에 다른 플레이어-주체들과 동시적으로 상호작용하는 가운데 고유의 리얼리티를 구성하는 것이다.(같은 책, 193-194) 특히 다중 온라인 접속게임 MMORPG에서처럼 디지털 미디어에 기반한 네트워크 사회의 강화는 사용자들을 다양한 퍼포먼스 연출의 주체로 내세울 충분한 잠재력을 입증하고 있다.

디지털 시대의 '호모 루덴스 homo ludens'인 미디어 행위자들 agents은 스스로 만든 대화의 요소들과 행위 규칙을 즐기면서 협동적인 문화 생산에 적극 참여하고 있고 다양한 사회적 대화를 나누며 현실과 가상의 경계를 넘나든다. 이러한 현상을 셰크너는 전통적인 재현 방식인 '미메시스'를 넘어서는 수행적 실천으로 부르면서 '미디어 포이에시스 media poiesis'라고 지칭하기도 한다. 온라인 게임의 플레이어-수행자들은 개발자가 제공하는 게임을 기반으로 스토리와 규칙을 놀이하면서도 협력적으로 문화 생산에 참여하면서 공동의 사건과 서사를 생산하기 때문이다. 이러한 문화적 실천에서 '갑'은 게임의 개발자가 아니라 플레이어-주체들이다.

하지만 우리는 디지털 낙관론 혹은 낭만주의를 경계해야 한다. 기술이 유토피아를 가져온다는 말도, 디스토피아를 부른다는 말도 동일한 이유에서 과장이기 때문이다. 사실 문제는 게임이라는 도구가 아니라 이용하는 사람이다. 가령 SNS와 더불어 일상화되어가는 게임은 상대방의 관점을 공유하는 '교류'의 수단일 수 있지만 '끼리끼리'의 자폐적 세계로 가는 첩경이기도 하다. 그래서 누군가는 그러한 양가성을 '파르마콘'(독 · 약)에 비유한다. 분명 게임은 정치 · 사회적 의제이든 축제나 놀이든 자발적 참여와 협력 요소를 강화함으로써 미디어 퍼포먼스를 연출하기 좋은 환경을 구축한다. 게임은 '더불어-놀기'를 통한 소통의 신기술 개발에 기여할 수 있다. 하지만 이는 잠재성의 차원일 뿐이다. 그러한 긍정적 계기가 상상의 차원에 머물지 않기 위해서는 게임 '정보계 infosphere' 구성원들의 윤리적 역량이 강화되어야 한다.

사실 대부분의 게임 플레이어들은 순간의 오락을 위해서만 게임을 소비하는 지도 모른다. 게임 생산과 소비가 극심하게 불균형을 이루는 한국 게임-주체들의 경우 문제는 더욱 심각하다. 경우에 따라 플레이어들은 능동적인 서사-사건 생성자로서 활약을 하기도 한다. 반면 게임은 맹목적인 재미 소비에 환호작약歡呼雀躍 하는 디지털 좀비를 양산하는 괴물이 될 수도 있다. 게임이라는 미디어는 중립적이다. 게임의 윤리에 대한 별도의 연구와 대중적 확산이 필요한 이유이다. 그런 의미에서 게이머들이 자신들의 커뮤니티를 통해 개인적 즐거움을 추구하거나 집단적 코뮤니타스 collective communitas를 구성하는 사례들에 대한 적극적인 평가와 확산 방안에 대한 고민이 필요하다. 아이템 불법 거래, 게임으로 인한 폭력, 확률형 아이템의 사행성 문제 등 부정적인 사례들에 대한 게임 생태계 내부의 다양한 대화들도 한국 게임문화의 일부가 되어야 할 것이다. 이야말로 우리가 살아가는 직설법적 현실에 대한 대안으로서 가정법적 성찰의 퍼포먼스가 벌어지는 장으로 게임이 거듭나기 위한 전제일 것이다.

4. 역동적 세계에서의 '게임하기'

디지털 미디어는 멀티미디어성과 상호작용성이라는 속성 덕분에 서사 narratives의 생성과 확장에 있어 새로운 변화를 가져왔다. 소설이나 영화와 같은 전통적인 선형적 서사와 달리, 게임 서사는 그 덕분에 새로운 구술적 문화로까지 평가되기도 한다. 새로운 매체 환경에서 과거 신화나 전설 등의 구술문화가 새로운 양태로 나타나고 있다는 것이다. 공동체에 의해 공동으로 생산되고 향유된 문자 이전 시대의 이야기들처럼 디지털 게임에서는 게임 생태계의 구성원들이 게임의 '여백'을 협력적으로 채워가며 그 끝이 열려 있는 영속적 이야기들을 생산해 가고 있는 중이다. 특히 스마트 모바일 게임의 등장 이후 약간은 주춤하고 있지만 한 때 한국의 게임 시장을 호령하고 있는 MMORPG는 판타지와 현실이 교차하는 퍼포먼스의 속성을 보이기도 한다.

〈문명〉의 개발자 시드 마이어에 따르면 "게임은 흥미로운 선택의 연속"이다. 게임의 서사는 플레이어-주체가 게임을 시작하면서 시작된다. 우선 플레이어는 개발자가 제공하는 도구들과 재료를 밑천으로 자신의 아바타를 꾸미고 자신의 이야기를 만들기 시작한다. 게임의 'inter+action'은 연행자 performer인 '나'가 게임 속의 오브제들이나 다른 주체들과 작용을 주고받으면서 극적 사건을 만들어나가는 것이기도 하다. '게임-하기 game-playing'는 게임 캐릭터들이나 공동-플레이어들 co-players과의 대결과 대화 혹은 거래, 사교, 가상공간의 탐색, 게임 세계의 주민으로서의 생활과 경영 등을 포함하는 포괄적이고 복합적인 '인터랙션'의 과정이다. 그런 의미에서 게임 서사의 구성과정은 퍼포먼스의 프레임으로 접근할 수 있다. 이미 말한 것처럼 '행위'와 참여자들의 역동적인 협력적 사회 구성 행위의 과정이야말로 퍼포먼스의 핵심적 성분이기도 하기 때문이다.

MMORPG 〈리니지〉 개발자로 유명한 송재경의 〈아키에이지〉같은 게임들은 그 자체로 하나의 세계를 구현한다. 심지어 우주를 배경으로 하는 〈이브온라인〉의 경우 그 범위는 우주로 확장된다. 이러한 세계들에서는 다른 참여자들과 가상공간을 공유하기에 우발적인 사건들이 발생한다. 게임 디자이너들이 제공한 가상의 놀이터와 놀이 요소들만 가지고 노는 것이 아니라 그들 스스로 놀고자 하는 것들을 발굴해서 놀기도 하기 때문이다. 그런 의미에서 개발자가 요구하는 던전 Dungeon 안에서의 크고 작은 임무들('퀘스트')의 수행이나 몬스터 사냥, 전투는 온라인 게임의 경우 게임 플레이의 극히 일부에 불과하다. 플레이어들은 '혈맹', '길드', '종족' 등의 커뮤니티 안에서 스스로 선택한 직업이나 역할을 수행하며 타자들과 상호작용하는 가운데 하나의 거대한 사회를 이루기 때문이다.

게임 속 주체들이 거주하는 마을과 광장은 우리가 살아가는 일상의 반영이기도 하다. 이러한 게임들을 '생활형 게임'이라고도 하듯이 이 역동적 세계 안에서는 전투와 탐색 이외에도 사회적 관계들에서 비롯되는 다양한 경험들이 이루어진다. 게임 공간 자체가 하나의 '사회'인 셈이다.[13] 이는 흡사 터너가 말하는 '코뮤니타스'의 감정을 제공한다. 나아가 이러한 가상의 '사회'는 비루하고 고단한 일상 현실에 대해 살고 싶은 다른 현실을, 즉 직설법적 현실에서는 허락되지 않는 가정법적 현실을 '일시적이나마' 허락한다. 게임 속 커뮤니티의 주민들이 함께 만들어가는 '놀이적 사회 ludic society'는 우리가 살아가는 현실의 '반反구조'인 셈이다. 그런 의미에서 '게임하기'는 때로 '놀이적 성찰 ludic reflection'의 과정이 되기도 한다.

가령 '진보된 MMORPG'를 표방하며 개발된 〈아키에이지〉[14]는 스테레

13) 이러한 경향은 최근 한국 MMORPG에서 두드러지는 현상일 것이다. 가령 펄어비스에서 개발한 〈검은사막〉의 경우에도 몬스터와의 대결만큼이나, 아니 그 이상으로 생활 콘텐츠가 강화되고 있다. 플레이어가 전투를 원하지 않을 경우 낚시, 채집, 제작만으로도 최고의 자리에 이를 수 있기 때문이다. 이러한 생활 콘텐츠는 전투를 보조하는 수단 그 이상의 의미를 갖는 셈이다. 플레이어는 요리, 낚시, 무역, 전투 등 다양한 분야에서 전문성을 닦을 수 있는데, '자급자족'을 목표로 한 이러한 요소들은 플레이어의 자유도를 강화한다.

14) 〈아키에이지〉에는『룬의 아이들』『세월의 돌』『전나무와 매』『상속자들』 등으로 한국 장르 문학의 대표작가로 평가받는 전민희가 개발 고문으로 게임 세계관 구축에 참여했다. 엑스엘게임즈가 6년의 개발 기간과 400억원의 개발비, 160명이 넘는 개발인력 등을 투입하여 만든 게임이다. 이 게임은 기존 온라인 게임의 문법과 장르적 속성을 간직하면서도 생활과 전투, 교역, 전쟁 등이 유기적으로 연결된 가상의 퍼포먼스 무대를 구축하려 노력한 게임이다. 그 결과 2013 대한민국 게임 대상에서 〈아키에이지〉는 대상인 대통령상, 기획 시나리오 부문과 그래픽 부문에서 수상함으로써 3관왕

오타입적인 퀘스트 로직이나 전투에 매몰되지 않으려 노력한 점이 엿보이는 게임이다. 전투와 전쟁 중심으로 전개되는 것이 아니라 그 자체로 생활과 교역 등이 이루어지는 하나의 가상 사회를 구성하려는 시도가 엿보이는 작품인 것이다. 플레이어-주체들은 이러한 가상의 생활공간에서 종족의 선택과 능력 선택, 외모 꾸미기를 통해 자기만의 분신을 디자인할 수 있다. 이러한 아바타를 통해 플레이어는 이 세계의 퍼포머이자 주민으로서의 정체성을 부여받는다. 〈아키에이지〉에서는 개별적인 PvP 전투나 공성전, 인스턴스 던전 등의 집단적인 전투 외에도 해상전과 같은 게임 내 다양한 놀거리들을 마련해 놓았다.

하지만 이 게임의 백미는 플레이어들의 자유도와 직결되는 참여의 여백과 사회적 관계 맺기의 풍부함에 있다. 플레이어는 직접 농작물이나 나무를 재배하거나 선박을 제작하거나 개조하여 교역을 통해 이익을 낼 수 있다. 전투에 신물이 나는 플레이어라면 평화롭게 살면서 특산물을 만들고 당나귀를 키워 안전하게 무역 콘텐츠를 즐길 수도 있다. 물론 세계의 질서를 회복하고자 하는 원정대 중심의 스토리텔링과 지나친 약탈을 야기할 수 있는 콘텐츠가 흠으로 지적되기도 했지만, 커뮤니티 안에서의 입체적·다층적 수행 잠재성은 〈아키에이지〉의 특징이라 할 수 있다. 특히 집짓기 housing 시스템은 〈아키에이지〉의 특징을 간명하게 보여준다. 플레이어는 일종의 집문서인 '집 키트'를 구매하고 집의 위치와 방향을 정하여 집을 짓기 시작한다. 하지만 여기에는 엄청난 노동이 필요한데, 여기에는 다른 플레이어들의 품앗이와 상호부조가 도움이 된다. 실내 인테리어도 플레이어의 몫인데, 저마다의 개성이 묻어나는 주택을 설계할 수도 있다.

의 영예를 안았다. 더욱이 이 게임은 프리퀄이라 할만한 이야기를 웹소설이라는 실험적인 형태로 제공하면서 또 다른 재미를 맛보게 한다. 〈루키우스의 기록〉이라는 제목의 이 소설은 〈아키에이지〉의 2천년 전 이야기를 담고 있다. 12명의 영웅들이 누이아와 하리하라 대륙에서 펼치는 행적들에 대한 별도의 연구도 가능할 것이다. 뿐만 아니라 게임 업데이트에 수반되는 배경이야기와 종족의 기원 신화를 제공하는 등 탄탄한 스토리만으로도 〈아키에이지〉는 많은 즐길 거리를 제공하고 있다. 이와 관련해서는 http://archeage.xlgames.com/를 참조할 것.

다른 MMORPG들이 그렇듯이 〈아키에이지〉 역시 게임 특유의 재미 요소와 플레이어의 창작 creation 혹은 제작 craft 장치들을 지속적으로 업데이트함으로써 지속적으로 진화하고 있다. 특히 게임 세계 안에서 사용자가 직접 마련하고 교환한 재료들이 전투와 유기적으로 결합되어 있다는 점이 눈에 띈다. 가령 플레이어가 심어 키운 나무는 공성전에서 사다리로 이용할 수도 있고, 적의 침입을 막는 목책이나 망루 역할을 하기도 하는 식이다. 이 게임에서 플레이어는 원정대의 일원일 뿐만 아니라 제작자로서의 정체성을 동시에 부여받는다. 그는 노동을 함으로써 혹은 노동력의 충전을 통해 집과 도면을 설치할 수 있다. 살 집의 설계, 성의 구조변경, 심지어 성벽의 디자인까지 모두 플레이어의 몫이다.

심지어 플레이어는 세금까지 납부해야 하는 주민을 연기하고 살아가야 한다. 집과 집단, 국가의 창조. 나아가 그 속에서 살기 위한 거의 모든 수단들을 플레이어 스스로 마련해야 한다는 점에서 이 게임의 세계는 '코뮤니타스'에 비견될 만하다. 심지어 자신들을 통솔할 영웅들을 선거로 뽑는 과정에서 그들은 현실과 가상의 중첩을 상연한다. 동서대륙 혹은 무법자 세력의 분쟁이라는 게임 고유의 허구적인 층위는 지도자의 선출이라는 현실의 층위와 씨줄과 날줄로 연결되기 때문이다. 선출된 영웅은 전투와 같은 긴급한 사안에 특별 아이템이나 여러 세력 본부들에 대해 동원령을 내릴 수 있다.

〈아키에이지〉의 공간은 연대와 공동체성이 사라져가는 직설법적 현실에 대한 가정법적 대체 현실일 수 있다. 물론 이러한 시각은 게임의 가상공간을 지나치게 낭만화하는 것일 수도 있다. 이상적인 대안사회의 구축이라는 목적의식을 지닌 플레이어들도 드물거니와, 약탈과 도적질, 해적질 같은 부정적인 행위들이 자행되기도 하기 때문이다. 정해진 규범을 벗어나는 희열 jouissance을 주기도 하는 이러한 요소들은 우리가 살아가는 현실의 반영일 것이다. 그럼에도 가족 같은 유대감, 초보적인 플레이어들에 대한 품앗이 등은 공동체의 소중함과 '다른 현실'의 윤리적 요청에 대한 직관적인 인식으로 이어질 수 있는 잠재력을 지닌다. 반복되는 일탈을 자발적으로 처벌할 수 있는 사법적인 체계도 게임 시스템 안에 마련되어 있기 때문이다. 나아가 자신의 집을 절이나 박물관, 콘서트 장으로 활용하는 플레이어들의 창의적인 수행은 게임 퍼포먼스의 교육적 활용 가능성을 예고해주는 대목이라 할만하다. 창작자가 정해놓은 경로가 아니라 퍼포머들 스스로 혹은 협력을 통해 원하는 것을 선택하고 만들어가는 사건과 현실이야 말로 퍼포먼스 미학의 핵심이라는 점에서 말이다.[15]

5. 헤테로토피아의 디지털 퍼포머

게임 속의 세계는 유토피아가 아니라 헤테로토피아 hétérotopie라 할 만하다. 일단 그곳은 동일성의 동질적인 공간 isotopie은 아니다. 주체들의 수만큼이나 다양한 사건과 서사들이 연출되기 때문이다. 디지털 퍼포먼스가 이루어지는 무대인 게임 공간은 '없는 곳 utopie'이 아니라 "현실에 존재하는 장소이면서 동시에 모든 장소들의 바깥에 있는 곳"(푸코, 2014, 22)이라는 점에서도 헤테로피아이다. 현실에 대한 핍진성 속에서 탈일상적인 놀이를 가능하게 하려는 게임 개발자의 노력은 내부/외부의 경계를 모호하게 한다. 나아가 게임의 주체들이 그곳을 "우리가 살고 있는 공간들에 대한 이의제기인 다른 공간"(같은 책, 24)으로 만들려 할 때 게임 공간은 '반공간 counter-space'의 의미를 띄기도 한다. 그것은 '가정법적 공간'의 다른 이름이다. 하지만 가상의 '혼종공간 heterotopia'을 무대로 진행되는 퍼포먼스가 맹목적 소비와 다른 '배치'가 되는 것은 자동적으로 이루어지지 않는다. 게임의 공간이 기존의 질서와 경험을 벗어나는 '바깥의 공간'이 되기 위해서는, 의무와 억압 및 일방 경쟁에서 벗어나 긍정적인 유동적 공간이 되기 위해서는 사람이 문제가 된다. 디지털 퍼포먼스의 장치로서 게임을 '다름과 경계 넘기'의 '장치'로 만들어주는 것은 디지털 퍼포머의 역량에 달려 있는 것이다. 도구의 잠재성과 게임-주체의 역량 사이의 관계를 우리는 적극적으로 사유할 필요가 있다.

15) 〈아키에이지〉는 이 게임의 모토를 이렇게 선언하고 있다. "정해진 대로 따라가는 것이 아닌 스스로 원하는 것을 선택하고 만들어가는 세상, Dynamic World".

Ⅸ. 놀이사회를 향하여

우리가 살아가는 21세기, 자본주의의 위기가 선연하다. 미국과 유럽, 남미 등에서 도미노처럼 번지는 경제 위기의 징후들, '피케티 열풍'으로 드러난 양극화의 문제, 동일본 지진과 쓰나미 이후 우리에게 찾아온 지진에 대한 공포와 같은 환경 재앙의 징후들, 급전직하로 추락하는 사람들의 삶의 질 등, 이제 '우리는 안전하다'라는 신화와 미몽은 그 수명을 다해가고 있는 듯하다. 그래서 우리는 생존을 위해서라도 '다른 미래'를 구상해야 할 시점에 서 있다. 공동체적인 우애와 사회적 연대에 기초한 자연친화적인 생활방식의 창출이 시급하다.

이 책은 놀이에 대한 인문학적 사유가 지금의 삶에 대한 성찰을 촉진할 수 있고 대안적인 미래의 설계에 기여할 수 있다는 생각에서 출발했다. '좋은 삶 buen vivir'을 위해 놀이를 활용하자는 제안은 그 역사가 오래되었고, 앞으로도 지속될 것이다. 물론 놀이 학자들 각자가 바라보는 놀이의 내용과 형식이 다르고, 그들이 지향하고자 하는 목표 역시 같지 않다. 그럼에도 그들은 놀이 안에서 주체와 사회의 변화를 촉구하고 있고 놀이를 '다르게 생각하기'와 '다르게 살기'의 촉매로 삼고자 한다.

이 책에서 소개한 놀이 담론들은 우리에게 무엇을 말해주는가?! 그것은 우리가 살아가는 '위험사회'가 바깥 현실에만 작용하고 있는 것이 아니라 내면세계에도 위협으로 다가오고 있음을 말해준다. 전쟁, 테러, 혐오범죄, 양극화와 빈곤, 독재 등은 가시적 위기들이다. 하지만 우리의 몸과 마음을 고갈시키는 피로와 과로로 인한 소진은 인간 상호간의 관계를 훼손한다는 점에서 더욱 파괴적이다. 손상된 사회의 극복과 새로운 출발은 바로 연대의 윤리에서 출발하는 것이기 때문이다. 그런 의미에서 우리의 내면을 고갈시키는 성과사회의 규범들은 가공할 만한 파괴력을 지닌다. 우리 스스로 '자기계발'과 '자기 긍정'의 지침들을 내면화하여 자발적 노예 상태의 삶을 욕망하는 것이야말로 재앙이요 자연에 대한 배신이다.

재독 사회학자 한병철이 우리 사회가 규율사회에서 성과사회로 변질됐다고 했을 때 말한 것도 바로 이러한 사실이었다. "긍정성의 과잉 상태에 아무 대책도 없이 무력하게 내던져져 있는 새로운 인간형은 그 어떤 주권도 지니지 못한다. 우울한 인간은 노동하는 동물 animal laborans로서 자기 자신을 착취한다. 물론 타자의 강요 없이 자발적으로, 그는 가해자인 동시에 피해자다."(한병철, 2012, 23) 우리를 파멸시키는 것이 우리라는 지적이다. 분명 파멸의 1차적 원인은 우울을 양산하는 국가와 사회구조에 있고 그에 대한 해법 마련 역시 거기서 찾아야 한다. 하지만 그러한 변화의 출발은 놀이의 의미와 중요성을 사유하고 놀이의 경험을 추구하는 가운데 그 과정에서 얻은 통찰을 소속 공동체에 실현하려는 시민의 자유의지이다. 칸트의 말처럼 놀이는 인간과 사회를 풍부하게 할 수 있는 상상력의 바탕이다.

놀이는 이성에게 낯선 존재이다. 우리 안에서는 놀고자 하는 욕구와 일상의 계획을 살아야 한다는 규범이 싸우고 있다. 예전에 우리는 이 둘을 어떻게 조화시킬 것인지를 고민했다. 과거 우리는 모두 훌륭한 조화를 이루며 살았다. 하지만 생활인의 의무가 강해지면 질수록, 아니 사회의 안전망이 해체되고 생존을 위한 규범적 생활이 대세가 되는 것에 비례하여 우리들 마음속의 자유를 향한 갈망은 서서히 위축되기 시작한다. 전쟁에서 진 것이다.

패배의 시작은 노동과 이성의 우위를 향한 근대의 무한질주였다. 이성의 다성적·역동적 성분들이 단일한 도구적 이성으로 축소되고 우리들 모두 노동의 윤리와 규범을 자연화하는 것과 더불어 놀이와 노동의 전쟁은 후자의 일방적 승리로 평정되고 말았다. 그 이후 놀이는 악마로 취급된다. 그리고 퇴마의 일상적 실천과 더불어 우리는 작아지고 병들어 간다. 그리고 지금 우리는 놀이 축출의 결과를 톡톡히 맛보고 있는 중이다. 병들어가는 공동체의 치유는 놀이의 지위를 온전히 복권키는 일이고, 비이성의 영역들이라고 여겨온 몸과 욕망, 감성과 상상력을 이성의 필연적 동반자로 인정하는 일일 것이다. 이는 지금까지의 사회발전과 인간의 삶에 대한 총체적 반성의 작업이기도 할 것이다.

스피노자는 기쁨을 모든 윤리의 토대이자 궁극적인 목적으로 봤으며, 니체는 기쁨을 인간 행위에 가치를 부여하는 근본적인 윤리 기준이라고 했다. 두 사람은 모두 저마다의 이유에서 놀이를 긍정한다. 특히 스피노자는 〈에티카〉에서 '현자-되기'를 윤리적 과제로 제시한다. 이 책의 필자는 '현자'를 '놀이꾼'으로 이해한다. 스피노자는 여러 가지를 이용해서 되도록 즐기는 일은 현자에게 어울린다고 했다고 한다. 분명, 맛있는 음식이나 음료를 적당히 먹고 마시는 것, 푸른 식물의 상쾌한 아름다움, 장식, 음악, 운동경기, 연극, 그밖에 다른 사람을 해치지 않고 각자 사용할 수 있는 이런 것들로 스스로를 상쾌하고 건강하게 만드는 일은 현자에게 어울리는 것이다.(스피노자, 2016, 427-429) 이러한 개인의 성장이야말로 공동체 성장의 발판이라고 본 점에서 스피노자는 놀이사회의 구성에 있어 건강하고 깨어 있는 시민의 역할을 사유한 철학자로 평가받을 만하다. 우리는 이를 사회의 권태와 우울을 이기기 위해 우리 스스로 개인적인 권태를 물리치고자 지속적인 노력을 해야 한다는 것으로 읽을 수 있을 것이다. 권태를 이겨낸 자유로운 개인들의 연대는 놀이사회로 가는 지름길이기도 하다.

재일 철학자 강상중의 말처럼 지금 한국사회의 20~30대 청춘들은 "바짝 마른 건조한 청춘"이다. 그들은 현재에 무기력하고 미래에 대해 불안해한다. '3포 세대'에서 '5포 세대'를 경유하여 '7포 세대'[1]로 진화하는 그들의 삶은 현실을 '헬조선'으로 인식하게 한다. 심지어 '탈조선'을 통해 이곳을 떠나기를 욕망한다. 하지만 국가를 포함한 우리의 공동체는 대안을 마련하려는 특별한 의지를 보이지 않으며 그럴만한 능력도 없어 보인다. 돈, 사랑, 일 등 욕망하는 모든 대상들과 간헐적이고 피상적인 관계밖에 맺을 수 없는 세대로서 청년세대들이 불안과 고립의 시대적 기운에 잠겨 '루저 loser'처럼 사는 관행에서 벗어나지 못한다면 우리에게 닥칠 미래가 불 보듯 뻔한 데 특별한 움직임이 보이지 않는다. 그렇다면 우리 스스로 나설 수밖에 없다고 본다. 그러기 위해 우리가 살아가

1) 연애, 결혼, 출산, 인간관계, 내집 마련, 꿈, 희망을 포기한 세대.

는 현실에 질문을 던지고 '지금 여기'와는 다른 세계가 가능함을 보여주는 사례를 발굴하며, 거기서 다른 공동체를 구상하고 요구할 수 있는 능력이 필요하다.

물론 놀이 그 자체가 어떤 답을 주지는 않는다. 하지만 놀이를 화두로 깊은 고민을 했던 인문학자들은 우리에게 사유하는 법에 대한 지식을 나누어 준다. 그리고 놀이를 경험해 본 주체들은 자신의 놀이 경험을 건조한 현실에 녹여내려 한다. 놀이를 공부하고 놀이를 몸과 마음으로 즐겨본 사람은 자신들의 공동체를 바꿔보려는 의지와 열망을 갖는다. 그런 것에서 '고민하는 힘'을 위해 놀이를 매개로 '사유하는 시간'이 요구된다. 놀이의 인문적 지혜는 우리에 대한 사유의 매개가 될 수 있다. 여기에는 현실에서 거래되는 유용한 시공간에 대한 거리두기가 필요하다. 물론 여기서도 구조에 대한, 즉 타자와의 연결 회로를 끊어버리는 구조에 대한 성찰이 절실하다. 우울과 절망의 늪을 통과해가는 지혜와 실천의 이정표로서의 놀이에 주목할 때 그러한 성찰은 시작될 수 있다. 예술이나 놀이는 자본주의 시장논리에서 가장 자유로운 영역일 수도 있기 때문이다.

어떤 점에서 놀이는 '사회적 사정 射精'의 장치이다. 우울과 좌절의 정념을 방출할 수 있는 사회적 회로 回路 인 것이다. 그런 의미에서 놀이치료나 놀이교육의 이름으로 어지럽게 거래되는 상품들은 놀이를 사사화하고 온순화함으로써 '자유'를 통한 놀이의 카타르시스 기능을 배신하고 있다. 놀이의 온전한 경험은 '주어진 것 안에서 놀 수밖에 없는 사회'에서는 불가능하다. 이제 놀이의 시공간에 대한 의미를 발견하려는 노력이 필요하다. 놀이의 인문학자들은 다양한 방식으로 기획된 놀이와 이벤트를 벗어나 '진정한 놀이꾼'으로 거듭나려는 노력을 경주하라고 주문한다. 놀이는 타자를 만나는 지평이며 희망의 다른 이름일 수 있음을 지속적으로 강조하면서 말이다.

맥진 McGinn에 따르면 "놀이는 어떤 충만한 삶의 왕성한 부분이다. 결코 놀지 않는 사람은 '멍청이'보다 더 나쁘다. 그 혹은 그녀는 상상력과 유머 감각 및 적절한 가치 감각을 결여한다. 금욕과 근면을 강조하며 삶을 부인하는 청교도주의는 인간 삶으로부터 모든 놀이를 삭제하는 것을 정당화할 수 있다. [...] 놀이는 인간 삶을 가치 있게 해주는 부분이다. 그리고 우리는 할 수 있는 한 놀이에서 많은 것을 얻으려 추구해야 할 것이다."(McGinn, 2008, 100-102) 맥진의 진술은 이 책의 집필동기이면서 우리가 놀이에 관심을 가져야 할 이유를 훌륭하게 요약하고 있다.

미국 국립 놀이연구소 The National Institute on Play의 설립자인 브라운 Stuart Brown 역시 40년간의 놀이 연구 활동과 '놀이 역사들 play histories'을 분석하면서 "나는 놀이가 모든 것을 기억한다는 것 그리고 놀이를 우리 일상생활의 부분으로 만들어주는 것이 아마도 인간 존재의 실현을 위해 가장 중요한 요소들임을 발견했다."(Brown, 2009, 6)고 고백한다. 그러면서 그는 지금의 시점에서 놀이에 관심을 두어야 할 이유를 간명하게 밝힌다. "나는 놀이가 우리의 삶을 구원할 수 있다고 말하는 것이 너무 과장된 것이라고 생각하지 않는다. 놀이 없는 삶은 생존에 필요한 것들을 행하는 것을 둘러싼 끊임없이 반복되는 기계적인 실존이다. 놀이는 음료를 섞는 막대기다. 그것은 모든 예술, 게임, 책, 스포츠, 영화, 패션, 재미, 기적의 토대이다. 요컨대 우리가 문명이라고 생각하는 것의 기초이다. 놀이는 삶의 왕성한 실존이다. 그것은 삶을 살아있게 해주는 것이다."(같은 책, 11-12)

마지막으로 놀이를 이야기한다는 것 자체는 잃어버린 '흥'(신명)의 회복 가능성을 모색하는 의미를 지닌다. 그것은 놀이에 대한 욕구와 본성을 애당초 부인하는 것이야말로 현실에 만족하고 순응하는 것임을 반성하고 인식하게 한다. 살기 위해 우리는 무던히도 그 흥을 누른다. 그것이 장기적으로는 병을 부르는 것임에도 불구하고 말이다. 우리는 놀이와 그것이 수반하는 '재미'를 억압하는 구조 속에 놓여 있다. 놀이에 대한 통제는 늘 현실을 지배하고 관리하는 알리바이였음을 안다. 그런 점에서 놀이의 진정성(진리)을 경험하고 그것에로의 충실성을 실천하라는 요구는 놀이를 포기하거나 적절한 수위에서 조절해온 지금까지의 삶을 반성하라는 것이다. 나아가 '공생'의 영역에서 '공감의 능력'을 회복할 수 있는 매개로 놀이를 활용하라는 주문이기도 하다.

인간은 감정의 주체이면서 놀이의 주체이다. 놀이의 재미는 복합적이고 총체적인 감각의 활성화에 기여한다. 놀이는 신체, 심리적 반응 혹은 직관의 영역만은 아니다. 여기에는 주체/타자, 의식/무의식, 과거/현재/미래의 교행, 욕망/가치의 충돌, 윤리/관습 등의 문제들이 중층적으로 겹쳐 있다. 이 모든 것을 '놀이계 the ludic sphere'로 표현할 수 있을 것이다. '놀이계'가 포함하는 광범위한 주제들에서 놀이가 사회적이고 정치적인 것임을 유추할 수 있다. 그런 의미에서 놀이의 인문학적 사유는 철학과 존재론만이 아니라 윤리와 정치에도 큰 의미를 갖는다.

존 월 John Wall의 말처럼 '놀이하는 아이'(놀이하는 인간)는 타자와의 공감을 실행하면서 정의를 추구하고 놀이 공동체 속 타자에 대해 연대-책임을 떠맡는 충만한 도덕적 주체들이다. 어른의 시선이 아닌, 놀이 그 자체의 관점에서 볼 때 놀이는 역동적이고 포괄적인 윤리의 형성에 도움을 줄 수 있다. 인간 존재의 근본적 의무 중 하나는 더욱 광범위하게 포괄적인 인간관계를 창조하는 것이다.

'윤리적으로 살기'는 사회적으로 '고상한 것'으로 승인된 질서를 받아들이거나 사회적 합리성(혹은 상징계) 속에서 진보하는 것을 의미하지 않는다. 윤리적 삶은 인간 경험의 무한한 차이들을 긍정하는 가운데 쉼없이 창의적으로 반응하는 것을 의미한다. 이는 다른 삶에 대한 상상적 가설들을 재구성하고 타자의 차이적 경험들을 상상하며 더욱 다양하게 가지각색의 포괄적 세계를 창조하는 삶이기도 하다. 존 월은 이를 '타자에 대한 관계들을 가지고 노는 것'으로 표현한 바 있다. 〈아동인권 규약〉은 아이들의 놀 권리를 명시하고 있다. 하지만 자신들의 형성 Bildung과 사회의 재배치(탈구와 재구성)에 참여하는 것, 놀이와 함께 놀이를 통해서 그리고 놀이를 향해서 더 나은 삶과 사회를 만들려는 끊임없는 노력은 아이들 뿐만 아니라 모든 사람들의 인간적 권리이다.

* 참고문헌 *

1. 국내

강내희(2003): 「위험사회, 노동사회, 문화사회」,『한국의 문화변동과 문화정치: 문화사회를 위한 비판적 문화연구』, 문화과학사.

곽노의(1999): 『자유발도르프 유아교육』, 밝은누리.

김겸섭(2007): 「광기의 연극, '한계-경험'의 드라마투르기」, 『뷔히너와 현대문학』 28집, 한국뷔히너학회.

김겸섭(2007): 「뉴미디어 시대의 인터랙티브 드라마」, 『브레히트와 현대연극』 16집, 한국브레히트학회.

김겸섭(2008): 「'놀이학'의 선구자, 하위징아와 까이와의 놀이담론 연구」, 『인문연구』 54호, 영남대학교 인문과학연구소.

김겸섭(2008): 『공감과 소통의 게임학』, 대구대출판부.

김겸섭(2011): 「디지털 시대의 퍼포먼스」, 『독일어문학』 19집, 한국독일어문학회.

김겸섭(2012): 『디지털 게임의 재발견』, 들녘.

김겸섭(2012): 『탈정치 시대에 구상하는 욕망의 정치』, 지성인.

김겸섭(2013): 「브레히트의 공백, 랑시에르의 자리」, 『인문과학연구』33집, 대구가톨릭대학교 인문과학연구소.

김기선(2003): 「도덕의 관점에서 본 니체의 헤라클레이토스」, 『니체연구』제5집, 한국니체학회.

김문겸(1993): 『여가의 사회학』, 서울: 한울.

김정남 · 김정현(2006): 『게임의 운명을 결정하는 상상력과 기획』, 사이버출판사.

김정임(1998): 〈자유발도르프 유치원 교육〉, 1998년 제2차 발도르프 여름아카데미 자료집, 한국 루돌프 슈타이너 〈교육예술〉 협회.

김창배(1999): 『21세기 게임 패러다임』, 지원미디어.

노명우(2011): 『호모 루덴스, 놀이하는 인간을 꿈꾸다』, 사계절.

노명우(2013): 『세상물정의 사회학』, 사계절.

노시내(2013): 『빈을 소개합니다』, 마티.

류정아(2003): 『축제인류학』, 살림.
류정아(2013): 『축제이론』, 커뮤니케이션북스.
류현주(2003): 『컴퓨터 게임과 내러티브』, 현암사.
박찬국(2014): 『초인수업』, 21세기북스.
선한용(1988): 『시간과 영원』, 대한기독교서회, 1998.
유안진(1990): 『한국 전통사회의 유아교육』, 서울대출판부.
윤재훈(2000): 『민속의 현대적 이해』, 세손.
이동연(2014): 『게임이펙트』, 이매진, 2014.
이상봉(2011): 「희랍신화와 고대 자연철학에 나타난 놀이 개념 연구」, 『철학연구』 제12집.
이옥순(2012): 『게으름은 왜 죄가 되었나』, 서해문집, 2012.
이장영 · 김문겸 · 김민규 · 이경상 외(2004): 『여가』, 서울: 일신사.
이재현(2001): 『인터넷과 온라인게임』, 커뮤니케이션북스.
이재홍(2014): 「게임의 인문융합 스토리텔링 연구」, 『한국컴퓨터게임학회 논문지』 제27권 제3호, 한국컴퓨터게임학회.
이진우(1997): 「진리의 허구성과 허구의 진실성」, 『비극적 사유의 탄생』, 문예출판사.
전경란(2005): 『디지털게임의 미학』, 살림.
전경란(2014): 『디지털 게임이란 무엇인가』, 커뮤니케이션북스.
정낙림(2017): 『놀이하는 인간의 철학』, 책세상
진중권(2005): 『놀이와 예술 그리고 상상력』, 서울:휴머니스트.
최유찬(2000): 『컴퓨터게임의 이해』, 문화과학사.
한병철(2012): 『피로사회』, 김태환 옮김, 문학과지성사.
허윤정(2014): 「미디어로서 게임에 나타나는 구술성」, 『한국컴퓨터게임학회논문지』 27권 1호, 한국컴퓨터게임학회.
허준석(2006): 『재미의 비즈니스』, 책세상.

2. 국외/번역

Allen Guttmann(2008): 『근대 스포츠의 본질: 제례의식에서 기록추구로』, 송형석 옮김, 나눔출판사.
Aristoteles(2006): 『니코마스윤리학』, 강상진 외 옮김, 이제이북스.
Aristoteles(2009): 『정치학』, 천병희 옮김, 숲.

Benedict de Spinoza(2016): 『스피노자 선집』, 황태연 옮김, 비봉출판사.
Bertrand Russell(2005): 『게으름에 대한 찬양』, 사회평론.
Brian Boyd(2013): 『이야기의 기원-진화론으로 읽는 인간과 예술』, 휴머니스트.
Donald Winicott(1997): 『놀이와 현실』, 한국심리치료연구소.
Dorothee Soelle(2007): 『신비와 저항』, 정미현 옮김, 이화여대출판부.
Eduard Fuchs(2004): 『풍속의 역사Ⅱ르네상스』, 이기웅 · 박종만 옮김, 까치.
Ernst Bloch(2004): 『희망의 원리』, 박설호 옮김, 열린책들.
Eugene H. Peterson(2006): 『현실. 하나님의 세계』, 이종대 · 양혜원 옮김, 한국기독학생회출판부.
Fredric C. Beiser(2011), 『낭만주의의 명령, 세계를 낭만화하라』, 김주희 옮김, 그린비.
Friedrich Engels(1991): 「잉글랜드 노동계급의 처지」, 『칼 맑스 프리드리히 엥겔스 저작 선집』 1, 박종철출판사.
Friedrich Fröbel(2002): 『완성된 세 번째 은물 사용법 안내』, 곽노의 옮김, 북섬, 2002.
Friedrich Fröbel(2002): 『인간의 교육』, 정영근 옮김, 지식을만드는지식.
Friedrich Nietzsche(2000): 『차라투스트라는 이렇게 말했다』, 정동호 옮김, 책세상.
Friedrich Nietzsche(2005): 『도덕의 계보 이 사람을 보라』(니체전집 8), 책세상.
Friedrich Nietzsche(2005): 『비극의 탄생 · 반시대적 고찰』, 이진우 옮김, 책세상.
Friedrich Nietzsche(2015): 『우상의 황혼』, 박찬국 옮김, 아카넷.
Friedrich Schiller(2012): 『미학편지』, 안인희 옮김, 휴먼아트.
Fritjof Capra(1998): 『생명의 그물』, 김용정 · 김동광 옮김, 범양사출판부.
Gebne Quarrick(1997): 『달콤한 시간: 어른놀이와 몰입』, 박석희 옮김, 경기대학교 연구교류처.
Georg Simmel(2005): 『짐멜의 모더니티 읽기』, 김덕영 외 옮김, 새물결.
Gilles Deleuze(1999): 『니체와 철학』, 이경신 옮김, 민음사.
Gonzalo Frasca(2008):『억압받는 사람들을 위한 비디오게임』, 김겸섭 옮김, 커뮤니케이션북스.
Günther Wohlfahrt: 『놀이하는 아이 예술의 신 '니체'』, 정해창 옮김, 담론사.
Hans-Georg Gadamer(2012): 『진리와 방법1』, 이길우 외 옮김, 문학동네.
Harvey Cox(1977): 『바보제』, 김천배 옮김, 현대사상사.

Harvey Cox(2005): 『세속도시』, 구덕관 외 옮김, 대한기독교서회.
Henri Lefevbre(2006): 『현대세계의 일상성』, 박정자 옮김, 기파랑.
Henri Lefevbre(2013): 『리듬분석』, 정기헌 옮김, 갈무리.
Heraclitos(2005): 『소크라테스 이전 철학자들의 단편선집』, 김인곤 등 옮김, 아카넷.
Holger Heide(2000): 『노동 사회에서 벗어나기』, 강수돌 옮김, 박종철 출판사.
Immanuel KantI(2009): 『판단력비판』, 백종현 옮김, 아카넷.
J. Dewy(2002): 『아동의 교육과정 경험과 교육』, 박철홍 옮김, 문음사.
J. Dewy(2007): 『민주주의와 교육』, 이홍우 옮김, 서울: 교육과학사.
J. Pieper(2005): 『여가:자유와 문화와 교육의 기초』, 이홍우 · 이미종 공역, 성경재(미출판).
Jacques Rancière(2009): 「미학 혁명과 그 결과 : 자율성과 타율성의 서사 만들기」, 『뉴레프트리뷰』, 진태원 옮김, 도서출판 길. 2009,
Jacques Rancière(2013): 『정치적인 것의 가장자리에서』, 양창렬 옮김, 도서출판 길.
Jacques Rancière(2014): 이미지의 운명』, 김상운 옮김, 현실문화.
Janet Murray(2001): 『사이버 서사의 미래: 인터랙티브 스토리텔링』, 안그라픽스.
Jean-Jacques Rousseau(2003): 『에밀』, 정영하 옮김, 연암사.
Johan Huizinga(1993): 『호모 루덴스』, 김윤수 옮김, 까치.
Jürgen Moltmann(1974): 『놀이의 신학』, 세계기독교사상전집9, 손규태 옮김, 신태양.
Jürgen Moltmann(2005): 『희망과 희망 사이: 몰트만과 그의 신학』,한국조직신학회, 한들출판사.
Karl Marx(2008): 『임금노동과 자본』, 박광순 옮김, 범우사.
Kathi Weeks(2016): 『우리는 왜 이렇게 오래 열심히 일하는가?』, 제현주 옮김, 동녘.
L. S. Vygotsky(1990): 「인지발달에서의 놀이역할」, 김판희 옮김, 『놀이이론(이은해 외 옮김), 창지사.
L. S. Vygotsky(2000): 『비고츠키의 사회 속의 정신』, 최희숙 외 옮김, 양서원.
L. S. Vygotsky(201): 『생각과 말』, 배희철, 김용호 옮김, 살림터.
L.E. Berk & A. Winsler(1995): 『어린이들의 학습에 비계설정-비고스키와 유아교육』, 홍용희 옮김, 창지사.

Lars Svendsen(2013): 『노동이란 무엇인가』, 안기순 옮김, 파이카.
Lev Manovich(2004): 『뉴미디어의 언어』, 서정신 옮김, 생각의 나무.
Marita Sturken & Lisa Cartwright(2006): 『영상문화의 이해』, 윤태진 외 옮김, 커뮤니케이션북스.
Michel Foucault(2014): 『헤테로토피아』, 이상길 옮김, 문학과지성사.
Miguel Sicart(2014): 『컴퓨터게임의 윤리』, 김겸섭 옮김, 커뮤니케이션북스.
Mikhail Bakhtin(2004): 『프랑수아 라블레의 작품과 중세 및 르네상스의 민중문화』, 이덕형 · 최건형 옮김, 서울:아카넷.
P.G. Herbert(2006): 『피아제의 인지발달 이론』, 김정민 옮김, 학지사.
Parker S.(1995): 『현대사회와 여가』, 이연택 · 민창기 옮김, 서울: 일신사.
Paul Lafargue(2013): 『게으를 수 있는 권리』, 조형준 옮김, 새물결.
Platon(1997): 『국가』, 박종현 옮김, 서광사.
Platon(2009): 『법률』, 박종현 옮김, 서광사.
Platon(2013): 『테아이테토스』, 정준영 옮김, 이제이북스.
Richard Schechner(2004): 『퍼포먼스 이론』, 이기우 외 옮김, 현대미학사.
Roger Caillois(1994): 『놀이와 인간』, 이상률 옮김, 문예출판사.
Roland Barthes(1990): 『텍스트의 즐거움』, 김명복 옮김, 연세대학교출판부.
Roland Barthes(1995): 「장난감」, 『신화론』, 정현 옮김, 현대미학사.
Rudolf Otto(1987): 『성스러움의 의미』, 길희성 옮김, 분도출판사.
Sam Keen(1977): 『춤추는 신』, 이현주 옮김, 대한기독교서회.
Svenja Flasspöhler(2013): 『우리의 노동은 왜 우울한가』, 장혜경 옮김, 로도스.
Thomas Vasek(2014): 『노동에 대한 새로운 철학』, 이재영 옮김, 열림원.
Victor Turner(1996): 『제의에서 연극으로』, 이기우 · 김익두 옮김, 현대미학사.
아카오 고우이치(1996): 『게임대학』, 에이케이편집부 옮김, 에이케이.

3. 국외

A. Corbineau-Hoffmann(1995): "Spiel", Joachim Ritter & Karlfried Grunder(Hrsg.): Historiches Wörterbuch der Philosophie, Bd. 9, Basel.
Alain Badiou(2000): Ethics: An Essay on the Understanding of Evil. Trans. Peter Hallward. New York: Verso.
Alain Badiou(2003): Infinite Thought: Truth and the Return of philosophy. Trans. Oliver Feltham and Justin Clemens. London: Continuum.

Allen Guttmann(2004): From ritual to record : the nature of modern sports, Columbia Univ Pr.

Anthony Giddens(1964): "Notes on the Concepts of Play and Leisure", in: The Sociological Review. 12.

Aristoteles(2006): Nikomachische Ethik. Rowohlt, Reinbek.

Bernard Suits(1978): The Grasshopper: Games, Life and Utopia, Toronto: University of Toronto Press.

Brenda Laurel(1993): Computers as Theatre, New York.

Brian Sutton-Smith(1997): Brian. The Ambiguity of Play. Cambridge, MA: Harvard University Press.

Chris Boessen(2001): The Etics of Play, New York: Harman Press.

Craig A. Anderson & Karen E. Dill(2000): "Video Games and Aggressive Thoughts, Feelings and Behaviors in the Laboratory and in Life." Journal of Personality and Social Psychology 78, no. 4..

Diogenes Laerius(1955): Leben und Meinungen berühmter Philosophen, Berlin.

Duncan, M.(1986): "Play discourse and the rhetorical turn: A semiological analysis of Homo Ludens", Play and Culture Studies 1: The Association for the Study of Play.

E. Hoffmann (Hrsg.)(1982): Friedrich Fröbel. Ausgewählte Schriften. Bd. 4: Die Spielgaben. Stuttgart.

E. Hoffmann (Hrsg.): Friedrich Fröbel. Ausgewählte Schriften. Bd. 4: Die Spielgaben. Stuttgart 1982.

Ernst Kluge(2001): Feiern, Feste, Jahreszeiten. Lebendige Bräuche im ganzen Jahr. Herder-Verlag, Freiburg-Basel-Wien.

Espen Aarseth(1997): Cybertext: Perspective on Ergodic Literature, Baltimore and London: Johns Hopkins University Press.

Espen Aarseth(2003): "Beyond the Frontier:Quest Computer Games as Post-Narrative Discourse." In Narrative across Media, ed. Marie-Laure Ryon. Lincoln: University of Nebraska Press.

Eugen Fink(1957): Oase des Glücks. Gedanken zu einer Ontologie des Spiels. Freiburg.

Eugen Fink(1960): Spiel als Weltsymbol, Stuttgart.

Eugen Fink(1995): "The Ontology of Play." In Philosophic Inquiry in Sport, eds. William J. Morgan and Klaus V. Meier, 100-109. Champaign, Ⅱ: Human Kinetics.

Eugen Fink(1995): Grundphänomene des menschlichen Daseins, Freiburg.

F. J. J. Buytendijk(1973): Das menschliche Spielen in:(hrsg.), Gadamer und Vorleger, Neue Anthropologie, Bd. 4, Stuttgart.

Friedrich Nietzsche(1980): Kritische Ausgabe in Sämtliche Werke, Kritische Studienausgabe, München.

Friedrich Nietzsche(1999): (Sämtliche Werke in 15 Bänden. Kritische Stu dienausgabe. Herausgegeben von Giorgio Colli und Mazzino Montinari Neuausgabe 1999. 2., durchgesehene Auflage Walter de Gruyter DTVF)

Friedrich Schiller(1989): Über die ästhetische Erziehung des Menschen, Stutt gart.

Friedrich Schlegel, Gespräche Über die Poesie, Stuttgart: Metzler, Aus: Schlegel: Kritische Friedrich-Schlegel-Ausgabe. 2.

Fritz Blättner(1968): Geschichte der Pädagogik, Quelle & Meier: Heidelberg. ,

Fröbel, Menschenerziehung, pp. 118-119.

George Bataille(1981): Die Tränen des Eros, München.

Georges Bataille(2005): Nietzsche und der Wille zur Chance. Atheologische Summe III, München.

Gerd Schäfer(2001): Spiel, Spielraum und Verständigung, München: Juventa.

H. G. Gadame(1986): Wahrheit und Methode: Grundzüge einer philoso phischen Hermenneutik, Tübingen.

H. Scherle(1952): Untersuchung über das Wesen des Spiels, seine pädago gischen Möglichkeiten und Grenzen, Hamburg.

Hans Hoppe(2006): Spiele Finden und Erfinden Berlin: Berlin: Lit Verlag.

Harvey Cox(1969): God's Revolution and Man's Responsibility, London: SCM Press.

Harvey Cox(1970): Das Fest der Narren - Das Gelächter ist der Hoffnung letzte Waffe. Stuttgart & Berlin, Kreuz-Verlag.

Harvey Cox(1970): Fantasy, Harvard University Press 1969, Paperback bei Harper & Row.

Heidi Salaverría(2007): Spielräume des Selbst. Pragmatismus und kreatives Handeln. Akademie-Verlag, Berlin.

Helmut Heiland (Hrsg.)(1988): Friedrich Fröbel. Ausgewählte Schriften. Bd. 3: Vorschulerziehung und Spieltheorie. Stuttgart.

Henri Lefebvre(1991): Critique of Everyday Life, London:Verso.

Henry Jenkins(2000): Video games shape our culture. It's time we took them seriously, in: http://www.geociies.cm/ArtfortheDigtalAge.html.

Ian Bogost(2007): Persuasive Games. Cambridge, MA: MIT Press.

Immanuel Kant(1990): Kritik der Urteilskraft, Hamburg.

Immanuel Kant(2000): Reflexion zur Anthropologie(Refl.), in: Kants hansch riftlicher Nachlass, Bd. 15.

J. Bilstein/ M. Winzen/ CH. Wulf (Hrsg.)(2005): Anthropologie und Pädagogik des Spiels. Weinheim.

J. Grondin(2001): "Play, Festival, and Ritual in Gadamer: On the theme of the immemorial in his later works', in: L.K. Schmidt(ed) Language and Linguisticality in Gadamer's Hermeneutics. Lanham, MD: Lexinton Books.

James Newman(2004): Video Games, London 2004.

Jean Piaget(1965): The Moral Judgement of the Child, New York: The Free Press.

Jean Piaget(1975): Nachahmung, Spiel und Traum. Stuttgart.

Jürgen Fritz(2004): Das Spiel verstehe.

Jürgen Moltmann(1971): Die ersten Freigelassenen der Schöpfung. Versuche über die Freude an der Freiheit und das Wohlgefallen am Spiel, München: Kaiser.

Lillard, Angeline (2005): Montessori: The Science Behind the Genius. New York: Oxford University Press.

Ludwig Wittgenstein(1990): Philosophische Untersuchungen, Leipzig.

Lukas Thiedeke(2011): Die Dialektik des Spiels in Gemeinschaften, Wiesba -den:VS-Verlag.

M. Foucault(1974): Vorrede zur Überschreitung, München.

M. Oakeshott(1995): Work and Play, New York: The Free Press.

M. Spariosu(1989): M. Dionysus Reborn: Play and the Aesthetic Dimension on Modern Philosophical and Scientific Discourse. New York: Cornell Uni versity Press.

M. T. Allison(2004): Play, lesure and quility of life, Dubuque: Hunt publishing.

Manfred Berger(2015): Der Kindergarten von 1840 bis in die Gegenwart, Saarbrücken.

Marvin Carlson(1996): Performance: A Critical Introduction, London:Routledge.

McGinn(2008), philosophy play in political life, New York: HopeHier.

Michael Mateas(1997): Computational Subjectivity in Virtual World Avatars, in: Working Notes of the Socially Intelligent Agents Symposium, Menlo Park.

Michail Bachtin(1969): Literatur und Karneval, Zur Romantheorie und Lachkultur, aus dem Russischen übersetzt von Alexander Kaempfe, München.

Noah Wardrip-Fruin & Pat Harrigan(edt.)(2004): FirstPerson; New Media as Story, Performance, and Game, London.

P. Cartledge(1985): The Greek religious festivals": Greek Religion and Society, Cambridge University Press.

Patrick Johnson(2001): Roger Caillois and His World, New York: Oxford.

Paul L. Harris(2007): Understanding Ludic Society: The Imagination of Play, New York: Grove Press.

Pierre Laszlo(2000): Playing with Molecular Models, in: International Journal for Philosophy of Chemistry Vol. 6.

Randolph Feezell(2004): Sport, Play, and Ethical Reflection. Urbana: University of Illinois Press.

Roger Caillois(1982): Die Spiele und die Menschen. Maske und Rausch, Frankfurt am Main.

S. Laxton(2011): S, "From Judgement to Process: The Modern Ludic Field' in: D.J. Getsy(ed.): From Judgement to Process: The Modern Ludic Field. University Park: Pennsylvania State University Press.

S.A. Warwitz / A. Rudolf(2014): Vom Sinn des Spielens. Reflexionen und Spielideen. Baltmannsweiler. 3. Auflage.

Sam Gill(2003): Rethinking Play Studies, Cambridge: MIT Press, 2003.

Sherry Turkle(1995): Life on the Screen. Identity in the Age of the Internet, New York. 1

Sutton Smith(1976): The Dialectics of Play, Berlin.

T. Henricks(2002): "Huizinga's Contribution to Play Studies: A Reappraisal", Play and Culture Studies 4: The Association for the Study of Play, Vol. 4.

T. Wetzel(2000): "Spiel", In: Ästhetische Grundbegriffe Bd. 5, Stuttgart.

Thomas Aquinas(1993): St. Commentary on Aristotle's Nichomachean Ethics (In NE). 1993. Trans. C. I. Litzinger, O. P. Notre Dame, IN: Dumb Ox Books.

Tobias Beve(Hg.)(2007): Computerspiele und Politik, Berlin.

▌김 겸 섭 ▌

영남대학교 독문과와 경북대학교 독문과대학원을 졸업했다. 독일의 전 방위적 예술가 Peter Weiss 연구로 박사학위를 취득했다. 이후 공연학(performance studies) 연구를 위해 〈무천극예술학회〉에 가입한 후 다수의 연극제와 축제 이벤트를 기획하고 진행하였다. 동시에 여러 대학들에서 강의하며 공연예술의 확장을 모색하였다. 퍼포먼스 및 디지털게임 관련 저술이나 역서들은 그 결과물이다. 현대사상과 문화이론에 관심이 있어 지난 20년간 '현대사상연구소'에서 공부하며 글을 쓰고 책을 엮었다. 현재 경상대학교 인문대학 독어독문학과 교수로 재직하고 있으며 문화콘텐츠 대학원에서도 강의를 하고 있다.

노동사회에서 구상하는 놀이의 윤리

2018년 03월 28일 초판 1쇄 발행

저　자 ‖ 김겸섭
펴낸이 ‖ 엄승진
표지디자인 ‖ 유선주 디자이너
펴낸곳 ‖ 도서출판 지성인
주　소 ‖ 서울 영등포구 여의도동 11-11 한서빌딩 1209호
메　일 ‖ Jsin2011@naver.com
연락주실 곳 ‖ T) 02-761-5915　F) 02-6747-1612
ISBN ‖ 978-89-97631-93-3 93190

정가　25,000원

「이 도서의 국립중앙도서관 출판예정도서목록(CIP)은 서지정보유통지원시스템 홈페이지(http://seoji.nl.go.kr)와 국가자료공동목록시스템(http://www.nl.go.kr/kolisnet)에서 이용하실 수 있습니다.(CIP제어번호: CIP2018008275)」